I0786189

* 9 7 8 1 7 2 5 5 1 3 2 8 0 *

آمریکا در خاور میانه کنونی

دکتر بیژن باران

به فارسی منتشر شد:
راه و رود، مجموعه شعر، آذروش، 1972تهران، 2018
دیوان شرقی، مهراوش، 2007تهران
چهار فصل، آمازون، 2018
سفر باران، آمازون، 2018
شهر شعر، آمازون، 2018
یادها، نقد فیلم و داستان، 2018
فروغ فرخزاد- زندگی و آثار، 2018
مغز و نقد ادبی، 2018
زنان و نقد شعر، 2018
نقد ادبی ترانه و سرود، 2018
زبان و نقد ادبی، 2018
فرهنگ و جامعه، 2018

به انگلیسی منتشر شد:
Literary Articles 1986, 2018
Blood Wedding- Saeed Soltanpur 1986, 2018
Western Diwan 1986, 2018
Persian New Poetry, 2018

دیباچه

یکی از علل عدم شکوفانی اقتصادی در خاورمیانه ورود استعمار از سده 17 تا نفوذ امپریالیسم در سده 20.می باشد. نظامیگری آمریکا در سده 21 ناشی از رشد 70ساله تسلیحات می باشد. این اصل علوم سیاسی ثابت می شود: سیاست خارجی ادامه سیاست داخلی است. زیرا حق داشتن اسلحه باستناد متمم 2 قانون اساسی علت عمده قتل با تفنگ سالانه 30هزار کودک و بزرگسال می باشد. در ژاپن این قتل ناچیز است. جناح نظامی جنبه موشکی، اتمی، تروریسم ایران را عمده کرده؛ تا بتواند 75% تسلیحات خود را به 5کشور خلیج بفروشد-برگشت پترودلار به آمریکا.

در این کتاب روند رشد سرمایه داری آمریکا از امپریالیزم سده 20 تا گلوبالیزاسیون و الیگارشی سده 21 با اثرات جهانی و بویژه در خاورمیانه بررسی می شود. امپریالیسم با 5 شاخصه آغازین کتاب لنین به مرحله کنونی با جذب سالانه 3تریلیون دلار، عدم جنگ امپریالیستی، رشد نظامیگری، ادغام فنآوری دیجیتال در سرمایه داری گذار کرد. گلوبالیزاسیون با مالیگرایی یعنی کنترل وال ستریت بر مین ستریت و لایه های مالی و اعتباری بر صنعت و خدمات، پیدایش رقیبان اقتصادی بریکس و اتحادیه اروپا به زوال نسبی ابرقدرت آمریکا می انجامد. گلوبالیزاسیون 500 میلیون نفر به طبقه متوسط در چین و هند فزود؛ ولی تجریب زیستبوم را دامن زد.

فنآوری اینترنت بانکها، کارتهای اعتباری، شبکه های مجازی جهانی بازار های بورس، ارز تجاری جهانی دلار، خزانه داری، نهادهای امنیتی را بهم برخط وصل می کند. اکنون پول به ارز دیجیتال بیتکوین و شکل دیجیتال 0 و 1 تبدیل می شود. بدهی فزاینده دولت فدرال، ایالتی، شرکتها، شهروندان حجم دلار در گردش را غولین کرد.

نظامیگری آمریکا در خاور میانه با موج تخریب و پناهجو در افغانستان، عراق، سوریه، لیبی،، یمن، سومالی ادامه دارد. اکنون تحریم و تعرفه حمله غیرنظامی به کشورهای دیگرند. تعرفه واردات را محدود کرده؛ کالا و خدمات را برای مصرفکننده بومی گرانتر و بی جذبه می کند. نمونه: 1000$ بر هر خودروی خارجی مانند بنز. تعرفه مالیات بر واردات مانند گمرگ و عوارض مرزی برای حمایت از تولیدات بومی و افزایش درآمد دولت است. تحریمها ابزار دیگر ارعاب برای عدم یاغیگری به سلطه سرمایه در مورد روسیه، ایران، ترکیه، عراق سابق، سوریه، چین بکار می روند.

سرمایه داری با بحران ساختاری روبروست که نیاز به راهکار خلاق دارد. در آشوب سیاسی کنونی علاجی دیده نمی شود. در دهه 1970 گلوبالیزاسیون این بحران را با تکثیر نجومی ثروتمندان، ورود آنها به حاکومت الیگارشی، قدرت لابی شرکتها، دست اندازی در قانون شد. روند زوال سلطه آمریکا با آمار کاهش نسبت اقتصاد آمریکا تاز 50% به 25% فعلی، بدهی 20 تریلیون دلاری، افزایش سالانه واردت به صادرات، عدم توازن ثروت فرودستان نسبت به فرادستان دیده می شود. مرحله فعلی سرمایه داری آشوب بوده، اعتبارات، رشد ارز دیجیتال، وصل مراکز بورس عمده، فنآوری دیجیتال مانند لایه های مالی بر سهام به صندوقهای پوششی، مشترک، مالی با شگردهای مالیگرایی سرمایه صنعتی و خدمات را خفه می کند.

آینده گام بعدی سرمایه داری آمریکا پیش بینی ناپذیر است. دو حزب غالب بر حاکمیت هر کدام برنامه خود را داشته؛ ولی مشترکات شان باهم بیشتر اند: حمایت کامل

آمریکا در خاور میانه کنونی

اسرائیل، اجرای منویات وال ستریت، هزینه نامحدود ارتش، دشمنی با روسیه، ایران، چین، سلطه دائم جهانی، سلطه پول بر سیاست، برتری نئولیبرالیسم، شنود مراودات، بیتوجهی به فقیران و پیران، الیگارشی نه دمکراسی، تقویت امپریالیسم یانکی، طرد حزب سوم، چپ را داغان کن، گزینه تغییر رژیم یاغی. برنامه عمده حزب جمهوریخواه راست: علیه سقط جنین، کاهش مالیات، له حیات، له تفنگ، منکر گرمایش زمین. برنامه عمده حزب دمکرات میانه: حفظ سقط جنین،حق گزینش مادران، حقوق اقلیتها، مهاجران، پناهجویان، احترام به سازمان ملل، قبول گرامیش زمین.

کشورهای اسکاندیناوی سرمایه داری همراه با عدالت اجتماعی و رشد ملی ناخالص ۵% سالانه یک راه روشن برای بشریت است. برای سرمایه دای با ابعاد نجومی آمریکا ساختار اقتصاد نیاز به بازسازی دارد. افزایش تحریمها، تعرفه ها، جداسری از سازمان ملل- اعمال تنبیهی برای کشورهای دیگر اند که به آشوب دامن می زنند.

سیاست بخشی از علوم انسانی است که بسیار پیچیده است؛ جدا از عاطفه ما. باید کمیت را بپذیرفت؛ زیرا یک دولتمرد چند تا ۲۰ میلیون رای می آورد. در حالی که نظر فردی می تواند شعر باشد یعنی کمیت، نسبیت، جزییات را تجرید کند. رفسنجانی در مجلس خبرگان در مقابل مصباح با ۳۷ سال سابقه و حمایت او از رییس جمهور قبلی با اطرافیانشن با اختلاسهای چند میلیارد دلار/ یورو است. در این مجلس مردم به اولی رای دادند. لذا عقل چند میلیون رای دهنده به رفسنجانی به عقل فرد نظر دهنده با درنظر گرفتن کمیت، نسبیت، جزییات/ موارد خاص نه مجردات هم باید جور درآید. آنها تشخیص دادند که اختلاسها را با انتخابات می توانند تعدیل/ کاهش دهند. لذا نسبیت هم مطرح می شود: بین ۲نفر در حاکمیت. در بیان نظر فردی از منتخب انتقاد شده؛ سپس به "شعورسیاسی ایرانیان" کشیده می شود. خب این استنتاج از منتخب به قاطبه مردم نیاز به دلایل فراوان دارد. ایراینان در خاورمیانه ۲ انقلاب مشروطه و جمهوری را قرن ۲۰م انجام داده اند؛ از تمام اقران خود در منطقه جلوترند. البته تا غرب سکاندیناوی دهه ها فاصله دارند.

در هر انتخابات می توان به عقل رای دهندگان فردی انتقاد کرد. ولی پخش خبر در فیسبوک با انتقاد، تحلیل، نفرین فردی فرق دارد. از ۸۰ میلیون جمعیت، ۵۵ میلیون واجد شرایطند؛ ۷۰-۶۰% رای داده اند. لذا فرد نظر دهنده جزو ۴۰-۳۰% رای نده/ تحریمی شمرده می شود. پس کار این فرد در جامعه شبیه ۴۰% بقیه است. ولی آنها که رای داده اند؛ نظر اکثریت بوده؛ تعیین کننده مشی آتی کشور اند. آنها در استبداد مشخص خاورمیانه، با این انتخابات مهندسی شده می خواهند در سرنوشت دولت خود سهیم باشند. از مصر، تا ترکیه، اردن، عراق، عرستان، امارات، پاکستان، افغانستان، قطر، عمان، یمن، سوریه، لیبی، آذربایجان، ترکمنستان، تاجیکستان- هر کدام نوعی حکومت اسلامی دارند. آنها تا مدرنیزم دهه ها فاصله دارند.
منابع. ۲۰۱۸-۰۹-۲۸

سپاس

از رحیم باجغلی با تبادل آرای بی پایان در باره اوضاع کنونی جهان. در پیاده رویهای هفتگی، از ایرج امبش با تاکید او بر اقتصاد و ارز دیجیتال در بحثهای شبهای دوشنبه، و مسعود عالمی بخاطر کمک های بیدریغ فنی صفحه آرایی و نشر. همچنین از پایگاه عصر نو، اخبار روز، وطندار، و مشعل.

فهرست

امپریالیزم یا ابرقدرت آمریکا

آن که از دشمن سخن می گوید؛ خود دشمن است. برتولت برشت

آمریکا با 2جنبه جمهوری پویا و امپریال نظامیگر در 60 سال گذشته سازمان ملل را دور زد. کسی پیش از ج ج 2 پیش بینی نمی کرد که آمریکا ابر قدرت نظامیگر خواهد شد؛ پس از آن هم کسی فکر نمی کرد که اردوگاه در 1989 فرو پاشیده خواهد شد. پس از این جنگ جنبه جمهوری آمریکا با مارشال پلان به برنامه های آبادانی و بهداشتی جهان می پرداخت. ولی تولید تسلیحات و نیاز نفتی بدخیمی این ابرقدرت جنبه امپریال آن را تقویت کرد.

چقدر طول خواهد کشید تا بودجه نظامی آمریکا متعارف شده؛ شهروندان قبول کنند که کشورشان دیگر ابرقدرت نیست. بدهی آمریکا به چین 1.5، به ژاپن 1.5 تریلیون دلار است. تجارت آن با چین سالی 400 میلیارد دلار کاستی صادرات دارد. شیوخ عرب 1 تریلیون دلار مستغلات و سهام صنعتی در آمریکا دارند. هزینه جنگی آمریکا در عراق 2 و در افغانستان 1 تریلیون دلار شد.

آمریکا ظرف 2 قرن تمدن مدرن خود از مراحل سرمایه داری، استعمار، امپریالیزم، گلوبالیزم/ جهانشمولگرایی، ابرقدرت، پسامدرن- گذشته؛ ولی توان امپریال/ جهانگستری آن رو به زوال است. هر یک از این مراحل ویژگیها، دوره، تاثیرات جهانی خود را برای بررسی دارند. کشورهای امپریال گذشته ایران و روم با نیروی زمینی، انگلیس با نیروی دریایی بوده؛ آمریکا با نیروی دریایی، زمینی، هسته ای، هوایی، جاسوسی می باشد. هر کدام چرخه حیات پیدایش، اوج، زوال داشته اند.

جنگ جنبه پویا هم دارد؛ در جنگ 8ساله، شهروندی در ایران قوام یافت؛ سازمان و مهمات رشد کردند؛ اقوام ایرانی در هم آمیختند. پس از ج ج 2 با شکست نظامی 3دولت امپریالیزم ژاپن، ایتالیا، آلمان؛ وجه جمهوریشان رشد کرد؛ وجه امپریال آنها فرو پاشید- مانند شوروی در 1989. شکست در جنگ آنها را به مرحله قبل، سرمایه داری مانند شوروی پس نشاند.

آمریکا با تلفیق صنعت با مهندسی سیستم، پروسه، رایانه از دیگر کشورهای غربی و شوروی جلو افتاد. این 3 حوزه علمی در صنعت بمثابه عوامل بیرونی در تولید وارد شدند. آنها از دانشگاهها، پژوهشکده ها، اداره ثبت اختراعات در کریستال سیتی، ویرجینیا- مرزهای تمدن را افزایشی چشمگیر دادند.

در آمریکا دانشگاه پلی بین صنعت و پژوهش بوده؛ عامل خارجی و بالایی در صنعت شده که آنرا دگرگون و بهینه کرد. راندمان کار را بالا برد- لذا با فرمول مارکس ارزش اضافی یک منبع نوآوری را هم به نیروی کار افزود. انباشت سرمایه در آمریکا نجومی شد که در آسمانخراش، هواپیما/ فرودگاه، تولید مازاد مصرف، بهبودی وضع طبقه متوسط در داشتن وسایل خانگی و خودرو می توان دید. در سیلیکون ولی، انتگراسیون تراشه ها چنان ریز شد؛ نسبت گنجایش حافظه به حجم تراشه هر 2 سال 2برابر شد.

ولی انباشت ارزش اضافی، پیدایش انحصارات، صدور سرمایه به جهان سوم- منجر به اختراعات و پیشرفت علم از بهره برداری اقیانوسها تا سفر به کرات سماوی شدند. اختراعات، کشفیات طبی، دانشگاههای تراز جهانی، هواپیمایی، محصولات مصرفی، اینترنت، سامانه های دیجیتال، ژنتیک در کشاورزی و دارو، مراودات الکترونیک- تمدن قرن 20م را تصاعدی افزایش دادند که با افزایش جمعیت زمین همراه شد.

راهکرد سیستم برای بهینگی/ آپتیموم پروسه تشخیص داد که شمار دست زدن انسان به یک محصول هزینه پروسه ترابری آنرا افزایش می دهد. لذا کوشید با کاربرد فناوری دست زدن انسان در یک پروسه را کمینه کند. فناوری سیستم با رباتیک در ریلهای سرهم بندی اجزای خودرو، هواپیما، قطار، بطری نوشابه بکار رفت.

نمونه: اگر پروسه گردآوری، راهبری، پخش پاکتهای پستی- مانند نقشه متروی شهر- اتوماتیک شود؛ هزینه نامه رسانی کاهش می یابد. لذا با گذاشتن کد پستی/ زیپ و سینیهای دراز با تسمه حرکت، پاکتها را می توان اتوماتیک به ایالات، شهرها، نشانی پستی تفکیک کرد. دستگاه تفکیکگر با خواندن کد پستی برای راهبری پاکتها را از هم جدا کرده؛ در بسته ها با مقصد شهر خاص می گذارد.

بهینگی روند در همه سیستمهای پخش بکار می رود. نمونه: UPS برای گردآوری/ پخش یک بسته، والمارت برای اقلام مصرفی، فروش اجناس، هوم دیپو برای مصالح ساختمانی، بلیط فروشی هواپیمایی و قطار، روندهای ساختن و سرهمبندی اجزای رایانه و خودرو، راهبری چکهای بانک. از اینرو آمریکا در بهینگی روند Process improvement سرآمد جهان شد. این فن آوری هزینه پخش فرآورده را کمینه و کنترل پذیر کرد. در مسافرت، پر شدن صندلیهای هر هواپیما و بهای بلیط بنا به تقاضا بهینه/ آپتیمایز می شوند.

بهینگی روند/ پروسه در توزیع خدمات، محصولات، اقلام در جهان اول است. اتوماسیون عرضه محصولات در فروشگاههای زنجیره ای با کامپیوترها و برنامه ها میسر کرد تا نقطه فروش POS را به قفسه عرضه کالا و فروشندگان کل در اقصا نقاط دنیا وصل کند. این سامانه ارتباط دیجیتال اقلام را نه در انبار با خرج آن بلکه در ترانزیت ولی مرتب ردیف می کند.

لذا خرج انبارداری و خوابیدن سرمایه بصورت کالا در فقسه را کمینه کرده؛ با تجمیع/ انتگره کردن نیازهای 100 ها مغازه یک جا تخفیف قیمت هم از فروشنده می گیرد. تاجاییکه در چین فروشگاهها با سامانه توزیع آمریکایی مانند وال مارت ساخته می شوند که تولیدات خود چین را در چین عرضه می کنند.

تراشه کیلبی 1954 برنده نوبل فیزیک 2000 شد که در ساختن پروتوتایپ با ورودی موش و خروجی تصویری یعنی GUI، سیستم عامل یونیکس برای سامانه های بزرگ بکار رفت. شرکتهای زیراکس، آی بی ام، اپل، مایکروسافت در جهان شهره شدند. نرمافزار پردازشگر، سخت افزارهای رایانه شخصی در 1981 در خانه، انواع کامپیوترهای جیبی، کتابی، رومیزی، شبکه سرورها بکار رفتند.

آغاز اینترنت، بیسیم/ وای فای، جستجوگرها، آیپد/ تلفون هوشمند، فیسبوک به 1 میلیارد کاربر در جهان رسید. تراشه های دیجیتال به خودرو، هواپیما، تلویزیون،

ارتباطات، مخابرات، بیمارستانها، قطار، کشتی، مایکرو ویو/ تنور برقی تا سال 2015 به همه صنعت سرایت کرد. سیلیکون ولی مرکز ابرفنآوری/ هایتک شد. دیگر بانکها، بورس سهام، بیمارستانها، پژوهشکدهها، هواپیما- همه با تراشه های محاسباتی، انبار اطلاعات، تصویر داده ها مجهز شدند.

شاید در 15 سال آینده چین یا سازمان ملل ابر قدرت نظامی شوند. با رشد طبقه متوسط در برخی کشورها، گرایش به جهان چندقطبی است. سرمایه گذاریهای غرب در بریکز یا 5کشور برزیل، روسیه، هند، چین، آفریقای جنوبی منجر به شیفت تولید صنعتی از غرب به این کشورها شد. با پیدایش قدرتهای اقتصادی بریکز- می توان پرسید آیا روزی آنها و اندونزی ابر قدرت خواهند شد؟

مهاجرت تولیدات صنعتی از آمریکا به چین و هند، موجب کاهش قیمت اقلام مصرفی وارداتی از این 2 کشور شد. این کاهش به مصرف کننده آمریکایی برای کاهش خرج ماهانه کمک است. نمونه: تلویزیون دیجیتال از کره یا چین در آمریکا با قیمت 200 دلار، نصف قیمت 20 سال پیش است. دیون یک امپریالیزم یا ابر قدرت باید تحلیل شوند. انباشت بدهی فدرال 18 تریلیون دلار تا پایان 2014، یعنی 124 هزار دلار بدهی هر فرد با درآمد سالانه 20هزار دلار بود.

این مبلغ از 1.2 تریلیون دلار بدهی دولتهای ایالتی، 1.9 تریلیون دلار بدهی دولتهای محلی، 17.2 تریلیون دلار بدهی شخصی کل سوا می باشد. بدهی شخصی شامل 13.7 تریلیون دلار وام مسکن، 1 تریلیون دلار بدهی دانشجویان، 1 تریلیون دلار کارتهای اعتباری ، یعنی 53 هزار دلار/ شهروند می باشد. جمعیت 322 میلیون نفری با 149 میلیون کارکن، 7.8 میلیون بیکار است. بدهی شرکتها بماند؛ قرض برای ترمیم کمبود بودجه سالانه و ربح وامها هم وجود دارند. http://www.usdebtclock.org/

نسبت بدهی فدرال بین 2001 تا 2011 تقریبا 37% افزایش یافت که 25-33% بخاطر جنگ خاورمیانه بود. هزینه این جنگ با قرض و بهره سالانه 200 میلیارد دلار بوده که روی نرخ بهره اثر می گذارد. بدون جنگ نرخ بهره پایین می آید؛ پس بانکها طرفدار جنگند. اداره دارایی فدرال نرخ بهره دولتی را تعیین می کند.

بورسهای جهانی قاره آمریکا با برزیل، کانادا، مکزیک؛ اروپا با منطقه متحده، فرانسه، آلمان، انگلیس؛ پاسیفیک آسیا با استرالیا، چین، هنگ کنگ، ژاپن هم روزانه نشر می شوند. نرخ تبدیل ارز دلار، یورو، پوند انگلیس، ژاپن، برزیل، کانادا، مکزیک همراه با نرخ سود اوراق بهادار با تاریخ انقضاء و وام ساختمانی، باندهای دارایی 2، 5، 10 ساله؛ جدول کالاها چون قهوه، مس، نفت، طلا، گاز، پنبه، غله، نقره داده می شوند. نیز برنده ها با افزونی قیمت سهام و بازنده ها با کاهش قیمت سهام نیز ارایه می شوند.

اس & پی ردیف 500 شامل مصالح ساختمانی/ جاده سازی، کاتالوگ/ اینترنت، ابزار برق/ نیرو، خدمات اینترنت، نرمافزار رایانه، رسانه ها، فنآوری طبی اند. ماهواره، اینترنت، جی پی اس، پهباد- یک شبکه جهانی سریع، کامل، تکنولوژیک اند. این شبکه بر مراکز بورس هنگ کنگ، توکیو، فرانکفورت، لندن، پاریس محاط است. سرمایه صنعتی از کشورهای چین، ژاپن، آلمان، انگلیس در سیطره سرمایه مالی جهانی آمریکایند.

این کشورها زیر چتر سرمایه مالی جهانی در 3 قاره برنامه های صنعتی، کشاورزی، آبادانی را پیش می برند. برخی کشورهای غربی در خود آمریکا سرمایه گذاری در ایجاد کارخانه خودرو، اقلام مصرفی، قطعات یدک می کنند. آنها بنای کارخانه را آنجایی می سازند که سود بیشتر باشد؛ نه بنا به میل سرمایه مالی امپریالیستی زمان ج ج 2.

ابر قدرت 5شناسه اقتصادی، فرهنگی، نظامی، سیاسی، نوآوری دارد:
1- سلطه اقتصادی، سیاسی آمریکای قوی بر کشورهای ضعیف- در آمریکای لاتین. با فروپاشی شوروی، آمریکا ابرقدرت شد؛ سازمان ملل را کنار گذاشت.
2- باور به برتری فرهنگ آمریکایی؛ باور به نیاز اقتصاد ملی به بازار جهانی ژاپن و چین؛ استثناانگاری خود برای صدور دمکراسی و آزادی به جهان، مستعمرات خرده امپریالیستها. نمونه: جنگهای کره، ویتنام، عراق.
3-ادامه تولید جنگی برای حفظ نیروهای مولد جنگی قدرت جهانی، آغازگر جنگها، فروش اسلحه.
4- سیطره سیاسی در امور تجاری و نظامی نیاز به بزرگترین ناوگان برای امنیت ملی و 1000 پایگاه نظامی در جهان دارد.

5-نوآوری. دانشگاهها، رصدخانه زمینی و فضایی، NIH موسسه بهداشت ملی، CDC مرکز کنترل امراض، FDA اداره داروهای فدرال، پژوهشکدههای معتبر جهانی که در آمریکا 30% تحقیق و توسعه جهان را انجام می دهند. در 2007 پژوهشهای آمریکا 2 برابر چین، بیش از 27 کشور اتحادیه اروپا بود. آمریکا در علوم فضایی، نجوم، تعداد جایزه نوبل- مقام برترین را در جهان دارد. از 20 دانشگاه برترین جهان 17 تا در آمریکایند. از 9بزرگترین شرکت جهان، 8 تا در آمریکایند که تولید کننده اول جهان در نفت و گاز طبیعی با فراکینگ پمپ آب است.

واگیری هنر مانند موسیقی، فیلم، ورزش در جهان؛ ارتباطات سریع جهانی بین شهروندان هر کشور؛ خبرنگاری شهروندی با آیفون و پخش خبر بسرعت در جهان. سامانه های ارتباط به‌طور گسترده در کانون تولید شده؛ ولی در پیرامون مصرفی می مانند. ماهواره های مدار زمین، سرورهای اینترنت، رسانه های خبری مانند اسوشیتد پرس، برجهای موج مایکرو برای تلفن همراه- جهانی می شوند.

صدور سرمایه به آمریکا اشکال فراوان دارد: خرید باند فدرال بوسیله چین، مستغلات بوسیله ثروتمندان جهان در ایالات هاوایی، کالیفرنیا، فلوریدا، تکزاس، نیویورک؛ خرید سهام بورس نیویرک، ذخیره مالی شیوخ عرب در بانکهای آمریکایی، ایجاد مراکز صنعتی مانند بنز، بی ام و، تویوتا با سرمایه مختلط، خرید مراتع و زمینهای کشاورزی.

آمریکا جمهوری فدرال با 50 ایالات و چند متصرفات مانند پورتوریکو می باشد. دولت فدرال 3قوه مقننه، قضاییه، مجریه مجزا از هم داشته؛ قوه مجریه با رییس جمهور و معاون، عمدتا به رتق و فتق امور جهانی و بودجه سالانه 15 وزارتخانه می پردازد: کشاورزی، تجارت، دفاع، آموزش، انرژی، بهداشت، امنیت داخلی، خانه سازی، داخله، دادگستری، کار، کشور، ترابری، دارایی، امور رزمندگان. قوه مقننه شامل سنا با 100 عضو یعنی هر ایالت 2 سناتور و کنگره با 435 نماینده متناسب با جمعیت هر ایالت است. زن و مرد حق رای و انتخاب شدن دارند.

قوه قضاییه شامل دیوان عالی با 9 قاضی منتخب رییس جمهور برای تمام عمر است. بمرور هر کدام به سنا معرفی شده؛ رای اعتماد گرفته؛ منصوب شده؛ در راس دادگاه های فدرال اند. 2 نهاد قضایی و مالیاتی بر عملکرد و فرمهای مالی شرکتها نظارت داشته؛ تا تقلبها را دادگاهی کنند. نمونه: مدعی العموم نیویورک نوامبر 2015 کمپانی اکسون را برای پژوهشهای تغییر جوی بازخواست کرد. گاهی هم خاطیان کنگره مانند دنیس هسترت دادگاهی می شوند.

ایالات متحده از 13 حوزه جغرافیای قضایی فدرال از شرق به غرب تشکیل شده که با پیشنهاد پرزیدنت و پذیرش سنا نصب می شوند. قاضی فدرال اکثر حوزه ها با جمعیت 235 میلیون نفر در ایالات شرق و غرب لیبرال بوده؛ بقیه حوزه ها در ایالات مرکزی با 87 میلیون نفر، محافظه کار اند. در راس 13حوزه قضایی فدرال، دیوان عالی با 9 قاضی مدام العمری برگزیده پرزیدنت مورد قبول سنا یند.

نتیجه رای دیوان برای مسایل قضایی با 4 قاضی لیبرال، 4 محافظه کار، یک بینابینی تا نسل بعدی تاثیر دارد. گاهی برخی قضایای 13 حوزه به دیوان عالی ارجاع شده؛ اگر آنجا رای 4 به 4 باشد؛ تصمیم قبلی قاضی فدرال حوزوی ابقا می شود. قاضی نیاز به تخصص، هوش، انگیزه، وفا به قانون، زبلی savvy دارد.

حاکمیت آمریکا 2 بخش جمهوری پویا و امپریال سلطه گر دارد که نتیجه تعامل انتخاباتی مسالمت آمیز مجتمع نظامی- صنعتی و خدمات-ابر فنآوری است. جناح مالی در مرکزیت وال استریت با 3 بازار بورس جهانی داو جونز متوسط صنعتی، اس & پی ردیف 500، نزداک NASDAQ مرکب است که افت و فراز سهام را روزانه نشر می کنند.

البته از نظر سیاسی حاکمیت بسیار سیال بوده؛ در دوره هایی متناوبا جمعیت غیرنظامی با کمک مالی ناچیز فردی ولی گسترده اکثریت انتخابات را برده؛ جامعه را از انحصار لابیهای جناح اقلیت نفتی و لابی کلان مجتمع نظامی- صنعتی خارج می کند- پیروزی دمکراتهایی چون کارتر، کلینتون، اوباما. لابی شرکتهای بزرگ، aipac و خیابان J, آبر بسته Super pac در خیابان K واشنگتن مانند شورای نگهبان اند که ریاست جمهوری، نمایندگان کنگره و ایالتی را حمایت مالی، اطلاعاتی، رسانه ای می کنند. در ریاست جمهوری 2012 بیشاز 2میلیارد دلار خرج شد.

جناح نظامی- صنعتی یک/ سوم جمعیت را در بر داشته؛ غالبا سیاست خارجی از ویتنام تا سوریه را تعیین می کند. لذا حملات نظامی آمریکا را نمی توان اشتباه، نابخردانه، غلط نامید؛ بلکه این حملات لازمه استدام تسلیحات برآمده از ج 2 اند. باید گفت: درگیری نظامی آمریکا پس از ج ج 2 در 3 قاره بخاطر نیاز درونی مجتمع نظامی- صنعتی است؛ نه تابع سیاست خارجی آن. پنتاگون قلب نظامی گری آمریکا بوده که بزرگترین مصرف کننده نفت و خریدار تجهیزات در جهان است. لذا نفت رکنی حیاتی در "امنیت ملی" و "ثبات بازار جهانی" در سیاست خارجی این کشور بوده؛ برابر با تضمین جریان منابع نفتی و بازار در جهان است.

تسلیحات تولیدی را باید در جنگ بکار برده؛ هزینه جنگها را دو/ سوم بقیه جمعیت کل در جناح غیرنفتی متحمل می شوند. حاکمیت خوف در جهان را با مبارزه با کمونیزم و اکنون تروریزم ایجاد کرده؛ تا تسلیحات را به دولتهای استبدادی بفروشد. کمکهای

بیژن باران

خارجی عمدتا نظامی به اسرائیل، مصر، فلسطین در خدمت جناح نفتی بخرج جناح غیرنفتی است.

پنتاگون در راس نیروهای مسلح بودجه درخواستی خود را به کمیته نیروهای مسلح کنگره سالانه داده؛ لابیهای تسلیحات اند، اعضای کمیته را به پیمانکاران خاص که مقرشان اکثرا در واشنگتن اند، تحریض می کنند. لاکید با مقرش در میریلند با بودجه 400 بیلیون دلار برای F-35 بمبافکن مشترک بین 4نیروی مسلح، سالی 14.5 میلیون دلار هزینه لابی از 2010-2014 داد. بوئینگ با KS-46 بنزینگیر هوایی- مکدانل داگلاس با F/A-18 جنگنده/ بمبانکن هزینه لابی سالی 15 میلیون دلار داد. نورثروپ با مقرش در ویرجینیا در 2015 پیمان 80 بیلیون دلاری برای جنگنده های هوایی با کارخانه در پالمدیل-کالیفرنیا گرفت.

با بزرگترین شرکتهای تسلیحات جهان لاکید مارتین، بوئینگ، ریثیان - شامل تفنگ، فشنگ، موشک، هواپیما، خودروی نظامی، کشتی، سامانه الکترونیک، لوجستیک، پیمانکار آموزش عملیاتی- اند. دیگران نورثروپ-گرامن، جنرال داینمیکز، شرکت متحده فناوریها یند. خرید تسلیحات در جهان سالانه 1.5 تریلیون دلار یعنی 2.7% GDP جهان است. صادرکننده های ردیف اول جهان آمریکا بیش از 50%، روسیه، چین، آلمان، فرانسه و خریداران عمده عربستان، چین، امارات، پاکستان در 2010-2014 بودند.
https://en.wikipedia.org/wiki/Arms_industry#List_of_major_weapon_manufacturers

جناح نظامی با غلبه در انتخابات، ازدیاد ثروت 1% اغنیاء، تضعیف طبقه متوسط، خشونت نظامی در سیاست خارجی را مهندسی می کند. وجه عمده سیاست خارجی، جنگهای 50 سال اخیر آمریکا ست- هندوچین، پاناما، گرانادا، گواتمالا، کوسووو، عراق، افغانستان. افول ابرقدرت آمریکا را در شکست نظامی در ویتنام، عدم ایجاد دمکراسی در عراق، عدم پیروزی بر طالبان افغانستان، عجز در لیبی، سوریه، یمن می توان دید. در تمام این رویدادها جناح جنگی منتفع شد.

ارتش با 4نیروی زمینی، دریایی، مارین، هوایی در پایگاه های خود مستقر ند. آبهای جهان را سازمان ملل حراست نکرده؛ بلکه ناوگان و نیروی هوایی آمریکا امنیت می بخشند. پنتاگون با نیروی نظامی آمریکا کره زمین را به 6 فرماندهی تقسیم کرده که فرماندهی مرکز/ سنتکام CENTCOM نه در واشنگتن بلکه در خاور میانه است. اوکام/ اروپا و روسیه، افریکام/ آفریقا، پسکام/ اقیانوس آرام و خاور دور، نورثکام/ آمریکای شمالی، سوسکام/ آمریکای جنوبی. سنتکام 20 کشور از آسیای مرکزی تا عراق، افغانستان، ایران، مصر و امارات را در بر می گیرد.

حفظ تجهیزات نیروهای مسلح برای ثبات دریاها و 5 قاره، منجر به یک/ سوم کسری بودجه یک تریلیون دلار شد. برویهم با جمع شدن کسری بودجه سالانه بصورت اوراق قرضه/ باند و دیون برای نسلهای آتی بدهی ملی کلانی را تا 18 تریلیون دلاری 2012 و روزی چند بیلیون دلار بهره این بدهی؛ ایجاد کرده است. بعلاوه بحرانهای دوره ای هم خسارتهای کلانی به گرده اکثریت و نسلهای آینده وارد می کنند.

روال بحرانزا با انتگراسیونهای بازرگانی-اقتصادی منطقه ای یا گزینه ای- جهانی تعدیل می شود. ثبات سیاسی کشورها در جهان سوم برابر با دمکراسی نبوده؛ اکثر دیکتاتوریها غارتگر و قتال اند که برای بازار سرمایه جهانی را با قلدری بهزینه عدم

رونق درونی تداوم می بخشند. این دیکتاتورها با انقلاب، آشوب، بحران، اعتصابات، تظاهرات سرنگون شده؛ حکومتهای بعدی هم از شکوفانی اقتصادی این کشورها عاجزند. نمونه: مصر 3دوره مبارک، مرسی، سیسی. جهان اول غرب، جهان دوم کشورهای بریکز، جهان سوم بقیه جهان است.

منابع. 28/09/2018 http://time.com/3899972/us-superpower-status-military 5دلیل چرا آمریکا تنها ابرقدرت جهان مانده. http://www.singularity2050.com/2008/06/why-the-us-will-still-be-the-only-superpower-in-2030-v20.html آمریکا ابرقدرت تا 2030

ابرقدرت آمریکا

اگر تمام دنیا 8 روز هزینه جنگیش را کنار گذارد؛ کفاف 12 سال تحصیل رایگان با کیفیت را برای همه کودکان جهان می دهد.

نزدیک سده 21م آمریکا با ریگانامیکز/ اقتصاد ریگان یعنی رفع مقررات تحدیدی شرکتها، اقتصاد لیبرال برای صاحبان سرمایه، تجارت آزاد، سیر سرمایه، گلوبالیزم، فروپاشی شوروی، گذار اقتصادی چین- اقتصاد سرمایه داری دولتی را در جهان ضعیف کردند. اروپا در رقابت با آمریکا و چین با رویکرد لیبرال برای صاحبان سرمایه به برنامه های حمایت اجتماعی/ دستاوردهای جنبش کارگری غرب می تازد. اغلب امپریالیزم، ابرقدرت، گلوبالیزم مترادف آمریکایند.

عقابهای عهد ریگان وزیر دفاع واینبرگر با استعفایش، رییس سیا کیسی، تحلیلگر ارشد سیا ویلیام گیتز، مفسران راست ویلیام باکلی، جورج ویل بضد مذاکره با گورباچف بودند. در مقابل وزیر کشور شولتز به رفرمهای گورباچف برای تغییر باور داشت. در سفر مسکو، از ریگان پرسیده شد که هنوز اتحاد جماهیر شوروی امپراتوری شر است. او پاسخ داد: نه. من آنرا در زمان قبل و عصر گذشته گفتم. گورباچف رهبر نوع دیگریست.

اقتصاد ریگان مشی لیبرال برای سرمایه داران، بنا به رفع مقررات تحدید آنها، تقلیل مداخله دولت در تجارت آزاد، بیکاری زیاد، رشد اقتصادی کند همراه بود. سرمایه داری بنا به بازار یا دولت را اقتصاد پسا-ریگان نامند. در آمریکا محافل راست "چایخوری" با شعار "دولت کوچک" کم اثر بر شرکتهای فراملیتی نمایندگان محافظه کار اکثریت در کنگره را بدست آوردند. در اتحادیه اروپا هنوز بقایای دستاوردهای کارگران محترم اند.

ولی برای ارتقای رقابت با مشی لیبرال به سرمایه داری جهانی- برخی ماند بریتانیا عهد ثچر، کانادا، استرالیا، آلمان، فرانسه به تضعیف حقوق کارگران؛ برخی در بحران بانکی چون یونان، پرتغال، ایرلند، اسپانیا، ایتالیا با فشار سرمایه مالی ریاضت کشی را بر طبقات متوسط تحمیل می کنند. ولی با بحران مالی 2008 آمریکا، خواست افزایش شغل بوسیله اوباما، تنظیم مناسبات سرمایه مالی و صنعتی، گرایش به انرژی سبز، رقابت با چین- نقش دولت در گلوبالیزم تشدید شد.

هسته ی دمکراتها نقش دولت فدرال را مهم دانسته؛ هسته ی جمهوریخواهان تقلیل دولت را شعار می دهد. ولی در عمل، در عهد ریگان دولت کمی کوچکتر منجر به رشد

تصاعدی پیمان کاران حاشیه دولت شد؛ یعنی هزینه کل دولت افزایش یافت. در عهد بوش پسر ایجاد وزارتخانه امنیت داخلی شمار کارمندان دولت را افزایش داد.

سرمایه داری خصوصی یا دولتی در فاز رکود بیکاری را دامن می زند که در خاور میانه با تولید مثل زیاد منجر به افزایش خیل جوانان بیکار و جذب آنها به بنیانگرایی سنی و شیعی، تروریزم، ماجراجویی در منطقه، رویگردانی از مدرنیزم، حمله به منافع غرب می شود. بنیانگرایی دینی به رماندن توریزم، عدم امنیت برای سرمایه گذاری خارجی، تحدید آداب مدرن بوسیله اصول شریعت، ستم به زنان و اقلیتها- مدرنیزم را کُند کند.

مشی خارجی آمریکا پس از ج ج 2 در موازنه 2 جناح جنگی و تعاملی است. در سده 21م جناح تعاملی آن ثبات سرمایه را درخطر دیده؛ برای کاهش تروریزم با جناح جنگی کجدار و مریز رفتار می کند. این مشی در تهاجم به محور شرارت کره شمالی، عراق، ایران، افغانستان زمان بوش پسر ابزار جنگی را بکار برد. اکنون جناح جنگی از امساک نظامی در لیبی، سوریه، یمن زمان اوباما و فروش ابزار جنگی به کشورهای خلیج فارس ناراضی است که از این اقبال تروریزم برای فروش و کاربرد تسلیحات حمایت کند.

امپریالیزم و جهان سرمایه داری مراحل نوینی را در 100 سال اخیر گذرانده اند. عوامل عمده تاثیر گذار در جهان بقرار زیرند: ج ج 1 و 2، انقلابات روسیه، ویتنام، چین، کوبا، ایران، فاشیزم، نازیزم، جنگهای رهایبخش الجزیره، آفریقا، آسیا، آمریکای لاتین، بحران سهام دهه 1929آمریکا و آلمان، بحرانهای ادواری بعد، اعتصابات کارگران اروپا، پیدایش غولهای صنعتی آلمان، ژاپن، چین، برزیل، کره جنوبی، آفریقای جنوبی، هند، پیدایش ارز یوروی اتحادیه اروپا، فن آوری دیجیتال ماهواره ای، تلفن همراه، انترنت، پلاستیک، بانکهای جهانی، بیمه، انتگراسیون با بورسهای عمده جهانی.

سرمایه داری از اواخر قرن 19م تا قبل از ج ج 2 در برخی کشورها از استعمار، به امپریالیزم، گلوبالیزم، ابرقدرت تکامل یافت. آغاز قرن 20م برخی دول استعماری به مرحله امپریالیزم رسیدند: انگلستان، فرانسه، آلمان، آمریکا، ژاپن، روسیه. برخی کشور های استعماری به مرحله امپریالیزم نرسیدند: پرتغال، اسپانیا، بلژیک، هلند، ایتالیا. تا پایان این قرن، مستعمرات در آفریقا در جنگهای رهایبخش مستقل شدند. فروپاشی اردوگاه 2 اثر در جهان داشت؛ پیدایش: دمکراسی انتخاباتی در آمریکای جنوبی؛ بینانگرایی مسلحانه در خاورمیانه.

انکشاف امپریالیزم پس از ج ج 2 به بهینگی تولید گلوبالیزم، درماندگی در رقابت اقتصادی و فروپاشی اردوگاه به ابر قدرت آمریکا انجامید. پس از ج ج 2 آمریکا با ایجاد نهاد تنظیم بانکها با گسترش رایانه های امن، تنظیمات حقوقی و قانونی، مخابرات، ارتباطات زمان واقعی، قراردادهای چندجانبه، ایجاد صندوقهای مالی جهانی، بهینگی روند پردازش اوراق بهادار، تعامل با مراکز عمده بورس جهان- مناقشات امپریالیزم را مسالمت آمیز کرده؛ با جنگ و کودتا جنبشهای رهایی بخش جهان سوم را منکوب کرد.

امپریالیزم با سرمایه گذاری خارجی در نیمه قرن 20م در کشورهای پیرامون- کارآفرینی، توریزم، پیدایش طبقه متوسط را ببار آورد. بضد سکولاریزم با سیاست خارجی کمربند سبز بدور اردوگاه به اشاعه بنیانگرایی دینی در خاور میانه منجر شد. سرمایه داری بطور عینی در جوامع با سرعتهای زیاد در غرب و کم در جهان پیرامون انکشاف می یابد. مراکز آموزشی، پژوهشی، آماری، نشر کتب و مجلات هم شرایط عینی را تجرید

کرده؛ مدلهایی برای پیش بینی اوضاع و بدیلهای مهار بحران تهیه می کنند. در اردوگاه تاکید حزب روی جنبه سیاسی مناسبات جهانی از جمله خود شوروی بود؛ نه آموزش اقتصاد، یعنی بنیان سوسیالیزم.

این سهل انگاری آموزشی بیانگر سرمایه داری دولتی بودن بود که پژوهشهای اقتصاد سرمایه داری آمریکا را برای خود کافی می دانست. در این اقتصاد نیاز به نوآوریهای زیر بود: وجود ابررایانه ها برای مدلهای عظیم اقتصادی، تغییرات زیستبوم، تکامل اقتصاد جوامع، کاربرد احتمالات و ترمودینامیک در اقتصاد. لذا مراکز آموزش کارشناسی ارشد در اقتصاد، اتاقهای فکر، کانونهای پژوهشی نشان می دهند که برنامه ای برای حل معضلات اقتصادی شوروی و جهان نداشت.

در نبود کانونهای پژوهشی، آموزشی، تخصصی امور بانکی و بیمه، بهینگی روند تولید و توزیع سوسیالیستی، ابزار نوین پردازش اطلاعات و مخابرات رشد نکرده؛ غیر صنایع نظامی و موشکی، تولید همان سرمایه داری زهواردرفته آلمان ج ج 2 بدون نوآوری بود. لذا تمام بنگاههای مالی از روی آمریکا کپی شدند- بویژه با شفافیت و رفع تبلیغات، پس از فروپاشی 1991 اردگاه.

دانشکده های مدیریت کسب در دانشگاههای هاروارد، شیکاگو، کمبریج تراز جهانی اند. مرکز پژوهش مکتب اقتصاد کمبریج، 3بخش دارد:1-در باره اقتصاد پیشامدرن مانند ایران باستان، 2- اقتصاد مدرن آغازین مانند فیزیوکراتها، 3- مدرن مانند اقتصاد ادم اسمیت. ساموئلسون، صاحب نوبل اقتصاد 1970 که ریاضیات و ترمودینامیک را در اقتصاد وارد کرد. تز او: هر فرد یک عنصر اقتصادی است؛ هر شخص چنان رفتار می کند که کمیتی بنام "کاربرد انتظاری" را بیشینه می کند- این مدل برای پیشبینی رفتاری در اقتصاد است. http://www.eoht.info/page/Paul+Samuelson

در 5 شناسه امپریالیزم کتاب لنین، بازار بورس کلانشهرهای لندن، پاریس، فرانکفورت، نیویورک، توکیو، شانگهای، هنگ کنگ لحاظ نشده؛ ولی یک علت ج ج 2 امپریالیستی برای تقسیم دوباره جهان بدرستی آمده است. با بحران بورس 1933-1929 تئوریهای اقتصاد کینز Keynes، مکتب اقتصاد کمبریج، تز ساموئلسون در آمریکا رایج شدند. آمار مربوط به سرمایه، سهام، شرکتها را می توان در ماهانه فورچون و کمیسیون تجارت فدرال ایالات متحده پی گرفت.

با کاربرد مدلهای نوین، آمار نهادها، بیلان مالی می توان دید که شمار کارگران صنعتی در آمریکا به 2 دلیل کاهش یافته: 1- گسترش خدمات و بنگاههای کوچک، 2- مهاجرت صنعت به کشورهای مکزیک، چین، هند. می توان 3نوع کار در نهادهای بزرگ مانند جنرال الکتریک، کوچک مانند رستوران، فرامرزی مانند مایکروسافت را تمیز داد. در آمریکا کسبهای کوچک 48.5% یعنی نیمی از بخش خصوصی با 142 میلیون کارگر را دارند. لذا نیمی از نیروی کار در نهادهای کوچک کار می کنند. موسسه بروکینگز در 1951 ثابت کرد که 0.1% یعنی یک در هزار جمعیت آمریکا 55% یعنی بیش از نیمی از همه سهام را دارند. https://www.marxists.org/archive/mandel/1955/08/imp-crit.html

ظرف 6 سال گذشته در 2013، کسب خرده پایی با کمتر از 500 کارکن مانند آرایشگاه، غذاخوری، تعمیرات 28 میلیون نهاد داشته؛ کسب خود-کارفرمایی مانند دفتر پزشگی، حقوقی، مهندسی، پاکبانی 22 میلیون داشته که رویهم 50 میلیون یعنی یک/ سوم

بیژن باران

نیروی کار بود. از 1995 ببعد، آنها 65% کارآفرینی جدید بوده؛ هر ماه 543 هزار کسب کوچک جدید باز شده ولی کمی بیشتر می بندند؛ 7 تا از 10 کسب جدید ظرف 2سال، نیمی ظرف 5سال، ثلث ظرف 10 سال، ربع ظرف 15 سال می مانند.

افزایش کسبهای کوچک ناشی از کنترات دادن کارها به دیگران و گسترش خدمات در جامعه پسامدرن است. کسب کوچک 52% خانگی اند؛ 22.5 میلیون کسب بدون کارکن اجرتی وجود دارد. درآمد کل آنها 990 میلیارد دلار با متوسط 44 هزار دلار در سال است. کسب بدون کارکن یعنی نهاد کسبی با یک مالک بدون اجیر، درآمد حدود 1000 دلار در سال، بدون مالیات بر درآمد است.

کسب بدون کارکن 19.4 میلیون در مالکیت یک فرد، 1.6 میلیون شرکت با مسئولیت محدود، 1.4 میلیون کورپوریشن با مسئولیت نامحدود اند. در 2011 بخش سریع رشد در تعمیر خودرو، آرایشگری، خشگ شویی بود. از 5.68 میلیون نهاد کارفرمایی، شرکتهای کوچک از نوع باغبانی و بنایی 99.2% با کمتر از 500 کارگر از نوع تعمیرگاه و رستوران؛ 86.4% با کمتر 20 کارگرند. -http://www.forbes.com/sites/jasonnazar/2013/09/09/16/surprising-statistics-about-small-businesses

گلوبالیزم آمریکای سده 21م نیروی کارش در خدمات و کسب فردی 82.6%، کارگر صنعتی 15.8%، کشاورزی 1.6% است. لذا جامعه سرمایه داری با 82% نیروی کار خدمات/ یقه سفیدها، اکثریت اند. نیز با نیروی اندک در کشاورزی، خوراک مردم را تامین کرده؛ بخشی را هم صادر می کند. کارمندان امور مالی 2 برابر اطلاعات/ اینفرماسیون بوده؛ رویهم 11 میلیون نفر یا 8% نیروی کارند که امور بورس، بانک، مالیات، رایانه ها را انجام می دهند. جدول زیر خلاصه نیروی کار در آمریکاست.

شاغلان بخشهای عمده صنعت آمریکا 2012 به میلیون نفر و درصد.
http://www.bls.gov/emp/ep_table_201.htm
کل   145میلیون 100%، جمعیت آمریکا با 310 میلیون + 10 میلیون مهاجر بدون برگ اقامت.
تولید کالا 18 میلیون 15.8% مانند خودرو سازی، ماشین لباسشویی.
کشاورزی2.1 میلیون 1.6% مانند خوراک انسان و جانوران.
غیرکشاورزی 9میلیون 6.3% مانند مهندسی، غذافروشی.
خدمات   116 میلیون 76.3% مانند بهداشت، گردشگری.
خدمات به میلیون نفر شامل می شود: ورودیها0.5، عمده فروشی5.6، خرده فروشی 15، ترابری/ انبار 4، اطلاعات 3.4، امور مالی 7.8، تخصص/ کسب 16، آموزش 2.6، تفریحات/ مهمانداری 12، بهداشت/ مشاور 13.5، بقیه 6.1، دولت فدرال 2.7، دولت ایالتی/ محلی 19. ورودیهای خانه: آب، برق، تلفن، کابل.
تولید کالا شامل می شود: معدن، ساختمان، کارخانجات/ مانوفاکتورینگ.
کشاورزی شامل می شود: 2.1 زراعت، ماهیگیری، شکار. الوار/ تیر بُری جداست.
غیرکشاورزی شامل می شود: کسب فردی/ بدون مواجب یعنی خود و اعضای خانواده مانند خشکشویی.

پس از ج ج 2، در طول جنگ سرد، امپریالیزم با شعار ضدکمونیزم دیکتاتورها و استبداد در جهان سوم را حمایت کرده؛ مدرنیزم اقتصاد سرمایه داری را کند کرد. با فروپاشی اردوگاه- در آمریکای لاتین و آسیا برخورد امپریالیزم با تحمل دمکراتها منجر به ظهور

دمکراسی شد. در دهه 2000 عملیات تروریستی با حضور فعال آمریکا در خاورمیانه 10 برابر شده؛ فروش اسلحه آمریکا هم در این منطقه افزایش یافت.

امپریالیزم آمریکا در پایان قرن 20م، با پاکس آمریکانا از 1946 آغاز برنامه مارشال تا 1971 جدایی پشتوانه طلا از دلار به جهان شمول گرایی دگرگون شد. در آغاز قرن 21م با تغییرات جهانی روبرو شد: پایان جنگ سرد، فروپاشی اردوگاه و دولتهای اروپای شرقی، گسترش ناتو به این دولتها و عملیات نظامی ناتو در خاورمیانه. غلبه بنیانگرایی دینی مسلح در قدرت سیاسی برخی کشورها تا 2020 یک تریلیون دلار به جناح نظامی آمریکا بهره می رساند. پاکس آمریکانا بمعنی ناظم صلح در جهان بزعم خود است؛ مانند پاکس رومانا در باستان.

آمریکا ادامه امپریالیزم انگلستان است که از جهان 2قطبی گذشته؛ ابرقدرت فعلی آن 2 جناح دارد: یکی مجتمع نظامی- صنعتی وابسته به نفت؛ دیگری غیرنفتی با نهادهای بیمه، مالی، صنایع مصرفی، خدمات شامل تفریحات، ورزش، دارو، اینترنت، ارتباطات، ابزار طبی، مواد غذایی. این 2 جناح لابیهای خود را برای اعمال نفوذ در 3 رکن دولت یعنی قوای مجریه، مقننه، قضایی- هم در دولت فدرال هم در 50 دولت ایالتی خودمختار مدرن دارند.

این لابیها شورای نگهبان صافی مالی چند بیلیون دلار هزینه انتخابات بوده؛ تا تسهیلات قانونی آتی برای تولیدکنندگان را در تقابل با منافع طبقات متوسط و فرودست مصرف‌کننده ایجاد کنند. گلوبالیزم آمریکا با شفافیت و کاربرد لابیها پیش رفته تا حدودی سرنوشت زمین از جمله گرمایش جو و خشکسالی کره را تعیین می کند. لابیها روی نمایندگان، اتاقهای فکر، رسانه ها، آرای عمومی اثر گذارند. لابیها در خیابان K، شمالغربی واشنگتن تمرکز داشته؛ با بودجه کلان تقاضاهای کارفرمایان را در رصد توافق نمایندگان کنگره قرار می دهند.

برای هر یک دلار کمک شهروندان به انتخابات، شرکتهای بزرگ 34 دلار به لابیها می دهند. هر لابی با مزد نمایندگان را متقاعد می کند. اتحادیه بازنشستگان آمریکا AARP لابی غیرحزبی، غیرانتفاعی،40 میلیون عضو داشته؛ 45% نمایندگان کنگره در تقاعد در لابیها اشتغال دارند. کارمندان دولت بزرگترین سندیکا را داشته؛ تعداد اسلحه در دست مردم از جمعیت کشور بیشتر است.

این کشور 2وجه جمهوری پویا و وجه امپریال داشته که بخش نظامی سازمان ملل را نادیده گرفته؛ راسا به حل مسائل جهان می پردازد. راه حلهای نظامی تابع منافع جناح نظامی- صنعتی آمریکا می باشد. لذا نظامیگری در امپریالیزم ساختاری است؛ زیرا یک /سوم تولید ملی در تسلیحات است. امپریالیزم آن با دستاندازی نظامی، سیاسی، تهاجم، فخر، 2گانگی، خودبزرگ بینی، مادی گرایی زیاد، عدم فهم دیگر فرهنگها در جهان نکوهیده می شود. مدتهاست که سیطره جهانی خود را با قرض تامین می کند. اکنون بخشی از 18 تریلیون دلار سرمایه ثروتمندان جهان به خود آمریکا برای دیون فزاینده اش وام داده شده است.

آمریکا با ۶۰۱ میلیارد دلار بودجه نظامی، 1.4 میلیون نفر پرسنل، همین تعداد پیمانکار دفاعی، ۸۸۴۸ تانک، ۱۳۸۹۲ هواپیما و ۷۲ زیر دریایی بزرگترین توان نظامیِ متعارفِ دنیا را دارد. بودجه نظامی این کشور بیشتر از مجموع بودجه نظامی ۹ کشورِی است

که در جدول کردیت سوییس، رتبه‌های دوم تا دهم را دارند. نیز 2.2 میلیون زندانی با هزینه سالانه 60 میلیارد دلار دارد. نیروی نظامی آمریکا در جهان خود را برتر از نیروی نظامی سازمان ملل گذاشته؛ در امور داخلی کشورهای عضو تعرض می کند.

روسیه با بودجه نظامی ۸۴٫۵ میلیارد دلار- معادل ۱۴ درصد بودجه آمریکا- و شمار پرسنل نظامی آن ۷۶۶۰۵۵ نفر است. روسیه ۱۵۳۹۵ تانک، ۳۴۲۹ هواپیما و ۵۵ زیر دریایی دارد. این کشور در مجموع قدرت نظامی 2 جهان است؛ گرچه شمار تانک‌ها رتبه اول را دارد. روسیه بعد از آمریکا بیشترین هواپیماهای نظامی را دارد؛ در شمار زیردریایی بعد از آمریکا و چین، رتبه سوم را دارد.

چین ۲۱۶ میلیارد دلار صرف هزینه‌های نظامی می‌کند. این مبلغ معادل 2.5 برابر بودجه روسیه و ۳۶ درصد بودجه آمریکا است. چین 2.33 میلیون نفر پرسنل نظامی، ۹۱۵۰ تانک، ۲۸۶۰ هواپیما و ۶۷ زیر دریایی دارد. ارتش این کشور در مجموع در جایگاه سوم قرار دارد. ژاپن، هند، فرانسه، کره جنوبی، ایتالیا، انگلیس، ترکیه، پاکستان، مصر، تایوان، اسراییل، استرالیا.. تا کانادا مقام های بعدی را دارند.
http://www.radiofarda.com/content/f8-armies/27334375.html

حضور آمریکا در 3 قاره دیگر آشوب را دامن زده؛ زیرا شمار عملیات تروریستی آسیا، اروپا، آفریقا 9برابر شده. می توان صادرات اسلحه به حوزه خلیج فارس را در جدولی آورد که بیانگر آشوب منطقه است. باید صَرف تسلیحات در جنگهای افغانستان، عراق، پاکستان، یمن، لیبی، سوریه را هم لحاظ کرد. بودجه نظامی آمریکا، صادرات اسلحه و آموزش در جهان اول بوده؛ از 2001 تا 2014 دو برابر افزایش یافته. شمار عملیات تروریستی، بودجه نظامی آمریکا، صادرات اسلحه به کشورهای در حال توسعه بقرار زیرند. Global Terrorism Database،
http://www.sipri.org/research/armaments/transfers/measuring/financial_values
2014 شمار عملیات 16818بودجه نظامی 610میلیارد دلار، صادرات اسلحه10 میلیارد دلار
2013 شمار عملیات 11999 بودجه نظامی 610میلیارد دلار، صادرات اسلحه 23 میلیارد دلار
2012 شمار عملیات 8491 بودجه نظامی 650میلیارد دلار، صادرات اسلحه 62 میلیارد دلار
2011 شمار عملیات 5007 بودجه نظامی 690میلیارد دلار، صادرات اسلحه 26 میلیارد دلار
2010 شمار عملیات 4782 بودجه نظامی 690میلیارد دلار، صادرات اسلحه 21 میلیارد دلار
2009 شمار عملیات 4713 بودجه نظامی 680میلیارد دلار، صادرات اسلحه 29میلیارد دلار
2008 شمار عملیات 4779 بودجه نظامی 680میلیارد دلار، صادرات اسلحه 27 میلیارد دلار
2007 شمار عملیات 3236 بودجه نظامی 600میلیارد دلار، صادرات اسلحه 16 میلیارد دلار
2006 شمار عملیات 2729 بودجه نظامی 530میلیارد دلار، صادرات اسلحه 17 میلیارد دلار
2005 شمار عملیات 2729 بودجه نظامی 490میلیارد دلار، صادرات اسلحه 9 میلیارد دلار
2004 شمار عملیات 1156 بودجه نظامی 480میلیارد دلار، صادرات اسلحه 13 میلیارد دلار
3003 شمار عملیات 1253 بودجه نظامی 440میلیارد دلار، صادرات اسلحه 12 میلیارد دلار
2002 شمار عملیات 1297 بودجه نظامی 350میلیارد دلار، صادرات اسلحه 11 میلیارد دلار
2001 شمار عملیات 1882 بودجه نظامی 320میلیارد دلار، صادرات اسلحه 12 میلیارد دلار

سازمان ملل با نهادهای تابعه هم در گلوبالیزم موثر است؛ 193 کشور عضو آن، بیشتر بهم "وصل" شده؛ ترجمه رایانه ای زبانها و صعود انگلیسی به زبان جهانی هم رخ دادند. داروینیزم اجتماعی با فرض اینکه جنگ/ تضاد در جوامع منجر به ترقی بشریت شده؛ زیرا پیروزی برترها، پست ترها را نابود می کند به تحقیر تیره پوستان منجر می شود. پسامدرن در عصر گلوبالیزم در هنر، رسانه، جامعه پیدا شد. رسانه های

آمریکا در خاور میانه کنونی

فراملیتی با ماهواره در خدمت صاحبان و نهادهای آگهیده محتوا و پیام را بطور عمده تعیین می کنند.

از 1970 فرهنگ پسامدرن در کلانشهرهای جهان شکل گرفت. گلوبالیزم و تمدن پسامدرن همراند. پیدایش تمدن پسا مدرن در آمریکا با مهاجرت یا اقامت موقت نخبگان جهان از جمله دانشجویان چینی، هندی، ایرانی قویتر شد. آمریکا مرکز تمدن پسامدرن است با اقماری در کلانشهرها جهان مانند پاریس، لندن، استانبول، تهران، برلین، پکن، توکیو، مسکو.

جی 7 در 1985 رسما سالانه برای مراودات تجاری تشکیل شد: آمریکا، آلمان، انگلیس، ایتالیا، ژاپن، کانادا، فرانسه. جی 20 شامل دو سوم جمعیت جهان، 85 % رشد ناخالص داخلی، 75 % تجارت جهانی در همایش سالانه 20 کشور عمده اقتصادی و سران بانک مرکزی برای امور مالی جهان می باشد: جی 7+ آرژانتین، آفریقای جنوبی، استرالیا، اندونزی، اتحادیه اروپا، برزیل، ترکیه، چین، روسیه، کره جنوبی، عربستان، مکزیک، هند.

در جی 20 کشورهای چین، روسیه، عربستان تاثیر داشته؛ در نشست 2015 آنتالیا ترکیه- اسپانیا، سنگاپور، مالزی، آذربایجان مهمان غیرعضو بوده؛ رهبران اتحادیه اروپا، روسای سازمان‌های مهم بین‌المللی مانند دبیر کل سازمان ملل متحد و رییس صندوق بین‌المللی پول هم شرکت دارند. با عبور از بحران مالی جهانی گذشته؛ به مسایل سیاسی مانند داعش با بمبهایی در ترکیه، هواپیمای روسی در سینا، کنسرت پاریس، پناهجویان اروپا پرداختند. آنها از تقویت اقتصاد جهانی با افزایش سرمایه‌گذاری در زیرساخت‌ها، همه شمول کردن توسعه اقتصادی پایدار، نظارت بر اجرای مصوبات گذشته، پاسخگو کردن اعضا حرف زدند.

ابر قدرت آمریکا در خاورمیانه نتوانسته ثبات قبلی را بهتر یا استوار کند. کشورهای استبدادی هم با نظام ایستایشان معضلات را نتوانسته مسالمت آمیز حل کرده؛ نیاز به نیروی مهاجم خارجی برای حل مسایل خود دارند. نمونه: عراق، افغانستان، لیبی، سوریه، یمن. این ایستاییی در بحرین، اردن، عربستان، ایران هم منجر به مداخله خارجی خواهد شد. ولی مداخله خارجی مسئله را نمی تواند حل کند. اوباما در نشست جی 20 آنتالیا-ترکیه 2015 درباره انتقاد مخالفان او درباره حضور نظامی آمریکا در سوریه گفت "ما نباید اشتباه گذشته را تکرار بکنیم. اگر نیروهای محلی کاری نکنند، آنگاه باید چه کنیم؟"

منابع. 28/09/2018
http://www.singularity2050.com/2008/06/why-the-us-will-still-be-the-only-superpower-in-2030-v20.html آمریکا ابرقدرت 2030
سلیم یعقوب، محدود کردن ناسیونالیزم عرب-دکترین ایزنهاور و خاور میانه، 2004، چاپ دانشگاه کارولینای شمالی.
Robert Service, The End of the Cold War 1985-1991, Public Affairs, 643pp, 2015.
رابرت سرویس، پایان جنگ سرد.

سناتور ریچارد بلک از حزب جمهوریخواه آمریکا گفت: جنگ در سوریه پایان خواهد گرفت اگر آمریکا و متحدانش دست از حمایت از تروریستها بردارند. تعداد 500 موشک

آمریکایی تاو که از راه عربستان سعودی به گروه‌های مسلح از جمله جبهه النصر داده شد یک خطا از طرف دولتمردان آمریکا بود.

این سناتور ایالت ویرجینیا در مصاحبه با تلویزیون المیادین افزود: نقشه سرنگونی دولت سوریه در ۲۰۰۱ طراحی شد؛ در ۲۰۱۱ به اجرا در آمد. در میان کشورهای عربی سوریه از آزادی و برابری بالایی برخوردار بود. الان هم پس از 10 سال برنامه ریزی و 5 سال جنگ، هیچکدام از این گروه‌ها مردم سوریه را نمایندگی نمی کنند. هنوز اکثریت مردم سوریه خواهان بشار اسد هستند. او در نامه‌ای به رئیس جمهور اسد توضیح داد: "این جنگ، یک جنگِ غیر قانونی است." Ali Alang FB011215
http://www.intersol.dk/u-s-senator-war-in-syria-ends-when-foreign-support-to-terrorists-stops/

از امپریالسم تا گلوبالیزاسیون

من هر جنگی را پذیرایم، زیرا این کشور نیاز به جنگ دارد. تئودور روزولت 1858-1919 پرزیدنت آمریکا

نیمه اول قرن 20 شاهد تبلور 5شناسه امپریالیزم تمرکز تولید، بانکها، ترکیب سرمایه بانکی و صنعتی، انحصارات، تقسیم جهان بود. 2 جنگ جهانی منجر به پیدایش بلوک غرب به سرکردگی آمریکا با پیمان نظامی ناتو و بلوک شرق برسرکردگی شوروی با پیمان ورشو شدند. پس از ج 2 انقلابات، جنگهای رهاییبخش، کودتاهای سیا در 3قاره رخ دادند. جهان سوم بویژه کشورهای نامتعهد، به 2جهان اول غرب و دوم شرق، تحت لوای هند، یوگسلاوی، اندونزی، الجزیره نضج گرفت.

سرمایه داری خصوصی در غرب غایب بود؛ در شرق سرمایه داری دولتی با نامهای گوناگون، در جهان سوم سرمایه داری مختلط رایج بود. در بلوک شرق انباشت ارزش اضافی به شکل تسلیحات و کمکهای مالی، برنامه ی صنعتی به جهان سوم- اردوگاه را در اقتصاد داخلی تضعیف می کرد. در نیمه دوم این قرن، غرب با قراردادهای بانکی و نظامی تضادهای امپریالیستی و استعماری را با مسالمت حل کرد. با ارتقای صنایع نظامی و هسته ای، جاسوسی، صدور سرمایه به جهان سوم تا فروپاشی اردوگاه در 1989 صفآرایی جهان تغییر کرده؛ با بنیانگرایان اسلامی مسلح متضاد مدرنیزم در خاور میانه رودرو شد.

جنگهای کره، ویتنام، کوبا، کودتاهای غربی در ایران، اندونزی، گواتمالا و کودتاهای شرقی در عراق، لیبی، الجزیره، افغانستان، مصر، سوریه، یمن- رودرویی 2 بلوک شرق و غرب را نشان می دهند. در سازمان ملل هم این 2 بلوک با حق وتوی 5 کشور شوروی، آمریکا، انگلیس، فرانسه، چین برخی نهادهای مالی جهانی امور مالی و نظامی جهان سوم را رتق و فتق می دادند. سرانجام آمریکا به تقویت بنیانگرایان دینی بضد سکولاریزم شرق پرداخت که در انقلاب 57 ایران، لبنان، افغانستان، غزه، الجزیره، پاکستان، بنگلادش، مصر، سودان در رشد جنبش جهادی تبلور یافت.

گروسمن با کاربرد اسناد و خدمات پژوهشی کنگره در کتابخانه کنگره نوشت: آمریکا در 111 سال بین 2001-1890 با 133 جنگ، بطور متوسط سالانه حمله نظامی ش از 1/15 پیش از ج ج 2 به 1/29 بعد از آن، پس از فروپاشی 1989 شوروی به ../2 افزایش یافت.

پس از جنگ سرد بخش رقابتی تسلیحات با شوروی به بخش جنگهای مستقیم با کشورهای پیرامونی تبدیل شد. این افزایش در انطباق با این نگره علوم اجتماعی است: افزایش جنگها بیانگر گسترش امپریالیزم است. باید افزود که در آمریکا افزایش جنگها بخاطر وجود جناح مجتمع نظامی- صنعتی با رشد صنایع جنگی می باشد.

در این جنگها عمده کاربرد تسلیحات بوده نه پیروزی در جنگ مستقیم 2 شکست در جلوگیری از غلبه شمال بر جنوب در ویتنام و استقرار دمکراسی در عراق؛ به فروش تسلیحات به شیوخ خلیج فارس در لیبی، یمن، سوریه منجر شد. در حاکمیت آمریکا 2جناح جنگی و تعاملی در رقابت مسلمت آمیزند. در هر 2 مورد جناح نظامی با فروش تسلیحات برد داشت. کارکرد 2جناح جنگی و تعاملی حاکمیت را در بوش از جناح جنگی در حمله مستقیم یه عراق و اوباما از جناح تعاملی با تجهیز مخالفان دولت سوریه یا توافقنامه هسته ای با ایران می توان دید.

البته جناح جنگی همیشه تبلیغات رسانه ای سیاسی را برای آمادگی جنگی انجام می دهد. این تبلیغات بستگی به اخبار دارد- از مبارزه بضد کمونیزم و تروریزم، از ثبات و آرامش تا امنیت ملی، از حقوق بشر تا صیانت مرزی را در بر می گیرد. چرا ظرف 4سال گذشته، آمریکا نتوانسته 20-50 هزار داعشی پراکنده را نابود کند. آنها در سپتامبر و اکتبر 2015 به لیبی و افغانستان با ارتکاب جنایات جنگی گسترش یافته اند.
http://www.peacefromharmony.org/?cat=en_c&key=599

ویلیام بلوم در 300 صفحه مستند در دولت یاغی نوشت: تنها ابرقدرت جهان 13-17 میلیون انسان را در عملیات آشکار بوسیله پنتاگون و پنهان بوسیله سیا کشته؛ که متحدان آمریکا حامی آیین هجمه اند. این راهبرد همسو با ارتش آمریکا "برای حفظ امنیت جهان برای اقتصاد ما" می باشد. مداخله نظامی آمریکا بضد دیکتاتورها نبوده؛ بلکه بضد دیکتاتورهای موی دماغ اند: نه بضد باتیستا بلکه کاسترو در کوبا، نه بضد خیمه نز بلکه چاوز در ونزوئلا، نه بضد ساموزا بلکه ساندنیستها در نیکاراگوئه، نه بضد پینوشه بلکه دکتر آلینده در شیلی، نه بضد شاه بلکه دکتر مصدق در ایران، نه بضد کودتاگران بلکه آربنز در گواتمالا.

پس از فروپاشی اردوگاه تا دهه 1990 بمباران هوایی یوگسلاوی، ناتو در اروپای شرقی تحکیم شد. نقطه عطف 11 سپتامبر 2001 بود که در سیاست خارجی آمریکا تروریزم را جانشین کمونیزم کرد. این جانشینی برای توجیه بودجه یعنی یک/ سوم کل درآمد آمریکا برای صنایع نظامی بود. در سده 21م جنبش جهادی در عراق، سوریه، لیبی، یمن کش آمده اند. صنایع جنگی در رقابت با اردوگاه با تسلیحات پیشرفته نفع بیشتر داشت تا در جنگ نامتقارن خاورمیانه که ضامن پیروزی نشد. عراق به شکست و 1 تریلیون دلار خسارت برای آمریکا منجر شد- یعنی دو/سوم جمعیت بخشی از آنرا به یک/ سوم جناح نظامی داده؛ بقیه با قرض تامین شد.

والرشتاین جهان را به 3منطقه کانون/ هسته بسیار پیشرفته، لایه بینابینی در حال پیشرفت مولدان مواد خام، پوسته گسترده فقیر بخش کرد. او سرمایه داری را نظام چیره از سده 16م با بحرانها و جنگها، ایجاد نهادهای تعاملی می داند. پوپر در جامعه باز و دشمنان آن، جامعه مدرن فعلی را پذیرفته؛ خواستار اصلاحات آداب و رسوم گذشته و نوآوریهای فنی در اوضاع فعلی است.

در تقسیم بندی کنونی، جهان به کانون مالی و نظامی غالب در جهان تحت سلطه مالی- نظامی آمریکا پس از ج ج 2 با آلمان و ژاپن با قراردادهای تجاری و کشورهای پیرامون می باشد. سرمایه داری نظام تولیدی است که تجارت و صنعت در مالکیت خصوصی، دولتی، مخلوط این دو می باشد. جمهوری نظام سیاسی است که مردم یا نمایندگانشان حکومت را داشته؛ با انتخابات دولت بطور مسالمت آمیز تغییر می کند.

باید دانست که مناسبات گذشته قبیلگی، استبدادی، عمودی به موازات بوژوایی ادامه داشته؛ در برخی مناطق مانند شبه جزیره عرب حتی غالبند. در کشورهای کانون طبقه متوسط تحت فشار است؛ در برخی کشورهای پیرامون مانند چین، هند، تایوان، مالزی، کره جنوبی طبقه متوسط شکوفان است. در کلانشهرهای کشورهای پیرامون مانند استانبول، تهران، مومبای، شانگهای هسته های پسامدرن شکل گرفته اند.

اگرچه سرمایه برای سود بیشتر فرامرزی شده؛ ولی در دور بعدی آن به ایجاد نهادهای تمدن مانند موزه ها، پژوهشهای طبی/ دارویی، بهداشت جهانی می پردازد. لذا بخشی از انباشت سرمایه برای بهبود معنوی و جسمی انسانها بکار می رود. نمونه: خیریه دمکراسی سوروس برای جهان رنگین کمانی با تقلیل فقر، امراض، استبداد؛ بهداشت در آفریقا با بنیاد بیل گیتز مایکرو سافت. روشن است که ابتکارات او به زعم الیگارکهای روس، چین، هند فعلا خوشآیند نیستند. غولهای غنی خیر با کمک و سهم خیریه در سازمان ملل چون انجلینا جولی هولیوود، زاکربرگ فیسبوک، بزوس آمازون، تویتر، گوگل، یاهو می باشند.

نفوذ دول غربی در شرق را می توان از قرن 19 تا 21م با تاکید بر آمریکا در 4 مرحله استعمار، امپریالیزم، جهانشمولگرایی، ابر قدرت؛ کشورها را به 2 مقوله کانون و پیرامون تجرید کرد. هر مرحله و مقوله را تعریف کرده؛ شناسه های آنها را توصیف کرده؛ عملکرد آن در کشورهای پیرامونی 3قاره آمریکای لاتین، آسیا، آفریقا، خاور میانه- را بررسی کرد. این نفوذ روی کشورهای پیرامون 2 تاثیر مثبت اشاعه مدرنیزم و منفی تقلیل رشد سرمایه داری بومی دارد. آمریکا در اشاعه سرمایه داری در جهان فعال است که در خاور میانه سرمایه داری مخلوط دولتی و خصوصی را دامن می زند.

در قرن 18م، آیا آمریکا جمهوری یا امپراتوری بود؟ جفرسون معتقد بود آمریکا ضدامپراتوری است. بمرور تجار، مسیونرهای مذهبی، افسران نظامی آمریکا به خارج سرازیر شدند. آمریکا خصلت 2گانه جمهوری و امپریالیزم دارد. جمهوری آن با صفات کارایی، خلاقیت، پویایی، بهینگی، آزادی، پیشرو- تحسین می شود.

آمریکا در مرحله استعمار را می توان اینگونه خلاصه کرد. جنگ با اسپانیا در کوبا و فیلیپین 1898؛ الحاق گوام، پورتوریکو، هاوایی؛ ساختن با اجاره 99ساله ترعه پاناما. مشی سیاست خارجی مونرو: آمریکا در امور آمریکای لاتین- جنوبی و مرکزی- دخالت اقتصادی، سیاسی، نظامی برای امنیت قاره آمریکا حیاتی است. پس تنها شرکتهای آمریکایی به توسعه آمریکای لاتین کمک کرده؛ شرکتهای اروپایی کنار گذاشته شدند- آغاز افول امپریالیزم انگلیس.

ج ج 1 در 1918-1914 غاصبانه، غارتگرانه، جنایتکارانه بود که هر 2 طرف برای تقسیم جهان، مستعمرات، مناطق صاحب منابع کانی و نفوذ سرمایه مالی جنگ کردند. پس از آن، سرمایه ها نه در وجه صادرات بلکه به صورت وام های دراز مدت یا کمک های

بلاعوض به کشورهای پیرامونی داده شد. البته بیشتر این وامها با کارشناسان و مازاد تولید کشور استعماری بسته بندی شده؛ تا بخشی به کشور متروپل برگردد.

استعمار دستاندازی دول غربی به 3قاره را برای محصولات کانی و کشاورزی شان در چند قرن گذشته می توان در نمونه انگلیس دید. امپریالیزم با صدور سرمایه و جنگهای خانمانسوز در آلمان، ژاپن، آمریکا در قرن 20م دیده می شود. ابرقدرت در مورد آمریکا توان مالی و نظامی سلطه گرش در جهان است. شاید تنها ابرقدرت در 2030 چین با جمعیت 4 برابر آمریکا و سریعترین رشد اقتصاد است. ولی نهادهای پژوهشی و دانشگاهی، پروژه های فضایی، تعداد جایزه نوبل، خبرگی در اختراعات، روحیه انترپرایزی در فن آوری را نمی توان با اعداد نشان داد.

پس از پاکس آمریکانا در بازه زمانه ج ج 2 تا 1979 با تغییر پشتوانه دلار از طلا به خود دلار، فروپاشی اردوگاه، امپریالیزم آمریکا به گلوبالیزم تکامل یافت که تا سده 21م ادامه دارد. اکنون فرماندهی ارتش آمریکا بمرکزیت خاورمیانه، نه واشنگتن، برای امنیت ملی آمریکا می باشد. تضادهای امپریالیستی پیش از ج ج 2 به نهادهای تعاملی ج 8 و ج 20، بانک جهان، قراردادهای مشارکتی کشورهای غربی استحاله کرده اند. اکنون آمریکا لاتین با انتخابات قدرت سیاسی را تفویض می کند. ولی در خاور میانه و آفریقا جنگهای داخلی با تسلیحات آمریکا ادامه دارند.

در غرب قرن 20م سرمایه داری رقابتی به انحصاری رسید. دولت آمریکا "شورای مدیریت طبقه سرمایه دار" لقب گرفت. از پاکس آمریکانا به جهانشمولگرایی Globalization رسید که روند بین المللی ناشی از معاوضه نظرات، محصولات، تعاملات، ترویج جنبه های فرهنگ جهانی است. برخی نهادهای اصلي این روند جهانی بقرار زیرند: سازمان تجارت جهانی WTO، صندوق بین المللی پولIMF، سازمان بین المللی کار ILO، بانك جهانی. ایجاد ارگانها و نهادهای بین المللی اتحادیه اروپا، نفتا، 12 عضو PTT، نشست G8، همایش سازمان تجارت جهانی.

جهانشمولگرایی/ گلوبالیزاسیون مرحله کنونی امپریالیزم آمریکا با واحد پولی مبنای مراودات مالی جهان، سلطه نظامی و ماهواره های معلق فضایی بر کره زمین، پیمانهای تجاری جهانی، 2 جناح امپریال سلطه گر جنگی و جمهوری مروج تمدن مدرن می باشد. این نظام با پایگاه عمده پسامدرنیزم، مراکز بانکی نیویورک، تفریحات هولیوود، فناوری سیلیکون ولی پیشرو می باشد. رهبران جهان از 35 کشور چین، ژاپن، برزیل، اسراییل، روسیه، مالزی، هند، قزاقستان، ایرلند از سیلیکون ولی دیدار کرده اند. مودی رهبر هند با 30 میلیون پیرو پس از اوباما در فیسبوک مقام دوم را دارد.

شهرگانش مانند اپرا وینپری برای بهبود فقر و مرض در جهان، گسترش فنآوری دیجیتال ارتباطی اینترنت، ماهواره، موقعیتیاب، داروهای ژنتیک، تجارت فرامرزی، پژوهشهای پزشگی، بیشترین نامآوران ورزش المپیک، ورود زنان به مراتب بالای کسب، سیاست، دولت، کمک به سازمان ملل می باشند.

درباره گلوبالیزاسیون هم نظریه پردازان غربی بوده؛ ولی اروپایان مانند پوپر، فیلسوف اطریشی 1902-1994، والرشتاین جامعه شناس آمریکایی، گالتونگ جامعه شناس نروژی- دیدی فراگیرتر، انسانیتر از آمریکاییهای جناحی، محدودتر چون فوکویاما عالم سیاسی آمریکایی و برژینسکی سیاستمدار آمریکایی دارند. این 2 نفر حتی به واقعیات

بیژن باران

پیدایش 5کشور بریکس، اتفاقات در آمریکا مانند شکست در ویتنام، عراق، بدهی 13 تریلیون دلار، قتل روزانه 90 نفر، بزرگترین زندان جهان- در رادار تفکراتشان قرار نگرفته؛ لذا عقاید غیرواقعی را عمومیت داده؛ نظریه پردازی می کنند.

این روند عینی جهانی را برخی نظریه پردازان علوم انسانی در تزهای خود تبیین کرده اند. توماس فریدمن در کتاب"جهان هموار است، تاریخچه مختصر قرن بیستم" نوشت: گلوبالیزاسیون همراه با انقلاب تکنیکی و اینترنت جهان را به یک دهکده بزرگ جهانی تبدیل خواهد کرد. در آن همه چیز استاندارد می شود- شبیه سیستم مك دونالدز، کوکا کولا، استارباکس. درآمد و ثروت مردم جهان بتدریج تحت بازار آزاد برابر می شود.

گلوبالیزاسیون روندی عینی و جبری است که از جاده ابریشم، تا عصر کشف قاره های جدید و فن آوری بیسیم امروز ادامه دارد.
اکنون این روند اجتماعی در جهان عمدتا در غرب تکوین می یابد. ولی غرب نخبگان و دانشجویان شرق را در خود پرورش می دهد. در این روند نخست نخبگان، سپس احاد جوامع، نهادهای اجتماعی، سازمان ها، اقشار، طبقات، دولتها، ملت ها، تمدن های عضو سازمان ملل تشریک مساعی می کنند. این روند پیوند اقتصادی، سیاسی، فرهنگی بشریت را در بر داشته؛ جامعه مصرفی پسامدرن بعد از صنعتی، دارای شناسه های زیر است:
- تمدن پسامدرن پدیده قرن 20م با سلطه آمریکا و تخفیف تضادهای اردوگاه امپریالیزم با پیدایش گلوبالیزم- در هنر، معماری، نقد.
-افزایش جمعیت زمین با بهبود بهداشت، بالا رفتن کیفیت/ سطح زندگی.
-گسترش دورکاری در خانه، ایجاد محل های شغلی جدید در چین، هند، برزیل.
-امکان دسترسی آزاد و گسترده به اطلاعات طبی، فنی، سیاسی، تاریخی، خبری، ادبی.
-گفتگوی تمدن ها و فرهنگ های گوناگون در سازمان ملل، فورومهای جهانی، شبکه های مجازی.
- زوال مرزهای تجاری، دولتی، ملی، فرهنگی، زبانی با خرید/ فروش محصولات، تجارت/ مراوده الکترونیک برای کالا، اندیشه، پول.
-امکان گسترش انتخابات و تفویض مسالمت آمیز قدرت سیاسی در آمریکای لاتین و برخی کشورهای آسیا و آفریقا، تعدیل تناقضات طبقاتی در بخشی از کره زمین، تشدید تعارضات مسلحانه در خاورمیانه و بخشی از آفریقا.
-گسترش صلح، ثبات، امنیت در غالب کشورهای 5قاره- بجز خاور میانه و شمال آفریقا.
-دگرگونی جهان به دهکده مشترک انسانی بر اساس ورزش، تفریحات، هنر، سرگرمیها، بازار، کالا، پول.

البته معترضان گرایش جهانی هم وجود دارند. آنها اعتراض می کنند: به تمرکز ثروت در 1% جمعیت هر کشور اشاره کرده؛ افزایش آلاینده ها در هوا، خاک، آب؛ تضعیف سندیکاهای کارگری در کشورهای کانونی از جمله آمریکا؛ نابودی جانوران وحش، گرمایش زمین، ذوب یخهای قطبی، برآمدن سطح اقیانوسها؛ خشونت به اقلیتها، زنان، اقوام.

جوانان، اتحادیه ها، بخشی از کارگران در اعتراضات ضدامپریالیزم آمریکا و شرکای اروپایی در جلوی محل نشستهای غربی برای اقتصاد جهانی شرکت می کنند. جنبش ضد گلوبالیزاسیون خود در یك جنبش ضد امپریالیستی و ضد "نئولیبرالیسم" با "اشغال

آمریکا در خاور میانه کنونی

وال استریت" در نیویورک نمود یافت. از 1980 نئولیبرالیسم بمعنی عقاید اقتصاد آزاد قرن 19م بدون دخالت دولت است.

اختلافات بین دول عضو سازمان ملل با مذاکره حل می شوند؛ یک بخش نئوکانها در خدمت منافع نظامی و بخش دیگر در خدمت ایده الوژی سروری آمریکا، صیهونیزم، ثروتمندان خرافی است. ولی نزاعهای داخلی هر کشور را سازمان ملل نمی تواند حل کند. لذا همسایگان، آمریکا، ناتو، روسیه در این نزاعها مداخله می کنند.

نمونه: یمن، سوریه، افغانستان. این مداخلات شامل اند بر: آموزش نظامی، حمایت مالی، نفوذ اطلاعاتی، اسلحه رساندن، کارشناس فنی، بمباران هوایی، زدن افراد با پهباد، جنگ با نیروی بیگانه در یک کشور. تحریمها ابزاری برای دول کانونی در لیست قرار دادن کشورها، سازمانها، افراد در رابطه با تروریزم، مخدرات، جنایت جنگی، ناقض حقوق بشر اند.

در جناح جنگی، هنری کیسینجر و شولتز، وزیران کشور سابق، رویهم 187 سال عمر کرده اند، در رابطه با توافقنامه هسته ای 4 نکته را طرح کردند:1-آمریکا اکنون باید دکترین استراتژیک برای منطقه تهیه کند. 2-این توافقنامه با رهایی ایران از تحریمها ریسک تلاش هژمونیک ش افزوده می شود. 3-تناقشات فرقه ای سنی – شیعی عدم ثبات خاورمیانه را افزایش می دهد. 4-این توافق نامه درگیر آمریکا در خاور میانه را دامن می زند. توافق ایران و نتایج آن، کیسینجر و شولتز، 7آوریل 2015 وال استریت جورنال. http://www.wsj.com/articles/the-iran-deal-and-its-consequences-1428447582

همه می دانند که نظر من در مورد ارتش چیست، اما من مجبورم این مسئله را گوشزد کنم که ارتش در مورد حوادث اخیر بیش از حد اقدامات غیر ضروری انجام داده است. ما به ارتش گفته ایم که آمریکا مجبور است 7 کشور خاورمیانه را به دلیل منابع غنی آنان تحت کنترل خود قرار دهد. این در حالی است که دولت آمریکا تقریبا در حال به پایان رساندن این مرحله از برنامه خود است. http://www.globalresearch.ca/accurate-satire-henry-kissinger-if-you-can-t-hear-the-drums-of-war-you-must-be-deaf/28610

برژینسکی با تاثیر بر نئوکانها در کتاب نطع بزرگ شطرنج، سیاست خارجی آمریکا را برای سلطه در جهان، در 2بردار فرموله کرد: 1- تحکیم اوضاع موجود با سرکوب نظامی اعتراضات کشورهای دیگر. 2-ایجاد نظم نوین بوسیله کنسرنهای فراملی با مداخله ابرقدرت آمریکا. این تز، سازمان ملل را ندید گرفته؛ از شکستهای آمریکا در ویتنام و عراق عبرت نگرفته؛ چرخه تسلیحات را با جنگهای جدی، ایجاد رعب در منطقه، فروش مهمات منتفع می کند.

ژاک آتالی رییس بانک بازسازی و توسعه اروپا در کتب خود- مغاک در فرهنگ و جامعه، تاریخ آینده جهان، پسابحران- جهان آتی را چند قطبی انگاشته؛ تاریخ را گذر از تقدیس 4 نوع جامعه می داند: قدیسان دینی، شاهان سیاسی، ثروتمندان مالی، نخبگان جهان فعلی. در این بشر جهانی، بمانند کولیان کوچی رهایی از تعصبات ملی، تعلقات فرهنگی، وابستگیهای حزبی/ دولتی، مناسبات سببی خواهد بود.

فوکویاما با پایان تاریخ به دموکراسی لیبرال با ارزش های فردگرایی خودخواهانه، بازار آزاد، حقوق بشر جهانشمول به آخرین مرحلهٔ تکامل بشری می رسد که تناقضات

فعلی کشورهای دیگر و حتی خود آمریکا با بزرگترین زندان جهان را نادیده می گیرد. در این آقایان وابستگی طبقاتی در موضع گیری و تبیین نظراتشان بخوبی مشهود ند. عجیب است که با تحصیلات آکادمیک عالی بازهم نظرات نامنطبق با واقعیت ولی در راستای جناحی دارند. بموزات پدیده عینی سیر تحول کاپیتالیزم به امپریالیزم و گلوبالیزم، نظرات ذهنی متناظر یا پدیده عینی در باره این تحول در فرهنگ نضج گرفتند.

با کشف قاره جدید و مستعمرات، مارکس و انگلس در مانیفست کمونیست ۱۸۴۷بر خصلت جهانی سرمایه تاکید کردند: نیاز به یك بازار دائم التوسعه برای فروش کالاهای خود، بورژوازی را به همه جای جهان می کشاند. همه جا باید رسوخ کند، همه جا قرار گیرد، با همه جا ارتباط برقرار نماید.. جهانی همشكل و همانند خویش می آفریند. در سرمایه، جلد 1، مارکس بر خصلت بین المللی و جهانی سرمایه تاکید کرده؛ از "کشاندن همه مردم جهان به بازار جهانی" نوشت. لنین در کتاب "امپریالیسم مرحله آخر سرمایه داری" بر تمرکز سرمایه های مالی و صنعتی، ایجاد بازارهای جهانی، تضادهای امپریالیستی تاکید کرد. کاظم نیکخواه
http://www.k-en.com/safhe%20azad/Globalization1.pdf
نیکخواه ادامه داد: در سایه کل تحولات تکنیك دیجیتال، اتوماسیون، روبات، اینترنت، بیسیم/ مایکرویو، تقسیم کار بین المللی، نزدیکی مواد به کارخانه، محصول به فروشگاه، بهنیگی روندهای توزیع، مهندسی پروسه ها- تولید کارگران بنا به آمارها ثروت کشورهای پیش رفته از ۱۹۷۹ تا۲۰۰۰ بین ۷۰ تا ۱۰۰ % افزایش یافت. یعنی تنها با اضافه ثروت این کشورها در این 3 دهه می توان زندگی 2 برابر جمعیت این کشورها را با استاندارد زندگی اروپایی تامین کرد.

نگره برابر شدن مال نادرست بوده؛ در کشورهای کانون و پیرامون تمرکز ثروت و گسترش فقر طبقه متوسط تشدید شده اند. توماس پیکتی در کتاب سرمایه در قرن 21م از رشد عدم مساوات در جهان می نویسد. در عین حال انباشت غولین سرمایه منجر به گسترش نهادهای تمدن، پژوهشهای طبی، حمایت از موزه ها و مراکز هنری می شود. تمدن مساواتی سرخپوستان بدون انباشت سرمایه با مظاهر تمدن نیویورک قرن 21م قابل مقایسه نیست. برای بیان یک موضوع ساده تر است که از تجریدات/ بالا به پایین/ فاکتها رسید؛ ولی باید از پایین/ فاکتها به بالا/ تعمیمات باشد.

تشدید شهرنشینی، توریزم جهانی 1 بیلیون در سال است. فرانسه با 67 بیلیونر، 500 ثروتمند آن 390 بیلیون یورو دارند. با تلفیق خلاقت، بدعت، مهندسی، خط تولیدی کارخانه، بهنیگی روند توزیع، کمینه انبارداری- راندمان کار افزوده شد؛ تولید/ساعت کار خیلی بیشتر از گذشته شد. سود سرمایه فزونی گرفت. با تولید انبوه محصول در بازار کار ارزان چین، هند، ویتنام بهای محصول کاهش یافت. محصولات در اختیار لایه های بیشتر طبقه متوسط شامل کارگران غرب قرار گرفتند.

ظرف 50 سال گذشته جمعیت زمین 2 برابر شده؛ اکنون جهان با بیش از 7 میلیارد نفر است. لوموند دیپلماتیك در 1998 گزارش داد: هر سال ۳۰ میلیون نفر از گرسنگی مي میرند. ۸۰۰ میلیون نفر از گرسنگی مزمن رنج می برند. بنا به محاسبات سازمان ملل- با تنها ٤ % ثروت ۲۲۵ متمول اول جهان مي توان تمام نیازهای پایه ای همه ساکنان زمین یعنی غذا، دارو، پوشاك، مسكن را تامین کرد. در آمد ۳ میلیارد نفر از مردم جهان از ۵۰۰ نفر ثروتمندان اول جهان کمتر است. گزارش سالانه بانك جهانی ۲۰۰۰ نوشت: نصف مردم جهان با روزی کمتر از ۲ دلار زندگی کردند.

ورود علوم طبیعی و انسانی در ایران و خاورمیانه در 100 سال گذشته کند بود. در نیمه اول با تشکیل دبیرستانها چند 10 هزار دیپلمه هر سال وارد جامعه شد. در میانه سده گذشته چند 10 هزار دانشگاهی وارد جامعه شد؛ در پایان سلطنت 100 هزار در داخل و 40 هزار در خارج دانشجو بود. پس از انقلاب اکنون سالی 5 میلیون نفر در دانشگاه مشغولند؛ کالیبر زبدگان این گروه کثیر و استادان در ردیف بهترینهای غرب از جمله آمریکا ست. نمونه: میرزاخانی، کامران وفا.

برخی استادان ایرانی در دانشگاههای آمریکا و کانادا در ردیف استادان ممتاز این 2 کشورند. نمونه: مریم میرزاخانی ریاضیدان و مجید سمیعی جراح مغز. ولی هنوز نظریه پردازان ایرانی در علوم پدید نیآمده؛ جایزه نوبل علمی منحصر به کشورهای کانونی/ جهان اول است. رئوس علوم انسانی در غرب تولید شده؛ حتی از روسیه، چین، هند هم نیستند؛ چه برسد از خاور میانه و ایران.

وجود استعمار، امپریالیزم، جهانشمولگرایی، ابرقدرت در خاورمیانه علت اصلی عقبماندگی اقتصادی نیست. زیرا کره جنوبی، تایوان، کشورهای آمریکای لاتین- با وجود عامل خارجی به شکوفانی اقتصادی نایل آمدند. پس دین ایده الوژیک در دولت، جبس خانگی زنان، زاد ولد بیرویه، خشگسالی را می توان عوامل اصلی عقبماندگی دانست. ترکیه بخاطر چند میلیون کارگر در آلمان، قانون اساسی، توریزم پیشرو در پایان سده 20م به شکوفانی اقتصادی نایل شد. ولی بخش اکثریت شرقی سنی آن اکنون چوب لای چرخ پیشرفت اقتصادی می گذارند. حزب توسعه و عدالت اسلامی و اردوغان نمادهای این رجعت اند.

منابع. 28/09/2018
مصطفی همدانی، امپریالیزم http://youngeditors91.blogfa.com/post/8
آینده قدرت آمریکا /http://fareedzakaria.com/2008/05/01/the-future-of-american-power
2008
بانک جهانی-هزینه نظامی http://data.worldbank.org/indicator/MS.MIL.XPND.GD.ZS

گلوبالیزاسیون در ادامه امپریالیسم

سرمایه داری در برخی کشورهای صنعتی به استعمار و امپریالیسم در چند قرن گذشته تکامل یافت. در سده 20 چند کشور امپریالیستی در 2 جنگ جهانی برای تقسیم 2باره 3 قاره تولید تسلیحات و صنعت را افزایش دادند. تکامل سرمایه داری به استعمار، امپریالیزم، مالیگرایی، گلوبالیزاسیون در چند سده گذشته در غرب و آمریکا رسید. هیچ چیز ابدی نیست- حیات، اشیاء، زمان، اقتصاد. لذا سرمایه داری هم استثناء نبوده؛ در حال تغییر است.

نیز در این سده جنبشهای رهایبخش در 3قاره و تاکید اردوگاه بضد امپریالیسم و استعمار در بین توده ها بدون درنظر گرفتن نیرو های گذشته گرا، استبداد، مطلقه بومی تبلیغ شدند. در آثار مارکس و انگلس به جنبه های اشاعه مدرنیسم در استعمار در هند اشاره شده که با جنبشهای رهایبخش ملی بضد خارجی این جنبه ها را نخبگان بومی ندید گرفتند. استعمار در هند از طالبان در پاکستان و امپریالیسم در کره

جنوبی از داعش در عراق در اشاعه مدرنیسم بهتر بودند. دست نشانده امپریالیسم چون شاه بهتر از بنیانگرایان شیعی بود- در مراودات جهانی، آزادی اجتماعی، فرهنگ بورژوایی/ مدرن.

شیوه تولید ماقبل سرمایه داری کشورهای جنوبی در مقایسه با نهادهای مدنی چون قوه قضاییه مستقل در هند و پاکستان و تاکید انگلیس بر آموزش نخبگان را می توان دید. پایگاههای امپریالیسم در شکوفانی اقتصادی کشورهای ترکیه، تایوان، کره جنوبی در سده 20 نقش مثبت داشتند. در این سده تضاد شوروی و آمریکا به تبلیغات ضد امپریالیسم در 3 قاره انجامید. کشور هایی چون عراق، سوریه، لیبی که در مدار شوروی بودند؛ در آنها نهادهای مدنی رشد نکردند؛ نمونه های استبداد قرون وسطایی و کلنگی شدن در اثر جنگ داخلی برای آیندگان گذاشتند.

اکنون تبلیغات شوروی بضد امپریالیسم در جهان نبوده؛ لذا شناخت مالیگرایی و گلوبالیزاسیون بهتر انجام می شود. فاز کنونی سرمایه داری پیشرفته در آمریکا و انگلستان هم بررسی و تحلیل کامل نشده اند. از دهه 1970 در آنها 2 روند توسعه سرمایه داری مالیگرایی درونی و جهانیگرایی بیرونی آغاز شده؛ ادامه امپریالیسم از قرن 20 اند. جنبه هایی از آن مانند سلطه نظامی روی زمین و اشاعه فرهنگ انگلیسی/ آمریکایی ادامه دارند. احتمال قوی است که مدل مالیگرایی این 2 کشور در سرمایه داری آلمان، فرانسه، ایتالیا، چین، ژاپن تکرار خواهد شد.

در گلوبالیزاسیون یعنی فاز دهه 2010 افزایش ثروت در رابطه تنگاتنگ مالیگرایی، رفع مقررات مالی، تجارت شبکه ای از نقطه عطف گذشته به 4گرایش رسیده: این 2 روند به کمال نرسیده؛ لذا مرحله بعدی سرمایه داری دیده نمی شود. تجارت جهانی کالا و گردش سرمایه بین المللی 4 دهه گذشته، اکنون کُند شده؛ به 4 گرایش می رود: -1 گلوبالیزاسیون که در 2007 باوج رسید؛ ادامه دهه 2000 با رشد ثروت 1%یها، بهبود فنآوری اطلاعات و ارتباطات ICT، برونسپاری یا گرفتن خدمات و کالا از تولیدکننده خارجی، حسابهای فراساحلی، سرمایه گذاری مستقیم خارجی، اقتصاد بر پایه دانش.

از 2009 تا کنون، بازارهای جی 20 با رشد کند اقتصاد، قیمت ارزان کالا، توافقنامه های تجارت منطقه ای، روبرویند. -2 قطبیگرایی جهت مخالف جهانیگرایی 2 دهه 1990 ببعد است. تنش منطقه ای، سیاسی، جغرافیایی، با رشد متوسط اقتصاد، افزایش نابرابری، رقابت اقتصادی جهان را به قطبهای رقیب هم تبدیل می کند. نمونه: سازمان همکاری شانگهای SCO برهبری چین، مشارکت فراپاسیفیک TPP و NAFTA برهبری آمریکا، اتحادیه اروپا.

-3 جزیره گرایی زمانیکه کشورهای پیشرفته با رشد کُند اقتصاد درون گرا شده؛ ضد مهاجر، در پی هویت سیاسی انزوا طلبشده؛ با عدم ایقان در اقتصاد کلان، افزایش تعرفه حمایتی، ملیگرایی، برگشت به سیاست جغرافیایی، افزایش نابرابری همراه است. رفراندم/ همه پرسی ژوئن Brexit 2016 برای جدایی بریتانیا از اتحادیه اروپا. اکنون گزارش های آزار مسلمانان و اقلیتها بعداز اعلام نتیجه همه‌پرسی به پلیس می رسد. سفیر لهستان در بریتانیا، هم از دولت این کشور خواست که حملات نفرت‌گرایانه علیه مهاجران لهستانی را محکوم کند. برآمدن ترامپ در آمریکا تبلور این گرایش اند.

4- اشتراک گرایی حل تغییرات جوی، گسترش اقتصاد دانشی، اتوماسیون/ خودگردانی، رشد در سهیم شدن در اقتصاد را در بر دارد. اینها مهم اند: فنآوری در زدایش خطرات گرما، ترمیم ازون جو، انقراض برخی جانوران، گسترش صنعت سبز، عدم تمرکز بر محلیگرایی. تعدیل سرمایه داری با گرایش سوسیالسم- شعار انتخاباتی 2016 برنی ساندرز از حزب دمکرات در انتخابات 2016 است.

هر 4 گرایش در کاهش رشد GDP جی 20 شبیه اند. برای هر گرایش در مقولات زیر نتایج بالا، متوسط، پایین پیش بینی شده: رشد اقتصاد، بیکاری، نابرابری، سیالیت تجاری و سرمایه، مهاجرت/ پناهجویی، مقررات همگون. گزارش 2016 کیرنی. فنآوری افزوده ها آمیزش مواد با داده های 3بعدی چاپگر است برای لایه بندی در ساختن قطعات ماشین؛ برخلاف تراشکاری با برداشتن لایه ها یک فلز برای قطعه سازی. این فنآوری بر مواد مصرفی در مانوفاکتورینگ، اشتراک در اقتصاد، افت اقتصاد مصرفی و چاپ 3بعدی تاکید دارد.   https://www.atkearney.com/gbpc/thought-leadership/detail/-/asset_publisher/03JmqNRaRZj7/content/from-globalization-to-islandization/10192

انتخابات آمریکا بخاطر سلطه این ابرقدرت در جهان مهم است. ساندرز از خردکردن بانکهای بزرگ گفته؛ ترامپ مالیات بیشتر بر صندوقهای پوششی می خواهد؛ خانم کلینتون مقررات موجود مالی را تقویت خواهد کرد. پال راین سخنگوی اکثریت جمهوریخواه مجلس مقررات مالی فعلی را می خواهد کمتر کند. در حالیکه مسئله اقتصادی آمریکا فراتر از بانکهای فربه، نهادهای مالی خیلی بزرگ شکست ناپذیر، میلیاردرهای صندوق پوششی، حذر مالیاتی فراساحلی است.

کارل واتز 2011 در کتاب آیا گلوبالیزاسیون نام دیگر امپریالیسم آمریکاست مطالب زیر را بررسی می کند. این 2 پدیده مترادف نبوده؛ رابطه آنها در آمریکا به 2 دلیل دشوار است: 1- محققان بر اجزای این 2 پدیده توافق ندارند. 2- در جامعه بین المللی معاصر عدم توافق بر مترقی یا مضر بودن این 2 پدیده وجود دارد. در یک نظرخواهی در باره ترادف این 2 پدیده، عدم قاطعیت مردم دیده می شود. 58% گفتند: نه- اینها متفاوتند. 42% گفتند بله- یکی از آنهاست. این 2 واژه برای آمریکا مترادفند.

او گلوبالیزاسیون/ جهانیگرایی را اینگونه تعریف کرد: گسترش، تعمیق، تسریع ارتباطات بین الملل در همه زمینه های زندگی معاصر- از فرهنگی تا جنایی، مالی تا روحی. برخی استادان امپریال را حاکمیت رسمی بر یک کشور خارجی تعریف کرده؛ دیگران سلطه را اثرات سیاسی، نظامی، اقتصادی، فرهنگی می دانند.

گاهی حضور امپریالیسم در کشوری به شکوفانی اقتصادی می انجامد. نمونه: تایوان، کره جنوبی، ترکیه. ولی در افغانستان، ایران، پاکستان بخاطر تز کمربند سبز بدور شوروی، تشویق نیروهای بنیانگرای طالب، وهابی، شیعی، بیکاری جوانان - این 3 جامعه ناموزون با مراکز شهری مدرن و طبقه متوسط روستایی رجعتگرا در سده 20 به عهد جنبش تنباکو 1891 برهبری ملایان عقب رفتند.

اعتراض جهانی به جنگ عراق و اجلاس جی7در دهه 2000 در آکادمیا و خیابان وجود داشت. منظور آکادمیا کتب، مقالات، سخنرانیهای استادان و کارشناسان است. گلوبالیزاسیون یک روند است؛ نه مانند امپریالیسم یک پدیده. آیا امپریالیسم و گلوبالیزاسیون یک ابداعگر مرکزی داشته که با برنامه واحد غیبی آغاز و تکوین می

یابند؟ یا بصورت رخدادهای اقتصادی، سیاسی، قانونی پراکنده در جهت عمده انباشت و سود سرمایه اند؟

گلوبالیزاسیون با پیشرفت اینترنت همراه است؛ همکنشی اقتصادی و سیاسی بین شرکتها، حکومتها، شهروندان کشورهای گوناگون است. گلوبالیزاسیون را امپریالیسم اقتصادی، سیاسی، فرهنگی خوانده اند. امپریالیسم سیاست سلطه/ اشغال یک کشور مانند ژاپن و آلمان بوسیله آمریکا، کاربرد نیروی نظامی. مانند ارتش آمریکا در کره و ویتنام، تاثیر استعماری و کودتای نظامی مانند ایران 1953، اندونزی 1965و شیلی 1973 است.

سلطه نظامی آمریکا بر زمین- بجز روسیه، چین، هند- پذیرفته شده است. بودجه نظامی آمریکا از مجموع 15 کشور بعدی صنعتی بیشتر بوده؛ 40% بودجه دفاعی بقیه جهان است. آمریکا و متصرفاتش در اقیانوس آرام و دریای کاراییب 6.5% خشگی و 5% جمعیت زمین است. ولی سلطه اقتصادی آمریکا خیلی بیشتر از خشگی و جمعیت آن است؛ نسبت به سلطه امپریال انگلیس در قرن 19، آمریکا از رشد اقتصادی قویتری برخوردار است. این ادراک سلطه اقتصادی آمریکا به ترادف امپریالیسم و گلوبالیزاسیون می انجامد.

سرمایه داری تا قرن 19 را مارکس بخوبی ارزیابی کرده که در انقلابات برای کاهش ستم و استثمار و دانشگاهها برای شناخت جامعه بکار رفت. نظریه امپراتوری سرمایه داری را در قرن 20 هابسون، شومپیتر، لوکزامبورگ، کائوتسکی، بوخارین با داده های مالی و حرکتهای سیاسی دول ارایه دادند. سرمایه داری در چند کشور به مرحله عالی خود رسید: انگلیس، آمریکا، روسیه، ژاپن، آلمان، ایتالیا. امپراتوری عثمانی در آغاز سده 20 به این مرحله عالی نرسید.

در آغاز سده 20 امپریالیسم با صدور سرمایه بخارج و تقسیم بازار جهانی دنباله استعمار با صدور کالا و تصرف سیاسی مناطقی در 3 قاره بود. امپریالیسم بمثابه عالیترین مرحله سرمایه داری در چندین کشور صنعتی را لنین در 1917 با 5 ویژگی ارایه داد:
1-تمرکز تولید و سرمایه به مرحله ای رسید که انحصارها پیدا شده؛ نقش سرنوشت‌سازی در اقتصاد داشتند.
2-ادغام سرمایه بانکی با سرمایه صنعتی و ایجاد الیگارشی مالی در تعیین جناحهای دولت.
3-صدور سرمایه به کشورهای دیگر الویت داشته؛ متمایز از صدور کالا بود.
4-شکل گیری انحصارهای سرمایه‌داری بین المللی که جهان را بین خودشان تقسیم کردند.
5- تقسیم منطقه‌ای کل جهان، تضاد بین قدرت‌های سرمایه داری انحصاری.

ویژگیهای 5گانه فوق با داده های مالی جهان و رخداد ج ج 2 راستی آزمایی شدند. متفقین بعلاوه شوروی نیروهای محور را شکست دادند. این جنگ جهان را بین برندگان با پیدایش شوروی تقسیم کرد. برخی دیگر کشورهای عدم تعهد چون هند، غنا، ایران پس از بهمن 57، الجزیره بن بلا، اندونزی سوکارنو، یوگسلاوی تیتو پدید آمدند. فاتحان عمده جنگ با مناطق نفوذ بقرار زیر بودند:

آمریکا در خاور میانه کنونی

آمریکا با آمریکای لاتین و خاورمیانه، شوروی با کشورهای اروپای شرقی و کشورهای انقلاب شده، انگلیس با کشورهای مشترک المنافع. امپریالیسم بخاطر خوف از شوروی پس از ج ج 2 به قلع و قمع ملیگرایان سکولار مانند دکتر مصدق، دکتر سوکارنو، سرهنگ ناصر، لومومبا در کنگو پرداخت؛ این اشتباه یعنی کمک به اسلام سیاسی بضد سکولارها به خیزش بنیانگرایی مسلحانه در کشورهای مسلمان امروز منجر شد.

پس از 2 جنگ جهانی اینها رخ دادند: پیدایش اردوگاه، سپس فروپاشی آن؛ بحران بورس سهام 1929، ایجاد ضوابط بانکی برای مهار سرمایه مالی؛ انقلابات سوسیالیستی روسیه، چین، ویتنام؛ رشد سرمایه داری خصوصی در چین، جنبشهای رهایبخش هند، اندونزی، مصر، ایران در انقلاب مشروطیت؛ پیدایش فناوری دیجیتال. http://www.farsnews.com/printable.php?nn=13910507001211

بحران سهام 1929، رشد چپ در آمریکا، انقلاب چین توده ای، کره و ویتنام- ترس آمریکا از گسترش انقلابات ضدسرمایه -حتی بدرون خود کشور- را تعمیق داد. البته بحران بورس سهام نیویورک اکتبر 1987 عمیقترین بحران پس از 1929 بود که در 2008 رخ داد. آمریکا قدرت نظامی، هوایی، دریایی، تولید صنعتی عظیم، پروژه منهتن برای بمب اتمی را پدید آورد.

جنبشهای ضدامپریالیستی در 3قاره، اجتناب از جنگ جهانی دیگر با بمب اتمی/ هیدروژنی باعث تقویت سازمان ملل، ایجاد توافقات چند جانبه، پیمانهای دفاعی ورشو و ناتو، کمک مالی به بازسازی کشورهای جنگدیده شدند. انحصارات امپریالیستی منجر به ج ج 2 شده؛ پس از جنگ، آنها انحصارات خود را بازسازی در نظم نوین جهانی کردند. ژاپن و آلمان 2 نمونه بارزند.

بلوک بندی به 2ابرقدرت آمریکا و شوروی در جهان و شورای امنیت با 5 عضو آمریکا، شوروی، انگلیس، فرانسه، چین در سازمان ملل منجر شد. پس از ج ج 2 انحصارات با قرار دادهای بین المللی تضادهای انحصارات را تبدیل به تعامل، قانونمداری، امور دادگاهی – زیر سلطه امپریالیسم آمریکا- آوردند.

امپریالیسم با 5 ویژگی پس از ج ج 1 تلخیص شد که باید رشد انحصارات در آمریکا و پیدایش اردوگاه شوروی را هم به آن افزود. در 5ویژگی فوق می توان ج ج 2، صدور سرمایه/ برنامه مارشال، تقسیم دوباره بازار جهان را پیش بینی پذیر یافت. سلطه نظامی آمریکا برای امنیت سرمایه جهانی و تداوم حیات بخش نظامی- نفتی داخلی است. تضادهای سازش ناپذیر برای تقسیم دوباره جهان با ج ج 1 و 2 به قراردادهای جهانی سازش پذیر تبدیل شدند. آیا در گلوبالیزاسیون 5ویژگی امپریالیسم یعنی نقش تمرکز اقتصادی، سلطه الیگارشی مالی، اهمیت صدور سرمایه، تقسیم جهان برای شرکتهای عظیم، تقسیم جهان بجا مانده اند؟

سرمایه داری در آن مرحله‌ای از توسعه از مرزهای ملی به ابعاد جهانی است که مالیگرایی انحصارها را ایجاد کرده است. در آن، صدور سرمایه اهمیت قابل توجهی پیدا کرده؛ تقسیم همه مناطق جهان در بین بزرگترین قدرت های سرمایه داری جهان تضادهایی را دارد که با سروری آمریکا در دادگاهها فیصله می یابند. ویژگیهای گلوبالیزاسیون با 5 ویژگی فوق سنجیده می شوند:

1-تمرکز و گردش سرمایه با فناوری برخط نه در یک کشور، بلکه در جهان پیدا شد: بورسهای سهام در کلان شهرهای نیویورک، لندن، هنگ کنگ، توکیو، بروکسل با شرکتها و با همدیگر ارتباطات ماهواره ای و برخط/ زنده دارند. با فناوری دیجیتال ماهواره ای NSA مراودات الکترونیک جهانی را شنود می کند. تجهیزات دیجیتال در انبار، نشر، ارتباط دور بکار رفته؛ تا داده ها در "ابر" برای حجم عظیم سرمایه جهانی در گردش باشند. سلطه آمریکا در فناوری دیجیتال مکمل حجم تولید صنعی پسا ج ج 2، سرمایه غولین، با 1000 پایگاه نظامی در جهان شد. فراصنعتی تقلیل گرمایش زمین بعلت سوخت فسیلی را با فناوری دیجیتال همساز می کند.

مایکروسافت 250 شرکت فناوری اطلاعات کوچک تا متوسط را در باره کاربرد "ابر" در رایانه های ارتباطی نظریابی کرد. 80% آنها بهینگی و امنیت در فناوری "ابر" را در 3 سرخط زیر بیان کردند: 1- پایین آوردن هزینه برای افزایش آمادگی، بهینگی، امنیت. 2- افزایش/ کاهش سریع ابعاد کسب از چند تا چندین هزار رایانه. 3- تحرک برای کارکنان در حرکت/ موبایل.

در "ابر" شبکه سرورهای دور در اینترنت برای انبار، مدیریت، پردازش داده ها بکار می رود؛ نه سرور محلی یا رایانه شخصی. لذا با لوح/ تبلت کتابی می توان بیسیم به شبکه اینترنت جهانی برای حجم عظیم اطلاعات، توان غولین پردازش، ترجمه متنی، بالا/ پایین گذاری پرونده تصویری؛ همیاری وصل شد. انحصارات جهانی فناوری دیجیتال آمریکایی مانند سیسکو، اپل، مایکروسافت، اوراکل، گوگل، یاهو، آمازون، فیسبوک ، ای بی، پدید آمدند.

2-آمیزش سرمایه بانکی با فناوری الیگارشی مالی را در حاکمیت آمریکا، سازمان ملل، نهادهای مالی جهان مسلط کرد. مالی گرایی/ فاینانسیالیزاسیون بر سرمایه بانکی و صنعتی چیره است. لابیهای وال استریت، صندوقهای پوششی و مالی حاکمیت را با انتخابات پرزیدنت و اغلب سناتورها بخدمت خود درآوردند. پس از 1972، همسویی چین به سرمایه داری مختلط دولتی و سهامی، فروپاشی اردوگاه الیگارشی مالی در غرب بویژه آمریکا مسلط شد. آمریکا با قراردادهای تجاری چندجانبه نافتا، TPP، بین المللی WTO، نهادهای مالی، بانک جهانی برای امنیت و فربگی سرمایه جهانی می کوشد.

لابیها هزینه انتخابات تا 10 میلیارد دلار برای سنا و پرزیدنت را متقبل می شوند. بخشی از این الیگارشی به سرمایه گذاری در امور زیستی زمین و بهزیستی کشورهای جنوبی کمکهای خیریه ای می کند. الیگارشی مالی آمریکا تضادهای سرمایه های بومی کشورها برای سود را با قانون و تعامل حل، داوری، جریمه می کند. لذا سیطره سرمایه مالی آمریکا و بانکی سوییفت تام و تمام است؛ بویژه در اجرای تحریمهای مراودات بانکی بر یک کشور یاغی.

در آمریکا سبک زندگی مصرفی پس از ج ج 2 بازار داخلی را وسعت داد؛ مصرف را بالا برد. ولی سبک زندگی 4 نسل پس از ج ج 2 با عنوان اکثریت ساکت با کار و تولید و مصرف زیاد دگرگون شد. سپس نسل نسل ایکس، هزاره/ ایگرگ یا Gen Y از زندگی مصرفی به لذت از زندگی و سیاحت جهان روی آوردند. البته در جامعه با پیدایش فرهنگ نوین، فرهنگهای پیشین هم می مانند. نمونه: سبک زندگی پیشاصنعتی مسیحیان آمش در پنسیلوانیا.

پیدایش حزب چایخوری سفیدهای مرفه و آوردن محافظه کاران در کنگره، نیروهای معتدل جمهوریخواه را تصفیه کرده؛ مالیگرایی و جهانیگرایی هم تولید را در اقتصاد کاهش داده؛ منجر به 2قطبی شدن روند انتخابات 2016 به چپ سوسیالیست دمکرات و راست ضدخارجی شد. این تجزیه سیاسی 2 حزب به استقلال از سوپرپکها/ لابیهای کلان منافع وال استریت و هرم سنت و قدرت حزب شد.

اکنون بجای آمریکا، بانک جهانی با سهامداران عمدتا از جی 7 وامهای توسعه می دهد. گروه جی7 بقرار زیر است: آمریکا، آلمان، فرانسه، بریتانیا، ایتالیا، کانادا، ژاپن است که یک/ سوم تولید اقتصاد جهان را دارد. آمریکا به کاهش تسلیحات ارتش و ایجاد بیکاری تن نمی دهد. زیرا یک/سوم اقتصادش به امور نظامی وابسته است.

سده 21 شامل کاهش فقر جهانی از 2 به نیم میلیارد نفر در 2020، نضج اقتصادی 4کشور بریکز، سازمان همکاری شانگهای 2001 با 8عضو، اتحادیه 10کشور شرق آسیا ASEAN، بانک سرمایه گذاری زیرساخت آسیا AIIB با 100 میلیارد دلار سرمایه، بانک توسعه آسیا ADB، سلطه سرمایه مالی جهانی می باشد.

3-صدور سرمایه عمدتا بین کشورهای پیشرفته است. صدور سرمایه مالی جهانی 19% به آمریکا، 43% به جی 20 و 34% به اتحادیه اروپا در 2013 بود. چند جزیره دریای کارائیب و نهادهای مالی در کشورهای جی 7 و جی 20 صندوقهای انبار پول دارند. آنها در سرمایه گذاری در کشورهای پیشرفته نه در کشورهای جنوبی فقیر سهیم می باشند. آمریکا مقصد 2.8 تریلیون دلار سرمایه گذاری در 2013-2009 بود. سیر حجم عظیم سرمایه از کشورهای جی 7 به خود آنها، بویژه آمریکا است؛ نه در کشور های پیرامون. اگرچه سرمایه صنعتی از آمریکا به مکزیک، چین، ویتنام رفته؛ ولی کنترل سرمایه صنعتی و بانکی را مالیگرایی و خدمات در 4 دهه گذشته دارند.

شرکتهای فراملی برای تعیین سیر سرمایه مالی روی زمین، اتاقهای فکر، نهادهای پژوهشی و آموزشی را کنترل می کنند. آنها قوانین، قراردادها، عملیات، عایدات، مالیات، سرمایه گذاری در کشور خودی یا خارجی را با پیوند ملی ـ فراملی ایجاد می کنند. کارکنان آنها وامدهی، حسابداری، مدیریت دارایی، خرید و ادغام، فروش، سود را انجام می دهند. پس صدور سرمایه برعکس عهد امپریالیسم به کشورهای پیشرفته است. ضرب المثل فارسی: سلمانیهای بیکار سر همدیگر را می زنند.

4-شکلگیری انحصارات سرمایه داری مالی جهان با تحکیم شرکتهای فراملیتی می باشد. بهبود سوددهی با ادغام فناوری روند بهینه، دیجیتال، برخط، بیسیم ماهواره ای انجام می شود. اجلاس سالانه داووس، جی 7، جی 20، سازمان ملل مراودات رجال حاکمیت، سرمایه داران، نخبگان را تسهیل می کند. در اینگونه اجلاس سلیقه آمریکا غالب بوده؛ در دادگاههای نیویورک یا واشنگتن برخی کشورها، شرکتها، افراد خاطی محاکمه شده؛ جرایم سنگینی به آنها بصورت میلیاردها دلار وارد می شود.

محاکمه نقض مفاد بانکی، مالی، حقوقی، مالیاتی، تحریمها، پولشویی، اختلاس در دادگاههای نیویورک با جرایم هنگفت سالانه مشاهده می شود. نمونه: جریمه 35 میلیون دلار 2014 شرکت AIG، جریمه 1.9 میلیارد دلار 2012 و 470 میلیارد دلار 2016 شرکت HSBC، جریمه 2 میلیارد دلار 2015 بضد ایران. لذا تضادهای سرمایه ها، مقررات، قوانین، از طریق دادگاه لاهه/ سازمان ملل، نیویورک/ آمریکا، بروکسل/ اتحادیه

اروپا رتق و فتق می شوند. بنابرین تضادهای آشتی ناپذیر سده 20 بین نیروهای امپریالیست به مراودات مسالمت آمیز، دیپلماتیک، تجاری تبدیل شده اند.

5-تقسیم کار در اقتصاد جهان منجر به انتقال تولید صنعتی به کشورهای بریکز شد. نقش سازمان ملل و نهادهای دیگر در این تقسیم بندی کاربرد فراوان دارد. مراودات بانکی با سامانه SWIFT در بروکسل مکمل شنود NSA برای اجرای تحریم، جریمه، تنظیم سرمایه مالی جهانی اند. کشور یاغی نسبت به سلیقه سرمایه مالی جهانی- چه روسیه، سوریه، ایران؛ چه شرکت خاطی قراردادهای بین المللی یا مورد علاقه آمریکا- با جرایم هنگفت تنبیه شده؛ یا به تعامل مانند پرچیدن برنامه هسته ای لیبی قذافی و برجام هسته ای ایران کشانده می شود.

لذا تقسیمبندی جهان مسالمت آمیز است. جنگ افروزی آمریکا در 50 سال گذشته ناشی از نفوذ جناح نظامی-نفتی این کشور در حاکمیت است. ولی این جنگها نه بضد دول پیشرفته؛ بلکه بضد کشورهای ضعیف مانند پاناما، گرانادا، صربستان، افغانستان، عراق، سوریه، یمن، لیبی می باشد. جناح سرمایه مالی خواهان تعامل حتی با کشورهای یاغی است. کشورهای در حال پیشرفت سرمایه گذاری گلوبالیزاسیون را می پذیرند؛ در قبل صدور سرمایه را امپریالیستی دانسته؛ اپوزیسیون و گاهی خود حاکمیت مخالف بودند. تکاپوی ایران برای سرمایه گذاری خارجی پسا برجام یک نمونه اشتیاق است.

بحران/ فروپاشی مالی آمریکا سرنوشت زمین را تعیین می کند. روشن است که شکوفانی سرمایه داری این کشورها همیشه رکود را در پی دارد. سرمایه مالی بحرانهای موضعی، منطقه ای، کشوری را به فرصتی برای گسترش خود در جهان تبدیل می کند. نمونه: آرژانتین، اندونزی، یونان. نخبگان آمریکا با کمک رایانه ها، ارتباطات برخط، ارزیابیهای مالی مدام- برنامه برای مهار بحران دارند. کشور استبدادی با غدغنی آثار مارکسیستی خود را راهیابی بحران محروم می کند. نمونه: انقلاب 57 ایران نخبگان حاکمیت با نداشتن دانش مارکسیستی در باره سرمایه داری عاجز بودند.

منابع. 28/09/2018
http://monthlyreview.org/2001/06/01/imperialism-and-globalization Samir Amin,
http://www.marxist.com/globalisation-imperialism-economy110406.htm
Mick Brooks 2006
امپریالیسمِ نولیبرال، تازه‌ترین مرحله‌ی سرمایه‌داری-سعید رهنما
http://asre-nou.net/php/view.php?objnr=38406
لنین 1966 امپریالیسمِ بالاترین مرحله‌ی سرمایه‌داری، انتشارات پروگرس، مسکو. ص 82.

نقش 2گانه مترقی اشاعه مدرنیسم و منفی مفاد معاهده سختگیرانه استعماری، نواستعماری، امپریالیسم انگلیس در زیر می آید. امتیاز بانک شاهنشاهی، بانک استقراضی، تلگراف هند و اروپا، کشتیرانی در کارون، تأسیس قزاق‌خانه، شیلات خزر، انحصار دخانیات که عمدتاً به روس و انگلیس اعطا شده بود، کشور را تا مرز مستعمره شدن پیش بردند. در این بین انگلستان که در دههٔ ۱۸۵۰ به عنوان بزرگ‌ترین طرف تجاری ایران، بیش از ۵۰ درصد صادرات و واردات ایران را در دست داشت. در دورهٔ پنجاه سالهٔ از ۱۸۶۳ تا ۱۹۱۴ رشته امتیازهایی نیز در مورد بهره‌برداری یا انحصار مواد خام و توسعهٔ زیربنایی از دولت ایران دریافت نمود.

آمریکا در خاور میانه کنونی

این کشور در پایان سفر اول ناصرالدین‌شاه به فرنگ در ۱۸۷۲، از طریق یکی از اتباع خود، بارون جولیوس رویتر، امتیاز احداث راه‌آهن، خطوط تلگراف، کشتیرانی در رودخانه‌ها، بهره‌برداری از معادن و جنگل‌های دولتی و کارهای زهکشی و آبیاری/ احداث قنوات ایران را به مدت هفتاد سال دریافت نمود. همچنین بریتانیا موفق شد که رویتر را در آینده برای گرفتن امتیاز بانک، احداث جاده‌ها، خیابان‌ها و ایجاد کارخانه‌ها بر سایرین مقدم سازد. این امتیاز که پس از پرداخت رشوه‌های کلان به شاه و صدراعظم وی مشیرالدوله سپهسالار واگذار شده بود؛ تقریباً تمام منابع مهم ایران را به رویتر واگذار کرد. از سوی لرد کرزون به «اعطای سند مالکیت ایران و تسلیم کامل همه منابع یک دولت به خارجی‌ها» تعبیر شد که مانند آن را کسی هرگز ندیده‌است. ویکیپیدیا/ نهضت_ تنباکو.

در فاصله سالهای ۱۹۷۰ و بحران مالی ۲۰۰۸ آمریکا، تولید کالا و خدمات در جهان چهار برابر شده و صدها میلیون نفر از مردم، نه تنها در چین و هند، بلکه در آمریکای لاتین و جنوب صحرای افریقا از فقر رهایی یافته‌اند. فرانسیس فوکویاما
http://www.iran-emrooz.net/index.php/politic/more/66016/#.WCob9mf00Gw.facebook
طرفداران کلینتون در شهرهای ساحلی متمرکز بوده و مناطق روستایی و شهرهای کوچک خیلی قاطع به ترامپ رای داده‌اند. تعجب‌انگیزترین تغییر، خروج پنیسلوانیا، میشیگان و واشینگتن، سه ناحیه صنعتی شمالی و حامی قطعی دموکراتها (در سال های پیشین) بود، به‌طوری که کلینتون حتی مبارزه انتخاباتی در واشینگتن را ضروری نیافت. ترامپ این مناطق غیرصنعتی را با وعده «آمریکا را از طریق بازتولید شغل‌های پیشین‌اش دوباره بزرگ خواهیم ساخت»، از آن خود کرد.

این داستان بریکست [خروج بریتانیا از اتحادیه اروپا] بود، جایی که طرفداران خروج در مناطق روستایی و شهرهای کوچک خارج از لندن متمرکز ند. این پدیده همچنین در فرانسه وجود دارد، جایی که فرزندان رای‌دهندگان طبقه کارگری که به کمونیست‌ها و سوسیالیست‌ها رای می‌دادند، اکنون به جبهه ملی مارین دو لوپن رای می‌دهند.

اما ملی‌گرایی پوپولیستی (توده‌گرا) پدیده‌ای گسترده‌تر از این محدوده است. ولادیمیر پوتین در میان رای‌دهندگان شهرهایی مثل سن پیترزبرگ و مسکو نامحبوب است، اما محبوبیتی بسیار زیاد در سایر مناطق کشور دارد. این امر در ترکیه در مورد رئیس جمهور آن رجب طیب اردوغان نیز صادق است که طرفداران پر شوری در میان طبقه متوسط محافظه‌کار دارد، یا نخست وزیر مجارستان ویکتور اوربان، که در همه‌جا به جز بوداپست محبوب است.

سرمایه داری سده 21

سرمایه داری در 5سده از فاز عمده رشد کار یدی و 5دهه گذشته از فاز رشد کار فکری گذشت. در فاز اول به ورود کارگران صنعتی/ یقه آبیها، انقلاب صنعتی، کشف 2قاره آمریکا و استرالیا، پیدایش سندیکاها، بانکها، بیمه، انحصارات انجامید. انباشت سرمایه، صدور سرمایه، جنگهای امپریالیستی نتایج این فاز بودند.

در فاز 2 افزایش کارکنان فکری/ یقه سفیدها، انقلاب اطلاعات، پیدایش اینترنت، سلطه سرمایه مالی، افزایش خدمات، سیاحت، ثروتهای نجومی فردی دیده می شوند. کار یدی با 2دست از کار

بیژن باران

فکری با 100 میلیارد یاخته عصب مغز بارآوری کمتر دارد. لذا دارایی بشر 5دهه گذشته در زمانی کوتاه عددی از 5 سده بیشتر شد.

بویژه ثروتهای نجومی مدیران صندوقهای پوششی، مشترک، فراساحلی را بطور عددی می توان دید. قیاس داستانهای دیکنز، هوگو، دستایوسکی از قرن 19 در باره فقر مزمن کارگران با ادبیات سده 21 در باره فردیت، گزینه های زندگی، سیاحت و فیلمهای تخیلی، عشقی، درام – تفاوت این 2فاز را روشن می کند.

در 2017 کل ثروت یعنی دارایی منهای بدهی جهان 280 تریلیون دلار بوده؛ آمریکا 93، اروپا 80، چین 29 تریلیون دلار بودند. در سده 20 سرانه تولید ناخالص داخلی آمریکا از 14هزار دلار در 1950 به 52هزار دلار در 2015 رسید. تولید ناخالص داخلی آمریکا در 1929 به 1، 1944 به 2.2، 1973 به 5.4، 2017 به 17.1 تریلیون دلار رسید. یعنی ثروت در یک سده 17 و در 40 سال گذشته 3برابر شد. این افزایش نتیجه غلبه کار فکری و خدمات از جمله مالیگرایی بر کار یدی و صنعت در آمریکا با 270 تریلیون دلار دارایی در 2014 را نشان می دهد.

علل رشد سالانه تولید ناخالص داخلی اینهایند: 1- از 1944 توافق برتن وودز دلار ارز تجاری جهان شده؛ کاربرد دلار سالانه 500 میلیون دلار سود برای آمریکا دارد. 2-از دهه 1970 کارخانجات و کارگاهها به کوچکتر کردن پرداختند. این در نتیجه مدلسازی پروسه های تولید، بهینه سازی پروسه ها، نوآوری، اتوماسیون، روباتیک، ارتباطات، حسابرسی، فناوری دیجیتال، تجارت الکترونیک، امور بانکی و بورسهای جهانی مرتبط برخط، اینترنت، مدیریت زنجیره تامین، بهرهوری، مدیریت پروسه کسب، "مراحل کار" می باشد.

سرمایه داری متکی به کارخانه نخست با تصاحب زمینها از سده 15 در اروپا آغاز شد. در سده 20 تصاحب ایده ها تشدید شد. ایده ها ذاتا بخشی از میراث فرهنگ همگانی انسانهایند. ایده ها دارایی مشاع مشترک انسانها در چند هزار سال تمدن می باشند- تمام کشاورزی، معماری، دامداری، باغداری، ماهیگیری، ریسندگی، کنترل آتش، جوشانده برای سلامتی. مارکس "انباشت بدوی" را برای تصاحب زمینها با ثبت قباله مالکیت با اعمال خشن فردی ضد قانون در سده های 15 و 16 بکار برد. طبقه سرمایه دار نوکیسه دارایی مشاع را با مصادره، تصاحب، حصارکشی از مردم جدا کرد.

در عصر سرمایه داری شرکتها برای سود خودشان ایده های مشترک انسانها را به کالا تبدیل کردند. ایده های مشترک انسانها برای بهبود وضع جمعی بودند. نمونه دانش عامه: ایده جوشانده گل انگشتانه Foxglove با دیجیتالیس برای قلب مفید است. این ایده عمومی بود؛ به شرکتی متعلق نیست. انباشت دوم مصادره مشترکات خلاقیتهای انسانها بود. سرمایه، ج 1، ص885. بزرگترین شرکتهای جهان کنونی اپل، گوگل، فیسبوک، مایکروسافت، آمازون اند که محصولاتشان را چند میلیارد نفر بکار می برند.

بزرگترین 3 شرکت جهان اپل با 922، آمازون با 889، مایکروسافت با 746 میلیارد دلار در 2018 ارزش داراند. آمازون اطلاعات در ابر را امن می کند. این شرکتها ذات سرمایه داری را دگرگون کرده؛ پخش جهانی موسیقی، فیلم، برنامه تلویزیون، اخبار، کتب را تعیین می کنند. درآمد مولفان کاهش یافته؛ ولی برای گوگل صاحب یوتیوب، در آمد 400 میلیون دلار در 2001 به 745 میلیارد دلار در 2017 رسید. یوتیوب 60% محتوای خلاقیت صوتی و تصویری را بطور جویباری streamingکنترل می کند.

دارایی 2شکل دارد: مریی/ جسمانی tangible مانند باغ و کارخانه یا فکری/ نامشهود intangibleمانند قطعه موسیقی و نرمافزار. الن گرینسپن، رییس فدرال ریزرو/ بانک مرکزی آمریکا گفت: تولید اقتصادی آمریکا عمدتا مفهومی conceptual یا نامشهود شده. در 2005 تا 75% ارزش شرکتها در بورس آمریکا از دارایی های نامشهود، مانند فیسبوک، بودند. از 40% در آغاز

آمریکا در خاور میانه کنونی

دهه 1980 در 2 دهه افزایش 2برابر داشت. مالیگرایی هم تلفیق ایده های کسبی، مالی، فنآوری می باشد.

گذار از سرمایه داری با وجه غالب مریی به وجه غالب نامشهود/ مفهومی با گلوبالیزاسیون و اینترنت تسهیل شد. مراکز آبر فنآوری/ هایتک در سیلیکون ولی شمال کالیفرنیا، Research Triangle کارولینای شمالی، Route 128 بوستون آغاز نوگرایی بودند. این مراکز فنآوری دیجیتال مراکز صنایع فلز بتلهم پنسیلوانیا، بافالو نیویورک، دیترویت میشیگان را به سراشیب کسادی کشاندند؛ تا جایی که شهر دیترویت در دهه 2010 ورشکست شد.

داراییهای مفهومی، نامشهود، فکری کدامند که افراد را خیلی متمول می کنند؟ ایده های افراد را شرکتها تصاحب می کنند. بخش عمده ثروت را شرکت نه مولف می گیرد. عمده این ثروت دارایی فکری یا ایده ها نام دارد. قوانین زیر با نظام قانونمدار، متخصصان امور بین المللی، 1.34 میلیون وکیل در آمریکا ممکن می شوند. در عصر اطلاعات سده 20 بعد دارایی فکری intellectual property به 3 شکل اند:

1-علامت تجاری Trade mark نام و لوگوی یک نهاد، کالا، فرد، خدمات که در انحصار شرکت ثبت می شوند. آن را در "دفتر ثبت اختراع و علامت تجاری " USPTO می توان با مخارج و فرم رسمی مجوزدار کرد. توافقنامه رسمی را باید امضاء کرد تا بتوان نام یا خدمات را بکار برد. آن را می توان کرایه کرده؛ ولی صاحب آن نمی توان شد. نمونه: نام ترامپ بر ساختمان کسب. تویوتا نام و نشانه/ لوگوی 3بیضی برای خودرو، فوکس نیوز برای تلویزیون کابل.

2- حق انحصاری patent ثبت اختراع عمدتا در اداره اختراعات ایالات متحده بوده؛ حفظ حقوق برای مخترع را تضمین قانونی می کند. ثبت اختراع چند سال وقت برده؛ چند سد هزار دلار خرج دارد. با اتوماسیون اکنون فرایند ثبت کوتاه تر است. شرکتی اختراع را از مخترع در برابر سهام شرکت برای عملی کردن می خرد. شرکتها در دادن شغل، از متقاضی می خواهند فرم واگذاری حق اختراع را امضا کند تا اختراع متعلق به شرکت باشد.

فرایند ایده به کالا یا خدمات از فرد به اجتماع با تداخل سرمایه رخ می دهد. کار بدون مواجب مخترع، "هسته پولی" از آشنایان، سرمایه گذار بعدی با تقبل ریسک، به تولید انبوه می انجامد. نمونه: نام برنج باسماتی، 20% دی ان ای انسان، نرم افزارها مانند اکسل مایکروسافت، داروهای برند مانند پراداکسا، اتاق و موتور خودرو برای بنز 360.

3- حق مولف Copy right ثبت اثر بنام مولف می باشد. در 1998 قانون حق تالیف دیجیتال هزاره ایالات متحده تصویب شد. تخطی از این قانون تا 10سال زندان برای مجرم در پی دارد. این قانون در خدمت شرکتهای بزرگ است. ادغام تایم وارنر- صاحب فیلم، موسیقی، تلویزیون، با ای او ال/ امریکن آنلاین پیشگام اینترنت چند سال پیش تلاقی رسانه و دارایی فکری بود. ای او ال در آغاز با ایمیل مجانی، بعد با جذب آگهیهای تجارتی رشد نجومی کرد.

"همآهنگی قوانین داراییهای فکری" برای توافق با قوانین مربوطه گذشته، سازمان تجارت جهانی، نشر آثار در اینترنت بود. آمریکا و اتحادیه اروپا حق مولف را پیگیرانه اجرا کرده؛ در چین و هند قانون و اجرای آن ناکامل اند. نمونه حق مولف: فیلم کاسابلانکا، موسیقی ریحانه، کتاب پدرخوانده. خود اینترنت روز به روز تجارتی تر می شود. از آغاز آزاد باز مجانی به مصارف تبلیغی، پولی، خصوصی رسید.

حراست ایده در مقابل رقبا را گروه وکیلان شرکت در رسانه و دادگاه انجام می دهند. مایکروسافت 100 میلیون دلار سالانه به وکلای دعاوی خود می دهد. بویینگ در دهه 1980 بیش از 1میلیون اختراع در قفسه محرمانه خود قفل کرده بود. با رقابت محتمل یا نیاز بهینه سازی برخی از آنها را بکار می برد. لذا شرکت سدی در برابر اختراع در خدمت به جامعه است. البته هزینه عملی کردن اختراع هم در فرایند ایده کوچک به تولید بزرگ با پول ممکن هست.

تولید ایده ها برای نظام سرمایه داری ثروت می سازد. اختراع در ذات برخی انسانهاست؛ سرمایه دار اختراعات را برای پول می خواهد. مخترعین در آثار خود دیگر انسانها را می خواهند سهیم کنند. در ابعادی مایکروسافت بزرگترین شرکت و بیل گیتز ثروتمندترین فرد جهان است.

دارایی مایکروسافت بهرحال عمدتا سرمایه جسمانی نیست که همچون شرکتهای بزرگ گذشته مانند خودروسازی فورد، یخچال جی ای، کیف طرح گوچی محصولات جسمانی دارند. مایکروسافت چیزی که دارد تولید ایده هاست؛ این ایده ها برای کارخانجات، دفترها، ارتباطات افراد کارا یند. ایده های رقیب در مصرف آنها ندارند. کالا کردن ایده ها با کرایه دادن آنها در دیتابیس، روی دی وی دی، فروش در کتاب الکترونیک رخ می دهد.
*
سرمایه داری از سده 17 نوآوریهای زیر را داشت: بانک، سهام، انحصارات، امپریالیسم، گلوبالیزاسیون، ارز دیجیتال. در 1600 هند شرقی شرکت سهامی پدید آورد. سهام 2نوع اند: عام با حق رای، خاص با رجحان بر اولی بهنگام ورشکستگی. مشتق در بورس سهام یعنی لایه مالی شامل دارایی یا گروه سهام است که قیمت شان تابع نوسانات بازار است. دارایی می تواند سهام، باند/ قرضه، ارز، نرخ بهره، محصولات باشد. شاخص بازار بورس عدد متوسط کل بوده؛ لذا احتمالات در آن غالب اند. برخی شرکتها سهامی عمومی شده؛ بورس لندن برای مبادله سهام پدید آمد. سهم نسبت صاحب شرکت بودن می باشد.

پاترسون شرکت هند غربی برای تجارت خارجی و بانک انگلیس را در 1694 ایجاد کرد. این بانک بمثابه بانک مرکزی، برای وام، حسابهای سپرده، چاپ اسکناس بنیان مهم صدور سرمایه و امور مالی شد. پس از انقلاب صنعتی، پیدایش انحصارات، سرمایه داری به عالیترین مرحله یعنی امپریالیسم رسید. سامانه سرمایه داری از سده های 18 تا 20 رشد درخشانی با افتهای بحران، جنگ، رکود داشت. از دید سیاسی 1776 استقلال آمریکا، 1787 قانون اساسی فیلادلفیا، 1789 انقلاب کبیر فرانسه نوع جمهوری را در برابر سلطنت در جامعه مدرن اثبات کردند.

مارکس در کاپیتال 1867 و لنین در امپریالیسم 1917 سرمایه داری را تبیین کردند. پس از ج ج 2، با 2 ابرقدرت آمریکا و شوروی جنبشهای رهاییبخش در 3قاره رشد کردند. از دهه 1970 گلوبالیزاسیون با تلفیق فنآوری و سرمایه، پیدایش انقلاب اطلاعات، موج پناهجو به غرب رخ دادند. با فروپاشی اردوگاه 1991 الیگارشی نئولیبرابیسم در آمریکا نضج گرفت. آیا رشد گلوبالیزاسیون آمار فقر و بیعدالتی را رسانه ای کرد؟ از فروپاشی ابر قدرت شوروی موج پناهجویان به غرب، موج ضدخارخی، عامه گرایی در آمریکا، انگلیس، دیگرانی در غرب چون مجارستان، ایتالیا، صربستان اوج گرفتند.

فعالیت یدی یا فکری می تواند باشد. عینیت فعالیت فکری تولید را بهینه می کند. حجم سرمایه در سده 21 بیش از آغاز سده 20 است. فعالیت متغیر زمان را در خود دارد؛ ولی پدیده حقیقت بیزمان است. نمونه فعالیت: پویش جامعه را تضاد طبقات می سازند. نمونه حقیقت: روز روشن است. راسل از نوآوری "فعالیت" در فلسفه نوشت: مارکس نخستین فیلسوفی بود که مفهوم «حقیقت» را از دیدگاه "فعالیت" یا عملکرد آن نقد کرد. شیوه تحلیل او را راسل اینگونه نوشت: مارکس همیشه مایل و مشتاق بود که بر دلایل و شواهد استناد کند. هرگز بر هیچ دلیل غیر علمی تکیه نمی کرد.

در تحلیل کاپیتال سده 19 پدیده های اتوماسیون، تخیل، خلاقیت کسب در بازار رقابتی غایب اند. اتوماسیون یعنی ابزار، شیوه، سیستم خودکار در کنترل و اجرای روند صنعتی و تولید جانشین انسان می شوند. اتوماسیون در بهینگی پروسه کسب، مدیریت زنجیره تامین، تشخیص مرض در فیلم اشعه ایکس قلب و ریه بکار می رود. روباتیک در تولید بازوی اجرایی با هوش مصنوعی ترکیب شده؛ در چاپگر های 3بعدی، خودروی بی راننده، هواپیمای بی خلبان، پهپاد بکار می رود. روباتیک ایستا در طرح، ساختن، اجرای صنعتی بکار می رود. روباتیک پویا در پهپاد کاربرد دارد.

آمریکا در خاور میانه کنونی

اینترنت شبکه جهانی برای اطلاعات، ارتباطات، پردازش، انبار، مبادله با یک پروتوکل استاندارد بین گره/ رایانه ها، تلفنهای هوشمند، تراشه های دیجیتال است. این فنآوری در همه شئون شهروندی مانند امور بانکی، خرید، اطلاعات، تراکنش با دولت بکار می رود. خلاقیت کاربرد ایده های نو در تولید هنری، کسبی، علمی است. تخیل توان شکلدهی ایده ها، طرحها، مفاهیم، چارهجویی به اقلام عینی نامشهود در گذشته، خارج از حواس است. کار فکری یعنی خلاقیت و تخیل در تولید اقتصاد از دهه 1970 منجر به رشد بیشتر اقتصاد شد.

در بهبود جامعه تخیل فرد نقش اصلی دارد. تخیل در هنر نیاز به حمایت دولت دارد. در مهندسی نیاز به پول دارد. در کسب نیاز به رقابت و بازار دارد. نوآوری در کسب و تجارت مهم است. در کوبا هنر و ورزش را دولت حمایت کرده؛ ولی خلاقیت کسب را غدغن می کند. لذا فقر در قیاس با تایوان عادلانه تقسیم می شود! تولید اقتصادی بنا به تولید ناخالص ملی پیمانه شده که منجر به انباشت سرمایه، رشد تمدن، پیشرفت جامعه می شود.

انقلاب فنآوری اطلاعات از دهه 1970 پدید آمد. لایه یقه سفیدها در خدمات رشد شدید کرد. سرمایه هم در اینترنت مانند همه چیز دیگر دیجیتال شده؛ بصورت ردیف 0 و 1 در اینترنت مانند اطلاعات کالا جریان دارد. آیا کار مبادله سرورها، تکرار روباتها، بهینگی پروسه عرضه کالا- ارزش اضافی تولید می کنند؟ چگونه خلاقیت در ایجاد کودهای برنامه نرمافزار در اینترنت وارد تشریح بازار سرمایه– کار کلاسیک می شود؟

پروسه تولید تا توزیع با مداخله فنآوری اطلاعات، مزرعه سرورها، تجهیزات ارتباطی و امنیتی – قیمت کالای عرضه شده را کمینه کرد. چه نقشی بهینگی پروسه تامین در تحلیل سرمایه داری کلاسیک دارد؟ ترجمه ماشین برخط بین زبانهای گوناگون با گوگل نتیجه کار کیست؟ چه کسی/ نهادی عایدی تفریحات ویدیو، بازی الکترونیک، موسیقی دیجیتال، فیلم های دف، کتاب پی دی اف در اینترنت را باید جمع کند؟

با ویراست تغییر یافته، دیتابیس ویروسهای رایانه، داده های سهام، فهرست تلفن را می توان خرید یا کرایه کرد. ولی باید توافقنامه ای را امضا کرد. دیتابیس چینش داده ها بنا به ساختاری 2یا چند بعدی است که می توان ایندکس/ رتبه ای کرد. ویدیو کاست و ضبط صوت کنار رفته اند. از پرونده دیجیتال در اینترنت ارزانتر، محتوای تصویر و صوت قدیمی گرانتر، می توان حظ کرد. اکنون بجای رفتن در ترافیک قفل شهر به سینما، می توان از نتفلیکس، هلو، آمازون فیلم یا موسیقی را با پایین گذاری گرانتر یا جویباری ارزانتر دید. این شرکتها دیدن محتوا را ماهیانه یا دانه ای کرایه ای می دهند.

ارتباطات جهان از یک شهر به قاره های دیگر را واسطه های الکترونیک بهینه مجانی انجام می دهند. واسطه های الکترونیک در مدار ارتباط به 100ها سرور، تبدیلگر، مودم، انبارگر، گره/ رایانه نیاز دارند. آیا ارتباطات با واسطه سرورها "ارزش کار" دارند؟ شاید "ارزش اضافی" آنها با قیاس نوع کلاسیک کارگری، علت رشد نجومی سرمایه سده 21 شده است.

دارایی ثروتمندان آغاز سده 20 را با آغاز سده 21 می توان مقایسه کرد. ج د راکفلر در 1937 ثروتش 1.5% برابر بازده اقتصاد آمریکا بود؛ ثروت ش 340 یا به دلار 2017 و تورم 400 میلیارد دلار می شود- یعنی 4برابر بیل گیتز. هنری فورد در خودروسازی 200 میلیارد دلار، ون در بلت صاحب راه آهن 205 میلیارد دلار داشتند. خانواده رائچایلد در انگلیس سده 19 ثروتمندترین خانواده عهد خود بود. جف بزو 109 میلیارد دلار در آمازون، بیل گیتز 92 میلیارد دلار در مایکروسافت، زاکربرگ 72 میلیارد دلار در فیسبوک، لاری الیسن 58 میلیارد دلار در اوراکل دارند. ثروتمندان سده 20 در پیری و در سده 21 در میانسالی اند.

سلطه کار فکری در فنآوری اطلاعات در تولید از دهه 1970 آمریکا شدت گرفت. نخست با آوردن اتوماسیون و کم کردن هزینه شرکت، بعد با مدیریت زنجیره تامین، بهینگی و مدیریت پروسه کسب، بازمهندسی پروسه کسب، مراحل کار، ارزش افزوده بازفروش – بهرهوری شرکت را

افزایش دادند. بعد با اینترنت و تجارت الکترونیک کل تولید و توزیع را مداربندی برخط کردند. نمونه: والمارت با وسایل خانگی، هوم دیپو با مواد ساختمانی، کوسکو با عمده فروشی وسایل خانگی.

مدیریت زنجیره تامینSCM، بخشی از فناوری اطلاعات IT در تجارت الکترونیک است. در این زنجیره پروسه خرید، فروش، انتقال، مبادله، تولید کالاها، خدمات، اطلاعات با شبکه های رایانه ای است. انواع آن کسب به کسب B2B مانند تی پی ان، کسب به مصرف B2C مانند آمازون، مصرف به مصرف C2C مانند ای بی، مصرف به کسب C2B مانند پرایسلاین اند. فایده برای کسب اینهایند: گستره جهانی، کاهش هزینه، 24ساعت هفته و سال، بسلیقه خریدار، بهنیگی مناسبات خرید. فایده برای خریدار اینهایند: کالا و خدمات بیشتر، ارزانتر، تحویل سریع، اطلاعات مربوط، نرفتن در ترافیک قفل شهرها.

یکی از شیوه های بهینگی اینجا می اید. شیوه 6سیگما برای بهبود خروجی در برنامه نویسی نرمافزار است. این شیوه روی تشخیص، حذف، علل نقصها/ ارور تمرکز کرده؛ فرایند تولید برنامه نویسی را استاندارد می کند. در برنامه های بعدی تغییرات جزیی کمینه شده؛ بهینگی افزایش یافته؛ کاهش نقصها را مدیریت می کند. همه پروسه ها تعریف، اندازه گیری، تحلیل، بهبود، کنترل شده تا اجرا تکرارپذیر، پیش بینی پذیر، کم نقصتر شود.

بهینگی پروسه کسب BPI در شبکه توزیع کالا و قطعات بسیار مفید است. در پروسه های کسب توصیف، تعیین، اندازه گیری، تحلیل، کنترل، بهبود مهم اند. سنجش یا اندازه گیری هزینه پولی، زمان کاربرد، کاهش اغلاط، تعداد افراد، مسیر هندسی برای رساندن "کار" می تواند باشد. "کار" کالا، نقشها، مسیر، بها، زمان در تولید می تواند باشد. نمونه: قطعه سازی، ساختن فنجان، پخش پاکت پستی. فرآیند تجاری، مدیریت اسناد بازرگانی، امن بودن پروسه بهینگی مهم اند. بهینگی پروسه کسب در اجرا، حذف ناکارآمدی، اتلاف زمان و پول، افزایش کیفیت، آتوماسیون/ خودکاری می باشد.

مدیریت پروسه کسب BPM بررسی، تشخیص، تغییر، نظارت روند کسب برای بهینگی در "مراحل کار" می باشد. پروسه کسب با تحلیل، سنجش، بهینگی سازمانی مدل می شود. پروسه های آن سفارش، خرید، حسابداری، تحویل کالا یند. بازمهندسی پروسه کسب BPR مهندسی مجدد فرایندهای کسب با فناوری دیجیتال انجام است. فرآیندهای اصلی کسب تعیین شده؛ پروسه تولید جدید اندازه گیری شده؛ ضریب بهینگی نسبت به گذشته، هزینه انجام بازمهندسی، سود و زیان بکار می روند.

"مراحل کار" WF مسیر پروسه های صنعتی، اداری، تولید است. یک "کار" از آغاز تا پایان در مسیر معین در نهاد، با کاربرد ابزار، بوسیله افراد می گذرد. "مراحل کار" با نرمافزار تصویری مدلسازی، اجرا، بهینه می شوند. نمونه: مراحل کار در پستخانه برای جمع پاکتها، تفکیک، تعیین مسیر، گروهبندی، منطقه ای کردن، گردآوری برای نامه رسانها، رساندن به مقصد. پروسه "مراحل کار" در ایمیل خودکار است.

ارزش افزوده بازفروش VAR اضافه ارزش، بهبود کیفیت، صرفه جویی در زمان، پول، تعداد کارکن می باشد. در این نوع بهینگی اصل محوری این است: در هر "کار" شمار دست زدن انسان کمینه باید باشد تا پروسه بهینه شود. بهینگی اندازه گیری در کوتاهی زمان، کاهش هزینه، کاهش ارور/ غلط است.

سرمایه داری در تنها ابرقدرت دچار بحران ساختاری مالیگرایی بضد سرمایه صنعتی است. بحران ابعاد زیر را دارد: کوچ سرمایه به شرق، پیدایش افراد با ثروت نجومی، جلوس ثروتمندان در حاکمیت، دستکاری قانون بنفع سرمایه. سیاست هم از دمکراسی لیبرال به نئولیبرالیسم و الیگارشی گرایش می یابد.

آمریکا در خاور میانه کنونی

تلفیق سرمایه داری و اینترنت شاید حل بحران ساختاری فعلی باشد. وصل اینترنت به اقتصاد جهانی به پیدایش پناهگاههای پولی فراساحلی، "مرگ فاصله" با کار از راه دور، امور مالیاتی الکترونیک، ایجاد شبکه های جهانی مجازی محاط بر نهادهای اجتماعی و دفتری رسید. نیازهای کنونی سرمایه داری بقرار زیرند: بازآموزی مهارت کارگران، به روز کردن آموزش ابتدایی تا متوسطه، حمایت مالی از دانشگاهها.

از سده 16 انقلاب صنعتی و اطلاعات، فنآوی دیجیتال، اینترنت، تلفن همراه، بیسیم، پیشرفتهای طبی، افزایش 1میلیاردی طبقه متوسط در جهان رخ دادند. اوج سیاسی نظام سرمایه جهانی پس از ج ج 2 پیدایش سازمان ملل، اتحادیه اروپا، سازمان تجارت جهانی WTO بود.

سده 21 در جهان این امور حاد شده اند: افزایش شهرنشینی، هجوم پناه جویان به غرب، رشد راست افراطی عامه گرا و ضد خارجی در غرب، فقر ا میلیاردی زمین. با قانون مصوب دادگاه عالی مبنی بر پرداخت پول به کارزار انتخاباتی بمثابه آزادی بیان- شرکتها تبلیغات، لابیگری، کارزارهای مردمی برای حمایت از مزایای تجارت آزاد می کنند. جوزف ستیگلیتز، صاحب نوبل اقتصاد، در 2012 گفت: ارزشهای جهانشمول آزادی، عدالت، انصاف به آز، زور، تزویر در لایه ای از طبقات حاکمه تبدیل شده اند. سامانه اقتصاد و سیاست تخریب شده؛ نقصانهای آنها تحکیم می شوند. Taplin 2017

مالیگرایی وال ستریت سرمایه صنعتی مین ستریت را به خفقان انداخته. وال ستریت مرکز بورس سهام در نیویورک و مین ستریت راسته فروش کالا و خدمات در شهرهای آمریکا یند. سرمایه صنعتی از دهه 1970 به شرق رفته؛ به صنعتی شدن بیشتر چین، هند، ویتنام، مالزی و پیدایش 1 میلیارد نفر طبقه متوسط منجر شد.

اکنون سرمایه داری جهانی با فنآوری دیجیتال ادغام شده؛ به فاز تجارت الکترونیک E-commerce رسیده؛ از غرب به شرق سریع نشت می کند. دیگر کسب در فروشگاه سیمان-آجری کمتر شده؛ تجارت الکترونیک با تمرکز بر کسب و خریدار فراز می آید. بهرهوری سازمانها و مصرفکننده ها با خرید برخط/ آنلاین جهت تجارت را نشان می دهد. اینترنت، تلفن هوشمند، لوح، رایانه جیبی/ کتابی، کارت اعتباری تراشه دار تسهیلگر کسب شده اند.

ایمیل مهمترین غول اینترنت بود. بیت کوین غول زنجیره بلوکی است. تجارت الکترونیک در بر گیرنده نقطه فروش الکترونیک POS، خرید-فروش سهام برخط از خانه/ رایانه شخصی از E- Trade، مناسبات برخط الکترونیک بانکی، ارز دیجیتال، زنجیره بلوکی، رمز نگاری می باشد. در 2009 زنجیره بلوکی پروتوکل ارز بدون مرکز، فعال بر شبکه ناامن اینترنت آمد. دیگر افراد، ملیت، کشور، هییت مدیره کنترل نمی کنند. لذا شبکه رمزی امن Ethereum برای مبادلات مالی با ارز رمز چون بیتکوین تشکیل شد. در 2013 ویتالیک بنیانگذار مجله بیتکوین برنامه توزیعی برای شبکه زنجیره بلوکی امن با ارز "پیمان هوشمند" در نهاد خودکار بدون مرکز را نوشت.

معماری تجارت الکترونیک یا کلاینت/ رایانه وصل به اینترنت+دیوار آتش یا سرور وب، اپ، دیتابیس دارد. تبادل الکترونیک EDI قلب کسب الکترونیک بوده که تولیدکننده، منابع، بانکها، خریدار، فروشنده، اعتبارات، پرداخت را بهم وصل می کند. مغازه های برخط در جهان فراوانند: فلیپکارت، خرید در خانه، آمازون.

در آغاز اینترنت Internet باز برای اشاعه اطلاعات به شبکه های اکسترانت Extranet برای ارتباط شرکتها با هم و اینترانت Intranet برای همکاری اعضای یک شرکت تکامل یافت. در اینترنت ناامن، معاملات تجاری با زنجیره بلوکی روند رمزی خرید و فروش، بیتکوین ارز دیجیتال، دفتر حساب توزیعی امن می شوند. توضیح: در سده 21 شرکت بزرگ در جهان پراکنده است. لذا دفتر حساب توزیعی در شبکه رایانه های آن پراکنده اند. حساب رسی در یک دفتر مرکزی نیست. نمونه: فروش بلیط هواپیما در 100ها فرودگاه جهان نیاز به دفتر حساب توزیعی دارد.

بیژن باران

کاربرد اینترنت در کسب با تمهدیات امن بقرار زیراست: ایمیل، پیام آنی، خرید برخط، پیگیری دستور، بانک برخط، سبد خرید نرم، تله کنفرانس، صورتحساب الکترونیک. برای مصرفکننده پروسه خرید جستجو، ارزیابی، اجرا و برای کسب مدیریت، بازاریابی، تولید، اعتبار، سفارش، حمایت مصرفکننده را انجام می دهد.

زیر ساختهای اینترنت ابزار، گره ها، تورها، پروتوکل مبادله داده اند. مبادلات مالی با میانجیگری بانکها بقرار زیرند: امور مالی/ فایننس صنایع متعارف، برخط شدن بورسهای سهام جهان، خدمات دیجیتال، تکمیل تدارکات، پیامرسانی الکترونیک بین بانکها/ سویفت، تراکنش/ مبادله وجه، نقطه فروش الکترونیک، کارت اعتباری، سرورها، ارتباطات، ذخیره در ابر، کاربرد ابزار.

داده ها در دیتابیس ساختاربندی، ایندکس، مبادله پذیر می شوند. داده ها در باره مردم در شرکتهای فناوری، بیمه، بهداشت، وام ذخیره می شوند. با استخراج/ ماینینگ داده ها الویت می یابند. تدارکات/ لوجستیک یعنی مدیریت عملیات با افراد، نهادها، منابع، زمان است. کیف الکترونیک اطلاعات، اعتبار، هویت، پول، نشانی خریدار را دارد.

تراکنشهای بانک با بانک، صاحب حساب بانکی، اداره مالیات- الکترونیک شده اند. ماشین خودپرداز در معابر عمومی 24ساعته فعال اند. در حساب بانکی با داشتن شناسه و کلمه رمز، فرد به حساب ش راه می یابد. ریز حساب بانکی روزانه و ماهانه را می بیند. سپرده ها، پرداختها، سود، حق کار، حواله به حساب دیگری یا دریافت وجه از کسی دیگر ممکن اند.

در خانه و دفتر پرداخت قبض خدمات خانگی، اقساط وامها، بدهی، جریمه- دیگر با کاغذ و پست نیستند. پرداخت الکترونیک با کارت اعتباری، کارت هوشمند با تراشه انتگره IC، بانک برخط بوده؛ با حساب بانکی، بخش پرداخت، قبض آنها تسویه حساب می شود. مناسبات شهروند با دولت شهری، ایالتی، فدرال الکترونیک اند. پرداخت حق عبور از بزرگراه ها هم الکترونیک اند.

پایگاه اینترنت هر نهاد کالا، خدمات، اطلاعات، پرسش و پاسخ به چارهجویی اشکال فنی، نشانی، ایمیل، آیفون خود را تبلیغ می کند. مصرفکننده با پرسه در این پایگاه ها نیاز خود را برطرف می کند. پیله ور در راه مانند لوله کش با آیفون زمان را بهینه می کند. زیرا او در هر نقطه شهر تلفن ورودی را پاسخ گفته؛ با جی پی اس نشانی مقصد را یافته؛ سر کار حاضر می شود.

خرید برخط یعنی کالا و خدمات از بازرگان در اینترنت اند. دموگرافیک آن زن و مرد تحصیلکرده، مرفه، جوان اند. آنها سریع، در خلوت خانه، 24ساعته، گوناگونی جنس را مقایسه می کنند. کاربرد خرید برخط/ آنلاین بقرار زیرست: بلیط کنسرت، نشریات، هدیه، گل، قطعات الکترونیک خانگی، داروی نسخه ای، برنامه و بلیط سفر. کاربر سبد گزینه اقلام را پر کرده؛ با کارت اعتباری پرداخت کرده؛ صورتحساب به بانک رفته، ریز اقلام به انبار رفته، آنها در باربر قرار گرفته؛ به نشانی کاربر فرستاده می شوند.

منابع: 07/06/2018
چند صفت دیجیتال، الکترونیک فارسی نیاز به پسوند "ی" صفت ندارند.
Taplin 2017, "Move Fast and Break Things: How Facebook, Google and Amazon Cornered Culture and Undermined Democracy,"
https://centricconsulting.com/business-consulting/improve-operational-performance/business-process-improvement-lean-six-sigma/
C2C: www.eBay.com B2B: www.tpn.com B2C: www.amazon.com C2B: www.priceline.com
https://www.thebalance.com/us-gdp-by-year-3305543 US GDP by Year Recessions and Events1929-2017
Snapdeal, flipkart, OLX, Quiker

BPI Business Process Improvement بهینگی پروسه کسب
BPM Business Process Management مدیریت پروسه کسب
BPR Business Process Reengineering بازمهندسی پروسه کسب

VAR Value Added Resale ارزش افزوده بازفروش
6Sigma 6سیگما
SCM Supply Chain Management مدیریت زنجیره تامین
IT Information Technology فنآوری اطلاعات
WF Workfow مراحل کار

تجارت الکترونیک در گلوبالیزاسیون

بحران ساختاری سرمایه داری آمریکا چارهجویی نشده؛ یعنی مالیگرایی، فاصله طبقاتی، رشد ضعیف اقتصاد، فرار سرمایه به شرق- روند های غالبند. هجوم روستاییان به شهرها و پناهجویان به غرب، انباشت ثروتهای نجومی فردی، پناهگاه های مالی فرا ساحلی، رشد الیگارشی و پوپولیسم- مسایل دیگرند. فراگیری اینترنت در امور مالی را سرمایه داری کنونی گسترش می دهد.

سده 21 تجارت الکترونیک با 3فنآوری ارز رمز بیت کوین، زیر ساخت زنجیرهٔ بلوکی، دفتر حساب توزیعی نامتمرکز در اینترنت رشد کرد. بیت کوین یعنی سکه دیجیتال، زنجیرهٔ بلوکی یعنی بلوکچین، دیجیتال یعنی ثنویت 0 و 1، بلوک یعنی گروه، توزیعی یعنی شرکتها با شعب فراوان حسابداری. در اینترنت باز ناامن رمزنگاری برای مبادله مالی و پیام بکار رفته؛ جلوی تقلب را می گیرد .

ارز دیجیتال، زنجیره بلوکی، زیرساخت کلید عمومی در امور مالی در اینترنت واشکافی می شوند. در شبکه باز ناامن اینترنت "زیرساخت کلید عمومی" PKI برای وصل به اطلاعات طبقه بندی، استشهاد با اینترنت، امضای رسمی یا عدم جعل ایمیل بوده؛ زنجیرهٔ بلوکی برای امور مالی است. کنفرانس جهانی 2018 زنجیره بلوکی با 8هزار نفر، 25هزار جویبار، 120 غرفه در نیو جرسی می باشد. در داووس هم بخشی در باره زنجیره بلوکی بود. حجم سرمایه نهی زنجیره بلوکی در شرکتهای آغازگر جهان از 2012 با 1میلیون دلار تا 2017 به 1میلیارد دلار رسید. https://www.gbbcouncil.org .

بیتکوین Bitcoin یک ارز رمز جهانی، نخستین پول دیجیتال نامتمرکز بیپشتوانه در سیستم پرداخت است. اما در هیچ کشوری این پول رسمیت قانونی و حقوقی ندارد. زیرا سیستم آن بانک مسئول مرکزی ندارد. ارز رمز وجه دیجیتال است که واسطه مبادله رمزشده در تراکنش امن می باشد. انواع نوین ارز دیجیتال خواهند آمد.

بیت کوین برخلاف ارز ملی نیاز به مدیر کنترل ایجاد واحدهای بیشتر برای اثبات وجوه مبادله ندارد. این نوع پول دیجیتال بر پایه شبکه همتا به همتا، امضای دیجیتال و اثبات دانایی صفر است؛ تا کاربران بتوانند بی هیچ واسطهای، انتقال پول بازگشت ناپذیر انجام دهند.

از دهه 1970 تراکنشها/ معاملات تجاری با 2فنآوری تسهیل شدند EDI: مبادله داده الکترونیک و EFT تراکنش وجه الکترونیک برای سفارش و صورتحساب. در دهه 1980 این 2فنآوری در پذیرش کارت اعتباری،   ATMماشین خودپرداز، بانک تلفنی، تهیه بلیط هواپیما از خانه بکار رفتند. در دهه 1990 اینترنت دات.کام، آموزش الکترونیک، فروش مستقیم آمدند .

در دهه 2000 شرکتهای آمریکایی و اروپایی شبکه جهانی وب را برای خدمات تجارت الکترونیک بکار بردند. بازارهای بورس جهان بهم وصل برخط شدند. بیت‌کوین را ساتوشی ناکاموتو در ۲۰۰۹ بشکل نرم‌افزار متن‌باز اختراع و عرضه کرد. در دهه 2010 کاربرد بیت کوین، زنجیرۀ بلوکی، رمزنگاری برای امور مالی در اینترنت امن افزوده شدند .

در 2014 بیت کوین به بازار آمده؛ در 2015 شبکه زنجیرۀ بلوکی، در 2016 دفتر حساب توزیعی، سپس در 2018 دیتابیس/ پایگاه داده 2سویه با پیام امن با شاهد رمزنگاری افزوده شدند. در 2018 ارزش بیت کوین از چند سنت به 20هزار دلار رسید. بیت کوین تقاطع نظریه بازی، اقتصاد پول/ فایننس، رمزنگاری، شبکه رایانه، ترابری داده است.

بیت کوین امکان پرداخت‌های بسیار کم هزینه را فراهم می‌کند. شبکه بیت کوین سیستم کنترل کننده متمرکز ندارد؛ هیچ نهاد دولتی، سازمان، مؤسسه آنرا اداره نمی‌کند. با پذیرفتن بیت‌کوین برای وجه پرداختی در برابر کالا یا خدمات، به دست می آید. انتقال پول از یک نقطه به نقطه دیگر در تمام شبکه اطلاع‌رسانی شده؛ همه گره ها از آن آگاه می شوند. گره ماینر یعنی یابنده است که از 21میلیون بیت کوین با ماینینگ یعنی استخراج تعداد مورد نیاز را کشف می کند. بیت‌کوین از استخراج یا فرایند پردازش تراکنش‌های آن، بدست می‌آید .

شبکه از گره رایانه ها و تور ارتباطات شکل می گیرد. گره‌ها هر معامله را در شبکه همتابه‌همتا P2P اعلام می‌کنند. گره‌ها با رمزنگاری، هر تراکنش را بازبینی کرده؛ در یک دفتر کل توزیع‌شده عمومی ضبط می‌کنند. آنها پس از تأیید در یک سیستم اثبات با تاریخچه مبادلاً در زنجیره بلوکی ذخیره می‌شوند. زمان متوسط تأیید هر انتقال بیت‌کوین، تقریباً ده دقیقه است .

پیش از بیت کوین، سامانه مالی آنلاین برای امنیت به یک سامانه کنترلگر مرکزی نیاز داشت. شبکه رایانه 2 معماری شعاعی سرور- کلاینت و رنجیره همتا به همتا دارد. در شبکه همتا به همتا، مدارات موازی هم می آیند. بیت کوین برای ثروت فردی، بدون خطر مصادره، بدون محدودیت در سامانه پرداخت جهانی است. بدون بیت کوین دارایی برای پاداش کاربرها نمی ماند .

طلا را مرکزیتی پخش نکرده؛ مدتها شکل پول بود. تا اسکناس و کارت اعتباری آمدند. ولی طلا هنوز ارزشمند است. مانند طلا در معدن بیت کوین در طرح پروتوکل خفته ولی به مبادله نرسیده است. پروتوکل الگوریتم ارتباط شبکه رایانه ها ست. در اینترنت ناامن ارز دیجیتال با ریاضیات، رمزنگاری، الگوریتم مبادله امن می شود. ویکیپیدیا-فارسی بیت کوین

تراکنش‌ها مستقیم و بیواسطه بین کاربران رخ می دهند. این امر با داشتن کامپیوتر، سخت‌افزارها، نرم‌افزار، مدارات ارتباط ممکن می شود. در آن رمز نگاری، شبکه رایانه، انتقال داده رخ می دهد. بیت‌کوین ارز مبادله زنجیرۀ بلوکی بوده که نمی شود بدلسازی یا تقلب کرد. فقط یکبار می توان آنرا خرج کرد. صرافی‌ها، وب سایت‌های با جایزه بیت‌کوین، آن را پخش می کنند .

ارز دیجیتال پول شرطی یا برنامه ریزی پذیر است که می تواند در قرارداد معامله مالی با چند طرف معامله و شروط کار کند. نمونه شرطی: اگر پولی در یک قرارداد مالی باشد. آن وجه بنا بر آنچه برای قیمت سهامی خاص رخ می دهد، خرج بشود. سپس افراد متفاوت، بسته به سهامی خاص یا ترکیب خاص از سهام ها، می توانند وجه و سرمایه دریافت کنند. نمونه شرطی قیمت سهام در یک لحظه فروش، واگذاری، خرید را تعیین می کند. یک برنامه رایانه ای می تواند برای قیمت لحظه ای سهام با ترمینال بلومبرگ یعنی نرم‌افزار مالی مبادله الکترونیک با 325هزار مشترک به قیمت های سهام برخط وصل شود. رقیب آن سامانه 3000 رویترز است.
https://www.bloomberg.com/professional

این ترمینال نرم‌افزار کلاینت است که به سرور شرکت بلومبرگ وصل است. بلومبرگ حسابداران خدمات مالی و دیگر صنایع را توانمند کرده تا داده های بازار مالی زنده، برخط، زمان واقعی را تحلیل کرده؛ مبادله را روی پلاتفرم مبادله الکترونیک بگذارند .

زنجیرهٔ بلوکی Blockchain پایگاه داده توزیعی مبتنی بر اجماع طرفهای معامله است. این زنجیره پیوسته فهرست رکورد یعنی ردهها را با ارجاع به گزینه‌های قبلی فهرست حفظ می‌کند. پس جلوی تقلب یا تغییر غیرمجاز را می‌گیرد. زنجیره بلوکی خود بخشی از فناوری دفترکل توزیع شده Distributed Ledger است. این زنجیره لیست رکوردها در یک گروه یا بلوک تراکنشی است که پیوسته افزاینده شده؛ با رمز نگاری پیوند و امن می شوند. این بلوک را نمی توان تغییر داد .

بلوک تراکشنی مانند یک سری ایمیل مربوط به یک امر بین چند نفر است. هر بلوک یک چکیده کلید رمز یعنی هش hash داشته؛ بلوک پیشین، مهر تاریخدار، داده تراکنش را ندارد. رمزنگاری 3نوع الگوریتم دارد: کلید مخفی، کلید عمومی، تابعهای هش. این تابعها چکیده یا رمزنگاری یکسویه بدون کلید پیامها یند. نقش هش در خدشه ناپذیر کردن پیام است. زنجیرهٔ بلوکی برای ارائه خدمات و تسهیلات به جامعه است.
زنجیره بلوکی https://fa.wikipedia.org

ابزاری است که "بیت کوین" و خدمات ارتباطی، اقتصادی، بانکی، بازی های کامپیوتری با پاداش بیت کوین، فروشگاه های اینترنتی، حمل و نقل بر آن سوارند. این فناوری رمزی در کاربرد اینترنت و عدم تمرکز داده ها است. ورژن 1، 2، 3 آن با توان مندیهای زیاد در بازار اند. هر فرد برای رمزنگاری در زنجیرهٔ بلوکی یک کلید مخفی فقط برای کاربر و عمومی برای همه دارد .

در گره های شبکه خیلی تکرار بوده؛ در شبکه با پروتوکل همتا به همتا سند معامله/ تراکنش بدون ناظر ثالث انتقال می یابد. این مبادله بدون مرکزیت بسیار منعطف برای میلیونها کاربر است. در یک شبکه مالی دفتر حساب ledger ماشینها، نرم افزارها، برنامه ها/ اپها، کاربرها، سیستم ادمینها، ابر، اینترنت، بانکها می باشند. زنجیرهٔ بلوکی هنوز هک، کرک، شکسته نشده .

فناوری زنجیرهٔ بلوکی اقتصاد تراکنشی دیجیتال با ارز بومی دیجیتال برای پرداخت، وثیقه، دیون است. بازار سرمایه و خدمات مالی را دگرگون می کند. زنجیرهٔ بلوکی پول الکترونیک "بیت کوین" نیست. ساختار داده سریال با بلوکهایی پیوند در پایان زنجیره است. برای تغییر یک پیوند در میانه باید همه بلوکهای بعدی شکسته شوند. هر بلوک

چند تراکنش دارد. بلوک یک صفحه کتاب پر از معاملات/ تراکنشها ست؛ زنجیرهٔ بلوکی یک کتاب پر از تراکنشها در زمانها می باشد .

زنجیرهٔ بلوکی صفات زیر را دارد: 1- به دارایی دیجیتال بومی مانند بیت کوین یعنی طلای دیجیتال نیاز دارد. 2-مهر تاریخدار برای دفتر حساب توزیعی است. 3- پلتفرم دیجیتال برای ثبت و اثبات تراکنشها ست. 4- داده های دیجیتال در زنجیره خطی ذخیره می شوند. 5- هر بلوک در زنجیره، داده های تراکنش را دارد. 6-داده ها در زنجیره بلوک دست نخورده می مانند. 7- وقتی یک بلوک محاسبه شده؛ همه تراکنشها برای بلوک گزیده می شوند.

گسترش سریع زنجیرهٔ بلوکی نیاز به سرمایه نهی در این فناوری دارد. اکنون نهادهای مالی, کارآفرینان و افراد خلاق شرکتهای آغازگر در این فناوری مشارکت دارند. زنجیرهٔ بلوکی در امور بانک، هنر، رسانه، بیمه، مسکن کاربرد دارد. زنجیرهٔ بلوکی در اروپا، آمریکای شمالی و جنوبی، آسیا، دریای کاراییب، اقیانوسیه، خاورمیانه، آفریقا، ناکجاآباد به ارزش 300 میلیارد دلار می باشد. -https://hackernoon.com/a-brief-history-in-the-evolution-of-blockchain-technology-platforms-1bb2bad8960a

اگر "بانک مالی بین المللی" زنجیرهٔ بلوکی بکار برد؛ نفوذ دلار کم می شود. زنجیرهٔ بلوکی در چندین بانک و نهاد بکار می رود. نمونه: بانک آمریکا، ولز فارگو، مایکروسافت، آمازون، IBM ؛ در روسیه، ابوظبی، هند؛ در هلند Rabobank وABN Amro, ING ، در انگلیس Barclays و UBS، شرکت تحقیقاتی بلوکچین به نام R3, در هنر Ascribe, :در رسانه UProov, :در بیمه Everledger :و Warranteer, در مسکن IBREA. :

در 5قاره بسیاری کشورها و تیم "کوین ایران" زنجیرهٔ بلوکی را در راستای قوانین ایران برای خدمت رسانی بررسی می کنند. بیت کوین بخاطر مخفی بودن، مستقل از دلار- کمکی برای دور زدن تحریمها می باشد. فناوری مبادله ارز دیجیتال می تواند برای ایران با وجود سالانه 5میلیون دانشجو، جوانان بیکارِ ، 45میلیون تلفن همراه یک بازار نیچ/ خاص بسازد. https://coiniran.com

معاملات با ارز دیجیتال- از وجه برنامه ریزی پذیر گرفته تا تجارت الکترونیک- پنج شیوه ی ارز رمز Cryptocurrency را در بر می گیرند. این شیوه ها، فناوری جدید، به افراد و نهادها اجازه داده تا بلافاصله، مطمئن، بدون واسطه، سرمایه خود را انتقال دهند:

۱ .حواله بانکی سریع تر است. چند طرف معامله در بانکهای گوناگون با هم تعامل می کنند. با ارز دیجیتال بیت کوین، ارزان تر، فرامرزی، فوری، به صرفه، با امنیت، از یک ارز به ارز دیگر انجام می شود. https://coiniran.com

۲ .حواله جهانی ارزانتر است. هرساله، مهاجران کشورهای در حال توسعه، بیش از ۵۰۰ میلیارد دلار وجه حواله می کنند. کارمزد انتقال بین المللی برای ارسال ۲۰۰ دلار، به طور میانگین ۶ تا ۱۰ % بود. مهاجران با تلفن همراه، مستقیم ارز دیجیتال به خانواده خود پول با کارمزد ناچیز می فرستند. نیز با تلفن، اسکن چک در ایمیل از یک کشور در کشور دیگر به حساب گذاشته می شود.

۳.پول فرستادن امن و ارزان است. در کنیا ۶۰ % تجارت با اعتبارات تلفن همراه هزینه ۲۰ % دارد. در کشورهایی که اکثر شهروندان آن حساب های بانکی ندارند، ارز دیجیتالی شکل دیگری از پرداخت راحت و امن است. ارز رمز امن تر از نگه داشتن پول نقد در خانه یا خرید جواهرات است. حرکت سرمایه با ارز رمز را بانکها سخت تر می توانند کنترل کنند. ویکی پیدیا/بیت کوین

۴.گسترش تجارت الکترونیک ساده تر است. کارت های اعتباری گذشته ناامن بوده؛ اکنون امنیت آنها با تراشه هویتی تعبیه در کارتها، بازرگان اینترنتی را مطمئن از نبود کلاهبرداری بومی و بین المللی می کنند. در بیت کوین، تا انجام معامله، وجه انتقال نمی یابد. خرده فروشان یک قاره صنایع دستی خود را در سطح جهان با ایمیل، خرید آنلاین، ارز دیجیتال می توانند بفروشند.

۵. پول شرطی برنامه ریزی پذیر و پیمان هوشمند است. دارایی دیجیتال خودکار را می توان انتقال داد. حتی پرداخت را مشروط به دریافت قبض تاریخ پرداخت از پیش تعیین کرد. این امر، وجه برنامه پذیر یا پیمان هوشمند، پرداخت شرطی را ممکن می کند. نمونه: حساب امانی معاملات ملکی، خریداران، پول خود را به صورت سپرده نگه می دارند. زمانی این پول به فروشنده تعلق می گیرد که حق مالکیت اموالی را که خریداری کرده اند، به دست آورند. معامله چند امضایی، یک نمونه دیگر است .

سویفت" SWIFT جامعه جهانی بین بانکها برای ارتباطات مالی" یک سامانه پیامرسانی است. مبادلات ارزی جهان با 10هزار نهاد عضو روزانه 24میلیون پیام می فرستند. هر عضو در یک کشور 2 کود 8حرفی ورودی و خروجی و یک کود 9عددی متضمن هویت بانک دارد. پس بانکی در میلان ایتالیا از بانکی در واشنگتن بسته ارزی را سریع، دقیق، باامنیت می تواند تحویل بگیرد .

کاربران سویفت بانکها، بنگاههای بورس و تجارت، کاسبان اوراق بهادار، شرکتهای مدیریت دارایی، تحویل دهندگان، مبادله گران، اتاقهای مالی، بخشهای مالی شرکتها، خدمات دارایی و خزانه، مبادله های خارجی، صرفان اند. خدمات پیام بانکی دیگر اینهایند CHIPS. ،: Fedwire, Ripple,

پیدایش تجارت الکترونیک به ورود بزهکاران در تقلب کارتهای اعتباری، دستبرد به حسابهای بانکی با فیشینگphishing ، فروش تقلبی بیت کوین انجامید. فیشینگ عمل تقلب با فرستان ایمیل ظاهرا درست یک شرکت مشهور با درخواست اطلاعات شخصی مانند شناسه/ رمز ورود، شماره کارت اعتباری، حساب بانکی است. نمونه تقلبات بیت کوین: در آمریکا و کانادا، کمیسیون اوراق بهادار و اتحادیه ادارات اوراق بهادار آمریکای شمالی به تشکیل 70پرونده تقلب ارز رمز بیت کوین کمک کردندWP230518 .

اتهامات نداشتن جواز کسب، جذب پول از مالداران، کلاهبرداری از خریدارن بی خبر، وعده 4% سود روزانه بدون ریسک اند. شیادان ارایه آغازین سکه/ کوین ICO شبیه ارایه آغازین عموم IPOدر سهام را فروخته؛ 30هزار نام پایگاه "دومین ارز رمز" ثبت کرده بودند. این پایگاهها اطلاعات نادرست با نشانی تقلبی، تبلیغات تصاویر شهره گان، وعده های واهی مردم را تور می زدند .

بیژن باران

اکنون اغلب این سایتها بسته شده؛ یا با قانون خود را وفق خواهند داد. اگرچه مجرمان را می توان یافت؛ ولی مصدومان نامعلوم اند. دومین Domain همه رایانه های یک شبکه است که هر کدام با IP یعنی اینترنت پروتوکل خاص اند. هر رایانه، تلفن، دستگاه در اینترنت یک نشانی 12 رقمی در ورژن های 4 و 6 دارد. با کلیک اینجا آی پی خود را پیدا کنید.   https://www.whatismyip.com

منابع: 07/06/2018
چند صفت مانند دیجیتال، الکترونیک در فارسی نیاز به پسوند "ی" صفت ندارند.
https://www.slideshare.net/Ferdinando1970/20161110-rome-icc-intro-to-blockchain
https://www.statista.com/statistics/621207/worldwide-blockchain-startup-financing-history
https://store.btcmedia.org/products/bitcoin-magazine-issue-1-may-2012
Bitcoin Magazine is the world's first and foundational digital currency publication, covering the innovative ideas, breaking news and global impact at the cutting-edge intersection of finance, technology and Bitcoin.
زیرساخت کلید عمومی PKI مجموعه نقشها، مشیها، اسلوب برای آفریدن، مدیریت، توزیع، کاربرد، ذخیره، لغو گواهینامه دیجیتال می باشد. کلید عبارت کتره ای اعداد برای هویت یک فرد در زنجیرهٔ بلوکی است. هر فرد یک کلید مخفی مبین هویت او دارد. آن را از مرکز صدور گواهی CA می گیرد. برای گرفتن آن او اسناد صدق هویت را ارایه داده؛ در لیست ثبت کاربرها هویت او باید یکتا باشد. این فرد کلید عمومی در زیرساخت مبین هویت ش در گروه را در روند ثبت و صدور کلیدها می گیرد. نرمافزار پی کی آی با ثبت فرد و نظر مسئول 2کلید را به متقاضی می دهد. ویکی پیدیا/زیر ساخت عمومی

مرکز ثبت نام RA جواز به مسئول با آزمون و تصدیق هویت او در گروه می دهد. این مرکز کلید عمومی به متقاضی با تصدیق هویت او داده که انکار ناپذیری را تضمین می کند. زیرساخت سخت افزار، نرمافزار، مسئولان، متقاضیان/ کاربران، مشی لیست اصول امن سازمان در باره مدیریت، توزیع، کاربرد، ذخیره، ابطال جواز دیجیتال دارد. نمونه: زیرساخت کلید عمومی برای کارمندان دولت در دسترسی به شبکه رایانه های وزارتخانه می باشد. در شبکه اینترنت دولت اسناد محرمانه، مخفی، طبقه بندی را بنا به هویت و نقش کاربر در دسترس می گذارد. کاربر می تواند چند نقش مانند عضو، ادمین، مسئول امن شبکه داشته باشد.

به کاربر یک کلید- پرونده ذخیره بر کارت ورود یا توکن امن- داده؛ گره/ رایانه او هم یک قوطی خواناگر دارد که کلید را می خواند. با داشتن کلید کاربر بطور امن به سرورهای دولت از شبکهٔ عمومی ناامن وصل می شود. کلید اعتماد سازمان کاربر را در امضای دیجیتال بر نامه های او ممکن می کند. روند تصدیق هویت، گرفتن کلید مخفی، لاگ یا ورود به سرور برخط نبوده؛ چند روز طول می کشد. این زیرساخت امن در زنجیرهٔ بلوکی هم کاربرد داشته؛ ولی گرفتن کلید برخط در یک چشم بهمزدن می باشد.

تصدیق اعتماد فرد 3رویکرد دارد: مرکز صدور گواهی، وب سایت معتمدWoT ، زیرساخت کلید عمومی ساده. شرکتهای مستقل هم در جهان به متقاضی مجانی یا چند دلار کلید عمومی بنا به استاندارد x509 می دهند. اپها/ برنامه هایی امن با پی کی آی ساخته شده اند که کاربر با توکن یا کارت ورود می تواند در شبکه ناامن اینترنت کار امن مانند ایمیل امن با امضای دیجیتال بفرستد. نمونه: انتراست .Entrust.

ادمین، مسئول شبکه Admin
برنامه یا نرمافزار در دستگاه برای مصرف کاربر Ap Application
ماشین خود پرداز ATM Atomatic Teller Machine
کسب به کسب B2B Business to Business
کسب به مصرفکننده B2C Business to Consumer
بیتکوین، بیت کوین ارز رمز Bitcoin
بلوکچین، زنجیره بلوکی Blockchain
بهینگی پروسه کسب BPI Business Process Improvement
مصرفکننده به کسبC2B Consumer to Business
مصرف کننده به مصرفکننده   C2C Consumer to Consumer
حق تالیف Copyright
ارز رمز Cryptocurrency
رمزنگاری Cryptography
سازمانهای خودکار نامتمرکز DAO Decentralized autonomous organizations
اپلیکیشن توزیعی Dapps Distributed application/
مدیریت سیستم دیتابیس DBMS Database System Managment
قانون حق تالیف دیجیتال هزاره ایالات متحده DMCA US Digital Millenium Copyright Act
دومین، همه رایانه های یک شبکه با IP مشترکDomain
تجارت الکترونیک E-commerce پاپینگذاری Download
مبادله داده الکترونیک EDI Electronic Data Interchange
تراکنش وجه الکترونیک EFT Electronic Funds Transfer
چکیده کلید برای پیام Hash -a number generated from a string of text.
عرضه آغازگر سکه ICO Initial Coin Offering
بانک پولی بین الملل IMF International Monetroy Bank
اینترنت پروتوکل، هر رایانه در شبکه یک نشانی آی پی دارد IP
عرضه آغازگر عمومی IPO Intial Public Offering
فنآوری اطلاعات   IT Information Technology
اتحادیه مدیران NASAA North American Securities Administrators Association
اوراق بهادار آمریکای شمالی
ثبت اختراع Patent همتا به همتا P2P Peer 2 Peer
زیرساخت کلید عمومی PKI Public Key Infrastructure
پروتوکل Protocol OSI, Internet TCP/IP, HTTPS, SMTP, DNS
سند، رده Record
مدیریت زنجیره تامینها SCM Supply Chian Management
جویباری، دسترس به فایل اینترنتی بزرگ بدون پاپینگذاری Stream
جامعه SWIFT Society for Worldwide Interbank Financial Telecommunications
جهانی ارتباطات مالی بین بانکها
علامت تجارتی rademark ژتون، نمونه Token
شبکه جهانی وب World Wide Web
وب سایت معتمد WoT
سازمان تجارت جهانی WTO World Trade Organization
واشنگتن پست WP

زوال نسبی سلطه آمریکا

زوال نسبی آمریکا با قیاس با گذشته و رشد رقبا بیان می شود. اقتصاد آن در نیم قرن گذشته در جهان از نصف به ربع کاهش یافت. نرخ رشد اقتصادی در چین 6% سالانه برای 15 سال بوده؛ درحالیکه آمریکا در رکود و 2% بود. زوال سیاسی آمریکا حاوی غلطیدن از دمکراسی لیبرال روزولت و ترومن به نئولیبرالیسم ریگن و ترامپ می باشد.

زوال قدرت اقتصادی را با گذار از تولید صنعتی و خدمات به مالیگرایی و گلوبالیزاسیون، هزینه جنگهای خاورمیانه، کاستی بودجه سالانه، بحرانهای ادواری و ساختاری سرمایه جهانی می توان رصد کرد. برخی شواهد این زوال بقرار زیرند: افت تولید ناخالص داخلی، برآمدن قطبهای اقتصادی بریکس، اتحادیه اروپا، بحران ساختاری مالیگرایی، کاهش توان رهبری جهان.

یکی دیگر از شاخصه های زوال افت امیدواری بشادی است. شادترین کشور جهان 2018 فنلاند بوده؛ بعد دیگر کشورهای اسکاندیناوی، ردیف 18 آمریکا، 19 انگلیس، 20 امارات اند. شادی با نزدیکی به طبیعت، امنیت، مهد کودک، بهداشت و آموزش مجانی، عدم فساد اداری، چاقی، افسردگی، مخدرات، شبکه های ایمنی، بی اعتمادی به نهادهای عمومی، تولید ناخالص داخلی اندازه گیری می شود. اسناد شادی جهان در 156 کشور، وپ 210318

پس از ج ج 2 آمریکا مدل افزایش تسلیحات را در جهان مد کرد. می توانست مدل کمک به سازمان ملل، توسعه عمرانی جهان، مبارزه با امراض بدخیم، گسترش صنایع فضایی را مد کند. ولی با گسترش تسلیحات جنگافروزی را ادامه داده؛ بقول آیزنهاور مجتمع نظامی- صنعتی گسترش یافته؛ چون آمریکا سرور سرمایه جهانی بود؛ مسابقات تسلیحات ثلث انباشت سرمایه را بلعید. لذا جهان می توانست به رفع گرسنگی، بهبود زیستبوم، پیشرفتهای طبی، سوادآموزی سازمان ملل روی زمین به پردازد.

جنگافروزی آمریکا برای منافع شرکتهای تسلیحات هم در خارج هم در داخل می توان دید. برای هر 100 نفر در آمریکا 101 اسلحه بین مردم است. روزانه 96 نفر با تفنگ به قتل می رسند. از هر کشور پیشرفته قتل با تفنگ بیشتر است. می سی سی پی بالاترین تعداد قتل با تفنگ داشته که تابع تعداد تفنگ در ایالت بود. هاوایی کمترین قتل با تفنگ داشت. در ژاپن 127 میلیون نفری کشتار جمعی با تفنگ نایاب است. در 2015 فقط 8قتل با تفنگ رخ داد؛ یعنی برای هر 100 نفر 0.6 با تفنگ به قتل رسید.

اکنون سرمایه داری آمریکا در بن بست بحران ساختاری مالیگرایی سریعتر تضعیف می شود: کاهش حوزه تجاری دلار؛ افت صدور کالا؛ عدم بودجه برای تمدد زیستبوم، عمران پلها، راه آهن، به روز کردن فرودگاهها؛ افزایش سالانه بدهی ملی؛ کاهش تعداد کسبهای آغازگر/ اینترپرنور جدید در سال، اشباع گلوبالیزاسیون؛ سبقت نئولیبرالیسم؛ غلبه الیگارشی در حاکمیت؛ تجزیه طبقات متوسط به لایه فوقانی با درآمد رفاه و انبوه پایین با درآمد راکد.

در لیست 20 اقتصاد برتر جهان اختلاف طبقاتی 3کشور در صدر لیست است: مکزیک، ترکیه، آمریکا. در 2017 حدود ۸۲ % ثروت تولیدی را 1% ثروتمندان جهان داشته؛ درآمد ۵۰ % جمعیت فقیرتر جهان اصلا بالا نرفت. این ارقام فرود گلوبالیزاسیون در سده 21 را نشان می دهد. فرار مالیاتی، نفوذ شرکت ها در سیاستگذاری، تنزل حقوق کارگران، کاهش هزینه برنامه های اجتماعی دولت ها علل شکاف فزاینده اند.

در سده 21 ثروتمندان هم پول داشته؛ هم نفوذ در حکومت دارند. برخی از ثروتمندان در الیگارشی حکومت شرکت دارند. در ۲۰۱۷ ثروت 8 نفر صدر برابر ثروت ۵۰ % جمعیت فقیرتر جهان بود. در فهرست ثروتمندترین ها ۴۲ نفر اول برابر۵۰% جمعیت فقیرتر جهان بود. تمرکز سرمایه نجومی منجر به برجسازی برای مسکن و کسب شده؛ ابعاد شگفت آور دارد. بی بی سی.

عدم رشد اقتصادی در افت رتبه تولید ناخالص داخلی یا ملی GDP یا GNP آمریکا نسبت به جهان از 37% در 1967 به 25% در 2016 آشکار است. اما مالکیت بنگاه های آمریکایی بر اقتصاد جهانی و انباشت ثروت 1% ها موازی با گلوبالیزاسیون رشد انفجاری دارد. دیده مثبت 30 کشور به آمریکا 14% افت کرده که منطبق با زوال آمریکا در جهان است. بنا به موسسه پیو 2016. ریاضت در آمریکا بمعنای زدن کمکهای دولت فدرال در دانشگاهها، کاهش بودجه راهسازی، تعمیر، رفتگری مرتب جاده ها، افت بودجه حفظ زیستبوم، کاهش بیمه سلامتی همگانی می باشد.

امپراتوری آمریکا به پایان می رسد؛ ولی کشور آمریکا مانند انگلستان بجا می ماند. آمریکا بزرگترین اقتصاد، اثرگزارترین فرهنگ، سهمناکترین ارتش با بودجه برابر 100 کشور جهان دارد. بزرگتری شرکتهای جهان فورچون 500 و مجتمعهای رسانه- تفریحات را دارد. در سده 21 این امپراتوری بینظیر رو به زوال است. کتابهای نامبرده در منبع زیر در باره زوال آمریکایند.

بدهی آمریکا با جنگهای خاورمیانه، هزینه 900 پایگاه نظامی در 5قاره، گسترش بیحد تسلیحات بر زمین افزایش می یابند. کسری بودجه، عدم پرداخت مالیات شرکتهای فراملی با ذخیره نقدینه آنها در پناهگاههای فراساحلی، فرار تولیدات صنعتی به کشورهای دیگر، قراردادهای تجاری جهانی بنفع شرکتها از جیب دولتها- آمریکا و انگلیس را بسوی نئولیبرالیسم کشاند.

دمکراسی آن اسیر انحصارات شد. مالیگرایی دمادم کاهش مالیات ثروتمندان، رفع مقررات، مصونیت از تعقیب قانونی بخاطر عملیات سهمگین اختلاس مالی بر شرکتها را می طلبد. در حالیکه شرکتهای مالی تریلیونها دلار بشکل نجات مالی از خزانه داری آمریکا گرفته؛ کسر بودجه سالانه بدهی فدرال را تا 20تریلیون دلار رسید. وزارت خزانه‌داری با زبده‌ترین کارشناسان IT و بانکی در تحریم‌های بضد نیم دوجین کشور را پی‌گیری می کند.

آمریکا قدرت و احترام ضروری برای رهبری متحدان در اروپا، آمریکای لاتین، آسیا، آفریقا برای منافع ش را از دست داده. بالاتر از این تخریب فزاینده تغییرات جوی را هم به کابوس‌آباد در کمین باید افزود. امپراتوری بیوقفه می لنگد تا زمانیکه دلار از مقام ارز ذخیره جهانی خود ساقط شود. با رکود فلج کننده، فرار سرمایه، هجوم مهاجران، انبساط سریع ماشین نظامی حجیم ش روبرو است.

افول دلار بمثابه ارز ذخیره جهانی، بدهی عظیم دولت، فروش قرضه ملی/ باند خزانه داری، شبه پول یعنی باند مدت دار شتاب گرفته؛ صندوق تامین اجتماعی کسری دارد. اینها نشانه های زوال امپراتوری اند. در زمان فروپاشی دلار افت شدید می کند. واردات گرانتر خواهند شد. نژادپرستی به فاشیسم گرایش می یابد. دشمن در همه جا با رهبر پارانوید می آمیزد. شنود همه جانبه، دوربینهای تلویزیون مداربسته شهرها، اشغال نظامی فرودگاهها، محدویت رسانه ها، پهبادها و ماهواره ها جمعیت را کنترل می کنند.

در 2014 تجارت بین المللی ارزها بقرار زیر بودند: دلار 49%، یورو 31%، لیره پوند 4.5%، دیگر ارزها مانند یوان چین 5% بود. در 2014 تجارت خارجی جهان برای خدمات مالی 4872 میلیارد یا 5 تریلیون و برای محصولات صنعتی 19 تریلیون- رویهم 24 تریلیون دلار بود. آمریکا با صادرات 2.35 تریلیون دلار؛ 760 میلیارد دلار از 2009 افزایش داشت.

چین تجارت خارجی 4.3 تریلیون دلار، صادرات 2.34 تریلیون دلار، واردات 1.96 تریلیون، افزوده صادرات به واردات 382 میلیارد دلار داشت. صادرات نفت، خودرو، مواد نفتی، تلفن، تراشه، قطعات خودرو، دارو، رایانه در 2015 بود. کشورهای صادرکننده بترتیب اتحادیه اروپا، چین، آمریکا، آلمان، ژاپن، کره جنوبی، فرانسه، هنگ کنگ، هلند، ایتالیا، انگلیس اند.

آلفرد مککوی در کتاب "اشباح سده آمریکایی: خیزش و فرود در قدرت جهانی ایالات متحده" نوشت: "امپراتوری در خیزش در کاربرد ارتش خردگرا است؛ ولی در فرود در خرده جنگها، خونریزی داخلی با کاربرد نابخردانه ارتش، خود را با شکست بیآبرو می کند." اکنون مشت آمریکا با شعار "دمکراسی، آزادی، اقتصاد، بسکتبال، هولیوود" رسوا شده. پایان 69 امپراتوری همه با رهبران بیلیاقت بود. فروپاشی امپراتوری های پرتغال 1سال، شوروی 2سال، فرانسه 8سال، عثمانی 11سال، بریتانیای کبیر 17سال طول کشید."

کتاب مککوی شمار رقبا و نرخ شاخصها را در 30 سال تصویر کرد. شاخصهای زوال بقرار زیرند: ذخیره طلا، تولید ناخالص داخلی، دلار بمثابه ارز تجاری جهان، بهداشت عمومی، آموزش، سطح سواد دبستانی در قیاس با دیگر کشورها. آمریکا از حمله 2003 به عراق تا 27سال پس از آن یعنی 2030 قدرت دوم جهان خواهد شد. رقبا کشورهای بریکس و اتحادیه اروپا یند.

سلطه آمریکای کنونی در 2030 اسقاط می شود. این سقوط در رهبری، راه را برای شیادان، دلقکان، عوامفریبان، فرصت طلبان، ژنرالهای جنگ افروز از هر 2 حزب هموار می کند. کاهش توان امکان وقفه سیاست ببار آورد. خلاء جهانی را چین هماکنون با توان اقتصادی پر می کند. روسیه، هند، برزیل، ترکیه، آفریقای جنوبی، اتحادیه اروپا، مکزیک جهان چند قطبی را شکل می دهند.

اسطوره دمکراسی آمریکا دیگر زایل شده؛ جایش را نفرت، تفرقه، نژادپرستی، زورگویی، فرقه گرایی، جنگ گرفته. حمله به عراق و افغانستان زوال را سرعت داد. بقول برژینسکی این "جنگ یکسویه غیرقانونی بودن مشی سیاست خارجی آمریکا را تسریع کرد." شکنجه در زندان ابوغریب، میلیونها پناهجو، حبس جهادیگران بی محاکمه

در گوانتانامو، قتل مردم در بمبارانهای کور هوایی، کلنگی کردن شهرهای عراق، لیبی، سوریه، یمن؛ عدم بازسازی این کشورها پس از جنگهای کلنگی- جرمهای آمریکا یند.

آمریکا با ائتلاف شرکتهای فراملی، نیروهای نظامی چند جانبه مانند ناتو، رهبری مالی بین المللی خود گزیده مانندفوروم / مجمع جهانی اقتصاد داووس و بیلدربرگ شبکه فراملی بالاتر از کشور و امپراتوری ساخته. در فوروم 23-26 ژانویه 2018 حدود 2500نفر از سران سیاسی مانند مرکل، تجاری مانند سوروس، نخبگان مانند فروهر در 220 جلسه در باره "آفرینش آینده مشترک در جهان پرشکاف" بحث و فحص کردند. داووس از 1971 آغاز شد؛ در گذشته خاتمی، مندلا، امسال ترامپ شرکت داشتند.

بیلدربرگ- سالانه از 1954 جلسات چند روزه در شانتلی- ویرجینیا با حضور 120- 150 رهبر سیاسی، کارشناسان صنعت، مالی، دانشگاه، رسانه ها تشکیل می شود. هدف نزدیکی اروپا و آمریکای شمالی است که با "قاعده خانه چاتهم" یعنی سوگند به اختفای هویت سخنران از مردم اداره می شود. انجمنهای راستگرا و توطئه پندار نشست بیلدربرگ را "دولت ژرف" می نامند.

جلسه بیلدربرگ 1-4 ژوئن 2017 در باره گرایشات کلان و امور جهان در مباحث زیر بود- کابینه ترامپ: گزارش در حال تکمیل، مناسبات و اتحاد دفاعی فرا آتلانتیک: گزینه ها و سناریوها، فشنگ، بایت، دلار؛ جهتگیری اتحادیه اروپا؛ آیا گلوبالیزاسیون/ جهانیگرایی کند می شود؟ شغل، درآمد، انتظارات نابرآورده؛ جنگ اطلاعات؛ چرا عامه گرایی رشد می کند؟ روسیه در سپهر بین المللی، خاورمیانه، گسترش هسته ای؛ چین، امور جاری.

عامه گرایی جنبشی است که از سده 20 فرای احزاب با یک رهبر عامه گرا نیروی اجرایی دولت را با انتخابات قبضه می کند. در کشورهای مدرن غربی رهبر عامه گرا بدون تخصص در سیاست و تکنوکراسی بضد احزاب سنتی می شورد. برنامه انتخاباتی او با رسانه ها به تلویزیون، رادیو، روزنامه، اینترنت با شبکه های اجتماعی مجازی می رسد.

این برنامه کلی گویهای نشدنی، امید واهی، برخلاف هنجار احزاب- به بیاحترامی به نهادهای حکومت مانند گمرگ/ مهاجرت، دادگستری مستقل؛ حمله به رسانه ها، هتاکی به رقبا تا تهدید زندان، مزاح به ظاهر، حمله به شخصیت دیگر نامزدها می پردازد. رهبر پوپولیست با وعده های سرخرمن، لغو احکام لیبرال گذشته، تحریض گروههای افراطی- جامعه را قطبیتر می کند. دولت نخبگان بوکالت عامه برای شکوفانی اقتصادی و سیاسی کاراتر است. نمونه: اروپا. نمونه های عامه گرایان راست در سده 20 فروانند.

نمونه عوامگراها در جهان: پرون در آرژانتین از 1946، فوجیموری در پرو، ثاکسین تایلند؛ برلوسکونی صاحب 90% رسانه های ایتالیا؛ کازینسکی 2005 لهستان، اوربان مجارستان. برخی با فساد و اعمال فراقانونی خود، بعد از سقوط دادگاهی شده؛ زندان رفته؛ ولی به سیاست باز بر می گردند. وفاداری می تواند با دوام باشد؛ حتی به نسل بعد در خانواده نشت کند. لذا بخشی از مردم به عوامفریب سیاسی پس از زندانش، گذشت زمان، حتی به فرزند او علاقه دارند.

ترامپیسم 3اصل دارد: ضدمهاجرت، ضدتجارت آزاد، ضدکورپوریشن خارجه نشین. با جنجال برای ساختن دیوار در مرز جنوب و فرمان منع روادید به چند کشور مسلمان از جمله ایران، ترامپ موج ضد خارجی را در آمریکا گسترش داد. او بضد قراردادهای تجاری چندجانبه مانند EU، TPP، NAFTA، برجام توییت کرد. با تعرفه بر واردات فولاد و آلومینیوم، رفع مقررات زیستبوم، کاهش مالیات شرکتهای چند ملیتی آنها را به سرمایه گذاری در آمریکا تحریض کرد. آیا بحران ساختاری آمریکا با این 3اصل حل می شود؟

این اصول یک سیستم منسجم نیستند. شاخص بازار بورس در هر 3 بخش نزدک با 32هزار شرکت، اس و پی 500 با شرکتهای فنآوری، بورس نیویورک وال استریت آمریکا در 2017 تا 30% رشد و اشتغال زیر 4% پر رونق بود. ولی بازار بورس سهام جهان متشتت شد. شرکای جهانی اتحادیه اروپا، چین، کانادا به اقدامات تجاری ضد آمریکا تهدید می کنند. ترامپ در مقابل جناحهای دیگر گاهی از این اصول عقب نشینی کرده؛ مذاکره و دبه در آوردن را مطرح می کند.

ترامپ کاپیتالیستی آشنا به شگردهای دور زدن قانون است. او از آشکاری اسناد مالیاتی سالانه طفره می رود- در آن رابطه مالی با روسیه و دیگر جاها برملا می شوند. او برنامه سیاسی منسجم حزبی نداشته؛ از شکافهای اجتماعی زیر در کلام سوء استفاده می کند: نارضایتی عمومی از نهادهای دولت، موج ضد خارجی، بیگانه هراسی، گسل مالی شهرهای کناره ای و مناطق دشتهای روستایی، هجوم مهاجران، بدبینی به نهادهای دمکرایتک، فساد در "مرداب واشنگتن"، تمسخر احزاب سنتی. راست در آمریکا نیم قرن است که با "دولت کوچک" بضد جنبه های ترقی و رفاه دولت تبلیغ می کند.

استعاره "مرداب واشنگتن" برای فساد به مرداب خانوادگی پرزیدنت، اطرافیان، کابینه ترامپ تبدیل شد. خانوده او به کندوی زنبور با وز وز روزانه در فوکس نیوز می ماند. دادستان ویژه چند حکم بضد اطرافیانش را خوراک رسانه ها، نهادهای مدنی، بخشهای ناراضی مردم در اعتراض به ترامپ- روسیه کرد. برخی وعده های انتخاباتی را او بدون مشورت با حاکمیت توشیح می کند.

ترامپ با 61 میلیون رای و شخصیت آلفا/ قوی تلویزیونی توییترهای پیش بینی ناپذیر روزانه می فرستد. این توییترها ناشی از عدم کارشناسی سیاسی، تکانه های عجول، شخصیت خودشیفته به اینها می تازند: اف بی آی، رسانه ها، وزارت دادگستری، نخبگان، سیاستمداران. این توییترها خوراک کمدینها و طنزگران سرپایی می شوند. عامهگرا با تاثیر از رسانه راست یک هسته چسبنده هوادار دارد. برای ترامپ 30 میلیون نفرند که با لایه مذهبی و بخشی از حزب جمهوریخواه اشتراک هدف بضد حزب دمکرات دارند. وپ 110318

سیاست خارجی آمریکا برای فروش- پول به خانوده ترامپ، انتخابات و مستغلات او از روسیه، اوکراین، عربستان، امارات، آپک، کویت، قطر. MSNBC 160518. ترامپ وعده 1 تریلیون دلار برای بهینه سازی زیربنا داده؛ ولی بودجه کشور بیش از درآمد دولت بوده؛ لذا پولی برای ساختن آنها نیست. قطار و وسایل نقلیه عمومی بسیار عقب افتاده اند. ولی خودروی شخصی فراوان و ارزان است. نوآوری و کارآفرینی منجر به شبکه جهانی نقلیه اوبر و لیفت، boxed.com برای خرید و تحویل برخط از بقالی و عمده فروشی cosco، مهمانسرایی ایربی اندبی شد.

آیا آمریکا با جمعیت دوپاره تجربه ترامپ را در 2020 تکرار می کند یا فردی باللیاقت را خواهد برگزید؟ آیا سرمایه داری آمریکا می تواند بحران ساختاری فعلی را چارهجویی کرده؛ امپراتوری نظامی و مالی خود را انسانی کرده؛ سازمان ملل، زیستبوم زمین، فقر زدایی جهانی، حمایت از طب و دارو، امور فضایی را با جناحی همفکر خانم روزولت، دکتر لوتر کینگ، بیل گیتز برای رهبری زمین مدیریت کند؟

انتخاب ترامپ نماد دلسردی مردم از زوال است. وزارت دارایی گفت: تا پایان سپتامبر 2017 هولدینگ خارجی بدهی آمریکا یعنی وام خارجی از 5.95 تریلیون دلار سال پیش به 6.23 تریلیون دلار رسید. آمریکا با 20 تریلیون بدهی؛ کاهش سرمایه نهی در زیربنا، آموزش، علوم، فناوری در جهان عقب افتاده است. زیربنا ساختارهای سازمانی و ساختمانی، جاده، نیروگاه، بیمارستان، فرودگاه، بندر، پل، راه آهن، ارتباطات، برق، آب بوده که برای خدمات مورد نیاز اند. بیشتر این ساختارهای قدیمی، نه تنها فرسوده اند؛ بلکه قابل قیاس با همزادهای خود در چین، ژاپن، آلمان نیستند.

برخی جاده ها که با مالیات سوخت خودرو ساخته شده؛ اکنون بخشا پولی-EZPass-Tollشده اند. داخل آمریکا ترابری زمینی، فردودگاه، پل، قطار، بندر، سردخانه، سیلو قدیمی و فرتوت اند. گرمایش زمین یخهای قطبی را آب کرده؛ سطح اقیانوسها را بالا می آورد. فنآورهای لیزر، پهباد، روبات، دیجیتال، تراشه، بیسیم، نرمافزار، بازی رایانه ای، خودروی برقی، ابزار طبی پیشرفته اند.

در بحران مالی 2008 آمریکا بخش عمده ای از طبقه متوسط با ناتوانی در پرداخت اقساط وام مسکن، بی خانه شد. با کاهش کمک مالی فدرال به دانشگاهها، هزینه تحصیل به عرش علا رسیده. ولی با سنت قوی مهاجر، آمریکا کارشناسان ارشد و دکتر را از جهان وارد می کند.

تهاجم نظامی آمریکا به خاور میانه، بدهی فدرال 20 تریلیون دلار یعنی بدهی 5برابر بودجه سالانه ملی، تضعیف سازمان ملل با ندادن سهمیه- سلطه آمریکا در جهان را به الیگارشی تبدیل کرده اند. تمرکز ثروت در 1% جمعیت، یک میلیارد فقیر در جهان، گرمایش زمین، آلاینده های در آب نیاز به توجه فوری آمریکا دارند.

در این بحران همه ایالتها کمکهای مالی به دانشگاهها را سالانه تا 50 % کاهش داده؛ دانشجویان بدهکار 1میلیون بیشتر شد. بیش از 44 میلیون نفر بدهی دانشجویی می پردازند. متوسط بدهی 2016 آنها 37هزار دلار بود. وام دانشجویی 1.4 تریلیون دلار بوده؛ بیشتر از بدهی کارت اعتباری مردم است. پل گرانت وام تحصیلی 30میلیارد دلار سالانه می دهد.

هزینه سالانه یک دانشجو بیش از درآمد 59هزار دلاری هر خانوار است. تحصیلات 4ساله تا ربع میلیون دلار خرج دارد. نامنویسی در دانشگاه خیلی گران شده؛ گرفتن یک لیسانس 100هزار دلار خرج دارد. کم کردن کمک مالی به دانشگاهها به رشد ایده الوژی راست منجر شد. افت سواد با کاهش بودجه تحصیلی دولت تناسب داشته؛ آموزش به خصوصی شدن گرایش دارد. آموزش عالی گران شده؛ کیفیت ابتدایی و متوسط نسبت به کشورهای پیشرفته پایین است. از 2008 تا 2015 این بودجه در 29

بیژن باران

ایالت تقلیل یافت. سواد آموزی در آمریکا نسبت به دیگر کشورها رو به کاهش است.
WP261017

آمریکا با آغوش باز مهاجرت نیروی یدی برای رستوران، جالیز، عملگی، کلفتی؛ نیروی فکری برای پژوهش، اختراع، تخصص را از خارج وارد می کند. ثبت اختراعات با امکان تبدیل به فناوری، قانون قوی حق مالکیت خلاقیتهای ذهنی، وجود حقوقدانان جهانی، شبکه گسترده رسانه ها- آمریکا را بهشت خلاقیتهای ورزشی، هنری، علمی جهان کرده اند.

آمریکا زوال سخت نظامی و نرم فرهنگی را از زوال اقتصادی بخاطر سنت قوی مهاجرت جدا کرده. در سطح تحصیلات عالی، کارشناسان کشورهای دیگر را روادید کاری و مهاجرت می دهد. لذا از هزینه آموزش عالی زده؛ با مهاجرت، نیروی فکری مورد نیاز را از خارج می آورد. نهادهای آموزش و پژوهش با سنت عالیترین در جهان چون پرینستون، هاروارد، استانفورد برای کارشناسان جهان والور و جذبه دارند.

در آمریکا فناوری بیسیم، رایانه تصویری، مهندسی دیجیتال، سامانه ماهواره ای با سنت قوی، گسترش بازار، سلطه سرمایه جهانی پیشرفته ترین اند. حق مولف، قانون، رسانه مستقل از دولت، ثبت اختراعات بینظیرند. در صندوق پرونده محرمانه هر شرکت میلیونها اختراع قفل شده اند تا در رقابت، نیاز اقتصادی، گشایش بازار این اختراعات مهندسی، پروتوتیپ/ تکسازی، تولید انبوه شوند.

در علوم و ریاضیات بنا به آزمون 2015 سواد محصلان آمریکا با قیاس با برترینها از روسیه، سنگاپور، هنگ کنگ افت نشان داد. بنا به آزمون هر 5سال در آمریکا متوسط رتبه خواندن کلاس 4 در 1000 محصل از 556 در 2011 به 549 در 2016 کاهش یافته؛ یعنی رتبه کشور از 5 به 13 در جهان افت کرد. ولی آزمون توان تحصیلی در جذب اطلاعات دروس اینترنت آمریکا در 16کشور جهان رتبه 4 را دارد. WP061217

علوم طبیعی و انسانی سنت درخشان در آمریکا دارند. نهادها، نشریات، شمار صاحبان نوبل، ثروتمندان خیر با کمکهای مالی میلیارد دلار، سرمایه گذران ریسک پذیر Venture Capitalآمریکا را مرکز علوم جهان کرده اند. پژوهشهای علوم طب و دارو اکنون بسیار هزینه دار شده اند. ژنشناسی به بهبود بذر، پرورش یاخته های بنیانی، داروهای زنده اشتقاق یافته؛ تعمیر دی ان ای هم در دسترس اند. اختلالات روانی با ساختار مغز، تعادل هورمونی، داروهای ترمیمی مداواپذیر شده اند.

در 2017 سهام 3بورس داو جونز، نزداک، اس و پی500 رشد 30% داشته؛ در حالیکه مزد رشدی نداشته؛ شاخصهای دیگر مانند دی جی، راسل 2000، پست-بلومبرگ هم افزایش بها داشته اند. افزایش بهای سهام ربطی به توسعه شرکتها نداشته؛ صرفا کاغذبازی مالیگرایی و تقاضای جهان برای بورس می باشد. تمرکز ثروت به قطبی شدن جامعه بین 1% ها و طبقه متوسط کمک می کند. نیز کوچک کردن دولت، کاهش بودجه شبکه های تامین و مددکاری اجتماعی به نارضایتی مردم می انجامند.

اعتیاد به مخدرات خواب آور و ضد درد، خودکشی، قتلهای گروهی در شهرها، افسردگی، چاقی جمعیت را تهدید می کنند. قانون 2017 کاهش مالیات کسری بودجه را دامن

زده؛ تمرکز ثروت 1% ها با طفره از مالیات تصاعدی به فقرا و آینده کشور کمک نمی کند. قوانین به افراد ثروتمندتر کمک کرده تا حجم ثروت خود را بیشتر کنند.

الیگارشی قانون را بنفع خود دستکاری کرده؛ حاکمیت نئولیبرال را بجای دمکراسی لیبرال در جهان اشاعه می دهد. پس چین، هند، اندونزی، ویتنام اصلاحات نئولیبرال را برای اعمال حق مالکیت به اجرا گذاشته اند، مقررات بومی را کاهش و رقابت جهانی را افزایش داده اند. فقیرترین های جهان شاهد بهبود زیاد معیشت بوده اند که به توزیع عادلانه تر درآمد در جهان منجر شد. فرار سرمایه آمریکایی به بیرون تابع اصل سود بیشتر بوده؛ ربطی به تهدید سختگیری تعرفه ای آمریکا برای برگشت ندارد.
http://www.bbc.com/persian/world-42783806

در پایان سال بودجه در سنا با برخی خواسته های 2 حزب و رییس جمهور باید تصویب شود. اگر بخاطر اختلافات بموقع تصویب نشود؛ با خالی بودن خزانه گاورمنت/ حاکمیت فدرال تعطیل می شود. در آمریکا دولت عمده است نه حاکمیت. دولت، ارتش، مرزبانی، پلیس، اف بی آی، سیا، اداره امنیت وسایل نقلیه همیشه فعالند. کارمندان دولت فدرال در تعطیل حاکمیت در نبود بودجه 2بخش اند: ضروریها مانند دیده بانان فرودگاهها باید کار بکنند. غیرضروریها مانند کار دفتری وزارتخانه ها تعطیل اند. با تصویب بودجه، هر 2 بخش حقوق زمان تعطیل را می گیرند.

زوال نسبی اقتصادی با بحران ساختاری رشد مالیگرایی، فرار سرمایه بخارج، ورود سرمایه مستقیم خارجی، پناهگاههای فرا ساحلی همزمان است. مالیگرایی صندوقهای مشترک و پوششی را بر بورس، عرضه عمومی آغازین IPO تصاحب کلان سهام استوار می کند.

مالی گرایی بمثابه بحران ساختاری سرمایه داری را رعنا فروهر در کتاب 2016 سازندگان و بَرندگان: فراز مالی و فرود کسب آمریکایی نشان داد: اکنون بخش مالی 7 % اقتصاد آمریکا را دارد، ۴٪ بیشتر از ۱۹۸۰؛ در حالیکه ۲۵٪ سود شرکت‌ها را دارد، ولی ۴٪ کل مشاغل را ایجاد می‌کند. باید افزود: لابی قوی مالیگرایی در حاکمیت قانون را نبا به میل دستکاری می کند.

شرکت اپل، با مقر شهر کوپرتینو-کالیفرنیا، 123هزار کارکن، 492 مغازه خرده فروش در 22 کشور دارد. در 2017 فروش 1میلیارد محصول در جهان، 229 میلیارد دلار ساخت. بزرگترین شرکت فنآوری اطلاعات جهان با ارزش 1 تریلیون دلار و دارایی 800 میلیارد دلار می باشد. بخشی از سهام اپل یعنی 16% را 5 نهاد مالی مانند گروه ونگارد دارند.

اپل نقدینه 250 میلیارد دلار فراساحلی یا بیرون از آمریکا پسانداز دارد. ولی در خود آمریکا وام ارزان برای خرید سهام خود قرض کرده؛ تا قیمت سهام را افزایش دهد. اپل از 2012 تا 5سال بعد 151 میلیارد دلار صرف بازخرید سهام خود کرد. تا مدیریت ارشد اپل با بلوک کلان سهام از افزایش بهای سهام سود هنگفت ببرد. افزایش بهای سهام ربطی به ایجاد فنآوری جدید ندارد.

سلطه الکترونیک خزانه داری فدرال ریزرو آمریکا با 49% ارز تجارت جهانی دلار است. آژانس امنیت ملی NSA واقع در مریلند زیر وزارت دفاع آمریکا ترافیک الکترونیک- مالی، ایمیل، صوت، تصویر، ارتباطات ماهواره ای- جهان را شنود فله ای می کند. مراودات

بیژن باران

بانکی جهانی با سویفت در شبکه های دیجیتال مالی را آمریکا بخاطر حجم دلار کنترل می کند. در چند دهه گذشته فناوری دیجیتال در مخابرات، رایانه سرور، رابطه برخط ماهواره ای غالب شد. لذا بورس نیویورک بزرگترین بوده؛ ولی مناسبات مالی بر صنعتی و نفتی چنگ انداخته؛ بحران ساختاری اقتصاد آمریکا را پدید آورده.

اقتصاد سده 15 ببعد اروپا سرمایه داری بود. این شیوه تولید به خصوصی، دولتی، مخلوط اشتقاق یافت. سرمایه داری با کشف 2 قاره آمریکا و استرالیا دارای مستعمرات شد. به ایجاد سامانه بانکی، انقلاب صنعتی، کاربرد ماشین بخار، تقاطع با فنآوری اطلاعات رسید. سیاست آن تفکیک 3قوه و رهبری پرزیدنت جمهوری مانند آمریکا، شاه سلطنتی مانند انگلیس، نخست وزیر پارلمانتاریست مانند کانادا است. در آغاز حکومت لیبرال دمکراسی با نمایندگان مردم در 2مجلس بود.

با بحرانهای ساختاری و ادواری به نئولیبرالیسم با سیاستهای ریاضتی برای عامه در تضعیف دولت، کاهش برنامه های حمایت اجتماعی، نظامیگری به الیگارشی ثروتمندان رسید. در سده 20 برخی به امپریالیسم در اقتصاد و حکومت نمایندگان انحصارات رسیدند. در آغاز سده 20، 5 خصیصه امپریالیسم تمرکز سرمایه، سلطه سرمایه مالی، پیدایش انحصارات، صدور سرمایه، جنگ بین امپریالیستها بودند. دیگر 2خصیصه صدور سرمایه و جنگ بین امپریالیستها رخ نمی دهند.

انتقادات چپ از دولتهای غربی در نیمه اول سده 20 برای کارگران، جوانان، مهاجران گیرا بود. جنبشهای کارگری و ملیگرایی در پیدایش سوسیالیسم و فاشیسم سهیم بودند.

از قرارداد 1944 برتن وودز در قبول دلار برای ارز تجاری جهان، داشتن تسلیحات اتمی، قوام سازمان ملل- بین امپریالیستها جنگ رخ نداد. این نبود تضاد به رشد تجارت، گسترش بیسیم دیجیتال، افزایش جهانگردی، افزایش جمعیت، کوچ مهاجران منجر شد. با پیدایش گلوبالیزاسیون اکنون صدور سرمایه از آمریکا تبدیل به ورود سرمایه نهی مستقیم در خارج FDI به آمریکا تا 3 تریلیون دلار در 2016 شد.
*
تولید ناخالص ملی GNP درآمد داخلی از سرمایه نهی+ GDP = C+I+G+X+Z = GNP کالا+ سرمایه + دولت + صادرات + درآمد باشندگان در خارج- درآمد کارکنان خارجی در کشور. درآمد باشندگان یک کشور مستقل از مکان اقامت. ارزش بازاری محصولات و خدمات در مرحله آخر اقتصاد در داخل و خارج؛ ولی تولید شرکتهای خارجی در کشور حساب نمی شوند. نمونه: درآمد خودرو سازی تویوتا در کنتاکی که به ژاپن می رود در GNP نبوده؛ ولی در GDP قرار می گیرد. درآمد نایکی با افزایش سهام و سود در آمریکا در کره قرار داشته؛ ولی نه در GDP می باشد.

منابع. 28/09/2018
وپ= واشنگتن پست تاریخ
https://edkurtzbooks.com/world-currency-dollar.html
swift_bi_currency_evolution_infopaper_57128.pdf
www.wto.org
https://www.wto.org/english/res_e/statis_e/wts2017_e/WTO_Chapter_09_tabl es_e.pdf

آژانس امنیت ملی آمریکا NSA چگونه https://www.mashreghnews.ir/news/74521 دنیا را شنود می کند؟

زوال امپراتوری آمریکا، الجزیره https://www.youtube.com/watch?v=ysqYqWdlrNY 2012.

Suicide of a Superpower; The Empire Has No Clothes; Taming American Power; Nemesis: the Last Days of the American Republic; Colossus: The Rise and Fall of the American Empire; and Selling out A Superpower.

زوال اقتصاد و سیاست کنونی آمریکا

قدرت آمریکا نسبت به دهه 1950 و با پیدایش رقیبان اتحادیه اروپا، آلمان، ژاپن، چین، بریکس در زوال است. از نیمه سده 20 تا کنون این زوال بخاطر مالیگرایی است که باعث رشد حلزونی، بحران اقتصاد آمریکا، 20 تریلیون دلار بدهی ملی، فساد مالی در حاکمیت شده. در حالی که ارتش فربه تر شده. پوکیدگی اقتصاد را در 2نمونه فروپاشی شوروی و شاه می توان دید که در هر 2 ارتش بجا ماند. در سرمایه داری پیشرفته آمریکا فساد دولت قانونی بوده؛ در سرمایه داری پایین فاز آذربایجان و ایران فساد دولت غیرقانونی است.

سرمایه جهانی در کنترل آمریکا در 196عضو سازمان ملل رایج است. لذا مشی خارجی آمریکا بر اقتصاد جهان اثر می گذارد. زوال آمریکا را در کاهش ذخیره طلا، کاهش کاربرد تجاری دلار، کاهش نسبت جی دی پی ش در جهان می توان دید. اکنون اعتماد به دلار کاهش می یابد. در این جستار زوال اقتصاد سده 21 آمریکا در چند وجه بحران، طلا، دلار، جی دی پی، فساد مالی بررسی می شود. فساد مالی در بخش دیگر شکافته می شود.

بحران-آیا سرمایه داری جهان با سروری و حق وتو آمریکا رشد اقتصادی خود و جهان را از ج 2 تا بینهایت می تواند ادامه دهد؟ این سرمایه داری با بحرانهای ادواری 7ساله و ساختاری روبروست. علل بحران ادواری بستگی به فن آوری، مقررات، تراکنشها، متغییرها دارد. بحران ساختاری کنونی گذار مالیگرایی به فاز بعدی آن است. مالیگرایی سرمایه صنعتی و خدمات را خفه کرده؛ شکوفانی اقتصادی را کاهش می دهد. یک رویداد آغاز بحران محتوم را دیر و زود می تواند بکند. بخاطر پیچیدگی سرمایه داری کنونی، معمولا پیش از بحران نسخه شفا نوشته نمی شود.

مارکس علت بحران سرمایه داری را تولید افزون بر فروش سودآور دانست. صدور سرمایه به کشورهای عقبمانده برای ایجاد بازار برای تولیدات کشور استعماری بود. افت سود، کاهش مصرف، تولید مازاد هم علل دیگر بحران اند. جنگ یک راه برونرفت از بحران است. آمریکا هر 1.5 سال در 60سال گذشته در جنگ بوده است.

بزرگترین بازار بورس جهان در وال استریت منهتن جنوبی نیویورک در 1792 آغاز بکار کرد. شاخصهای S&P500، داو جونز هم در نیویورک آمار بورس را نشر، گروهبندی، تحلیل می کنند. این نهادها در مهار پسابحران فعالند. بانک جهانی و صندوق مالی بین المللی در واشنگتن گردهمآیی سالانه دارند. این 2بانک، سازمان ملل، سازمان تجاری

بیژن باران

جهانی WTOدر عهد دمکراسی لیبرال پیدا شده؛ در بحرانهای مالی کشورها با وامها و راهکارهای مالی مداخله می کنند.

در 1999 بحران آسیا، جی 20 پیدا شد. با شرکت وزرای دارایی و رییسان بانکهای مرکزی 20 اقتصاد بزرگ جهان، دامنه جی 8 گسترش یافت. در بحران 2008 جی 20 سکوی رهبری برای بازاندیشی ارز بین المللی و نظام مالی شد.

آیا بحران به تضعیف اقتصادی منجر شده؛ یا با کمک نهادهای مالی، فکری، تعاملی- سرمایه داری را ارتقاء می دهد؟ چند بحران بررسی می شوند. در بحران دوشنبه سیاه 28 اکتبر 1987، میانگین بورس داو جونز 508 واحد برابر 4000 واحد استاندارد امروزی، یعنی 22.6% افت کرد. بازیگران این بحران ریگن، گرین سپن- مدیر فدرال ریزرو، برادران سالومون، گلدمن ساکز بودند.

علل بحران 1987 بقرار زیرند: گذار به مدل کلان تجاری رایانه ای برای کلی فروشی سهام، برنامه های رایانه ای برای سیستم اجاری خواسته ها بطور اتوماتیک، گروهی اصول داوری و مساحی سهام بنام پورتفولیو، خرید شاخصهای آتی، فروش بیرویه صندوقهای مشترک، عدم یکپارچگی سامانه تنظیمات. این نقصها تا آمدن بحران 2008 ناشی از مالیگرایی ترمیم شدند. پورتفولیو مجموعه بزرگ از سهام گوناگون در تملک یا مدیریت یک فرد یا نهاد است.

علل بحران مالی 2008 آمریکا مربوط به دارایی و بدهی وامهای مستغلات بود که مالیگرایی از این بازار استفاده کرده بود. بجز آز، رفع مفررات مالی، 39 فاکتور دیگر هم برشمرده شده: قیمت گذاری شرکتها بنا به ارزش بازاری آنها، نهادهای رتبه بندی مانند اس و پی، نفاق بین تنظیمگران مالی، تبدیل به اوراق بهادار وامها، تاخت زدن قصور اعتباری، الویت نظریه بازار آزاد لگام گسیخته، آز برای ثروتمندی سریع، تقلب در وال استریت در اختفای ریسک، سرمایه نهی با دید کوتاه مدت، یک پالگی سیاستمداران و بانکداران، تظاهر به کاهش ریسک در بیلان مالی.

فاکتورهای دیگر اینها بودند: افزایش قیمت نفت و برگشت پترودلار به نظام مالی آمریکا، نقص سامانه مالی بین المللی با انباشت ذخیری عظیم دلار در چین، وام 30میلیارد دلاری به "بر سترنز،" ورشکستگی "برادران لهمن". گرین سپن رییس فدرال ریزرو نرخ بهره را از بحران 1987 تا 11 سپتامبر 2001 پایین نگهداشت که برای وامگیری بیرویه خوب بود.

سود نازل حباب خرید مستغلات را باعث شده؛ مشی مالی فدرال 2006 حباب وام را ترکاند. اقساط وامهای بانک "باسل، فانی می و فردی مک" پرداخت نشدند. دلایل دیگر اینهایند: واماندگی "بانک ایندیماک" با 30 میلیارد دلار سپرده و "مشترک واشنگتن و سان تراست"، بانک سایه مانند بانکهای سرمایه نهی و مقتصدی، ناآگاهی از تاریخ بحران ادواری. پس از این بحران رفرم وال استریت فرنک-دادد 2010 برای حراست مصرف کنندگان کمبودها را ترمیم کرد. این رفرم را کنگره با اکثریت جمهوریخواه می خواهد در 2017 رقیق/ خنثی کند. -25/02/28/2015/https://www.fool.com/investing/general/ major-factors-that-caused-or-contributed-to-the.aspx

برونرفت از بحران گلوبالیزاسیون در رقابت با سازمان همکاری شانگهای و اتحادیه اروپا رخ می دهد. رشد مالیگرایی سرمایه صنعتی و خدمات را خفه کرده؛ برخی ماده های قانون اساسی آمریکا هم با سده 21 سازگار نیستند؛ از جمله جریمندرینگ، الکترال کالج، لابیگری.

برای حل بحران سرمایه داری آمریکا دولت فدرال 3 راه دارد: 1- دولت اجرایی ادواری با 15 وزیر کابینه، مقننه با 2مجلس سنا 100 نفر و کنگره 435 وکیل، دیوان عالی با 9 قاضی مادام العمری و 94 بخش دادگاه فدرال با 3سطح در کشور. آنها باید با سروری سرمایه جهانی، آمار و گزارشات نهادهای مالی مانند سیستم فدرال ریزرو/ بانک مرکزی با 12 شعبه، بانک جهانی، بانک صادرات- واردات را تحلیل کنند. حزب جمهوریخواه برای کاهش مقررات دولتی و حمایت از سرمایه داران؛ حزب دمکرات برای افزایش مقررات دولتی، حفظ زیستبوم با هم رقابت می کنند. آنها در خدمت لابیهای گوناگون با هم تعامل ندارند.

همین الگوی 3قوه برای 50 دولت ایالتی بکار رفته؛ فرماندار ایالت نقش پرزیدنت را دارد. 2- نخبگان دانشگاه در کتب، جستارها، همایشها سرمایه داری کنونی را تحلیل، تشریح، رهیابی می کنند. اتاقهای فکر چه در دانشگاهها چه در راسته لابی گران واشنگتن خیابان ک هم محافظه کار سنتگرا ند هم لیبرال پویا. آنها با کاربرد آمار اقتصادی، مالی، تجاری راهیابی می کنند.

باید افزود: نیمی از جوایز نوبل به اقتصاد دانهای آمریکا رسید؛ در سده 21 همه آمریکایی بودند. یعنی مرکز سرمایه داری جهانی نیمی نخبگان اقتصادی جهان را تحویل می دهد. ریچارد تیلر، از آمریکا، یکی از پیشروان اقتصاد رفتاری برنده نوبل اقتصاد ۲۰۱۷ شد. ولی هیچکدام برونرفت بحران را فرموله نکرده؛ تازه دولت خادم لابیها توجهی به راهکار آنها ندارد. معمولا دولت با بالا-پایینی نرخ سود، دادن وامهای چند 100 میلیارد دلاری به شرکتهای مستاصل، قانون جدید بحران را مهار می کند. باید توجه داشت که شرکتهای مستاصل گاهی تا چند 100 هزار شغل در جامعه دارند.

3-مدیران شرکتهای مالی، صنعتی، فنآوری، دانش ژرف حقوقی، کارشناسی، بازار، مدیریت دارند. آنها سکان نهاد های کسبی مانند اتاق بازرگانی، کمیته های جنب دولت، گزارشات به رییس جمهور، لابی در کنگره منافع جناحی را سامان می دهند. راهکارهای بهینه آنها برای افزایش سود، جهتدهی شرکتها، بسته های گزینه ای از بورس سهام برخط جهانی لندن، نیویورک، توکیو، هونگ کنگ، فرانکفورت بوده؛ نه حل بحران.

در 1998 وال ستریت صندوقهای پوششی را از ورشکستگی نجات داد؛ در 2008 بانکهای مرکزی وال ستریت را نجات داد. بحران 2018 در راه است. شاید به نقطه انعطاف برسد که دلار افت کند؛ مانند افت لیره در 1914. ریکاردز2017. در 1944 جان کینز انگلیسی و اقتصاددانی از آمریکا با 44 کشور حاضر در برتن وودز، نیوهمشایر، برای طرح بانکهای جهانی برنامه ریخته؛ دلار واحد ارز تجاری اعضای معاهده شد؛ ارز ارجح لیره انگلیس کنار رفت. در 2015 یوان چین در صندوق مالی بین المللی بمثابه یک ارز ذخیره جهانی شد.

در سده 21 گلوبالیزاسیون با بحران ساختاری روبرو است. یک دلیل بحران مالیگرایی، سلطه نهادی مالی و بازار یعنی وال ستریت بر سرمایه مولد مین ستریت یعنی صنعت و خدمات است. فروهر گفت: مالیگرایی 7% اقتصاد بوده؛ 4% شغل ساخته؛ 25% سود شرکتها را می برد. این ارقام نشان می دهند: ربع سالانه سود شرکتها را نهادهای مالیگرا با مدیران منتفع می برند. در آمریکا مالیگرایی از 2.8% در 1950 به 7.9% در 2012 افزایش یافت. درامد بخش مالی نسبت به بقیه 70% بیشتر بوده؛ صدور خدمات مالی هم در سطح ملی می باشد.

مالیگرایی با گلوبالیزاسیون رشد کرد؛ سود پایین خدمات و صنعت و گسترش فناوری دیجیتال مالیگرایی با درآمد نجومی مدیران ارشد را آورد. در باره گلوبالیزاسیون، اختیارات و نظارت، همکاری جهانی، تنش بین بازار آزاد و سیاست داخلی مسایل زیر مطرح شدند: شنود تراکنشهای مالی، ایمیلهای فله ای، مخابرات صوتی؛ همکاری تجاری؛ فرار مالیاتی؛ وام دهندگان جهانی در ورشکستگی یک کشور، رژیم پرداخت بدهی با ریاضت ملی، پایداری در توسعه مالی.

مالیگرایی 2016 حدود 7% تولید ناخالص داخلیGDP بود که در 40 سال گذشته 3برابر شده؛ فقط 15% مالیگرایی صرف وام به صنعت و خدمات شد. بقیه 85% در "مستغلات وثیقه شده" سرمایه گذاری شد. وامهای بانکی مستغلات برجها، دفاتر، خانه ها بصورت بسته های کلان /جامبو مرتب می شوند. مالیگرایی لایه ای از اوراق بهادار روی این بسته گروهی مستغلات گذاشته؛ آن را در بازار بین رقبا و مدیران صندوقهای تامین اجتماعی می فروشد.

مالیگرایی با خصیصه های زیر آغاز شد:
1-اندازه و اهمیت بخش مالی در اقتصاد کلان افزایش یافت.
2-سرمایه داری از سرمایه داری صنعتی به مالیگرایی مسیر عوض کرد.
3-اقتصاد کلان/ ماکرو و اقتصاد ریز/ میکرو در مشی اقتصادی و رفتار شرکتها اثر گذار اند.
4- رشد مالیگرایی تولید صنعتی کل را کاهش داد.
5-فناوری در خدمت امور مالی بوده؛ برای کارگران کمکی نکرد.

بخشهای مالیگرایی بقرار زیرند: بانکها، مدیریت داراییها، بیمه و سرمایه کارآفرین/ ونچر کاپیتال، سرمایه از کشورهای پر مقررات بضرر سرمایه به کشورهای کم مقررات برای سرمایه کوچ می کند. مالیگرایی لابی موثر در دولت دارد. پیکتی 2013 کتاب سرمایه در سده 21 را در باره قدرت مالیگرایی نسبت سرمایه/ سود، بیعدالتی درآمد، بیعدالتی ثروت نوشت. فروهر در کتاب سازنده و گیرنده، سلطه مالیگرایی وال استریت بر سرمایه صنعتی و خدمات مین استریت را تبیین کرد.
http://www.investopedia.com/terms/f/financialization.asp
از تاریخ 6دهه گذشته، می توان پیش بینی کرد که سرمایه جهان راه برونرفت از بحران ساختاری کنونی را خواهد یافت. زیرا سرمایه جهانی اکنون با کاربرد فناوری دیجیتال در تمام کشورهای سازمان ملل نفوذ دارد. این کشورهای سرمایه داری بصورت خصوصی مثل آمریکا، دولتی مثل کوبا، مخلوط مانند چین می باشند. آیا نظام تک حزبی چین و الیگارشی روسیه از مرحله کنونی نئولیبرال آمریکا عقبتر و رقیب اند. آیا نئولیبرال آمریکا به الیگارشی گذار کرده؛ برای حل بحران از جناحهای رقیب بهتر است؟

ترامپ با توییترهای ناشی از شخصیت خودشیفته و عجول عدم تعامل را در عهد نئولیبرال دامن می زند. قطبهای اقتصادی آسین، بریکس، اتحادیه اروپا، پیمان نظامی ناتو از ملیگرایی ترامپ فاصله می گیرند. او در مخالفت با میراث اوباما صرفا نق می زند؛ پاسخی برای حل بحران ندارد.

سفر نوامبر 2017 ترامپ به اجلاس سالی 2بار آسین ASEAN اتحادیه ملل آسیای جنوب شرقی برای مناسبات اقتصادی، توسعه، فرهنگی مهم است. شکلگیری محور اقتصادی بریکس پررنگتر می شود. گلوبالیزاسیون دهه 1970 دمکراسی لیبرال و حقوق بشر را بشارت داد؛ ولی با پیدایش نئولیبرال آمریکا و انگلیس، حاکمیت تک حزبی چین و ویتنام و الیگارشی روسیه، اقتدارگرایی اردوغان، ماجراجویی عربستان، گسترش منطقه هلال شیعی تا مدیترانه پذیرفته شده اند.

یک معیار زوال اقتصاد اندوخته طلای ملی است. ذخیره طلای آمریکا از 1957 تا 2017 از 20 به 8 هزار تون کاهش یافت. نیکسون پشتوانه طلا از دلار را در 1971 جدا کرد؛ دلار ارز تراکنش یا معامله نفت خاور میانه یا پترودلار هم شد. عربستان با تبدیل فروش نفت در لندن به طلا نه دلار، قیمت شمش طلا را بالا برد. کسینجر به عربستان در 1974 گفت: اگر نفت را به دلار بفروشد؛ بانک های آمریکا دلار عربستان را ذخیره خواهند کرد تا با این پترودلار محصولات آمریکا را بتواند بخرد. این کنش قیمت دلار را در جهان تثبیت کرد. البته تهدید حمله نظامی هم پشت آن بود؛ عربستان پذیرفت. ریکاردز 2017.

ذخیره ارزی را کشورها و نهادهای مبادله ارز خارجی پس انداز می کنند. این ارز برای تراکنش/ مبادله تجاری، سرمایه گذاری، دیگر جنبه های اقتصادی در جهان بکار روند. در دهه 2010 عراق و لیبی طلا را برای مبادله نفت بکار بردند؛ آمریکا از این حرکت دلخور بود. ایران هم با مبادلات پایاپای یعنی ارز بومی بجای دلار، نفت و گاز را به برخی کشورها می فروشد. لذا نسبت به کار برد دلار یاغی است؛ این امر جناحی ار حاکمیت آمریکا را سخت گیر به ایران کرد.

در 30 ژوئن 2017 ذخیره طلای جهان آمریکا رتبه 1 و در کل8 هزار تون، یعنی 75% طلای جهان را داشت. هر تون 40میلیون دلار و 32هزار اونس، هر اونس 1250 دلار قیمت دارد. شاید بهای یک اونس طلا به 10هزار دلار برسد؛ فدرال ریزرو استاندارد فعلی دلار را باید در آینده تغییر دهد. اکنون رتبه جهانی ذخیره طلا بقرار زیر است: هند 558 تون، هلند 612 تون، ژاپن 765 تون، سوییس 1040 تون، روسیه 1460 تون، چین 1800 تون، فرانسه 2435 تون، ایتالیا 2452 تون، آلمان 3381 تون با رتبه 2.

ذخیره طلای چین با میانگین 882.58 از 2000 تا 2017 با بیشینه 1842.56 تون کنونی می باشد. حفاری سالانه طلا در جهان 2600 تون و در چین 500 تون است. ولی چین ذخیره دلار خود را بسرعت به طلا مانند بقیه بانکهای مرکزی جهان کشورها تبدیل می کند. در سپتامبر 2017 بنا به شورای طلای جهان WGC این بانکها بیش از 32 هزار تون یا 17.8% کل طلای حفاری شده را صاحب بودند.

دلار- در آغاز سده 21 دلار بمثابه ارز مبادله تضعیف می شود. چین گفت هر صادرکننده نفت به این کشور می تواند یوان چینی را به طلا تبدیل کند. چین عمدتا از روسیه و ایران نفت را با یوان می خرد که بنا به مبادله طلای شانگهای می توانند به طلا تبدیل

کنند. اعضای بریکس برای مبادله تجاری از خروج از دلار حمایت کردند. چین در بخشهایی از تجارت جهانی دلار را کنار می گذارد.

اکنون ونزوئلا صادرکننده هفتم نفت در جهان هم عضو این معامله فروش نفت به یوآن و تبدیل آن به طلا شده. دوری از دلار پایان معامله 1974 عربستان-آمریکا در چند سال آتی خواهد شد. دلار با پیمان 1944 برتن وودز، لیره انگلستان را از تجارت جهان کنار انداخت. اکنون روسیه خرید به دلار در بندرهای دولتیش را غذغن کرده.

در سده 20 دلار بمثابه ارز مبادله جهانی تثبیت شد؛ بمثابه ذخیره ارزی مسلط ترین بود. ذخیره جهانی دلار از 71% در 1999 به 64% در 2016 کاهش یافت. در حالیکه یورو از 18% به 20% افزایش یافت. نیاز جهان به دلار آمریکا را قادر کرد تا آمریکایها وام را ارزانتر از جهان بگیرند. این ارزانی تا 100 میلیارد دلار به اقتصاد آمریکا سالانه کمک کرد. https://en.wikipedia.org/wiki/Reserve_currency

حجم دلار محبوبترین 5کارت اعتباری 7.5 تریلیون دلار در 2012 بود. حجم روزانه بورس نیویورک 55 میلیارد دلار است. بانکهای مرکزی جهان 185 نوع ارز دارند. در 2013 بالغ بر 10.5 تریلیون دلار در جهان در گردش بود. دلار بصورت اسکناس و سکه بمقدار 1.2 تریلیون دلار در آمریکا رایج بود. در سپتامبر 2017 در فدرال ریزرو 1.53 تریلیون دلار در گردش بود.

دلار رقیبان لیره، یورو، ین، یوان هم دارد. کشورهای مشترک المنافع 53 عضو اند که ارز تجاری آنها لیره انگلیس است: انگلستان، هند، کانادا، استرالیا، مالزی، بسیاری کشورهای آفریقایی، دریای کاراییب، جزایر اقیانوس آرام. اتحادیه اروپا در معاهده ماستریشت هلند در 7فوریه 1992 امضا/ اعلان شد. این اتحادیه در 25سال به 28 کشور اروپایی با ارز مبادله یورو رسید؛ در 2016 انگلستان از آن خروج کرد. بریکس یعنی برزیل، روسیه، هند، چین، آفریقای جنوبی با رشد اقتصاد سالانه بیش از 6% با نیمی از جمعیت جهان و 14 تریلیون دلار تولید ناخالص داخلی در 2012 رقیب دیگر آمریکا شد.

در 2010 بنا به برنامه پیشرفت بانک سرمایه نهی زیرساختهای آسیا AIIB در پکن با 100 میلیارد دلار و 56 عضو سهامدار بجز ژاپن و آمریکا و NDB بانک توسعه جدید در شانگهای با 50میلیارد دلار محدود به بریکس آغاز بکار کردند. اوباما متحدان خود را از الحاق به بانک AIIB منع کرد. آنها از بانک جهانی با 200 میلیارد دلار، کمتر سرمایه دارند. سهم آمریکا در IMF 113 و بانک جهانی 27 میلیارد دلار در 2010 بود.

سازمان همکاری شانگهای 2001 بین چین، هند، روسیه، پاکستان، 4 کشور آسیایی عضو، 4 کشور ناظر تشکیل شد. آنها امور تجارتی، اقتصادی، انرژی، امنیتی، فرهنگی را با ارزها و ارزشهای بومی انجام می دهند. "ترتیب ذخیره اضطراری" CRA به صندوق جاده ابریشم وام می دهد. رویهم "آغازگر چیانگ مای" CMI و اتحادیه کشورهای آسیای جنوب شرقی ASEAN+3 پشتوانه 240 میلیارد دلار دارند.

آمریکا بزرگترین و مهمترین بازار مالی سیال جهان است. گلوبالیزاسیون تجارت جهانی را از 57 میلیارد دلار در 1989 به 5.3 تریلیون دلار در 2013 رساند؛ اشتغال را افزایش داد. رشد سرمایه جهانی را در افزایش تجارت می توان رصد کرد. از 1648 تا 1750،

سالی یک معاهده، دقیقتر 86 معاهده چند جانبه بود. از 1976 تا 1995 یعنی در 20 سال 1600 معاهده بود؛ 100 تایشان به سازمان‌هاي بین المللي منجر شدند. این مناسبات تجاری نقش دلار را تحکیم کردند. اکنون آمریکا با توییترهای ترامپ زیرپای قراردادهای چندجانبه مانند نفتا، ناتو، برجام را خالی می کند. http://www.k-state.edu/economics/nafwayne/student/Ch_%205_%20Theories%20of%20Economic%20Development.ppt

جی دی پی-شاخصه دیگر زوال آمریکا تولید ناخالص یعنی ارزش کل کالا و خدمات داخلی است. آمریکا در 1960 جی دی پی 543 میلیارد دلار؛ در 2016 بالغ بر 18.5 تریلیون دلار یا 30% اقتصاد جهان بود. در پایان 2016، GDP اعضای جی 20 بترتیب اتحادیه اروپا 12 تریلیون دلار، چین 11 تریلیون دلار، ژاپن 4تریلیون دلار بود. آمریکا بزرگترین اقتصاد تاریخ و جهان کنونی است که با بحران ساختاری مالیگرایی روبرو ست. جی 7 و جی 20 سالانه در همایش داووس می کوشند قرارداد برتن وودز 1944 را در بحرانهای ادواری اقتصاد جهانی تکامل دهند.

اقتصاد آمریکا در سده 21 رو به زوال است. با 20 تریلیون دلار بدهی، پیدایش رقبای اقتصادی غول آسا، رشد سالانه صنعت نزدیک صفر، نبود سرمایه برای بازسازی زیرساختهای زوال اقتصادی را نشان می دهند. انگلیس در1870 تا 21% بازده صنعتی جهان را داشت؛ آمریکا در دهه 1950 تا 50% بازده جهان را داشت؛ ولی اکنون به 25% کاهش یافته است. https://tradingeconomics.com/united-states/gdp

در دهه ی ۱۹۷۰، اقتصاد آمریکا و انگلیس با فاز جهانی‌سازيِ نئولیبرال پیدا شدند. جهانی‌سازی فرایند تعامل و ادغامِ اقتصاد قاره ها، تجارت بین‌المللی، سرمایه‌گذاری خارجی، کمک فناوری اطلاعات، تصاحب دولت بوسیله الیگارشی مالی است. اثرش بر زندگی مردم عادی آمریکا و گروههای ضد پناهجو در غرب، نارضایتی عمومی همراه با موج روزافزون احساسات ملی‌گرا و ضد نخبگان یعنی "خشک کردن مرداب سیاسیگرها" بروز می کند.

زوال اقتصاد و سیاسی آمریکا در سده 21 را در عدم تحرک تجاری ترامپ، نق زدن به کمی سهم متحدین در تسلیحات، فساد مالی در مثلث شرکتها، لابیشان، نمایندگان مجلس و حتی اعضای کابینه و 2000 مناصب نسبی دولت جدید می توان دید. جنبه های دیگر این زوال در کاهش مصرف برق نسبت به جهان، فروش خودرو و تلفن، سهم مالی در سازمان ملل دیده می شوند. نق ترکیه و عربستان با نزدیکی به روسیه، یاغی گری کره شمالی و ایران از سلطه سرمایه آمریکا، ناتوانی تعامل عربستان و قطر نیز زوال سیاسی را نشان می دهند.

ناتوانی رشد اقتصاد آمریکا هم ناشی از مالیگرایی است که صنعت و خدمات را آچمزکرده. گسترش شهرنشینی، ورود مهاجران، نارسایی برخی مواد قانون اساسی، استحاله اقتصاد- گذار از لیبرال دمکراسی به نئولیرال و الیگارشی را تسهیل کرد. بهره وری سرمایه مالی از فناوری دیجیتال، گسترش مالیگرایی آمریکا را بر همه اعضای سازمان ملل برای شنود تراکنشها و تحریمها ممکن کرده. اسناد پاناما پرده از فساد مالی، پولشویی، فرار مالیاتی ثروتمندان آمریکا برداشت.

منابع. 28/09/2018

بیژن باران

Chris Hedges 2009 The End of Empire پایان امپراتوری-هجز
/http://lobelog.com/the-real-causes-of-americas-troubled-relations-with-iran
شیرین هانتر 2017
http://www.zerohedge.com/news/2017-09-20/financialization-destruction-real-
economy تابر دوردن 2017
Foroohar, Rana, 2016, Makers and Takers, New York: Crown Business
D. B. Henriques, A First-Class Catastrophe: The Road to Black Monday, the
Worst Day in Wall Street History 2017

بحران سیاسی کنونی آمریکا

هیچکس با اعداد تصمیم نمی گیرد؛ او نیاز به شرح دارد. د. کاهنمان، صاحب نوبل اقتصاد

بحران سیاسی آمریکا در بخشهای آموزش، بیمه عمومی، زیستبوم، قانون است. بنا به آمار قیاسی شاخصهای دبستانی و دبیرستانی در جهان در رده فوقانی نیستند. بیمه عمومی ناکامل را جناح راست حاکمیت می خواهد بتراشد. بنام رشد اقتصاد از معاهدات حفظ زیستبوم جهانی کنار می کشد. بحران قانون در الکترال کالج، جریمندرینگ، لابی فساد مالی/ دستکاری قانون را جناحها تا دیوان عالی برای چارهجویی رسانده اند.

جهان سرمایه داری از لیبرال دمکراسی دورتر می شود. حکومت به الیگارشی و سلطه اقلیت بر اکثریت گذر کرده که بخاطر سروری سرمایه آمریکا در جهان روند تاریخ را به راست می چرخاند. این سروری در نهادهای مالی بانک جهانی الگوی نئولیبرال را در جهان اشاعه می دهد. سرمایه داری مخلوط تک حزبی چین و الیگارشی روسیه هم از لیبرال دمکراسی فاصله گرفته اند.

با گذشت نیم قرن، نئولیبرالیسم با 3ترفند قانونی نضج گرفت: 1- الکترال کالج، 2- جریمندرینگ، 3- لابی شرکتها. این 3بحران در رسانه ها، دیوان قضایی فدرال، نهادهای مدنی بررسی می شوند. پرونده آنها را دولتمردان به دیوان عالی کشانده اند.

از دهه 1970 گلوبالیزاسیون گسترش شهرنشینی را با کوچ مردم از کمربند زنگی میانه به 2 ساحل شرقی و غربی دامن زد. در 1960 آمریکایها 63% در شهرهای بزرگ بودند. در 2010 به 84% رسید. این دموگرافیک بضرر نظرات مترقی در مورد زیستبوم، حمل اسلحه، امور اجتماعی است. کمربند زنگی غرب میانه مانند کانزاس و حول و حوش دریاچه های بزرگ مانند ویسکانسین با شهرهای کوچک و مناطق روستا را در بر می گیرد. تراکم جمعیت در شهرها 2سنت قانونی الکترال کالج و جریمندرینگ را ناکارآمد کرد.

1-الکترال کالج رای گزیدگان منتخب مسلط به رای عمومی است. در هر ایالت بنا به جمعیت شماری نماینده منتخب/ الکترال اند که برای رییس جمهور و نایب او رای می دهند. این امر ربطی به نتیجه انتخابات عمومی ندارد؛ گاهی منطبق بر نتیجه انتخابات نیست. الکترال کالج به سنگینتر شدن وزنه ایالتهای کوچک، روستانشین، مرکزی در تقابل با کلان شهرهای ساحلی در انتخابات پرزیدنت انجامید. خواسته های شهرهای

65

بزرگ مترقی و جهانی اند. الکترال کالج بنفع اقلیت جمهوریخواه در انتخابات گور- بوش 2000 و هیلری- ترامپ 2016 رای اکثریت را ندید گرفت.

آمریکا کشوری فدرال مانند کانادا، مکزیک، سوییس عضو سازمان ملل با 196 کشور است. 180کشور دیگر مانند فرانسه، ایران، چین مرکز گرایند. قانون اساسی آمریکا از آغاز با 13 ایالت و اکنون 50 ایالت نوشته شد. رییس جمهور و نایب با 2 انتخابات عمومی و الکترال انتخاب می شوند؛ نه بر اساس رای اکثریت شهروندان.

هر 4 سال در نخستین 3شنبه نوامبر، شهروند واجد شرایط به منتخب هر حزب رای عمومی می دهد. شورای نگهبان ایالتی هر حزب از معتمدین آن دارای رای الکترال اند. در آغاز دسامبر پس از رایگیری عمومی جداگانه هر یک از 50 ایالت به نسبت جمعیت به برندگان رای الکترال می دهند. بنا به قانون اساسی، رای الکترال برتر از رای عمومی در انتخاب پرزیدنت و نایب او می باشد. این سنت 240 ساله برای پیشگیری از استبداد ایالتهای پر جمعیت مانند نیویورک، تکزاس، کالیفرنیا بضد ایالتهای کم جمعیت مانند دلاور، مونتانا، داکوتا بود که اکنون بخاطر رشد شهرنشینی گاهی ناکارآمد است.

2-نارسایی دوم قانون اساسی در سده 21 جریمندرینگ یعنی تعیین مرزهای انتخاباتی نه بر پایه جغرافیا بلکه بر شمارش داده های جمعیت و رای بین 2 حزب است. مرزهای انتخاباتی برای تعیین حوزه های کنگره و قانون گذاری پس از هر سرشماری 10ساله می باشد. این روش نقض حق 1 فرد 1 رای است. جمهوریخواهان 16 کرسی کنگره را با تغییر مرزهای انتخاباتی بنفع خود دارند که تا 5% وکلای کنگره است.

هر ایالت به کانتی/ بخش و شهر تقسیم شده. ولی برای هر انتخابات ایالتی و فدرال یک بخش یا شهر هوادار یک حزب را با یک بخش دیگر با رای اکثریت آن حزب ادغام کرده. لذا باقیمانده بخش یعنی اقلیت می تواند یک وکیل از حزب خود به مجلس بفرستد. بخشهای حتی ناپیوسته ولی با رای بیشتر جمهوریخواه اقلیت در کانتی یک وکیل خود را می گزیند. وکلای مجلس نه برای مردم بلکه برای حامیان مالی خود کار می کنند. حزب جمهوریخواه قدیمترین حزب جهان است. تغییر مرز انتخابات برای رای گیری ایالتی و فدرال بکار می رود. قانون حقوق رای 1965 می خواهد که تغییر مرز انتخاباتی حفظ حق همگانی را نفی نکند.

مرزهای انتخاباتی را رییسان حزبی هر کانتی/ بخش در ایالت تعیین کرده؛ لذا مرز را از حوزه های انتخاباتی بنفع حزب خود می گذرانند. در 1812 فرماندار ماساچوست، الدریج جری فرمانی را امضا کرد که بنفع حزبش مرزهای انتخاباتی تعیین شوند. این امر قانون اساسی را تغییر داد؛ یعنی در برخی حوزه ها، اقلیت را حاکم بر اکثریت کرد. این شگرد بنام جریمندرینگ gerrymandering یعنی دستکاری مرزهای رای دهندگان الکترال به نفع یک حزب است.

اگرچه این امر نفی قانون اساسی در مورد رای اکثریت انتخابات است؛ ولی اکثریت معمولا جمهوریخواه فعلی در برخی حوزه ها بنفع خود با پس و پیشی بخش/ کانتی ها redistrict انتخابات را مهندسی می کنند. در نمونه ویسکانسین با سرشماری 2010 بخش بندی مخفی بوده؛ رای دهندگان شناور بخشی را بیرون گذاشته؛ بنفع جمهوریخواهان در کل ایالت رای شمارش شد. در دادگاه اگرچه قاضی گفت حوزه های دمکرات رقیق شده؛ ولی حزب جمهوریخواه اکثریت 51% را آورد. لذا با جریمندرینگ

جمهوریخواهان با 48.9% رای کنترل 60 به 39 را در انتخابات سنای ایالتی داشتند. WP021017

جریمندرینگ با مرز انتخاباتی تداوم سلطه حزب غالب است. گفته شده که جریمندرینگ تقاص از مردمی است که به حزب مخالف قبلا رای داده اند. گاهی ایلتها این مرز انتخاباتی را با استناد متمم قانون اساسی یکم و چهاردهم به دادگاه می کشانند: آزادی دین، بیان، تشکل مسالمت آمیز را کنگره نمی تواند محدود کند. هیچ ایالتی فرای قانون، فردی را از حق حیات، آزادی، مالکیت، برخورداری از حمایت مساوی قانون محروم نمی‌کند.

با اقلیت پراکنده در روستاها و ایالات کوچک بر رای اکثریت کلان شهرها بخاطر جریمندرینگ، کالج الکترال، لابی ثروتمندان راست غالب می شود. جمهوریخواهان متمرکز در شهرهای کوچک طرفدار اسلحه در داخل کشورند؛ لذا جریمندرینگ به ضرر محدودیت اسلحه هم می باشد. تکنیک دیگر در 2مجلس فیلیباستر با سخنرانی نامحدود است که رای اکثریت را خنثی می کند.

در غرب مریلند، پس از سرشماری 2010 با افزایش 10هزار نفر را نشان می دهد. دمکراتها بخش/ کانتی مونتگومری با تمرکز 720هزار ساکن دمکرات را بخش بندی دوباره کرده تا جمهوریخواهان بخشهای حول و حوش یعنی شمار رای در هر مایل مربع بخشهای دیگر رقیق شدند؛ یعنی از 47% به 33% کاهش یافت. جمهوریخواهان شکایت کرده؛ قضات 2 به 1 بنفع مرز جدید در یک بخش کنگره ای رای دادند. WP091217

نمونه دیگر نقشه بخش بندی برای کنگره جمهوریخواهان قانونگزار کارلینای شمالی است. با شکایت دمکراتها 3قاضی فدرال آن را جریمندرینگ نژادی غیرقانونی خواند. آنرا بخاطر همسوگرایی تام با حزب جمهوریخواه یعنی برای حفظ برتری 10 به 3 آنها، لغو کردند. آنها حکم کردند تا 24ژانویه مرزهای جدید رسمیت بیآبند. گفتند برای انتخابات کنگره ای نوامبر، تا 12فوریه باید کارشناس مرزبندی ماهر گرفته شود. حزب دمکرات و گروههای انتخابات منصفانه به دادگاه بخاطر تضییع حق رای سیاهان شکایت کردند. ولی قانونگزاران محلی این حکم را نپذیرفته؛ برای فرجام به دادگاه استیناف تا شورای عالی کیفری فرستادند. نمونه 3 ویسکانسین است. 100118WP

3- نارسایی سوم تقویت لابیها می باشد. از دهه 1970 قوانین محدودیت لابیها در انتخابات زیر نام "آزادی بیان" با هدیه پولی نجومی برای انتخابات بمرور لغو شد. لابی در خدمت سازندگان، عمده فروشان، توزیع کنندگان، فروشندگان زنجیره ای تبلیغ رسانه ای، پژوهشهای اتاق فکر، کمک مالی به هزینه انتخاباتی برخی وکلا و قاضیان می باشد. لابیگری با فساد یعنی اعمال نفوذ شرکتهای ذینفع در روند قانگزاری و اجرا آغشته است. لابی واسطه شرکتها با قانونگزاران و مجریان قانون در حاکمیت آمریکا ست. شرکتهای لابی در راسته خیابان ک واشنگتن دفتر دارند.

در عصر گلوبالیزسیون لابی شرکتهای صندوقهای پوششی و صندوقهای مشترک مالی، قانونگزاران و دوایر نظارتی را برای همراهی با خود حمایت مالی می کنند. لابیگری فربه رژیم را به الیگارشی تبدیل کرده؛ در خدمت سیاستگران با هواداران در کمربند زنگی میانه آمریکا یعنی شهرهای کوچک، خرافی، سلاح خواه، بومیگرا ست.

نظرخواهی عمومی/ پولینگ، شوق خبرنگاران، انسانهای راستگو در بوروکراسی، سر قول ایستادن صاحبان رسانه در عدم فاش منبع، اعتماد به رسانه ها، نهادهای مدنی، قانون، شفافیت دولت- کمک می کنند که توازن بین فساد و کارایی بوروکراسی تعاملی تحمل شود. WP151017

لایه ارشد بوروکراسی پس از بازنشستگی به مدیریت شرکتها تغییر شغل می دهند. آنها با دانش حوزه خاص، روند قانونگزاری، دوستی با سو کمیسیونهای کنگره ابزار مفید برای شرکتهایند. لذا در تقاعد و شاغل در شرکتها در پیشبرد لایحه بنفع شرکتها تاثیر گزار می شوند. وکلای مجلس هم با هم رقابت کرده؛ برنامه های علنی یا پنهان در خدمت به منافع شرکتها دارند. لابی هم با تقبل هزینه انتخابات وکیل مجلس را پیروز می کند.

سیاست "در متحرک" رابطه دولتمردان با مدیریت ارشد شرکتها را استعاره می کند. البته خلافکاری زیاد که بشود، بیمارستانها، شاکیان، حقوقدانها، رسانه ها، دادستانهای ایالات- شرکتها را به دادگاه می کشانند. نمونه های تحقیقات پژوهشی رسانه ها: برنامه 60 دقیقه سی بی اس، واشنگتن پست با سری مقالات افشای دستبرد واترگیت، ویدیو در اینترنت مانند روبرت رایش، اسناد پاناما 2016 در پولشویی و فرار مالیاتی، فیلم "همه مردان پرزیدنت" 1976 در فساد و استیضاح نیکسون.

لابیها هزینه انتخابات را در مقابل حفظ منافع شرکتها می دهند. گماشتگان شرکتها در جهت دهی تغییر قانون بنفع شرکتها در لایه های حاکمیت سیاسی، اقتصادی، مالی، دولتی را می توان دید. نمونه: اداره حراست دارو DEA واسطه قوه مقننه و شرکتهای دارویی. داروخانه های زنجیره ای در فروش داروهای خوابآور، تریاک دار، مخدر، مسکن درد آزادند تا نسخه های فله ای را بپیچانند که باعث مرگ 200 هزار نفر از 2000 تا 2016 شد.

ثروتمندان قانون بنفع خود را با هدیه مالی به لابی شرکتها، برای تاثیر بر انتخابات دستکاری کرده اند. در 2016 لابی دارو و مواد بهداشتی 250 میلیون دلار، بیمه 153 میلیون دلار، تفنگ 10.5 میلیون دلار، اتحادیه های کسب 143 میلیون دلار به هزینه انتخاباتی وکلای کلیدی در هر امر پول دادند تا در 2مجلس قانون بنفع امر خاص بگذرد.

شرکتهای تولیدی، با لابی دارو و چند نماینده کلیدی کنگره، جناح راست دیوان عالی قوانین دوستانه برای این داروها گذرانده؛ برای اجرای مقررات و مجازات خاطیان بوسیله اداره حراست دارو عرصه را سخت می کنند. لابی شرکتهای دارویی 1.5 میلیون دلار برای هزینه به یک دوجین عضو موثر کنگره دادند. آنها در 2016-2014 بیش از 106 میلیون دلار کمک برای انتخابات نامزدهای مورد علاقه خرج کردند. این وکلای کنگره برای شرکتهای دارویی قوانین مفید وضع کردند.

این شرکتها میلیاردها دلار داروهای مضر خود را به مردم می فروشند. گاهی هم جریمه کمی در دادگاه می دهند. نمونه جریمه: مککسون 13.2 میلیون دلار، کاردینال 34 میلیون دلار، 17 مورد با جریمه 425 میلیون دلار در یک دهه. این جریمه های نخودی در برابر میلیاردها دلار درآمد داروهای خواب آور اعتیادزا ناچیز اند. ترامپ در آستانه

بیژن باران

انتخابات همه اینها را بدترین معامله ی آمریکا نامید. ولی یکی از خاطیان دولتی را در راس این اداره کاشت. وپ 171217

کارتل سینولوا مکزیک فنتانیل- مخدر مصنوعی هروبین- را به آمریکا قاچاق می کند. این مخدر مصنوعی نیاز به زمین کشت نداشته؛ در آزمایشگاه مخفیانه و ارزان تهیه می شود. در 2016 در نیویورک بیش از 350 پوند کشف شد که می توانست با زیاده روی مصرف ش تا 60 هزار نفر را بکشد. آمار CDCP مرکز کنترل و پیشگیری مرض. WP141117

سیاست خارجی جنگافروز آمریکا ادامه تولید و پخش اسلحه و لابی قوی آن در داخل است. بنا به متم 2 قانون اساسی لابی تسلیحات NRA انجمن ملی تفنگ است. صادرات تسلیحات روسیه رتبه 2 در جهان را پس از آمریکا دارد. ولی در روسیه حمل اسلحه غدغن است. در دهه 2000 یك تریلیون دلار برای مهار تروریسم در خود آمریکا هزینه شده که در فاجعه 11سپتامبر ۳۰۰۰ نفر بقتل رسیدند. سالانه بیش از 10 هزار نفر در آمریکا با اسلحه کشته می شوند.

ولی در همین دهه در آمریکا ۱۳۰۳٤۷ با اسلحه به قتل رسیدند. تازه کنگره می خواهد برخی کنترل ها بر فروش اسلحه را بردارد. لابی راست افراطی، انجمن ملی تفنگ، جمهوریخواهان با تمسک به متمم 2 قانون اساسی حق حمل اسلحه انواع خودکار، جنگی، شبه خودکار بدون محدودیت را تبلیغ می کنند.

نگهداشتن اسلحه در خانه به امنیت کودکان و زنان بیشتر زیان می‌رساند. روزانه 7 کودک و در ماه ۵۰ زن را نزدیکانشان با اسلحه می کشد. نهادهای سیاسی قدرتمند محافظه‌کار، مبلغان راست رسانه ها، لابی تولید کنندگان اسلحه پشتیبان خرید و فروش آن هستند. با سوء تفسیر از قانون آزادیِ حمل اسلحه و همزمان ایجاد احساس ناامنی مفرط میان شهروندان، در عمل هم به آزادی هم به امنیت جامعه، زیان می‌رسانند. علمداری 2017

بزرگ ترین شرکت تسلیحاتی، لاكهید مارتین اسلحه لیزر با سرعت صوت در جنگده هوایی اف35، موشک، کامیون نصب کرده تا از دور پهباد را بزنند. شرکت جنرال اتمز نیز اسلحه لیزری می سازد که می تواند هدف را بدون گلوله آتش بزند. شرکت ریثیآن اسلحه لیزر را با شلیک سرعت نور بر بالگرد برای زدن هدف می گذارد.

ارتش آمریکا پژوهشهای دانشگاهی را حمایت مالی کرده؛ با 6000 نهاد نظامی داخلی و پوتین نظامی بر خاک 170 کشور، بیش از 1000 پایگاه نظامی در جهان دارد. آمریکا ژاپن را ترغیب می کند که در تقابل با چین بمب اتمی بگیرد؛ در حالیکه والمارت بمثابه بزرگترین کارفرما در منطقه غرب از کانادا تا شیلی، محصولات و بنجلهای پلاستیکی چین را می فروشد.

انجمن ملی تفنگ در آمریکا بیش از ۴ میلیون عضو دارد. در ۲۰۱۶ این انجمن ۲۰ میلیون دلار به کارزار انتخاباتی نامزدهای مدافع آزادی اسلحه کمک کرد. این واقعیت رابطه تولید کنندگان، دارندگان اسلحه، سیاست را نشان می‌دهد. من می‌کُشم پس هستم-کاظم علمداری http://www.iran-emrooz.net/index.php/politic/more/71337

رشد قتل در داخل بخاطر توان لابی انجمن ملی تفنگ است. آمار اف بی آی افزایش 32% در قتل عمدی 17% سرقت مسلحانه و قتل با اسلحه گرم را در 2014 تا 2016 نشان داد. جنایت مسلحانه با وجود قوانین فعلی هر ساله افزایش می یابد؛ 100 قتل روزانه شامل قتلهای گروهی. البته نیمی از مردم مخالف حمل اسلحه اند؛ ولی وکلای مجلس با کمک لابی اسلحه در قوانین مربوط آنها را اقلیت می کنند.

یک نمونه کشتار 59 نفر و 527 زخمی لاس وگاس اکتبر 2017 است که قاتل یک زاردخانه جنگی داشت. لابی اسلحه در مقابل لیبرالها لایحه محدودیت شمار و نوع اسلحه، عدم پیشینه کیفری، صلاحیت روحی صاحب سلاح را در کنگره را با کارشکنی مختل می کند. همین لابی بسیار قویتر در جهت منافع بخش نظامی در جنگ افروزی و مقام اول فروش اسحه در جهان فعال است. در 65 سال گذشته این جناح، صاحبان سهام، کارمندان آن رشد سالانه 5% دارند. WP041017

نمونه: در سنا رای به صحت پیشینه روحی فرد برای تملک سلاح با 54 به 46 رای پیروز شد. ولی نتوانست باندازه کافی رای برای فیلیباستر در خنثی کردن نتیجه رای بیآورد. فیلیباستر در مجلس مانع تراشی رای کشی با سخنرانیهای بیمورد و بینهایت رای را معوق و خنثی کرده؛ تا لایحه اصلی از لیست رای کشی خارج می شود.

کلانشهرها با 63 % رای نتوانستند در مثابل شهرهای کوچک و روستایی ببرند؛ لذا اقلیت با 37% برنده شدند؛ این در دوره اوباما بود. دیگر اینکه 50 سناتور ایالت کوچک بعلاوه رای نایب پرزیدنت یعنی 16% جمعیت می توانند رای 84% مردم را خنثی کنند. این وضع در 2040 که 70% مردم در کلانشهرهای 15 ایالت زندگی خواهند کرد؛ بدتر خواهد شد. یعنی آنها فقط 30 سناتور از 100 تا خواهند داشت. لذا حاکمیت اقلیت بر اکثریت قانونی اجرا می شود.

بازرسی عمومی Inspector General در وزارت دادگستری با 115 هزار کارمند شکایات و اجرای قانون را رسیدگی می کند. رسانه ها و پژوهشگران با FOIA قانون آزادی اطلاعات گزارشات طبقه بندی دولت را درخواست می کنند. شکایات می توانند بضد 2000 منصوبان هر پرزیدنت، سیاسی کاران، ماموران FBI اداره کارآگاهی فدرال، وکیلان مدافع، بدرفتاری با زیر دستان در ادارات دولتی، زندان بانان باشد. تاثیر بد بروی زیردست در زندگی و دفتر کار شهرت بد برای ادارات در رسانه دارد. اغلب مجرمان توبیخ شفاهی و کتبی در پرونده شغلی، تعلیق شغل، تقلیل رتبه، خاتمه خدمت، دادگاهی، زیرسیبیلی اغماض می گیرند. WP251217

ایالات متحده حداقل 50 % بیشتر از سایر کشورهای ثروتمند برای بهداشت عمومی خرج می‌کند؛ یعنی ۱۷٪ تولید ناخالص داخلی، در مقایسه با حداکثر 5.11 % در سوئیس. ولی بدترین شاخص‌های سلامت را دارد. این نشان می‌دهد: در بهداشت عمومی یک کشور با «درآمد پایه ی همگانی» خیلی زیاد؛ اگر بخش خصوصی خدمات پایه ی اجتماعی عرضه کند؛ خدمات نازل، گرانی خدمات، عدم کارآمدی رُخ می‌دهند. جهانی سازی از نگاه نوام چامسکی و هاجون چنگ
http://www.akhbar-rooz.com/article.jsp?essayId=82213
https://ycharts.com/indicators/us_gdp_as_a_percentage_of_world_gdp

ثروت دولتمردان عرصه فدرال و محلی یعنی اعضای کنگره، سنا، قاضیان، دوایر اجرایی، نظارتی، خبری، جاسوسی، اطلاعاتی نجومی شده اند. آنها با داشتن سهام در خدمت شرکتها و انحصارات قانون گذاری می کنند. برخی با ازدواج با ثروتمندان دارایی شان نجومی شده؛ ولی ثروت آنها با فرم مالیاتی شفاف و علنی است.

ثروت ایده الوژی صاحب آن را گاهی لیبرال گاهی راستگرا می کند. نمونه ثروت وکلای مجلس: جمهوریخواه در کنگره ویسکانسین 17میلیون دلار تا کالیفرنیا 255 میلیون دلار، سناتور دمکرات ماساچوست 240 میلیون دلار، ویرجینیا 174 میلیون دلار، ویسکانسین 180 میلیون دلار، خود پرزیدنت با 7 میلیارد دلار؛ قاضیان با چند میلیون دلار.

اکنون دیگر خود میلیونرها در حاکمیت بمثابه الیگارشی ثروت شریکند. ثروتمندان برخی انسانگرا مانند گیتز مایکروسافت و برخی مالدوست مانند ترامپ بساز و بفروش اند. ورود ثروتمندان در کنگره، راس قدرت اجرایی، قضات جامعه با نشر گزارش مالیاتی بهنگام آغاز شرکت در انتخابات مستند می باشد. بنگاه های مالی چون فیدلتی، آمریکن اکسپکتیشن، مدیریت مالی/ سرمایه با مدیران پورتفولیو، تحلیلگران، خرید و فروش گران با سبد گزینه سهام برای صندوقهای چک و پسانداز عامه داراند.

منابع: 28/09/2018
مسعود عالمی، اسناد فدرالیست- تفسیری بر قانون اساسی ایالات متحده، 2016، نشر آمازون.
مجموعه 85 سند از هامیلتون، مادیسون، جان جی- از بنیان گذاران استقلال 1776 آمریکا ست. قانون اساسی در 1792 یعنی پس از انقلاب کبیر فرانسه 1789 جمهوری را در مقابل سلطنت در حکومت آورد. روشنفکران ایران در سده 20 از انقلابات فرانسه و روسیه الهام گرفتند. در حالیکه انقلاب آمریکا درسهای مهمی در سیاست و حکومت بنا به مدل اصلاحات انگلیس دربر دارد. ویتنام، بویژه هوچی مین، اسناد انقلاب آمریکا را بررسی کرد.

بحران ساختاری سرمایه داری آمریکا
نرخ رشد ثروت از رشد اقتصاد بیشتر است. پیکتی: سرمایه در سده 21

بحران ساختاری در جهان سرمایه داری با آشوب، رخدادهای کتره ای، نوسانات بازار، شکاف عمیق و فراگیر بین shareholder ذی نفعان همراه است. حل این بحران با جنگ، فناوری نوین، توافقات تجاری چندجانبه می باشد. در سده 21 بحرای ساختاری عمده بقرار زیر است: افزایش ثروت 2برابر درآمدهای مردم می باشد. طلوع نئولیبرالیسم، توزیع ثروت معکوس یعنی ازدیاد ثروت متمولان و کاهش دارایی مردم، ورود الیگارشی در حاکمیت، کاهش برنامه های ایمنی و تامین دولتی نتایج دیگر اند. چون آمریکا سلطه سرمایه جهان را دارد؛ لذا بحران آن جهانگیر است.

بحران اقتصادی آمریکا زیربنا را بطور ساختاری، ادواری، موردی فرا می گیرد. لذا پیکتی، اقتصاددان فرانسه در کتاب پرفروش 2014 "سرمایه در سده 21"آن را "سراشیب بی عدالتی بی پایان" می نامد. یعنی نرخ انباشت سرمایه 2برابر رشد اقتصاد ملی است. ولی ثروت سرمایه غیرمولد بوده؛ به خرید اقلام عتیق، خرید و فروش شرکتها، پارک پول در پناهگاههای فراساحلی می پردازد. رشد اقتصاد گستر ش بازار را در بر دارد.

ثروت نیمی از جمعیت آمریکا مساوی وارن بافت 80، بیل گیتز 89، جف بسوز صاحب امازون با 100 میلیارد دلار در 2017 است. این 3نفر باندازه 160 میلیون نفر ثروت دارند؛ یا یک دهم 1% بالای جامعه باندازه 90% جامعه ثروت دارند. 25 میلیاردر 1 تریلیون دلار ثروت دارند. ری دالیو بنیانگذار بزرگترین صندوق پوششی میلیاردر 26م است.

این قطبی شدن ثروت بی ثباتی به بار خواهد آورد. ثروت خودافزا ست. یعنی دارایی در حساب پسانداز، قیمت خانه، بهای سهام سالانه افزایش می یابد. کار اینجور نیست. در اقتصاد پویا با توان کار یافتن، دستمزد از ثروت کمتر رشد می کند. لذا فاصله ثروتمندان یا 1% ها با توده مردم بیشتر می شود. اکنون نرخ رشد افزایش مزد در هر دهه از نرخ رشد سهام، قرضه، مستغلات کمتر است. این فاصله مال و مزد پیکتی را اسکار خوردا از بانک دارایی فدرال سان فرانسیسکو دقیقتر نشان داد: WP070118

درآمدهای 4گانه نرخ سالانه درآمد سهام، قرضه ملی/ باند، اجاره و قیمت مستغلات، اوراق بهادار Treasury notes اند. از 1870 تا 2015 در 16 اقتصاد برتر جهان نرخ انباشت ثروت بنا به درآمدهای4گانه به نرخ رشد اقتصاد سالانه بنا به GDP %6.28 به %2.87 بود. ج ج 1، ج ج 2، رکود 2008 سقوط درآمدهای 4گانه را ایجاد کردند. نیز بین 1970 و 2015 ارزش دارایی مالی نسبت به ارزش اقتصاد 2برابر شد.

مالیگرایی، کوچ صنعت به آسیا، تمرکز ثروت، طفره از پرداخت مالیاتی در حسابهای فراساحلی، سلطه لایه مالی، نفوذ لابی شرکتها در دولت اکنون بر اقتصاد مسلط می باشند. مالیگرایی سلطه وال ستریت یعنی شگردهای مالی افزایش ثروت بر مین ستریت یعنی کارآفرینی صنعت و خدمات است. مالیگرایی را در نمونه اپل با ذخیره درآمد جهانی در خارج و وام در داخل برای بازخرید سهام عمومی برای افزایش قیمت سهام می توان دید.

برای رفع بحران ساختاری اینها تجویز و اعمال می شوند: ژفرم گشایش تجارت، باز شدن به سرمایه مستقیم خارجی، باز بودن اقتصاد، خصوصیگری، مشی سالم پولی و مالی. در سرمایه داری برنامه مرکزی اقتصادی وجود ندارد. شاید چین سرعت رشد را با برنامه مرکزی حزب و کیفیت تولید را در رقابت با غرب بهینه انجام دهد. در آمریکا بدون برنامه مرکزی، کارکرد اقتصادی ماکرو/ کلان از جمعبندی مدیران عامل شرکتها، بیلان مالی، سرشماری صنفی، نشریات حرفه ای، در آمار دولتی تبلور می یابند.

لذا مغزهای اقتصاد این کشور بحران ساختاری اقتصادی آمریکا را نمی توانند حل کامل کرده؛ راهکارها را اجرا کنند. پویش پدیده های اجتماعی درجه ای از احتمالات پیش بینی ناپذیر دارد. دولت فدرال یا ایالتی عواقب بحران را با مقررات یا وامها کاهش دهند. در سده 21 بحرانهای عمده سیاسی و اقتصادی با پویش سرمایه داری پیدا می شوند.

بحران ادواری ناشی از 2گانه مقررات مالی و سوء استفاده برخی شرکتها می باشد. بحران موردی مانند جهش بهای سوخت، مستغلات، خوراک می باشد. بحران موردی شامل زیستبوم، طب همگانی، تغییرات آب و هوا، طوفان، خشگسالی، گشودن پارکها برای بهره برداری از منابع زیر زمینی می باشد.

آلاینده ها در هوا، رودها، اقیانوسها، جو برای انسان، جانور، گیاه مضر اند. 2جناح حاکمیت نقش 2گانه در توافقات زیستبوم جهانی دارند. حاکمیت اکنون از توافقات محیط 2016 پاریس بیرون آمده؛ ولی برخی ایالتهای مهم مانند نیویورک، کالیفرنیا، واشنگتن و حزب اقلیت به این توافقنامه وفا دارند. بخشهای مالی طب همگانی اوباما اکنون در کنگره و بوسیله پرزیدنت جدید حذف شده؛ ولی برخی ایالتها مخالف این حذف اند.

پس از ج ج 2 جنگ سرد، فروپاشی اردوگاه، گسترش گلوبالیزاسیون، نضج اتحادیه اروپا، رشد اقتصادی چین و هند، حمله 11سپتامبر به خاک آمریکا، تروریسم جهادیون، اکنون زوال سلطه آمریکا مشهود است. زوال اقتصاد و ارتش نبوده؛ بلکه سلطه سیاسی برای رهبری زمین می باشد. اکنون اتحادیه اروپا، چین، در ابعاد محلی روسیه، ایران، عربستان، ترکیه جای آمریکا را بمرور در صحنه جهانی می گیرند. فرید ذکریا – وپ 291217

در سده 20 بحرانهای سیاسی آمریکا جنبش ضد جنگ، حقوق اقلیتها، هجوم مهاجران، ورود زنان به کار، تقابل با اردوگاه حامی جنبشهای رهاییبخش بودند. در دهه 1960 آمریکا با لیبرالیسم در رسانه ها، دانشگاهها، نهادهای صنفی قوانین جدید برای معضلات سیاسی وضع کرد. حقوق سیاهان، زنان، کودکان، پیران، جانوران، دگرباشان، محیط، ایمنی کارگران، بیمه بهداشت، مقررات ناظر بر شرکتها، شکستن برخی انحصارات، کمک به فناوری دیجیتال در سیلیکون ولی، تسهیل فرآورده های تفریحی هالیوود را می توان نام برد. این فاز لیبرال به پیدایش نئولیبرالیسم گردش به راست از دهه 1980 تا کنون انجامید.

بحران پدیده عینی نزدیکی به خطر، سانحه، سقوط تدریجی یا یکهو در امنیت، سیاست، اقتصاد، زیستبوم، مزاج، فرد، گروه، خانواده است که نیاز به تصمیمگیری مهم و مشکل دارد. بحران معنای منفی داشته؛ بحران به نقطه عطف، بی ثبات، تعیین کننده در مرض رو به مرگ یا رو به بهبودی است. بحران با فشار، استرس، ناروشنی تداعی شود. پیچیدگی سیستم یعنی درهمی عوامل گوناگون، ناشناخته، بیرونی، درونی برای چارهجویی، بیرون رفتن طول زمان رسیدن به ثبات را تعیین می کند.

بحران اگر ترمیم نشود به شکست سیستم انجامیده؛ نتایج ناگور ببار می آورد. روند بحران تقویم مختص خود را دارد. لذا حل بحران باید به سرعت ترمیم توجه کند. بحران را می توان تجزیه به فازهای جزء کرد: ناگهانی، عدم اطمینان، تهدید برای هدف، سلسله رویدادهای مخربتر. بحران در مدیریت، امور منطقه ای، انتظارات مردم نیز بروز می کند.

بحران اجتماعی گاهی به خیزش، ذوب نهاد، اغتشاش، اعتراض، اعتصاب، قیام عمومی، انقلاب، جنگ می انجامد. نمونه: جنگ ایران و عراق، فروپاشی اردوگاه، بهار عربی با سرنگونی چند حاکمیت، بحران مالی 2008 آمریکا با وام 3تریلیون دلار دولت فدرال به نهادهای مالی برای حل، گرمایش زمین در توافق پاریس2016. گاهی بحران دراز مدت بوده؛ حل آن نیاز به تمهیدات، زمان، همکاری 100ها نهاد دارد. عامل خارجی هم مانند تحریم تجاری، بازار کالا، تهدید نظامی بحران ایجاد می کند.

انطباق بحران بر حاکمیت برای یافتن یا توضیح روال تغییر جامعه مفید است. نخبگان از روی قرائن، شواهد، امار آن را پیش بینی می کنند. دولتمردان حاکمیت آن را با مقررات، قوانین، قراردادها ترمیم می کنند. آنها 100ها تحلیل سیاسی نشر کرده؛ ولی در

نشریات نرم فارسی تحلیل اقتصادی آمریکا، ایران، خلیج فارس نایاب اند. باید گفت تحلیل اقتصادی نیاز به تخصص علمی دارد. ولی زوال را حاکمیت با ناسازگاری آرمان و منافع نپذیرفته؛ اگر بحران را حل نکند منجر به فروپاشی نظام خواهد شد.

در شوروی، ایران، عراق نظرات در باره بحران رژیم سانسور شدند. شوروی، شاه در انقلاب بهمن 57، صدام در جنگ 2003 پایان محتوم خود را انکار می کردند. پس از سقوط شاه و مبارک اقتصاد افت کرد. لذا طبقه متوسط برای بهبود معیشت براندازی نمی کند. حل بحران به مغزهای کارشناس، خردگرایی، عدم خرافات، مواد ویژه، پول، زمان نیاز دارد. چرا حاکمیت اقتدارگرا در پایان نمی تواند بحران را حل کند؛ برانداخته می شود؟ بحران را روشنفکران با شاخک حساس خود گرفته و تصویر می کنند.

مدیریت بحران با ارزیابی، تخصص، دسترسی به منابع انجام شده؛ سرعت چارهیابی با سرعت پیشروی بحران تنظیم می شود. غالبا با منطق، قانون، تعامل بین ذی نفعان بصورت دستور العمل پدید می آید. مدلسازی، تئوری آشوب با جذبگر آشوبناک، منطق فازی، پایداری Stability لیاپانوف برای کنترل بحران با رایانه کاربرد دارند. آنها علمی بوده؛ برای پیش بینی بکار آیند. رفع بحران با 2وضع پدیده پیش و پس از بحران، ارزیابی می شوند. مقایسه 2پدیده قبل و حال منطق شاعرانه است. علت وضع موجود تابع وضع گذشته است. لذا در بررسی بحران باید علل منجر به بحران واشکافی شوند.

آمریکا جامعه باز دارای رسانه ها و قوه قضاییه مستقل از دولت است. نظرات در باره بحران، زوال، رقبا متکثرند؛ دولتمردان هم نماینده لایه های خاص حوزه انتخاباتی اند. گزارشات پژوهشی، شرح بحرانها، نظرات تکثرگرا، انتقادها نشر می شوند. چاره جویی بحران در سقوط رژیم انجام می شود. چون این سقوط حل بحران نبوده؛ معمولا اقتصاد افت می کند.

چارهجویی در خدمت منافع خاص، کوتاه مدت، دیر می شود. دولتمردان امور سیاسی را در سیاست خارجی، تصویب بودجه، قراردادهای تجاری خلاصه می کنند. سرمایه داری بحرانزا است. پس نمی توان اقتصاد شکوفان ابدی داشت. این را با افول امپریالیسم انگلستان در آغاز سده 20 می توان دید.

هر قانون در مجلس می تواند لغو شده؛ پرزیدنت قانون جدید را توشیح کند. دستکاری قانون به نفع مردم را یک حزب و به نفع شرکتها حزب دیگر می کنند. اجرای قانون هزینه برای دولت داشته که بودجه هر وزارتخانه، اداره، کمیسیون را کنترل می کند. لذا با کاهش بودجه نظارتی ادارات می توان اجرای قانون را خنثی کرد. ولی رسانه ها و نهادهای مدنی این تخریب قانون را پیگیری کرده؛ گاهی به دادگاه می کشانند. سازمان درآمد داخلی IRS با مالیات فدرال برای گرفتن، نظارت، تعقیب خاطیان فعالیت می کند. گاهی هم به شبکه گسترده وب آن هکرها نفوذ کرده؛ ولی فشار اصلی از لایه های ثروتمند با کاهش بودجه، تغییر قوانین مالیات، شگردهای فرار از مالیات است.

محافظه کاران مقررات نظارت بر نهادهای خیریه راست مانند انجمن چایخوری و نهاد معاف از مالیات را کم می کنند. این انجمن با شعار کوچک کردن دولت، در خدمت آوردن الیگارشی ثروت گرا و بیرون راندن محافظه کاران خردگرا در حاکمیت است. این استنتاج بر پایه اسناد، رویدادها، اخبار در روال چند دهه با فشار و کاهش بودجه سازمان فوق می باشد.

در اسناد روشده 2013 آمده که مقامات این سازمان روی امور مالیاتی و راستآزمایی عمیق فرمهای درخواستی انجمن چایخوری، دیگر نهادهای خیریه راست، تمرکز کردند. نهادهای خیریه از 366هزار در 1985 به 1.2 میلیون رسید. آنها و هزاران شبکه اجتماعی دیگر نمی توانند، قانونی نامزد سیاسی انتخاباتی را حمایت کنند. بودجه بخش معافی از 102 میلیون دلار و 889 کارمند در 2011 به 82 میلیون دلار و 642 کارمند در 2016 با افزایش 4برابر درخواستها کاهش یافت. نتیجه خنثی شدن این دفتر در نظارت بر نهادهای خیریه شد. WP181217

نهادهای راست مانند اخبار برایتبارت و کانون آزادی و بنیاد هریتیج و چپ/ لیبرال مانند امریکن پروگرس و اینستیتوت لیبرالز دارای دفترهایی در شهرها، کارکن، بودجه، برنامه آموزشی، کنفرانس، تحلیل، سخنرانی اند. اتاق فکر، موسسه کاتو و سوروس معاف از مالیات اند. در آمریکا 1815 اتاق فکر و 393 تا در واشنگتن اند که با موقوفات دولتی، بنیادهای انسانگرا، شرکتها، حکام، افراد حمایت مالی می شوند. آنها بر انتخابات اثر می گذارند. با معافیت از مالیات یعنی بخرج مردم اند. در ورقه مالیاتی سالانه کمک مالی بطور قانونی از مالیات معاف است. ثروتمندان سنت کمکهای کلان به امور خیره داشته؛ راستها مانند برادارن کوخ، خانوده مرسر، بنیاد بردلی به امور خادم سرمایه و اجتماعی کمک می کنند. لیبرالها به امور مردم در آمریکا و جهان می پردازند.

نهادهای معاف از مالیات را شورای ملی یا 25هزار عضو زیر ذره بین می برد. در 2010 دیوان عالی کیفری قانون عدم محدودیت بر دخالت ثروتمندان در انتخابات بدلیل آزادی بیان آنها گذراند. لذا ثروتمندان راست با کمکهای میلیونی به نهادهای خیریه راست به مبارزه با برنده انتخابات پرداخته؛ عرصه را برای حزب او تنگ می کنند. با فشار حقوقدانان انجمنهای چایخوری اداره مالیانی در دادن اجازه به نهادهای راست آسان کرده تا درخواستهای معوق از 33هزار به 205 تا در 2014 رسید. منبع بالا.

در آمریکا کاهش مالیات و افزایش بدهی دولت را جمهوریخواهان هر دهه اعمال می کنند. در دسامبر 2017 قانون کاهش مالیات ثروتمندان در کنگره با 10رای بیشتر، تصویب شده؛ به سنا رفته؛ پرزیدنت توشیح کرد. شرکت های بزرگ به داشتن نقدینه تا 2.3 تریلیون دلار اذعان دارند. مالیات آنها هم زیاد نیست. زیرا آنها اکنون فقط نصف 50 سال گذشته- در اوج تولید آمریکا- مالیات می دهند. دلایل این لایحه را کارشناسان و رسانه ها افشاء کردند. دلیل عمده افزایش ثروت 1% متمولان است.

این قانون در 10 سال بعد بدهی آمریکا را 1.5 تریلیون دلار بیشتر می کند. این کاهش مالیات شرکت از 35% به 21% در خدمت ثروتمندان است نه گسترش شرکتها برای ایجاد شغل. شرکتهای بزرگ این کاهش مالیاتی را برای مصارف زیر بکار می برند که ربطی به ایجاد شغل ندارند: 1- بازخرید سهام؛ تا قیمت آنها افزوده شود. این بنفع مدیران ارشد صاحب بلوک بزرگ سهام است. 2-هیچ شرکتی از افزایش مزد حرفی نزد. 3-سود سهام بیشتر می شود. 4-خرید شرکتهای کوچکتر. 5- پرداخت بدهیهای شرکت. هیچ یک از این 5 مصرف، بسط شرکت را در داخل آمریکا شامل نمی شود. WP241217

مدیران اجرایی شرکتها اکنون می گویند: کاهش مالیات را بصورت سود بیشتر سهام به سهامداران خواهند داد. این مدیران با سهام کلان در شرکتها سود بیشتر بجیب می

آمریکا در خاور میانه کنونی

زنند. در جهان75 کشور با نرخ مالیات کسب 15% از آمریکا کمتر دارند. در 1967 مالیات از شرکتها 25% درآمد فدرال بود. در 2016 شرکتها کمتر از 10% به خزانه فدرال دادند. معهذا از 1983 مالیات سالانه را 60 شرکت در روند "معکوس inversion " بیرون از آمریکا پرداختند. یک شرکت می تواند دفتر اصلی اش را به کشور/ ایالتی دیگر با مالیات کمتر منتقل کرده؛ مالیات تمام شرکت را "معکوس" در آنجا داده؛ ولی شبکه کسب را در کشور/ ایالت ش نگهدارد.

شرکتهای بزرگ فورچون 500 از کاهش مالیاتی بوسیله حزب جمهوریخواه دفاع می کنند. زیرا ثروت هییت مدیره شرکت را بیشتر می کند. این تاراج درآمد ملی را شرکتها برای مصارف غیرمولد بکار می برند. هر 1بیلیارد دلار سرمایه گذاری در صنعت مخابرات 7هزار شغل می آفریند. ای تی اند تی به هر یک از 200 هزار کارمندش 1000 دلار هدیه سال نو داد. برکشایر هاثوی وارن بافت گفت: کاهش مالیاتی ضروری نیست. اپل سرمایه پارک شده در خارج را به آمریکا نخواهد آورد. اکسان موبیل بدهی های خود را خواهد داد. مککسون، شوران، والمارت، یونایتد هلث، ورایزون، آمازون، جی ای، فانی می شغل ایجاد نخواهند کرد. همانجا.

در شرایط کنونی شرکتها با رتبه عالی 3آ می توانند وام 20ساله با سود کمتر از 2% بگیرند؛ درآمدشان در 2016 نسبت به عهد ریگان 2برابر بود. از 10 شرکت بزرگ جهان 8 تا مانند اپل، گوگل، مایکروسافت، 8تا از بزرگترین خرده فروشان مانند والمارت دفتر رسمی در آمریکا دارند. پس چرا باید کاهش مالیاتی و افزایش بدهی دولت تصویب شود؟ در حالیکه با کاهش مالیاتی 1986 از 46% به 35% سرمایه نهی در تولید کاهش یافت. موافقان گویند: شرکتها می توانند در تولید سرمایه گذاری کرده؛ صادرات آمریکا را افزایش دهند. پس مالیات کسبی مانع از حضور آنها در آمریکا نمی شود. همانجا.

در آمریکا نرخ مالیات شرکتها بنا به نرخ معین سازمان همکاری و توسعه اقتصادی OECDمی باشد. شرکتهای ژاپنی 2برابر مالیات دولتی می دهند؛ در آلمان مالیات شرکت برابر آمریکاست. لذا رکود تولید در آمریکا ربطی به کاهش مالیاتی ندارد. زیرا در آلمان اقتصاد شکوفان است. تازه با کاهش مالیات شرکتها در آمریکا کشورهای دیگر هم مالیات بر کسب را کاهش می توانند بدهند؛ این کاهش توجه شرکتها را برای سرمایه گذاری جلب می کند. WP011217

با پیدایش انجمن چایخوری سده 21 ثروتمندان معتدلها را از حزب جمهوریخواه پرانده؛ حزب را به راست تر شدن کشانده؛ حتی اقلیتی ثروتمند در راس جامعه قرار گرفته اند. به راستهای افراطی کمک مالی برای تبلیغ و بردن انتخابات می کند. این حزب با 3اهرم قانونی جریمندرینگ، الکترال کالج، لابی انجمن ملی تفنگ اقلیتی می شود که بر اکثریت دمکرات جامعه غالب می شود.

الیگارشی قانون را دستکاری بنفع خود می کند. هجمه سالیان محافظه گران توان آژانسهای مقررگر/ ریگولیتر را تضعیف کرده تا توان آنها در نظارت بر نهادهای خیریه و اجتماعی غیرانتفاعی کاهش یابد. بزرگترین شرکت داروسازی مککسن McKesson با 76هزار کارکن و 200 میلیارد دلار درآمد سالانه باندازه اکسون، می باشد.

در 2014 ظن DEA اداره نظارت دارویی به این شرکت دارو، پنجمین شرکت سهامی عام آمریکا، معطوف شد که میلیونها نسخه دواهای خواب‌آور، مسکن، اعتیادآور را بیرویه در سراسر کشور پیچید. اداره می خواست 30 انبار داروی آن را بسته، یک میلیارد دلار جریمه کند. اولین جرم جنایی بضد این شرکت را با دستبند سراغ مدیران دفتر مرکزی آن در یک برج اداری سان فرانسیسکو برود. این شرکت بزرگترین تولیدگر داروهای مسکن اوپیاوید است که تاکنون 200,000 را بین 2000 تا 2016 کشته اند.

ولی قاضی این مورد در دادگاه پس از 3 سال، شرکت را به 150 میلیون دلار- یعنی 50 میلیون دلار بیشتر از درآمد سالانه مدیر عامل- جریمه کرد. لذا نمی توان شرکتهای بزرگ با بهترین وکلای دفاع را بخاطر کارهای غیرقانونی دادگاهی کرد؛ ولی شرکتهای کوچک خطاکار جریمه می شوند. WP171217

غیر از ادارات نظارت فدرال، حکومتهای ایالتی هم خاطیان زیستبوم را برای خسارت به دادگاه می کشانند. ایالت نیویورک 5تا از بزرگترین شرکتهای نفتی – اکسون موبیل، شوران، کنوکو فیلیپز، شل، بی پی- را بخاطر اثر سوء کنونی و آتی بر گرمایش زمین به دادگاه کشاند. آنها متهم اندکه 11% گازهای گرمایش زمین بخاطر فروش نفت در سالیان گذشته تقصیر آنهاست.

هزینه حراست از گرمایش زمین را کالیفرنیا به گردن شرکتها انداخت. شهرها و بخشها/ کانتیها شرکتهای نفتی را به جرم گرمایش زمین برای خسارت خواهی به دادگاه برده اند. اکسان موبیل هم کالیفرنیا را به دادگاه بجرم مخدوش کردن روند، توطئه خصوصی/ سیویل، خدشه حقوق مدنی اکسان کشاند. نتیجه این دادگاهها سالها بعد روشن می شود. 110118 WP

گاهی جریمه این تخلفات ناچیز بوده؛ شرکتها جریمه را داده؛ تا به خلافکاری ادامه دهند. دادستانهای فدرال پرونده های جرایم مالی یقه سفیدها، نشت اسرار تجاری درونی، تبانی قیمتگذاری، پخش عمده مخدرات، قتلهای مرموز را با کاربرد مخفیکاری، شنود تلفنی، سمعک تعبیه زیر جلیقه تکمیل می کنند. آنها در گذشته 50 نفر از جمله راج راجاراثان، مدیر بزرگترین صندوق پوششی جهان، را محکوم کردند. در نوامبر 2017 رابرت مولر دادستان ویژه تحقیقات در باره دخالت روسیه در انتخابات آمریکا 3همکار ترامپ را بجرم پولشویی یعنی پاک کردن منبع پول و خلاف دیگر دادگاهی کرد. WP051117

در 2001 قانون اجرایی فساد خارجی FCPAشرکت انران را بجرم کلاهبرداری؛ بعد شرکت مخابرات سوئدی تلیا در هاییتی را به جرم پولشویی به 965 میلیون دلار جریمه کرد. گاهی این شرکتها در غرب هم از مالیات طفره رفته؛ برخی جریمه می شوند. دادگاه اتحادیه اروپا/ صندوق مالی لوکزامبورگ در اکتبر 2017 شرکت آمازون را 300 میلیون یورو بخاطر مالیات معوقه جریمه کرد. اپل هم در ایرلند 15 میلیارد یورو بخاطر مالیات معوقه جریمه شد. یک دوجین شرکت دیگر مانند مکدونالدز، استارباکس، بی پی هم بخاطر مالیات معوقه جریمه شدند.

در آمریکا گاهی نهادهای عامه مانند CMS مدیکیر بیمه سلامتی پیران، FDA اداره فدرال داروها، SEC کمیسیون مبادله اوراق بهادار زیر فشار لابی، رشوه مالی یا منزلتی

آمریکا در خاور میانه کنونی

با رفتن از مدیران شرکت به مقامهای ریاست در دولت، تبلیغات شرکتها- تبه کاری شرکتها را ندید می گیرند. چند نمونه تخلفات در زیر می اینند.

البته رسانه ها با گزارش های تحقیقاتی کار را به افت قیمت سهام و دادگاه می کشانند. شرکتها با لابی، تبلیغ، پول رسانی برای هزینه انتخابات وکلا و سناتورها، قانون را بنفع سرمایه می نویسند. لذا لزومی به فساد و قانون شکنی ندارند. پناهگاه مالیاتی برای اشخاص حقیقی یا حقوقی در فرار از قانون، قواعد و مقررات یک حوزه قضایی به حوزه قضایی دوستانه دیگر امکانات محرمانه فراهم می کند.

فروش جهانی شرکتهای فراملیتی در صندوقهای پس انداز فراساحلی مصون از قوانین مالیاتی آمریکا پارک می شوند. با وجود این پس انداز میلیاردی، در آمریکا با قرض از بانکها با ربح ارزانتر به خرید شرکتهای کوچک و سهام عام خود می پردازند. بازخرید سهام قیمت شان را مصنوعی، نه در رابطه با فروش کالا، بالا می برد. مدیران ارشد با بلوک بزرگ سهام درآمدشان بالا می رود.

تملک اهرمی leveraged buyout خریدن شرطی یک شرکت بوسیله دیگری است. شرکت خریدار پول خود را وام گرفته؛ از پیش شرکت مورد ابتیاع را برای گرفتن وام گرو می گذارد. این نوع تملک سرمایه اسمی شرکت را تصاعدی افزایش داده؛ روی ارزش سهام آن اثر مثبت گذارد. نمونه: شرکت فناوری دیجیتال اپل عواید خارجی را در بنگاههای مالی فراساحلی ذخیره کرده؛ به مالیگریایی برای افزایش سود سهام نه تولید صنعتی محصول جدید پرداخت. با شگرد مالیگیرایی در آمریکا وام با سود نزدیک صفر برای خرید سهام خود یا تملک اهرمی را بکار می برد.

انتشار اسناد پاناما و اکنون پارادایز ارتباطات مالی در این پناهگاه های مالیاتی را روشن می کند. در دنیا ۲۱ تا ۳۱ تریلیون دلار در ۱۰۰ پناهگاه مالیاتی مانند بریتانیا، ایرلند، سوییس، جزایر ویرجین، کیمن، امارات، موناکو مصون از مالیات اند. در باره بریتانیا گفته شده: "ما پناهگاه امن پول کثیف شده‌ایم. ما اجازه می‌دهیم پولشویی و مالیات ندادن در ابعاد نجومی اتفاق بیفتد." تاریخچه افشاگری‌های مالی
http://www.bbc.com/persian/world-41887326

پناهگاه های مالیات فراساحل "بزرگترین نیروی انتقال ثروت و قدرت از فقیر به غنی در طول تاریخ اند." شرکت موساک فونسکا نماینده حقوقی کسانی بوده که پژوهشگران این "مجرمان" را نامیدند: سلاطین مواد مخدر، اعضای مافیا، کلاهبرداران مالی، قاچاقچیان اسلحه، فرارکنندگان از مالیات، دور زنندگان تحریم، دیکتاتورها. در ۲۰۱۵، مردم به قاره آفریقا کلا وام، کمک مالی و پولی ۱۶۲ میلیارد دلار فرستادند. اما از آنجا در عوض ۲۰۳ میلیارد دلار بطور غیرقانونی و مستقیم به این پناهگاه‌ها منتقل شد.

روزنامه نگاری تحقیقاتی با انتشار اسناد پاناما اطلاعات حجیم تاریخ دار این لانه فساد مالی را افشا کرد. یکی جایزه پولیتزر ۲۰۱۷ برای این افشاگری را برد. در این پروژه با سرپرستی کنسرسیوم بین المللی روزنامه نگاران از ۱۰۰ روزنامه نگار از ۶۰ کشور همکاری کردند. http://www.bbc.com/persian/world-41864421
منابع: 28/09/2018
https://www.netflix.com خانه ورق- شبیه سازی سیاست در واشنگتن، سریال تلویزیون- نتفلیکس.

افول لیبرال دمکراسی آمریکا

فقط قدرت {مردم} است که می‌تواند جلوی قدرت {دولت} را بگیرد. شارل دو مونتسکیو. 2نمونه: رهایی هند، فروپاشی اردوگاه.

اوج لیبرال دمکراسی در نیمه سده 20 بود. در آن اوج آمریکا می توانست پیرو جناحی انسانگرا در داخل مانند خانم روزولت و در جهان مانند دکتر شوایتزر شده؛ به تحکیم سازمان ملل، صلح، خاتمه رقابت تسلیحات با شوروی و کاهش 1000 پایگاه نظامی اش در جهان بپردازد. جهانی برای رشد علوم، ورود به فضا، تمیز زیستبوم، رشد طب و دارو می توانست پدید بیآورد.

ولی بخاطر مجتمع نفتی- نظامی به جنگ افروزی و رقابت تسلیحاتی پرداخت. زوال اقتصادی با گذار از لیبرال دمکراسی به نئولیبرال در آمریکا همراه است. حاکمیت را چند جناح مالی، صنعتی، هنری، کشاورزی داشته؛ با انتخابت در حضور رسانه های مستقل از دولت، نهادهای مدنی تعیین می شود.

در سده 20 حاکمیت آمریکا از دمکراسی لیبرال با چند جناح سرمایه داری آغازین به نئولیبرال با سلطه سرمایه مالی در دهه 1970 رسید. لیبرالیسم جهانبینی فلسفه سیاسی سده 18 جان لاک بر آزادی و برابری استوار بود. او گفت: انسان حق طبیعی به حیات، آزادی، مالکیت دارد. دولتها نمی توانند این 3حق بنا به قرارداد اجتماعی را ضایع کنند. لیبرالیسم قوی تر از قبل، در مشی ویلسون در آمریکا تبلور یافت. این مرحله دمکراسی لیبرال منجر به جامعه ملل برای صلح و امنیت جهان شد.

برخی مواد مشی خارجی 14ماده ای ویلسون بقرار زیرند: تشکیل جامعه ملل، استقلال کشورهای کوچک، گسترش دمکراسی و سرمایه داری، عدم انزوای آمریکا، مداخله در جهان، آزادی راههای دریایی. سپس مشی روزولت با واکنش به بحران بورس سهام، اوج لیبرال دمکراسی بود. عهد لیبرال روزولت امور زیر را در بر داشت: بهبود امور بانکی، تامین اجتماعی 1935، بیمه بیکاری، ایجاد سازمان ملل، برنامه مارشال پس از جنگ.

دمکراسی لیبرال معاصر شامل مواد زیر است: هر شهروند یک رای، چندحزبی با لابی مالیگرایی شرکتها، رسانه های عمده مستقل از دولت، شبکه های مجازی اجتماعی، وفور اطلاعات در اینترنت، انتخابات ادواری حاکمیت، شبکه های تامین اجتماعی، کاهش بیکاری، برنامه کمک به فقیران، افزایش معاهدات تجاری، کمک به سازمان ملل، احترام به همسایگان و معاهدات چند جانبه، توافقات حفظ زیستبوم، گسترش رای اقلیتها، آسانی اقامت پناهجویان و مهاجران. رسانه ها برای درآمد همراه حاکمیت غالب در جامعه راستگرا شده؛ با پاداطلاعات، بدیل حقیقت، خبر جعلی، منافع و آرمان صاحبان منابع خبری بایس دار شده اند.

لیبرالیسم حامی کار، دائمی نبوده؛ متضادش نئولیبرالیسم حامی سرمایه را در پی دارد. میلتون فریدمان، صاحب نوبل اقتصاد، پس از اقتصاد کینز تا شکوفانی دهه 1970 مبلغ نئولیبرالیسم شد. احزاب کار انگلیس و دمکرات آمریکا که حامی کارگران اند هم از مشی نئولیبرال حمایت کرده اند. در وامهای جهانی مشی ریاضتی زدن مخارج دولت

به وامگیرها هم پیشنهاد شده؛ نخستین بار به شیلی عهد پینوشه پیشنهاد شد. نیز امور زیر را در بر می گیرد:

تضعیف اتحادیه های کارگری یعنی کاهش مزد، کاهش اقدامات حفظ زیستبوم یعنی رفع مقررات ریختن آلاینده ها در رودها، هوا، خاک؛ عدم ایمنی محیط کار، افزایش نرخ بهره وامها، دستاندازی به امور وامی؛ کاهش مالیات ثروتمندان یعنی عدم توزیع عادلانه ثروت، تعمیق فقر مزمن. حجم سرمایه جهانی انباشت نجومی نشان می دهد. نئولیبرالیسم دارای خصیصه های زیر می باشد: لیبرالیسم بنفع بازار آزاد، واگذاری کنترل اقتصاد از بخش عمومی به بخش خصوصی، کاهش مقررات دولتی بر سرمایه داری، تصویب قوانین حامی سرمایه، افزایش سود دهی سرمایه، اشتغالزایی جهانی.

تاریخ نئولیبرال از هایک به فریدمان و مکتب شیکاگو با مجریان ریگان و ثچر ربط دارند. مارگارت ثچر گفت: در جهان مردان و زنان مجرد هستند و بعد خانواده ها؛ چیزی بنام جامعه وجود ندارد. هایک یکبار بطور خصوصی با ثچر در 1975 دیدار کرد. هایک، پدر نئولیبرالیسم توجه جدیدی در دهه های 1980 و 1990 با آمدن دولتهای محافظه کار ریگن در آمریکا، ثچر در بریتانیا، کانادا، دانگ شیاپینگ در چین یافت. دنیس بونو-فردریش وان هایک، پدر نئولیبرالیسم http://www.voltairenet.org/article30058.html

معضل کنونی سرمایه داری جهانی- بویژه سروری سرمایه آمریکا در فراز زیر ارایه شد: مولفه های این دوران بقرار زیرند: تخریب مکانیزم های همبستگی اجتماعی، حمایت جمعی، و مشارکت عمومی در تصمیم گیری سیاسی به عنوان لازمه پیشرفت نئولیبرالیسم قابل تشخیص اند. البته بعید است که بتوان در جایی به این اعتراف برخورد. بلکه همه جا تحت پوشش "آزادی" ان را خواهید دید. سریع القلم در منبع زیر و در جایی دیگر این گذار را بررسی کرد.
http://www.iran-emrooz.net/index.php/politic/more/71270

یکی از ضایعات نئولیبرالسم امور پیران، جانوران، فقیران می باشند. پیران آمریکا باید تامین اجتماعی ماهانه خود را با کار پاره وقت ترمیم کنند. 20% پیران 65 سال به بالا منبع درآمد دیگری نداشته؛ 33% بقیه 90%درآمدشان همان تامین اجتماعی ماهانه ناکافی است. برخی پیران پس از سن بازنشستگی به کار ادامه می دهند- در 30 سال گذشته از 10% به 18% رسیده اند. تامین اجتماعی SS تا یک سوم قدرت خرید بیمه سلامتی، دارو، مالیات خانه، روغن سوخت را برای شان از 2000 تا 2017 از دست داده؛ اکنون تامین اجتماعی ماهانه از مزد حداقل فدرال کمتر است. WP011017

توسعه جامعه سرمایه داری از فازهای دون تا عالی با حاکمیتهای گوناگون می گذرد. در سده 20 سرمایه داری در 10 کشور به امپریالیسم با حاکمیت فاشیسم در آلمان و ژاپن و لیبرال دمکراسی در آمریکا و انگلیس رسید. پس از ج ج 2 سرمایه داری آمریکا بر جهان با سازمان ملل در سیاست، قرارداد برتن وودز در ارز تجاری دلار، ایجاد 1000 پایگاه نظامی در 147 کشور غلبه کرد. چند کشور چون انگلستان در فاز عالی بوده؛ همراه آمریکا یند.

از دهه 1970 سرمایه داری آمریکا در فاز جدیدتر گلوبالیزاسیون یا حرکت سرمایه ورای مرزها با وجه درونی مالیگیرایی و حاکمیت نئو لیبرالیسم با نهادهای مالی، قراردادهای تجاری چندجانبه، ائتلافات دفاعی NATO, ASEAN, NAFTA, IMF, WB, WTO تمام 193

عضو سازمان ملل را به سرمایه داری کشاند. سپس در کشورهای در فاز میانی سرمایه داری مانند آرژانتین و ایرلند به نئولیبرالیسم با ریاضت کشی، خصوصی سازی، وامهای مالی رسیدند. پس سلطه سرمایه جهانی آمریکا حکومت نئولیبرالیسم را به کشورها حتی ایران و عربستان دیکته می کند.

آمریکا با مهاجرات سفیدان سده 17 از جامعه ایلیاتی سرخ پوستان بدون گذار از فئودالیسم به برده داری در جنوب و سرمایه داری در سده 20 رسید. همین گذار در آمریکای لاتین رخداد که ضعیفتر و دیرتر از شکوفانی اقتصادی فرهنگ انگلو در شمال بود. دولت سرمایه داری خصوصی در خدمت به سرمایه بین جناحهای حاکمیت بطور ادوری، قانونی، رقابتی، مسالمت آمیز در تردد است است. آمریکا با 3بحران روبنایی، اقتصادی، موردی روبرو است.

در آمریکا 1% جمعیت کلان ثروتمند است؛ یعنی 3.2 میلیون خرپول در جمعیت 320 میلیونی. در 2016 شمار خانوار 1% فوقانی برابر 24% آمریکاییها ثروت داشت. اکنون 1% جمعیت باندازه 50% جمعیت زمین ثروت دارد. نظرخواهی مردم در مورد کلان ثروتمندان در مقایسه با مردم عادی در ژوییه 2012 بقرار زیر بود. مردم گفتند ثروت بخاطر این 4 چیز است: 43% بخاطر هوش، 42% سختکوشی، 55% حرص، 12% صداقت. رسانه ها و نظرگیریها هم 2 کانال آزاد ند برای پخش نظرات مردم و دولتهای فدرال، ایالتی، محلی. نمونه گیری نوعی آمار تقلیلی است که از چند 1000 نفر پرسشهای تلفنی می شود؛ پاسخها را با نرم افزار جدول بندی می کنند. وپ120113

آتوماسیون بهینگی کار مانند تشخیص مرض از فیلم با اشعه ایکس را افزایش می دهد. نیز سندیکاهای صنفی بمرور ضعیفتر می شوند. تا 2030 آتوماسیون/ روباتیک 70 میلیون یعنی ثلث کارگران را بیکار می کند. آنها باید برای شغلهای جدید بازآموزی کنند. کار دفتری 20%، کار رستوران، نصب ابزار ساختمانی 30% کاهش یافته؛ 25% رایانه ای خواهند شد. فنآوری در جهان 375 میلیون کارگر با کارهای تکراری را بیکار خواهد کرد. اکنون بهینگی و اتوماسیون در ژاپن و آلمان هم ثلث، در چین 12% شمار کارگران کاهش یافته. WP011217

بحران سرمایه داری مالی/ گلوبالیزاسیون را پیروزی ترامپ نمی تواند حل کند. مدیران سرمایه مالی، اقتصاددانها، حقوقدانها، نخبگان کارآفرین بنفع پویش سرمایه با مسالمت و اقناع جناحهای دیگر سرمایه جهانی این بحران را حل خواهند کرد. ترامپ فشار به رسانه ها را افزایش می دهد. شکست حزب دمکرات و در نتیجه هیلری میانه رو، شکست این حزب در کلیت است که تقصیر هیلری نبوده؛ جناح راست با او از زمامداری نیکسون تا کلینتون و اوباما می جنگید.

این پیروزی بخش متعصب سفید آمریکا بضد اوباما بود که دستآوردهای 60 ساله جنبش مدنی لوتر کینگ را به خطر می اندازد. ولی پیروزی جمهوریخواهان در سنا، کنگره، فرمانداریها، در نتیجه در دیوان عالی فشار را بر بخشی از مردم آمریکا می افزاید؛ سیاست خارجی را بخاطر جناح نظامی از قماش سناتور مک کین خشنتر می کند. تضاد جناحی در جمهوریخواهان بیشتر می شود.

هیلری سناتور نیویورک، وزیر کشور، نخستین زن در رقابت ریاست جمهوری بود. نظرسنجی سیاست عمومیPPP درباره ترامپ ماهانه داده جمع می کند. در پایان

اکتبر2017 از استیضاح ترامپ 49% رای دهندگان حمایت می کنند. در مقابل 41 درصد نیز گفتند که با این استیضاح مخالف اند.

همیشه در روند زوال بخشی از جامعه تاسف ایام گذشته را خورده؛ توهم رجعت به گذشته طلایی را دارند. در 2016 ترامپ با توهم برگشت به اوج قدرت اقتصادی آمریکای دهه 1950، بخش مهمی تا 30میلیون نیروهای راست و گذشته گرا را بسیج کرد. آنها برتری سفیدان را به حزب جمهوریخواه حقنه کرد. دولت ترامپ با بحرانهای درون کاخ سفید روبرو است: استعفای مشاور ارشد استیو بنن صاحب اخبار Breitbart، فحاشی 2سناتور حزب جمهوریخواه به ترامپ، موضعگیری 2پرزیدنت سابق در حاکمیت آمریکا بضد ترامپ، پیروزی سناتور دمکرات آلاباما پس از ربع قرن بضد نامزد جمهوریخواه مورد حمایت ترامپ. حتی در سروری سرمایه جهانی هم ترامپ در معاهدات تجاری مانند آسیان، نفتا، برجام دبه درآورده، اغتشاش می کند.

جناحهای رقیب در حاکمیت هستندکه با ترامپ ناسازگاری مسالمت آمیز دارند. نمونه: 2پرزیدنت سابق بوش پسر و اوباما، سناتور فلیک، سرخطهای اکثر رسانه ها در انتقاد از ترامپ. وزیر خارجه در نطق 251017 سیاست آمریکا را در باره ایران در سه محور زیر ارایه داد. 1- برجام یعنی نق زدن آمریکا ولی جلوی شرکتهای اروپایی را برای تجارت با ایران نخواهد گرفت.

2-کاهش توان موشکی و نیروی نظامی ایران در عراق، سوریه، یمن. 3-کمک به نیروهای ناراضی پراکنده برای تغییر رژیم ایران. او گاهی با ترامپ مخالفت داشته؛ تا پایان سال جاری معلق می شود. اگر سیاست تحریم سپاه منجر به آچمز شدن نهادهای اقتصادی وابسته به آن شده؛ مجبور شود که آنها را به دولت پس بدهد. ترامپ ورودی دیگری با دامادش از نتانیاهو برای فشار به ایران دارد.

این جنبه سیاست خارجی آمریکا برای مردم ایران می تواند سودمند باشد. البته وزیر کشور هم جایگاه سفت ندارد. لذا خود آمریکا در گذار است؛ ولی جنگ افروزان بهانه جویی می کنند. ایران توان بازسازی مناطق سنی عراق، سوریه، یمن را نداشته؛ لذا راه برای ورود عربستان و شرکا باز می شود. https://www.rferl.org/a/us-iran-tillerson/28814877.html

در 1967 شعار "جامعه بزرگ" جانسون به شعار "دروازه تمدن بزرگ" ایران دهه 1970 شباهت داشت. ولی نتیجه در آمریکا به گلوبالیزاسیون و انباشت نجومی ثروت انجامید؛ در ایران به انقلاب بنیانگرای شیعی با افت اقتصادی ولی استقلال ملی انجامید. کیسینجر دوره امپراتوری ایران را از قرن 7قبل تا قرن 7 بعد از میلاد دانسته که بخش اعظم خاورمیانه، بخش‌هایی از آسیای مرکزی، آسیای جنوب غربی و شمال آفریقا را در برگرفت. او در باره ایران در کتاب 'نظم جهانی' نوشت: "شاید منسجم‌ترین مفهوم از ملیت را دارد. به لحاظ کشورداری سنت عمیقی دارد. اما رهبران ایران دور از مرز کشورهای غربی و مدرن ندرتا به مفهوم وستفالی کشورداری رسیده‌اند."

سپس او با به انقلاب 57 ایران نوشت: در پاریس رهبر آن وعده دموکراسی و برابری اقتصادی داد. اما پس از عزیمت از تبعید به تهران به جای اجرای "برنامه‌های اجتماعی و تاسیس حکومت دموکراتیک معهود، علیه نظم منطقه و مدرنیته موضع گرفت." تغییرات طبقاتی-سیاسی در ایران هم رشد می کنند. نمونه ها: برخی مواضع بخرادانه

نماینده اصولگرا مطهری، بخشی از سپاه، پولدوستی و ثروت خواهی در ایران. منبع: نظر پروفسور ناکازاکی جهانگرد ژاپنی در باره طبقه متوسط ایران، تلگرام 251017. www.bbc.com%2Fpersian%2Firan%2F2014%2F10%2F141008 ‌ ‌l12 kissinger book world order

صلح وستفالي 1649 جنگ 30 ساله اروپا را پایان داد؛ دوران دیپلماتیك تازه اي آغاز شد که بر سیاسـت جهان امروز نیز اثر دارد. از 1618 تا 1648 تضاد امپراتوري مقدس رُم با پروتستانها به ستیز سیاسـي دامنه دارتري بدل شد. این ستیز به جنگ خاندان كاتولیك هابسبورگ اتریش، اسپانیا، شاهزادگان متحد در آلمان با پروتستانهای دانمارك، بوهم آلمان بدل شد. در 1641 طرفین برای راه حل جامع برقراري صلح مذاکره کردند. دیگر بخش وسیعی در اروپاي مرکزي ویران شـده بود. كمینه نیم میلیون سرباز در این جنگ کشته شد. تلفات غیرنظامي به ویژه در آلمان شاید یك چهارم تا دو سوم جمعیت بود- شبیه سوریه کنونی.

منابع: 28/09/2018
فرید زکریا http://www.cnn.com/TRANSCRIPTS/1711/19/fzgps.01.html 171117
اولویتهای آمریکا در 2016 داووس https://www.youtube.com/watch?v=UrzH-tWilIM
دسـت اندازهای https://www.thecairoreview.com/essays/speed-bumps-on-the-silk-road/
جاده ابریشم 2017 لیاو
https://www.weforum.org/agenda/2017/09/saving-the-international-economic-order-
means-things-need-to-change-heres-why/ 8سپتامبر 2017 پاولا سوباچی
ترک در دلار بزرگتر می شود2017 http://www.informationclearinghouse.info/47927.htm
جیمز ریکاردز.
http://www.zerohedge.com/news/2017-09-20/financialization-destruction-real-economy
http://www.dnb.com/perspectives/supply-chain/the-state-of-american-
manufacturing.html مارک تونر 2017
ده فیلم کسب مانند بحران مالی https://www.youtube.com/watch?v=IOvpNGteSLw
2008.
جهانی شدن و مخالفان آن - دیوید هلد و آنتونی مک گرو، ترجمه عرفان ثابتی، 1382 نشر ققنوس، 200 صفحه، 1700تومن.
رعنا فروهر 2016 بحران بزرگ سرمایه داری آمریکا http://time.com/4327419/american-
capitalisms-great-crisis/
کیسینجر، نظم جهانی انتشارات آلن، ۲۰۱۴، ۴۰۵ صفحه.
Brooke Harrington -Copenhagen Business School -Capital Without Borders: Wealth Managers and the One Percent
https://www.haaretz.com/us-news/1.821174?utm_content=%2Fus-news%2F1.821174&utm_medium=email&utm_source=smartfocus&utm_campaign=newsletter-breaking-news

تکوین گلوبالیزاسیون در آمریکا

در چرخه تکامل سرمایه داری در 4قرن گذشـته، به تکوین خود از امپریالیسـم سده 20 به گلوبالیزاسیون فعلی ادامه می دهد. در سده 21 سیر سرمایه روی زمین را تعامل 2 جناح نظامی و مالی آمریکا تعیین می کند. لذا انتخابات در این کشور از واشنگتن به نقاط حساس جهان تاثیر می گذارد. جهانی شـدن را در توزیع کالا، سیر الکترونیک سرمایه، سیاحت مردم در جهان، گریز میلیونی پناهجویان، رشد خدمات و فناوری

آمریکا در خاور میانه کنونی

دیجیتال، صدور سرمایه به کشورهای صنعتی بویژه آمریکا می توان دید. ارزش تجارت کالا و خدمات بعنوان % در GDP از 42.1% در 1980 به 62.1% در 2007 افزایش یافت. سرمایه گذاری مستقیم خارجی از 6.5% به 31.8% رسید. وام بانکی از 10% به 48% افزایش یافت.

تلفن فرامرزی سرانه از 7.3 در 1991 به 28.8 دقیقه در 2006 رسید. شمار کارگران خارجی از 78 میلیون یعنی 2.4% جمعیت جهان در 1965 به 191 میلیون یعنی 3% جمعیت جهان در 2005 رسید. سیاحت جهانی در 2015 ورودی خارجیان 1.133 میلیارد نفر، با رشد 4.3% نسبت به سال قبل به ترتیب فرانسه 84 میلیون، آمریکا 76 میلیون، اسپانیا 68 میلیون، چین 57 میلیون، ایتالیا 51 میلیون، ترکیه 40 میلیون، آلمان 35 میلیون، بریتانیا 34 میلیون، مکزیک 32 میلیون، روسیه 31 میلیون نفر بود.

به این ارقام باید سیاحت درونی را هم افزود. سیاحت اکثرا زیارتی عربستان با 15 میلیون و ایران با 6 میلیون در 2014 بود. در این سال سیاحان چینی 150 میلیارد دلار، آمریکایی 111 میلیارد دلار، آلمانی 92 میلیارد دلار رتبه 1 تا 3 را داشتند. ایالات متحده 1.5 تریلیون دلار توریسم به GDP و 5.7 میلیون شغل در 2014 بود.
http://www.imf.org/external/np/exr/ib/2008/053008.htm
https://en.wikipedia.org/wiki/World_Tourism_rankings

کارگران خارجی شامل پناهجویان نمی شود. غنی ترین ٦ کشور دنیا یعنی آمریکا، چین، ژاپن، آلمان، فرانسه، و انگلستان با٦٠% اقتصاد جهان تنها ٢/١ میلیون پناهنده یعنی ٩% کل پناهنده گان جهان را پذیرا شده اند. درحالیکه ٥ کشور اردن، ترکیه، فلسطین، پاکستان، لبنان، و آفریقای جنوبی، با فقط ٢% اقتصاد جهان، ١٢ میلیون پناهنده را میزبانی می کنند. کشورهای خلیج نیز از راه دادن پناهجویان ابا می کنند. گاردین 17 ژوئیه 2016

از دهه 1970 در پیشرفته ترین سرمایه داری جهان یعنی آمریکا، سرمایه مالی به رشد خود از مرحله انحصارات امپریالیست به مالی گرایی یعنی تلفیق سرمایه مالی با فنآوری دیجیتال تکوین یافت. در این دهه کاهش اعتماد جهان به دلار منجر به تخلیه طلا از وزارت خزانه داری آمریکا شد. در یک کشور با انباشت انبوه سرمایه مالی، تغییرات درونی فایننسیالیزاسیون/ مالیگرایی اند که با تبلورات بیرونی گلوبالیزاسیون/ جهانیگرایی ربط دارند.

با رشد تصاعدی رسانه ها اخبار نقاط جهان سریع به همه جا فرستاده می شود. اخبار ناگوار بنظر می رسد که گذشته قتل کمتر و فرهنگ بیشتر بود. حیات و فرهنگ جامعه اروپا در دهه 1930 نسبت به بقیه قاره ها خوب بود؛ 57 میلیون کشته حاصل ج ج 2 شد. در حالیکه در 2015 حدود 29 هزار نفر در تروریسم بقتل رسیدند. شاید رشد رسانه ها اخبار ناگوار را زود، شدید، همه جاگستر پخش می کند. آمار بهبودی وضع انسان را در این 70 سال نشان می دهد. جمعیت زمین 3 برابر شده. باید گفت حس می شود آشوب حاکم است.

اکنون مالیگرایی مرحله تکامل سرمایه داری در آمریکا و انگلیس است. ولی در هر دو کشور هم در تظاهرات مردم هم در بخش ملیگرای سرمایه مخالفت با آن آغاز شده: در انگلیس جدایی از اتحادیه اروپا و در آمریکا برنامه انتخاباتی چپگرای سناتور سندرز. در

دمکراسی شیوه های تولیدی گذشته با روبنای فرهنگی خود در جامعه می مانند. این روبناهای گوناگون با هم در انتخابات برای پیشبرد منافع خود به رقابت می پردازند.

اکنون خدمات/ یقه سفیدها در کشورهای سرمایه داری از کارگران صنعتی و کشاورزی/ یقه آبیها افزونتر شده؛ لذا فنآوری دیجیتال در مراودات مالی، رسانه های خبری، تجارت بورس برخط، آمادگاری/ لجستیک گردشگری در جهان جهشی شده است. غلبه خدمات در قرن 21 معادله کار و سرمایه را غامض می کند. زیرا اختراعات، حقوق مولف، پژوهشهای طبی و علمی و دارویی هم در معادله وارد شده اند.

در سده 21 انتخاب یک سیاه و اکنون نخستین نامزد زن در جمهوری 240 ساله آمریکا- خانم کلینتون از حزب دمکرات تاریخی اند. کلینتون توانست اقلیتهای مذهبی، جنسی، قومی، نژادی، مهاجران، لایه های طبقه متوسط، جوانان، زنان را بدور پلتفرم پیشرو متحد کند. پشتیبانی سناتور ساندرز و معاون رییس جمهوری کین 2زبانه اسپانیولی و انگلیسی در مقابل تبلیغات منفی فاکس نیوز از جناح راست سیاسی شاید بتوانند کارساز برای پیروزی این وکیل زن شوند.

در 2016 حزب جمهوریخواه در حاکمیت آمریکا اکثریت است؛ یعنی جهت حکومت را تعیین می کند. این رای آوردن راستگرایان تاثیر لابی ثروتمندان محافظه کار را نشان می دهد: 248 از 440 کرسی کنگره، 54 از 100 کرسی سنا، 31 از 50 فرماندار، 70 از 99 اتاق مقننه ایالتی، 4 از 8 قاضی دیوان عالی را دارد. این نسبت صف آرایی حزبی در 50 ایالت هم دیده می شود.

طبقه متوسط آمریکا بخاطر گلوبالیزاسیون در حال تحلیل رفتن است. این طبقه در شرایط اقتصادی رکود فعلی به لایه راست بدور ترامپ و چپ بدور سندرز تشکل یافته که عمدتا از خانم کلینتون حمایت می کند. حاکمیت باید راهی برای شکوفانی این طبقه بیابد. امید است که آمدن زنان به حاکمیت الگوی مترقی برای خاورمیانه شود. در انتخابات 2016 تعداد آمریکاییان در خارج برای رای دادن 8.7 میلیون است که با voteabroad.com رای می دهند.

چالشهای اقتصادی آمریکا: افزایش رقابت جهانی، افزایش قیمت نفت، افت بهینگی و سودآوری، افزایش تورم، بیکاری، افت تجارت خارجی، افزایش کسری صادرات- واردات، افزایش بدهی دولت، غلبه مالیگرایی بر جناح صنعتی. این حرکت سرمایه و تحول آن است که سیاست حاکمیت را تعیین می کند.

کسری بودجه با وام و بهره آن و افزایش بودجه نظامی، از بودجه عمرانی و رفاهی زده؛ فشار بر مردم را بیشتر می کند. آمریکا به ناتو و دوستان همیشه برای تسلیحات بیشتر فشار می آورد که در خدمت صنایع نظامی آمریکاست. با رشد علم، توان تخریب جنگ افزونتر شده؛ مقایسه خرابی جنگ کره با سوریه کنونی. در خاورمیانه آمریکا به ایجاد پروژه های عمرانی و توسعه برای تقلیل بیکاری جوانان نمی کوشد؛ به فروش اسلحه اولویت می دهد. اکنون گروههای جهادی این منطقه طغیان کرده؛ راه حلی جز کلنگی کردن شهرها در پیش ندارد.

از دهه 1950 تا کنون 475 کودتا رخداده که نیمی از آنها ناموفق، بودند. دوران جنگ سرد تعداد آنها بیشتر بوده؛ بلیوی با 23 کودتا و 11 موفق مقام اول را دارد. علت کودتا

فقر است؛ لذا در کشورهای جنوبی شمار کودتا زیاد است. در سده 21 کودتا نایاب شده؛ زیرا دخالت شوروی و آمریکا در کودتا ناپدید شده؛ اقتصاد کشورهای جنوبی بهبود یافته؛ تحریمهای جهانی بضد کودتا می باشند. کودتای موفق ژنرال سیسی مصر و ناموفق ژوییه 2016 در ترکیه را می توان ذکر کرد. WP240716

عربستان با درآمد سرشار نفت نمونه یک کشور خاورمیانه مدار آمریکا است که مانایی روبنای قبیلوی آن با ساختار مدرنیزاسیون و دولت قبیلوی بر سرمایه داری رانتیر حاکم است. نقل از پست فیسبوک ژوییه 2016: داده ایی درباره عربستان. فروش سگ و گربه در این کشور ممنوع است. سالن سینما در آنجا وجود ندارد. بعضی از مفتیان وهابی خواهان قانونی شدن برده داری اند. ورود غیر مسلمان به خطه حجاز بنا به حرمت اماکن مقدس در مکه و مدینه ممنوع است. معمار بهترین هتل مکه هتل هیلتون غیر مسلمان است. مجبور شد از طریق دوربین و بر روی یکی از تپه‌های اطراف شهر پروژه ساخت هتل را نظارت و پیگیری کند.

عکسبرداری در بیشتر اماکن عمومی ممنوع است. تاکنون میلیونها کتاب مذهبی اقلیتها توقیف و آتش زده شده‌اند. جادوگران و مجرمان در ملأ عام گردن زده می‌شوند. در 2015 تعداد گردن زدن با 150 انسان بیشتر از داعش بود. مجازات اسلامی اجرا می‌شود که شامل حدود و قوانین تعزیراتی است. برای مثال، 4 انگشت فرد سارق بریده شده؛ نیز در بعضی موارد قصاص اعضای دیگر بدن نیز بریده می‌شوند.

زنان. بر اثر فشار بیش از حد بر زنان، آمار خودکشی زنان بالاست. پس از چندین دهه بررسی و به دنبال به وجود آمدن مشکلات مربوط به هویت، وزارت کشور عربستان در آوریل ۲۰۰۵ با حق زنان سعودی برای داشتن کارت شناسایی بنا به درخواست خود آنها موافقت کرد. بسیاری زنان تصمیم گرفتند از داشتن کارت شناسایی صرف نظر کنند. نه به این دلیل که آنها نمی‌خواستند کارت شناسایی داشته باشند، بلکه این محرومیت به این دلیل بود که پدر، همسر یا برادر آنها به دلیل چاپ عکس زنان بر روی کارت شناسایی، با اعطای کارت شناسایی به زنان مخالفت می‌کردند.

این مخالفت با تکیه بر این اصل اسلامی که مردان سرپرست زنان هستند؛ در نتیجه آنها به داشتن هویت رسمی نیاز ندارند، توجیه می‌شد. واقعیت این است که بخش‌های دولتی بسیاری وجود دارند که کارت شناسایی را نمی‌پذیرند. این ادارات دولتی برای شناسایی فرد زن کارت شناسایی خانوادگی یا دو شاهد برای تأیید هویت زنان درخواست می‌کنند. رانندگی زنان در این کشور- بنا به فتوای مفتیان وهابی- ممنوع است.

4زن آلمانی الاصل مقیم سعودی در ۱۹۹۰ با نادیده گرفتن این ممنوعیت اقدام به رانندگی در شهر ریاض کردند. بلافاصله پلیس آنها را دستگیر کرد. روزنامه‌های محلّی مطلب توهین آمیزی علیه آنان انتشار دادند؛ خواستار اخراج آنها از شهر شدند. علمای عربستان نیز بر حرام بودن رانندگی زنان فاقد صلاحیت لازم برای قضاوت دربارهٔ کاندیداهای انتخاباتی هستند؛ به دلیل ایجاد فساد و آسیب رساندن به عفت پافشاری کردند. دولت عربستان اعلام کرده که زنان نمی‌توانند در نخستین انتخابات سراسری این کشور یعنی شورای شهر رای‌دهند.

دولت سعودی دختران را از آموزش منع نکرده‌است. حتی آموزش رایگان نیز برای ایشان در نظر گرفته است. حضور دختران در آموزشگاه‌ها و مدارس بسیار محدود است. طبق آمار رسمی دولت سعودی ۵۵ % دانش آموزان ابتدایی، ۷۹ % دانش آموزان متوسطه و ۸۱ % دانش آموزان دبیرستان پسر هستند. دیدگاه‌های سنتی در عربستان باعث شده که بسیاری از دختران در سنین پایین مدرسه را ترک می‌کنند. در قوانین سعودی، اشتغال زنان به هر کاری جز تدریس و پرستاری ممنوع است.

ورود زنان بدون همراهی محرم به بسیاری از اماکن عمومی سعودی از جمله بانک، رستوران، فروشگاه ممنوع است. در اماکن عمومی و غذاخوری‌ها جداسازی جنسیتی به شدت اجرا می‌شود. رستوران‌های سعودی معمولاً دو بخش جدا برای مجردها و خانواده‌ها دارند. بخش خانوادگی رستوران‌ها به غرفه‌های کوچک تقسیم شده که زنان می‌توانند در آن نقاب را برداشته و غذا بخورند، بدون این که مرد نامحرمی وارد شود. شرکت زنان در مجامع عمومی حتی در مسجد بسیار محدود است. از زنان سعودی انتظار می‌رود هنگام خروج از خانه، حتماً با مرد محرم همراه باشند.

علمای حنبلی سفر زنان را بدون همراهی مردی از محارمش ممنوع می‌دانند. در این کشور این قانون به دقت اجرا می‌شود. به زنانی که محرم به همراه ندارند، اجازهٔ خروج داده نمی‌شود. این قانون در سفرهای داخلی و به خارج از کشور هم صادق است. پوشش زنان سعودی در مجامع عمومی چادر سیاه گشادی است که از سر تا پا را در بر گرفته؛ عبایه گفته می‌شود. پوششی که صورت زنان سعودی را فرا می گیرد نقاب/ روبنده نام دارد. پوشاندن دست‌ها و صورت برای تمام دخترانی که به بلوغ رسیده‌اند اجباری ست.

مدارس سعودی تمام دخترانی را که بیش از ده سال سن دارند مجبور به پوشیدن نقاب می‌کنند. در ۲۰۰۳، پافشاری پلیس ارشاد دربارهٔ رعایت نقاب به مرگ ۱۵ دختر نوجوان در آتش سوزی یک مدرسهٔ راهنمایی دخترانه در مکّه انجامید. عوامل وابسته به دولت ریاض، در این سانحه، مانع از آن شدند که دخترانی که صورت خود را نپوشانده بودند، از کام آتش بگریزند.

رخدادهای سیاسی و مالی آمریکا را دهه ای از ج ج 2 تا کنون می توان برای برخاستن گلوبالیزاسیون بررسی کرد. حین ج ج 2 کنفرانس مالی سازمان ملل در هتلی در شهر Bretton Woods در ایالت نیوهمشایر با 730 نماینده از 44 کشور متفقین توافق 1944 را امضاء کردند. در 1944-1973 این توافق در قواعد، نهادها، روندها برای سامانه مدیریت مالی بین آمریکا، کانادا، غرب، استرالیا، ژاپن بود. شوروی شرکت کرد ولی توافق را به بهانه زائده وال استریت بودن امضاء نکرد. نیز صندوق بین المللی پول IMF، بانک بین المللی بازسازی و توسعه، بخشی از گروه بانک جهانی کنونی، بنیان گزاری شد.

این سامانه اعضا را برای مبادله ارزی به ایجاد پشتوانه طلا برای ارز بومی، وام موقت از صندوق بین المللی پول برای حل عدم توازن اقساط بدهی کشور، جلوگیری از کاهش رقابتی بهای ارز ملزم کرد. آمریکا 2سوم طلای جهان را در کنترل داشت؛ اصرار کرد که این سامانه به پشتوانه طلا و دلار باشد. در این بازه زمانی اقتصاد آمریکا سالانه رشد 4% و تورم و بیکاری ناچیز داشت.

حمایت از مذهب در عهد ایزنهاور و تز کمربند سبز برژینسکی در دوره کارتر برای محاصره شوروی منجر به رشد اسلام سیاسی و جهادی در خاور میانه شد. در مصاحبه ای برژینسکی آغاز جنبش مسلحانه بنیادگرایان طالبان و القاعده افغانستان را روشن کرد. سوال :و هیچ پشیمان از حمایت بنیادگرای اسلامی نیستید، شما اسلحه و اطلاعات را در خدمت تروریستهای آتی گذاشتید؟ برژینسکی: برای تاریخ جهان چه چیز اهمیت دارد؟ طالبان یا سقوط امپراتوری شوروی؟ عده‌ای از مسلمانان تحریک‌شده یا آزادی اروپای مرکزی و پایان جنگ سرد؟

سوال: رابرت گیتس، رییس پیشین سی‌آی‌ای، در کتاب سرگذشت خود بنام از میان سایه‌ها نوشت: سازمان‌های استخباراتی امریکا کمک‌های شان به مجاهدین افغانستان را 6ماه قبل از مداخله شوروی آغاز کردند. در این زمان، شما مشاور امنیت ملی رییس‌جمهور کارتر بودید. بنابر این، شما نقشی در این عرصه ایفا نمودید. آیا این درست است؟

برژینسکی: بلی. براساس نسخه رسمی تاریخ، کمک‌های سی‌آی‌ای به مجاهدین در ۱۹۸۰ شروع شد، یعنی پس از اشغال افغانستان توسط قشون شوروی در ۲۴ دسامبر ۱۹۷۹. ولی حقیقت که که تا به حال مخفی نگه‌داشته شده، کاملا چیز دیگری است: در واقع، در ۳ ژوییه ۱۹۷۹ رییس‌جمهور کارتر اولین رهنمود کمک پنهان به مخالفان رژیم کابل طرفدار شوروی را امضا کرد. درست در همان روز یادداشتی به رییس‌جمهور نوشتم. شرح دادم که به نظر من کمک مذکور، شوروی را به مداخله نظامی وا خواهد داشت. عملیات مخفی یک نظر عالی بود. تاثیرش این بود که روس‌ها را به تله افغان کشاند.

شما از من می‌خواهید که پشیمان باشم؟ روزی که شوروی‌ها رسما از مزر عبور کردند، به رییس‌جمهور کارتر نوشتم: اکنون فرصت آن را داریم که به اتحاد جماهیر شوروی جواب جنگ ویتنام شان را بدهیم. در حقیقت، برای ۱۰ سال مسکو جنگی را پیش برد که حمایت دولت را نداشت، نبردی که باعث تضعیف روحیه آنان شده؛ در فرجام منجر به شکست امپراتوری شوروی گردید. مصاحبه‌ی برژنسکی با مجله فرانسوی «بیننده‌ی نوین»، مترجم: سمیر منبع: کاونتر پانچ/ مشت متقابل، ۱۵ ژانویه ۱۹۹۸. -http://hambastagi.org/new/fa/translations/1874-how-jimmy-carter-and
i-started-the-mujahideen.html

دهه 1970: در 1971 آمریکا یکطرفه پشتوانه دلار با طلا را فسخ کرد؛ دلار خود پشتوانه ی برخی ارزها در جهان شد. گروگانگیری الفتح و قتل 11 ورزشکار اسراییل در المپیک مونیخ، جنگ داخلی لبنان، جنگ و صلح مصر و اسراییل، توافق هلسینکی، مهاجرت شرنسکی و یهودیان روسیه به اسراییل موازنه را از حزب کار انترناسیونال 2 به نفع راست محافظه کار بهم زد، سرنگونی امپراتور حبشه، جنگ هند و پاکستان، پیوستن بریتانیا به اتحادیه اروپا، خروج 1973 از ویتنام، انقلاب ایران و گروگانگیری 444 روزه کارکنان سفارت در تهران، حمله شوروی به افغانستان، تشکیل سازمان کشورهای آمریکایی OAS بسرکردگی ایالات متحده در تحریم کوبا و اکنون بضد ونزوئلا.

سفر 8روزه نیکسون به پکن برای دیدار مائو، افتضاح واترگیت، استعفای نیکسون و معاون او، ترور ناموفق پرزیدنت فورد. کارتر دمکرات پرزیدنت از جناح مالی بضد تورم 13% و بیکاری تنظیم کرد. فدرال رزرو/ بانک مرکزی ایالات متحده ناظر عملیات 12 بانک

در ایالات قدیمی نرخ سود را 20% کرد. سقوط بهای دلار در جهان، افتتاح لوله نفت آلاسکا، تحریم نفتی/ جیره بندی بنزین آمریکا، کاهش سرعت از 70 به 55 مایل/ ساعت برای صرفه جویی در مصرف بنزین در تقابل با ورود ماشینهای خارجی کمصرف، فشار آمریکا به عربستان و اوپک برای کاربرد دلار بمثابه واحد مبادله ارزی نفت در جهان، 10% افزایش تعرفه، بیکاری ربع میلیون کارگر اتوموبیل سازی، فاش اسناد پنتاگون در خدمت شفاف سازی دولت، پیری جمعیت و نیاز به مهاجران خارجی.

در این دهه فنآوری دیجیتال مرزهای ملی را زایل کرد؛ زمین را به یک شبکه جهانی فرامرزی تبدیل کرد. همزمانی این فنآوری گسترش گلوبالیزاسیون را میسر کرد: بنیانگزاری مایکروسافت و اپل، اختراع تلفن موبیل، امکان خرید/ فروش سهام با ارتباطات الکترونیک. در عصر امپریالیسم روند انتخابات آمریکا با اهدای پول به صندوق انتخاباتی نامزدها، لابی صاحبان سرمایه در حزبها، برخی تقلبات محلی در گرفتن و شمارش آرا اتفاق افتاد. نیز واشنگتن و مسکو در 2000-1946 در انتخابات کشورهای دیگر 117 بار مداخله کردند. داو لوین 2001-1925 تخمین زد که در انتخابات یقه به یقه مداخله 2 ابرقدرت تا 3% کل رای اثر داشت.

تئوری افزایش عرضه در اقتصاد با افت کارمزد و افزایش تولید، کاهش برنامه های اجتماعی دولت، کاهش مالیات برای تحریض مصرف کنندگان به خرید، کنترل شدید ذخیره ارزی فدرال بر پول و اعتبار، رفع مقرارت محاط بر مصرف، محل کار، محیط، ناموازنه صادرات و واردات، تا 150 میلیار دلار کسر بودجه سالانه، بحران بیمه و نهادها و حسابهای سپرده و بانکها.

در دهه 1970 انگلیس در مرحله گلوبالیزاسیون به اتحادیه اروپا پیوست. اکنون بخشی از سرمایه آن جدایی می خواهد. روشن است که سرمایه در تخالف کار در این کشور می کوشد از دستمزد کار بزند؛ در ضمن خلاقیت هم بکار می برد تا راههای نوین برای انباشت سرمایه بیآبد.

در دهه 1980 افزایش بودجه نظامی، صرف آن بسرعت 34 میلیون دلار/ ساعت رسید. حضور نظامی در خارج، کمک به جنبش های ضد کمونیست در گرانادا، السالوادور، نیکاراگوئه، افغانستان؛ فروش اسلحه به ایران برای آزادی گروگانهای آمریکا در لبنان و رساندن درآمد آن به کانترا در نیکاراگوئه. ریگان و خانم ثچر راس حاکمیت سرمایه داری در مرحله گلوبالیزاسیون این دهه بودند.

عدم موازنه بودجه، رکود اقتصادی، سقوط بورس سهام 1987 به بدی 1929، ولی با مکانیزمهای سیاسی، مالی، قانونی اثرات اجتماعی خفیف داشت. کسر بودجه سالانه تا 221 میلیارد دلار در یک سال شده 50% نوکسبها ورشکسته شدند. پایان جنگ 8 ساله ایران و عراق.

مردم با فشار بانکها بیخانمان شده، کشاورزان زمینها را با فشار وامدهندگان از دست دادند. کسر بودجه 8سال ریگان باندازه تمام تاریخ آمریکا شد. برخی ایالات دمکرات/ آبی جنوبی به جمهوریخواه/ سرخ تبدیل شدند. محافظه کاری، راست نو، ضدمالیات، ضد مقرارت مالی، ضد دولت بزرگ، سازماندهی سیاسی مسیحیان بشیر رشد کردند.

آمریکا در خاور میانه کنونی

در دهه 1990 فروپاشی اردوگاه، وحدت آلمان، ورود 14 هزار حبشی یهود به اسراییل، جنگ طوفان کویر/ حمله به عراق، بمب گذاری در مرکز تجارت جهان نیویورک؛ آزادی و ریاست جمهوری مندلا، پایان آپارتید، قومکشی بوسنی و رواندا، پایان جنگ سرد، شورش لس آنجلس بخاطر رادنی کینگ سیاه، لگد شدن کروری مردم در مکه، حمله آمریکا به نیکاراگوئه، بمب گذاری شهر اوکلاهما، ترور رابین در اسراییل، هنگ کنگ به چین بر گشت، انفجار بمب اتمی آزمایشی هند و پاکستان اسلامی، تولد یورو واحد پول اروپا، حمله هوایی ناتو به صربستان، ترور بینظیر بوتو در پاکستان، کشف پلاستیک بدون نفت، بهای نفت اوج گرفت، جمعیت آفریقا 1 میلیارد شد.

در دهه 2000 جشن آغاز هزاره سوم، ترکیدن حباب شرکتهای دات-کام اینترنتی، پوتین پرزیدنت شد، تصادم 3 هواپیما مسافری با برج 2قلو نیویورک و پنتاگون با 3 هزار کشته، حمله به عراق، جنگ 36روزه حزب الله لبنان و اسراییل، پیدایش خلافت داعش، جاسوسی و بمباران با پهباد، بمبهای شیمی؛ بن بست شمارش آرای انتخابات ریاست جمهوری آمریکا، رای 5 به 4 دیوان عالی بوش پسر را برنده اعلان کرد، بدترین حمله تروریست در اندونزی، اسپانیا، لندن، عراق؛ نخست وزیر زن در آلمان، آزمون بمب اتمی کره شمالی، اعدام صدام، افت اقتصاد جهان، انتخاب نخستین سیاهپوست، اوباما برای ریاست جمهوری.

در دهه 2010 خروج نیروی انگلیس از افغانستان، قتل بن لادن، بحران اقتصاد یونان، جدایی و جنگ داخلی سودان جنوبی، جمعیت زمین از 7 میلیارد گذشت، فاش اسناد ان اس ای، چین از آمریکا در پژوهش پیش افتاد، آزادی ازدواج دگرباشان در آمریکا و بریتانیا، رای "نه" برای جدایی اسکاتلند از بریتانیا و "آری" در جدایی بریتانیا از اتحادیه اروپا. در 473 حمله 2015 پهبادی در یمن، پاکستان، سومالی، لیبی منجر به قتل 100 شهروند، 2450 جهادیگر مسلح شد. این آمار شامل افغانستان، عراق، سوریه نمی شود.

فناوری هزاره 21: تلسکوپ هابل در مدار زمین، کشف کواور سیاره کوتوله منظومه شمسی، قمر سرنشین دار چین در فضا، حیات مصنوعی ساخته شد، نقشه کشی ژنهای انسان، شبیه سازی ژنتیک گوسفند، هواپیمای آفتابی، تفنگ لیزر در ارتش، قلب مصنوعی خودکار، بیومتریک اسکان برای حساب بانکی، اتوموبیل برقی 1 میلیون فروش جهانی داشت.

رشد اینترنت، بنیانگزاری ای بی حراج الکترونیک، ترس از تغییر تقویم به 2000 در رایانه ها، اشاعه ویروس رایانه، پی سی رایانه شخصی از سد 1 گیگاهرتز گذشت، آغاز ویکیپیدیا، آیپود اپل برای موسیقی ببازار آمد، فیسبوک، یوتیوب، تویتر، آیفون اپل، لوح کیندل آمازون، گوگل نمای خیابانی نقشه، لوح آیپاد اپل بین تلفن هوشمند و رایانه کتابی، ترجمه شفاهی در تلفن بین 2 زبان، USB3 در بازار، اتوماسیون در خرده فروشیها، http://www.futuretimeline.net/21stcentury/2010-2019.htm

البته آسانژ ویکی لیکس و اسنودن در افشای رسانه ای اسناد 2 وزارت کشور و دفاع کمک به شفاف سازی دولت کردند. حتی فاش 11.5 میلیون سند مالی شرکت پانامایی Mossack Fonseca در حسابهای سپرده ورای قانون را هم باید نام برد. لذا امنیت ساختارهای الکترونیک هم مسئله بزرگ در امور مالی و سیاسی اند. اصولا

بیژن باران

آزادی رسانه ها و خبرنگاری تفحصی رسانه های بزرگ جهانی هم در سده ۲۱ بکمک دفاع از قانون و مردم در برابر سرمایه و قدرت مهم است.

در سده ۲۱ گلوبالیزم با رای گیری الکترونیک و شاید اینترنت امنیت رای گیری، شمارش آرا، نفوذ هکرهای خارجی به سرورهای حزب مسئله ساز شدند. حمله سایبری از روسیه به ایمیل سرور حزب دمکرات، افشای مراودات داخلی حزبی بضد خانم کلینتون هم عاطفه هواداران سندرز را جریحه دار کرد هم به ماشین تبلیغات ترامپ کمک کرد. تا جاییکه او از هکرهای روسیه در افشای بیشتر خانم کلینتون کمک خواست. به افشای مفاد محرمانه برجام توسط ۳ کشور غربی، آغشتن رایانه های غلظت اورانیوم نطنز با ویروس استانکس نت از اسراییل-آمریکا؛ شنود فله ای تمام مراودات برقی NSA را هم باید افزود.

منابع. 28/09/2018
Naunihal Singh, Seizing Power: The Strategic Logic of Military Coups. با شمارش کودتاها و Baltimore, MD, Johns Hopkins Univ Press, 2014. 264 p, مصاحبه با کودتاچیان برای تصویر کامل برد یا باخت کودتا.

کودتا یعنی تلاش موفق «نظامیان یا دیگر نخبگان حکومتی برای سرنگونی دولت وقت از راه‌های غیرقانونی». ممکن است که غیرنظامیان از کودتا حمایت کنند، اما کودتا در اصل ابزاری است که تنها نیروهای نظامی، امنیتی، و پلیس به آن دسترس دارند. در دوران جنگ سرد، ۶۸ درصد از کودتاهای موفق به تغییر رژیم انجامید، در حالی که این رقم پس از سال ۱۹۹۰ به ۹۰ درصد افزایش یافته است. بقیه‌ی کودتاها تنها جابه‌جایی رهبران را در پی داشته است. هرچند تناوب کودتاهای دموکراتیک‌کننده افزایش یافته، رایج‌ترین پیامد کودتا همچنان عبارت است از جایگزینی نظام دیکتاتوری قدیمی با نظام دیکتاتوری جدید.

حداقل نیمی از کودتاها ۵۶ % در دوران جنگ سرد و ۵۰ % از ۱۹۹۰ تا ۲۰۱۵ – حکومت‌های اقتدارگرای جدیدی را تأسیس کردند. برای مثال، کودتاهای ۱۹۹۹ و ۲۰۱۰ نیجر دموکراسی را به ارمغان آورد. اما کودتاهای ۱۹۷۴ و ۱۹۹۶ به تأسیس ۲نظام دیکتاتوری جدیدی در این کشور انجامید. آمار نشان می‌دهد که، هم در دوران جنگ سرد هم پس از آن، اغلب کودتاها به ایجاد نظام‌های دیکتاتوری جدید انجامیده است. از نظر آماری، رابطه‌ی معناداری میان کودتا و دموکراتیزاسیون وجود ندارد. اما پیوند میان کودتا و تأسیس نظام دیکتاتوریِ جدید محکم است. http://aasoo.org/articles/170/ آیا کودتا برای دموکراسی مفید است؟

گلوبالیزاسیون مرحله فعلی سرمایه داری

از ۱۹۷۵ تا ۲۰۱۵ سرمایه داری به مرحله گلوبالیزاسیون/ جهانیگرایی یعنی بسط تجارت مسالمت آمیز و فنآوری دیجیتال در آمریکا ارتقاء یافته؛ لذا عالیترین مرحله سرمایه داری امپریالیسم یعنی انحصارات و تضادهای آشتی ناپذیر برای تقسیم جهان سده ۲۰ را پشت سر گذاشت. پس از ج ج ۲ آمریکا قدرت اول نظامی، مالی، فنی جهان شد. اکنون رشد اقتصادی آمریکا بطئی شده؛ مالیگرایی بر سرمایه صنعتی و بانکی غلبه کرده است. خصیصه های گلوبالیزاسیون در غرب با سلطه آمریکا اینهایند:

عبرت از تخریب ناشی از تضاد ج ج 2، ترس از کمونیسم تا فروپاشی اردوگاه، سلطه مالیگرایی بر صنعت، سروری سرمایه مالی آمریکا، فرامرزی شرکتهای سهامی عام چندملیتی مالی و صنعتی، رشد فنآوری دیجیتال، تحکیم سازمان ملل، گسترش مراودات سیاسی، تجاری، دیپلماتیک، قوانین بین المللی، انتگراسیون/ تجمیع مراودات بانکی با شبکه سویفت، تحکیم دادگاههای مالی نیویورک و بروکسل بضد دول یاغی و شرکتهای خاطی قوانین آمریکا، پیدایش بهشتهای مالیاتی فراساحلی، هجوم بیکاران عاصی از کشورهای جنوبی/ خاورمیانه.

آمریکا این ابزار کنترل مراودات مالی جهانی را دارد: خزانه داری فدرال، بانک جهانی، صندوق مالی بین المللی، سامانه های هوایی و دریایی، سیستمهای عامل، رمزگذاری، برنامه های رایانه ای، نرمافزارها، ماهواره ها، کابلهای فیبر نوری، دگلهای موج میکرو، شبکه بانکی سویفت در بروکسل، شنود فله ای مراودات الکترونیک مالی،صوتی، متنی، تصویری بوسیله آژانس امنیت ملی NSA، برنامه های پرواز فرودگاهها، امور روادید مرزی.

گلوبالیزاسیون گسترش سرمایه مالی جهان، تلفیق با فنآوری دیجیتال، ایجاد قراردادهای تجاری، پیدایش سازمان تجارت جهانی WTO، ارتباطات همزمان مراکز بورس عمده جهان از جمله نیویورک، لندن، توکیو، هنگ کنگ می باشد. نیز با تقلیل تضادهای بین دول امپریالیست و همزیستی مسالمت آمیز با اردوگاه پیشین، سرعت و گسترش وسایل نقلیه هوایی، رشد خدمات و صنایع مصرفی همراه بود. پس از ج ج 2 آمریکا امپریالیسم مسلط بر جهان با ترس از اردوگاه و چین توده ای- جنگهای کره و ویتنام و ایجاد کمربند سبز دینداران بدور شوروی را ادامه داد.

سرمایه مالی در آمریکا بسیار پرسود است؛ یک زیر مجموعه آن، صندوقهای پوششی تا 20% درآمد دارند. بیشترین درآمد 2015 را 25 صندوق پوششی- رویهم 13 میلیارد دلار- ساختند. جیم سیمونز از رنسانس تکنولوژیز 1.7 میلیارد دلار ساخت، در 15 سال او 23.5 میلیارد دلار ساخت. در شرکت او ریاضیدانها، منجمان، فیزیکدانها مدلهای ریاضی- رایانه ای را برای امور مالی و سهام ساخته؛ بمرور آنها بهتر و بهتر پیش بینی می کنند.

الوین تافلر 2016-1928 آینده پژوه آمریکایی گذار از جامعه صنعتی مرحله تولید کالا پس از ج ج 2 بسوی عصر اطلاعات دهه 1970 با سلطه ابزار دیجیتال در حوزه اقتصادی و اجتماعی را پیش بینی کرد. او در کتاب موج سوم، 3 انقلاب کشاورزی باستان، صنعتی مدرن، فراصنعتی دهه 1950 ببعد را بررسی کرد؛ در کتاب شوک آینده نوشت: در عصر فنآوری دیجیتال زندگی اجتماعی شتابان شده؛ با شهرنشینی، همسایگان ناآشنا – استرس و ترس در روان افراد بیشتر می شوند.

برای ایجاد بحران اقتصادی یا رشد شدید ناگهانی وجود نوعی شوک خارجی لازم است؛ چه افزایش شدید قیمت نفت، چه وقوع جنگ، و چه اختراع اینترنت. مینسکی با این نظر مخالف بود. او معتقد بود که سیستم می‌تواند به خودی خود و با دینامیک داخلی‌اش شوک ایجاد کند. به باور او، در دوره‌های ثبات اقتصاد، بانک‌ها، شرکت‌ها و دیگر کارگزاران اقتصادی آسان‌گیر می‌شوند. آنها فرض می‌کنند که روزهای خوش

همواره ادامه دارند؛ در پی کسب سود بالاتر، بیشتر خطر می‌کنند. به این ترتیب بذر بحران بعدی در همان روزهای خوش کاشته می‌شود.

هایمن مینسکی، اقتصاددان آمریکایی 1919- ۱۹۹۶ راز بی‌ثباتی و بحران مالی را پیدا کرد. او با تجربه دوره رکود بزرگ 1929 به این 5 اصل رسید: ثبات عامل بی‌ثباتی است؛ سه مرحله بدهی؛ لحظه مینسکی؛ علم امور مالی/ فاینانس مهم است؛ ترجیح واژه‌های زبانی به مدل‌های ریاضی.
http://www.bbc.com/persian/business/2014/05/140504_an_financial_crash_crisis_secrets

بارن و سوییزی به امر فناوری و توان آن در تغییر ذات سرمایه داری و جامعه پرداختند، امری که از اقتصاددانان چپ، راست و میانه پوشیده ماند بود. آنها فناوری انقلابی ماشین بخار، برق، اتوموبیل را بررسی کرده که بنیان گسترش سرمایه داری برای نسلها را ساخته؛ دنیا را دگرگون کرد. در ۱۹۷۵ سوییزی ایالات متحده را در میانه ی یک "انقلابِ علمی- صنعتی" تمام عیار ارزیابی نمود که معلولِ تأثیر همزمانِ گسترش کورپوراسیونها در مسیر تحقیقات هدفدار و خیزشِ میلیتاریسم مداوم دهه ۱۹۴۰ بود.

با بررسی تاریخ اقتصاد و گسترش فنآوری دیجیتال، سوییزی اختراع کامپیوتر شخصی و تسریع ارتباطاتَ را انقلابِ فنآوری نامید. ادغام سرمایه و فنآوری و نفوذ در حاکمیت به رشد مالیگرایی و جهانیگرایی منجر شد که چون پیدایش ماشین بخار دورانساز است. او نوشت: "30 سال بعد را در نظر بگیرید، تغییر اجتماع، آنچنانکه از شواهد فنآوری جدید بر می آید، آنگاه دیدنی بوده؛ نشانه های این انقلابِ فنآوری را در دستان همه خواهید دید." http://www.akhbar-rooz.com/article.jsp?essayId=73096

از 40 سال پیش گلوبالیزاسیون از ساختار اقتصاد جهانی رشد کرده که ویژگیهای خود را دارد: سیطره نظامی، مالی، فنی آمریکای شمالی در جهان، انتقال تولید صنعتی از آمریکا و انگلیس به بریکز، ارتباطات برخط/ زنده مراکز بورس سهام بویژه نیویورک، لندن، توکیو، هنگ کنگ. در این مراکز وجوه عظیمی ظرف نانو ثانیه منتقل می شوند. نانو برابر 10 بقوه منهای 9 بوده که از میلی ثانیه و میکرو ثانیه کوچکتر است. آمریکا با شنود تمام مراودات مالی، مخابرات، ارتباطات الکترونیک زمین با فنآوری دیجیتال در امور ماهواره ای، رایانه ای، غربال حجم غولین و حفاری داده ها، الگویابی مسلط می باشد.

شاخص ثروت با تولید ناخالص ملی/ داخلی هر کشور تعیین می‌شود. هرچه تولید ناخالص داخلی بیشتر باشد، کشور ثروتمندتر است. سنجش دیگری هم هست که ارزیابی وضع مالی و اقتصادی با میزان ثروت افراد یک کشور دقیق‌تر است. ثروتمند بودن کشورها بنا به تعداد میلیاردر آن کشور تعیین می شود. ثروت شخصی بنا بر دارایی‌ها مانند ملک، پول نقد، سود حاصل از فعالیت تجاری فرد اعلام می‌شود. در فهرست زیر 10 کشور ثروتمند جهان، با آمار و اطلاعات تا دسامبر 2015 /آذر 94 آمده اند.

ثروتمندترین کشورهای جهان بر حسب دارایی‌های کل جمعیت در 2015 بقرار زیرند. در این فهرست، آمریکا با 48 هزار و 700 میلیارد یا تریلیون دلار، اول است. دارایی سرانه آن با 150 هزار دلار رتبه 8 و انگلیس با 147 هزار دلار رتبه 9 در جهان اند. چین با دارایی شخصی 17 هزار میلیارد و 300 یا تریلیون دلار، رتبه دوم است. در 10 سال منتهی به

2015 در آمریکا میانگین رشد ثروت افراد فقط 5 % بود، این شاخص برای ثروتمندان استرالیا100% و برای کانادا 50% افزایش یافت.
http://news.gooya.com/society/archives/214003.php

گلوبالیزاسیون اقتصاد سرمایه داری جهانی بر پایه اطلاعات برخط است که آمریکا در راس مالی و فنآوری آن است. تغییرات ریشه ای دهه 1970 در پیدایش گلوبالیزاسیون در سرمایه جهانی بقرار زیرند: خلع ید/ استیضاح نیکسون، تز کسینجر برای گشایش تجارت با چین سرخ، جدایی پشتوانه طلا از دلار، حمله مصر به صحرای سینای اشغالی، عربستان با تحریم نفتی نسبت به آمریکا، فروش نفت عربستان فقط به دلار، معیار سنجش بهای نفت در بازار جهان، فروش کارخانه های آبشیرینکن و پتروشیمی و شهرسازی مدرن در کویر و کناره.

رخدادهای دیگر بقرار زیرند: کودتای صدام بضد قاسم و تولید وسایل کشتار شیمیایی خردل در عراق، پایان جنگ ویتنام، بسط فنآوری دیجیتال در جهان، انقلاب ایران با 60 هزار مستشار آمریکا که در منطقه –اردن، کویت، بحرین، امارات، عربستان، قطر، عمان – پراکنده شدند. ورود شوروی به افغانستان، قبضه قدرت چپها در یمن و افغانستان، کودتای راست شیلی، برابری جنسیتی، نیکسون از جناح نفتی- نظامی در حاکمیت آمریکا بود. شاید استیضاح او نقطه عطف بیرونی روندهای در حال نضج آمریکا بود. جان پرکینز https://www.youtube.com/watch?v=y-a6jzU0YgQ

فروپاشی اردوگاه منجر به حذف شرق در حمایت از دولتهای استبدادی باثبات در یوگسلاوی، افغانستان، عراق، سوریه، لیبی، یمن شد. پس از فروپاشی، بنیانگرایی مسلح اسلامی، خصومت فرقه گرایی دینی، مهاجرت میلیونها جنگزده، بیکار، فرار از پاکسازی قومی به غرب رخ دادند. موج پناهجویان و مهاجران از مناطق جنگی و فقیر به اروپا بیسابقه بود؛ اتحادیه اروپا را با مسئله تروریسم و پناهجویان روبرو کرد. عود کردن تضادهای گرایشات ضد مدرنیسم عثمانی ترکیه، وهابی عربستان، شیعی ایران- در سوریه تقاطع کرده؛ خاور میانه را بیثبات کرد.

فرهنگ سوسیالیستی شوروی و اروپای شرقی پس از فروپاشی Faspad به روسی، دستگاه امنیت داخلی تبخیر شد. نهادهای مدنی مدرن چون کارگری، صنفی، جوانان، زنان در دهه 1980 وجود نداشت؛ قانونمداری هم ساخته نشده. لذا در دهه 1990 زندگی سرمایه داری خصوصی الیگارشی مافیایی نه لیبرال دمکراسی با آموزش سوسیالیستی بی تناقض بود. در 19 دسامبر 2010 جوانان به میدان سرخ رفتند تا بضد انتخابات قلابی تظاهرات کنند. برخی را پلیس با فحاشی و کتک به زندان انداخت.

دمکراسی سرمایه داری از دهه 1990 شلوار جینز، فروشگاههای پر از محصول، آزادی سفر معنی داد. یک کشور بزرگ قوی به کشور غارتگران و خرده پاها تبدیل شد. همانطور که گذار از یک کشور امپریالیست به سوسیالیست پس از انقلاب اکتبر سکته کرد؛ گذار از سرمایه داری دولتی به خصوصی هم پس از 1991 به الیگارشی مافیایی و نه لیبرال دمکراسی سکته کرد.

با پاشیدن اردوگاه، افراطی گرایی راست، ضدقومیتها، خشونت در یوگسلاوی، چچن، گرجستان، آذربایجان/ قره داغ، اوکراین تبلور یافتند. پس روبنا– هنر، ورزش، شعار برابری- با شیوه های امنیتی اعمال شد؛ ولی مانا نبود. در اردوگاه ظرف چند سال

بیژن باران

بدون مقاومت کارگران و جوانان زیربنای سرمایه داری دولتی به خصوصی مافیایی/ الیگارشی دگرگون شد. سوتلانا الکسیویچ- زمان دست دوم، صاحب نوبل ادبیات 2015.

از دهه 1980 تا کنون طبقات متوسط بالا و متوسط کشورهای فقیر آسیا و لایه 1% فوقانی جهانی خرسند از افزایش ثروتشان اند. وضع نسبی طبقات متوسط و فقیر کشورهای پیشرفته بدتر شد. نیز نابرابری اقتصادی در جهان سوم و آمریکا افزایش یافت. آیا بهبود طبقه متوسط جهان سوم – چین، ویتنام، تایلند، هند- به هزینه کاهش درآمد طبقه متوسط کشورهای پیشرفته است؟ جهان اول و دوم آمریکا و اتحادیه اروپا یند. تا کی این گرایش رشد در برخی کشورها، فقیرشدن طبقه متوسط آمریکا و برخی کشورهای پیشرفته ادامه خواهد یافت؟ آیا این 2 گرایش با روندهای گوناگون با هم ربط دارند؟

واردات ارزان از آسیای شرقی وسع خرید در آمریکا را افزایش می دهد. کاهش بهای دارو بوسیله برخی دول به کاهش پژوهش شرکت های دارویی آمریکایی می انجامد. در دهه 2010 چین و هند قیمت دارو را تا 30% پایین آورده؛ تا هزینه مداوا پایین آید. ولی شرکت دارویی Pfizer با عدم سود در برخی داروها مانند آنتی بیوتیک 30 سال است که نوع جدید را تحقیق نکرده و نساخته؛ لذا امراض عفونی باکتری تا 2050 خطر مهلکی برای بشر می شوند. نیز مصرف آنتی بیوتیک در جانوران کشاورزی مصونیت انسان گوشتخوار را پایین آورد؛ او را در معرض امراض عفونی، بیدفاع می کند. https://hbr.org/2016/05/why-the-global-1-and-the-asian-middle-class-have-gained-the-most-from-globalization

در دهه 2010، با گسترش شرکتهای چندملیتی جهانی، رسانه های ماهواره ای، نقش رسانه ها برای مراودات مالی و ارتقای اطلاعات عمومی درخشانتر شد- با سهیم بودن 1 میلیارد انسان در فرهنگ های بومی و جهانی اینترنت، زمین به "ده کوچک" استعاره شد. لذا مراکز بورس سهام، واسطه های مالی، دلالان با 14% جمعیت زمین امکان پذیر است. در سده 21 ساختار دیجیتال رسانه، ارتباطات همراه، مخابرات سریع – مراودات با تاریخ و دیگران برای هر فرد، هر جا، هر زمان امکان یافته؛ فرهنگ گذشته به زبانهای گوناگون، تصویری، متنی، صوتی دسترس پذیر شده است.

آمریکا آخرین بحران اقتصادی را پشت سر گذاشت. ظرف 5 سال گذشته اشتغال در 5 حوزه اقتصادی از 138 میلیون در 2007 به 129 میلیون در 2010 کاهش یافته؛ اکنون به 136 میلیون شاغل رسیده. 5 حوزه اشتغال آمریکا در 2013 بقرار زیرند: ساختمانی 6 میلیون، کارخانجات 12 میلیون، تفریحات/ مهمانسرایی 14 میلیون، مغازه داری/ تجارت مصرفی 15 میلیون، خدمات تجاری / حرفه ای 18 میلیون، خدمات بهداشتی/ آموزشی 21 میلیون. توجه شود تولید صنعتی/ کارخانجات + ساختمان یعنی 18 میلیون شغل تنها یک یک پنجم کل اشتغال 68 میلیونی بوده؛ 50 میلیون هم در امور دفتری کانتی، شهری، فدرال دولتی و دفاع اند. در قدرت اول اقتصاد جهان خدمان/ یقه سفیدها از کارگران صنعتی/ یقه آبیها بیشترند. وپ 070613

حاکمیت در سده 21 آمریکا 2جناح عمده داشته که با انتخابات مسالمت آمیز رقابت می کنند: نفتی- نظامی و سرمایه مالی. اولی در حال افول و دومی در حال غلبه است. جناح مالی با بسط تجارت، جذب سرمایه خارجی، تشکیل مراکز مالی فراساحلی مانند حوزه دریای کارایب، گسترش ابرفنآوری دیجیتال اولویت می یابد. در

بخش سوخت منابع سبز مانند خورشید، باد، امواج دریا، گاز، بهینگی روند تولید نفت- جناح نفتی- نظامی را تضعیف کردند.

این جناح ماشین جنگی را باید با افزایش بودجه بوروکراسی پنتاگون مانند 15 وزراتخانه دیگر، با ایجاد تضادهای قهری، خوف از "دشمن" توجیه کند. این "دشمن" در سده 20 اردوگاه بود؛ در سده 21 تروریسم است. برای تفنگ نیاز به هدف است. در حالیکه باید "دشمن" فقر، بیکاری، مرض در جهان باشد. با هزینه 2تریلیون دلار در جنگ افغانستان و عراق و سوریه، آمریکا می توانست به پروژه های عمرانی پرداخته؛ جوانان را بکار جذب کرده؛ تا آنها به دام بنیانگرایان جهادی نیافتند. ولی این هزینه هنگفت صنایع جنگی را فربه کرد.

در خاور میانه عامل ذهنی-فرهنگی امپریال به حاکمیت روسیه تزاری، ترکیه عثمانی، ایران هخامنشی شباهت داشته که برخی نخبگان در سده 21 آرزوی سیطره گذشته را دارند. در گلوبالیزاسیون حقوق بشر کارتر و "دمکراسی" بوش پسر برای برخی کشورهای خاورمیانه تجویز شدند. جنگهای پس از 11 سپتامبر 2001 تقاطع 2جناح جنگی و جمهور آمریکا در خاور میانه بود. آمریکای کنونی جمهور گلوبالیزاسیون را با امپریال/ سیطره نظامی می آمیزد. وجه غیررسمی امپریال با حضور اقتصادی بوسیله شرکتهای چند ملیتی است.

واکنش خاورمیانه با جنگهای فرقه ای، داخلی، بنیانگرا اگرچه قدرت دولتهای افغانستان، پاکستان، عراق، سوریه، یمن، لیبی کاهش یافته ولی جنگ و موج پناهجو ادامه دارد. دیگر این که در نظریه فوق در مورد سرمایه داری، بحران ساختاری آن را باید ملحوظ داشته؛ کند شدن تولید چین، آمریکا، انگلیس، افت بهای نفت مسایل دیگرند. باید گفت: سرمایه داری نمی تواند همه را از فقر رهایی بخشد. لذا گلوبالیزاسیون از فقرزدایی عاجز است؛ ولی به گسترش طبقه متوسط کشورهای در حال پیشرفت مانند چین و هند کمک می کند. جمعیت فقیر و بزرگ جهان 4 میلیارد نفر با $10 روزانه یا کمتر بهر نفر بوده؛ معمولا خرید اجناس برای آنها گرانتر با کیفیت نازلتر است. ص2 گزارش 2014

در این سده آمریکا 2وجه جمهور پویای نوآور و امپریال نظامیگر خشن دارد. برخی از سیاسیون جهان باور دارند که قدرت امپریال آمریکا رو به زوال است. شاید نقطه عطف این زوال از شکست در جنگ هندوچین 1975 آغاز شد؛ تا به ناکامی در افغانستان، عراق، لیبی، سوریه کشیده شد. این افول قدرت نظامی را از 2011 می توان دید:

پیدایش و عدم تسلیم زیر بمباران هوایی داعش، بی اعتنایی روسیه به توقعات آمریکا در اوکراین و سوریه، جزیره سازی نظامی چین در دریای جنوبشرقی، بی اعتنایی عربستان به توافقنامه هسته ای با ایران، کم محلی ترکیه در دادن حق پرواز از پایگاه اینجرلیک و خشونت به کردهای متحد آمریکا، گسترش داعش به افغانستان و لیبی، وحشیگری بوکو حرام نیجریه، رشد القاعده در یمن و سوریه، خشونت طالبان در پاکستان و افغانستان.

دو جناح امپریال و جمهور/ گلوبال بطور مسالمت آمیز در حاکمیت آمریکا می باشند. برخی محققان امپریال را سلطه/ هژمونی رسمی خارجی بر یک کشور یا راس امور سیاسی، اقتصادی، فرهنگی دیگران تعریف می کنند. گاهی هم یکی در سیاست

خارجی غالب شده؛ خط امپریال ریگان و بوش با حمله به گرانادا و عراق در مقابل مشی کلینتون و اوباما با کنشهای هوایی در سومالی، یمن، افغانستان، یوگسلاوی، لیبی، سوریه از جناح گلوبالیزاسیون آمد. لذا تداوم حکومت با آغاز تاریخی استقلال از استعمار انگلیس، میراث فرهنگی چون مارک تواین، تغییرات اجتماعی چون جنبش حقوق مدنی لوتر کینگ، نوسانات اوضاع جهانی با انتخابات تضمین می شود.

مقولات پراکنده بالا را می توان در یک کشور با آمار مرتب مانند آمریکا در رابطه قرار داد. زیربنا طبقات مردم است بقرار زیر: 1% حاکمه، 47% طبقه متوسط و مرفه و 32% طبقه کارگر، 20% طبقه فرودست. روبنا دولت با 3 قوه مجریه، مقننه، قضاییه است؛ بودجه دولت را پرزیدنت هر سال تهیه کرده؛ به کنگره برای تصویب می دهد. درآمد دولت از مالیاتهای بر درآمد مردم و شرکتها، رهن دادن مراتع و معادن دولتی، مالیات بر تجارت با کشورهای خارج جمع می شود. تولید ناخالص ملی GDPشامل محصولات و خدمات داخل یک کشور است.

قوه مجریه زیر مجموعه های کمیسیون، آژانس، اداره را هم دارد. دولت در تنظیم امور شرکتها، نهادها، وزراتخانه ها شماری کمیسیون مانند مراوده اوراق بهادار SEC و نظارت هسته ای NRC، آژانس مانند حفاظت محیط EPA و اطلاعات مرکزی CIA، اداره مانند اداره روابط کار OLR، ملی هوانوردی و فضایی NASA و اداره فدرال دارو FDA دارد. دولت فدرال 9000 ساختمان برای کارمندانش در سراسر کشور دارد.

حاکمیت عموما از ثروتمندان و وکلایند که سهام در شرکتها و مستغلات داشته؛ از دانشگاههای برج عاج فارغ التحصیل شده اند. این دانشگاهها موقوفات، مستغلات، ارواق بهادار، ارثهای کلان از فارغ التحصیلان ثروتمند را صاحب اند. لابی ها، احزاب، NGO ها، مردم- هزینه انتخابات نامزدها را داده؛ آنها رابطهای بین دولت و نهادهای انتفاعی و اجتماعی اند. اکثر سناتورها و وکلای مجلس میلیونر بوده؛ بخشی از ثروت شان سهام شرکتهای تسلیحاتی بوده؛ لذا قوانین در حمایت از این شرکتها می باشند. http://georgewbush-whitehouse.archives.gov/government/independent-agencies.html

ایده الوژی بر داوری فرد حاکم است. دیوان عالی قضایی آمریکا 9 قاضی دارد: 4 تا لیبرال، 4 تا محافظه کار راست، 1 میانه بین 2 دیدگاه سیاسی. آنها بنا به قانون، نظرات وکلای مدافع 2گانه مخالف/ موافق هر مورد قضایی رای می دهند. در 2015 رای دادگاه 5 به 4 برای حق ازدواج برای همه، سوای جنسیت، بود. این رای بنا به ایده الوژی هر قاضی بود نه قانون واحد آمریکا. در 2016 برای بخشی از ACA = قانون بیمه درمانی دولتی 6 به 3 بنفع اوباما برای بیمه درمانی با یارانه دولتی به مستحقان رای دادند.

در هر 2 مورد، محافظه کاران مخالف پیشرفت جامعه بوده؛ طرفدار حفظ وضع موجود اند. یکی از قضات عالی محافظه کار فوت شد؛ لذا تصمیم شورای عالی اگر 4 به 4 باشد؛ رای دادگاه فدرال پیشین صائب است. هرم قضایی فدرال در راس دیوان عالی، لایه میانی با 13 شعبه/ منطقه و لایه تحتانی با 94 ناحیه با 3 دادگاه ورشکستگی، تجارت بین المللی، ادعاهای فدرال را دارد.

موضعگیری کاندیدای حزبی بر اساس برنامه حزب، مقامات ارشد/ سنت حزب، نظرسنجی/ افکار عمومی، نظرات/ آمال شخصی، برنامه سوپرپکها و لابیها است. آرای آنها را رسانه ها و شرایط اقتصادیشان شکل می دهند. 2 حزب خواهان حفظ وضع

موجود بوده؛ بخاطر لایه های مشترک در حاکمیت مواضع مشترک دارند. ولی راست افراطی پیشتاز جمهوریخواهان نظرات ضدخارجی، کاهش برنامه های امدادی دولت، زیر قراردادهای تجاری زدن دارد. در حزب دمکرات نفر دوم خواهان برنامه های کمک تحصیلی، تحکیم حقوق اقلیتها، کاهش نفوذ سرمایه مالی است.

در انتخابات نوامبر 2016 برآمدن چپ و راست مستقل از سوپرپکها و 2 حزب دمکرات و جمهوریخواه بیانگر دلخوری توده ها از حاکمیت است. اکنون 60% مردم مخالف برنامه دولت اند. جامعه به نوآوری، بازسازی، مرحله بعد سرمایه داری فعلی، یعنی مالیگرایی و جهانیگرایی، نیاز دارد. در حزب دمکرات نامزد پرزیدنت با ترکیب 4051 نمایند در انتخابات مقدماتی Primary و حضوری Caucus در 50 ایالت گزیده می شود. بعد 714 ابرنماینده superdelegate یعنی مقامات انتخابی فعلی، مقامات انتخابی اسبق، متنفذان دیگر در حزب دمکرات می توانند به هر که بخواهند رای بدهند. در واقع 718 فرد 714 رای دارند. زیرا 8 دمکرات در خارج نصف رای داشته؛ رویهم 4 رای به 714 افزوده می شوند.

منابع. 28/09/2018 وپ= واشنگتن پست.

http://ofii.org/sites/default/files/Foreign%20Direct%20Investment%20in%20the%20United%20St ates%202016%20Report.pdf
Rana Foroohar 2016 Makers and Takers: The Rise of Finance and the Fall of American Business. Amazon.com
http://www.institutionalinvestorsalpha.com/Article/3552805/The-2016-Rich-List-of-the-Worlds-Top-Earning-Hedge-Fund-Managers.html
http://unctad.org/en/PublicationsLibrary/wir2014_overview_en.pdf
خلاصه- گزارش سرمایه گذاری جهانی 2014
http://www.akhbar-rooz.com/artide.jsp?essayId=73096
دستگاه / آپارات فرهنگی سرمایه ی انحصاری – یک مقدمه.
Svetlana Alexievich 2016 Secondhand Time- The Last of the Soviets, Random House, 470 p

گلوبالیزاسیون و سرمایه گذاری مستقیم خارجی

در آغاز سده 20 صدور سرمایه به کشورهای فقیر و جنگ برای تقسیم جهان از ویژگیهای امپریالیسم بودند. در پایان سده 20 و آغاز سده 21 صدور سرمایه به کشورهای صنعتی، بویژه آمریکا، و توافقات تجاری از ویژگیهای گلوبالیزاسیون اند. سرمایه گذاری مستقیم خارجی FDI در جهان در 2013 به 2 تریلیون دلار رسید؛ در بازه زمانی 2013-2009 در آمریکا 2.8 تریلیون دلار بود؛ در 2016 به 1.5 تریلیون دلار و در 2017 به 1.7 تریلیون دلار خواهد رسید.

از ج ج 2 تا 3 دهه بعد در داخل آمریکا بخشی از تولید جنگی به مصرفی استحاله کرد؛ تولید صنعتی به گسترش طبقه متوسط برای بازار وسایل مصرفی و صدور بخارج منجر شد. در خارج گسترش نیروی نظامی به 1000 پایگاه با فرماندهی مرکزی CENTCOM در خاورمیانه نه واشنگتن و پیمانهای نظامی مانند ناتو در روی زمین انجامید. لذا زمینه ابرقدرتی و خشونت امپریالیستی برای نیم قرن تضمین شد.

ماهیت سرمایه جهانی با ماهیت امپریالیسم آغاز سده 20 متفاوت است؛ یعنی سرمایه به کشورهای فقیر صادر نمی شود. نیز خصیصه امپریالیسم با ایجاد

قراردادهای تجاری چندجانبه، سازمان ملل، منطقه ای و دادگاههای نیویورک و اتحادیه اروپا در بروکسل از بحرانها و تضادها جلوگیری می کند. بانک جهانی و صندوق پول برای خروج از بحران محلی مانند آرژانتین و یونان وام می دهد. تفاوت دیگر ادغام فناوری دیجیتال در گردش سرمایه جهانی است که مراکز بورس سهام و مالی جی 7 را با این فناوری بهم وصل زنده کرده؛ دیگر مانند گذشته از هم جدا نیستند.

حاکمیت آمریکا 2جناح نفتی- نظامی و صنعتی- مصرفی داشت که جناح نظامی منافع خود را در جنگهای کوچک، فروش اسلحه، گسترش پژوهش های علمی بخرج طبقه متوسط تامین می کرد. پنتاگون بزرگترین مصرف کننده نفت است؛ لذا در سیاست خارجی آمریکا تامین، نه تصرف منابع، نفت مهم است. چون خرید نفت در بودجه سالانه پنتاگون را مردم می پردازند. در قرن 20 سلطه جناح نفتی- نظامی در حاکمیت آمریکا کودتاهای راست در خاور میانه و آمریکای لاتین را علم کرد. منظور از آمریکا رییس جمهور، سخنگویان وزارت کشور و سنا، وزیر دفاع/ پنتاگون، رییس سیا است.

لذا جنگ عنصر غالب در مشی خارجی آمریکا از ج ج 2 تا کنون است. اکنون توان نظامی آمریکا انجام 2جنگ همزمان، بودجه ارتش آن مساوی 15 کشور صنعتی بعدی یا 40% بودجه دفاعی جهان است. آمریکا با قلمروهایش در اقیانوس آرام و دریای کاراییب 6.5% خشگی زمین و 5% جمعیت جهان را دارد.

مالیگرایی/ فایننسیلیزاسیون یعنی کنترل وال استریت بر سرمایه صنعتی است که منجر به مهاجرت صنعت از آمریکا به هند و چین شده است. این روند در سده 21 با چالشهای درونی نارضایتی طبقه متوسط روبرو شده که در آمریکا در راست ترامپ ضد خارجی و چپ ساندرز سوسیالیست دمکرات و جدایی انگلیس از اتحادیه اروپا تبلور یافت. جهانیگرایی با انتگراسیون/ تجمیع شدیدتر سرمایه های مالی جهان بویژه جذب سرمایه از مراکز تولید پول جهان می باشد. مراکز ایجاد پول در آسیای دور، خاور میانه، دریای کاراییب، اتحادیه اروپا معادله سرمایه داری جهانی را ناموزون کرده اند. صدور سرمایه، بشکل FDI سرمایه گذاری مستقیم خارجی بین اعضای جی7 رایج است.

اقتصاد کشورهای جهان 4بخش دارند: 50 ایالات متحده آمریکا، 27 عضو اتحادیه اروپا، بقیه کشورهای پیشرفته جی 7، 15 کشور گذاری مانند روسیه و چک، در حال پیشرفت مانند ترکیه و عربستان. اشکال FDI به داخل آمریکا 3گونه اند: سرمایه گذاری 2باره، درآمدهای شرکتها، بخش مستهلک/ بدون وام یک شرکت. رک گلوبالیزاسیون سده 21 آمریکا ص 3 FDI

جمع سرمایه شامل ثروت منقول صاحبان، سرمایه گذاری دوباره درآمدها، سرمایه های دیگر است. سرمایه تاثیر بسیار زیاد بر مدیریت یک بنگاه/ انترپرایز دارد که در کشور دیگر قرار دارد. سهم آمریکا از FDI جهانی بخاطر رقابت بمرور کمتر می شود؛ در 2013 آمریکا 19% از FDI به درون با افزایش 17% نسبت به 2012 جذب کرد. آمریکا در آغاز سده 21 یک/ سوم FDI جهان را داشت. اتحادیه اروپا از 31% در 2000 به 34% در 2013 رسید.

شرکتهای چند ملیتی با شعبات متعدد پراکنده در جهان اند. آنها سرمایه گذاری در درون و بیرون کشور کرده؛ که خالص آن از تفریق این 2 در یک کشور حاصل می شود. سرمایه گذاری خارجی کل درونی جهان 25.5 تریلیون دلار در 2013 بود. این شرکتها

%39 در کشورهای پیشرفته جی 7 و نیمی از آن در کشورهای در حال پیشرفت جی 20 سرمایه گذاری کرده؛ نرخ رشد سرمایه گذاری خارجی در کشورهای گذاری اکنون بیشتر شده.

در گزارش 2016 منبع زیر آمده: آیا ایالات متحده مقام اول را در جذب سرمایه خارجی خواهد داشت؟ این بستگی به گسترش اقتصاد کلان و اوضاع متغیر مالی جهان دارد. سرمایه گذاری مستقیم خارجی در این کشور در 2016 و در 2017 هر 2 بیش از 1.2 تریلیون دلار 2014 اند. بعلاوه نقدینه 4.4 تریلیون دلار از 5000 بزرگترین شرکتهای چند ملیتی در واسطه های مالی جهان رقمی بالا خواهد ماند.
http://www.ofii.org/sites/default/files/FDIUS2014.pdf

گرایش کنونی سرمایه جهانی الگوی سرمایه داری آمریکا در سرمایه نهی عمدتا در کشورهای جی 7 است. این گرایش برخلاف صدور سرمایه به کشورهای عقبافتاده در آغاز سده 20 است. اتحادیه های تجارت بین المللی، اتاق بازرگانی آمریکا، واسطه های مالی/ هولدینگ و خدمات سهام شرکتها سیر سرمایه را در جهان تعیین می کنند. سفارتخانه های کشورهای در حال پیشرفت و پیشرفته، کانالهای ارتباط بین شرکتها و نقاط سرمایه نهی اند.

مقصد 3چهارم سرمایه گذاری در جهان در 2013، نخست آمریکا، بمثابه مکه مالی نزدیک به 2 تریلیون دلار سپس اتحادیه اروپا، چین، روسیه، هنگ کنگ، برزیل بود. پس از آن، مقام 2 و3 را انگلیس %25 و هلند %12 داشتند. سپس اقیانوس آرام 500 میلیارد دلار با مقام اول و دوم سرمایه ژاپن 342 و استرالیا 45 میلیارد دلار، کانادا 238 میلیارد دلار، دریای کارائیب 80 میلیارد دلار، خاور میانه 21 میلیارد دلار با اسرائیل 9 و قطر 3 میلیارد دلار، آمریکای مرکزی و جنوبی 26 میلیارد دلار با مکزیک 18 میلیارد دلار، آفریقا 2 و بریکز 23 میلیارد دلار یا %1.5 و %14 در جهان بود. حرکت کل سرمایه بخشهای خرید کلان سهام، FDI، سرمایه گذاری درون، انتقال ثروت شخصی را در بر دارد. ص5 گزارش 2014

سرمایه گذاری سده 21 در بخشهای زیر است: صنایع ماشین سازی و ابزار برقی، عمده فروشان قطعات پالایش و حفاری، اطلاعات و مخابرات، امور مالی، مستغلات، نیرو رسانی، بانکها و بورس سهام، بنگاههای پولی و بیمه. در بازه زمانی 2013-2009، سرمایه گذاری خارجی در آمریکا رشد کرد: اروپا %40، آسیا و اقیانوس آرام %881، دریای کارائیب %62 آمریکای مرکزی و جنوبی %178، بریکز %17. در این بازه رشد مانوفاکتورینگ %78، عمده فروشی %173، خرده فروشی %67، خدمات اداری %126 بود. ص 6 گزارش 2014 منبع بالا.

سرمایه گذاری در آمریکا در 2013 در رشته های مانوفاکتورینگ/ وسایل سازی 936 میلیارد دلار، عمده فروشی 328 میلیارد دلار، خرده فروشی 60 میلیارد دلار، اطلاعات 148 میلیارد دلار، بانکها و شعبات 181 میلیارد دلار، مستغلات 50میلیارد دلار، خدمات علمی و اداری و فنی 104 میلیارد دلار، مالی و بیمه 365 میلیارد دلار، بقیه رشته ها 590 میلیارد دلار، نفت 307 میلیارد دلار بود.

مانوفاکتورینگ/ وسایل سازی یعنی کارخانه تولید اقلام بقرار زیر است: خوراک، شیمیایی/ دارویی، ماشین آلات، وسایل نقلیه، نوشابه، فرآوردهای نفتی و

ذغالسنگی، ابزار طبی. عمده فروشی بقرار زیر است: اتومبیل و قطعات، وسایل برقی، فرآورده های نفتی، ابزار و خدمات مالی و حرفه ای، دارو، خرده فروشی خوراک و نوشابه، اطلاعات نرم‌افزار و چاپگرها و مخابرات، بنگاههای پولی پس‌انداز با شعبات غیر از بانکها، مستغلات و رهن و کرایه، خدمات صنفی/ حقوق و حسابداری و تبلیغی و علمی و فنی، کانها، توانیروز و حمل و نقل، خدمات مدیریت سهام، حفاری/ خروج و فرآورده ها، تانکرهای حمل، لوله کشی، انبار نفت و گاز. منبع1 پیوست الف و ب.

شرکتهای نیسان، بنز، هاندی کره جنوبی در آمریکا برای ماشین سازی، صنایع پیشرفته، مهندسی طب، انرژی بدیل سرمایه گذاری کرده اند. آنها در برخی شهرها مانند آتلانتا، دیترویت، نیویورک، سن فرانسیسکو، واشنگتن، کلمبوس کارخانجات نوین ساخته اند. در این شهرها درآمد متوسط هم کاهش یافته است. طبقه متوسط در 2000-2014 تا 10% تقلیل یافته؛ اکنون اکثر آمریکاییان دیگر در طبقه متوسط قرار نمی گیرند- بخاطر نابرابری، افول صنعت، زوال ثبات مالی و شغلهای مزدی خانوادگی.

طبقه متوسط 2 برابر میانگین ملی درآمد خانواری دارد. برای یک خانوار 3نفره در 2014 درآمد بین 42 و 25 هزار دلار بود. تقلیل طبقه متوسط منجر به گسترش 2 طبقه فقیر و متوسط بالا شده است. این آمار نشان می دهند: در شهرهای پردرآمد طبقه متوسط بالا کوچکتر شده. WP150616

سرمایه گذاری مستقیم خارجی FDI از 2009 تا 2013 در آمریکا 2.8 تریلیون دلار یعنی 16.5 % GDP سالانه آن بود که صرف کارخانجات جدید مانند تولید تویوتا، خرج تحقیق و توسعه علمی، گسترش فنآوری و خدمات با اشتغالزایی میلیونی در آمریکا شد. تنها در 2013 با 35% رشد نسبت به 2012، شرکتهای بین المللی 236 میلیارد دلار در اقتصاد آن سرمایه گذاری کردند.

یک پدیده برآیند چند عامل است. بررسی یک پدیده می تواند یا در یک لحظه با علل، اجزاء، اعمال آن باشد؛ یا در بازه زمانی مثلا نیم قرن با رفتار، تغییرات، آغاز، پایان، اثرات آن باشد. سپس نخبگان پدیده عینی را بررسی و نامگذاری کرده؛ آنرا برای پیش بینی رفتار آتی پدیده بکار می برند.

سرمایه خارجی به افزایش قیمت مستغلات و مالکیت بناها در برخی نقاط آمریکا کمک می کند. کشورهای زیر سالانه سرمایه گذاری در آمریکا را افزایش می دهند. ژاپن با 45، انگلیس با 42، لوکزامبورگ با 26 میلیارد دلار رتبه های 1، 2، 3 را دارند. بازار مستغلات تجاری آمریکا در 12 ماه آتی از ژوئن 2016 تا 5% کاهش خواهد داد. این کاهش بخاطر تغییرات بازار عمومی، مقررات مالی سختتر، سرآمد دیون، گردش سرمایه خارجی نامطمئن می باشد. پس از بحران مالی 2008 بهای مستغلات تجاری 2برابر شد؛ در حالیکه کرایه دفتری 15% زیاد شد. پس کرایه مستغلات نسبت به بهای آن کم است.

تراستهای سرمایه گذاری مستغلات REIT در کمیسیون مبادلات سهام SEC ثبت شده؛ در بورس سهام نیویورک خرید و فروش می شود. وقتی بهای سهام مستغلات تجاری افت کند؛ بازار از خرید مستغلات به فروش آن گذار کرده؛ ارزش خالص دارایی NAV افت می کند. با افت قیمت مستغلات سود وام مسکن/ بنا نیز افت می کند.

https://www.pimco.com/insights/investment-strategies/featured-solutions/us-real-estate-a-storm-is-brewing?utm_source=twitter&utm_medium=spredfast&utm_content=real_estate&utm_campaign=pimco_insights

در 5 قاره شرکتها انباشت سرمایه کرده که بخشی در آمریکا و کشورهای پیشرفته دیگر سرمایه گذاری می شود. در جهان 1.45 تریلیون دلار FDI در 2013 یعنی 9% بیش از 2012 بود. دلار آمریکا واحد تجارت جهانی بوده؛ اداره خزانه داری فدرال اسکناس را نشر می کند. حجم دلار از 400 میلیارد دلار در 1994 به 800 میلیارد دلار در 2005 و به 3000 میلیارد دلار در 2013 رسید. نقدیه دلاری در گردش بالا/ پایین را سیستم رزرو فدرال بطور ناشناس با خرید قرضه با دادن دلار و فروش اوراق بهادار با گرفتن دلار به بانکها تعیین می کند. https://en.wikipedia.org/wiki/United_States_dollar

گذاری 15 کشور بجا مانده از شوروی مانند آذربایجان و اروپای شرقی مانند چک و لهستان اند. اقتصاد گذاری شامل اروپای شرقی، 15 جزء بجامانده از شوروی از 1% در 2000 به 4% در 2013 افزایش یافت. اقتصاد در حال رشد مانند چین 4% و برزیل 3% در 2013 به یک سوم FDI رسید. معمولا 10% سهام رای ده دست نهاد تعیین کننده FDI است. سهامدار با حق رای در انتخابات هییت مدیره شرکت دارد. اقدامات حمایتی این کشورها برای جذب سرمایه بقرار زیرند: تحکیم مقررات محیطی برای سرمایه خارجی، ادغام و خرید شرکتهای فرامرزی، تسهیلات مالیاتی. درآمد این سرمایه های خارجی عموما بازسرمایه گذاری می شود.

مجموع FDI تا 2013 در آمریکا 2.8 تریلیون دلار بود که 8 کشور خارجی 80% سرمایه گذاری کردند؛ 170 کشور دیگر 20% باقی را. اوج آن 310 میلیارد دلار در 2008 و حدود 236 میلیارد دلار در 2013 بود. در 2013 بزرگترین سرمایه گذاری خارجی در جهان آمریکا را به 7 دلیل زیر برتری داد:

1-اقتصاد آمریکا برای سرمایه گذاری باز بهترین بازار باز و امنیت سرمایه در جهان است. 2-بازار مصرفی بیهمتا دارد. 3-نظام آموزشی عالی برتر در جهان دارد. 4-نیروی کار بهینه ماهر دارد. 5-فرهنگ کسب آغازگر/ آنترپرونور نوآور و ریسک کن دارد. 6-مقررات شفاف زیستبوم دارد. 7-بزرگترین سرمایه برای کسب آغازگر/ ونچر و بازار دارایی خصوصی در جهان دارد. انگلیس مرکز جمعآوری پول جهانی است که 20% یا یک پنجم از 2.8 تریلیون دلار را رویهم تا 2013 در آمریکا سرمایه گذاری کرد. ژاپن 12%، هلند 10%، کانادا و فرانسه هرکدام 22 میلیارد دلار، سوییس، آلمان، لوکزامبورگ هر کدام 200 میلیارد دلار. ص3 گزارش 2014

خارج از بانک مرکزی، نرخ تبدیل ارز را بازار تعیین می کند. پورتوفولیو/ لیست مرکب سهام بمعنی سهام خریداری شده یا اوراق بهادار مربوط به شرکتهای فعال در خارج بدون داشتن کنترل بر آنها است. سرمایه گذاری مستقیم خارجی FDI کار مشترک چند ملیت است که پورتوفولیو نامیده می شود. این سرمایه گذاری در کارخانه اثری ندارد. زیرا کارگر روزانه به همان جا رفته؛ ولی بخشی از ارزش اضافی به خارج می رود.

اگر نرخ رشد در بازار بورس جی7 زیاد باشد؛ این خود برای سرمایه گذاری با خرید اهرمی یا ادغامی شرکتها انگیزه می شود. البته این مدل کسبهای خرده، خرید

اهرمی، حراج در کشورهای جی 7 هم وجود داشته؛ تصاحب آنها به انباشت سرمایه و مالیگرایی جهانی کمک می کند. پس سرمایه جهانی با سلطه آمریکا در جی 7 مانده؛ سرمایه به کشورهای جنوبی نمی رود.

هر سال در آمریکا چند 100 هزار کسب جدید پیدا شده؛ نیمی از آنها ورشکسته می شوند. لذا شرکتهای کوسه/ شرخر، در خرید اهرمی و حراج کسبهای ضایع شده ؛ آنها را ارزان می خرند. آنها این شرکتها را اوراق کرده؛ اجزاء را می فروشند. یا آنها را با مدیریت جدید، کاهش نیروی کار، وام جدید نفع رسان می کنند. در دور بعد این کسبهای سودآور فروخته می شوند. لذا برای گردش سرمایه جهانی این منبع وسیع سرمایه گذاری در آمریکا بسیار اهمیت دارد. مریل لینچ در 1993 مدیریت دارایی 500 میلیارد دلار را انجام داد که شامل کسبهای جدید هم بود.

شرکتهای واسطه هم این کسبهای ضررده یا نفعرسان آمریکایی را به سرمایه گذاران خارجی می فروشند. یک امر جذاب در باره این کسبها برای خارجیان امکانات توزیع محلی آنهاست. لذا سرمایه آمریکایی در گردش داخلی یا سرمایه خارجی هر ساله فربه تر می شود. در مرحله بعد کسبهای نافع شرکتهای عمومی ثبت شده؛ در بورس نیویورک عرضه می شوند. سهام آنها چه داخل چه خارج خریدار داشته؛ لذا بهای سهام و خود شرکت مانند مستغلات سالانه رشد می کند.

سرمایه داری در 193 کشور عضو سازمان ملل انواع و در فازهای تکاملی گوناگون آن است. همانگونه که امپریالیسم آمریکا خط استعماری انگلیس را در قرن 19 پیمود؛ سپس خود بخاطر حجم عظیمتر سرمایه، پیروزی در ج ج 2، نوآوری صنعتی به مرحله جهانیگرایی در دهه 1970 رسید. آمریکا 2 شاخه تجاری آتلانتیک اروپا و پاسیفیک آسیا دارد. پس از ج ج 2 آمریکا برنامه مارشال را به قیمت امروزی 130 میلیارد دلار در کشورهای دوست نه دشمن سرمایه گذاری کرد. ژوئیه 2016 نشریه اقتصاددان
http://www.economist.com/news/

آمریکا با 50 ایالت نخستین مقصد FDI در جهان است؛ در 2009 بالغ بر 134.7 و در 2010 بالغ بر 194.5 میلیارد دلار یعنی 44% بیشتر شده بود. هر ایالت سالانه چند 10 میلیون دلار سرمایه آغازگر venture capital در پروژه های درونی صرف کرده؛ تسهیلات مالیاتی و وام با سود ارزان داده، لابی/ تبلیغ بین مدیران شرکتهای خارجی برای جذب سرمایه خارجی می کند. صدور پول از بانک، نه دولت، برای خرید اقلامی چون سهم در یک کارخانه، پورتوفولیو/ اسناد بهادار، مستغلات در آمریکا FDI می باشد.

یک از متصرفات آمریکا در دریای کارائیب جزیره پورتوریکو با 3.5 میلیون نفر است. این جزیره 115 میلیارد دلار بدهی دارد که 72 میلیارد دلار قرضه/ باند و 43 میلیارد دلار تامین اجتماعی یعنی تعهد بدون پشتوانه است. در این جزیره افراد 16سال به بالا 54% بیکارند؛ 45% زیر خط فقرند- البته کوپن غذایی، کمک خرج، مسکن ارزان هم دولت به آنها می دهد. دولت محلی نتوانست 2 میلیارد ربح بدهی خود را سر موعد بپردازد. امور بانکی از 101 میلیارد دلار در 2007 به 44% یعنی 57 میلیارد دلار در 2015 افت کرد. WP030716

چین در مرحله ماقبل مالیگرایی فعلی آمریکاست. این کشور با رشد اقتصادی مدام و انباشت سرمایه- سرمایه گذاری عمرانی در جهان دارد. آیا بورس هنگ کنگ با تمرکز

مالی مانند وال استریت نیویورک اقتصاد سرمایه داری چین را بسوی مالیگرایی نوع آمریکا سوق خواهد داد؟ البته نقش تک حزبی نیز باید مد نظر باشد. رشد GDP، بسط تجارت جهانی، انباشت سرمایه مالی، تداخل فناوری دیجیتال در اقتصاد در شرق تا 2050 منجر به کدامیک از 3 گزینه زیر خواهد شد؟

بدیلها بقرار زیرند: سلطه سرمایه مالی مانند گلوبالیزاسیون آمریکا، اصلاحات اجتماعی مانند بلوک اسکاندیناوی، مدل اقتصادی نوین در چین و ویتنام با فرمانروایی تک حزبی ولی رفرم برای رعایت حقوق بشر و ایمنی کارگر. این رفرم با پذیرش سرمایه داری خصوصی چون هنگ کنگ ضروریست. آیا گلوبالیزاسیون مدل آمریکا برای دیگر اعضای جی 7 مانند انگلیس تکرار می شود؟ آیا طبقه متوسط تقلیل یافته؛ سپرده های مردم به شرکتهای اقماری و زیر مجموعه بانکها به گسترش سرمایه مالی می انجامد؟

بیش از نیمی از FDI را کشورهای سازمان همکاری و توسعه اقتصادی OECD با 34 کشور عضو چون آمریکا، استرالیا، انگلیس سرمایه گذاری می کنند. آنها خرید شرکت دیگر را گاهی با ادغام فرامرزی 2شرکت و خریدهای اهرمی انجام می دهند. با گردش فعلی FDI، سهم سهام FDI به 13% در جی 7 و جی 20 خواهد رسید؛ یعنی سرمایه نهی غرب در غرب است. ولی چین سرمایه پراکنده چینیها را در کشور های در حال پیشرفت 3قاره در پروژه های توسعه و آبادانی بکار می برد.

چین 900 پروژه عمرانی از جنوب آسیا و خاور میانه تا اروپا بهزینه 890 میلیارد دلار بنام جاده ابریشم زمینی و اوبور دریایی را در سند سرمایه گذاری دارد. این پروژه ها ابعاد عملیاتی دارند: گسترش بارانداز پیرایس یونان؛ نیروگاه اتمی، لوله گاز، راه آهن، معدن ذغال، بارانداز کراچی پاکستان؛ راهسازی در تاجیکستان و ازبکستان؛ قطار 3هزار کیلومتری از کونمینگ به سنگاپور برای صادرات فولاد و سیمان.

امسال 60 کشور در پکن برای اجلاس AIIB جمع شده؛ تا امور مالی بهزینه 890 میلیارد دلار برای پروژه های فوق را تامین کنند. چین گفت تا 4 تریلیون دلار برای جاده زمینی ابریشم و دریایی OBOR بین چین و اروپا سرمایه کنار گذاشته است. اکنون چین راه ابریشم باستان را با آسیا و اروپا به روز کرده؛ محصولات را با زیرساختهای رابط به خارج انتقال می دهد.

یک دلیل گسترش زیرساخت به کشورهای دور، این است: آلاینده های صنعتی در چین به حال اشباع رسیده و نفس گیر شده اند. چین جامعه نسبتا مرفه تا 2020 و جامعه قوی و ثروتمند تا 2050 خواهد شد. در FDI 2015 چین 2برابر شد؛ 44% پروژه های مهندسی با کشورهای جاده ابریشم زمینی و دریایی بود. شرکتهای دولتی هم در برنامه های آبادانی سهم دارند.

منابع. 28/09/2018
https://www.wto.org/english/res_e/statis_e/wts2016_e/WTO_Chapter_03_e.pdf
گزارش FDI 2014 در آمریکا http://www.ofii.org/sites/default/files/FDIUS2014.pdf
https://www.wto.org/english/res_e/statis_e/its2015_e/its2015_e.pdf

آمریکا 18 هزار اداره پلیس با 1 میلیون پلیس دارد. سال گذشته 150 پلیس در خدمت کشته شده؛ 1150 شهروند با 30% سیاه کشته شدند. احتمال قتل سیاه به سفید بدست پلیس 8 برابر است. سیاهان 14% جمعیت یا 46 میلیون نفر اند.

در 2014 در تجارت بین المللی ارزهای بقرار زیرند: دلار 49%، یورو 31%، لیره پوند 4.5%، و دیگر ارزها مانند چین 5%است. صادرات خارجی برای خدمات مالی 4872 میلیارد یا 5 تریلیون و برای محصولات صنعتی 19 تریلیون - رویهم 24 تریلیون دلار بود.
swift_bi_currency_evolution_infopaper_57128.pdf
اتحادیه کشورهای جنوبشرقی آسیا ASEAN
امکانات options
آژانس امنیت ملی NSA
آغازگر Startup بازخرید buyback
بانک توسعه آسیا ADB
بانک سرمایه گذاری زیرساخت آسیا AIIB
بریکز BRICS بنگاه Firm پژوهش و توسعه R&D
پورتفولیو، ریزه اوراق بهادار Portfolio
تولید ناخالص داخلی GDP در بر گیرنده ارزش مجموع کالاها و خدمات در یک کشور.
ج ج 2، جنگ جهانی2 WW2
جی 7، G20 سازمان تجارت جهانی WTO
سازمان همکاری و توسعه اقتصادی OECD
سرمایه گذاری مستقیم خارجی FDI
سرور Server شاخص Index
ضوابط، مقررات Regulations
عرضه عمومی اولیه اوراق بهادار IPO
فنآوری اطلاعات و ارتباطات ICT
کارخانه تولید اقلام مانوفاکتورینگ
کارگشا entrepreneur
کمیسیون مبادلات سهام SEC
مشارکت فراپاسیفیک TPP مین استریت Main Street
ناپایداری، جهش ناگهانی بازار volatility
نزدک Nasdaq نفتا، توافق تجارت آزاد آمریکای شمالی NAFTA
واسطه های مالی Holdings وال استریت Wall Street

سرمایه مالی در گلوبالیزاسیون

در 50 سال گذشته می توان دید که رشد سرمایه مالی و خدمات، شمار شاغلین و بازده کل دلاری را افزایش داده؛ رشد شمار شاغلین خدمات مالی منجر به رشد شاغلین خدمات ثانوی پزشگی، ساختمانی، حسابداری، حقوق، آموزشی، تفریحی، خوراک رایانه ای می شود. سرمایه مالی متحرک در جهان است- بخاطر مخابرات دور و برنامه های اینترنت. سرمایه مالی 60% جی دی پی است. آمریکا گلوبالستان سده 21م است. جی دی پی جهان 72.6 تریلیون دلار در 2012 و مال آمریکا 18 تریلیون دلار یعنی 22% جهان بود.

پس گلوبالیزاسیون در جهات زیر شکل گرفت: تمرکز ثروت در 1% جمعیت، ازدیاد خدمات/ یقه سفیدها و کاهش کارگران/ یقه آبیها، بسط ارتباطات، ایجاد قراردادهای چندجانبه تجاری، افزایش سیاحت، عدم سرمایه گذاری عمرانی، افزایش جنگ با کشور های عقبمانده و اکنون در خاور میانه. سیر سرمایه به کشورهای پیشرفته جی

7 و جی 20 با افزایش دفاتر حسابداری، صندوق های مالی، ادغام مراودات بانکی رایانه ای- خدمات را افزایش داد. روسیه مدتی در جی 8 بوده؛ ولی با تحریم بخاطر یوکراین، جدیدا همان جی 7 می باشند. در صنعت خودرو هم ورود فنآوریهای لیزر، رباتیک، رایانه، بیسیم/ موج میکرو، آلیاژ مواد جدید با افزوده ها- لایه ای از یقه سفیدها را وارد کارگران یقه آبی کرده است.

بخش کلان صندوقهای تقاعد/ تامین اجتماعی آمریکا و غرب در سرمایه مالی جهانی در کنترل آمریکا ست. سرمایه مالی سود و امنیت را الویت داده؛ از خاورمیانه بخاطر جنگها و تروریسم حذر می کند. خاور میانه با زاد و ولد بیش از متعارف جهانی، اکثریت جوان زیر 30سال، بیکاری مزمن ایده الوژی جهادیگرا- اردوی جذب تروریسم است.

بخاطر وجود غالب سرمایه مالی و امنیت در آمریکا خدمات – خوراک، دارو، گردشگری رشد کرده؛ نیز برای مستغلات-بناهای دفتری مقر شرکتهای اداری، بازارچه برای خرید اقلام مصرفی، برجهای مسکونی- جذبه ویژه برای سرمایه گذاری کم خطر دارد. نیز خرید/ فروش سهام شرکتهای فنآوری دیجیتال، مراودات اینترنت، داروسازی، مخابرت بیسیم، صندوقهای مشترک و پوششی با تجارت الکترونیک EC رخ می دهند. سرمایه گذاری در شکل مالکیت خصوصی، مشارکتی، سهام بورس است که خدمات حسابداری، مالیاتی، حقوقی را در آمریکا گسترش می هد.

در دهه 1970 آمریکا رشد سرمایه مالی به رشد خدمات/ یقه سفیدها منجر شد. در سده 21م حوزه خلیج فارس سرمایه مِلکی را ترجیح می دهد که هم در غرب هم در امارات، عربستان، کویت، قطر در مستغلات دیده می شود. یک محل عمده برای سرمایه گذاری، قروض دولت آمریکاست که بصورت قرضه ملی/ باند تضمینی با بهره کم تحقق می یابد. چین با مازاد ارزش اضافی خود طرفدار خرید آنست.

سرمایه مالی منبع بخشی از اقتصاد کاسبان در خرید اقلام برای دادن خدمات مانند خرده فروشی، مغازه ها، بانکهای رهنی برای اعتبارات خانه سازی است. در آمریکا گسترش خدمات با افزایش گردشگری درونمرزی و خارجی در 2013 نزدیک 1.5 تریلیون دلار پول و 7.8 میلیون شغل پدید آورد.

میدانهای نقت و گاز روسیه، قزاقستان، آذربایجان، عربستان، قطر در جذب سرمایه فعالند. نفاق کشورهای مسلمان مانع حفاری، لوله کشی، اسکله صدور نفت و گاز از عربستان به مصر و دریای مدیترانه می شود. کشورهای غیر جی20 با اقتصاد کوچک، مالیات درآمد کانها، وامهای خارجی- دولت و طبقه حاکم را سیر می کنند. زحمت کشان با بخور و نمیر می زیند. نمونه: تاجیکستان، ایران، بنگلادش، تا 150 عضو دیگر سازمان ملل.

گلوبالیزم به کنترل آمریکا در مراودات بانکی جهانی رسید. لذا آمریکا اغلب به تنهایی تخلفات مالی افراد، نقض قراردادها بوسیله کمپانیها، سفر و حسابهای بانکی افراد، شرکتها، یک کشور را تحریم می کند. از اینرو درافتادن یک کشور یاغی با سامانه بانکی گلوبالیزم منجر به کاهش درآمد ملی شده؛ حاکمیت مطلقه این نوع کشور درآمد را با اعضای حاکمیت خودی تقسیم کرده؛ به فقر، فحشاء، اعتیاد، اختلاس، فساد اداری، تعطیل برنامه های آبادانی، حبس روزنامه نگاران منجر می شود.

سامانه مالی آمریکا چنان خودکار شده که می تواند تمام مراودات بانکی در 193 عضو سازمان ملل را نظارت، گزارش، پیش بینی کند. از اینرو به تنهایی می تواند تخلفات مالی جهان را بررسی کرده؛ تنبه، جریمه، تحریم را مجزا از قدرت سازمان ملل انجام دهد. این را در تحریمهای کره شمالی، ایران، روسیه می توان دید. سامانه بانکی ایالات متحده با سامانه بانکی اتحادیه اروپا در مرکزی در بلژیک برای تفکیک کد SWIFT / جامعه جهانی مخابرات دور مالی مابین بانک برای مراودات بانکهای مرکزی جهان پیوند خورده است.

این سامانه می تواند مراودات بانک مرکزی کشور یاغی را مسدود کرده؛ دارایی ها، حساب جاری، وجوه فروش نفت و گاز این کشور را در جهان به بندد. چنان قوی بود که سوییس پس از دهه ها مخفی کاری، حساب بانکی متخلفان آمریکایی را به اداره خدمات درآمد داخلی/ مالیات IRS آمریکا داد. آنها ثروت خود را برای فرار از مالیات در حساب پس‌انداز سوییس می گذاشتند. http://www.ita.doc.gov/td/finance publications/U.S.%20Financial%20Services%20Industry.pdf

بانکها و بنگاههای مدیریت پساندازها در سرمایه مالی نقش عمده دارند. داراترین بانکهای آمریکا بقرار زیرند:JPMorgan Chase با 1.97، بانک آمریکا با 1.6، ولز فارگو با 1.5 تریلیون دلار دارایی. این بانکها با FDIC کمیسیون فدرال تضمین اندوخته ها پشتبانی می شوند. در آمریکا، 5 بانک فوقانی در 1970 با کل داراییهای بانکی 17% بوده؛ در 2010 کل داراییهای شان 52% بود. این آمار رشد تمرکز سرمایه مالی در بزرگترین 5 بانک را نشان می دهند. در 2010 بزرگترین 10 بانک رویهم 10 تریلیون دلار دارایی داشتند.

اکثر شرکتهای بزرگ جهان چینی و ثبت آمریکایند؛ ولی سهامداران از تمام جهانند. در لیست شرکتهای بزرگ جهان بخاطر خلاقیت کسبی از نام شرکتهای ترک، سعودی، عرب خبری نیست. در جهان 2015 بزرگترین 4 شرکت با سهام عام چینی بوده؛ بترتیب ICBC با 3.3 و بانک ساختمانی چین با 2.7 و بانک کشاورزی چین با 2.6 و بانک چین با 2.5 تریلیون دلار دارایی اند. 3تای بعدی برکشایر هاثوی با 195 بیلیون دلار درآمد سالانه، جی پی مورگان چیس با 2.6 تریلیون دارایی و اکسون موبیل با درآمد 376 بیلیون دلار آمریکایی اند؛ شماره 8 پتروچین با درآمد 333 بیلیون دلار بود.

جنرال الکتریک با دارایی 648 بیلیون دلار، ولز فارگو با 1.5 تریلیون دلار، تویوتا ژاپن با دارایی390، اپل آمریکا با دارایی 262 بیلیون دلار اند. شماره 13، 14، 15 رویال داچ هلند، گروه فولکس واگن آلمان و نهاد مالیHSBC انگلیس با 2.6 تریلیون دلار اند. شماره 16شیران، وال مارت، سامسونگ کره، سیتیگروپ، موبیل چین تا ردیف20 اند. http://www.forbes.com/global2000/list/#tab:overall

بزرگترین شرکتهای فناوری اطلاعات/ آی تی جهان الیانتز آلمان با دارایی 979 بیلیون دلار، ارتباطات ورایزون با دارایی 233 بیلیون دلار، بانک آمریکا با دارایی 2.1 تریلیون دلار، سینوپک چین با دارایی 234 بیلیون دلار، مایکروسافت با دارایی 175 بیلیون دلار اند. سهم تجارت با دیگر کشورها در اقتصاد آمریکا با 320 میلیون جمعیت 23% بوده؛ با مقایسه با 71% آلمان با 82 میلیون نفر و 45% فرانسه با 65 میلیون نفر. پس بازار داخلی آمریکا بزرگ بوده؛ تا 77% تولیدات خود را مصرف کرده؛ در حالیکه مصرفکنندگان آلمان 29% و فرانسه 55% تولید ملی را مصرف کرده؛ بقیه را صادر می کنند.

با رایانه ها، ارتباطات، برنامه ها، اینترنت خدمات دفتری/ مالی قانون، مالیات، ثبت شرکتها در ایالت شرقی دلاور، حسابداری، اشکال مدیریت سرمایه مانند مدیریت پورتفولیو/ لیست سهام، مراودات ارزی، تعرفه های مرزی، راهنمایی مالی، پژوهش، ثبت و جواز در اداره امور اختراعات، توسعه محصولات مالی نو از نوع صندوقهای پوششی و مشترک را شرکتهای خارجی از آمریکا می خرند. تولیدات مالی آمریکا در نیویورک، سان فرانسیسکو، بوستون، شیکاگو مانند "کارخانه" برای تولید محصولات خدمات مالی برای فروش به کمپانیها در خارج اند.

بازار مالی در آمریکا بزرگترین و سیالترین در جهان است. بنگاههای خدمات مالی روندهای داده ها، کارکردها، عملیات- ذات پر کار و پر هزینه دارند. با رشد صنایع در خارج مثلا در چین، خدمات مالی در سطوح ایالتی، شهری، فدرال آمریکا رشد می کند. در 2008صادرات خدمات و محصولات مالی 600 بیلیون دلار و 13% تمام خدمات صادراتی آمریکا بود. در 2011 خدمات مالی 92.5 بیلیون دلار صادر کرد. در 2014 شاغلان آن 6 میلیون نفر بوده؛ این بخش 23 بیلیون دلار مازاد درآمد داشت. در 2014 بخش مالی و بیمه 7.2% یا 1.26 تریلیون دلار GDP کشور را داشت.

اداره خدمات درآمد داخلی IRS آمریکا هرسال بالغ بر 2.4 تریلیون دلار را با برگشت مالیاتی 234 میلیون نفر حقیقی و حقوقی تنظیم الکترونیک می کند. رایانه ها، ترابری داده ها، برنامه های نظارت، قوانین مالیاتی، مچگیری خاطیان در این سامانه دیجیتال بی همتایند. بودجه 2015 آمریکا 1.8 تریلیون دلار با بخش دفاعی و متقاعدان نظامی 54 6+% بودجه و 18 GDP تریلیون دلار بود که 80% خدمات با سرمایه مالی 12 تریلیون دلار، بود.

نشریه فوربس Forbes و فورچون داده ها، تحلیلها، آمار مالی را مرتب عرضه می کنند. بخشی از خدمات، شرکتها ی حسابداری بزرگ، در 2015 با درآمد به بیلیون دلار بقرار زیرند: Deloitte $15 و PwC $11.8 و Young Ernst & $9.9 و KPMG $6.87. آنها خدمات مالی را به دولتها، کشورها، سازمان ملل، کمپانیهای خارجی صادر می کنند.

اقتصاد آمریکا 27% بازده جهان است؛ ولی سامانه الکترونیک بانکی آمریکا نظارات بر همه مراودات بانکی جهان دارد. لذا حجم مالی و نظارت مراودات تمام اعضای سازمان ملل را تحت استیلای آمریکا قرار می دهد. نهادهای مالی کمک به ورود شرکتها در بازار بورس جهان می کنند- این روند را آمریکا در کنترل دارد. سامانه مالی شانگهای چین و روسیه در حال رشد و رقابت ضعیف است.

سرمایه مالی برای صادرات کشاورزی و صنایع عمده هم مهم است. در 2012 در لیست 500کمپانی برتر جهان ماهنامه فورچون کمینه 132 شرکت آمریکایی بوده؛ تا از اختراعات، خلاقیت، رقابت، خدمات کامل مالی بهرهمند باشند. این بخش سرمایه به مصرفکننده کمک می کند تا ریسک را مدیریت، ثروت را انباشته،نیازهای مالی را برآرند.
http://selectusa.commerce.gov/industry-snapshots/financial-services-industry-united-states

در 2012 سامانه بانکی آمریکا 14.45 تریلیون دلار دارایی داشت که بزرگترین اقتصاد جهان را با تنوعات نهادهای بانکی و تمرکز اعتبارات خصوصی عرضه کرد. این بخش با رشد 23% هر فصل/ 3ماهه و بهترین درآمد را با 42.3 بیلیون دلار داشت. در آمریکا

مدیریت دارایی در عمق لایه های ریسکی و با تنوع بسته های مالی در جهان تک است؛ 55% مدیریت بازار حقوق تقاعد جهانی را انجام می دهد. کل دارایی تقاعد آمریکا 18.9 تریلیون دلار در پایان 2012 بود. رک منبع خدمات مالی بالا.

نیز بیمه و صندوق مشترک مدیران دارایی آمریکایی 39.6 تریلیون دلار دارایهای متعارف دراز- مدت یا 45% کل اینگونه صندوقها در 2012 جهان را داشت. صندوق متعارف همسنگ 298% یعنی 3برابر GDP آمریکا بود. حدود یک/ سوم همه بیمه دوباره فروخته جهان را بنگاههای آمریکایی می خرند. VC= Venture Capital سرمایه ریسکپذیر Venture - برای وام به شرکتهای نوپا در جهان، نخست در آمریکا پدید آمد. در 2012 بنگاههای فنی با ضمانت سرمایه ریسکپذیر 12 میلیون شاغل داشته؛ 3 تریلیون دلار درآمد تولید کردند. این ارقام 11% مشاغل بخش خصوصی در کمپانیهای با ضمانت VC یا 21% درآمد سالانه GDP آمریکا را ساختند. منبع بالا.

بازار خدمات مالی هم این پیش بینیها را دارد: رشد داده های عظیم بازار، انفجار پرداخت و سپرده وجوه موبایل، امنیت داده های مصرف کنندگان، تجمیع داده ها از سامانه های گوناگون، سازگاری با قوانین ایالتی، فدرال، جهانی، کنترل بدهیها، ناسیونالیزم در تقابل با گلوبالیزم، سرمایه داری دولتی، بازارهای نوظهور، امور بانکی پیران، مناسبات خریداران، چالشهای انرژی در محیط. پژوهشهایی در باره گرایشهای خدمات مالی آینده انجام می شوند:

قوانین دولتی جدید، هزینه داده های مالی، نرم افزارهای مالی، پنجره کاربری ورود به امور مالی. صندوقهای مشترک با شاخص لیپر %بازده کل، 1هفته، 4هفته، بازده تا این تاریخ آنها در روزنامه نشر می شوند. بخاطر نگرانی شهروندان دارنده سهام، در روزنامه ها فعالیتهای لیست بازارهای در حال نضج، درآمد، دارایی، طلا، جهانی، درآمد جهان، علم و فنآوری، باند با سود بالا، رشد و ارزش سرمایه بزرگ/ متوسط/ کوچک آنها داده می شوند. پسانداز اِدخار thrift کارمندان فدرال: خزانه فدرال، صندوقهای حکومتی G، ثابت F، سهام عام C، سرمایه کوچک S، بین الملل I.

صندوقهای باند/ قرضه مالیات- نده مانند آمریکایی، فیدلتی، فرانک؛ مالیات- دهنده مانند AB Eatout اند. صندوقهای بازار پول Money Market هم 2 نوع اند: مالیات دهنده مانند فیدلتی با 117، و نگارد با 111 بیلیون دلار؛ مالیات- نده مانند فیدلتی مشترک با 29، ونگارد با 17 بیلیون دلار. لیست 5000 صندوق مشترک هم با نام اختصاری، فروش، تغییر هفتگی، بازده YTD داده می شوند.

قیمت ترکیبی سهام هفتگی 2000 شرکت، پورتفولیو مبادله شده 300 شرکت مانند Alp Alerx MLP؛ S&P 500 با % افت در هفته 10 ژانویه 2016 بخاطر افت سهام نفت چین، افت قیمت نفت. آمریکا بنا به نیاز نقدینه بمرور قرضه های ملی Bond نشر می کند. دارایی / خزانه داری آمریکا دوشنبه 12 ژانویه 2016 برات های Bill موعد دار زیر را فروخت: 28 بیلیون دلار 3ماهه، 26 بیلیون دلار 6ماهه، 24 بیلیون دلار 3ساله، 21 بیلیون دلار 10 ساله، 13 بیلیون دلار 30 ساله.

ثروتمندان مقداری از نقدینه خود را برای رشد، درآمد، سرمایه گذاری در حسابهای بزرگترین صندوق مالی مانند ونگارد ادمیرال، صندوق آمریکایی، شرکت مدیریت پژوهش سرمایه، صندوق مالی آمریکایی می گذارند. فعالیت آنها روزانه در روزنامه های مهم در

1 هفته، 4 هفته، بازده تا این تاریخ YTD نشر می شود. این بنگاهها ثروتها را جمع کرده؛ با نتایج پژوهشهای مالی در سرمایه گذاری در پروژه های هتلسازی، توریزم، راسته فروشگاهها، مستغلات سهیم می شوند.

در جامعه گلوبالیست آمریکا شاغلین خدمات/ یقه سفیدها اکثریت در حال رشد بوده؛ کارگران/ یقه آبیها کاهش می یابند. لذا سندیکاها و جنبش کارگری ضعیف شده؛ اعتراضات خیابانی به تخریب زیستبوم، گرمایش جو زمین، همآیش های اقتصادی منطقه ای و جهانی بوده که به شکل اشغال وال استریت رخ می دهند. خدمات 113 میلیون نفر در 2010 داشته؛ 131 میلیون نفر در 2020 می شود. انواع خدمات اینهایند:

ورودیهای بنا، عمده/ خرده فروشی، ترابری، انبارداری، اطلاعات، مشاغل آموزشی، مالی، پزشگی، اجتماعی، دولتی فدرال، حکومت ایالتی و محلی. ورودیها= برق، کابل تلویزیون/ تلفن/ اینترنت، گاز، زباله، آب. در 2010 و 2020 شمار کارگران ساختمانی، کانها، صنعت رویهم از 17.7 میلیون به 19.5 میلیون می رسد. بازده خدمات 3 برابر در صنعت یعنی 16.2 تریلیون دلار به 5.6 تریلیون دلار است.
http://www.bls.gov/opub/mlr/2012/01/art4full.pdf

در کشورهای پیشرفته، خدمات بیش از 50% مشاغل و GDP را تولید می کند. شمار شاغلان در 1970 در صنعت 27%، در خدمات 66%؛ در 1993 صنعت 16%، در خدمات 78%؛ در 2005 صنعت/ مانوفاکتورینگ 12%، در خدمات 82% بود. از 2002 تا 2012 رشد خدمات به درصد را در زیر می توان دید؛ در 2022-2012 هم این رشد ادامه خواهد یافت: آموزش 2.4%، بهداشت 2.3%، تفریحات 1.4%، حرفه و کسب 1.2%. پس خدمات به % در کل شاغلان بیشتر خواهد شد. http://www.bls.gov
/opub/mlr/2013/article/industry-employment-and-output-projections-to-2022.htm

در سده 21م سرمایه بسوی سود و امنیت مانند نبود جنگ، قوانین دوستانه، عدم وجود قطعنامه های سازمان ملل بضد کشور مقصد می رود. امنیت با قراردادهای چندجانبه تضمین می شود. مشارکت ماورای پاسیفیک TPP با 12 عضو آمریکا، کانادا، مکزیک، استرالیا، ژاپن، ویتنام، بقیه با 40% GDP جهان بزرگترین قرارداد تجاری است.

قرارداد ت پ پ تعرفه ها را زایل کرده؛ مفاد عمده ش اینهایند: گسترش EC تجارت برقی، بیولوژیکز یعنی دارو با یاخته زنده، کشاورزی، قواعد منبع برای اعضای قرارداد، رعایت حقوق بشر و کارگر، حق مولف، شبکه خنثی برای دسترسی به اینترنت، رفع اختلافات بین سرمایه گذار و دولت، تعیین بهای ارز، ارزیابی و همآیشهای آتی.

قرارداد تجارت آزاد آمریکای شمالی، 3جانبه نافتا 1994 NAFTA بین آمریکا، کانادا، مکزیک برای رقابت با اتحادیه اروپا تصویب شد. مفاد آن برای تسهیل مبادله محصولات کشاورزی، انرژی، خودرو، خدمات مالی، بهبود زیستبوم، بیمه، دارو، زباله، خدمات، مخابرات راه دور، نساجی، ترابری اند. رک مقدمه ت پ پ.

سیر سرمایه 3 جهت دارد: 1-صدور از کشوری به کشور دیگر، 2- ورود به یک کشور، 3- رسوبی در یک کشور مانند بساز و بفروش. رسوبی را بمثابه سرمایه گذاری داخلی در زیربنای کشور می توان قلمداد کرد. در سیر سرمایه سال، مقدار، مقصد، نوع پروژه، کشور سرمایه گذار را باید رصد کرد. در گزارش سرمایه جهانی 2014 این مقولات آمده

اند. پس از افت 2012 و 9% افزایش در 2013، مقدار سرمایه گذاری مستقیم خارجی FDI در جهان بقرار زیر بود: 2013 به 1.45 تریلیون دلار، 2014 به 1.6 تریلیون دلار، 2015 به 1.7 تریلیون دلار، 2016 به 1.8 تریلیون دلار می رسد.

در 2013 مقدار به کشورهای مقصد به ترتیب کاهش ریسک به بیلیون دلار و % بقرار زیر شد: 566 یا 39% به کشورهای پیشرفته جی7، 778 یا 54% به کشورهای در حال توسعه یعنی 170عضو دیگر سازمان ملل، 108 یا 7% به اقتصاد گذاری CIS و اروپای جنوب شرقی، گرجستان. صدور یعنی سرمایه گذاری مستقیم خارجی/ سمخ FDI و ورود سرمایه برای سالهای 2011، 2012، 2013 در جدول خلاصه –گزارش سرمایه جهانی 2014 ص 3 آمده.

در اینجا سال 2013 برای چند قلم گزیده شده. ورودی و صدوری سرمایه گذاری مستقیم خارجی در جهان هر یک برابر 1.45 تریلیون دلار بود. سیر سرمایه به کشورهای توسعه یافته اتحادیه اروپا و آمریکای شمالی ورودی 566 بیلیون دلار و صدوری 857 بیلیون دلار بود. حجم 1.4 تریلیون دلار به جهان پیشرفته، بخاطر امنیت سرمایه گذاری است که ورودی 39% و صدوری 61% کل سیر سرمایه در جهان است. پس کشورهای غنی غنیتر شده؛ سیاحت و خدمات در آنها رشد بیشتر می کنند.

کشورهای در حال توسعه بقرار زیرند: قاره آفریقا، آسیا شرق و جنوب شرقی، جنوبی، غربی؛ آمریکای لاتین و دریای کارائیب، اقیانوسیه. سیر سرمایه به کشورهای در حال توسعه آفریقا با ورودی 57 بیلیون دلار و صدوری 12 بیلیون دلار، بترتیب4% و 1% بود. در آفریقا سرمایه گذاری در معادن و کشاورزی، بر زیربناهای شهری مانند کارخانه، جاده، قطار، بندر، فرودگاه اولویت دارند. سیر سرمایه به کشورهای در حال توسعه آسیا با ورودی 426بیلیون دلار و صدوری 326 بیلیون دلار، بترتیب 29.4 % و 23.1% بود. در آسیای شرقی سرمایه گذاری در بندرها، ترابری، کارخانجات، بسط بنگاههای مالی و بانکی اولویت دارد.

سیر سرمایه در کشورهای در حال توسعه آمریکای لاتین با ورودی 292 بیلیون دلار و صدوری 115 بیلیون دلار، بترتیب 20.1% و 8.1% بود. در آمریکای لاتین خدمات مهمانداری، باغات، معادن، قطعه سازی الویت دارند که ورود سرمایه 2برابر صدور آن منجر به انباشت سرمایه و پیشرفت اقتصادی می شود. برای اقیانوسیه ورودی و صدوری 4 بیلیون دلار بود که پیشرفتگی، انباشت سرمایه بومی، اشباع بازار کوچک آنها را نشان می دهد. سیر سرمایه در اقتصاد گذاری CIS، اروپای جنوبشرقی، گرجستان ورودی 108 بیلیون دلار و صدوری 99 بیلیون دلار یعنی هر کدام 7% بود. در اینجا هم گاز، نفت، اورانیوم، شرابسازی، فراورده های خوراکی مهم اند.

منابع. 28/09/2018
http://unctad.org/en/PublicationsLibrary/wir2014_overview_en.pdf
خلاصه- گزارش سرمایه گذاری جهانی 2014
مقدمه ت پ پ. http://americanactionforum.org/insights/primer-the-trans-pacific-partnership?gclid=CjwKEAiA5Ji0BRC5huTCyOTR3wISJACH4Bx4aLTgh0Mcj2N8-XtF-8FSYt4H8j1bssIlyFF4gJpdxxoCeFHw_wcB
با بهبود خوراک و بهداشت جمعیت زمین در نیم قرن گذشته 2برابر شد که 1 میلیارد نفر در فقر اند.

یاداشت. پس از ج ج 2 چندین نهاد منطقه ای و جهانی برای بهبود تجارت جهانی، تعامل اختلافات، تقلیل تضادها پدید آمدند. سازمان برای همکاری و توسعه اقتصادی OECD با 34 عضو، در 1961 آغاز شد با اعضای فعلی: استرالیا، اطریش، بلژیک، کانادا، شیلی، چک، دانمارک، استونی، فنلاند، فرانسه، آلمان، مجارستان، ایسلند، ایرلند، اسرائیل، ایتالیا، ژاپن، کره جنوبی، لوکزامبورگ، مکزیک، هلند، نیوزلاند، نروژ، لهستان، پرتغال، اسلواک، اسلوانیا، اسپانیا، سوئد، سوییس، ترکیه، انگلستان، ایالات متحده، 4 کشور کوچک.

اتحادیه اروپا با 27 عضو = اطریش، بلژیک، بلغارستان، کرواسی، قبرس، چک، دانمارک، فنلاند، فرانسه، آلمان، یونان، مجارستان، مالت، ایرلند، ایتالیا، لاتویا، لیتوانیا، لوکزامبورگ، هلند، لهستان، پرتغال، رومانی، اسلواک، اسلوانیا، اسپانیا، استونیا، سوئد، انگلستان. کشورهای مشترک المنافع CIS با 12 کشور در 1991= بلاروس، قزاقستان، قرقیزستان، روسیه، آذربایجان، ارمنستان، گرجستان، مولداو، تاجیکستان، ترکمنستان، ازبکستان، اوکراین.

اتحادیه کشورهای همسود، 53 عضو از مستعمرات انگلیس در 1971 پیمان بستند برای: ارتقای دمکراسی، حقوق بشر، حکمرانی خوب، حاکمیت قانون، آزادی مدنی، مساوات‌خواهی، تجارت آزاد، چندجانبه‌گرایی، صلح جهانی. نام آنها بقرار زیر است: پادشاهی متحده/ انگلستان، استرالیا، پاکستان، آفریقای جنوبی، بنگلادش، غنا، قبرس، کانادا، هند، موزامبیک، نیوزلاند، مالزی و بقیه در 3قاره.
/http://www.state.gov/p/eap/regional/asean

قراردادهای چندجانبه برای افزایش تجارت، تقلیل تنش، گسترش روابط تعاملی فراوانند. سازمان تجارت جهانی WTO با 162 عضو بزرگترین است. جی7 =آمریکا، کانادا، فرانسه، آلمان، ایتالیا، ژاپن، بریتانیا. بریکز= برزیل، روسیه، هند، چین، آفریقای جنوبی. جی20= جی7، بریکز، آرژانتین، استرالیا، اندونزی، مکزیک، عربستان، کره جنوبی، ترکیه، اتحادیه اروپا.

اتحادیه ملل آسیای جنوبشرقی از 1967 با مالزی، سنگاپور، تایلند، اندونزی برای تسهیل امور اقتصادی و سیاسی آغاز شد که به الحاق بریتانیا، ویتنام، لائوس، برمه، کامبوج، با تسهیل گری آمریکا 1977 و فوروم منطقه ای آسیان ARF در 1994 به 27 عضو رسید. در 2009 با مشارکت آمریکا به معاهده دوستی و همکاری در آسیای جنوبشرقی TAC رسید.

شاخص بورس چیست؟ شاخص INDEX بمعنای نمودار، نشانگر، گزینه گر بوده که نماینده چند متغیر همگن می‌باشد. وسیله ای برای اندازه گیری و مقایسه پدیده‌های دارای ماهیت و خاصیت مشخصی است که بر مبنای آن می توان تغییرات ایجاد شده در متغیرهای معینی را در طول یک دوره بررسی نمود.

محاسبه شاخص برای هر شرکت صنعت، گروه، دسته امکان پذیر است؛ می‌توان آن را محاسبه نمود. برای محاسبه شاخص یک سال را به عنوان سال مبنا یا پایه فرض کرده؛ پس از تقسیم ارزش جاری بر ارزش مبنا- ارزش سال پایه- آن را در عدد 100 ضرب می شود. عدد بدست آمده شاخص آن گروه یا دسته مورد نظر می باشد.

بیژن باران

شاخص قیمت و بازده نقدی: یکی از دقیق‌ترین شاخص‌های محاسبه در بورس بوده؛ زیرا هر دو مولفه تقسیم سود در شرکت‌ها و بازده سهام بر اثر افزایش قیمت سهام شرکت‌ها را لحاظ می کند. http://hamshahrionline.ir/details/3994

در هر بازار بورس اوراق بهاداری، بنا بر نیاز و کارایی، شاخصهای فراوانی را می توان تعریف و محاسبه کرد. در همه بورس‌های دنیا نیز شاخص های زیادی برای گروهها و شرکتهای مختلف محاسبه می‌شوند. در زیر برخی شاخص های بورس آمده اند. شاخص صنعت: کارکرد شرکت‌های صنعتی مانند خودروسازی بورس می‌باشد. شاخص واسطه‌گری های مالی: کارکرد شرکت‌های واسطه‌گری مالی مانند هلدینگ/ تصاحب، سرمایه‌گذاری، لیزینگ/ رهنی می باشد.

شاخص عملکرد تالار اصلی: فقط روند حرکت قیمت سهام شرکت‌های درج شده در تابلوی اصلی بورس را طبق ضوابط محاسبه شاخص کل نشان می‌دهد. شاخص کل قیمت سهام: بیانگر روند عمومی قیمت سهام همه شرکت‌های پذیرفته در بورس اوراق بهادار است. بنا به فرمول طراحی شده تغییر قیمت شرکت‌های بزرگتر که در عین حال سرمایه بیشتری نیز دارند بر نوسان شاخص تاثیر بیشتری می‌گذارد. شاخص عملکرد تالار فرعی: فقط روند حرکت قیمت سهام شرکت‌های درج شده در تابلوی فرعی بورس را طبق ضوابط محاسبه شاخص کل نشان می‌دهد.
*

مرکز پژوهشهای پیو: سهم درآمد خانوار طبقه متوسط از %62 در 1970 به %43 در 2014 کاهش یافته؛ یعنی ظرف 35 سال %30 کاهش یافته؛ در حالیکه خانواده با درآمد بالا از %29 به %49 افزایش یافت. فوکویاما نوشت: %22 Medicare & Medicaid بودجه فدرال را با 2.% کارمندان فدرال صرف می کند. نیز با کاهش نیروی کار فدرال شمار کانتراکتچیهای آن انفجاری افزایش یافته که هزینه کا را بالا می برد. مسئله اقتصاد عدم تقاضا بخاطر پس‌انداز زیادتر و کم خرجی است. طبقه متوسط بین %66-25 خانوارهای 4نفره با درآمد سالانه 30 تا 55 هزار دلار است. WP110316p15

فروش مقالات اینترنتی سالانه 10 میلیارد دلار است. الباکیان از فزاقستان، کارشناس فنآوری 27ساله، سایتی با 50 میلیون مقاله جدا از شرکتهای فروشنده مقالات آکادمیک با دیوار پرداختی برای دسترسی مجانی کاربران بپاکرده که شرکتها این زن را به دادگاه نیویورک فراخوانده اند. مقالات بتعداد 100هزار از سایت Sci-Hub مجانی پایین گذاری/ داونلود روزانه می شوند. محتوای عرضه شده اینترنتی مجانی یا پولی بشکل کتاب، ترانه، فیلم، مقاله، عکس است. افرادی هستند که نوع ارزانتر مدل کسبی برای دور زدن دیوار پرداختی ارایه می دهند؛ ناپستر ترانه های آیتیونهای اپل را با سهیمی مجانی ارایه داد. 8 WP080416p18 Corporate Inversion WP070416p18
*

در 2008 برخی بنگاههای مالی آمریکا به ورشستگی رسیدند. دولت فدرال وامهای فراوان به آنها داد. گویا صندوق کمک به وام مسکن مشتریان این بنگاهها هم اختصاص داده شد. بنگاههای مالی کمکهای دولت فدرال را پرداختند. البته ورشسکتگی آنها باعث بیکاری 10 ها هزار کارکن می شد. باجگیری آمریکا هم بخاطر سلطه مالی آن در جهان است. سالی 3 تریلیون دلار سرمایه مستقیم خارجی در آمریکا برای خرید وارد می شود.

113

نمونه کارکرد اجتماعی سرمایه مالی: سرمایه آمریکایی American Capital با اختصاری ACAS یک بنگاه دارایی خصوصی، مقر بتزدا- مریلند، می باشد. در 2016 این بنگاه صندوق هج، خواهان فروش بوسیله گلدمن سکز و کردیت سوییس برای فروش عرضه شد. این بنگاه درآمد ضعیف 24% منفی، 13$ سهم در 20 ژانویه 2016، مدیریت ناکارآمد، عدم سرمایه گذاری بهینه، هییت مدیره ضعیف، هزینه زیاد سالانه کل برای بنگاه، پاداش هنگفت به مدیر عامل CEO داشت. مدیر عامل بنام ویلکس 100 میلیون دلار پاداش برای 10 سال 2014-2005 گرفت.

این بنگاه در مقولات و اوراق بهادار مانند دیون سرآمده برای موعد پرداخت یا شر خری، مستغلات، سهام در شرکتها، کالاهای commodities سرمایه نهی می کند. این بنگاه وامهای کلان از بانکها و بازار باند با نرخ ارزان گرفته؛ به کاسبها و تجار با نرخ بالاتر قرض داده؛ مازاد 2نرخ را برای حق الزحمه خود نگه می دارد. محصولات در بازار بورس 4نوع اند: فلزات طلا، نقره، پلاتین، مس؛ انرژی نفت خام، گاز طبیعی؛ دامی گوشت؛ کشاورزی ذرت، برنج، قهوه، پنبه، شکر، لوبیا، گندم.

این کسبها و تجار با سرمایه 50 تا 750 میلیون دلار درآمدند. بنگاه متصرف آنها با فروششان 3-4برابر سرمایه خود در می آورد. در رکود مالی بازار در 2008 درآمدش با مدیریت 20 میلیارد دلار شرکتها و اوراق بهادار سقوط کرد؛ به سهامداران سود سهام سالانه تا 8 سال نپرداخت. بیشتر سرمایه گذاران نهادهای سهامی مانند صندوقهای هج/ مشترک، صندوقهای مشترک/میوچال، بنیادهای مالی اند.

*

IPOعرضه عمومی آغازین سهام – یک شرکت خصوصی برای افزایش / بسط سرمایه کلان با روند ثبت و اعلان سهام عام می فروشد. نمونه: شرکت خصوصی داروسازی مکسسیت در لندن 29 مارس 2016 عمومی شد تا 15 میلیون دلار بوسیله عرضه آغازین سرمایه با فروش سهام بدست آورد.

بدهی آرژانتین در 2001 زیر 80 میلیارد دلار بود. 93% طلبکارها برای هر دلار طلب خود 30% پذیرفتند. ولی یکی از 7% طلبکارها صندوق پوششی الیوت آمریکایی این محاسبه را نپذیرفت. الیوت را سینگر جمهوریخواه در 1977 بنیان گذاشت. این شرکت شرکتهای درمانده در قروض خود را خریده؛ با مدیریت جدید تغییرات در شرکت آورده؛ آن را پولساز می کند. این شرکت در کشورهای پرو، کنگو، آرژانتین فعالیت مالی دارد. آرژانتین این نوع شرکتها را لاشخوار، تروریست مالی نامید.

وزارت دادگستری آمریکا، دادگاه ایالات متحده استیناف/ اپیل شعبه/ سیرکیت 2 سالها پیش مانع/ اینجانکشن وضع کرد که این کشورها برای عرضه باند/ اوراق بهادار باید حساب خود را پاک کنند/ بدهی نداشته باشند. اکنون الیوت بابت طلب 117 میلیون دلار آغازین با قیمت اسمی/ روی باند 617 میلیون دلار 2.4 میلیارد دلار می گیرد. لذا در 2012 محکمه/ کورت منهتن/ نیویورک حکم داد که آرژانیتن باید بدهی خود به صندق پوششی را بدهد تا بتواند باند جدید بفروشد. WP300316

*

نظم لیبرال غربی در گستره جهان در ۱۹۴۵ با هژمونی آمریکا شکل گرفت. این نظم صرفا بر ارزش‌ها، ظرفیت‌های مادی، قدرت سخت ایالات متحده بر اقتصاد، مالی و نظامی استوار نبود، بلکه در قدرت و ارزش‌های نرم ایالات متحده یعنی فرهنگ، زبان،

رسانه‌های جمعی، تکنیک، مد هم ریشه داشت. جهانی که ما امروز می‌شناسیم بر پاکس آمریکانای گلوبال/ صلح آمریکایی استوار بود. این جهان حالا رو به افول است.

در حاشیه‌های این جهان، در خاورمیانه، خاور نزدیک، شبه جزیره کره این نظم رو به نخ‌ناشدن است. آمریکا دیگر نه می‌خواهد و نه می‌تواند نقش پلیس بین‌المللی را بازی کند که ضامن نظم این جهان بود. آنها دیگر نمی‌خواهند برآمد و هزینه‌ای برای این منظور داشته باشند، هرچند که آمریکا در قرن ۲۱ هم بدون شک با فاصله همچنان زیاد قدرت برتر جهان باقی خواهد ماند.

اما هزینه حفاظت از نظم تا کنونی به حدی است که بزرگترین قدرت جهان را با چالش روبرو خواهد کرد. تقریبا همه شواهد حاکی از آن است که قرن ۲۱ هم با گلوبالیزاسیون رو به گسترش و هم با جمعیت ۷ میلیاردی‌اش دارای نظمی نوین خواهد شد. ولی نشانه چندانی در دست نیست که این نظم چه شکل و مضمونی خواهد داشت؛ محورهای آن چه خواهند بود. آیا غیر از آمریکا گزینه‌ای یا کشور دیگری رهبری نظم نوین را به عهده خواهد گرفت؟ مثلا چین؟ نه. بخشی است از مقاله یوشکا فیشر، وزیر سابق خارجه آلمان که در انتها روی اروپا متمرکز می‌شود و ابعاد خطرناک احیای ناسیونالیسم در کشورهای اروپایی -از پیامدهای بی‌نظم شدن جهان- را هم به بحث می‌گیرد.
*
از ۱۹۹۱ تا کنون سهم قشر متوسط در کل جمعیت آلمان از ٪۶۰ به ٪۵۴ کاهش یافته. در آمریکا در همین بازه زمانی سهم قشر متوسط از ۵۶ به ۵۰ درصد رسیده.

در آلمان کسی جزو قشر متوسط به حساب می‌آید که سالانه بین ۲۰ تا ۵۹ هزار یورو درآمد داشته باشد. در میان جوانان ۱۸ تا ۳۰ سال در ۱۹۸۳، ۶۹ ٪شان جزو قشر متوسط به حساب آمدند. این رقم در سال ۲۰۱۳ به ۵۲ درصد کاهش یافته. در گروه سنی ۳۰ تا ۴۵ سهم قشر متوسط از ۷۸ ٪ به ۶۴ ٪ رسیده. برعکس در میان بازنشستگان سهم قشر متوسط از ۲۴ ٪ به ۴۱ ٪ افزایش یافته.

فرو افتادن از قشر متوسط به درون طبقه فرودست بیش از همه شامل مهاجران بوده است. جالب این که گرچه از ۲۰۰۶ بازار کار در آلمان ثبات داشته و بیکاری رو به کاهش رفته، ولی همزمان قشر متوسط هم آب رفته. تازه‌ترین تحقیق در باره وضعیت قشر متوسط در آلمان نشان می‌دهد که این قشر آهسته ولی به طور متمادی در حال آب رفتن است. علت این است که شغل‌های جدید اغلب با حقوق نازل عمدتا هم در بخش خدمات هستند. شغل‌های صنعتی با درآمدهای مکفی کمتر و کمتر می‌شوند.

گلوبالیزاسیون سده 21

اکنون مالیگرایی در حاکمیت آمریکا در حال غلبه بر جناح‌های رقیب صنعتی- مصرفی و نفتی- نظامی است. مالیگرایی قرن 21 با فناوری دیجیتال ارتباطات ادغام شده؛ مراودات بانکی، آرشیو داده های مالی، تجارت الکترونیک، کنترل فله ای روی زمین کاملا انتگره می شوند. تا چند دهه دیگر 2 روند سرمایه مالیگرایی در حاکمیت و فناوری دیجیتال در جامعه به رشد و تحکیم ادامه خواهند داد.

آمریکا در خاور میانه کنونی

گلوبالیزاسیون مراودات جهانی در تمام وجوه زندگی اجتماعی از فرهنگی تا جنایی، از مالی تا روحی است که در حال گسترش، تعمیق، شتاب است. گلوبالیزاسیون 4 تعریف دارد: الف-گلوبالیزاسیون در بازه زمانی خاص با روندهای تاریخی دهه 1970 هم زیستی با بلوک شرق، پایان جنگ سرد، مراوده تجاری با چین، تخریب 1989 دیوار برلین، فروپاشی 1991 اردوگاه همراه بود. رشد اقتصاد سرمایه داری خصوصی و مختلط خارجی در چین از 1972 آغاز شد. با فروپاشی اردوگاه 15 جمهوری اتحاد شوروی تجزیه شده؛ اقتصاد اروپای شرقی در مسیر امور مالی اتحادیه اروپا و سلطه سرمایه مالی آمریکا قرار گرفتند.

ب- گلوبالیزاسیون بمثابه همسویی پدیده های اقتصادی است که شامل مشی اقتصادی نولیبرال در خصوصی سازی داراییهای دولت، تقلیل دولت بویژه در تامین اجتماعی، پخش تولید صنعتی فراتر از مرزها، تسهیل بازارهای سرمایه می شود. از این دیدگاه گلوبالیزاسیون گسترش جهانی روندهای فروش، تولید، ساختن با تقسیم کار جهانی بود. شدت و سرعت این روند بیشتر از سده 19 انگلیس می باشد.

پ- گلوبالیزاسیون بمثابه هژمونی ارزشهای آمریکایی است. ارزشهای آمریکا شامل فردیت، مصرفی گرایی، پرکاری، کسب آغازگر، نوآوری، خوراک استاندارد است. ت- گلوبالیزاسیون بمثابه یک دوره تاریخی است. در 4چوب جامعه شناسی نظری، گلوبالیزاسیون بر 2 روند در دهه 1970منطبق بود. 1- همزیستی مسالمت آمیز تا پایان جنگ سرد، تخریب دیوار برلین 1989 و فروپاشی اردوگاه 1991. 2-سقوط "قرارداد اجتماعی" در کشورهای صنعتی غرب، بویژه در آمریکا و انگلیس با خیزش "راست نو" مشی ریگان و خانم ثچر اوج گرفت.

این سقوط در برگیرنده هجمه بر اتحادیه های کارگری، مدیریت تقاضاهای نوع کینس، تقلیل اشتغال کامل و تامین اجتماعی در برنامه دولت، رفع مقررات بر عمل شرکتها، جهتگیری به اقتصاد بازار آزاد در دهه 1980 بود. کینس اقتصاددان انگلیسی دهه 1930 دره باره بحران بورس گفت: در رکود کوتاه مدت، بازده اقتصادی تابع کل تقاضاها یا خریدهاست.

آیا گلوبالیزاسیون علت یا معلول 2 روند همزیستی با اردوگاه و سقوط "قرارداد اجتماعی" است؟ روند تاریخی دهه 1970 با تقلیل مقررات مالی و رکود بزرگ دهه 1930 با پیدایش مقررات مالی 2 فاکت تاریخی اند. تغییر نهادهای داخلی و خارجی تعیین مشی تجاری، مقررات مرزی، مراودات بانکی را دامن می زند. آیا این روند اجتماعی بیضرر است یا منجر به رشد اقتصادی یا بزرگشدن سهم طبقه متوسط در کل جمعیت می شود. چرا گلوبالیزاسیون اتفاق افتاد؟ پاسخ ساده امکانات فنآوری دیجیتال ارتباطات و اطلاعات است.

فوکویاما در پایان تاریخ و آخرین انسان 1993، ص 14 مقدمه، نوشت: پایان جنگ سرد پیروزی دمکراسی لیبرال و سرمایه داری غربی بر حکومتهای توتالیتر/ اقتدارگرا و اقتصاد مرکزی اردوگاه شوروی بود. او نوشت: فنآوری انباشت ثروت را بیحد کرده؛ ارضای امیال انسان را هر چه بیشتر می گسترد. در این روند همگرایی همه جوامع انسانی مراحل تولید تاریخ سری/ یکی پس از دیگری نبوده؛ بدین معنا که هر مرحله جدید مرحله قبلی را تقلیل می دهد.

زیرا در یک کشور نقاط گوناگون تولید وجود دارند. مرحله جدید شیوه تولید در برخی نقاط غالب شده؛ ولی مرحله قبلی هم در کنار آن ادامه دارد. دیگر اینکه هر مرحله روبنای مختص خود را دارد. پس روبنای مراحل عمده گذشته برده داری، تولید آسیایی، ایلیاتی، فئودالی، سرمایه داری در نقاط و افراد یک کشور ادامه حیات می یابند.

روشن است که هر چه جامعه مدرنتر باشد؛ روبناهای پیشا سرمایه داری در آن با قوانین و هنجارهای نوین آمیخته می شوند. دمکراسی/ اقتصاد لیبرال بمعنی سازماندهی اقتصاد بر مشی فردگرایانه و داوطلبانه بوده؛ بیشترین تصمیمات اقتصادی را افراد می گیرند نه نهادهای گروهی دولت یا حزب. اقتصاد پسا ج ج 2 آمریکا در تقابل با شوروی نمونه این نوع اقتصاد بود.

این روند 3شکل اقتصادی، فرهنگی، سیاسی دارد: 1- اقتصادی، بخاطر نوآوری در فناوری، اطلاعات، کسب بین المللی است. انتگراسیون/ تجمیع شامل تجارت خارجی، سرمایه گذاری خارجی مستقیم چندملیتی، گردش پورتوفولیو/ ریزه ثروتهای کوتاه-مدت و سرمایه میان- مدت است. نیز مراوده سهام و اوراق بهادار نه در سرمایه گذاری مستقیم در صنایع برای دراز- مدت است. همزمان پناهجویی خانوارها با عبور قانونی یا غیرقانونی از مرزها بخاطر جنگ، فقر، استبداد، بیکاری رخ می دهد. ص10 باگواتی.

2-فرهنگی. از توزیع فناوری با مهندسی مالی، مالیگرایی ناشی شد. گلوبالیزاسیون با رهبری آمریکا در هنر، بازار مصرفی بزرگ، خرید و فروش سهام، بسط تجارت جهانی، مخابرات یا فناوری دیجیتال، مالیگرایی می باشد. فرهنگ خود را یا فرآورده های هالیوود چون فیلم و نیویورک در مد پوشاک، نمایش، برنامه تلویزیون در سطح زمین می گسترد. 3-سیاسی. نتیجه 2تای دیگربود. ارتقای سرمایه داری در مرحله تجارت محصولات و خدمات، مسیر سرمایه و تجارت ارز فراملی می باشد. فرآورده های فرهنگی 110 میلیارد دلار در GDP آمریکا و 11.6 میلیارد پوند در GDP انگلیس بودند. از جی7 تا WTO همه نهادهای بین المللی به هژمونی جهانی آمریکا کمک می کنند. ناتو یاور مقام نظامی آمریکا بمثابه پلیس جهان است.

سائول رالستون در کتاب سقوط گلوبالیزاسیون و بازسازی جهان، 2005، ناشر وایکینگ، کانادا، ص 15، گرایشهای زیر را برای دهه 2000 پیش بینی کرد: 1- قدرت دولت- ملت کاهش می یابد. 2- دولتهایی در خاورمیانه در حال مرگند. در آینده قدرت بازارها گلوبال/ جهانی خواهد شد. 3- لذا اقتصاد، نه سیاست و ارتشها، رویدادهای انسانی را شکل می دهند. 4-بازارهای جهانی، رها از منافع تنگ ملی و مقررات محظورگر/ تنگنازا بتدریج موازنه اقتصادی بین المللی را تعیین می کنند. 5- بازارها امواج تجارت را آزاد کرده؛ باعث شکوفانی اقتصاد می شوند. 6-امواج جزر و مد اقتصاد کشورهای فقیر و در حال پیشرفت را بهبود می بخشند. 7-ثروت حاصله، دیکتاتوری را به دمکراسی تبدیل خواهد کرد. نمونه: مالزی و برد انتخاباتی آنگ سان سو چی.

برخی از این پیش بینیها در دهه 2010 با واقعیات وفق نمی دهند. زیرا خود گلوبالیزاسیون تبلور موتور درونی مالیگرایی بوده که رشد اقتصاد را کند کرده؛ مردم را بخشم در آورد. گلوبالیزاسیون معترضان و موافقان خود را از چپها، نخبگان، روحانیون، راستگرایان، اصلاحطلبان حوزه کسب دارد. مشکلات فعلی آن بقرار زیرند: رشد کند اقتصادی، قدرت شرکتهای فراملی، اثرات بد بر محیط، امراض عفونی، موجودات موذی، افزایش نابرابری، زوال برخی زبانها، تعصبات.

حتی پوپ هم انتقاد از سرمایه داری آزاد فعلی داشته؛ از "بت پرستی پول و دیکتاتوری اقتصاد غیرشخصی که انسان به یکی از نیازهایش یعنی مصرف کنندگی کاهش یافته" می نالد. برای هواداران گلوبالیزاسیون، پخش سریع مناسبات مالی سرمایه داری، سرانجام یک جهان را آفرید.

واکنش نیمی از مردم به کندی رشد اقتصاد را در همه پرسی ژوئن 2016 انگلستان با 52% موافق جدایی از اروپا و ظهور نامزد جمهوریخواهان، ترامپ ضدخارجی در آمریکا می توان دید. با تقلیل دولت سرمایه مالی در حاکمیت مسلط شده؛ قدرت مردم کاهش یافت. بخاطر روابط جهانی برخی گیاهان و جانوران به زیستبومهای دیگر رخنه کرده؛ تعادل طبیعی را بهم می زنند. البته انتخابات گاهی نوعی پوپولیسم/ توده گرایی است که در جهت پویش تاریخ نبوده؛ زیانمند است.

در قرن 20 برخی جوامع سنتی سرمایه داری بومی رشد نکرده؛ وجوه استعمار، نواستعمار، امپریالیسم، سلطه خارجی آنها را گذاری کرده؛ بآهستگی با فرهنگ پیشامدرن به مراحل سرمایه داری آغازین، میانی، پیشرفته می روند. عربستان سعودی نمونه این نوع جوامع است. در انگلیس و آمریکا استعمار به امپریالیسم سده 20 استحاله کرد. جمعیت زمین در 1962 حدود 3.1 میلیارد نفر، در 1991 به 5.5 میلیارد رسیده؛ اکنون 7.5 میلیارد نفر است. رشد جمعیت زمین بیانگر بهبود تغذیه، کاهش مرگ زودرس، نبود جنگهای جهانی، رشد شهرنشینی، انباشت ارزش اضافی است.

کشورهای شمال استوا توسعه یافته اند؛ کشورهای جنوب با زیرساختهای نامناسب در حال توسعه یا عقبمانده اند. اقتصاد کشورهای عضو سازمان ملل عمدتا 6 بخشند: 50 ایالت و متصرفات ایالات متحده، 28 عضو اتحادیه اروپا، بقیه ملل پیشرفته مانند کانادا و استرالیا، ملل گذاری مانند 15 کشور اردوگاه سابق، در حال پیشرفت مانند ترکیه و عربستان، دیگر کشورها.

از دهه 1970 تا قرن 21 گلوبالیزاسیون پیدا شد که با امپریالیسم همپوشانی دارد. امپریالیسم گسترش منطقه ای انحصارات ملی در جهان با تضادهای خشن بود. از اینرو، اکنون شعار مرگ بر امپریالیسم در شعارهای اپوزیسیون جهان دیده نمی شود. گلوبالیزاسیون بمثابه امپریالیسم برونگراست: 1-فعالیت عالی در یک محل نتایج سنگینی در کشورهای دور دارد. 2-ارتباطات الکترونیک لحظه ای تشکیلات را مجازی کرده؛ انتگراسیون اجتماعی در زمان-مکان را مانند تراشه های رایانه ای انجام می دهد. این تراشه ها هر 2سال کوچکتر و پر توانتر می شوند.

3-بهم وابستگی مرزهای ملی و موانع جغرافیایی در فعالیتهای اجتماعی-اقتصادی با شتاب تقلیل می یابد. 4-کوچک شدن جهان با پروازهای فراوان و اخبار برخط. 5-انتگراسیون جهانی- مناسبات قدرتهای منطقه ای بازسازی شده؛ آگاهی اوضاع جهانی، چگالی مراودات بین مناطق افزایش می یابند. نمونه: شورای همکاری خلیج GCCو اتحادیه اروپا.

ابزار رشد و تحکیم بقرار زیرند: بسط تجارت جهانی از نوع TPP وAIIB ، نفوذ بیشتر نهادهای مالی سازمان ملل، بانک جهانی برای وام به کشورهای پیرامونی، صندوق پول بین المللی برای وام به کشور عاجز در پرداخت دیون خود، اجلاس سالانه جی 7 با

بیژن باران

برنامه آتی برای سرمایه داری روی زمین، انحصاریت رسانه های جهانی، فنآوری دیجیتال بیسیم، رایانه، رباتیک، واقعیت مجازی. ص10 باگواتی.

گلوبالیزاسیون- خوب یا بد- واژه رایجی شده است. برای بیان شتاب روندها در اقتصاد، سیاست، فرهنگ، ایده الوژی، محیط در تجربه فرد در جهان. از دهه 1960 گلوبالیزاسیون در ادبیات عامه و آکادمیک برای توصیف یک روند، وضع، سیستم، نیرو، دوره بکار رفت. این بلبشو به حل مسئله یعنی توصیف علل و معلول کمک نکرده؛ دور باطل می سازد. زیرا گلوبالیزاسیون- یک روند- منجر به گلوبالیزاسیون- یک وضع- می شود که به تمیز علت از معلول نمی انجامد.

در دهه 1990 جنبش ضد گلوبالیزاسیون آن را از حوزه آکادمیک و مالی بیرون آورد؛ به حوزه رسانه ای وارد کرد. این جنبش به رشد و تحکیم ان جی او ها برای مسایل جنسیت، فقر، تجارت، سرمایه گذاری مستقیم خارجیFDI ، زیستبوم کمک کرد. آیا در جهان به فقرزدایی، برابری جنسی، حمایت از فرهنگ بومی می انجامد؟ باگواتی از کوفی عنان، دبیرکل سازمان ملل، نقل کرد: گلوبالیزاسیون بخشی از راه حل نه خود مسئله فقر جهانی است.

از 1971 سالانه فوروم اقتصادی جهانیWEF در داووس— آلپ سوییس برگزار می شود. امسال 2500 نفر از رهبران سیاسی، صاحبان کسب، نخبگان، روزنامه نگاران در این فوروم برای تشخیص مسایل و چارهجویی روند گلوبالیزاسیون برای 5 روز تبادل نظر کردند. فوروم موتور نظری سرمایه جهانی است که در آن فازهای زیر دیده می شوند:

جنجال دهه 1989- 2000 یعنی گلوبالیزاسیون1با شوک پس از 11 سپتامبر، بحران اوکراین، بهار عربی، لرزش بورس سهام چین با رکود و بحران مالی 2008-2001 یعنی گلوبالیزاسون2 با افزایش کاربران اینترنت از 400 میلیون به 1.6 میلیارد نفر در 2008، موج پناهجویان خاورمیانه به غرب در دهه کنونی.

در این 2فاز اقتصاد دانشی با فنآوری دیجیتال در آمیخت. نرم افزار، دادهسازها databases، پژوهشR&D ، حق مولف، ثبت اختراع، دانش چگونگی مدیریت، برند سازی ارایه شدند. دادهساز یک نرم افزار برای ساختار دادن به داده های غولین مانند حسابهای بانکی و خرید بلیطهای پرواز است. نمونه سامانه مدیریت دادهساز DBMS اوراکل که زبان پرسشی سازه ای SQL بکار می برد.

ضد سرمایه گذاری disinvestment بمعنی حاصل منفی حرکت مالی است که سرمایه گذاری یک شعبه خارجی در یک کشور بیشتر از شرکت مادر در آن باشد. این حاصل منفی سرمایه گذاری یک شرکت در کشوری می تواند بخاطر کاهش فروش شعبه، برگشت سود شعبه در شرکت مادر، قرض شرکت مادر از شعبه هم باشد.

در 2014 جهانگردی بیش از 1.1 میلیارد نفر و صرف 1.3 تریلیون دلار بود. سیاحت در آمریکای عصر گلوبالیزاسیون 7.6 تریلیون دلار در این سال شد؛ اقتصاد مهمانسرا، حمل و نقل، تفریحات، جاذبه ها 2.36 تریلیون بود. سفر و توریسم آمریکا بزرگترین بخش خدمات اند که پروازهای داخلی در 2016 به 480 میلیون مسافر کسب/ کلاس اول خواهد رسید- شیکاگو و لندن مقامهای اول پرواز داخلی و خارجی را دارند. اکنون با

آمریکا در خاور میانه کنونی

فنآوری کنفرانس دور، مراودات الکترونیک، ویدیو برخی سفرهای هوایی کسبی/ حرفه ای بیمورد شده اند.

گلوبالیزاسیون به تمرکز ثروت در 1% جمعیت افزوده، همزمان با گرمایش زمین، افزایش جمعیت،فقر جهان، تروریسم صداراتی خاورمیانه، حمله به آمریکا در 11 سپتامبر 2001، بهار عربی، تبلیغ حقوق بشر/ دمکراسی در مجامع غرب- در حمله نظامی غرب در خلیج فارس و خاور میانه روی داده اند. در عصر گلوبالیزاسیون، آمریکا اشاعه گزینشی حقوق بشر را در سازمان ملل علم می کند. ولی در عربستان و ترکیه حقوق بشر و اقلیتها نادیده گرفته شده؛ در ایران و سوریه حقوق بشر برای براندازی بکار می رود.

گلوبالیته وضع پایانی گلوبالیزاسیون است که در روندی کامل شده تا "یک واقعیت نوین جهانی" پیدا شود. این روند مشی سیاسی ملی است که برای نفوذ در جهان شکل می گیرد. گلوبالیته وضع اجتماعی خاص است که با جریانات اقتصادی، سیاسی، فرهنگی، محیطی جهانی را بیان کرده؛ مرزها و محدودیتهای موجود کنونی را بیربط می کند. گلوبالیزاسیون توسعه شبکه های اجتماعی، فنی، اقتصادی برای امور فرامرزی یعنی بیرون از مرزهای ملی است که با قراردادهای تجاری چندجانبه مانند نفتا، تی پی پی، WTOنضج گرفت.

نمونه های پدیده های جهانی: اینترنت، گرمایش زمین، خشگی، جابجایی گروهی از فقر، جنگ، استبداد، انقراض برخی جانوران و گیاهان آلاینده های اقیانوسها، آلودگی هوای شهرها. برنامه ضدگرمایش زمین شامل اقدامات کوتاه مدت تا 2030 و درازمدت از 2100-2050 برای کاهش گازهای گلخانه ای زمین می باشد.

اقتصادهای بزرگ، خارج از آفریقای حاره، اکنون جهانی شده اند. با فروپاشی اردوگاه دهه 1990 و طلوع بریکز دهه 2000 سرمایه داری خصوصی رشد سریع 3% داشت؛ در تقابل با رشد 2% کنونی اقتصاد جهانی. تجارت جهانی کالا به 38 تریلیون دلار در 2014 رسید؛ ولی سهم آن در GDP جهانی از 2008 روی 52% مانده است. رک شکل 1، دیدگاه شورا 2016 کیرنی.

در دهه 2000 مبادله خارجی روزانه بورس لندن از 464 به 753 میلیارد دلار رسید. در آن دهه مشتقات مالی، دست به دست گشتن سهام، ابزار مالی معمولی از 74 به 643 میلیارد دلار رسیدند. بورس لندن از نیویورک و توکیو بزرگتر است. مبادله گران اکثراً غیرانگلیسی اند. مانند تنیس سالانه ویمبلدون که در انگلیس است؛ ولی برندگانش غیرانگلیسی اند. در اقتصادهای نوظهور برزیل 2حزبی، چین تک حزبی، سنگاپور با رهبر اقتدارگرا- نوعی سرمایه داری خصوصی تحت فرمان دولت شکل گرفته است؛ نقطه مقابل در آمریکا و انگلیس است که سکان اقتصاد و سیاست را سرمایه مالی دارد. در جهان 65هزار شرکت چندملیتی MNC با 860 هزار شعبه در 2013 وجود داشتند. تنها 200 شرکت عظیم فراملی است که مقر 96% آنها در 8 کشور غنی بوده؛ حجم مرکب فروش آنها بیشتر از GDP همه کشورها- بجز بزرگترین 9 کشور پیشرفته- است. در دوره 1995-1972 حجم ثروت انتقالی از جنوب به شمال 4.5 تریلیون دلار بود؛ یعنی ارزش اضافی جنوب در شمال انباشت شد.

بین 1990 تا 1998 از آمریکای لاتین 700 میلیارد دلار خارج شده؛ در آمریکا و اروپا پارک شد. رسانه های گلوبال/ جهانی کمتر از 100 بنگاه firm اند که 76% آنها در آمریکا بیرون آمده. انگلیس با 9% دوم است؛ ولی 3برابر فرانسه و استرالیا ست.

اقتصاد نولیبرال دهه 1970ریشه مالیگرایی داشته؛ با تاکید لیبرال/ تساهلی برای سرمایه نه کار بوده که به بحران مالی 2008 آمریکا انجامید. نولیبرال بمعنی انتگراسیون اقتصادهای ملی در بازارهای بین المللی در حال گسترش، احیای اقتصاد آزاد قرن 19 با مشی خصوصی سازی، ریاضت مالی برای مردم، رفع مقررات برای شرکتها، کاهش هزینه دولت یعنی زدن بودجه رفاهی مردم بنفع بخش خصوصی اقتصاد است. نولیبرال را در آثار میلتون فریدمن، فردریش هاوک، اقتصاد شیلی پینوشه می توان دید.

توجه شود سرمایه جهانی سده 21 با فنآوری مخابرات دیجیتال ماهواره ای و رایانه عجین شده؛ از طریق نهادهای شنود مراودات برقی سویفت، یک شبکه برخط/ زنده گسترده بر زمین با برنامه ها و نرمافزارهای متعدد- همه در کنترل آمریکاست. لذا سلطه نظامی آمریکا بر زمین با سلطه نرم فرهنگ اینترنتی قابل مشاهد است. ولی سلطه ابرفنآوری/ هایتک آمریکا همه مراودات اطلاعاتی، متنی، مالی، تصویری، صوتی را کنترل می کند. لذا تحریم امور مالی آمریکا نسبت به یک کشور یاغی مانند عراق صدام، لبنان حزب الله، ایران، کره شمالی- آنها را بستوه می آورد. زیرا بانک مرکزی آنها در قرنطینه تبادلات بانکی قرار می گیرد. یعنی شبکه های بین المللی این بانکها تاریک blackout می شوند.

منابع. 12/07/2016
https://www.atkearney.com/gbpc/detail/-/asset_publisher/0cePdOWatojD/content/from-globalization-to-islandization/
خلاصه-http://unctad.org/en/PublicationsLibrary/wir2014_overview_en.pdf
گزارش سرمایه گذاری جهانی 2014. Samir Amin,
http://monthlyreview.org/2001/06/01/imperialism-and-globalization
Mick Brooks 2006
http://www.marxist.com/globalisation-imperialism-economy110406.htm
امپریالیسمِ نولیبرال، تازه‌ترین مرحله‌ی سرمایه‌داری-سعید رهنما
http://asre-nou.net/php/view.php?objnr=38406
Saul Ralston 2005 The Collapse of Globalism: And the Reinvention of the World, Viking, Canada p 15.
واشنگتن پست، تاریخ WP030716 . جاگدیش باگواتی.
In Defense of Globalization-Oxford University Press, 2005- Jagdish N. Bhagwati

مالیگرایی

باید بدانید که چگونه "مهم را از فوری تفکیک کنید." هنری کیسینجر

همانطور که شکل گیری انحصارات وجه درونی امپریالیسم در تکامل سرمایه داری در کشورهای صنعتی سده 20 بود؛ اکنون مالیگرایی وجه درونی جهانیگرایی/ گلوبالیزاسیون در تکامل سرمایه داری با فنآوری دیجیتال است. مالیگرایی/

آمریکا در خاور میانه کنونی

فایننسیالیزاسیون روندیست که نهادهای مالی، بازار، بانکها، ارواق بهادار اندازه و تاثیرشان بر حاکمیت افزایش می یابند.

مالیگرایی شامل تمام فعالیتهای مالی در اقتصاد است: افزایش اسپکولاسیون/ خرید شرطی با بدهی بر وامهای تولیدی، صعود ارزش سهامدار کلان بر مدیریت شرکت، افزایش ریسک کردن، اندیشه های خودخواهانه در بخشهای خصوصی و عمومی، افزایش قدرت سیاسی صاحبان مالی و مدیر کل اجرایی CEO شرکتها در گذراندن قوانین دلخواه برای پر کردن جیب خودشان با "ایده الوژی بازار بهتر می داند."

در 4 دهه گذشته قواعد نظام بازار آزاد آمریکا مخدوش شده، اگرچه به ثروت 1% مردم افزوده شده؛ ولی رشد اقتصادی بسیار کند باعث تجزیه طبقه متوسط شده است. از دهه 1970 حرکت سرمایه در آمریکا در 2 سوی مالیگرایی و جهانیگرایی حرکت کرد. مالیگرایی به گسترش و تمرکز سرمایه مالی در اقتصاد بضرر سرمایه کسبی پرداخت. جهانیگرایی به گسترش سرمایه مالی آمریکا در جهان با ایجاد صندوقهای پول، قراردادهای تجاری، قوانین دوستانه به سرمایه پرداخت. هر 2 حرکت با فنآوری دیجیتال سیلیکون ولی- شمال کالیفرنیا آمیخته بودند.

جهان امروز با 193 کشور همه در مراحل گوناگون سرمایه داری اند. سرکرده این سامانه آمریکاست که از نظر قدمت و قدرت در عالیترین مرحله سرمایه داری پسا امپریالیست یعنی گلوبالیزاسیون است. آمریکا حافظ نظام سرمایه داری می باشد که اقتصاد خودش 25% این نظام جهانی است. در این کشور مدتی است امور مالی در راس هرم ساختار/ هیرارشی اقتصاد قرار دارند.

در سده 21 آمریکا و تا حدودی بریتانیا به مرحله مالیگرایی سرمایه داری تکامل یافته اند. بخاطر رشد کند اقتصاد، این مرحله سرمایه داری مریض نامیده شده. نام بیماری کنونی اقتصاد آمریکا مالیگرایی یعنی فرمانروایی وال استریت و شیوه هایش بر صنعت مالی و کسب است.

در 2015 سرمایه گذاری آمریکا در بریتانیا به ارزش 588 میلیارد دلار با 1 میلیون کارمند، صادرات به آن کشور 56 میلیارد دلار و تجارت این 2 کشور 1 تریلیون دلار بود. در همه پرسی/ رفراندوم ژوئن 2016 در خروج پس از 4 دهه از اتحادیه اروپا با 28 کشور عضو برای سرمایه الی آمریکا و صندوق ملی بین المللی ناپسند است.

قیمت لیره کاهش یافته؛ نقض قراردادهای تجاری و ورود به آنها سالها طول خواهد کشید. ولی 250 رهبر کسبها بخاطر قوانین متحجر اتحادیه که به نوآوری و رقابت انگلیس ضرر می رساند و نیمی از مردم می خواهند خارج شوند. ترور وکیل مجلس حزب کار، زن شجاع در دفاع از پناهجویان و ماندن در اتحادیه بدست مردی افراطی تبلور 2 گرایش ماندن و رفتن از اتحادیه است.

در دهه 1970 رشد آمریکا نسبت به بعد از ج ج 2 کندتر شد. مالیگرایی در این دهه رشد شدید کرد. تصمیمات حاکمیت توجیه خواستهای گروههای فشار/ لابی بود؛ سیاستمداران مسئولیت را به بازار مالی محول کردند. کم کم مقررات پس از بحران 1929 که به رشد آمریکا کمک کرده بودند؛ کنار گذاشته شدند. امور مالی نیروی غالب اقتصاد شدند.

باید گفت در آن زمان رفع مقررات ایده خوبی بود. ولی نتایج پیش بینی ناپذیر مالی ببار آوردد. اثر بد تصمیمات دولت خادم امور مالی بر اقتصاد در 2 حزب جمهوریخواه و دمکرات بقرار زیر است: رفع تدریجی مقررات در عهد ریگان وال استریت را تقویت کرد تا "جامعه" صاحب امور عامه شود؛ یعنی صندوقهای بهداشت و تقاعد به بازار سهام پیوند خوردند.

مالیگرایی را تغییر مشی عمومی در 2 حزب، 2 جناح محافظه کار و لیبرال، رهبران حکومتی، سیاستگذاران، نخبگان، ارباب رسانه ها، تنظیمگران regulators برای آرام راندن جامعه دامن زد. این تغییر مشی بقرار زیر است: رفع مقررات از عهد نیکسون و ریگان ببعد، افسار گسیختگی وال استریت، رشد سریع متمولان یعنی 1% جامعه. بیمه بهداشت عمومی و پسانداز های تقاعد کارگران به بازار سهام وصل شدند. اکنون امور مالی 10% تولید ناخالص داخلی/ جی دی پی آمریکا است؛ ولی سود آن 40% بوده؛ خیلی بیش از صنعت است.

رفع مقررات کارتر در مورد نرخ سود- مانند پوپولیسم چپ ساندرز و راست ترامپ با اقبال توده ها- منجر به همنظری رالف نادر لیبرال و والتر ریستون محافظه کار، مدیر کل سیتی بانک، شد. این اقدامات به نوآوریهای مالی یعنی تغییر کارکرد بانک از وامده به کنشگر تجاری منجر شد. ریگانامیکز/ اقتصاد ریگان منجر به سیاستهای اقتصادی بنفع وال استریت شد. رفع مقررات کلینتون چارهجویی خروج از رکود 1980 شد. سیاستهای ملی ولنگار مدیر ذخیره ارزی فدرال، الن گرینسپن، فضایی را ایجاد کرد که وام آسان پول- با ربح نازل نزدیک به صفر و شرایط آسانتر وامگیری- مسایل رکود را پوشاند.

پیش بینی می شود که در 30 سال آینده درآمد دارایی کاهش خواهد یافت. این کاهش بخاطر سود نازل، اعتبارات بیشتر مصرف کنندگان، بدهی مالیات معوقه امور مالی کسبها، حباب دارایی خواهد بود. حباب دارایی یعنی داشتن اقلام متعدد با قرض که بظاهر آدمها حس تمول می کنند.

آمریکا پیشتاز تولید و اشاعه فرهنگ مدرن و پسامدرن تحت لوای "رویای آمریکایی" با تاکید روی فردیت، مصرف، آزادی بیان شد. موج مهاجران در 240 سال گذشته منجر به فرهنگ رنگین کمانی- نژاد، زبان، قوم، دین، عقیده، نوآوری، کسب کارآفرین در سده 21 شده است. آمریکا با پیشرفت علوم و جامعه مدنی از 1901تا 2015 تعداد 356 برنده جایزه نوبل یا 257 جایزه از کل 900 برنده یا 573 جایزه دارد. اکنون این جایزه 10 تا در سال است که گاهی چند نخبه یکی را می برند. فرآورده های هالیوود، ایجاد خوراک، فناوری دیجیتال، پوشاک، بنای استاندارد هم در خدمت جهانیگرایی اند. ویکی پیدیا.

رعنا فروهر، نایب سردبیر هفتگی تایم در کتاب "سازندگان و بردارندگان" علل، روال، نتایج غلبه سرمایه مالی بر صنعت آمریکا را بررسی کرد. منظورش از "سازندگان" کسبهای مولد شغل و "بردارندگان" نهادهای کاغذبازی الکترونیک امور مالی است. این کتاب حاصل 3سال پژوهش در باره سلطه امور مالی در آمریکا و نه جهان است. ایده ها بمرور شکل گرفته؛ ولی اغلب در دقیقه ای بلورین می شوند. چکیده کتاب و رئوس مقاله او در تایم در زیر می آیند. او از طلوع امور مالی و افول امور کسبی یعنی غلبه وال استریت بر مین استریت نوشت. می پرسد: چرا سامانه بازار به شرکتها، کارگران، مصرف کنندگان بهتر خدمت نمی کند؟

فروهر 5 امر زیر را از حاکمیت می خواهد: 1- امور مالی را شفاف کن. 2- پاداش به بدهی مالکیت را متوقف کن. 3- بازاندیشی کن- شرکتها برای کی اند؟ 4-استراتژی رشد ملی را بساز. 5- سازنده ها و بردارنده ها را بازتعریف کن. برخی نظراتش بقرار زیرند: تقسیم بانکهای بزرگ، نابودی اندیشه مالیگرایی در هیئت امنای شرکتها، رفرم در آموزش دانشگاهی کسب، کاهش اسپکولاسیون/ کسب قماری، افزایش وام به کسبهای کوچک، مشی بهتر مسکن، محدویت فرهنگ پول. فرهنگ پول مملو از ستایشگران/ لابیهایست که ناقض اصول ضروری اقتصاد اند.

نظام سرمایه داری بازاری ترک برداشته است. در جهان پیچیدگی امورمالی/ فایننس به طرد بخشهای سنتی سرمایه منجر می شود. مناسبات بازارهای سرمایه، امور مالی و کسب بهم ریخته اند. آمریکا اکنون نیاز دارد به رفرم مالیاتی، آفرینش شغل، زدایش فقر، کاهش نابرابری. فروهر ادامه داد: در سده 21 سامانه بازار پیشرفته، آیا به اقتصاد واقعی کمک می کند؟ کمال سرمایه داری بازار بر الواح سنگی به انسان نرسیده؛ بلکه قواعد آن را انسان نوشته؛ لذا می تواند آنها را زیر پا گذاشته؛ ترمیم کند.

در عصر مالیگرایی فنآوری دیجیتال، شرکتهای مالی فراساحلی، بدهی دولت، انواع قرضه های ملی، پیدایش hedge funds / صندوقهای پوششی، خدمات، صندوقهای مالی، بحرانهای مالی حتی در خود آمریکا و کشورهای پیرامونی، بازخرید سهام شدت و حدت گرفتند. بهترین بخش اقتصاد پیشرفته خدمات است که از کشاورزی و صنعت/ مانوفاکتورینگ بیرون آمده.

گذار از بحران مالی 2008 با چند تریلیون دلار هزینه انجام شد؛ ولی رشد اقتصاد کنونی خیلی کند است. نتایج نظرخواهی 2010 هاروارد اینها بودند: 1- جوانان 18-29 ساله تنها 19% خود را کاپیتالیست می دانند. در این کشور ثروتمند و بازار آزاد تنها 42% از کاپیتالیسم حمایت می کنند. کمی بیش از نیمی از جمعیت نظام آمریکا را حمایت می کنند. البته در این نظرخواهی عواطف نه داده های بازار اندازه گیری شدند.

فروهر نوشت: شرکتهای آمریکایی به امور مالی شامل خرید- فروش سهام، پوشش مالی، بهینگی مالیاتی، خرید شرکتهای دیگر، فروش خدمات مالی بیشتر می پردازند تا تولید محصول در مقایسه با دهه پس از ج ج 2. نظام مالی در خدمت خودش است تا خدمت به اقتصاد کشور. خرج پول برای ایده ها و پروژه های نو شغل آفرین و مزد افزاست. امور مالی/ فایننس به تضمینات دارایهای موجود- مانند مسکن، سهام، باند/ قرضه ملی- توجه کرده؛ آنها را به محصولات خرید- فروشی تبدیل کرده؛ با دیگر بسته های مالی در سبد فروش می گذارند.

پیش از 1975 اکثر امور مالی/ فایننس برای گسترش کسب بود. اکنون تنها 15% از نهادهای مالی در پی پروژه های اقتصاد واقعی می روند. بقیه بسادگی درون نظام مالی مانده؛ تا متقبلان مالی/ فاننسیرها، غولهای کورپورت، مدیران صندوقهای مالی را فربه کنند. این لایه ثروتمندترین بخش جامعه بوده؛ کسانی اند که اکثر داراییهای مالی آمریکا و جهان را صاحبند. بین 1980 و 2005 حجم اوراق بهادار رشد 5 برابری در تولید ناخالص داخلی/ جی دی پی داشته؛ درحالیکه حساب سپرده از 70 به 50% جی دی پی کاهش یافت. با افزایش خرید- فروش اوراق بهادار در صنعت همه نوع بدهی شخصی و عمومی افزایش یافت.

بیژن باران

از آفرینش قرضه ملی Bond و نظام بانکی واحد در آمریکا در اواخر 1790 تا اندوخته های فردی و شرکتی به کسبهای نوکار/ آنترپرایز اوایل دهه 1970 راهی طولانی بود. در این راه کسب/ بیزینس های نو مولد و اشتغالزا بوده؛ ثروت جدید و رشد اقتصادی ببار آوردند. اکنون اداره خزانه داری فدرال 3 نوع قرضه ملی Bond, Note, Bill صادر کرده؛ در حراج با نرخ سود ثابت، موعد از 1تا 30 سال می فروشد. اینها نوعی بدهی دولت به ملت است.

البته بانکها این قرضه ها را فله ای خریده؛ با نرخ سود بالاتر به مشتریان می فروشند. اولی کمینه 100 دلار برای 6ماه، دومی با موعد 1 تا 10 سال، سومی با موعد 30 سال اند. نرخ بهره اصلی/ پرایم را اداره ذخیره ارزی بگفته وال استریت تعیین می کند. نرخ سود اعتبارات فردی، وام مسکن، بهره سپرده های بانکی، سود غیرمالی یا مالی برای 1، 2، 3 ماهه؛ 1، 2، 3، 5، 7، 10 ساله برای گواهی سپرده CD با این نرخ بهره اصلی تعیین می شوند.

ارتباطات دیجیتال برخط/ زنده باعث شد که شهرهای دریای کاراییب/ مراکز فراساحلی انبار سود و ثروت، بهشت مالیاتی شده؛ مقر تجمیع و توزیع سرمایه شوند. این شهرها در جزایر چانال/ کانال، پاناما، کستاریکا، برمودا، جزایر کیمان، باهماس، جزایر ویرجین انگلیس، نیز قبرس، سنگاپور، موریتوس، هنگ کنگ، لوکزامبورگ، ایرلند، هلند می باشند. در 2015 آنها در کل 2.1 تریلیون دلار سودهای 7622 شعبه مجزای خارج از آمریکا متعلق به 358 شرکت آمریکایی در حسابهای سپرده بینام پارک شدند.

اپل با 181 میلیارد دلار رتبه اول را داشت. افشای 11.5 میلیون سند به چند رسانه عمده جهانی از بهشت مالیاتی پانامایی موسک فونسنکا نشان می دهد که 7.6 تریلیون دلار از ثروت جهانی در بهشتهای مالیاتی فراساحلی پارک می شوند. باید مالیات این ثروت به دولتها خرج خدمات عمومی می شد. ذخیره پولی از مناطق پولساز خاور میانه، خلیج فارس، خاور دور، اروپا به صندوقهای پولی وصل می شوند. لذا منبع وسیع پولی پدید می آورند. -http://www.cnbc.com/2015/10/06/us-companies
holding-21-trillion-offshore-profits.html

اکنون آمریکا با ابزار دیجیتال و نهادهای مالی، بانک جهانی، صندوق مالی بین المللی، بانکهای بزرگ در واشنگتن و نیویورک قطب جذب ثروت پولی جهان ست. ولی مالیگرایی وال استریت جامعه را بسوی نامعلوم می برد. در مشکلات مالی کشورهای دیگر – مکزیک، آرژانتین، اندونزی، سرانجام خود آمریکا در 2008با شرکتهای بزرگ مالی مانند گلدمن سکز سهیم است. دولت فدرال بمثابه واسطه/ بروکر بانکها و صندوقهای پولی، آنها را با وامها و بخشش سودهای معوقه از ورشکستگی درآورد.

سقوط "قرارداد اجتماعی" در کشورهای صنعتی غرب بویژه امریکا و انگلیس با راست نو خط ریگان و خانم ثچر اوج گرفت. این سقوط در برگیرنده هجمه بر اتحادیه های کارگری، مدیریت تقاضاهای نوع کینس، تقلیل اشتغال کامل و تامین اجتماعی از برنامه دولت، رفع مقرارات بر عمل شرکتها بود. کینس اقتصاددان انگلیسی دهه 1930 در باره بحران بورس گفت: در رکود کوتاه مدت، بازده اقتصادی تابع کل تقاضاها یا خریدهاست.

سرمایه مالی آمریکا و بقیه جی 7 توان برونرفت از بحرانهای موضعی مانند آرژانتین و یونان، مقطعی مانند 2008 وال استریت، حوزه ای مانند مستغلات و نهادهای وامده را دارد. ولی شرایط داخلی تولید و رشد خدمات معادله بازار آمریکا را با چالش روبرو کرده. باید پاسخی از اتاقهای فکر، مراکز پژوهش مالی، قوانین و مقررات قانونی و مالی جهان پیدا شود. نظریه پردازان سرمایه داری کنونی از پس نفوذ آزمند مالیگرایی در دولت و اقتصاد آمریکا بر نمی آیند. بنظر می رسد در دهه 2010 آمریکا مستقل از سازمان ملل بتواند مسایل مالی جهان را رتق و فتق دهد.

اتاق فکر مربوط به جورج سوروس نوشت: در اقتصاد پیشرفته، بویژه ایالات متحده و بریتانیا، نقش بازار سرمایه ای و بخش بانکی برای پرداخت به سرمایه گذاری جدید در حال کاهش است. بیشتر پول این 2 برای وام با وثیقه دارایی موجود مانند بنا، سهام، قرضه می باشد. در 2016 اقتصاد آمریکا، بخش مالی 7% بوده که از 4% در 1980 افزایش یافته است. ولی 25% تمام سود شرکتها را داشته؛ اگرچه فقط 4% شغلها را ایجاد کرده. پس از بحران مالی 2008 تصمیمات دولت آمریکا در خدمت و حفظ بخش مالی یعنی بنیان سرمایه داری جهانی بود؛ در حالیکه به صاحبان خانه، کسبهای کوچک، کارگران، مصرفکنندگان زیان رسید.

منابع. 28/09/2018
https://www.amazon.com/Makers-Takers-Finance-American-Business-
ebook/dp/B014BR46P2 فروهر، سازندگان و بردارندگان.
Rana Foroohar , Capitalism, Time, May 23, 2016, p 27-32

چند واژه در زیر تعریف شده اند. بانک یک نهاد مالی مجوزدار برای دریافت وجوه نقدی بوده که 2 نوع است: بانک تجاری/ خرده پایی و بانک سرمایه گذار که عمدتا بانک مرکزی و حکومت هر کشور آنرا کنترل کند. صندوق پوششی یک شرکت سهامی با مسئولیت محدود برای ثروتمندان است که بطرق ریسکدار کار می کند. یعنی با پول قرضی به تجارت با درآمد زیاد می پردازد. بیمه تضمین یک نهاد در دادن خسارت، مریضی، مرگ، صدمه، تصادف در مقابل پرداخت سالانه فرد بیمه شده می باشد.

اینترپرایز Enterprise بطور عام کسب یا شرکت است؛ بطور خاص بمعنی اجرای یک پروژه مشکل، ریسکدار، نوآور است. سفر یا فعالیت مخاطره آمیز venture بوده که در امور مالی سرمایه گذاری در یک فغالیت تولیدی با ریسک همراه است. سرمایه ونچر هم بمعنی سرمایه گذاری در یک شرکت نوآور، آغازگر، کوچک بوده؛ با خطر ضرر همراه است. اسپکولاسیون Speculation بمعنی عام حدسی، مفروض یا نظر بدون استدلال بوده؛ بطور خاص خرید سهام، ملک، قبضه بامید سود آتی می باشد.

نتایج مالیگرایی

وقتی صحبت پول می شود؛ همه مذهب واحد دارند. ولتر

در آغاز سده 20 تکامل جوامع پیشرفته صنعتی به شکل گیری انحصارات و سپس امپریالیسم- مرحله عالی سرمایه داری رسیدند. نتیجه این مرحله 2 جنگ جهانی، پیروزی انقلابات روسیه، چین، ویتنام شد. پس از ج ج 2 آمریکا بخشی از صنعت جنگی

خود را به مصرفی تبدیل کرد. بازار داخلی بزرگ برای خودرو، وسایل خانه، ابزار برقی، فرآورده های خوراک، تفریحات شد. با انفجار 2 بمب هسته ای در ژاپن، ایجاد 1000 پایگاه نظامی در جهان، تشکیل ناتو سروری نظامی خود در جهان را تثبیت کرد.

در پایان سده 20 فروپاشی اردوگاه، رشد سرمایه داری خصوصی در چین و هند، رشد جهادگرایی در خاورمیانه- سرمایه مالی در آمریکا بر جناح نفتی- نظامی پیشی گرفت. این سیطره سرمایه داری بشکل مالیگرایی/ فایننسیالیزاسیون و در خارج بشکل جهانیگرایی/ گلوبالیزاسیون تبلور یافت که از ترکیب سرمایه داری و فنآوری دیجیتال حاصل شده اند. اکنون عالیترین مرحله سرمایه داری مالیگرایی است که نتایج خود را در بر داشته؛ بحرانهای موضعی را پاسخگوست.

وقتی امور مالی آنقدر بزرگ شـود، هوای تنفسی اقتصاد را می بلعد. در واقع امور مالی وقتی حتی نصف اندازه امروزی هم باشد؛ این اثر مخرب را پیدا می کند. مضار مالیگرایی بقرار زیرند: 1-غلبه امور مالی بر کسبها، 2-سرمایه مالی در حاکمیت، 3-تجزیه طبقه متوسط، 4-تمرکز ثروت، 5-افزایش بدهی، 6-کاهش درآمد بقیه مردم، 7-نابرابر، 8-کاهش حقوق تقاعد، 9-کاهش R&D، 10-افت کسبهای نوآغاز شغلزا، 11-بیرمقی نوآوری، 12-جابجایی مردم.

1-غلبه امور مالی. قبل از مالیگرایی، امور مالی/ فایننس در خدمت کسب/ بیزینس بود؛ ولی اکنون در خدمت خودش یعنی وال استریت- مرکز بورس سـهام در نیویورک- است. بحران بزرگ 1929 با مقررات بعدی مهار شد. در گذشته امور مالی/ فایننس شامل بانک، صندوق پوششی، بنگاه بیمه، نهاد خرید و فروش- در خدمت کسب بودند. در چند دهه گذشته، امور مالی از این سنت برگشته؛ تنها نسبت کمی از پول یعنی 15% سرمایه از بازار مالی به کسبهای مین استرت می رسد. اکنون 40 سال است که در سرمایه داری آمریکا مهندسی مالی/ وال استریت بجای مهندسی محصولات بازار/ مین استریت رایج است.

مهندسی مالی شامل بسته های مالی، صندوقهای پوششی و پولی، مدیریت پول، گروههای پژوهشی، مدلسازی، برنامه های حسابداری در رایانه، ارتباطات سریع می باشد. مین استرایت مرکز کسب هر شهر با مغازه، مراکز خدمات، خرده فروشی بوده که استعاره تولید اقتصادی در همه شهرها است. وال استریت مرکز کاغذبازی الکترونیک در نیویورک بوده که ربطی به اقتصاد تولیدی و صنعتی کشور ندارد. در حالیکه اکثر پول بازار مالی صرف وال استریت شـده که روزانه 1 تریلیون دلار سـهام در آن خرید و فروش می شوند.

شـرکتهای چندملیتی پول خود را در بانکهای فراساحلی پارک کرده؛ نیاز مالی خود را در آمریکا با قرض و ربح کم در اینجا تهیه می کنند. نمونه: گاهی اپل با مهندسی مالی برای پول ساختن با وام برای بازخرید سهام خود نه ایجاد یک کارخانه یا محصول جدید برای فروش عمل می کند. این مهندسی مالی قیمت سهام را تصاعدی بالا برده؛ ثروت سهامداران کلانش را افزایش می دهد. یک دلیل وام گرفتن شرکتها با داشتن نقدینه کلان این است که پساندازها در نقاط فراساحلی بخاطر گریز مالیاتی قرار دارند.

2-سرمایه مالی در حاکمیت. از 10 بزرگترین اهداگر 2016 فردی سیاسی 6تا اَبَرثروتمند صندوق پوششی اند. اینها همراه با مشاوران بانکداران در رفرم مالی و حمایت

مصرف‌کنندگان، بنام قانون Dodd-Frank، شرکت کردند. 93% مشاوران قاعده Volcker از خود صنعت مالی آمده بودند. او مدیر کل ذخیره مالی فدرال/ بانک مرکزی بود که بانکها را از سرمایه گذاری اسپکولاتیو/ قماری با قاعده ولکر منع کرد.

از گلوبالیزاسیون با فناوری دیجیتال، اقتصاد کُند تقلیل شغل را پدید آورده؛ زیرا نظام مالی در خدمت اقتصاد واقعی نبوده؛ بخودش می رسد. بخاطر پیشگیری از فروپاشی مالی سیاستمداران و مشاوران دولت فدرال 4.5 تریلیون دلار برای تقویت پولی در اقتصاد پس از بحران 2008 تزریق کردند.

3-تجزیه طبقه متوسط. مالیگرایی درون آمریکا به کاهش طبقه متوسط، فربه شدن 1% بالاییها، رشد کند نوآوری انجامید. حرص 1% ثروتمندان بویژه شبکه صندوقهای پوششی سیری ناپذیر است. نفوذ سرمایه مالی بر حاکمیت، خزانه داری، وزارت دارایی، کنگره، بانک جهانی، صندوق مالی بین المللی تشدید می شود. با گسترش شنود الکترونیک روی زمین- مراودات تصویری، متنی، صوتی جهان ادامه داشته؛ برنامه ها، لایه ها، نرم‌افزارها، حفاری داده ها برای کمک به تصمیم‌گیران پدیدار می شوند.

4-تمرکز ثروت. سده 21 به آمریکایی متوسط الحال بیمهری می کند. بدون تامینات اجتماعی و تقاعددر 2007، 1% جمعیت 34.5% کل ثروت را صاحبند؛ 19% هم 50.5% پس 20% جمعیت 85% ثروت را دارند؛ 80% لایه زیرین 15%. غنیترین خانواده ها در 2016 بقرار زیرند: والتون صاحب خرده فروشی والمارت با 11 هزار دمغازه در 27 کشور با دارایی 152 میلیارد دلار؛ کوک با 89 میلیارد دلار در صنایع نفت، مارس با 60 میلیارد دلار در آبنبات، کارگیل با 43 میلیارد دلار، جانسون صاحب 39 میلیارد دلار و صندوق سرمایه گذاری فیدلتی با 20 میلیون سرمایه گذار عضو، 500 صندوق گوناگون، دارایی 4 تریلیون، هرست با 35 میلیارد دلار.

5-افزایش بدهی. در آمریکابدهی انواع گوناگون دارد: فدرال، ایالتی، شهری، بخشی/ کانتی، فردی، شرکتی. افزایش بدهی بنفع بانکها و امور مالی بوده؛ ولی اعتبار زیاد منجر به بی ثباتی مالی می شود. چون امور مالی سهم/ مثلث گنده تر حوزه اقتصاد را بخود تخصیص داده؛ لذا بدهی در اقتصاد پیشرفته آمریکا غالب شده تا 70% بازده مصرفی را دارد. اعتبار داده شده به مصرف کنندگان آمریکایی در دهه 1980 به دلار واقعی 2برابر شد که 20-300% سود، حق الزحمه، جریمه دیرکرد را بر فرد نازل کند. طبقه متوسط با کارتهای اعتباری کمبود مالی ماهانه خود را تامین می کند. گفته شده: "بگذار اعتبار بخورند."

مین استریت یا کسبهای شغلزا ضیق توان اعتباری دارد. بانکهای مالی از وام به کسبهای کوچک سر باز می زنند. زیرا کمتر از فعالیتهای مالی مانند اوراق بهادار، معاملات سهام، مشتقات، آتی خری، صندوقها، خرید و فروش قرضه سودآور است. در 2015 کسبهای کوچک 50% نتوانستند مقدار وام مورد نیاز خود را بگیرند. لذا 32% بنگاههای در حال رشد توسعه خود را به تاخیر انداخته؛ 21% ثروت شخصی را برای کسب خود بکار بردند.

اپل در 50 سال گذشته موفق بوده؛ اکنون 200 میلیارد دلار پسانداز در بانک دارد. ولی در چند سال اخیر بخاطر نرخ نازل ربح، میلیاردها دلار قرض کرده تا در تحکیم بهای سهام به خریداران کلان/ سرمایه گذران خود بپردازد. مدتی مهندسی مالی کمک به

افزایش بهای سهام اپل کرد. بمحض آغاز افت بهای سهام در آوریل 2016 غول ثروتمند نیویورکی، کارل آیکان سهام خود را فروخت تا ثروت هنگفتی بچنگ آورد.

بزرگترین مالک خانه های تک خانوار آمریکا Blackstone است. این بنگاه پول داشته؛ خانه های حراجی بانکها در بحرانهای مالی را فله ای می خرد. بانکها در مراودات مالی بیشتر از پساندازهای مشتریان وام مسکن می دهند؛ زیرا مراودات مالی پرسودتر است. صندوقهای مشترک از وام مسکن 65% بیشتر سودآور است.

6-کاهش درآمد مردم. اکنون کسبهای لایه بالای آمریکایی منابع مالی هنگفتی- رویهم 2 تریلیون دلار نقد- دارند که آنها را دهمین اقتصاد بزرگ جهان می کند. طنز تاریخ اینجاست که آنها برای بازخرید سهام خود دیون خود را افزایش می دهند. کسانی در راس بنگاههای مدیریت داراییها مردم قرار دارند. آنها بخاطر تقلیل هزینه شرکت از نیروی کار می کاهند.

آنها معمولا برای درآمد کمتر از یک سال شرکت، حقوق، مزایای، درآمدهای افسانه ای دارند. پس آنها با اندوخته های مردم در آن بنگاهها برای درآمد زیاد در کوتاهترین مدت نه برای استراتژی دراز- مدت می کوشند. گاهی صندوق تقاعد سهام شرکتهایی را دارند که مدیریت مالی جدید این شرکتها شغلها را تقلیل داده؛ که شاید شامل شغل خود ما هم شود؛ یعنی به بیکاری ما ختم می شود.

7-نابرابری. تصادفی نیست که بازخرید سهام برای شرکت بیشتر درآمد دارد. فاصله ثروت اغنیا از بقیه در 4 دهه گذشته بیشتر شده است. لذا بین مالیگرایی و نابرابری رابطه مستقیم است- در دهه 1980 نابرابری تابع درآمد شاخص سهام Nasdaq بود. یعنی با افزایش شاخص سهام، نابرابری ثروت در جامعه بیشتر می شود. نزدک، اتحادیه ملی دلالان اوراق بهادار سیستم اتوماتیک خبر سهام، و شاخص متوسط صنعتی Dow Jones ناشر روزنامه وال استریت در رابطه با بهای سهام اند. قیمتهای سهام خیلی بالا در واقع 10% ثروتمندان با 80% سهام را غنی تر کرده؛ در حالیکه 2% اقتصاد اصلا رشد ندارد.

8-وام خون حیاتی امور مالی/ فایننس است. در 2015 بدهی جهانی 57 تریلیون دلار بیشتر از 2007 شد. در گلوبالیزاسیون کنونی اکثریت سرمایه برای وام با وثیقه های خانه، سهام، قرضه یعنی وال استریت است نه برای کسب یعنی مین استریت. تغییرات دراز مدت حکومت و صنایع خصوصی در بازار مسکن متکی به حمایت دولت اثر گذارند. افزایش امور مالی اقتصاد محلی را هم مخدوش کرد: اجاره خانه در محله های با بیکاری زیاد هنوز بالاست. در برخی شهرها مانند نیویورک، بوستون، لس آنجلس قیمت خانه بخاطر ورود سرمایه خارجی گاهی سرسام آور است.

امور مالی/ فایننس در زندگی روزمره مصرفی هم از نونهالان تا پیران با واسطه شبکه مالی در مغازه های فراوان در هر شهر رخنه کرده؛ مانند جویبارهای کوچک به رودها، سپس به دریای سرمایه مالی، هر ماهه می رسد. البته بانکها هم به دادن کارت اعتباری به مشتریان برای تسهیل ورود الکترونیک به شعبه اتوماتیک بانکی فعالند. کارتهای اعتباری بانکی هم در فروشگاهها از رد و بدل پول جلوگیری کرده؛ خرج را بصورت الکترونیک از حساب فرد برداشت می کنند.

در سده 21 فروشگاهها، پمپ بنزینها، بیمه ها، خرده فروشیهای زنجیره ای همه خریداران را به گرفتن کارت اعتباری ترغیب می کنند. شرکتها با تسهیل روند اعتباری، تخفیف چند در صدی، حذف هزینه ورودی حساب اعتباری ماهانه، قسطی، با بهره، جریمه دیرکرد قسط- خریداران را تشویق به گرفتن کارت اعتباری خود می کنند. کارت اعتباری خرده فروشان بخشی از درآمد آنها است.

شرکتهای سیرس، شل، کیمارت به خریداران خود کارت اعتباری را بسادگی داده تا خریدهای عمده مانند لاستیک یا تعمیر ماشین، پول بنزین، وسایل خانه به اقساط با ربح بالا، جریمه دیرکرد، هزینه سرویس قسط بندی ماهانه شوند. شرکتهای اعتباری بزرگ مانند ویزا، ماسترکارت، امریکن اکسپرس پیشتاز تجمیع/ انتگراسیون مصرفیها/ خرده خران به سرمایه مالی اند.

برای همین است که صنایع- از اتومبیل تا خطوط هواپیمایی- به امور مالی وارد شده اند. نسبت به پیش از 1980 این شرکتها 5 برابر درآمدشان از امور مالی در می آورند که شامل سرمایه نهی، صندوق پوششی، بهینگی مالیاتی، خدمات مالی می شود. پوشش سنتی بنگاههای انرژی و ترابری با اسپکولاسیون/ خریدهای شرطی سودآور در قیمت آتی نفت- تغییری بود که در واقع کسب محوری را با قیمت متغیرتر کنار گذاشت. شرکتهای فنی بزرگ اوراق قبضه های کورپورت را تقبل به نشر کردند- آنطور که گلدمن-ساکز می کند.

9-کاهش حقوق تقاعد. یعنی هر شاغلی پس‌انداز تقاعدش را در صندوقهای پوششی، مانند فیدلتی، آمریکای بزرگ پارک کرده؛ دیگر تقاعد به سهام شرکت کارکن پیوند نداشته؛ بلکه با صندوقهای مالی واسطه به سهام شرکتهای غیر گره می خورد. این شرکتهای مالی واسطه درآمد مدیران آنها شده که با عرضه سهام و حقوق سالانه سر به چند میلیارد دلار می زند. مالیگرایی اقتصاد- نوآم چامسکی، 2016
https://www.youtube.com/watch?v=bVB6Sz0bn6Q

سالهای زرین پیری کمتر شده است. اگرچه سن بازنشستگی 65 سال است؛ ولی پیران بخاطر نیاز مالی به کار ادامه می دهند. سامانه تقاعد پس از 65 سالگی بر 40 میلیون نفر در پیری فراغ خاطر می دهد. البته عادت مصرفی در جامعه آمریکا ریشه در شکوفانی اقتصاد پس از ج ج 2 دارد که مردم را به خرید اقلام جدید با تبلیغات شرکتهای تولیدی تحریض می کند. گاهی نیاز به کار برای اعضای خانوار تا بعد از سن بازنشستگی 65 سال ضروری می شود. باید توجه داشت که طول کار در روز در آمریکا از تمام کشورهای پیشرفته بیشتر است. حق الزحمه زیادی مدیریت از ثروت حجم صندوق تقاعد کاسته؛ لذا درآمد این صندوق کاهش یافته؛ پرداخت فردی متقاعدان نیز کاهش می یابد.

نسبت به 2 دهه پیش، اکنون کارگران 25-35 ساله می خواهند دیرتر بازنشسته شوند. 84% بسن 65 سالگی یا جوانتر در 1996 بازنشسته شدند که به 57% در 2016 کاهش یافت. در 1996 پیرتر از 65 سال، 8% بازنشسته شده؛ 3% هرگز بازنشسته نشدند. در 2015 پیرتر از 65 سال 34% بازنشسته شدند؛ 2% هرگز بازنشسته نشدند. بقیه نمی دانند کی بازنشسته خواهند شد.

دلیل عمده افزایش بازنشستگان این سال شایعه کاهش موجودی صندوق تقاعد است که برداشت نیروی پیر متقاعد بیشتر از سپرده نیروی جوان کار است که وجه ماهانه به تامین اجتماعی می پردازد. یک دلیل اوباما برای قانونی کردن 11 میلیون خارجی بدون اقامت رسمی، تامین کسری صندوق تقاعد است.

10-کاهش بودجه پژوهش. با تشویق لابی مدیریت شرکت به ارتقای بهای سهام در کوتاه-مدت، بخشی از امور مالی/ فایننس- مسئول عمده کاهش کمک به پژوهش و توسعه R&D در فضای کسب/ کورپورت آمریکاست. زیرا R&D تخم تمول/ ثروت آینده است. شرکتها یک کلک دیگر برای افزایش قیمت شرکت- تابع بهای سهام و تعیین کننده توان وامگیری- بکار می برند. آنها شماری سهام خود را بازخرید کرده؛ وقتی که بهای سهام بالا است. این کار بهای سهام را بالاتر برده؛ سرمایه گذاران و مدیر عاملان با داشتن امکانات options یعنی سهام بجای حقوق سالانه، ثروتمندتر می شوند.

پس پولی که باید صرف R&D شود؛ در بازخرید سهام بکار می رود. از دهه 1980 بازخرید سهام افزایش یافته؛ با هزینه پژوهش منحی ایکس می سازد: بازخرید بیشتر سهام به هزینه کمتر پژوهش می انجامد. بنگاهها عضو S&P500 اکنون سالانه 1 تریلیون دلار صرف بازخرید buyback سهام می کنند. درآمدهای ناشی از افزایش بهای سهام 95% درآمد خالص آنها شده. این ثروت را در R&D برای محصول و چیزی جدید بکار نمی برند تا به رشد دراز-مدت کمپانی کمک شود. "ستاندارد و پور" بکمک رایانه شاخص سهام 500 شرکت عظیم را روزانه اعلان می کند.

نیز بسیاری بنگاههای فناوری خیلی بیشتر روی شگردهای افزایش بهای سهام نه R&D خرج می کنند. اگر نکنند، بازار سهام آنها را جریمه می کند. نمونه: مایکروسافت مارس 2006 سرمایه گذاری روی یک فناوری نوین خود را اعلان کرد؛ ولی بهای سهامش 2ماه افت کرد. در ژوییه همان سال 20 میلیارد دلار بازخرید سهام خود را اعلان کرد؛ بهای سهام فورا 7% بالا رفت. این پاداش برای مدیران عامل شرکت ثروت چند برابر ببار آورد.

11-بیرمقی نوآوری. اکنون وام به کسبهای کوچک و تعداد بنگاههای آغازگر Startup کاهش موحش کرده اند. در آغاز دهه 1980، شرکتهای جدید نیمی از کسبهای آمریکا بودند. یعنی با همه پچ پچ در باره آغازگران سیلیکون ولی، تعداد بنگاههای جدید کل کسبها در واقع کمتر هم شد. شرکتهای بزرگ دنبال تقویت بهای سهام اند نه هزینه کردن برای R&D ضامن رشد دراز- مدت با محصولات آینده. در 1985شرکتهای با بیش از 10هزار شاغل 73% هزینه R&D غیر فدرال کرده؛ در 1998 به 54% رسید؛ در 2008 به 51% کاهش یافت.

نرخ سرانه ایجاد کسب جدید از دهه 1980 کاهش یافته؛ آغازگران در هر 100 هزار نفر بقرار زیرند: در 1977 به 257، در 1983 به 185، در 1992 به 181 ، در 2001 به 165، در 2013 به 129 کاهش یافتند؛ یعنی ظرف ربع قرن سرانه شرکتهای جدید در 100 هزار نفر، به نصف رسید. آغازگر/ کسب کارگشا entrepreneur کارآفرین بوده؛ توسعه اقتصادی می آورد.

12-افت کسبهای آغازگر. از 1978 تا 2012 تعداد شرکتهای جدید 44% کاهش یافته؛ این کاهش با رشد صنعت مالی و تغییر تمرکز از وامدهی به اسپکولاسیون/ خرید

قماری همراه بود. سیلیکون ولی در 2014 بالاترین درآمد شغلی را در آمریکا داشت. کسبهای جدید منبع اصلی افزایش شغل و رشد GDP اند. وارن بافت گفت: اکنون گروهی پیدا شده که نه به رستوران بلکه به کازینو می روند. در کازینو الکترونیک با شمار ناچیز خدمه قمار است؛ در رستوران فروش خوراک و خدمات شغلزایند.

اکنون عرضه عمومی اولیه اوراق بهادار IPO یک/ سوم 20سال پیش است. اگرچه در 2014 بهای آن 74.4 میلیارد دلار، یعنی 47.1 میلیارد دلار بیش از 1996 بود. متوسط آن در همان سال از 30 میلیون دلار به 47.1 میلیون دلار رسید. این به 2 دلیل بود: 1- سرمایه گذاران مطمئن ترین شرط بندی را می خواستند؛ نه بازار مولد برای نوآوری. 2- بنگاهها کمتر سهام عمومی اعلان می کنند؛ تا وال استریت بر آنها مسلط نشود؛ تا بتوانند به آفرینش ارزش واقعی بپردازند.

از شرکتهایی که عمومی می شوند 40% با فشار وال استریت بهای سهام را افزایش می دهند. پس خوشبینی کسب و آغازگر کسب نو اکنون از 30 سال پیش کمتر اند، دستمزدها تغییر نکرده، نابرابری در حال رشد است. مدیران شرکتها 82% حق الزحمه خود را بشکل سهام دریافت کرده که طبیعتا تصمیمات مدیران برای نفع کوتاه- مدت بوده؛ که ممکن است به ضرر شرکت و به نفع افزایش بهای سهام باشد.

13-جابجایی. پناهجویان، بیجاشدگان در 2015 به 65 میلیون نفر بود که خیل مهاجران، فرار مغزها، جابجایی کاری را هم باید افزود. آمریکا سرمایه گذاری فعلی خود را در کشورهای جی20 کرده؛ لذا خیل جوانان بیکار بویژه در خاور میانه را در پروژه های عمرانی نظیر پس از ج ج 2 شغل آفرینی نمی کند. لذا لایه از این جوانان چه در غرب چه در خاورمیانه به جهادیگرایی مسلحانه و انتخاری کشیده می شوند. البته جناح نظامی از این گرایش بدش نمی آید چون تنور کاربرد و فروش تسلیحات را داغ می کند.

از گلوبالیزاسیون با فنآوری دیجیتال، اقتصاد کُند تقلیل شغل را پدید آورده؛ زیرا نظام مالی در خدمت اقتصاد واقعی نبوده؛ بخودش می رسد. بخاطر پیشگیری از فروپاشی مالی سیاستمداران و مشاوران دولت فدرال 4.5 تریلیون دلار برای تقویت پولی در اقتصاد پس از بحران 2008 تزریق کردند. قیمتهای سهام خیلی بالا در واقع 10% ثروتمندان با 80% سهام را غنی تر کرده؛ در حالیکه 2% اقتصاد اصلا رشد ندارد.

منابع. 28/09/2018
https://www.amazon.com/Makers-Takers-Finance-American-Business-
ebook/dp/B014BR46P2 فروهر، سازندگان و بردارندگان.
Rana Foroohar , Capitalism, Time, May 23, 2016, p 27-32

آمریکا در گذار از لیبرال دمکراسی به نئولیبرال

آمریکا از سده 19 تا 21 از سرمایه داری به امپریالیسم و گلوبالیزاسیون، در سیاست از لیبرال دمکراسی به نئولیبرالیسم، در اقتصاد به الیگارشی و مالیگرایی رسیده است. با فروپاشی اردوگاه، آمریکا در سلطه جهانی ابرقدرت شده؛ اکنون در حال زوال است. در سده 21 در 200 کشور عضو سازمان ملل سرمایه داری با انباشت سرمایه در ابعاد

نجومی رایج است. این اعضاء سرمایه داری خصوصی و مخلوط با فرهنگهای بخشی پیشاسرمایه داری در فازهای پایین دولتی تا بالای گلوبالیزاسیون اند.

معهذا این کشورهای سرمایه داری رتبه های تکاملی، بقایای فرهنگ پیشین، مدیریت پیشاسرمایه داری هم دارند. پیشرفته ترین مدل جهانیگرایی و مالیگرایی غالب در آمریکا و انگلیس است. مالیگرایی با فنآوری دیجیتال، قراردادهای تجاری، وصل برخط بازار بورس 5قاره- بسته های مالی صندوقهای مشترک و پوششی به بازار عرضه کرده؛ نیز به صندوقهای بازنشستگی کشورهای ثروتمند برنامه مدیریت مالی می فروشد.

در رده پایینتر سرمایه هندی، چینی، اسپانیایی است که در ساختن زیربناهای کشورهای جاده ابریشم بکار می روند. رقابت جهان تقسیم تولید را هم در بر دارد. نمونه: امارات به امور تجاری، تفریحی، مستغلاتی پرداخته؛ مواد خوراکی، صنعتی، پوشاک را از خارج وارد می کند. در رده زیرین کشورهای آفریقایی اند که پذیرای سرمایه و کارشناس در کشاورزی و خدمات می شوند.

سرمایه داری در 5سده گذشته با کشف 2قاره آمریکا و استرالیا، انقلاب صنعتی و اطلاعاتی، دگرگونی جهان در حال رشد است. یعنی سرمایه بهینه، بیشینه، همه گستر، انتقال پذیر، حجیم در جهان شد. نرخ این رشد مدام در سده 20 افزاینده تر شده؛ نشان داد: سرمایه داری برای انباشت سرمایه بهینه است. توزیع سرمایه بعهده سوسیالیسم، مرحله بعد تاریخ جوامع، می باشد. ماتریالیسم تاریخی نشان داد: تاریخ هر کشور از مراحل بدوی به پیشرفته سرمایه داری تکامل یافته؛ در نهایت به سوسیالیسم می رسد. در مرحله بعد قاره ها به پیشرفت رسیده؛ لذا شرایط بخشهای بزرگی از زمین آماده گذار به آن اند.

هسته این شیوه توزیع- مالیات تصاعدی، برنامه اجتماعی، حراست زیستبوم- در شمال اروپا دیده می شود. می توان زمان پیدایش سوسیالیسم را حدس زد. در 2017 کشورهای شمال و اتحادیه اروپا و جی 20 تولید ناخالص ملی بالا داشته؛ 50 کشورند که ظرف 50 سال پس از ج ج 2 به این تکامل درآمد رسیده اند. در جهان 200 کشور اند؛ 50 بر 200 می شود یک/ چهارم جهان انباشت سرمایه کافی دارند.

در 50 سال 50 کشور، در 100 سال آینده هم 100 کشور تولید بالا خواهند داشت. پس سرانگشتی سوسیالیسم 2117 برای تقسیم ثروت، عدالت اجتماعی در کار، خانه، آموزش، خوراک، پوشاک، بهداشت، تفریح/ شادی برای همه ممکن می گردد. مفروضات: سرمایه داری برای انباشت سرمایه ضروری است. سوسیالیسم برای عدالت اجتماعی ضروری است. گذار از سرمایه داری در قاره های جهان به سوسیالیسم بمثابه مرحله عالیتر تمدن بشر ضروری است.

البته بهره وری سرمایه با فنآوری دیجیتال برخط و مدیریت با دانش ژرف در سده 21 بهینه شده. کنترل بر آن را دولتها، سازمان ملل، معاهدات چندجانبه تعیین کرده؛ ولی لابی سرمایه در دولت دمکراسی، آن را بسوی الیگارشی می کشاند. نمونه روسیه، آمریکا، انگلیس.

آمریکا در خاور میانه کنونی

در شمار کمی از ثروتمندان سرمایه با تمرکز افزاینده انباشت شده؛ تنها ثروت 8 نفر از آنها برابر دارایی نیمی از کل جمعیت زمین یعنی 3.5 میلیارد انسان می باشد. بخشی از این ثروت به خرید آثار هنری، پژوهشهای دارویی، طبی، فناوری می رسد. در نهایت موقوفات کلان خیریه به مراکز تمدن غرب مانند نیویورک، لوس آنجلس، شیکاگو اهدا می شوند.

بحرانهای ساختاری، ادواری، موضعی سرمایه داری را خلاقیت انسانها مانند "معامله نو" روزولت پس از بحران 1929 بورس سهام آمریکا و پیدایش فاشیسم آلمان پاسخ دادند. در سرمایه داری ماهیت کار- یعنی تولید محصول برای بازار- ازخودبیگانگی انسان را دامن می زند. 10% جمعیت آمریکا از عوارض روحی، شخصیتی، فکری مانند تنهایی، اضطراب، افسردگی، وسواس عجولانه رنج می برند. گسترش شهرنشینی از خودبیگانگی را با عوارض روحی در هم می آمیزد.

در آمریکا چرخه دولت 4ساله بوده که به بحران ادواری 7ساله واکنش دارد. یعنی دولت در مهار هر بحران گامهایی برای پیشگیری بر می دارد. نخبگان هم چرخه 1-2 ساله را در پژوهشهای اقتصادی، مالی، حقوقی، سیاسی بررسی کرده؛ راهکار کارشناسی خود را ارایه می دهند. مدیران شرکت در مسند قدرت گاهی طولانی مانده؛ ثروت شان با بنیه مالی شرکت از طریق سهام، حقوق، امتیاز گره می خورد. لذا مدیران دیرپا و مانا بوده؛ با لابی دولت را در خدمت خود بطور مسالمت آمیز تعیین می کنند.

رشد سرمایه داری با آلاینده های محیطی همراه بوده. تا جایی که گرمایش جو، آب شدن یخ قطبی، خشگی جاره استوایی زمین، ریزگردها آب و هوای مناطق وسیعی را تهدید می کنند. بیآبی با خشکاندن سفره های آبی و تالابها موجب طغیان مردم، جنگها، موجهای میلیونی کوچ انسانها شده. زیستبوم در مناطقی از زمین در خطر است. در مناطق شمال اروپا خلاقیت انسان برای کاهش باران اسید در خشکاندن درختان، بازیافت زباله های شهری و صنعتی، کاربرد نیروی آفتاب راهکارهایی می یابد.

تغذیه هم با کاربرد بهینگی ژنتیک در دانه های کشاورزی، گوشت حشرات، دامپروری، مرغداری نوین، نمکزدایی آب دریا، کاهش باکتریهای مضر و آفات می تواند پاسخ افزایش جمعیت زمین باشد. اصلا خود 2برابر شدن جمعیت زمین در 50سال گذشته دلیل بهبود بهداشت، خوراک، زندگی بشر است. منابع خیریه برای حمایت از حیات وحش هم بکار می رود.

ارز تجاری دلار در کنترل آمریکا با کشورهای دیگر سازمان ملل، صندوق جهانی پول، فروش نفت می باشد. برخی نهادهای مالی برنامه های وامگیری، سرمایه گذاری، فرار از مالیات، فساد ثروتاندوزی رهبران جهان سوم را سرویس می دهند. این نهادها هم در همه کشورها از آمریکا و انگلیس تا آفریقا و آسیا نئولیبرالیسم را دیکته می کنند- بمثابه ماده یا پیشرط در قرارداد وامگیری.

در سده 21 بقایای اقتصادی و سیاسی این پدیده ها همه در جامعه موجودند. چپ دهه 1960 به راست دهه 1970 دگرگون شد. از دهه 1970 مشی نئولیبرالیسم در سیاست خارجی آمریکا غالب شد؛ نیز جناح نظامی جنگ افروز دست بالا را دارد. آیا رشد دمکراسی در آمریکا و انگلیس نهایت ندارد؟ آیا دمکراسی نیاز به اعتدال دارد یا تا

بینهایت پیش می رود؟ آیا پس از مدتی دستآوردهای دمکراتیک برای کارگران، زنان، اقلیتها همراه با دگردیسی اقتصادی جنبه نئولیبرال سرمایه پس گرفته می شوند؟

در 2007 مالیگرایی بیش از 40% سرمایه صنعتی را کنترل کرد. بنگاههای مالی به اقتصاد واقعی وصل بودند. لوییس پاوول در 1971 نوشت: "چپ نو دهه 1960 را برای آزادی دمکراسی باید شکست داد." نئو لیبرالیسم مشی اقتصادی و سیاسی در مسیر تاریخ است که در آمریکا با لیبرال دمکراسی آغاز شد.
http://reclaimdemocracy.org/powell_memo_lewis/

آمریکا دوره شکوفانی را با دمکراسی اجتماعی "معامله نو" روزولت طی کرد. در دهه 1950 عصر طلایی با اشتغال زایی، مزد بالا، 25% مصرف انرژی جهان، ربع جی دی پی جهان، فرهنگ هولیوودی، سرور غرب بود. فریدمان در 1951 خود را نئولیبرال نامید. لیبرال دمکراسی در خدمت خواسته های کارگران گرایش خفته ضد دمکراتیک یعنی چیرگی مردان سفید را با خود داشت.

دهه 1960 جنبش مدنی ضد جنگ؛ رای دادن سیاهان جنوب، ورود شان به مدارس سفیدها، هولیوود، ورزش؛ مسکن ارزان، ورود زنان به مدیریت و ورزش، تخریب زیستبوم، برخورداری اقلیتها از مزد بهتر و ایمنی کار، توجه به خواستهای سندیکایی کارگران، صندوق تقاعد، تسهیل امور مهاجران - بقول چامکسی "موج چپ" اوج دمکراسی لیبرال بود.

از دهه 1970 گرایش نئو لیبرالیسم پدید آمد. کمیسیون 3جانبه دولت کارتر، برنامه نئو لیبرالیسم دوره ریگن، پیروزی ترامپ- با الکترال در 4 ایالت با 92 هزار رای بیشتر ولی 2 میلیون رای کمتر در دیگر ایالتها- نشان می دهند: آمریکا از بالاترین مرحله سرمایه داری آغاز سده 20 تا ج ج 2 به ابر قدرت رسیده؛ گلوبالیزاسیون تکوین یافت. چامسکی نوشت: نئو لیبرالیسم را دولت سرمایه داری با مشی های اجتماعی-اقتصادی اجرا می کند. این مشی ها می توانند به افزایش ناچیز درآمد، رکود، کاهش درآمد اکثریت بیانجامند.

با اوج گلوبالیزاسیون مالیگرایی بر سرمایه صنعتی غالب شد؛ وال استریت هم بر حاکمیت غالب شد. ریگان و ثچر، در دهه 1980 با کاهش مالیاتی ثروتمندان، وعده ایجاد کار، تضعیف سندیکاهای کارگری، رفع مقررات، خصوصیگرایی، کاربرد کنترات چیها بوسیله دولت کوچکتر- جاده صافکنهای نئولیبرالیسم بودند. نئولیبرالیسم سرمایه داری بازار آزاد سده 20 و 21 است که ترفیعات دولت برای وامدهندگان، محدودیت سندیکاهای کارگری، رفع مقررات دولتی برای سرمایه داری خصوصی مختلط با خارجی، ریاضت دولت در اقتصاد را دیکته می کند.

نیز مسبب ذوب مالی 2008-2007، انتقال ثروت به جزایر موافق امور بانکی با مقررات کمینه مانند پاناما، جزایر کیمن، برمودا بود. ضایعه آن افزایش بودجه دفاعی با زدن مخارج آموزش، بهداشت، زیستبوم است. فقر کودکان، تشدید تضاد طبقاتی، محدودیت عدالت اجتماعی، تاکید بر رقابت تا تعامل، کاهش مالیات و مقررات بر سرمایه داران- ضایعات دیگر ند. عامه گرایی، ضد مهاجران، نژادپرستی سفیدان، تضییع حقوق اقلیتها مانند تراجنسیتیها- در پیروزی ترامپ تبلور یافتند.

در 4دهه گذشته ثروت نه تنها از فقیران به اغنیاء، بلکه درون صفوف اغنیاء هم دست به دست شده؛ از آنها که با ارایه محصولات/ خدمات پول می سازند؛ به آنهایی رسید که پولشان کنترل داراییها و جمع‌آوری اجارات، سودها، پول‌ساختن سرمایه را در اختیار دارند. دولتها بحرانهای نئولیرالی را بمثابه مستمسک و فرصت برای کاهش مالیات، خصوصی سازی بقیه خدمات عمومی، کاهش شبکه ایمنی/ اجتماعی، رفع مقررات شرکتها، ایجاد مقررات برای شهروندان بکار می برند.

ناومی کلاین Naomi Klein نوشت: اوج نئو لیبرالیسم بازتاب ناتوانی چپ نیز هست. وقتی بازار آزاد منجر به بحران 1929 شد؛ مشی اقتصاد کینز انگلیسی، بقرار زیر بکار رفت: در کوتاه مدت بهنگام رکود، تقاضای کلان یعنی کل هزینه ها بازده اقتصاد را بشدت بالا می برد. او در 1930 یک تئوری کامل اقتصادی جانشین ارایه داد. در دهه 1970 مشی کینز 1946-1883 Keynes دال بر اشتغال تام و کاهش فقر با تولید عرضه فراوان فرو کاهید.

وقتی تقاضای کینزی مدیریت به رکود نیمه دهه 1970 رسید؛ بدیلی آماده موجود بود. ولی در 2008 وقتی نئو لیبرالیسم زوارش در رفت؛ نظریه پردازان چپ و مرکز 4چوب عام برای الگوی اقتصادی نداشتند. 4چوب کینز برای اقتصاد 80 سال بود که بکار رفته بود. آوردن آن دلیل این ناتوانی چپ بود. بحرانهای سده 21 را با چارهجویی کینزی نمی توان رفع کرد.

نظرات اقتصاد کلان و مشی دولت برای حل بحران اثرگذار اند. بحران ادواری در دهه 1970 تکرار شده؛ بعلاوه چارهجویی کینز چیزی برای بحران زیستبوم ارایه نمی کند. نظرات او در باره افزایش تقاضای مصرف برای رشد اقتصادی اکنون نارسایند. تقاضای مصرف کننده و رشد اقتصادی موتورهای تخریب زیستبوم شده اند. پوشاک دومین آلاینده محیط، پس از سوخت است. جورج مونیو، چگونه تو این هچل افتادیم؟
https://www.theguardian.com/books/2016/apr/15/neoliberalism-ideology-problem-george-monbiot

آمریکا کشور فدرال از 50 ایالت با دولتهای خودمختار است. دولت فدرال عمدتا به امور مالی، ایمنی، دفاع ملی می پردازد. لذا مشی خارجی آمریکا بخاطر انباشت سرمایه، ثبت اختراعات، تولید صنعت در جهان تعیین کننده است. جان لاک 1704-1632 از انگلیس پدر لیبرالیسم در جدایی دین از دولت با تفکیک 3قوه می باشد. لیبرالیسم او در 3 اصل فردیت، مالکیت، شادی بر ولتر، روسو، همیلتون و جفرسون در اعلامیه استقلال آمریکا اثر گذاشت. در سده گذشته 4 مشی / دکترین زیر تبلور تحولات درون از لیبرال دمکراسی به نئولیبرالیسم اند.

1-مشی پرزیدنت مونرو 1823 قدرت خارجی ایالات متحده آمریکا با جنگ 1846 مکزیک با فتح تکزاس، کالیفرنیا، آریزونا، نیو مکزیکو 2 اصل داشت: 1- قدرتهای اروپایی نباید آمریکای جنوبی و شمالی را مستعمره کنند. 2- ایالات متحده پس از این تاریخ گسترش مستعمرات در قاره آمریکا را قدغن می کند. سپس با انگلستان معاهده دریایی بسته؛ از این پس ایالات متحده نیروی دریایی جهانی شد.

2-مشی پرزیدنت ویلسون با شرکت در ج ج 1 آغاز لیبرال دمکراسی آمریکا شد. این مشی شمشیر 2لبه برای اشاعه دمکراسی و تلاشی دولت مخالف مانند گرانادا بود.

این مشی 14 ماده ای 1917 استقلال کشورهای کوچک، آزادی راه دریایی، گسترش دمکراسی و سرمایه داری، مخالف انزوای آمریکا را شامل شد. با مداخله در جهان، ایجاد لیگ/ جامعه ملل برای صلح و امنیت، تسهیل شد. کلینتون، بوش، اوباما مشی ویلسون را ادامه دادند.

3-مشی پرزیدنت روزولت با شرکت در ج ج 2 پس از بحران 1929 ائتلاف "معامله نوین 1 و 2" در راستای عدالت شعارهای شوروی اوج لیبرال دمکراسی آمریکا بود. رئوس مهم آن بقرار زیر ند: یارانه کشاورزی، بهبود صنعت، برقرسانی، جاده سازی، امور بانکی، مدیریت نوین دولت، اشتغال کامل، قوانین کار، تامین اجتماعی 1935، بیمه بیکاری. همسرش النور در نوشتن منشور سازمان ملل متحد سهیم بود.

4-مشی ریگن 1989-1981 بر اقتصاد و سیاست تاثیر گذاشت: کاهش مقررات، مبارزه بضد ساندنیستها با کمک به کانترا در نیکاراگوئه، آزادی گروگانها در تهران، گسترش ناتو پس از فروپاشی اردوگاه، جنگ سرد و ستاره ها، افزایش بودجه دفاعی، اقتصاد افزایش طرف تقاضا، کاهش عرضه پول برای مهار تورم، رفع مقررات، زیستبوم بنا به منافع شرکتها، رشد اقتصاد با کاهش مالیاتی ثروتمندان، تحریض آنها به سرمایه گذاری بنام ریگنامیکز، نصب اولین زن به دیوان عالی، اخراج 22هزار اعتصابگر برجهای دیدبانی فرودگاه، کاهش بودجه های حمایت اجتماعی، تقلیل کارکنان دولت، افزایش کنترات چیهای دولتی، جنگ با مواد مخدر، گسترش فنآوری اطلاعات، مخالفت با حقوق مدنی 1964 و 1965، کاهش بودجه آموزش.

لیبرالیسم "معامله نو" روزولت موج نئولیبرالیسم ریگن و ثچر را در پی داشت. میلتون فریدمن صاحب جایزه اقتصاد نوبل طرفدار ریگن بود. ولی روبرت سولو صاحب جایزه اقتصاد نوبل نوشت: ریگن باعث رکود عظیم خواهد شد. از مجریان مشی ریگن، گرین سپان راس امور مالی بود. اقتصاد کینز در آمریکا 1980-1945 رایج شد. نئولیبرالیسم در علوم اجتماعی و سیاسی از دهه 1970 رایج شد؛ بحران 2009-2008 کمی خفیفتر از 1929 بود. جمهوری نو و ماهنامه واشنگتن 2نشریه راست و نهاد امریکن اینترپرایز اتاق فکر نئولیبرالیسم اند.

سرمایه جهانی کنونی در روال تکاملی از امپریالیسم بمثابه بالاترین مرحله، به انحصارت فراملیتی، پیوستگی بورس جهانی برخط، گلوبالیزاسیون همراه با قراردادهای تجاری است. رابطه بین سرمایه داری، امپریالیسم، ابرقدرت، گلوبالیزاسیون، مالی گرایی، لیبرال دمکراسی، نئولیبرالیسم، محافظه کار راست، لیبرالیسم چپ در آمریکا از آخر سده 19 تا آغاز سده 21 چیست؟ این پدیده ها اقتصادی، سیاسی بوده که هر کدام تاریخچه خاص خود را در نظریات مربوط، کنشگران دولتی، کارکرد اجتماعی دارد.

رابطه پدیده و ایده 2سویه است؛ یعنی پیدایش سرمایه روی نطرات سرمایه داری اثر گذاشته؛ نیز اجرای این نظرات بر تکوین سرمایه داری اثر گذار است. هر پدیده اجتماعی جنبه اقتصادی و سیاسی دارد. سرمایه داری برای بهره کشی سرمایه از نیروی کار آغاز گشت؛ جنبه سیاسی آن تفکیک 3قوه مقننه، قضاییه، اجراییه بود. صفات بقیه مانند امپریالیسم را هم می توان به اقتصادی و سیاسی تقسیم کرد.

شکل تعدیل لیبرالیسم قرن 19 در خدمت سرمایه داری بازار آزاد، بدون دخالت دولت، خصوصی سازی، ریاضت مالی، رفع مقررات، آزادی تجارت می باشد. استبداد اقتدارگرا،

مطلقه، دائم العمری قبیلگی به سرمایه داری هم می تواند برسد. مسیر جامعه را نظریه پردازان اجتماعی یا مجریان دولت یا هر 2 تغیین می کنند. نمونه: در آمریکا لیبرال دمکراسی و نئولیبرالیسم با پیدایش نهادهای مالی، صنعتی، مدیریتی و آثار نظری رخ دادند. قانون جای اقتدار موروثی را گرفت.

برای بررسی هر پدیده باید متدولوژی علمی بکار برد. متدولوژی در نگارش جستار می تواند آمیزشی از شخصیتها، رخدادها، پدیده ها باشد. 1-شخصیتهای صرف خاص وکیل، وزیر، رییس جمهور فلان کشور- تاریخ به روایت و داستان گرایش می یابد. 2-رخدادهای صرف صفآرایی جنگی، برنامه دولت، شرح جنایت/ فساد- خبرنگاری، مستندنگاری، گزارش می شود. 3- پدیده های صرف مانند سرمایه، استعمار، دولت – جستار انتزاعی، عام، علمی می شود.

مفروضات: 1-همه پدیده های انسانی مانند موجود زنده از چرخه حیات زایش، بلوغ، فرسایش، زوال می گذرند. لیبرال دمکراسی در دوره فئودالیسم نبود؛ با سرمایه داری آغاز شد. 2-پدیده های زوال یافته در جامعه سده ها از خود یادگارهایی بجا می گذارند.

امپریالیسم آمریکا در ج ج 2 و قرارداد برتن وودز 1944 به بلوغ رسید؛ در دهه 1970 با برداشتن پشتوانه طلا از دلار، نضج اتحادیه اروپا، افزایش قیمت نفت، پیدایش فناوری دیجیتال- در بخشی از سرمایه، جهانیگرایی آغاز شد. سرمایه داری مراحلی را گذرانده؛ اکنون پیشرفته ترین مرحله مالیگرایی در آمریکا و انگلستان به بلوغ رسیده، ولی بقایای امپریالیسم بویژه نظامیگری بضد کشورهای کوچک در سیاست خارجی آمریکا وجود دارد.

جدول زیر امپریالیسم با 5 خصیصه لنین در گروه 7 یعنی آمریکا، کانادا، فرانسه، آلمان، ایتالیا، ژاپن، انگلیس را نشان می دهد. گروه 20 یعنی افزون به 7تای گذشته عربستان، کره جنوبی، هند، چین، ترکیه، برزیل، آفریقای جنوبی، روسیه، اندونزی، استرلیا، آرژانتین، مکزیک، اتحادیه اروپا را هم می توان با این 5خصیصه محک زد. این کشورها از انباشت سرمایه به برنامه های انتفاعی آبادانی در 180 کشور دیگر می پردازند.

جنگ	صدور سرمایه	الیگارشی مالی	بانکها	انحصارات	گروه7
-	-	+	+	+	آمریکا
-	-	+	+	+	انگلیس
-	+	0	+	+	آلمان
-	+	0	+	+	فرانسه
-	+	0	+	+	کانادا
-	+	0	+	+	ایتالیا
-	+	0	+	+	ژاپن

نمونه: بندرسازی چین در یونان و گوادار پاکستان؛ گسترش جاده ابریشم جدید تا اروپا؛ بندرسازی هند چابهار ایران. جدول زیر گروه 7 را با 5 خصیصه امپریالیسم محک زد. دیده می شود که آمریکا و انگلیس صدور سرمایه نکرده؛ بسته های مالیگرایی در بورس سهام عرضه می کنند. تقسیم جهان در جنگ دول امپریالیست مانند جنگ جهانی 1 و 2 در 6دهه گذشته رخ نداده.

بیژن باران

از سده 20 تا 21 جهان از خط قهر سریع به مسالمت بطئی برای تغییرات اجتماعی گذار کرد. مسایل اجتماعی آغاز سده 20 بقرار زیر بودند: دولت، انقلاب، دیکتاتوری پرولتاریا، حزب پیشتاز، مرحله انقلاب، جدل با خطوط دیگر صف انقلاب، سرنگونی رژیم، جنگ، شوراها، سرمایه داری، سوسیالیسم، سازماندهی، صف خلق، امپریالیسم، استقلال، عقبماندگی. تا سده 21 نقش گذار مسالمت آمیز- برای تغییر ماندگار و کم هزینه تر در جنبشهای تغییر وضع موجود- برای مردم جذاب شد. خط قهر، انقلاب، شورا، دیکتاتوری پرولتاریا؛ لذا گزینه گویی رهبران انقلابات سده 20 هم از مد افتاد.

در سده 20 گذار مسالمت آمیز گاندی در هند، فروپاشی اردوگاه، شکست خط قهر در آنگولا، موزامبیک، فلسطین، مبارزات مدنی لوتر کینگ در آمریکا، باز شدن چین برای سرمایه خارجی، شکست آمریکا در ویتنام، بقدرت رسیدن سیاهان به رهبری مندلا در آفریقای جنوبی، رسیدن انسان به ماه و فضا، فناوری دیجیتال بیسیم، پیروزی انتخابات در آمریکای لاتین، پذیرش حقوق بشر در ونزوئلا و کوبا رخ دادند.

مسایل سده 21 بقرار زیرند: زنان، اقوام، بنیانگرایی دینی، نئولیبرالیسم، خشونت، تعامل، اصلاحات، براندازی نرم، نظامیگری آمریکا، زیستبوم، مهاجرت، پناهجویی، سندیکاها، وال استریت/ مالیگرایی، گلوبالیزاسیون، مرزها، رشد جمعیت، بیماریهای بدخیم، فضا، نافرمانی مدنی، قانونگرایی، حقوق شهروندی، حفظ زیستبوم، تظاهرات ضد سرمایه مالی، انتخابات، سازمان ملل. در یک تجسم اعجاب آور مرور زمان بین ۱۹۷۹-۲۰۱۳در جهان ۲۵۰ میلیون تظاهرات وجود داشت.
https://ultraculture.org/blog/2013/08/26/protest-visualization/#sthash.7ZZQtW31.dpuf

منابع. 28/09/2018
https://www.thenation.com/article/noam-chomsky-neoliberalism-destroying-democracy/ چامسکی 2017 نئولیبرالیسم دمکراسی ما را نابود می کند.
http://www.tandfonline.com/doi/full/10.1080/21622671.2013.785365?src=recsys
جیمی پک 2013 توضیح با نئو لیبرالیسم.

تعریف واژه های زیر در بستر جامعه و تاریخ آمریکاست؛ ولی در دیگر کشورها هم با نسبیت فرهنگی کاربرد دارند. بنا به اصل بقای انرژی در ترمودینامیک پدیده های زیر، دگرگون، ضعیف می شوند؛ ولی نابود نمی شوند.

ابر قدرت در زمان جنگ سرد برای شوروی و آمریکا؛ پس از فروپاشی اردوگاه برای آمریکا بکار رفت که ناشی از قدرت نظامی مخوف است. در سده 21 آمریکا جهان را به 5 فرمانداری تقسیم کرده؛ فرمانداری مرکز سنتکام در خلیج فارسی، نه واشنگتن، است. ولی سلطه آن در قیاس با اتحادیه اروپا و بریکز- بنا به مصرف انرژی، تولید ناخالص ملی، توان ارزی دلار- رو بکاهش است.

امپریالیسم بالاترین مرحله سرمایه داری در آغاز سده 20 را لنین در 1917 با 5 صفت زیر خلاصه کرد: تراکم تولید و انحصارها، بانکها و نقش جدیدشان، سرمایه و الیگارشی مالی، صدور سرمایه، تقسیم جهان میان گروهبندیهای سرمایه داران. پس از ج ج 2 سرمایه داری جهان در همایش مالی و پولی سازمان ملل، برتن وودز- نیوهمشایر، تابستان 1944 شکل گرفت.

آمریکا در خاور میانه کنونی

در این همایش از 44 کشور 730 نماینده نظم مالی و پولی بین المللی را برای تعامل تجاری، مبادله ارزی، نرخ این مبادله، بازار آزاد سرمایه، ایجاد بانک بین المللی بازسازی و توسعه با ریاست جان مینارد کینز، صندوق پولی بین المللی امضا کردند. تا کنون جنگ دیگری بین آنها رخ نداده.

الیگارشی نظام اقلیت ثروتمند، شرکتها، گاهی نظامی، مستبد است. آنها حکومت را در اختیار می گیرند. موسکا Mosca از ایتالیا گفت که طبقات حاکمه همیشه کنترل الیگراشی کشور را دارند. معمولا در جهان سرمایه داری پیشرفته، با انتخابات مسالمت آمیز قدرت سیاسی در جناحهای حاکم تفویض شده؛ در کشورهای عقب مانده با کودتا کنترل حاصل شده؛ با خیزش مردم الیگارشی نظامی خلع ید می شود. نمونه: سرهنگان یونان و پینوشه شیلی. نئولیبرالیسم سده 20 در شیلی پینوشه در قدرت 1973-1990 پیاده شد.

جمهوریخواه یکی از 2 حزب حاکم آمریکا در 1854 با منشور ضد برده داری، مدرنیزه گی اقتصاد، بدون زنان آغاز شدکه بعد محافظه کار در خدمت حفظ وضع موجود و سرمایه شد. این حزب در پرزیدنت، 50 فرماندار ایالتها، سنای 100 نفره، کنگره 435 نفره، دیوان عالی 9نفره خود را در حاکمیت بطور ادواری و مسالمت آمیز شریک می کند.

دمکرات یکی از 2 حزب حاکم آمریکا در 1828 آغاز شد؛ قدیمی ترین حزب جهان است. این حزب با جهانبینی محافظه کاری اجتماعی و لیبرالیسم اقتصادی تا نیمه سده 20 در جنوب و اکنون در کلانشهرها اکثریت رای را دارد. پس از روزولت منشور لیبرال برای حقوق کار، زنان، اقلیتها، مهاجران را ارایه داد. ولی در سده 21 با تضعیف سندیکاها، بحران ساختاری مالیگرایی، سفیدان ضد پناهجو برنامه ندارد.

سرمایه داری نظام اقتصادی و اجتماعی برای بهره، تجارت، صنعت در کنترل صاحبان خصوصی/ سهامی نه دولتی کشور است. برای انباشت ثروت سرمایه داری شیوه تولید بهینه است. انواع خصوصی آمریکا، دولتی کره شمالی، مخلوط چین اکنون وجود دارند. ولی در هر کشور سرمایه داری برخی نهادهای خدمات و صنعت می توانند دولتی باشند. نمونه نهادهای دولتی: پست، قطار، فرودگاه، دانشگاه، بیمارستان، زندان، ذوب آهن، صنعت نفت، امور فضایی.

سرمایه داری از سده 16 تکامل یافته؛ به امپریالیسم، فاشیسم، گلوبالیزاسیون، دمکراسی لیبرال، الیگارشی، نئولیبرالیسم، دولتی، مخلوط رسیده است. روشن است که فناوری دیجیتال بیسیم در سرمایه داری، سرعت گردش پول، بورس سهام، جهانیگرایی را دامن زد. این شیوه در هر کشور خود را با فرهنگ، عوامل بیرون، نیروهای درون وفق می دهد.

گلوبالیزاسیون/ جهانیگرایی اکنون در آمریکا غالب است. در این اقتصاد کسب، تجارت، دلار برای ارز مبادله فرای مرزهای ملی بوده؛ باعت ایجاد 1 میلیارد نفر طبقه متوسط در چین، هند، ویتنام، بنگلادش شده؛ به مهاجرت میلیونها باشنده خاورمیانه به غرب، اشاعه فرهنگ جهانی، وصل برخط مراکز بورس سهام مهم جهان، تحکیم نئو لیبرالیسم در کشورهای عمده شده.

لیبرالیسم جهانبینی سیاسی برای آزادی بیان، سازماندهی، اقتصاد رقابتی، بازار خودتنظیمگر، تعامل دینی، واکنش به تحولات اجتماعی در طول عصر مدرن تدوین شده. جان لاک انگلیسی بنیانگذار لیبرالیسم بوده که امتیازات ارثی، دین دولتی، ملک مطلقه، ودیعه الهی راس حکومت را پایان داده؛ دولت سکولار، برابری جنست، تعامل بین المللی، رو به آینده را تجویز می کند.

لیبرال دمکراسی ایده الوژی سیاسی برای شکل دولت ادواری، تغییر دولت مسالمت آمیز، انتخابات براساس حقوق فردی، برابری جنسیتی، آزادی بیان، نهادهای مدنی، جدایی دین از دولت، انسانگرایی، انتخابات، مجلس نمایندگان، تعامل بین المللی است. نمونه: کانادا.

محافظه کاری جهانبینی سیاسی، دینی برای حفظ سنت، ارزشها، آزادی سرمایه، ثبات بازار، شرایط موجود، امنیت جهانی، می باشد. این جهانبینی با تاکید بر نظامیگری، محتاط در نوآوری، کند در پذیرش تغییر، گذشته/ راست گرا است می باشد.

مالیگرایی بخش درونی گلوبالیزاسیون آمریکاست که نهادهای مالی، بازار، مدیریت بر سرمایه صنعتی و مستغلاتی غالب اند. این پدیده دمکراسی لیبرال غرب را گریزانده؛ نئولیبرالیسم ملیگرا و ضد خارجی را مسلط کرده. نمونه: ترامپ آمریکا.

نئولیبرالیسم سده 20 دگردیسی لیبرالیسم سده 19 کشوری در راستای بازار آزاد سرمایه داری جهانی است. این مشی سیاسی، اقتصادی، اجتماعی گاهی در کشورهای سرمایه داری مدل غالب می شود. اکنون رفع مقررات دولتی، ریاضت، مناسبات جهانی، اقتصاد کینزی شامل نظرات اجتماعی و کنشهای اقتصادی در آن می گنجد. این الگوی سرمایه داری در انگلستان، چین، آمریکا، شیلی، استرالیا، آرژانتین، آلمان در بازه های زمانی اجرا شده. رک به منبع جورج مونبیوت.

نهاد اینترپرایز آمریکایی AEI برای پژوهشهای مشی عمومی، حکومت، سیاست، امور اجتماعی می باشد. این اتاق فکر محافظه کار در واشنگتن است. در 1938 برای "دفاع از اصول و نهادهای آزادی و دمکراسی سرمایه داری آمریکا، سیاست خارجی، جدل شفاف" آغاز شد. بودجه 2015 آن 84 میلیون دلار بود که با هدایای بنیادها، شرکتها، اشخاص تامین شد. این هدایا از مالیات معاف اند.
*

روباتها کارهای تکراری مانند خودروسازی و نساجی را برای انسان انجام خواهند؛ کارگر بیکار می شود. ولی سرمایه داری فکر- تخیل، خلاقیت، تحلیل، موسیقی غالب می شود. در انگلیس کنونی، خنیاگران از ذغالسنگ بیشتر ثروت می آفرینند. کاکو از آینده گفت. https://www.facebook.com/BigThinkdotcom/videos/10154081233018527

گفتار ترامپ و نظرات هانتینگتون

آمریکا از دمکراسی لیبرال روزولت به نئولیبرالیسم ریگن گذار کرده؛ این گذار در اکثریت محافظه کار کنگره، سنا، فرمانداران، دیوان عالی در نظرات هانتینگتون تبلور یافت. نظرات هانتینگتون تبیین وضع موجود 40 سال گذشته آمریکا می باشند. نظرات راستگرای هانتینگتون یعنی جنگ تمدنها، نسبیت فرهنگی، 3موج دمکراسی- دوستان

ترامپ را جذب کرده؛ در رسانه فوکس مورد علاقه ترامپ تبلیغ شده؛ با استیو بن نژادپرستی مردان سفید به ترامپ تقویت شدند.

اکنون ترامپ برخی از این نظرات را در جامعه 2قطبی آمریکا توییت می کند. حاکمیت آمریکا در پی تعدیل این توییتها/ جمله گویی های روزانه است. دمکراسی تضعیف شده، تجزیه طبقه متوسط، خشم، نارضایتی، ترس سفیدها در توییتهای ترامپ تبلور می یابند. رسانه ها این توییتها را فاکتیابی و مسخره می کنند. نظرات اجتماعی را رسانه ها روزانه در دید دولتمردان می آورند. دیدگاه راست محافظه کار و چپ لیبرال هم در رسانه ها تکرار می شود. رای دهندگان و بینندگان رسانه هم آنها را جذب کرده؛ در گردهمآییهای سیاسی شوق خود را بروز می دهند.

در چرخه تولید، پخش، پذیرش، بیان، اجرا، تهییج - نظرات اجتماعی از نظریه پرداز به دولتمردان و رای دهندگان می رسند. در سده 21 این طوقه نظرات عالم، پخش رسانه ای، جذب دولتمرد سرعت یافته؛ با توهمات، ابداعات، شخصیت دولتمرد می آمیزد. واژه طوقه/ لوپ رابطه دیالکتیکی 3راس مثلث نظریه پرداز، رسانه، دولتمرد را تصویر می کند. اغلب این طوقه نامریی است؛ یعنی نظریه عالم، بیانات دولتمرد، انتظارات رای دهندگان در رسانه تلاقی می کنند.

انباشت اطلاعات از یک رسانه خاص با آمیزش سلیقه، تجربیات، شخصیت، نظرات دولتمرد در رسانه ها بازتاب می یابد. گاهی هم دولتمرد کتاب یا مصاحبه مبسوط بصورت کتاب نشر می کند. این طوقه نظر، واسطه، عمل در مثلث نظر- واسطه-دولتمرد در 2 نمونه زیر نام برده شده اند.

1-مثلث فوکویاما- ولفوویتز- بوش پسر برای اشاعه دمکراسی در جنگ کلنگی افغانستان و عراق 2001 بود. گرچه فوکویاما مخالف حمله به عراق و رای به انتخاب ترامپ بود. این شاگرد هانتینگتون، "پایان تاریخ" آخر خط تاریخ را در فروپاشی اردوگاه و غلبه لیبرال دمکراسی آمریکا انگاشت. ولی با حلول آمریکا به نئولیبرالیسم و روسیه به الیگارشی ملیگرا - او در "پایان تاریخ" تجدید نظر کرد. ولفوویتز معمار حمله به عراق به بهانه "سلاح کشتار جمعی"بود که با فشار اسراییل انجام شد. لذا نظر فوکویاما برای اشاعه دمکراسی را ولفوویتز به بوش پسر برای آغاز جنگ منتقل کرد.

2- مثلث هانتینگتون- فوکس، بنن- ترامپ نژادگرا بررسی می شود. هانتینگتون بر استیو بنن و رسانه فوکس اثر گذاشت. منبع دانش اجتماعی ترامپ در گروههای راست، میزگردهای فوکس نیوز، سر و کله زدن با کاسبها، توضیحات قوانین کسبی و ورشکستگی ها بوسیله حقوقدانان، کنترات نامه های برجها و زمینهای گلف، مشاهدات خانوادگی و همکاران، برنامه های تلویزیونی ریشه دارد. موضوعات این مناسبات اجتماعی منافع شخصی، ضوابط خانوادگی، ثروت اندوزی، خدشه در اخبار جهان را در بر می گیرند.

استیو بنن، متولد 1953 ویرجینیا، در آغاز طرفدار کندی لیبرال دمکرات، اکنون استراتژیست کاخ سفید، مشاور ارشد ترامپ عامه گرای جمهوریخواه است. در رقابت درونی ژوییه 2017 او کنار زده شد. او صاحب رسانه برایتبارت با گرایش "بدیل- راست/ آلت-رایت"بوده که "نگران طبقه متوسط و کارگر جامعه است- از نوع نگرانی دهه 1930 نازیها در آلمان.

زیرا با جهانی گرایی این طبقات با بیکاری مفرط دست و پنجه نرم می کنند." او باور عمیق به تقابل میان 2 تمدن یهودی-مسیحی و اسلام دارد که به نوعی جنگ مقدس خواهد انجامید. او "فاشیسم اسلامی" را بکار برد که به جنگ تمدن‌های هانتینگتون شبیه است. استادان، صاحبان جایزه نوبل اقتصاد، شهره گان ورزشی، سینمایی هم نظرات خود را نشر می کنند.

برخی استادان در کتاب، مصاحبه، ویدیو، برنامه تلویزیون نظرات راست یا چپ را به جامعه می ریزند. هانتینگتون، فریدمن، فوکایاما نمونه هایی از شهرگان سیاسی اند. هنرمندان الک بالدوین، ترهور نوح، استیو کولبرت طنز ترامپ را مرتب اجرا می کنند. ورزشکاران متعهد به جامعه مانند تختی کشتی گیر ایران، مجد علی مشتزن آمریکا، روماریو فوتبالیست سوسیالیست برزیل اند.

رسانه فوکس را روپرت مرداخ محافظه کار، راستگرا، جمهوریخواه در 1996 آغاز کرد. پخش برنامه تلویویرن دیجیتال با فیبر نوری کابل یا بیسیم با دیش است. تلویزیون کابلی آن در نیویرک 17 میلیون مشترک دارد. محتوای اخبارش مغرضانه، با چاشنی تئوری توطئه، تبلیغ منشور حزب جمهوریخواه، نژادگرایی است. اخبار جنگ افغانستان، عراق، سوریه را از دید دولت وقت با حذف اخبار بد پخش کرد. مدیران آن اغلب به حرمت کارکنان زن تعرض کرده که به دادگاه کشانده شده اند. آنها مواضع حزب مورد علاقه خود را بضد حزب دمکرات نشر می دهند. یکی از این مدیران شان هنتی برای تبلیغ ترامپ است.

در 2015 حدود 95 میلیون خانوار آمریکایی فوکس نیوز را دریافت کردند. این رسانه چاپی، صوتی، بصری در کانال کابلی ماهواره ای 24ساعته، رادیو، تلویزیون، پایگاههای اینترنتی برای پخش صرف خبر چون گذشته نبوده؛ بلکه ارباب برنامه ها بایس/ تعصب خود را در اخبار تزریق می کنند. در ویکی پیدیا هم دروغهای این رسانه تبلیغ می شوند. 28% بینندگانش مجاب شده؛ به حزب جمهوریخواه رای می دهند. این مشاطه گری شوق و شور در بینندگان خود تولید کرده؛ رتبه محبوبیت بالای فوکس را برای جذب آگهیهای صنایع و خدمات دارد.

پیروزی 2016 ترامپ با وعده های عوامفریبانه به کمربند زنگار Rust Belt ممکن شد. ایالات دور 5دریاچه از شمال غرب نیویورک، پنسیلوانیا، ویرجینای غربی، اوهایو، میشیگان، ایندینیا، ایلینویز، ویسکانسین در کمربند زنگار ند. آنها در واکنش به بیگانگی از دولت، ویژگیهای شخصیتی رییس جمهور فعلی، انتظارات فروخفته سفیدها، تضاد سرمایه صنعتی و مالیگرا باو رای دادند. ترامپ تجربه سیاسی نداشته؛ اطرافیانش مانند برنن، لابی لیکود، فوکس نیوز نظرات سیاسی را به او القا می کنند.

ترامپ بساز و بفروش و چهره تلویزیونی جنجالی نیویورکی با خانواده، برجها، ثروت، زمین گلف در چندین نقطه جهان با رسانه ها داد و ستد چند دهه دارد. لذا از راه تفنن و جاهطلبی با سخنرانیهای انتخاباتی، مناظره های جنجالی، تعارفات توهمی- آمال فرو خفته بخش عمده سفیدپوستان منزجر از دولت را کانالیزه کرد. او جدا از بساط رسمی جمهوریخواه با اتکاء به جنجال رسانه ای و 30 میلیون پیرو متعصب پرزیدنت شد. در انتخابات 2016 حدود 130 میلیون رای ده را این بلوک طرفدار ترامپ ترساند.

این بلوک رای در حزب جمهوریخواه بساط رسمی را بخاطر انتخابات آتی 2مجلس به کرنش کشید. در سخنرانیهای گُنده ای/ معرکه ای انتخابات و پس از پیروزی هم شور در بخش راست جامعه پدید آورد. ترامپ اگرچه در انتخابات 3 میلیون رای کمتر از رقیب آورد؛ ولی با 306 رای الکترال- ناشی از 3ایالت پاندولی پنسیلوانیا، ویسکانسین، میشیگان با 107هزار رای بالاتر از رقیب- پرزیدنت شد.
/https://www.washingtonpost.com/graphics/politics/2016-election/swing-state-margins

هانتینگتون نوشت: "جنگ تمدنها با رقابت ابرقدرتها، نیروهای جهانیگرایی غرب، جهادی گرایی اسلامی، ابراز وجود چینیها پایان می یابد. انقلاب مردم آمریکا را بار آورد. جنگ داخلی ملت/ کشور آمریکا را ساخت. جنگ جهانی 2 رسالت آمریکا {گسترش سرمایه داری و دمکراسی} را بار آورد." هانتینگتون تمدن را گسترده ترین و مهمترین سطح هویت جامعه یعنی در برگیرنده دین، ارزشها، فرهنگ، تاریخ دانست. او روی جنگ- یعنی خواست جناح جنگی- نفتی تکیه کرد؛ رسالت صدور دمکراسی آمریکایی است.

این رسالت در افغانستان، عراق، لیبی، سوریه ناکام ماند. پس از 1دهه بیلان نظامی آمریکا در خاورمیانه بقرار زیر است: هزینه 2تریلیارد دلار، چند هزار کشته، قتل چند 100 هزار مسلمان، کلنگی کردن شهرها، چند میلیون آواره و پناهجو به کشورهای همسایه زیر چادرهای سازمان ملل، 2کشور بیدولت سومالی، یمن.

اجرای تز جنگ تمدنهای هانتینگتون از نیمه آخر سده 20 تا آغاز سده 21 آمریکا را در تنش آورد. نیز می توان گفت: پیشگویهای او در آمریکا رخ داده اند؛ گردآوری پول در میهمانیهای "چایخوری" بضد "معامله نو" لیبرال روزولت برای تقویت نئولیبرالیسم ریگان بود. ثروتمندان راستگرا در این میهمانیها برنامه بیرون راندن اعتدالگرا های حزب جمهوریخواه را اجرا کردند.

این تنش شکاف جامعه بین سفیدها و مهاجران قهوی ای جنوبی، طبقات زحمتکش و نخبگان، ملیگرایان و جهانیگرایان، فرهنگ رنگین کمانی با آزادی ازدوج دگرباشان و سنتیان دینی را اوج داد. این تنش در سده 21 دولت را مختل کرده؛ اغلب پرزیدنت را کنگره در آچمز نگهداشت. رزمندگی کارگران دهه 1960 نرخ سود را کاهش داد؛ در دهه 1970 با گشایش چین سرمایه به آسیا رفت. کوچ سرمایه به آسیا به پیدایش نئولیبرالیسم آمریکا منجر شد. اکنون مزد واقعی کارگر از 1979 کمتر است.

"جنگ تمدنها"ی هانتینگتون در سخنرانی ترامپ 2017 در ورشو جان گرفت. ترامپ "از اروپاییها و آمریکاییها خواست که از تمدن غربی بضد افراطیان قهر و گروههای بربر" یعنی جهادیگران اسلامی حراست کنند. نظرات هانتینگتون رگه های نژادگرا، خوف/ پارانویا، ضد خارجی، ملیگرا را داشته که استیو بنن آنها را جذب کرده؛ به ترامپ انتقال داد.

تمدن غرب دستاوردهای زیر را برای انسانها دارد: قانونگرایی، جدایی دین و دولت، آزادی رسانه ها، یک فرد یک رای، مرزهای باز، تجارت آزاد، پیشرفتهای طبی، دارویی، فنآوری، علمی، ایجاد سازمان ملل، گسترش توریسم، صیانت صلح، گسترش خدمات و طبقه متوسط، ایمنی محیط کار، آگاهی به خطرات زیستبوم. حقوق بشر شامل حقوق اقلیتها می شود. اشاعه دادگاه های مدرن در شهرها به دادگاه نظامی سرایت کرد. در نتیجه قانون جایگزین سنت قبیلگی صحرایی برای تقاص سریع مجرم شد.

144

هانتینگتون در جهت منافع جناح راست نظامیگر آمریکا، بمباران یکپارچه ویتنام برای زدایش گیاهان، تخریب ژنتیک موجودات، کوچ اجباری انسانها را تبلیغ کرد. او تحلیلگر سیاست آمریکا نبوده؛ از تمدن اسلام، چین، هند فهم بسزا نداشت. او تهاجم آمریکای پس از ج ج 2 را به تمدن- یعنی انباشت سرمایه در آمریکا- را به تخریب کشور جنگ دیده تعمیم داد. باید توجه داشت که تک تیراندازی جنگ در قبل اکنون به بمباران کلنگی شهرها مانند موصل و حلب رسیده. در دهه 1970 در جامه مجاهدان ضد شوروی در پاکستان و افغانستان جهادیهای مذکر را عربستان با مدرسه سازی و آمریکا با اسلحه سازماندهی کردند.

جنگ اوکراین، رجز خوانی کره شمالی، تهدید چین، دیوار مرز مکزیک، بیاحترامی ترامپ به مرکل آلمان و دیگر رهبران جهان – ربطی به "جنگ تمدنها" نداشته؛ ناشی از شخصیت و تبلور نژادگرایی لایه ای از مردم آمریکا در ترامپ است. این جنگ تمدنها نبوده؛ جنگ بخش نظامی آمریکا با جهان برای فروش بیش از 200 میلیارد دلار به عربستان و انفجار تسلیحات بخرج مردم در جنگهای خاور میانه است.

اوباما: اگر آمریکا توان اعمال قدرت همزمان و یکسان در 2حوزه آتلانتیک و اقیانوس آرام را ندارد؛ آنگاه اروپا مسئولیت مناطق پیرامونش را بر عهده بگیرد. پس آمریکا به مثابه قدرت برتر در ناحیه اقیانوس آرام متمرکز می شد. ولی ورود ترامپ این معادله را برهم زد. هرچه سیاست ترامپ موفقتر باشد قدرت نرم ایالات متحده آمریکا به همان اندازه پایدارتر زوال یافته؛ به همراه آن نظم جهانی آمریکائی در هم فرو خواهد پاشید. رک به هرفرید مونکلر.

اکنون ترامپ بر راس سرمایه داری جهانی با توییترها، سفرها، رفتار غیر دیپلماتیک آشوب سیاسی را دامن می زند. آشوب او ناشی از ضخیت سلطه جو، خود شیفته، قوی اوست. در حالیکه آمریکا بسوی فرهنگ رنگین کمانی می رود؛ برتری کارگران مرد سفید رقیق شده؛ هجوم نژاد قهوه ای جنوبی و پناهجویان افزون شده؛ فرار کارخانجات به آسیا بیشینه شده؛ منابع انرژی تجدیدپذیر گسترش می یابند.

این روندها را ترامپ در ضدیت با مهاجرت، موضعگیری متناقض در مورد وهابیگری عربستان و اخوانیه مصر، حمایت نژادگراها، رفع مقررات زیستبوم، بیاحترامی به کشورهای دیگر بیان می کند. حقوق مدنی در ایران را پیرهن عثمان کرده؛ ولی نقض فاحش آن را در عربستان مسکوت می گذارد. در مثلث هانتینگتون- فوکس، بنن- ترامپ، 3نظر هانتینگتون بررسی می شوند: جنگ تمدنها، نسبیت فرهنگی، موج 3 دمکراسی، نژادگرایی سفید. راست حافظ وضع موجود و چپ/ لیبرال خواهان تغییر وضع موجود اند.

هانتینگتون 1927-2008 عضو حزب دمکرات شورای امنیت ملی کارتر بود. نشریه مشی خارجی را بنیانگزار بود. ولی در مورد مهاجران نظرات راست در محدودیت آنها در آمریکا داشت. او گفت: جنگ آینده بین کشورها نبوده؛ بین تمدنهاست. نمونه: جهادی گران بضد صلح جهان. این حکم از طریق میزگردهای تصویری فوکس به ترامپ نشت کرده؛ در نتیجه به رقیب انتخاباتی نق می زد که از کاربرد "فاشیسم اسلامی" برای جنگ خاور میانه حذر می کند. این رقیب گفت: داعش و طالبان دست پرورده های آمریکا بودند.

آمریکا در خاور میانه کنونی

هانتینگتون 3موج دمکراسی را در جهان مدرن نام می برد. موج 1 دمکراسیها با رای مردان سفید پرزیدنت جاکسون آمریکا و 29 کشور دیگر بود که در 1942 به 12 تا کاهید. موج2 تا 1962 با 36 دمکراسی؛ در نیمه دهه 1970 به 30 تا کاهید. موج 3 دمکراسی در 1974 با پرتغال آغاز شده؛ سپس در 1980 به فیلیپین، کره جنوبی، تایوان؛ بعد اروپای شرقی و آمریکای لاتین تا به 100 کشور رسید. موج 4 با بهار عربی آغاز شد؛ تنها تونس پیروز شد. اکنون اکثریت اعضای سازمان ملل دمکراسی اند. آیا جهانگستری آمریکا در لوای گسترش دمکراسی است یا نتیجه نظامیگری ابر قدرتی؟ چرا آمریکا اجازه قداره کشی در خلیج فارس را دارد؛ نه سازمان ملل؟

اکنون مبارزه با تروریسم را با چین، هند، روسیه هم در نشست 2017 بریکس علم کرده؛ تا بتوانند به نواحی مورد دلخواهشان لشگر کشی کنند. هانتینگتون در نظم سیاسی در جوامع در حال تغییر 1968 نوشت: 3قاره آمریکای لاتین، آفریقا، آسیا در کوران مدرنیزاسیون اقتصاد برای انطباق با غرب تلاش کرده تا سیاست شان را نیز نهایتا با مدرنیته غرب انطباق دهند. در اینجا غرب در برگیرنده عمدتا آمریکا، انگلیس، صندوق بین المللی پول، بانک جهانی، سازمان تجارت جهانی می باشد که توسعه اقتصادی رقابتی را جهانی کرده اند.

هانتینگتون با دیدگاه نسبیت فرهنگی در کتاب ما کیستیم؟ نوشت: صعود چندفرهنگی خطری برای هویت ملی شهروندان آمریکا قلمداد می شود. او تغییر در فرهنگ را نمی پذیرد. نیز بجای فرهنگ تمدن را بکار می برد. فرهنگ ارزشها، رسوم، راه زندگی در حال تکامل با همسایگان است. مانند فرهنگ مدرن آمریکا. تمدن مرحله عالی توسعه جامعه انسانی در فرهنگ، علم، صنعت، حکومت در منطقه خاص تاریخی می باشد. مانند تمدن هند و مصر.

هر فرهنگ جدید با تاریخ و اوضاع مادی مشخص می باشد. فرهنگ پرورش و تبلورات هنری و ذهنی گروهی انسانها بقرار زیر است: آداب، رسوم، نوع اندیشه، زبان، خوراک، پوشاک، تجارت، راه زندگی، خلقیات. فرهنگ در زمان- مکان خاص است که به نسلهای بعدی انتقال می یابد. مانند فرهنگ قبیلگی، فئودالی، بورژوایی. فرهنگ بختیاری با فرهنگ شیرازی و خوزی در سده 20 تفاوت داشت. در حالیکه همه در تمدن ایران درج ند. فرهنگ امپریال خارجی مثلا آمریکایی نمی تواند بزور بر فرهنگ بومی مثلا افغان اعمال شود. البته در برخی موارد جنگی و ماشین سازی غالب می شود.

فرهنگ ثابت نمانده؛ با همسایگان و وضع جدید مانند اینترنت یا تلویزیون ماهواره ای در رفتار، پوشاک، کاربرد تلفن همراه تغییر می کند. فرهنگ می تواند نسبی بنا به 2 کشور یا 2زمان باشد. نمونه فرهنگ نسبی 2 زمان در زیر می آید. ترکیب روز بخیر و شب بخیر مربوط به دوره رو در رویی حضوری 2طرف بود. اکنون با تلفن، تلگرام، سکایپ، فیسبوک- وصل برخط در 2منطقه ی زمانی متفاوت- آنها را نمی توان بکار برد. وقتی یک طرف در ایران می گوید روز بخیر، در آمریکا یا استرالیا شب است. لذا باید گفت وقت بخیر که نسبت به ساعت شبانه روز خنثی است.

آیا اخلاق بنا به فرهنگ نسبی است؛ یعنی نیک و شر بنا به هنجارهای فرهنگی تغییر می کنند؟ داوری اخلاقی در حقیقت نمی گنجد. داوری اخلاقی در کشورهای اسکاندیناوی و خاورمیانه متفاوتند. نمونه های این تفاوت: اعدام، زن عصمت مرد است، کشتن جانوران، دروغ گویی، بچه سرراهی بهتر از کورتاژ/ سقط جنین است، پرداخت

بدهی اجباری است. نسبیت فرهنگی اینها را شامل نمی شود: سر قول بودن، بدکاری بد است، رسوم بختیاری بر رسوم قشقایی ارجح اند، نیات دکتر مصدق نجیب اند، هدایت ژنی بود، کردار بنا به فرهنگ فرد درست است.

در هر فرهنگی برخی داوریهای اخلاقی صدق کرده، ولی هیچ داوری اخلاقی جهان شمول نیست. هر داوری اخلاقی نسبیت فرهنگی دارد. ولی برخی داوریهای اخلاقی فرای نسبیت فرهنگی اند. داوری دیگران جهانشمول است؛ یعنی در همه فرهنگها داوری، فضولی، مداخله به درجات وجود دارد. داوری اخلاقی صحت دارد اگر حقیقت داشته باشد، اگر شخص خاصی را در بر نگیرد. اگر دزدی بد است؛ آنگاه این یک حقیقت است. دیگر نتوان گفت دزدی در فرهنگ آ نسبت به فرهنگ ب خوب است.

ولی شاید برخی ارکان فرهنگ ثابت بمانند. البته مغزهای خلاق هر فرهنگ هم آنرا از درون تغییر می دهند. نمونه: اصطلاحات نوین زبان، کاربرد، ترک لغت، تکیه کلام، ضرب المثل، رفتار، معماری ساختمان حمام و آشپزخانه اندرونی. کیش آمریکایی را می توان خلاصه کرد: آزادی، برابری، فردیت، دمکراسی، قانونگرایی. می توان گفت در سده 20 کیش آمریکایی نسبیت فرهنگی در 3قاره دارد. این کیش در چنگال بوروکراسی نظامی جهانگستر گیر کرد. نمونه: سرنوشت حقوق بشر کارتر در دولت ترامپ.

نسبیت فرهنگی در سده 21 با هنجارهای سازمان ملل خوانا نبوده؛ همانگونه که خیمه صحرایی در تقابل برج دارای تهویه مطبوع ناجور است. عربستان و ایران حقوق بشر را اسلامی ندانسته؛ پس با نسبیت فرهنگی می توان این 2 کشور را در تضییع حقوق بشر در شلاق و قطع عضو مجرمین پذیرفت.

منابع. 28/09/2018 هانتینگتون Huntington 1927-2008 کتب زیر را نشر کرد:
The Third Wave: Democratization in the Late 20th 1993
The Clash of Civilizations and the Remaking of WorldOrder 1996
American Politics: The Promise of Disharmony1981
Who Are We?: The Challenges to America's National Identity 2004
Political Order in Changing Societies TheHenry L. Stimson Lectures Series 2006
/https://afeministtheorydictionary.wordpress.com/2007/07/21/cultural-relativism
نسبیت فرهنگی. 2007
https://www.washingtonpost.com/news/book-party/wp/2017/07/18/samuel-
Carlos Lozada huntington-a-prophet-for-the-trump-era/?utm_term=.11aa08290b65
هرفرید موئنکلر: وداع با دوران آمریکایی http://asre-nou.net/php/view.php?objnr=44755

حمله غیرنظامی تحریم و تعرفه آمریکا

سده 21 را آمریکا با حمله نظامی به خاور میانه آغاز کرد؛ اکنون این هجمه با جنگ تجاری تحریم و تعرفه بضد کشورهای دیگر اعمال می شود. تحریم و تعرفه ابزار سیاست خارجی برای فشار به کشورهای دیگر چون ایران، روسیه، چین، کره شمالی، ونزوئلا، ترکیه، کوبا ی ند. تحریم می تواند سیاسی، اقتصادی، دیپلماتیک با راهکار هویج و چماق باشد. دادگاه نیویورک هم مکمل تحریم و دور زدن خاطیان از آن است. نمونه: نهاد مالی HSBC را دادگاه 2012 نیویورک 1.9 میلیارد دلار بخاطر رابطه مالی با ایران، سودان، کوبا، برمه جریمه کرد.

تحریم را سازمان ملل، شورای امنیت، اتحادیه اروپا، ایالات متحده، هر کشور دیگر می تواند وضع کند. نهادهای دولتی اداره صنعت و امنیت، کنترل اقلام خارجی، گمرک و مرزبانی ، دادگستری، وزارت مالی، دفاع، داخله/ کشور، خزانه داری، امنیت داخلی تحریم را اجرا می کنند. کنگره و پرزیدنت تحریم را وضع می کنند. نمونه: تحریم بضد چین برای خرید تسلیحات روسی در سپتامبر 2018. این تسلیحات بقرار زیرند: جنگنده ساخو 35 و موشک س400 زمین به هوا. این برای ترساندن مشتریان دیگر ترکیه، قطر، امارات، مصر، مراکش، الجزیره در خرید اسلحه روسیه است. روسیه بخاطر مداخله در اوکراین، گرفتن کریمه، مداخله در انتخابات آمریکا تحریم شده؛ برخی از افراد لیست 72 نفری در شرکتهای تسلیجات مدیرند. مشاور قضایی مالر لیست 25نفری الیگارکهای دولتی و امنیتی روسیه را بخاطر مداخله در انتخابات آمریکا در لیست سیاه گذاشت. اکنون این لیست تحریمی به 72 نفر رسیده است.

نظامیگری آمریکا در سده 21 ناشی از رشد 70ساله تسلیحات می باشد. این اصل علوم سیاسی ثابت می شود: سیاست خارجی ادامه سیاست داخلی است. زیرا حق داشتن اسلحه باستناد متمم 2 قانون اساسی علت عمده قتل با تفنگ سالانه 30هزار کودک و بزرگسال می باشد. در ژاپن این نوع قتل ناچیز است.

در این جا روند رشد سرمایه داری آمریکا از امپریالیزم سده 20 تا گلوبالیزاسیون و الیگارشی سده 21 با اثرات جهانی و بویژه در خاورمیانه مرور می شود. امپریالیسم با 5 شاخصه در کتاب لنین آغاز شد: تمرکز سرمایه در انحصارات؛ پیدایش الیگارشی مالی با ادغام سرمایه مالی و صنعتی؛ صدور سرمایه؛ پیدایش کارتلها، تراستها، کنسرسیومها؛ جنگ و تقسیم جهان. پس از ج ج 2 سازمان ملل 1945، قرارداد 1944 برتون وودز دلار برای ارز تجاری جهانی، پشتوانه طلا برای دلار، صندوق بین المللی پول، برنامه مارشال و اصل 4 آمریکا در بازسازی کشورهای جنگزده، وجود اردوگاه شرق، جنبشهای رهاییبخش 3 قاره، تکوین 2 ابر قدرت وضع جهان را رقم زدند.

از دهه 1970 گلوبالیزاسیون 500 میلیون نفر به طبقه متوسط در چین و هند افزوده شده؛ ولی تخریب زیستبوم هم دامن زده شد. فنآوری دیجیتال اینترنت بانکها، کارتهای اعتباری، شبکه های مجازی جهانی بازارهای بورس، ارز تجاری جهانی دلار، خزانه داری، نهادهای امنیتی را بهم برخط وصل می کند. اکنون پول به ارز دیجیتال بیتکوین، شبکه همتا به همتا، بلاک چین/ بلوک زنجیره ای برای دفاتر توزیعی، تراکنش رمزی دیجیتال 0 و 1 تبدیل می شود.

در سده 21 آمریکا وارد نئولیبرالیسم و حاکمیت الیگارشی شد. 3قوه مجریه، مقننه، قضایی از لیبرال دمکراسی و تعامل با کار جدا شده با نئولیبرالیسم و سرمایه همسویی می کنند. دیوان عالی در 21 ژانویه 2010 آزادی بیان را شامل کمک مالی شرکتها به کاندیداها و 2 حزب برای مخارج انتخاباتی با رای 5 به 4 تصویب کرد. اکثر وکلا و سناتورها هم میلیونر و صاحبان سهام نفتی-نظامی اند. پرزیدنت هم اکنون یک الیگارک بیلیونر است. مالیات شرکتها در 1.3% پایین ترین در 75سال گذشته است.

پروفسور شولاریک در نیویرک تایمز، اوت 2018 نوشت: در دهه 2010 عدم توازن ثروت در تاریخ آمریکا بیشترین افزایش را نشان می دهد. عامل عمده این عدم توازن شدید افزایش شدید قیمت سهام بازار بورس نسبت به کاهش شدید بازار مسکن است.

بیشتر سهام بازار بورس در دست ثروتمندان تمرکز داشته؛ 10% ثروتمندان 84% ارزش سهام را صاحبند. بنا بر درج روزانه بورس وال ستریت در 1 سال گذشته 40% رشد داشته؛ بنا به شاخص بورس نیویورک نزدک، آمریکا و اسراییل تنها کشوری در جهان با رشد مثبت این شاخص اقتصادی سال گذشته بودند.

آمریکا اکنون چندین جناح امپریالیست، گلوبالیزاسیون، مالیگرا، مجتمع نظامی-نفتی نظامیگرا، محیط دوست داشته؛ تنها ابر قدرت اقتصادی، نظامی، اجتماعی جهان است. سرمایه داری مرحله کنونی آمریکا سرمایه صادر نکرده؛ بلکه سالانه 3تریلیون دلار سرمایه مستقیم خارجی جذب می کند. دیگر به جنگ امپریالیستی با اعضای جی 7 نمی رود. رشد نظامیگری، ادغام فنآوری دیجیتال در سرمایه داری، جهانی شدن مراکز بورس سهام گذار از گلوبالیزاسیون به اولیگارشی را هموار کرده.

گلوبالیزاسیون با مالیگیرایی یعنی کنترل وال ستریت بر مین ستریت و لایه های مالی و اعتباری بر صنعت و خدمات، پیدایش رقیبان اقتصادی بریکس و اتحادیه اروپا به زوال نسبی ابرقدرت آمریکا می انجامد. سرمایه داری با بحران ساختاری روبروست که نیاز به راهکار خلاق دارد. در آشوب سیاسی کنونی علاجی دیده نمی شود. این بحران با تکثیر نجومی ثروتمندان، ورود آنها به حکومت الیگارشی، قدرت لابی شرکتها، دستاندازی در قانون تشدید می شود.

نظامیگری آمریکا در خاور میانه با موج تخریب و پناهجو در افغانستان، عراق، سوریه، لیبی،، یمن، سومالی ادامه دارد. ولی تحریم و تعرفه حمله غیرنظامی به کشورهای دیگر برگزیده شده اند. جناح نظامی جنبه موشکی، اتمی، تروریسم ایران را عمده کرده؛ تا بتواند 75% تسلیحات خود را به 5کشور خلیج بفروشد-برگشت پترودلار به آمریکا. یکی از علل عدم شکوفانی اقتصادی در خاورمیانه ورود استعمار از سده 17 تا نفوذ امپریالیسم در سده 20 می باشد.

مرحله فعلی سرمایه داری آشوب بوده؛ اعتبارات، رشد ارز دیجیتال، وصل مراکز بورس عمده، فنآوری دیجیتال مانند لایه های مالی بر سهام به صندوقهای پوششی، مشترک، مالی با شگردهای مالیگرایی سرمایه صنعتی و خدمات را خفه می کند. بدهی فزاینده آمریکا در دولت فدرال، ایالتی، شرکتها، شهروندان حجم دلار در گردش بازار جهانی را غولین کرد. روند زوال سلطه آمریکا با آمار کاهش نسبت اقتصاد آمریکا از 50% به 25% فعلی، بدهی 20 تریلیون دلاری یعنی 5 برابر بودجه سالانه، افزایش سالانه واردت به صادرات، عدم توازن ثروت فرودستان نسبت به فرادستان دیده می شود.
تعرفه واردات را محدود کرده؛ کالا و خدمات را برای مصرفکننده بومی گرانتر و بی جذبه می کند. نمونه: 1000$ بر هر خودروی خارجی مانند بنز. تعرفه مالیات بر واردات مانند گمرگ و عوارض مرزی برای حمایت از تولیدات بومی و افزایش درآمد دولت است. تحریم ابزار ارعاب دیگری برای عدم یاغیگری به سلطه سرمایه است که در مورد روسیه، ایران، ترکیه، عراق سابق، سوریه، چین بکار می روند.

آینده سرمایه داری آمریکا پیش بینی ناپذیر است. کشورهای اسکاندیناوی سرمایه داری همراه با مالیات تصاعدی، بهکاری در سازمان ملل، عدالت اجتماعی، رشد ملی ناخالص 5% سالانه- یک راه روشن برای بشریت است. برای سرمایه داری با ابعاد نجومی آمریکا ساختار اقتصاد نیاز به بازسازی دارد. افزایش تحریمها، تعرفه ها،

جداسری از سازمان ملل- اعمال تنبیهی برای کشورهای دیگر اند که به آشوب دامن می زنند.

آمریکا از 1975 تا کنون بزرگترین کسری تجارت در جهان را دارد که امسال 607 میلیارد دلار یعنی 2.3 تریلیون صادرات عمدتا هواپیما، نفت، تلفن دستی و واردات 2.9 تریلیون دلار در 2017 عمدتا با کشورهای چین، ژاپن، مکزیک، آلمان، کانادا داشت. امسال 21% بیشتر نسبت به 2017 کسری تجارت دارد. ترامپ کسری تجارت را با 25% تعرفه فولاد، 10% آلومینیوم، پانل خورشیدی، ماشین رختشویی ترمیم می خواهد کند. کسر بودجه فدرال 2016 با 3.5% جی دی پی در 2017 حدود 19.5 تریلیون دلار بود. کسر بودجه بیشتر از 2.5% از سال گذشته، 666 میلیارد دلار بود. کاهش مالیات فدرال هم 1 تریلیون دلار به کسری بودجه در 2019 خواهد افزود.

منابع. 28-09-2018
http://asre-nou.net/php/ar_author.php?authnr=70%20&%20ar=Culture
https://www.cnn.com/2018/09/20/politics/russia-china-sanctions-caatsa-state-dept/index.html

فروپاشی اردوگاه در برابر امپریالیزسم

اقتدارگرایی در یک فاز تاریخ انسان غلو در قدرت گذران دولت و سیاست سیاستمداران است؛ بهزینه تغییر آهسته تر و غامضتر فرهنگی و اقتصادی که استدام بیشتری دارد. سیاست در باره کرامت و فلسفه اخلاق است؛ نه فقط در باره قدرت. ابوت گلیسون 2015- 1938 آمریکایی، عالم تاریخ و فرهنگ شوروی

فروپاشی اردوگاه به بنیانگرایی جهادی در خاورمیانه انجامید. چه شد 1991 اتحاد جماهیر روسیه شوروی، هم حکومت هم اتحاد جمهوریهای پهناورترین کشور روی زمین، فرو پاشید؟ عوامل درونی فروپاشی اینهایند: آمار اقتصادی غیرواقعی، دولت استبداد، نبود نهادهای مدنی و اتحادیه های صنفی، رفرمهای دیر پرسترویکا/ بازسازی و گلازنوست/ تعامل در 6سال رهبری گورباچف، نبود زنان و غیرروس در پولیت بورو/ هیئت سیاسی 13 نفری کمیته مرکزی حزب حاکم، فساد رده های ارشد سیاسی و مدیریت.

پوکیدن نظام از درون در ندیدن گسترش طبقه متوسط مدرن برآمده از انقلاب اکتبر با انتظارات نوین، فساد برخی جناحهای حاکمیت، عدم کیفیت تولید در رقابت جهانی، نبود سندیکاهای کارگری، سرکوب امنیتی شهروندان برای حق سفر بخارج و حتی سفر داخلی بخاطر ثابت بودن محل کار، نبود رسانه های غیردولتی، نبود تفریحات مدرن، عدم تعادل بین بودجه نظامی- فضایی و تولید صنایع مصرفی به فروپاشی حاکمیت انجامید.

نیاز به اصلاحات در حزب از درون و و پیش بینی فروپاشی اردوگاه در اتاقهای فکر غرب از دهه 1980 را می توان رصد کرد. جان گلد Glad 2015-1941 عالم ادبیات و زبان روسی در آمریکا در 1983 در برنامه 20/20 ABC-TV دقیقا پیش بینی کرد: اتحاد جماهیر شوروی بخاطر اقتصاد ناکارآمد فروپاشیده خواهد شد. او مترجم آثار سولشن یتسین و

بیژن باران

شالاموف به انگلیسی بود. گورباچف نیاز شوروی به کمک اقتصادی غرب را به بوش پدر در مذاکره مالتا گوشزد کرد. آنها به افزایش مبادله فرهنگی و بحث مسایل زیستبوم جهان پرداختند. کارشناس خاورمیانه یوگنی پریماکوف بود.

وزیر خارجه شوروی شوردنادزه دسامبر 1990 نوشت: دیکتاتوری در راه است. کودتای نافرجم نظامیها در تابستان 1991 رخ داد. کتاب رابرت سرویس 2015. از زمان برژنف کادرسازی حزبی ادامه نیافت؛ لذا نسل بعدی دولتمردان مجرب پدید نیامد. در 1982 آندروپف رییس ک گ ب/ کمیته امنیت دولت با پرونده فساد خانواده برژنف و مبارزه با فساد اداری آمد. مرگ او پس از 15 ماه، برای اصلاحات او مهلت نیافت.

کمبودهای مهلک شوروی دهه های 1930 تا 1990 اینهایند: 1-نبود زنان در مدیریت، رهبری سیاسی، پولیتبورو. 2- رشد نیروی امنیتی سرکوبگر و نبود اتحادیه های کارگری، روشنفکری، دهقانی. 3- ندیدن تکامل سرمایه داری از امپریالیسم به گلوبالیزاسیون. 4-عدم تاکید بر ابرفنآوری/ هایتک تراشه های دیجیتال. 5-افزایش خدمات یقه سفیدها.

عوامل خارجی فروپاشی اینها یند: رقابت نظامی با آمریکا، درگیری ژرف در جنگ افغانستان، نبود صادرات محصولات صنعتی، نبود گردشگری برای شهروندان و جهانیان، سوبسید اقتصاد کوبا، کمکهای نظامی به کشورهای عقبمانده، ضیق مهاجرت یهودیان بخارج. گفته شده 3 انقلاب در تاریخ بزرگ و دورانساز ند: کبیر فرانسه در اروپا، اکتبر در شرق، ایران در خاورمیانه. اصولا شعارهای آرمانگرایانه عدالت برای همه در روال قدرت با مجریان حاوی فرهنگ پیشین به امتیازاتی برای کمیت تقلیل می یابد.

دستآوردهای انقلاب اکتبر در آغاز سده 20م، اکثرا برای اولین بار در تاریخ بدون درنظر گرفتن کیفیت، بقرار زیرند: آزادی زنان در آموزش، انتخابات، کار، رای؛ کمک به جنبشهای ضداستعماری، پروژه های عظیم اقتصادی، انقلابات بویژه چین و ویتنام، جنگهای رهایبخش؛ اکتشافات علمی- فضایی، کلاهک اتمی، موشک قاره پیما؛ شکست حمله 14 کشور سرمایه داری در آغاز انقلاب؛ شکست فاشیزم با کشته شدن میلیونها شهروند، مبارزه با بنیانگرایی دینی؛ سوادآموزی، دانشگاه، بهداشت، تقاعد، کار، مسکن برای همه؛ تاسیس دانشگاه شبانه برای کارگران، چاپ کتاب ارزان، اشاعه هنر، تعالی ورزش المپیک.

کیفیت برخی از این مقولات مانند صنعت نازل، برخی دیگر مانند هنر، ورزش، فضایی اعلا بودند. باید کمی هم در باره نابودی چهره های بین المللی و ایرانی دهه های 1940 و 1930 مانند سلطانزاده 1317-1268، برادر نیما یعنی لادبن 1319-1280؟، دکتر عطا صفوی 1391-1305، پیشه وری 1326-1272گفت. امثال آنها مانند دکتر ارانی، فرخی یزدی، روزبه در ایران کشته شدند؛ بزرگ علوی و طبری در غرب زنده ماندند.

در دهه 1980 جهان 2قطبی شوروی ابرقدرت با 8 کشور اروپای شرقی در برابر آمریکای ابرقدرت جهان سرمایه داری بود. فرو پاشی شوروی در انحلال 26 دسامبر 1991 با بیانیه 142-اچ، رفتن به سرمایه داری خصوصی رسمی شد. نتیجه تجزیه یک امپراتوری با 15 جمهوری، اروپای شرقی به 20، بعد به 25 کشور مستقل شد. پس از فروپاشی، 6 جمهوری در دول مستقل مشترک المنافع در 8 دسامبر 1991 عضو شدند. عقبماندگی تولید را در رویدادهای پس از اتحاد 2 آلمان شرقی و غربی با سرمایه

آمریکا در خاور میانه کنونی

گذاری کلان غربی و عقاید ارتجاعی کله تاس/ سکینهدهای نژاد پرست شرقی بروشنی می توان دید.

با گلازنوست / بازشدن سیاسی تنها ملیتهای خودمختار با ستم 2گانه روسی و محلی از جمله قزاقستان، آذربایجان، ارمنستان، گرجستان و برخی کشورهای اروپای شرقی از جمله سولیداریتی/ همبستگی در لهستان- تظاهرات آزادیخواهانه کردند. ارزش اضافی انباشت شده در شوروی در آغاز برای سرمایه گذاری در نهادهای امنیتی، تبلیغاتی، دفاعی، صنایع سنگین، پژوهشهای تسلیحات بکار رفت؛ لذا از رقابت اقتصادی جهان درماند.

پس از ج ج 2 و دسترسی به کلاهک هسته ای، ارزش اضافی بنا به رهنمود تنها حزب حاکم دائم برای رفاه زندگی مدرن شهر وندان سرمایه گذاری نشده؛ بخشی در رقابت تسلیحاتی و فضایی با آمریکا، بخشی برای هزینه جنبشهای رهاییبخش صرف شد. لنین در کتاب امپریالیزم انباشت اضافی را در غرب دریغ از دستمزد کارگران دانسته؛ لذا آن را مذموم انگاشت. تولیدات شوروی در همه زمینه های کیفی، نوآوری، کمی، بازاریابی از جهان غرب عقب افتادند. نمونه: خودروی پابدا و دوچرخه روسی چنان از غرب و هند عقب افتاده تر بودند که ظرف 1-2 سال فروش سوبسیدی آن در جهان سوم جمع شدند.

کتب، سخنرانیها، تبلیغات در آغاز سده 20م در باره آغاز انقلاب بسیار بسیار بسیار فراون اند. ولی هنوز یک کتاب تحلیلی در باره فروپاشی انقلاب در شوروی، چین، اروپای شرقی پدید نیآمده. چگونه شد که یلتسین با بخشی از شهریان بدون اعمال مسلحانه حزب حاکمیت را به زانو درآورد؟ چرا نهادهای مدنی، حزب، سازمان جوانان/ کومسومل، سندیکاهای صنفی، اتحادیه کارگران، اقشار زنان، دانشجویان، کارمندان در برابر موج آرمانهای سرمایه داری خصوصی اعتراض نکردند؟

تنها اعتراض از قشر نظامی با امتیازات زیاد بصورت کودتای تابستانی نیم بند بود که زود خاموش شد. باید گفت: این دولت کارگری نبود؛ سانسور، سرکوب، اختناق، تنبلی کارگران، کاهلی کارمندان، عدم نوآوری، بوروکراسی در استعاره رواج ودکا و سیگار جوک شده بودند. عدم رقابت هم در ناکارآمدی شوروی نقشی عمده داشت. در این مرحله تاریخ برای انسان هنوز رقابت، انگیزه مالی، تشویق مهم اند. برای شکوفانی جامعه نوآوری کسبی، تجاری، مالی همانند برتری طلبی اپرای بالشوی و المپیک ضروری اند.

راندمان کار در شوروی پایین و عقب افتاده تر از غرب بود. در شوروی دانشگاه جدا از صنعت و تولید بود؛ بیشتر آکادمیک در خدمت تسلیحات نظامی و فضایی پژوهش می کرد. تازه استادان با امتیازات اجتماعی غذا، مسکن، خودرو بهتر- از توده های دانشجو جدا بودند. دانشگاه و صنعت جدا از هم، در خود، بی برنامه برای صنعت بودند.

برخی نوآوریها توسط کارگران خلاق وارد می شد که در قیاس با نوآوریهای صنعت آمریکا بسیار بدوی بودند. صادرات جز تسلیحات که با وامهای نازل به جهان سوم می رفت؛ با غرب توان رقابت نداشتند. حتی جنگنده های روسی در عمل مانند عراق، سوریه، مصر به پای جنگنده های آمریکایی در نیروی هوایی اسرائیل نرسیدند.

در روسیه پیشافروپاشی تولید در خدمت حزب و نیروهای سرکوب بود نه در کنترل نهادهای کارگری. از اینرو با زوال این دو در دوره گورباچف، یعنی طلوع سرمایه داری خصوصی با حراج مفسدانه ثروتهای دولتی، نهادهای کارگری نبودند تا از تولید دولتی خود دفاع کنند. اکنون سرمایه داری الیگارشی بدون رقابت شبیه دمکراسی فعلی غرب را با حمایت مشروط پوتین در 3 جنگ گرجستان، اوکراین، سوریه می توان دید.

سرمایه داری دولتی در چین با گشودن دروازه های تجاری بین غرب و چین با سهام 50/50 به شکوفانی اقتصادی طبقه متوسط رسید. خط مائو با سوسیال امپریالیزم خواندن شوروی، منازعات مرزی با روسیه و ویتنام، انقلاب فرهنگی بضد مدرنیزم غربی، باند 4نفره شامل همسر مائو- به پیروزی تز دان شیاپینگ برای سرمایه گذاری مختلط غرب در چین انجامید. نظام تک حزبی سکولار بهتر از کیش شخصیت مارکوس، شاه، صدام، قذافی در جهان عقبمانده است. انضمام هنگ کنگ خودمختار، درآینده ماکائو پرتغالی و تایوان مستقل، رشد طبقه متوسط- چین را به جامعه چندحزبی دمکراسی سوق خواهد داد.

ذهنیگرایی محافل دهه 1970 مانند طوفان برونمرزی، آلبانی را "مشعل انقلاب" نامید. با فروپاشی اردوگاه، تجزیه یوگسلاوی، بمباران صربها در جنگ کسووو- رویداد مضحکی رخ داد: بخشی از مردم تیرانا، یعنی "مشعل انقلاب،" به خیابانها ریخته؛ به افت قیمت بورس سهام شرکتهای سرمایه داری اعتراض خیابانی کردند. بعد هم بخشی از مافیای اروپا از آلبانی بود.

برای بررسی یک پدیده می توان از آغاز، رشد، عوامل درونی/ بیرونی، ورودی/ خروجی، عناصر درونی به وضع نهایی آن با منطق رسید. می توان از نتیجه، وضع نهایی، خروجی آن با دانش عناصر، علیت، عوامل درونی/ بیرونی، ورودی به بررسی، درک ذات آن رسید. نمونه: نتایج فروپاشی را برای درک تابعها، متغییرها، ماهیت، شعارهای اردوگاه بکار برد. از پیدایش الیگارشی مالی، عدم تظاهرات اتحادیه های کارگران، دانشجویان، زنان- می توان گفت: اردوگاه سرمایه داری دولتی بوده؛ با نداشتن سندیکاهای صنفی. شیوه بررسی قهقرایی از نتیجه به ذات یک کشور را بخوبی می توان در قیاس کودتای نظامی مصر با ارتش منسجم و دمکراسی تونس با سندیکاهای قوی پس از بهار عربی بکار برد.

*

مارکس در سرمایه، ج 3، فصل 23 نوشت: برخی شرکتهای با مسئولیت محدود به مصادره توده سرمایه دار پرداخته؛ مالکیت خصوصی را از چنگ آنها خارج کرده؛ مالکیت سهامی را دامن زدند. یعنی به تمرکز شدید سرمایه کمک می کنند؛ در همان جلد، فصل 14 نوشت: سقوط نرخ سود منجر به صدور سرمایه به کشورهای عقبمانده شد.

انگلس در کتاب وضع طبقه کارگر انگلیس 1892 در باره امپریالیزم نوشت: در پایان قرن 19م آمریکا، فرانسه، آلمان با انحصارات انگلیسی رقابت کرده؛ در حواشی سرمایه، ج3، فصول 31 و 32 نوشت: با پیدایش تراستها و کارتلها، پس از فتح بازار چین- تدارک یک جنگ صنعتی برای سلطه بازار جهانی ممکن شد. آنها سرمایه مالی را از سرمایه صنعتی تفکیک کردند.

کتابهایی در باره امپریالیزم نشر شدند: هیلفردینگ- سرمایه مالی 1910؛ هوبسن- امپریالیزم 1916، بوخارین-امپریالیزم و اقتصاد جهان 1915؛ کائوتسکی جنبه مالی ورود

امپریالیزم فرانسه به ویتنام/ تانکین، مراکش، تونس را تاکید کرد. او از بسط سرمایه صنعتی از فرانسه به کشورهای کشاورزی برای تحقق ارزش اضافی نام برد. رزا لوکزامبورگ نوشت: امپریالیزم تبلور انباشت سرمایه، ارزش اضافی، بحرانها در رقابت برای گرفتن بازار کشورهای پیشاسرمایه داری است.

او امپریالیزم را مرحله تاریخی ضروری، اجتناب ناپذیر، پایان سرمایه داری انگاشته؛ آنرا فرایند ارتقای تولید کشورهای پیشامدرن آسیا و آفریقا نامید که سرمایه داری نسبت به شیوه تولید خرده پایی کشورهای این 2قاره مترقی تر است. او گفت: سرمایه داری با تولید افراطی کالاهای مصرفی که در بازار سرمایه داری جذب نمی شوند {نیاز به بازار خارجی داشته؛} در نتیجه حرکت سرمایه داری دیگر به خشونت جنگ {برای بازار خارجی} و انقلاب {رهاییبخش کشورهای زیر سلطه} کشانده می شود. او ادامه داد: مسئله عمده تولید سرمایه داری مسئله بازار است؛ انگیزه سرمایه دار در سرمایه گذاری سود بیشتر است.

لنین در کتاب امپریالیزم 1916 نوشت: در قرن 20م سرمایه داری قدیم به سرمایه داری نوین و سیادت سرمایه بطور کلی، به سیادت سرمایه مالی تبدیل شد. او امپریالیزم را مرحله نهایی انحصاری و انتقالی نظام سرمایه داری نامید که در آن انحصار جای رقابت آزاد را گرفته؛ سرمایه مالی جای سرمایه صنعتی می نشیند. او به تمرکز تولید در دست عده ای معدود و پیدایش انحصارها اشاره کرد. این تمرکز ثروت موجب پیدایش اقلیت خدمات مالی مانند ورود سهام به بنگاههای مالی مانند مریل لینچ و شوابز، سفته بازان، صاحبان املاک، بازار بورس شد.

صدور سرمایه در امپریالیزم غالب است، متمایز از صدور کالا در استعمار است. او نوشت: امپریالیزم رشد سرمایه داری را در عقب افتاده ترین کشورهای پیرامون تسریع کرد. در نتیجه مبارزه علیه ستم ملی را گسترش داد. او روبنای سیاسی امپریالیزم را دمکراسی منطبق با رقابت آزاد قلمداد کرد که در آن سرمایه مالی در نهایت با جنگ برای سلطه کوشید؛ منجر به ج 1 و ج 2 برای تقسیم دو قاره جهان شد.
http://www.kargaran-iran.com/Maqale/2009/10/post_1351.html

گلوبالیزم با روبنای پسامدرنیزم مرحله بعدی امپریالیزم با روبنای مدرنیزم می باشد. او امپریالیزم را به مثابه بالا ترین مرحله سرمایه داری با 5 شناسه در کشورهای متروپل و پیرامون آورد:
1-تمرکز و تراکم تولید، انحصارها/ مونوپول‌ها را در متروپل ایجاد کرد. انحصارها در این مرحله نقش قاطع در اقتصاد دارند.
2- نقش نوین بانک ها در سرمایه گذاری برای سود بیشتر بوده؛ نه نیازهای بومی کشور پیرامون.
3-ترکیب سرمایه بانکی و سرمایه صنعتی به پیدایش سرمایه مالی و الیگارشی مالی منجر شد.
4-اتحادیه‌ها و کنسرنهای انحصاری سرمایه‌داران کارتل‌ها، تراست‌ها و کنسرسیومهای اقتصادی را ایجاد کرده؛ جهان را بین خود تقسیم کردند. صدور سرمایه به جای صدور کالا اهمیت ویژه‌ای یافت.
5-تقسیم جهان بین اتحادیه های سرمایه داران با جنگ به تقسیم مجدد جهان بین ثروتمندترین دولتهای سرمایه‌داری منجر شد.

نواستعمار فشارهای اقتصادی، سیاسی، فرهنگی اند برای کنترل و تاثیر بر کشورهای دیگر، بویژه کشورهای وابسته سابق. امپریالیزم بمعنای گرایش به اشغال یا فتح سرزمینهای جدید نبوده؛ بلکه تغییرات در فعالیت اجتماعی، اقتصادی، سیاسی بورژوازی در برخی کشورهای پیشرفته در پایان قرن 19م می باشد. با پایان ج ج 2 امپریالیزم بازنده آلمان، ژاپن، ایتالیا با شکست کامل در جنگ به مرحله پیشاامپریالیزم رجعت کرده؛ با فروپاشی اردوگاه هم تمام 15 جمهوری و 5کشور اروپای شرقی به دوره سرمایه داری خصوصی رجعت/ ارتقاء کردند.

این استحاله در گلوبالیزم یعنی تعامل با جهان اول، جنگ در خاور میانه، قراردادهای تجاری و مالی، اشغال نظامی دریاها با 1000 پایگاه نظامی تبلور یافت. گلوبالیزم سده 21م آمریکا را در بحران مالی 2009-2008، اشغال وال استریت، احراز اکثریت جناح راست و جمهوریخواه در کنگره می توان دید. امپریالیزم پس از ج ج 2، جنگ سرد، فروپاشی اردوگاه- به گلوبالیزم یعنی تعامل با کشورهای بازنده جنگ و کشندن جنگ به آسیا بعد خاورمیانه- ارتقاء یافت.

لنین در جزوه مالیات جنسی 1921 اهمیت نپ/ مشی اقتصادی نوین و اوضاع آن، همزمانی شیوه های تولید در یک جامعه را مطرح کرد. ولی گذار از یک شیوه به دیگری، هیرارشی آنها که آیا می توان جهش به مرحله عالی کرده؛ روبنای متناظر با و علل مانایی باورهای آنها را مسکوت گذاشت. روسیه کشوری وسیع در مرحله گذار با عناصر، جزایر، تکه هایی از سرمایه داری به سوسیالیزم با 5 ساختار اقتصادی- اجتماعی مخلوط بود:

1-پدرسالاری، بطور طبیعی در تولید ایلیاتی است؛ شبیه تولید لبنیات، قالی بافی، گله داری بر زمینهای مشاع و ییلاق-قشلاق متعلقات خانها است. زن فرصت اجتماعی برابر با مرد نداشته؛ در خانه جدا از زنان دیگر- یعنی ناموس، عورت، ضعیفه، عیال- بود.

2-تولید خرده پایی اکثر دهقانان که محصولات جالیزی و کارهای دستی خود را مستقیم در دکه های جمعه بازار می فروشند. خدمات مسگری، حمام، سلمانی پاپاپای با خشگبار و غلات انجام می شد.

3-سرمایه داری خصوصی بر پایه مالکیت خصوصی سرمایه، منابع تولید، محصولات و خدمات برای سود- چه در رقابت آغازین چه در انحصارات مرحله تکاملی است. کارگاهها قالی بافی، استخرهای پرورش ماهی، مرغداری، باغات پسته، کرتهای زعفران، گلابسازی- چند نمونه اند.

4-سرمایه داری دولتی با پروژه های سودآور بوسیله دولت با پروژه های کسبی در پروسه های انباشت سرمایه، مزد کارگر، مدیریت مرکزی را سازماندهی می کند. نمونه: پالایشگاه نفت و گاز.

5-سوسیالیزم یک سیستم نظری سیاسی و اقتصادی است. حاوی شیوه تولید، توزیع، معاوضه بمثابه یک کل بوسیله کمونها تنظیم می شود.
https://www.marxists.org/archive/lenin/works/1921/apr/21.htm

احمدزاده در کتاب ارزنده خود شیوه تولید غالب ایران پسانقلاب سفید را سرمایه داری وابسته اعلان کرد. در حالیکه با توجه به جزوه بالا، شیوه های تولید پدرسالاری/ ایلیاتی، خرده پایی، سرمایه داری خصوصی و دولتی، شیوه تولید آسیایی هم وجود داشتند. دستکم برخی از روبنای این شیوه ها مانا بوده؛ در صورت غلبه و قبضه دولت شیوه تولید مد نظر خود را غالب می کردند. چیزی که در انقلاب 57 اتفاق افتاد.

سرمایه داری نظام اقتصادی و سیاسی برای سود در تجارت و صنعت است که نظام در کنترل صاحبان خصوصی می باشد. انواع سرمایه داری خصوصی مانند آمریکا، کمپرادور مانند ایران پیش از انقلاب، رانتیر مانند ایران کنونی، دولتی مانند روسیه، مختلط مانند مصر اند. در این کشورها جنبه غالب اقتصادی یا سیاسی منظور است؛ زیرا انواع دیگر سرمایه داری هم وجود دارند.

6-"سرمایه داری مختلط" خط مسکو هم در چند کشور مدار اردوگاه مانند عراق، مصر، سوریه، لیبی، افغانستان، یمن به شکوفانی اقتصادی نرسیدند- برعکس تایوان، ترکیه، کره جنوبی در مدار آمریکا. در جهان سوم قرن 20م می توان گفت که شیوه های تولید پدرسالاری، خرده پایی، سرمایه داری خصوصی و دولتی، رواج دارند. نوع دیگر سرمایه داری دولتی در چین، کره شمالی، مصر، ایران پدید آمده که شرکتهای دولتی به نهادهای عمدتا نظامی ارزان فروخته شده اند. این نهادها بدون پرداخت مالیات با برخی کشورهای خارجی تعامل تجاری مستقیم دارند.

7- سرمایه داری رانتیر در کشورهای پیرامون با درصد نزدیک به نصف کل درآمد خودشان از رانت خارجی با صدور یک یا چند ماده خام پدید می آید. دولتهاي وابسته به رانت در راس ارتش و نهادهای امنیتی تفاوت ماهوی با دولتهاي وابسته به مالیات داخلي با رسانه های مستقل دارند. صدور نفت و گاز درکشورهای آذربایجان، ونزوئلا، عربستان، کویت، ایران آنها را در تقابل با دموکراسي می سازد.

در سرمایه داری نوع کره شمالی، نهادهای سرکوب صاحب منابع کانی، بندرهای صدور/ ورود، تولیدات صنعتی اند. آنها جدا از دولت با چین، ایران، سوریه رابطه تجاری برقرار می کنند. رانت در اقتصاد درآمد کانی بدون کار یدي و فکري یک کشور مانند قطر متمایز از درآمد ناشي از تولیدات صنعتی مانند آلمان است. درآمدهای کانی ناشي از فروش الماس، اورانیوم، آهن، مس در نبود سندیکاهای صنفی گرایش به حکومت مطلقه را شدید می کنند. http://yousefi-mr.blogfa.com/post/99

8-سرمایه داری کمپرادور/ وابسته با واسطه ها، نمایندگان انحصاری، دلالان سرمایه داران خارجی در جهان سوم است. با پیدایش آن در کشور جهان سومی مستشاران امپریالیست نیز با پایگانه نظامی همراه اند. در ایران پیشاانقلاب 57 آنها عرصه را بر بازار تنگ کرده؛ بازار را به سوی بنیانگرایان شیعی سوق دادند. جزنی در تاریخ 30ساله این نوع بورژوازی در ایران را توضیح داد.

بنا به عادت مردم، آداب، رسوم- روبنای شیوه های تولید مانا بوده؛ در انقلاب بهمن 57 خیل دهقانان حواشی شهرها با اتکاء به روبنای شریعتی اموال سرمایه داران کمپرادور را تاراج کرد. فرهنگ وابسته پیشاانقلاب 57 را با اشاعه فیلمهای هولیوودی و فیلمفارسی/ آبگوشتی با صحنه های رقص زن، کافه، زد و خورد می توان در یوتیوب دید. روبنای این شیوه های تولید را در فیلمهای فارسی بخوبی می توان دید که باید رده بندی شده شده تا شناسه هایشان ردیف شوند.

گلوبالیزم مانند نردبان تکاملی است که در مرحله فعلی با بورسهای سهام، ابر رایانه ها، نرمافزارها، اینترنت، صندوق هج، لایه های ریسک زدا برای صندوقهای پسانداز تعاونها، امنیت اجتماعی، صندوقهای کلان کارمندان، کارگران، یقه سفیدها، بانکهای جهانی، وامهای مرکب فراملی، بنگاههای حسابرسی جهانی دیلویت با درآمد 15

بیلیون دلار، PwC با12 بیلیون دلار، ارنست و یانگ با 10 بیلیون دلار، KPMG با 7 بیلیون دلار می باشد. صندوق هج hedge fund سرمایه مالی با ریسک و سود بالا بمثابه لایه ای بر اوراق بهادار، سهام جهانی، قرضه های شرکتهای نوپا می باشد. بعلاوه کشورهای انقلابی شوروی، چین، ویتنام، کامبوج، کوبا، آنگولا، موزامبیک، نیکاراگوئه- دیر یا زود به مدار سرمایه جهانی گلوبالیزم جذب شدند. می توان افتادن در مدار سرمایه جهانی را به کشورهای سرمایه داری دولتی، کمپرادور، مختلط تعمیم داد.

9-سرمایه داری شریعتی اصول دین مذکر مرکز اسلام را بر مناسبات مدرن منطبق می کند. نوع شیعی دارای ولایت فقیه مطلقه مادام العمر، شورای خبرگان، نگهبان، تشخیص مصلحت، قضاییه، ارشاد، حراست، مجلس اسلامی، با قدرت قهریه سپاه، بسیج، اطلاعات، بنیادهای بقاع، موقوفات، خدمات است. نوع وهابی/ سنی قرون وسطایی عربستان با ملک مادام العمری در راس قوه مجریه، صلاحدید مفتیان وهابی، اشغال رده های عالی دولت در خاندان سعود است. شاهزادگان در راس 13 ایالت سعودی از 1932 تا کنون قرار دارند. عربستان از 1993 سالانه 200 میلیون دلار به فلسطین کمک مالی کرده؛ در استان شرقی با سفره عظیم نفتی20% جمعیت، شیعی شهروندان درجه 2 اند.

10-سرمایه داری دولتی نیاز به دولتمردان متخصص و باوجدان از کالیبر دکتذ مصدق، دکتر فاطمی، ناصر در مصر دارد. متاسفانه در مسند قدرت، فرد اکثرا گرایش به فساد و استبداد پیدا می کند. با کنترل نهادی بزرگ مخلوط با سرمایه های کوچک خصوصی، کنترل دولت بر اقتصاد آزاد، قوانین عقبمانده، بانکهای استقراضی در کنترل صنعت و معادن، با بوروکراسی فربه- شکوفانی اقتصادی کشورهای پیرامون را کند می کند. سرمایه داری دولتی زیرساخت دولت استبدادی است که با کنترل منابع عمده اقتصادی، تجارت خارجی، ارتش، رسانه ها، امنیت- نهادی مدنی و نشت مدرنیزم را سرکوب می کند.

دولت وجه مثبت مانند محرکه دراز مدت حکومتی، اعتبار بانکهای دولتی، سرمایه گذاری در نهادهای دولتی داشته؛ وجه منفی آن تداخل بوراکراسی در سیستم بانکها، کنترل نرخ معاوضه ارزهای جهانی، ارتشاء در محدودیت رقابت می باشند. فروپاشی اردوگاه و رشد سرمایه داری خصوصی چین، به سرمایه داری دولتی در جهان ضربه زدند. در بازارهای در حال ظهور، دولت با معادن و بانکها هنوز نقش دارد.

سرمایه داری دولتی برای رشد اقتصادی نیاز به اصلاحات دارد: تقلیل مقررات برای رشد شرکتهای نوپا، قوانین تسهیل کننده برای جذب سرمایه گذاری، عدم اتلاف پروژه های دولتی. نمونه های فساد دولت و اعتراض مردم: تونس بضد بن علی،، لیبی بضد قذافی، سوریه بضد اسد، یمن بضد صالح. لذا پس از مدتی سرمایه داری دولتی کارآیی خود را از دست داده؛ تا با اعتراضات مردم سقوط کند- مانند بهار عربی در سقوط مبارک در مصر.

سرمایه داری دولتی/ الیگارشی مانند روسیه صاحب نفت و گاز، خدمات دولتی را زیاد کرده؛ هزینه دولت را افزایش داده؛ فساد دیوانسالاری برای سرمایه گذاری دردسر آفریده- گاهی سرمایه خصوصی از آنجا به خارج فرار می کند. آیا با بحران مالی 2008- 2009 سرمایه داری خصوصی در بحران است؟ کشورهای سرمایه داری خصوصی مانند

آمریکا در خاور میانه کنونی

آمریکا با رفرم نقش دولت را بیشتر کرده؛ سرمایه داری دولتی مثل چین با رفرم نقش دولت را کمتر کرده- تا شاید به نوع جدید سرمایه داری در قرن 21م برسند.

11-شیوه تولید آسیایی عمدتا کشاورزی بوده؛ با ترکیب مالکیت ارضی، خالصجات سلطنتی، موقوفات دینی و حاکمیت سیاسی استبداد خشن ایستا، بدون خلاقیت، خیلی طولانی رایج بود- مانند دودمان ساسانی. دولت آسیایی به خاطر ذات 2گانه ی مالک- حاکم، مازاد اقتصادی تولید کنندگان مستقیم را به صورت مالیات بهره ی مالکانه تصاحب می‌کند. از این رو، روابط تصرف/ استثمار مستلزم روابط طبقاتی نبوده؛ بلکه با اِعمال فشار سیاسی محض از جانب دولت است. پس مبنای این شیوه ی تولید نه استثمار طبقاتی بلکه قلدری حاکمیت با نیروی نظامی است.

دولت آسیایی باز تولید اقتصاد را تامین و تضمین می‌کند. در عین حال اساساً مستقل از مناسبات اقتصادی باقی می ماند. مشاع یا فقدان نهاد مالکیت خصوصی بر زمین و طبقۀ مالک مستقل از دولت، شناسه های آن اند. حاکم محلی دست نشانده سلطان مرکزی از رعایا بر زمینهای سلطنتی و دینی بنا به آز خود و نیاز سلطان بکمک عسکری دولتی بهره مالاکانه می ستاند. در چند جای آثار مارکس این شیوه تولید و جامعه کهن آسیایی تحلیل شده؛ او نوشت: /https://fa.wikipedia.org/wiki

شرایط اقلیمی، وضع زمین، فلات وسیع، بیابانی-از صحرای آفریقا از طریق عربستان، ایران، هندوستان، تاتارستان، تا ارتفاعات فلات آسیا- گسترده است. سیستم آبیاری مصنوعی را به کمک قناتها و جویها، پایه زراعت شرقی کرده است. نیاز آشکار استفاده صرفه جویانه از آب... در شرق ناگزیر مداخله قدرت متمرکز دولت را می‌طلبد. یعنی دولت‌های آسیایی مجبور بودند وظیفه سازمان دادن امور عمومی را اجراء کنند.

سرمایه داری از قرن 17م انعطاف نشان داده با روبناهای: قبیلگی، پدرسالاری، تک حزبی، چندحزبی، اشتراکی، اجتماعی، امپریالیست، بعثی، کمپرادور، رانتیر، ابرقدرت، گلوبالیست، دولتی، خصوصی، مختلط، فاشیست، نازیست، ناسیونالیست، استبدادی، دمکراسی، الیگارشی، مافیایی، کودتایی، اماراتی، خلیفه ای، مطلقه ملک، ولایت فقیه. دوبی با ترکیدن حباب بازار مستغلات، وامهای مسکن غولین- نیاز به قرض نقدی از ابوظبی شد.

پدرسالاری patriarchal ساختار ستم اجتماعی بر زن داشته؛ مخالف فمنینیزم ناشی از رشد شهرنشینی و بازار کار اجتماعی است. در جامعه پدرسالاری زنان خانه نشین، از هم جدا، ناموس مرد اند؛ فرصت برابر با مرد نداشته؛ انجمن نسوان ندارند. ناموس مترادف آبرو، عصمت، ضعیفه، عیال، مادر اطفال، عورت، اندرونی برای نام نبردن زن در جامعه است. جنایت، تجاوز، ستم بر زن جدی نبوده؛ اگر تجاوز به حریم ناموس مرد دیگر نباشد.

مذکرسالاری مخالف خانواده مدرن هسته ای یعنی زن+شوهر+کودکان است؛ خانواده گسترده شامل چند نسل را در بر می گیرد. عروسی برای تولید مثل بوده؛ مرد نان آور خانوار است. زن کار خانگی بی اجرت، تولید مثل، بچه داری می کند. در جامعه مدرن خانه ماندن زن مقرون بصرفه اقتصادی نیست. ترک زادگاه، رفتن به شهری دیگر، گزینش زوجه، محل کار، سکونت- اینها مدرن اند. در سرمایه داری مدرن عروسی برای عشق و شادی است.

158

بیژن باران

پس از انقلاب صنعتی در خانواده هسته ای، زن و مرد کارخانگی را با لوازم برقی انجام داده؛ پدر و مادر بچه داری، تفریحات، تعطیلات را با هم تجربه می کنند. با درآمد بیشتر، نیاز به کار کودکان کاهش یافته؛ با پس‌انداز بخشی از درآمد، نیاز پیری به نسل بعد کاهش یافت. در کشورهای با نفت و گاز، درآمد منابع کانی برای بهبود معیشت زندگی مردم بکار می رود.

در مدرنیزم با هزاران اختراع، راندمان/ بازدهی کار افزایش یافته؛ توان عضلانی هم در کار کاهش یافته؛ راه برای زن به کار اجتماعی باز شد. وقت اضافی برای تفریحات اشرافی، همگانی شده؛ گردشگری گسترش یافت. اتحادیه های صنفی شکل گرفته؛ مسایل فردی بصورت اجتماعی طرح و حل شدند. در فرهنگ قرن 21م هم نشانه هایی از عهد زنسالاری، بسیار رقیق بجا مانده؛ مانند زیبایی زن در فیلم و هنر. در بعضی موارد زن در اقتصاد خانه موفقتر است- بسیاری هستند که خاطرات کودکی آنها پر از غلبه رفتار مادر بر پدر در تصمیمات خانوادگی اند.

مادر/ زن سالاری در تاریخ ایران هم بوده؛ الهه زن مقام مستقل در آسمانها داشت: خدایان آناهیتا برای بارش و برکت، ایشتار مادر، رب النوع زن مانند پینیکیر مادر بزرگ، نانایی باروری، کیریرشا مادر در باورهای عیلام از 5 هزار سال پیش. در جامعه قبیلگی مقام زن در رابطه با مقدسین مرد الوهیت گرفته؛ چند مزار مقدس زن در باورهای شیعی بقرار زیرند: بی بی شهربانو همسر امام 3 و مادر امام 4 در ری، حضرت معصومه دختر امام 7 در قم، زهرا دختر پیامبر از خدیجه و همسر حضرت علی و مادر امام حسین.

منابع. 28/09/2018
http://eng.globalaffairs.ru/book/Gorbachevs-full-speech-during-the-celebrations-of-the-25th-Anniversary-of-the-Fall-of-the-Berlin-Wal سخنزانی گورباچف در جشن 25مین سالگرد تخریب دیوار برلین، 8 نوامبر 2014.
https://en.wikipedia.org/wiki/Dissolution_of_the_Soviet_Union فروپاشی اتحاد شوروی.

لحظه تاریخی عتاب یلتسین به گورباچف هنگام سخنرانی؛ در این تصویر بوریس یلتسین اولین رئیس جمهور روسیه به رهبر شوروی می‌گوید متن مصوب دولت این کشور را بخواند و اعلام کند که دیگر اتحاد جماهیر شوروی وجود خارجی ندارد. بوریس یلتسین که در ژوئن 1991 طی انتخاباتی سراسری با کسب 57 درصد آراء رئیس جمهور روسیه شده بود در ماه دسامبر به بلاروس رفت و مقدمات فروپاشی شوروی و تشکیل کشورهای مشترک المنافع را در دیدار با رهبران اوکراین و بلاروس فراهم کرد.

یلتسین پس از بازگشت از بلاروس گورباچف را که از حبس خانگی در ویلایش در "کریمه" آزاد شده بود مجبور کرد در نطقی تلویزیونی اعلام کند دیگر اتحاد جماهیر شوروی وجود خارجی ندارد. گروباچف گرچه ابتدا مقاومت کرد اما در نهایت روز 25 دسامبر 1991 در نطقی تاریخی اعلام کرد شوروی برای همیشه از بین رفته است. او همچنین حکم انتقال کنترل سلاح هسته ای استراتژیک کشور به "بوریس یلتسین" رئیس جمهور وقت را امضا کرد و از قدرت کنار رفت. در پی سخنرانی گورباچف در کرملین پرچم سرخ رنگ شوروی پایین آورده شد و پرچم روسیه فدراتیو برافراشته شد.
Roozbeh Keshvari December 27 2015

دوران برژنف توام با رکود، مادام العمر شدن مقامات و گسترش بی سابقه‌ی فساد بود. در این میان یوری آندروپوف ریاست کا گ ب که از لحاظ قابلیت های ذهنی و فرهیختگی بالاتر از دیگر اعضای رهبری بود، ضرورت تغییر و مبارزه با فساد را برای بقای شوروی احساس می کرد. آندروپوف در سایه‌ی مقامش مدارک خرد کننده ای درباره‌ی مقامات کرملین در اختیار داشت. او می خواست از آنها در مبارزه‌اش برای بدست آوردن پست دبیرکلی استفاده کند. او در 1981 به سبب شرایط مساعد ناشی از بیماری سخت برژنف و غیبت های مداوم او کارش را آغاز کرد.

مهمترین هدف او گالینا چوربانوا دختر برژنف بود که از قاچاق ارز و سنگ های قیمتی سود خیره کننده ای به دست می آورد. این قاچاق از طریق سفرهای خارجی سیرک مسکو که آناتولی موخف معاون وزیر فرهنگ و دوست پسر گالینا مدیر آن بود صورت می گرفت. زمانی که نخستین بازداشت ها صورت گرفت، مطبوعات شوروی چیزی در مورد آن ننوشتند اما چون کا گ ب عمدا از فرستادن پارازیت روی برنامه های روسی رادیوهای غربی خودداری کرد، همه‌ی جهان از ماجرا با خبر شد.

نتیجه‌ی این کار مشاجره‌ی شدیدی بود که بین برادر زن برژنف سمیون زویگمون و میخاییل سوسلف عضو مقتدر پولیت بورو و نظریه پرداز رسمی کرملین درگرفت. معلوم نیست آنها به یکدیگر چه گفتند، ولی زویگمون فردای آن روز خودکشی کرد. سوسلف که80سال داشت، چند روز بعد در 25 ژانویه 1982 در اثر سکته‌ی قلبی از دنیا رفت. آندروپوف به سرعت کارها را پیش برد. جنازه‌ی سوسلف تازه سوزانده شده بود که آندروپوف دستور بازداشت موخف و همکارانش به استثنای گالینا را صادر کرد. بعد الکسیس شیبایف پلیس فاسد مشهور و رئیس سندیکاها را برکنار نمود.

برژنف در موقعیتی نبود که بتواند مخالفتی بکند. دامادش ژنرال چوربانف به خاطر دست داشتن همسرش در قاچاق الماس مجبور به استعفا شد. به دنبال آن یک حمله‌ی قلبی برژنف را چندین هفته از حرف زدن باز داشت. هدف بعدی، ژنرال شچلوکوف ریاست پلیس بود که با اطلاع قبلی از بالا رفتن قیمت ها، دوستانش را از موضوع با خبر می کرد. آنها نیز برای کسب سودهای کلان از فرصت استفاده کردند. او و همسرش زندگی مجلل و یک فروشگاه مخصوص داشتند. زمانی که شچلوکوف به زندان افتاد، همسرش خودکشی کرد. خودش نیز زمانی که متوجه شد راه نجاتی ندارد، یک گلوله در مغز خود شلیک کرد.

آندروپوف آنقدر زنده نماند که کار خود را تکمیل کرده؛ به برخی پرونده های مهم دیگر نظیر "رسوایی پنبه" در ازبکستان را که شرف رشیدوف دوست وفادار برژنف به مدت دو دهه با مهارت سازمان دهی و مخفی نگاه داشته شده بود رسیدگی کند. در زمان گورباچف برای این پرونده بیش از ده حکم اعدام صادر شد. اما اوضاع وخیم تر از آن بود که گورباچف بتواند از پس آن برآید.

روز 11 آوریل 1986 یکی از مقامات بلندپایه‌ی حزب در مسکو در برابر خبرنگاران اعلام کرد: "یک لیست از 32 موسسه و کارخانه در پایتخت تهیه شده که سال ها است هیچ کاری انجام نمی دهند. بودجه‌ی نیمی از آنها قطع و این موسسات تعطیل خواهند شد. 30 هزار متخصص و تکنیسین در موسسات علمی که آزمون های لازم را نگذرانده اند،

به بخش تولید فرستاده خواهند شد. 800 نفر از مدیران امور بازرگانی در این ماه های آخر بازداشت شده اند. ما مرتب حفر می کنیم ولی ته این چاه کثافت را نمی بینیم."

گورباچف در دهه ی 1960 با همسرش رایسا از فلورانس دیدن کرد. یک روزنامه نگار آمریکایی که تصادفا سفر این مقام درجه دو شوروی را دنبال می کرد به خاطر می آورد که یک دانشجوی شوروی به او گفت: آیا می توانید تصور کنید که بازگشت به استاوروپل، بعد از گذراندن یک هفته در توسکانی چه معنایی دارد؟

سپس گورباچف به مقام بالای حزب رسید. ژان باتیست دومانگ سرمایه دار چپ گرای صنعت تبدیل مواد کشاورزی فرانسه بود. در دهه‌ی 1960 او با گورباچف به سبب پستی که در وزارت کشاورزی شوروی داشت آشنا شد. دومانگ گورباچف را به منزل خود دعوت کرده؛ با اتومبیل شخصی اش در جاده های جنوب فرانسه برد. گورباچف با زندگی ها و طرز فکرهایی آشنا شد که با آنچه در کشور خود دیده بود فرسنگ ها فاصله داشت.

چپیر ژوکن، کارمندی در شرکت دومانگ، گورباچف را در سفر پاریس چنین توصیف کرد: او از جلوی میدان کاخ تروکادرو طوری برج ایفل، دریای اتومبیل ها، خانه ها را تماشا می کرد که گویی دارد خواب می بیند. او به ژوکن گفت: حق دارید که نخواهید مانند ما زندگی کنید. Toos Tahmasebi FB 17/11/15

مارکس در باره روسیه گفت: منتظر بحرانی بزرگ در آینده ای نه چندان دور در روسیه است. این بحران با تحولاتی از بالا {رفرم ارضی استولپین} آغاز خواهد شد که ساختارِ کهنه و بدِ حکومت تابِ مقاومت در برابرِ آنرا نخواهد داشت. نهایتاً منجر به فروپاشیِ {انقلاب 1905 و 1917} همه چیز خواهد گشت. در باره اینکه چه چیز جایگزین آن خواهد شد؛ نظر روشنی ندارد جز آنکه روسیه، برای مدتی طولانی نفوذی در اروپا نخواهد داشت {20سال فاصله ج ج 1 تا ج ج 2}. نامه 1879 به ویکی، دختر ملکه الیزابت انگلیس، در باره نظر مارکس. http://asre-nou.net/php/view.php?objnr=38577

اقتصاد چین کنونی
بیآموز، بیآموز، بیآموز. لنین

سده 20 انقلابات مهم در روسیه، ویتنام، چین و استقلال هند در کنار امپریالیسم آمریکا رخ دادند. روسیه در نیمه آن سده بضد اصلاحات سیاسی و اقتصادی خروشچف کودتای سفید کرده؛ دوره 20ساله رکود برژنف نظام شوروی را از درون پوکاند؛ در 1991 فروپاشید. از آن ببعد خصوصی سازی روسیه یلتسین به دست مافیا و الیگارشی افتاد. در برخی دولتهای اروپای شرقی دمکراسی نضج گرفته؛ در کشورهای آسیای میانه دیکتاتوری مانا شد. ویتنام 3امپریالیست ژاپن، فرانسه، آمریکا را شکست داده؛ از 1975 مدل تک حزبی چین و اقتصاد مختلط سرمایه خارجی، خصوصی، دولتی را دارد.

هند پس از استقلال در راس جنبش غیرمتعهدها به کندی طبقه متوسط را به 267 میلیون نفر رساند. متوسط عمر 34سال دهه 1960 را اکنون 2برابر کرده. عضو مشترک المنافع انگلستان با 50 کشور است. اگرچه در آن تصفیه های انقلابی رخ نداد؛ ولی با کمبود بهداشت، تغذیه بد، مرگ و میر اطفال، عفونت مسری شاید بیش از چین تلفات

داد. در سده 21 با رشد 7% سالانه، اقتصاد هفتم بین فرانسه و ایتالیا ست. هند با اصلاحات کندتر- حقوق مدنی، اینترنت، رسانه های آزاد، دادگستری مستقل دارد.

جمهوری توده ای چین با تز "محاصره شهرها از طریق روستا"، تولید "نیمه فئودال نیمه مستعمره"، مارش طولانی انقلاب 1949 تشکیل شد. رفرم ارضی، صنعتی کردن، جاده سازی، آفرینش میلیس خلق، تجهیز ارتش مدرن، آزمایش بمب اتم، گسترش آموزش و بهداشت عمومی انجام شدند. 30سال کیش شخصیت صدر مائو، سپس 30 سال رفرم، شاید هم پرزیدنت کنونی 30 سال در رهبری بماند.

در دهه 1970 درگیری 2خط چپ افراطی باند 4نفره شامل همسر مائو، رفرمیسم دنگ ژیائو پینگ در انقلاب فرهنگی منجر به پیروزی رفرمیسم شد. این پیروزی با مذاکرات کیسینجر- نیکسون و مائو- چوان لای اقتصاد چین را با فناوری و سرمایه آمریکا در تقابل با شوروی و هند باز کرد.

اصلاحات سیاسی در کنگره 1982 زدایش کیش شخصیت مائو، محدودیت به 2دوره ریاست و نایب جمهوری، ورود به بازار آزاد جهانی بوده؛ سرمایه خصوصی بومی و خارجی در مشارکت با دولت آزاد شد. از غرب سرمایه، دانش تولید، مالکیت فکری به شرق آمدند.

چین کشور بزرگی با 1.3 میلیارد نفوس و 14 هزار کیلومتر ساحل است. شانگهای و هنگ کنگ با برجهای مدرن مراکز مالی جهان اند. پکن با بناهای تاریخی- مانند کاخ شهر ممنوعه، میدان تیآن آمن/ صلح آسمانی، دیوار عظیم شرقی غربی چین- سیاحتگران را جذب می کند. در GDP 2016 چین 11.2 تریلیون دلار با 6.7% رشد اقتصاد سالانه بود. واحد ارزی رنمین بی، در آمد سرانه خالص ملی GNI 8123 دلار، توان خرید سرانه PPP 15500 دلار، سرانه اینترنت 38.4% جمعیت اند.

سال 2021 صدمین سالگرد پیدایش حزب کمونیست با 89 میلیون عضو است. کنگره حزب هر 5سال تشکیل می شود. در اکتبر 2017 کنگره 19 حزب با 2000 نماینده، خط دنگ ژیائو پینگ در مشی شی جین پینگ ادامه یافت. این مشی ادامه رشد اقتصاد، کاهش فساد حزبی و دیوانی، زدایش آلاینده های هوا و آب، مهار بدهیهای ایالتی، اصلاحات قانون، حق مولف، حقوق شهروندی می باشد.

شی جین پینگ 3مقام رهبری دارد: رییس جمهور، صدر حزب کمونیست، صدر کمیسیون نظامی مرکزی. مردم از هر 2 سیاست مراوده جهانی و رشد اقتصاد حمایت می کنند. چین برای افزایش وجهه جهانی، رشد نیروی خورشیدی، نوآوری در ابزار نظامی می کوشد. فرید ذکریا وپ020318

جین پینگ در گزارش به کنگره مشی خود را به تصویب رساند. روی نوآوری، افزایش درآمد سرانه، مدیریت اقتصادی حزب، نقش بازار، توزیع ثروت، فناوری رایانه در خودرو، روباتیک، بهداشت عمومی، تجارت الکترونیک، اقتصاد دیجیتال، الگویابی ابر رایانه ای علائق مردم تاکید شد. حق مولف/ کپی رایت برخط در شبکه های اینترنت چین اجرا خواهد شد.

کاربرد هوش مصنوعی بقرار زیر است: توان پرداخت با آیفون، موتور جستجوگر در مالیگرایی، اعتبار و خرید قسطی برخط بدون وثیقه با داده های تحلیل شده، بررسی اعتبار فردی. لذا خریدار با اعتبار مالی، اقلام گرانتر از وسع ماهانه خود را می تواند بخرد. شرکتهای علی بابا، جی دی، 10سنت در جهان رقیب شرکتهای بزرگ غربی اند.

چین پس از انقلاب توده ای تا انقلاب فرهنگی خط مائو با 20میلیون کشته؛ رفرم 1978 دنگ ژیائو پینگ را تا ریاست جین پینگ با سرمایه داری مختلط خارجی و دولتی پی گرفت. آیا این رفرم با بررسی ریویزونیسم خروشچف، آمار ضعف اقتصاد روسیه، قیاس خود با آمریکا بود یا خلاقیت دنگ در برابر دگماتیسم مائو؟ آیا اگر رفرم خروشچف با کودتای سفید روبرو نمی شد؛ اکنون روسیه مانند چین در کنترل حزب اصلاحطلب بود؟ آیا در حزب گروههای پژوهشی با مقایسه اقتصاد آلمان شرقی و غربی، قیام 1956 مجارستان، تمرد دوبچک در چک 1967، قیاس رشد اقتصادی ژاپن و چین- گزارش برای کمیته مرکزی حزب تهیه کردند؟

چین با رفرم دنگ ژیائو پینگ در پلنوم سوم، یازدهمین کمیته مرکزي حزب کمونیست چین، دسامبر 1978 بهتر از رفرم خروشچف در سخنرانی 1956 کنگره 20حزب کمونیست اتحاد شوروی، انعطاف نشان داده؛ اقتصاد را شکوفان کرد. البته سرمایه داری آمریکا در بازه زمانی 20سال بمثابه عامل اثرگذار به مرحله گلوبالیزاسیون توسعه یافته بود.

این 2عامل رفرم و آمادگی آمریکا در کوبا هم با مدل سوسیالیسم روسی در 2017 دیده شد. هم در شوروی هم در کوبا کسبهای خدماتی مانند سلمانی، رستوران، تاکسی رانی برای انباشت سرمایه ضروری بودند. ولی ارتودوکسی ایده الوژیک، تحجر حزب، امتیازات بوروکراتیک اجازه این خدمات را به شهروندان ندادند یا دیر دادند. زیرا در فاز تاریخی سرمایه داری، نوع خصوصی بهتر از دولتی اقتصاد را شکوفان می کند.

در چین رهبر حزب رشد رسمی را اعلان کرده؛ در برنامه 5ساله، ایالات هر کدام باید به رشد تعیینی از مرکز برسند. بدهی دولت های ایالتی بخاطر فساد حزبی 234% تولید ناخالص داخلی است؛ یعنی 2برابر تولید خود قرض دارند. گسترش صنایع در چین به صادرات، سرمایه داری دولتی و خصوصی تحت کنترل سیاسی حزب حاکم، رشد بورس سهام انجامید. بورس چین روی بورس جهان اثر گذارد. لذا چین مواضع سیاسی رادیکال بضرر بازار بورسش دیگر نمی گیرد. مبادله سهام در چین فقط یک/ سوم GDP است؛ آمریکا 100% است. م2. در 2013 در آمریکا 20% جمعیت 92% سهام را داشته؛ یا 80% مردم 8% سهام را دارند. وپ 010317

ونزوئلا با برنامه های مرکزگرا، نابودی اقتصاد، رشد جنایت خیابانی، فرار مردم به کلمبیا- یک کشور مافیای مخدرات- نشان می دهد: بدون انباشت سرمایه توزیع ثروت به فقر منجر می شود. در مقابل اقتصاد شکوفان شیلی با سرمایه داری خصوصی در بخش کشاورزی و خدمات را می توان آورد.

حاکمیت تک حزبی رشد مستمر اقتصاد 3دهه ای 10% سالانه چین را به رتبه اقتصاد دوم جهان در سده 21 رساند. رشد اقتصادی سریع چین به دمکراسی لیبرال از نوع هنگ کنگ و تایوان هنوز نرسیده. چین با انقلاب و حزب مرکزگرا، اکنون با رشد کندتر اقتصاد، محدودیت حقوق مدنی، سانسور رسانه ها روبرو ست. قتل عام 1989 در

آمریکا در خاور میانه کنونی

میدان تیآن آمن ماه عسل چین-آمریکا را پایان داده؛ رشد چین با سوءظن برانداز شد. جناحی از حاکمیت، نه تمام آن، مسئله حقوق بشر در چین را مطرح می کنند.

با رفرم 1978 چین از اقتصاد مرکزگرا به بازارگرا رفته؛ توسعه اقتصادی و اجتماعی سریع را تجربه کرد. سریعترین رشد اقتصادی پایدار در تاریخ 800 میلیون نفر را از فقر نجات داد. با جمعیت زیاد، رشد اقتصاد در جهان اهمیت یافت. این را رشد غیر سیاسی "بازارهای باز نوظهور"پاسیفیک خوانده اند. از 2012 رشد اقتصادی کند شد. از 2008 در رشد جهانی اقتصاد سهم عمده دارد. چون درآمد سرانه اش از کشورهای پیشرفته کمتر است، اصلاحات بازار آن کامل نبوده؛ این کشور در حال پیشرفت می باشد.

مراودات ایران و چین 2پنجم تجارت خارجی ایران اند. در 2016 چین شریک تجاری عمده ایران با 21% صادرات و 17%واردات بود که نسبت به سال پیش 31% افزایش داشته؛ 18 میلیارد دلار بود. سپس کره جنوبی، ترکیه، امارات اند. رابطه تجاری چین با ایران در 2017 به 40 میلیارد دلار رسید؛ از ربع دوم ایران 5 میلیارد دلار اضافه تجارت داشت. در 2018 به 50 میلیارد دلار بالغ می شود.

صادرات ایران به چین از 1999 بخاطر نفت و گاز 82% کل صادرات بود. واردات ایران از چین ماشین آلات غیربرقی، فرآورده های آهن، فولاد، شیمیایی بارزش 3.49 میلیارد دلار در 4ماه اول 1396 بود. در 2017 صادرات غیرنفتی 8.5 میلیارد دلار و نفتی 11 میلیارد دلار به چین بود. یوآن واحد پول چین برابر 15% دلار است.

پس از رفع تحریمها در 2016، بانک چینی Exim برای 26 پروژه در ایران 8.5 میلیارد دلار وام داد. جاده ابریشم با قطار 3200 کیلو متری از اروقی/ ایغور، پایتخت شین جیانگ غربی به قزاقستان، ازبکستان، ترکمنستان، تهران وصل می شود. چین یک قرار داد 25 ساله گاز مایع با ایران داشته؛ پس از روسیه مقام 2 در صدور اسلحه به ایران را دارد.

شریک اول ایران اروپا با 25 میلیارد دلار تجارت بوده؛ اکنون چین است. بخش عمده واردات چین به ایران از راه دوبی است. ایران معاهده پالرمو یعنی نظارت سازمان ملل بر امور بانکی بضد پولشویی را همراه 8کشور دیگر امضا نکرده؛ 190 کشور آنرا امضاء کرده اند. وامدهی چین افزایش سالانه نشان می دهد: در 2014 به میلیارد دلار 1.6، در 2015 به 1.8، در 2016 به 2، در 2017 به 2.5، در ژانویه 2018 به 4، رسید.

تعصبات چین نسبت به خارجیان گریبان ایرانیان را گرفته: 1- برخورد بد آنها به مسافران ایرانی در فرودگاه شانگهای. 2- بسته شدن حسابهای بانکی دانشجویان و تجار ایرانی. 3- عدم صدور مجوز سرمایه گذاری. 4- مخالفت با عضویت ایران در سازمان همکاری شانگهای.

برای چین خاورمیانه دومین صادرکننده نفت و هفتمین شریک تجاری است. تجارت آن با شورای همکاری خلیج از 92 میلیارد دلار در 2010 به 550-350 میلیارد دلار در 2020 خواهد رسید. سبد اصلی این تجارت انرژی، زیرساخت، تسلیحات است. عربستان مقام اول و ایران سوم در صدور نفت به چین دارند.

مردم آلمان، شیلی، اندونزی، اطریش، کانادا، هلند به چین بیشتر از آمریکا اعتماد دارند. رابطه فرهنگی چین سکولار با 25 میلیون ایغور مسلمان و خاور میانه بد است.

بیژن باران

چین ماهواره تلویزیون عربی در خاورمیانه نداشته؛ فقط یک روزنامه عربی در مصر دارد؛ نیز عربها از محصولات نامرغوب چینی ناراضی اند.

در نظرخواهی 2005 در مصر 15% و عربستان 41% به چین بدبین بوده؛ در 2011 بترتیب به 43% و 66% افزایش یافت. مخالفان چین از اسلامگرایان، اعتدالگرایان، بنیانگرایان مسلح اند. رک: لیاو. مردم هند، فیلیپین، ژاپن، ویتنام 74% نسبت به چین ناراضی اند. در حالیکه در اروپا، استرالیا، آمریکای لاتین سرمایه گذاریهای چین با هیجان توام مکررتر، شدیدتر بوده؛ نشانه تعدیل آن دیده نمی شود. WP17016

بورس سهام شیکاگو پس از 135 سال را چین به 20 میلیون دلار در 2017 خرید- مشروط به پذیرش SEC کمیسیون مبادله سهام. این کمیسیون برای نظارت بورس و اوراق بهادار آمریکا می باشد. در 2016 چین در آمریکا 171 شرکت را 65 میلیارد دلار خرید- 3برابر 2010 با خرید 45 شرکت به بهای 5میلیارد دلار. چین 10هزار پروژه عمرانی در آفریقا دارد. WP030917

سرمایه چین در فاز گسترش با برنامه های جاده ابریشم، فلاحت در آفریقا، گسترش زیر بنا صرف می شود. بانک توسعه نوین NDB در شانگهای با سرمایه 50 میلیارد دلار برای اعضای بریکس است. بانک آسیایی سرمایه نهی زیرساختها AIIB در پکن با سرمایه 100 میلیارد دلار برای 56 سهام دار بغیر از آمریکا و ژاپن است. آمریکا با این بانک مخالف بوده؛ باین دلیل که پروژه های مالی بین المللی و استانداردهای زیستبومی را مختل می کند.

در مقایسه بانک جهانی 200 میلیارد دلار سرمایه دارد. چین تا 1 تریلیون دلار اعتبار برای OBOR "یک کمربند یک جاده" از آسیا و اروپا تا آفریقا کنار گذاشته با شعار "آموزش از هم، بهره مندی مشترک، نتایج برد-برد." جاده ابریشم با بودجه 10برابر برنامه مارشال آمریکا، برای امتداد مسیر زمینی به اروپا آغاز شده.

بانک توسعه آسیایی با سرمایه بیشتر ژاپنی با مرکز دفتری در فیلیپین تشکیل شد؛ با تخمین نیاز مالی 8 تریلیون دلار تا سال 2020 برای به روز کردن زیربناهای کشور های فقیر. خود آمریکا از برنامه های آبادانی کنار کشید؛ در 2014 حدود 85 میلیون دلار در این بخش سرمایه گذاری کرد. در مقابل در 2015 کمپانیهای آمریکایی در لوکزامبورگ با جمعیت 4% کامبوج 290 میلیون دلار سرمایه گذاری کردند.

بنا به بانک جهانی آمریکا 8.1، چین 3.1، هند 1.4% GDP را صرف بیمه بهداشت می کنند. متوسط عمر آمریکا 78، چین 76، هند 68 سال است. جی دی پی از 6.9% به 6.5% افت 2018 بنا به تقاضای جهان را نشان می دهد. مبادلات تجاری 2017 چین و آمریکا 580 میلیارد دلار بود. چین وارد کننده مواد خام مانند نفت است.

آیا دمکراسی و سرمایه داری باهمند؟ پاسخ با تجربه فاشیسم نیمه سده گذشته و الیگارشی سده 21 روسیه منفی است. آزادی اقتصادی به آزادی سیاسی نمی انجامد. پس از جنگ سرد سرمایه داری گسترش یافت؛ ولی دمکراسی خیر. گرایش به اتوکراسی را در چین با "هسته اعتبار اجتماعی" تا 2020 برای کنترل شبکه های مجازی و داده های خریداران می توان دید. محدودیت 2دوره ریاست و نایب جمهوری هم در کنگره آخر لغو شد.

صنعت تلویزیون و فیلم در چین 4.1 میلیون شغل در مقابل 2میلیون شغل در آمریکا در 2016 داشت. این صنعت 0.34% اقتصاد را تولید می کند. چین 41هزار بیشتر از 50هزار پرده سینما در آمریکا داشته؛ تا 2020 فروش باجه سینما چین اول در جهان خواهد شد. اقتصاد چین نگران اقتصاد مصرفی جهان، مشی مالی آمریکا، افزایش نرخ سود اداره دارایی فدرال است.

در روستا 55میلیون فقیر در 2015 داشت. رشد اقتصادی بیعدالتی، شهرنشینی، چالش زیستبوم، تجارت خارجی ناموازن، پیری جمعیت، مهاجرت درونی کارگران را پدید آورد. از فقر به درآمد متوسط ساده تر از متوسط به بالا رشد می توان کرد. 13مین برنامه 5ساله تا 2020 حل مشکلات زیر را نشانه می رود: بسط خدمات، ترمیم زیستبوم، کاهش نابرابری اجتماعی، کاهش پالاینده ها، افزایش کارایی انرژی، بهبود آموزش و بهداشت، تامینات اجتماعی.

جنبش ضدجنگ، زنان، غیرسفیدان، کارگری آمریکا در دهه 1960 دستآوردهایی برای بهبود وضع کارگران داشت. تفرقه بین چین مائویست و شوروی رویزیونیست درگیری مسلحانه مرزی را پدید آورد. برای سرمایه داران آمریکا اینها باب طبع شدند: کوچ سرمایه بخارج بخاطر گرانی کار، مقررات زیستبومی، پیدایش پناهگاههای فراساحلی برای خواباندن سرمایه بدون مالیات، رشد فنآوری دیجیتال، تقسیم بندی تولید کالای جهانی، توزیع اتوماتیک کالا در جهان، ارایه برخط سهام در بورسهای جهانی. مالیگرایی با فنآوری دیجیتال به انتگراسیون بورس سهام جهان ممکن شده بود.

لذا تولیدات صنعتی به شرق رفته؛ تولیدات نوین مانند خودروی برقی، روباتیک، تفریحات، لیزر، بیسیم، ویدیو، هواپیمایی، داروهای نوین، ابزار دقیق حفاری، مخابرات، اینترنتی در آمریکا به رشد ادامه دادند. این تقسیم تولید صنعتی در چند کشور چین، هند، مکزیک و تولید نرمافزارهای توزیع کالا به تمام جهان با رایانه ها و بهینگی روند تولید- توزیع در آمریکا و انگلیس ممکن شد. لذا گلوبالیزاسیون با انتگراسیون برخط اهم بازارهای بورس سهام 3 فاکتور زیر را پدید آورد:

1-سود بیشتر در خارج از مرزهای ملی نوید داده شد. با بررسی انباشت ثروت 1% ها در 4دهه قبل صحت این نوید ثابت شد. 2-کوچ سرمایه به چین با نیروی ارزان کار و عدم مقررات مناسب بود. 3-با مسکوت ماندن وضع تایوان، چین به عضویت شورای امنیت نائل شد. این 3عامل باعث شدند مراوده چین و آمریکا گسترش یابد؛ بدرجه ایکه به انکشاف سرمایه به فاز گلوبالیزیسیون در آمریکا و انگلیس و فروپاشی اردوگاه منجر شد.

گلوبالیزاسیون اینها را در بر می گیرد: 1- اراده سرمایه برای ازدیاد ثروت، سود بیشتر، امنیت مال در جهان است. با کاربرد فنآوری دیجیتال در شبکه های تولید، توزیع، فروش اینترنتی، پناهگاه پولی فراساحلی جهانی است. 2- زنجیره عرضه را خودکار کرده؛ در 5قاره روند بهینه process improvement، ارزش افزوده VAR، کاربرد رایانه تولید را جهانی چون ساعت دقیق کرده است.

3- مرحله فراتر از تولید صنعتی، فروش در بازار، صدور کالا ست. 4- در چند کشور پدید آمده که در عالیترین مرحله تولید سرمایه داری مانند آمریکا، انگلیس، برخی کانونهای

بیژن باران

تولیدی کشورهای جی 20 می باشد. 5- ادغام مالیگرایی و فناوری دیجیتال می باشد. 6- تحت پاکس آمریکانا پس از جنگ سرد یا بزعم برخی "پایان تاریخ" رشد بورس جهان را جهشی افزود. 7-افزایش شهرنشینی، مهاجرت درونی به کلانشهرها و بیرونی از خاورمیانه به غرب.

سرمایه داری مراتب از کف مانند کشور موزامبیک تا عالی مانند چین و هند در صدور سرمایه گذاری زیرساختی در جاده ابریشم و بندر پیره یونان و بندر چابهار ایران، تا سقف مانند آمریکا و انگلیس دارد. سرمایه داری در 193 کشور جهان در مراحل گوناگون بوده؛ با 3انقلاب صنعتی سده 18، اطلاعات و ارتباطات سده 20، دیجیتال بیسیم کنونی ثروت ساز نجومی می توان متناظر یافت.

شرایط سرمایه در چین و هند از دهه 1970 مانند آغازش در غرب است: آزادی بیشتر در تخریب زیستبوم، عدم ایمنی کار، بازار فروش پایین دستمزد، تسهیلات مالیاتی، ردیف کردن منابع کانی. این شرایط برای سرمایه گذاری آمریکا در شرق جذابیت دارند. در غرب، رشد طبقه متوسط مرفه، مقررات حفظ زیستبوم، نیرومندی سندیکاهای کارگری، اشباع مصرفی طبقه متوسط علیرغم آمدن مدهای نو به بازار- حرکت سرمایه را رو به شرق کرد.

در کشورهای سرمایه داری دیگر، بازفروشی ارزش افزوده value-added reseller خودکار نبوده؛ بصورت قطعه خرید و فروش شده تا در مرحله آخر، کالای نهایی سرهمبندی می شود. این نوع تولید نمی تواند در برابر گلوبالیزاسیون با شبکه بهینه جهانی رقابت کند. لذا صادرات چین به آمریکا و ایران، مصنوعات داخلی ورشکست می شوند. تولید کنندگان سابق به توزیعکننده، ضامن تمدید جواز کارکرد کالا، پشتیبان بالابر Upgrade به مدلهای بعد، خدمات پس از فروش، فروش تضمینات سالانه محصولات ساخت چین تبدیل می شوند.

شغلهای با حقوق بالا مانند طرح مهندسی، پژوهش، شبیه سازی، پروتوتیب فناوری فرابرتر، طرح مدلهای نوین، بازار یابی، خرده فروشی در آمریکا می مانند. در اینجا گروههای نوآور به اختراعات ادامه داده؛ در مرحله ای از رشد- شرکتهای بزرگ مانند اپل، آمازون، مایکروسافت، گوگل- آنها را خریده؛ تا با شگردهای کاغذبازی مالیگرایی بهای سهام خود را در وال ستریت بالا برند.

در این روند، آمریکا شغلهای یقه آبی را صادر outsource کرده؛ شغلهای گران حقوق را افزایش می دهد. شرکتهای چندملیتی آمریکایی اپل، نایکی، گپ در بازاریابی، طراحی، نوآوری فناوری ادامه کاری می کنند. مهارتهای آمریکا در داروسازی، تفریحات، تسلیحات، هولیوود، هواپیما، بازیهای الکترونیک، ابزار حفاری لیزری، مخابرات بیسیم، امور فضایی، سبدهای مالی، مالیگرایی، نرمافزارها- سلطه تکنولوژیک آمریکا را نسبت به دیگر اعضای جی 7 حفظ می کنند. سروری نظامی، فرهنگ نرم مدرن، سرمایه عظیم- سلطه مالی آمریکا را حفظ می کنند.

چین 3برابر آمریکا در 2010 رشد داشت. شرکتهای آمریکایی از اپل تا خودرو فورد، نایکی، هاینز، گپ برای سود بیشتر در چین گسترش یافتند. آنها در چین 3.6 میلیارد دلار در 2009 سرمایه نهی مستقیم خارجی FDI؛ بیشتر از 2.9 میلیارد دلار 2008 داشتند. سرمایه نهی مستقیم FDI شرکتهای آمریکایی در چین از 11.14 میلیارد دلار

آمریکا در خاور میانه کنونی

در 2000 به 92.48 میلیارد دلار در 2016 رسید. آمریکای 2حزبی و چین تک حزبی دریافت کننده بزرگترین FDI در چند دهه اخیر اند. منبع1

در حالیکه سرمایه آمریکا با مالیگرایی در فاز بالاتر قرار دارد. این فاز ایجاد لایه های برخط با دانش ژرف روی بورس سهام جهان، خدمات، مستغلات، سرمایه کارآفرین VCیعنی تزریق پول به هسته آغاز فناوری در یک کسب جدید، آغاز عرضه عام IPO می باشد. منبع 8سپتامبر 2017 پاولا سوباچی. آمریکا با 50 ایالت ارز دلار بکار می برد؛ کالیفرنیا اقتصاد پنجم جهان است.

سلطه ارز تجاری جهانی دلار را اکنون لیره انگلیس، یوروی اروپا، ارزهای بومی سازمان همکاری شانگهای و بریکس به چالش کشیده اند. در 2016 ارز چین "رن مین بین" به دلار، یورو، ین ژاپن، لیره انگلیس سبد ارز ذخیره IMF افزوده شد. سلطه دلار بعنوان ذخیره ی ارزی جهانی کمك بزرگی به اقتصاد آمریکا تا 200 میلیارد دلار سالانه بابت حق الزحمه، کنترل قیمت، تعیین نرخ سود به خزانه آمریکا می رساند. حق برداشت ویژه با نهادهای چند جانبه است که حاکمیت سرمایه جهانی روی آنها قرار دارد.

وخامت بین المللی دلار، از توان آمریکا با تحریم و جنگ اقتصادی با روسیه، ایران، ونزوئلا، کره شمالی بیشتر می کاهد. این تضاد اقتصاد با گسترش سرمایه و سیاست با نفعبران دیگر در حاکمیت را نشان می دهد. لذا حاکمیت در خدمت سرمایه، یکدست نبوده؛ بلکه با سیاست، مسالمت آمیز قدرت سیاسی را تقسیم می کند. نقش زیربنای اقتصاد و روبنای سیاست در حکومت دیده می شود. این 4 کشور و اندونزی در طرح چین برای کاربرد طلا بجای دلار شرکت دارند.

اگر "پترو یوآن" بخواهد رایج شود؛ باید چند کشور عرب نیز این طرح را بپذیرند. پترو دلار در 1974 در جده متولد شد. در سده 21 آمریکا با گاز صخره ای خود بهای نفت را کاهش داد؛ ضربه مالی به عربستان زد. چین و روسیه برای مقابله با نوسانات یا سقوط ارزش دلار به استخراج معادن و خرید طلا افزوده اند. طرح مشترک روسیه و چین برای خاتمه سلطه جهانی دلار، راشاتودی: ترجمه رضا نافعی.
<u>https://aayande.wordpress.com/2017/</u>

نسبت منابع کانی به تولید ناخالص داخلی آمریکا با 19% و چین با 10% بزرگترین محل سرمایه نهی مستقیم خارجی FDI در چند دهه اخیر بوده اند. آنها سرمایه گذاران کلان در جهان اند. در پایان FDI 2011 جهان 19 تریلیون دلار بود. آمریکا در پایان 2012 سرمایه نهی مستقیم در خارج 4.5 تریلیون دلار یعنی ربع همه FDI در جهان در کشورهای ثروتمند را داشت.

برای چین 53.2 میلیارد دلار بود که در 2013 به 660 میلیارد دلار رسید. آمریکا پنجمین در چین بود- پس از هنگ کنگ، ژاپن، سنگاپور، کره جنوبی. در پایان 2012 چین 2.16 تریلیون دلار FDI داشت که سهم آمریکا 73 میلیارد دلار بود. نیز نشان داد: سرمایه به کشورهای فقیر نرفته؛ به کشورهای پیشرفته بخاطر امنیت و توافقات چندجانبه می رود. منبع MOFCOM

علتهای ناچیزی FDI آمریکا در چین نسبت به GDPو جمعیت بقرار زیرند: 1- ضعف حق مالکیت مولف و حاکمیت قانون. 2- آمریکا در کشف معادن طبیعی، عمدتا سرمایه نهی

168

مستقیم در خارج می کند. چین منابع طبیعی نفت، گاز، کانها، غذا کم دارد. هر 2 نسبتا منابع طبیعی، انرژی، غذا دارند. 3- دوری چین از آمریکا. 4- بقیه جهان به چین اعتماد بیشتر داشته؛ امریکا نظر خنثی به آن دارد. 5- خدمات مدرن مالی، مخابرات، بهداشت، آموزش، رسانه، تمهیدات/ لوجستیک، در آمریکا قوی ند؛ در چین محدودند.

در 2011 سرمایه گذاری جهان، آمریکا، چین در مقصدهای زیر از عمده ترین تا کمترین قرار گرفتند: آمریکا، هلند، آمریکا؛ چین، بریتانیا؛ استرالیا، بریتانیا؛ کاناد، بریتانیا؛ فرانسه، ایرلند، قزاقستان؛ .. ایران، سوئد، مجارستان. در این جدول امریکا عمده ترین مقصد سرمایه گذاری جهان بود؛ سپس هلند بود. چین مقام اول سرمایه گذاری در آمریکا را داشت. WP261017

سرمایه گذاری ها در کشورهای آلمان، ژاپن، کانادا، فرانسه، استرالیا، مکزیک، اسپانیا، آفریقای جنوبی، برزیل، روسیه، سوئد بودند. در جهان گرفتن سرمایه خارجی 2011 ایران مقام 20م را داشت. چین مقام 1 منبع مالی سازمان ملل و مقام 5 منبع مالی بودجه سپاه صلح سازمان ملل- پس از هنگ کنگ، ژاپن، سنگاپور، کره جنوبی- داشت. منبع MOFCOM

آمریکا در سیاست به چین نیاز دارد: تعدیل فعالیت اتمی ایران و کره، تعدیل گرمایش جو، امنیت جهانی اینترنت، نفوذ در آفریقا. چین بزرگترین تجارت آفریقای زیر صحرا/ مرکزی و جنوبی را دارد. چین هم نیاز به تعدیل فساد اداری، کاهش گرمایش جو، آلاینده های شهری دارد. هر دو بهم در کاهش مرض ناشی از ایبولا، تقویت اتحادیه آفریقا نیاز دازند. هر 2 پایگاه نظامی در جیبوتی دارند.

تجارت آمریکا با چین 568.4 میلیارد دلار در 2017 با 12.6% افزایش از سال پیش بنفع چین بود. این عدد بنا به ارزش کالا در مرز می باشد. اکنون این نوع تولید به مرحله اشباع منحنی عرضه و تقاضا در چین رسیده. لذا تولید چین از 10% جی دی پی در دهه پیش به 6.7% رسیده. یک نمونه تجارتی روند ساختن و مرز گمرکی برای محصولات اپل است.

آیفون اپل محصول تجارتی آمریکا و چین است. اجزای آن- تراشه، آنتن، حسگر در ژاپن، کره جنوبی، تایوان، ایالات متحده، اروپا- ساخته به چین فرستاده شده؛ در شرکت تایوانی فوکسکون در چین به آیفون بسته بندی می شود. ولی در صادرات بنام و بهای کالای چینی قلمداد می شود. این کالا 749 دلار با 60% سود ناویژه یعنی فروش منهای هزینه در آمریکا خرده فروشی می شود. فقط 10% آن به جیب کارگر و شرکتهای چینی می رود. لذا افزوده صادرات چین به آمریکا به یک سوم عدد فوق می رسد.

قیمتگذاری محصولات چین در گمرگ آمریکا که از کشورهای گوناگون در چین جمع شده- تا 90% غلو می شود. فروش اپل آیفون، آیمک، دیگر اقلام با برچسب "محصول آمریکا" در خارج 140 میلیارد دلار در 2015 بود. در حالیکه بخش کوچکی در آمریکا ساخته می شود. وپ 130318

از دهه 1990 چندین شرکت چینی جهانی شدند. علی بابا یکی از 10 شرکت بزرگ جهان با فعالیت در همه جا است. این شرکت در تجارت الکترونیک، خرده فروشی،

ارتباطات اینترنتی، هوش مصنوعی، فنآوری دیجیتال، پرداخت اینترنتی، رایانه ابری در 1999 آغاز شد. 3مدل خدمات اینترنتی زیر را بکار برد: C2C "خریدار به خریدار" مانند حراج برخط، بازاریابی، آگهی تجارتی؛ B2C "کسب به خریدار" مانند پخش کالا چون آمازون، مدلهای فروش، بازار اینترنتی، دیدن فیلم با پرداخت برخط؛ B2B "کسب به کسب" مانند نرمافزار کسب، نرمافزار ابر در برنامه ریزی منابع تولیدات ERP، خودکاری خدمات، تجارت کانال امنی.

شرکتهای بزرگ دیگر چینی این 2 یند. جی دی JD.com بازار الکترونیک، 266 میلیون کاربر، بارزش 184 میلیارد دلار در 1998 آغاز شد. خدمات آن بقرار زیرند: تلفن همراه، رایانه، پهباد، هولدینگ بین المللی. هولدینگ سهام شرکتها را در بلوک کلان خریده؛ با رای زیاد مشی کسبی آنها را کنترل می کند. 10سنت شرکت 500 میلیارد دلاری برای خدمات افزوده بازفروشی VAR اینترنتی، شبکه های اجتماعی، پخش کالا در 1998 گشایش یافت.

چین در سال ۱۰ میلیارد دلار برای تبلیغ هویت خود در سطح جهانی تبلیغ می کند. نزدیک به ۲۰۰ میلیارد دلار برای امنیت ملی و هزینه‌های نظامی صرف می کند. ولی چین ۱۲٫۴ تریلیون دلار تولید ناخالص داخلی و ۳٫۱ تریلیون دلار ذخائر ارزی دارد.
/http://www.iran-emrooz.net/index.php/think/more/73406

خط غیرتعهد- مستقل از مسکو و واشنگتن- تیتو، نکرومه، بن بلا، ناصر ضدامپریالیسم بود. از دهه 1960 در 3قاره پدید آمد. نکرومه وجدانگرا برای پان آفریقا، ایده های سوسیالیسم را با فرهنگ آفریقا، وحدت آفریقا، ضدامپریالیسم، عدالت اجتماعی، آشتی با دین آمیخت. ولی پرزیدنت نکرومه را پس از 14سال زمامداری 1966-1952 شورای آزادیبخش در غنا خلع ید کرد.

راه تیتو هم با نتیجه فروپاشی خونین یوگسلاوی راهی برای پیروی در 3 قاره نشد. اگرچه او و چائوشسکو در رومانی راه جدا از مسکو داشته؛ ولی راهشان چون شوروی به شکوفانی اقتصاد، تسکین تضادهای اجتماع، رقابت با جهان آزاد نرسید. چارهجویی اجتماعی با سرکوب برای چند دهه بوده؛ در نهایت ناپایدار و در تاریخ به حاشیه رانده شد. لذا راه نکرومه و تیتو پاسخی مناسب برای کشورهای عقبمانده نبود.

حتی خط مصدق، ناصر، سوکارنو، بن بلا، قذافی هم راه مناسب برای کشورهای همگن نبودند. این پدیده سقوط حکومتهای ملی انتگراسیون سرمایه جهانی به سرکردگی آمریکا را نشان می دهد. هر نوع یاغیگری را این سرمایه جهانی منکوب کرد؛ تا همه 196 کشور جهان را در مدار سرمایه جهانی قرار دهد. البته رشد سرمایه در کشورهای جی 20 منهای جی 7 و بریکس امکان پیدایش ارزهای مستقل از دلار را ایجاد کرد. آمریکا با سلاح تحریم کوبا، ایران، کره شمالی، ونزوئلا، روسیه، سوریه را تحت فشار می گذارد. در مدار سرمایه جهانی بودن مانند کره جنوبی، اسراییل، امارات مزایا هم دارد.

تضادهای ژرف جامعه با سرکوب مدتی غایب شده؛ رهبر با برنامه های مورد نظرش این تضادها را حل نکرده؛ در بحران مرگ رهبر یا آچمز جناحهای حاکمیت، طرفهای تضاد شوریده؛ تضادها بطور خصمانه و خونین حل می شوند. در حالیکه زودتر حاکمیت می

توانست آنها را با مسالمت حل کند. نمونه تعویق حل تضاد: یوگسلاوی، لیبی، عراق، افغانستان، سوریه کنونی.

اصولا راه تک حزبی با اقتصاد مختلط چین، ویتنام، کوبا تاکنون با پذیرش سرمایه جهانی استوارتر است. اقتصاد با آرمانگرایی، بوروکراسی، تز من درآوردی کوچ شهریان به روستا مانند خمر سرخ پال پات، ناسازگار با واقعیات عینی جهان، ناشکوفان بود. لذا همه این تجربه گراییها به شکست انجامیده؛ سرمایه جهانی با ارز مبادله دلار، شبکه بانکی سوییفت، قراردادهای تجاری، نظارت ماهواره ای بر ترافیک الکترونیک داده ها، امور مالی، مکالمات در این کشورها پیروز شد. آیا در این فاز تاریخ زمین، سرمایه داری آمریکا و اتحادیه اروپا فاتح است؟ باید در 2خط گاندی-مندلا و سوسیال دمکراسی اسکاندیناوی غور شود.

پس از ج ج 2 و فروپاشی اردوگاه، کشورهای غیرمتعهد کاهش تسلیحات آمریکا را خواستند. ولی رشد بودجه دفاعی آمریکا ربطی به اوضاع جهان ندارد، محرک درونی لابی تسلیحات است. علیرغم سالانه قتل چند هزار نفر در کشور، فروش اسلحه در بازار داخلی آزاد است. آمریکا در 2017 بیش از 38% بودجه دفاعی جهان را داشته؛ همیشه در حال افزایش بوده؛ برنامه نظامی جهانگستر کسر بودجه سالانه ایجاد می کند. هدف از استقرار 900 پایگاه نظامی در 153 کشور جهان، جنگیدن برای آزادی نیست. این پایگاهها نتیجه گسترش تسلیحات تا یک سوم اقتصاد آمریکا یند.

در آغاز سده 20 در دمکراسی لیبرال غرب، نخبگان چپ جهان شعار "دیکتاتوری پرولتاریا" را ترجیح دادند. در جنبش چریکی تقابل با امپریالیسم دهه 1970 صیانت "خلق" یا عامه گرایی، استقلال، قلدری قبیلگی استبداد مطلقه دائمی فردی داخلی مد بود. رشد ارتباطات، خدمات، طبقات نو- شعار "دیکتاتوری پرولتاریا" و عوام گرایی "خلق" حتی در خود آمریکا را کهنه کردند.

توده ها برای ریاست جمهور گاهی به رهبرانی رای می دهند که بر خلاف منافع آنها حکمرانی می کند: انتخابات منجر به ورود هیتلر، اردوغان، مرسی، ترامپ شد. عامه گرایی در مقابل نخبگان انسانگراتر به تخریب سندیکاها و زیستبوم ادامه می دهد. خط استالین اجرا شد؛ ولی خط تروتسکی هم درست نبود؛ چون نتوانست جنبشی پدید آورد.

گاهی توده ها عامیگرا بوده؛ کسانی را می گزینند که در نهایت آنها را به سلاخی و فقر می کشانند. نمونه: هیتلر، موسولینی، میلوشویچ. نخبگان هم آرمان، عاطفه، واقعیت را با هم می آمیزند. لذا نظرات آنها متشتت و ناروشن اند. نمونه: نقش انگلیس در تئوری توطئه در ایران – حتی پس از غروب قدرت امپریالیسم انگلیس در نیمه سده 20 در نمونه دایی جان ناپلئون تصویر شد.

در دهه 1950 پیمان سنتو بضد شوروی با آمریکا، ایران، عراق، پاکستان، ترکیه بود. اکنون ناتو بیشتر در عناد با روسیه رزمآیش دارد. البته در جنگهای آمریکا در لیبی، افغانستان، عراق هم شرکت دارد. در دهه 1960 چپ در جنبشهای چریکی با چهره جذاب چه گوارا، کودتاها مانند افغانستان و گرانادا، جنبشهای رهاییبخش مانند آنگولا لیبرالیسم را به چالش کشید. پیدایش طبقه متوسط شهری به گروههای نو با تقاضاهای نو منجر می شود.

در دو نمونه چین و هند، آیا توسعه اقتصادی کاهش فقر، مشارکت طبقه متوسط در حاکمیت سیاسی را ببار می آورد؟ آیا آمریکا و انگلیس با تمرکز ثروت در 1% جمعیت، دور شدن از لیبرال دمکراسی را ببار می آورند؟ توده ها آستانه بردباری- هم در کشورهای فقیر هم در کشورها غنی- دارند. زیر این آستانه و در تضاد با حاکمیت دو دل، توده ها طغیان می کنند- مدل اسپارتاکوس.

چین با مرکزیت آمرانه حزب زیرساختهای غولین برای این تولید و پخش کالای جهانی 3دهه رشد اقتصادی 10% سالانه داشت. این رشد اقتصادی در تاریخ بیسابقه بود. لذا بهتر از امریکا و هند زیرساختها را پدید آورد: بنادر، جاده ها، قطار، فرودگاهها، روباتها، کارخانجات، هوش مصنوعی، رایانه ها، مخابرات بیسیم، برق خورشیدی با سلولها و پنل، کارگران با دیسیپلین، مراکز مالی برخط مانند شانگهای، هنگ کنگ، پکینگ.

چین کارخانه تولید صنعتی است که مقصد زنجیره عرضه supply chain جهانی می باشد. در این زنجیره 100 کشور، شرکت، قطعه در زنجیره عرضه خودکار فعالاند. آنها چون خط تولید کالا، اجزاء را به کارخانه های مونتاژ چینی رسانده تا محصول نهایی سرهم بندی شود.

مدرنیته نیاز به ثروت دارد. تمدن با مالکیت و انباشت سرمایه پدید آمد. ثروت هنر و معنویت را در بر دارد. نمونه: رقص و موسیقی گروه شن یون 2018 چین باعث اعجاب بینندگان در اجرا، رنگامیزی، کوریوگرافی/ رقص آرایی پویا ست. فقر نکبت، خرافات، عدم معنویت می آورد. نمونه: ظهور طالبان پاکستان و بوکو حرام نیجریه. در تحلیل جامعه باید ذهنیت توده ها و نخبگان جداگانه بررسی شده؛ به حرفهای جفرسون در باره عوام توجه کرد.

گذار کند مانند هند و تند مانند چین از فقر به ثروت همراه با ورود معیارهای مدرن شهری می باشد. با انباشت ثروت مقررات مدرن ساختمانی، زیستی، بهداشتی، آموزشی، ارتباطی، ورزشی به شهرها وارد می شوند. ثروت تحول فرهنگی، ذهنی، مدنی پدید می آورد. با تداوم ایجاد ثروت کشور با نهادهای اقتصادی، قانونی، تجاری، بانکی جهان مراوده می یابد. وقتی کشوری فقیر است اجتماع از امکانات مدرن دور می ماند. در کشورهای ثروتمند رسانه ها بخش علمی دارند: گاردین، نیویورک تایمز، بی بی سی.

منابع: 28/09/2018
310118 BBC وپ= واشنگتن پست تاریخ. تولید ناخالص ملی GDP. توان خرید سرانه
Purchasing power parity-PPP
https://en.wikipedia.org/wiki/Economy_of_China 2م
https://en.wikipedia.org/wiki/Economy_of_the_United_States
https://www.forbes.com/2010/07/05/us-investments-china-markets-1م
و emerging-markets-fdi.html
https://www.statista.com/statistics/188629/united-states-direct-investments-/in-china-since-2000
chris hedges /https://www.truthdig.com/articles/the-end-of-empire
کریس هجز2017 پایان امپراتوری.

بيژن باران

Alfred W. McCoy 2017 In the Shadows of the American Century: The Rise and Decline of US Global Power.

http://www.uib.no/en/geografi/95154/modality-climate-change-mena-drought-or-drying ناصر کرمی 28.01.2016

http://www.negahnew.com/ سمیر امین: چین در 2012: سرمایه داری یا سوسیالیستی؟

http://www.worldbank.org/en/country/china/overview

زوال قدرت امپریال آمریکا

در سده 21م آمریکا 2وجه جمهور پویای نوآور و امپریال نظامیگر خشن دارد. برخی از سیاسیون جهان باور دارند که قدرت امپریال آمریکا رو به زوال است. شاید نقطه عطف این زوال از شکست در جنگ هندوچین 1975 آغاز شد؛ تا به افغانستان، عراق، لیبی، سوریه کشیده شد. این افول قدرت نظامی را از 2011 با پیدایش داعش می توان دید: بی اعتنایی روسیه به توقعات آمریکا در یوکراین و سوریه، جزیره سازی نظامی چین در دریای جنوبشرقی، بی اعتنایی عربستان به توافقنامه هسته ای با ایران، کم محلی ترکیه در دادن حق پرواز از پایگاه اینجرلیک، عدم تسلیم داعش با بمباران هوایی.

مقولات پراکنده بالا را می توان در یک کشور آماردار مانند آمریکا در رابطه قرار داد. زیربنا طبقات مردم، 1% حاکمه، 47% طبقه متوسط و مرفه و 32% طبقه کارگر، 20% طبقه فرودست می باشد. روبنا دولت با 3 قوه مجریه، مقننه، قضاییه است؛ بودجه دولت را پرزیدنت هر سال تهیه کرده؛ به کنگره برای تصویب می دهد. درآمد دولت از مالیاتهای بر درآمد مردم و شرکتها، رهن دادن مراتع و معادن دولتی، مالیات بر تجارت با کشورهای خارج جمع می شود.

دولت در تنظیم امور شرکتها، نهادها، وزراتخانه ها شماری کمیسیون مانند تبدیل سهام، آژانس مانند حفاظت محیط، اداره مانند فضا و فضانوردی ملی NASA و اداره دارو فدرال FDA دارد. حاکمیت عموما از ثروتمندان و وکلایند که سهام در شرکتها و مستغلات داشته؛ از دانشگاههای برج عاج فارغ التحصیل شده اند. این دانشگاهها موقوفات، مستغلات، اوراق بهادار، ارثهای کلان از فارغ التحصیلان ثروتمند است. لابی ها، احزاب، نهادهای انتخابی کاندید هزینه انتخابات داده می شود. قوه مجریه کمیسیون، آژانس، اداره هم دارد.   مانند کمیسیون تبدیل اوراق بهادار SEC، آژانس حمایت محیط EPA، اداره روابط کار OLR - رابطهای بین دولت و نهادهای انتفاعی و اجتماعی اند. http://georgewbush-whitehouse.archives.gov/ government/independent-agencies.html

نظام انتخاباتی آمریکا جریمندرینگ gerrymandering داشته؛ ویژگی که بنفع حزب سرکار می توان مرزهای شهر و روستای حوزه انتخاباتی نزدیک به هم 2حزب را بوسیله مجلس محلی بنفع حزب حاکم تعیین کرد. این ویژگی برای حوزه هایست که با کمی تعداد رای دهنده نتیجه بنفع نامزد دمکرات یا جموریخواه خواهد شد. البته تصمیمگیری آن بوسیله نهادهای حزبی، دادگاههای محلی، ایالتی، فدرال بنا به سنت و قانون اساسی انجام می شود.

در ایالات جنوبی باعث می شود که شمار تعیین کننده- چند 100 تا چند 1000 سیاه را از یک حوزه انتخاباتی بیرون گذاشته؛ به حوزه نزدیک گاهی بدون مرز مشترک افزوده؛ تا معمولا سفید جمهوریخواه راست، نامزد دلخواه متنفذین پیروز شود. رسانه های درجه جریمندرینگ ایالت را پس از انتخابات تهیه کرده؛ بدترین و بهترین را در کشور اعلان می کند. در 2015 ایالت مریلند و کارولینای شمالی در انتخابات مجلس محلی با 96.79% بدترین حوزه رایگیری بودند.

در وجه جمهور توان اقتصادی و فرهنگ مدرن آمریکا مقر نوآوری، تولید، مصرف بزرگی در جهان است. آمریکا با داشتن طبقه متوسط پرنفرات، بازار بزرگی در جهان برای تفریحات، ورزش، سرگرمی، نوآوریهای خانگی است. طبقه متوسط با 35 تا 100 هزار دلار درآمد 50% کشور یعنی 53 میلیون خانوار و طبقه متوسط بالا از 150هزار دلار بیشتر هم 40% این طبقه را دارند. طبقات اجتماعی در آمریکا بقرار زیرند: درصد، درآمد سالانه/ خانوار، 2005، برخی شناسه ها:
https://en.wikipedia.org/wiki/American_middle_class

1% طبقه حاکم: بیش از500 هزار دلار، فارغ التحصیل 15دانشگاه برج عاج، مدیران ارشد، شهرگان/ سلبرتی، وارثان ثروت.
47% طبقه متوسط و مرفه، 100- 35 هزار دلار، فارغ التحصیلان دانشگاه ایالتی، حرفه ای، مدیران، اصناف، نیمه-حرفه ای.
32% طبقه کارگر: درآمد 30-16 هزار دلار، فارغ التحصیلان دبیرستان، یقه آبیها، منشیها.
20% طبقه فرودست: روزکارها، کمتر از 16 هزار دلار، فقیران با کمک مالی/ غذایی دولتی.

در وجه امپریال، عموما جمهوریخواهان با افزایش بودجه نظامی، حتی با قرض، ورای سازمان ملل متحد است که در جهان قلدری می کند. برنامه بوش پدر 1989-1993 برای ابرقدرتی پاکس آمریکانا بعد با خطاهای پسر 2009-2001در عراق منجر به کلنگی شدن بخشی از خاور میانه شد. بقول تاریخنویس پال کندی در کتاب طلوع و افول ابر قدرتها نوشت: با "گسترش زیاد از حد امپریال" آمریکا با جیب خالی و ضعف نظامی، همزمان چندین کشور منطقه و دورتر زیاده خواهی کردند. آنها به حرفهای آمریکا وقعی نگذاشته؛ در عمل به توهم افزایش نظامیگری خود مشغول اند. خیل جمهوریخواهان کنگره هنوز با توهم ابرقدرتی امپریال کرکری می خواند. رک منبع 1.

کنار کشیدن از خاور میانه با ابزار جنگی متعارف ارزان و توجه به چین در اقیانوس آرام غربی با فنآوری پیشرفته جنگی گزاف شاید برای منافع جناح امپریال نظامی باشد. توافق هسته ای تعامل با ایران در خدمت دکترین تعامل اوباما در چرخش لولایی از خاور میانه به چین اقیانوس آرام بود. مک کین رییس کمیته قوای مسلح سنا از جناح نظامی در مارس 2014 این دکترین را "ضعف آمریکا و غلیان پوتین" نامید.

انتخابات 2016 در باره افزایش بودجه نظامی، موضع سخت در برابر روسیه، چین، ایران، اوکراین شرقی، طالبان افغانستان، القاعده پاکستان شمال باختری، حوثیهای یمن، داعش عراق و سوریه، 2دولت در لیبی می باشد. این در حالی ست که زیربناها مانند پلها، راه آهن، فرودگاهها، تراکم ترافیک پایتخت، گرمایش در داخل آمریکا نیاز به توجه میلیاردها دلار دارند.

در ژوئن 1994 کلینتون در آمریکا می خواست به مجتمع اتمی کره شمالی حمله کند؛ پرزیدنت کره جنوبی، کیم 1927-2015، نگذاشت. کارتر پرزیدنت سابق به کره شمالی سفر کرد؛ منجر به قرارداد هسته ای شد. برنامه اتمی آنها متوقف شده؛ ولی در 2002 بخاطر برنامه اتمی مخفی کره شمالی قرارداد بهم خورد. از 2009 ببعد کره شمالی مخفیانه بمب اتم ساخت. بوش پسر 3 کشور کره شمالی، سوریه، ایران را محور شرارت خواند.

کیسینجر 89 ساله از جناح امپریال عقاب، بطنز گفت: ایالات متحده چین و روسیه را خنثی کرده؛ آخرین میخ را به تابوت ایران، دشمن اسراییل، می کوبد.. جنگ اینده چنان شدید خواهد بودکه تنها یک ابر قدرت، یعنی ما، پیروز خواهد شد.. رک به منبع 2. آمریکا یک دفعه کلک دکتر مصدق را کند، بنیانگرایان شیعی ببار آمدند؛ کلک دکتر نجیب را کند، طالبان ببار آمدند؛ کلک صدام را کند، داعش و القاعده ببار آمدند.

جامعه را می توان به 2 مقوله زیربنا یا بن infrastructure سخت افزار و روبنا یا ظاهر superstructure نرم افزار تجرید کرد. در نظام سرمایه داری ابزار، مناسبات، نیروهای تولید را بورژوازی صاحب است. نیروهای تولید کارگر، آموزگار، دانش کار خدمات اند. ابزار عناصر مادی، ماشین، روندها، طرحها، برنامه ها، افزارها یند. مناسبات کارگر با صاحب کسب در دولت یعنی بر مالکیت خصوصی است. روبنا، فرهنگ شامل زبان، باورها، آداب و رسوم اجتماعی، حکومت، قانون است. تمدن بخشی از فرهنگ است که در برگیرنده آداب، رسوم، بناها، مراودات اجتماعی می باشد.

زیربنا اقلام مادی و مناسبات حیات بوده؛ روبنا فرهنگ، قانون، سیاست، هنر می باشد. فرهنگ چنان شکل می گیرد که زیربنا تداوم و بازتولید شود. برای تغییر/ انقلاب چیزی در زیربنا تغییر کرده؛ بحران جهشی اتفاق افتاده؛ سپس روبنا تغییر می کند که بنوبه خود زیربنا را تغییر می دهد. تاریخ در باره رویدادها یعنی رفتار انسانی هم فردی هم گروهی گذشته است که از دیدگاه اهمیت انسانی گزیده و برخورد می شود. تکوین آن از تضاد نیروهای عمده درونی و بیرونی ناشی می شود. در مناسبات تولیدی شیوه تولید mode ترکیب نیروهای مولد/ کار و مناسبات تولید بوده؛ ابزار means تولید شامل وسایل، دانش، مواد، بنا، زمین، ماشین آلات است.
https://en.wikipedia.org/wiki/Mode_of_production

یوهان گالتونگ جامعه شناس نروژی، زاده 1930، بنیانگزار موسسه صلح اسلو، پس از فروپاشی اردوگاه پیش بینی کرد که بخاطر 14 تضاد امپراتوری آمریکا از مقام ابرقدرت زوال خواهد یافت. او نوشت: زوال امپریالیزم زوال جمهوری در آمریکا نخواهد بود؛ نیز جمهوری آمریکا بهتر از امروزش برای جهان خواهد شد. او گلوبالیزم / تعامل مالی جهانی در کشورهای کانون مانند آمریکا، آلمان، انگلستان رامرحله بعدی امپریالیزم از دهه 1970 خوانده؛ در2000، تضادها را در 5خوشه اقتصادی، سیاسی، نظامی، فرهنگی، فنآوری بر مبنای نوع رابطه بین گلوبالیزم کانون و کشور های در حال توسعه پیرامون مانند بلغارستان، تایلند، عربستان تبیین کرد:
http://www.oldsite.transnational.org/SAJT/forum/meet/2004/Galtung_USempireFall.html

1-اقتصادی. ابزار تولید در کشورهای کانون توسعه یافته؛ بدون اینکه این ابزارها در پیرامون توسعه یابند. نیویورک مرکز بانکی، بیمه، امور مالی، تبدیل ارز جهان است.

آمریکا در خاور میانه کنونی

آمریکا رهبری SWIFT سامانه بانک جهانی، سازمان تجارت جهانی، صندوق بین المللی پول، بورس سهام نیویورک NYSE /WTO /IMF/ WB، اوراق بهادار، صندوق پوششی، صندوق سهام اختصاصی، صندوق سرمایه مشترک را دارد. سامانه سویفت در تحریمهای بانکی بسیار کارآ در مورد ایران بود.

سازمان توسعه بین المللی، USAID، بانک Ex-Im، بانک مرکزی اروپا در سده 21م برای وام و مراودات مالی الکترونیک جهان اند. مراودات مالی جهانی 80% به دلار است. غرب هم نهادهای مالی مربوط به سهام، بورس، صندوق پوشش ریسک hedge fund را ایجاد کرد. صندوق پوششی مشارکت محدود سرمایه گذاران با ریسک زیاد است. مانند سرمایه گذاری در پروژه ای با پول قرضی برای تحقق نفع زیادتر. بسط معیارهای امنیت کار از کانون به پیرامون است. بنگاههای مدیریت دارایی بر بورس و اوراق بهادار مانند BlackRock با 4.6 بیلیون دلار سرمایه در 2013، بزرگترین صندوق پوششی ماکرو جهانی است.

شاخصهای اقتصادی آمریکا هر روز پیش بینی شده؛ بقرار زیرند، بنا به مساحی میانگین بلومبرگ در 22 نوامبر 2015: 5.6 میلیون فروش کل خانه ها، 498هزار فروش خانه های جدید، درصدهای GDP، اعتماد مصرفکننده، ترابری/ قصد خرید اقلام مانا، دخل و خرج شخصی. عملکرد درصدی 4بورس سهام جهانی و آسیای پاسیفیک S&P500, DowJonesStoxx600, MSCI ؛ نرخ عمده ارز: دلار، یورو، ین، پاوند انگلیس، واحد پولی برزیل، کانادا، مکزیک.

نرخ بهره صندوق بازار پول، پساندازهای موعد 6 ماهه، 1ساله، 5ساله، وام خودرو و خانه. عملکرد خزانه داری آمریکا نرخ 10ساله با 2.26 بهره، 5ساله با 1.69 بهره، 2 ساله 1بهره، 6 ماهه با 0.3 بهره. قیمت بورس هفتگی شرکتها الفبایی با نرخ بالا، پایین، نام، بهره سالانه، فروش. سبد تبدیل تجارتی با بالا، پایین، نام، بهره، آخرین تغییر.

مرکز مالی جهان نیویورک، خیابان وال استریت در منهتن، است. در عمارت فدرال این خیابان، جورج واشنگتن، نخستین پرزیدنت جمهوری ایالات متحده سوگند یاد کرد. ساختمان بازار بورس نیویورک که بزرگترین بورس جهان از نظر میزان معاملات و حجم مالی است، در وال استریت قرار دارد. بزرگترین مراکز اقتصادی ایالات متحده آمریکا، بازار بورس نیویورک NYSE، بازار بورس نزدَک NASDAQ، بازار بورس آمریکا AMEX، بازار بورس تجاری نیویورک NYMEX، میز بازرگانی نیویورکNYBOT در این بخش اند.

همانگونه که در فن آوری سلیکون ولی و تفریحات هولیوود در کالیفرنیا پیشرفتهای علمی و هنری شتابنده پیش می رود؛ در نیویورک با وال استریت و سازمان ملل امور مالی، بیمه، مالیاتی جهانی تکامل می یابند تا ریسک سهام را کمینه و سود را بیشینه کنند. در زیر 2 سبد سهام محبوب مردم می آیند.

صندوقهای پوششی Hedge funds ساختار مالی کاسبی سرمایه گذارانشان را در طیف وسیع تر موقعیت‌های تجاری و سرمایه گذاری سهیم می‌کنند. آنها حرفه‌ای، تخصصی، بافناوریهای رایانه-ارتباطی نوین مدیریت دارایی شرکتهای مختلط، با مسئولیت محدود، صندوقهای دیگر را انجام می دهد. مقررات نهادهای نظارتی سقفی

برایشان تعیین نکرده؛ آنها با سرمایه نقدی، ریسک بیشتر از صندوق های مشترک با صندوق سهام اختصاصی متمایزند.

سرمایه گذارانشان از نهادهای صندق پسانداز اتحادیه ها، صندوقهای تقاعد، بنگاههای دانشگاهی، حساب ثروتمندان می باشند. به عنوان یک شبکه، پوشش سرمایه در طیف گوناگونی از داراییها با فروش استقراضی و اهرم مالی بهره جسته؛ حساب فردی سیال بوده؛ یعنی می توان به آن یا از آن برداشت کرد. بهره سرمایه بمثابه سهمی از ارزش دارایی خالص محاسبه شده، با افزایش/ کاهش ارزش و هزینه، هر ماه اعلان می شود. این نوع درآمد دردسر خرید، اجاره، تعمیر مستغلات را ندارد.

استراتژی آنها بازدهی مثبت چه در رکود چه در رونق بازار است. مدیران پول خود را در آنها زیر مدیریتشان بر عهده داشته؛ هدف مدیران و دیگر سرمایه گذاران همسو می شود. در ۲۰۰۹ صندوق پوششی صاحب ۱٫۱ درصد کل سرمایهها و داراییهای مؤسسات مالی بوده؛ مقدار سرمایه اشان ۱٫۹ تریلیون دلار است.

صندوقهای مشترک Mutual Funds ساختار مالی قدیمتر برای دریافت وجوه و تجمیع در اوراق بهادار است که سهام دار سود/ ضرر این سرمایه گذاری سهیم است. هر کدام پورتفولیو/ سبد سهام در شرکتها، اوراق بهادار، سرمایه گذاریها به مدیریت ثروت پرداخته؛ که تابع سود/ زیان عناصر این سبد اند. آنها برای صاحبان حساب بانکی ریسکگریز، غیرفعال، بدون تخصص اند؛ با مدیران کارآزموده که با اطلاعات تخصصی از کارکرد، اخبار، بیلان مالی شرکتها سبد اوراق بهادار را متنوع، کم خطر، بازمان مشخص 1 تا 5 ساله میکنند.

سهام یک شرکت بنا به فعل و انفعالات درونی و بازار ارزش روزانه سهم بالا/ پایین می رود. هر صندوق سرمایهگذاری باید چشمانداز، اهداف، اشکال سرمایه گذاری، هزینهها، نحوه فروش، بازخرید سهام، بیلان مالی سالانه را به عموم آشکار کند. این صندوقها دو عامل سرمایه کلان، دانش و تخصص داشته؛ تا موفقیت سرمایه گذاری در بازارهای مختلف را به 100% نزدیک کنند. https://fa.wikipedia.org

شرکت در جنگها، بانک جهانی، صندوق مالی بین المللی سفر آمریکایان را بجهان در 60 سال گذشته شدید کرد. صندوق بین المللی پول 4 جنبه جهانشمولگرایی زیر را در 2000 فرموله کرد: تجارت و معاملات، حرکت سرمایه و سرمایه گذاری، مهاجرت و سیاحت مردم، توزیع دانش. سرعت اهمیت یافت؛ بیسیم، باند پهن انترنت، ماهواره، موقعیتیاب پیدا شدند.

روندهای گلوبالیزم/ جهانشمولگرا بر سازماندهی کسب و کار، اقتصاد، منابع اجتماعی- فرهنگی، زیستبوم سایه انداختند. نشریه مرور کسب هاروارد، شماره مه- ژوئن 1983، از "بازار جهانشمولگرا" نام برد. وال استریت جورنال، روپرت مرداخ فاکس نیوز چند نهاد و فرد در جناح سرمایه جهانی مالی اند. رابطه بورس سهام و مستغلات معکوس بوده؛ یعنی وقتی قیمت سهام بالا رود، بهای مستغلات پایین می آید- حرکت سرمایه از مالی به ساختمانی. سرمایه مالی و تولید صنعتی چرخه شکوفانی-افول داشته که بحرانزا ست.

تولید ناخالص داخلی GDP، مجموع کالاها و خدمات سالانه، آمریکا 18 تریلیون دلار در 2015 با مقام اول جهانی، هر خانوار 56.4 هزار دلار با مقام 8م جهانی بوده؛ که کشاورزی 1.2%، صنعت 19%، خدمات 80% در 2011 بود. نیروی کار 156 میلیون با 8.6 میلیون منفصل از کار، 15 میلیون بیکار در 2014 بود: 1% در کشاورزی، جنگل، ماهی؛ 12% در صنعت، معادن، ترابری، کاردستی؛ 38% در مدیریت، حرفه، فنی؛ 23% در دفتری و فروشنده؛ 3.3% در نصب/ تعمیر؛ 23% در بقیه خدمات؛ 5.1% منفصل از کار.

دولت با 22 میلیون شغل بزرگترین کارفرماست. باید دولتهای فدرال، ایالتی، شهری، کانتی را هم در نظر داشت. 99% کسبهای کوچک به تعداد 30 میلیون 53% شغلها را دارند. شرکتهای بزرگ 38% نیروی کار دارند. فروشگاه زنجیره ای والمارت با 2.1 میلیون شغل در جهان و 1.4 میلیون در آمریکا، بزرگتری شاغل در جهان است. مرغ سوخاری کنتاکی 19 هزار شعبه در 120 کشور جهان داشته؛ پس از مکدونالدز، در جهان دوم است. حدود 30 میلیون کسب کوچک با 700 بیلیون دلار درآمد و 5 میلیون کارگر مال اقلیتها مانند سیاهان، لاتینها، آسیایهایند. از کارگران 12% در اتحادیه ها عضوند که دولتیها اکثریت را دارند. عضویت در اتحادیه ها در حال کاهش است.

آمریکا همردیف گینه نو فقیر از معدود کشورهای عقبمانده جهان است که کارگران حق قانونی برای استفاده از تعطیلات، مریضی، امور خانوادگی بخرج کارفرما ندارند. کنفدراسیون اتحادیه تجارت بین المللی ITUC در مورد حقوق اتحادیه ای کارگران در آمریکا به این کشور نمره پایین داد. 284 هزار نفر در آمریکا 2شغل تمام وقت داشته؛ 7.6 میلیون نفر شغل دوم پاره- وقت/ پارت- تایم داشته که بیمه سلامتی یا ایمنی ندارند. https://en.wikipedia.org/wiki/Economy_of_the_United_States

هر سال بخاطر واردات بیشتر، کسر بوجه وجود دارد. در 2014 صادرات 1.62 تریلیون دلار با 33.9% کالای سرمایه ای، 31.2% کالای صنعتی، 12.3% کالای مصرفی، 9.8% ماشین و قطعات، 8.9% غذا و نوشیدنی، 4.1%بقیه بود. در 2014 واردات 2.35 تریلیون دلار با 25.2% کالای سرمایه ای؛ 23.8% کالای مصرفی؛ 17.8% کالای صنعتی؛ 10.5% نفت خام؛ 14% ماشین و قطعات؛ 5.4% غذا و نوشیدنی؛ 3.3% بقیه بود.

در 2015 بدهی دولت 18.2 تریلیون دلار، کمبود بودجه 483 بیلیون دلار یا 2.8% GDP می باشد. در سال مالی 2014، از 1 اکتبر تا 30 سپتامبر سال بعد، درآمد فدارل 3 تریلیون دلار دارای نسبتهای زیر بود: از مالیات بردرآمد فردی 46.2%، بیمه اجتماعی 33.9%، مالیات شرکتها 10.6%، بقیه 9.3%؛ هزینه فدرال 3.5 تریلیون دلار در 4بخش زیر بود: بیمه اجتماعی 24.3%، دفاع 17.2%، بیمه تندرستی 14.6%، بیمه بیکاری 14.6%، متقاعدان نظامی 4.3%، بقیه 4.2%. کمکهای خارجی 2013 برای امور نظامی، انسانی، مالی 33 میلیارد دلار و در 2014 ذخیره خارجی 143 بیلیون دلار بودند.

2-سیاسی. وجود یک وضعیت تثبیت‌شده در کانون، ثبات نسبی در پیرامون را در پی دارد. در خاور میانه تروریزم و جنگها گسترش می یابند. واشنگتن به رتق و فتق امور جهان می پردازد- نه نیویورک مقر سازمان ملل. آمریکا مانند اسراییل خود را استثناء در سایه خدا می خواند. ثبات داخلی از 1776 تا جنگ داخلی 1865؛ تا کنون با 45 میلیون شهروند زاده در کشورهای دیگر تضمین شده. این کشور مراحل سرمایه داری، استعمار، امپریالیزم، گلوبالیزم/ ابرقدرت را در 2 قرن طی کرد.

بیژن باران

کشورهای کانونی سرمایه گذاریهای مشارکتی فراملی، قراردادهای چندجانبه اقتصادی-تجاری مانند پ ت ت، نافتا، سازمان تجاری جهان را بنیان گذاشتند. همپیوندی/ انتگراسیون تعهدات سیاسی دولتها، ورود به قراردادهای چندجانبه نه 2جانبه باعث شده؛ اتحادیه اروپا، نفتا، کشورهای مشترک المنافع، اتحادیه کشورهای باقیماند از شوروی سابق فعال باشند.

3-نظامی. تولید ابزارهای نظامی در کانون و کاربرد مخرب آنها در پیرامون. پنتاگون بزرگترین مصرفکننده نفت با نیروهای زمینی، دریایی، هوایی، 1000 پایگاه نظامی در سراسر جهان دارد. آمریکا رهبری سامانه ناتو، ت ا پ، امپو آمریکا- ژاپن NATO/TAP/USA-Japan AMPO را دارد. آمریکا 37% بودجه نظامی جهان را برای سلطه زمینی، هوایی، دریایی، فضایی داشته؛ توان جنگ همزمان در 2 صحنه گوناگون در جهان را نیز داراست.

خشونت سیاسی شدید تروریزم دولتی از 1945 تا 2000 رشد یافته؛ تهاجمات نظامی آمریکا بقرار زیرند: حمله جنگی 67 مورد، بمباران هوایی 25 مورد، تلاش به ترور رهبران خارجی و سران دولت در 35 کشور، کمک به شکنجه 11 مورد، مداخله در و سد انتخابات آزاد در 23 کشور. در کل 67+ 11+25+23+35 = 161 مداخله اند که به کمک 800 پایگاه در کشورهای خارجی، ابزار شنود حتی دوستان مانند مرکل هم، انجام شد.

بنا به اسنودن- آمریکا بیشترین ماهواره های جاسوسی، نظامی، بزرگترین ستون پنجم در کشورهای دیگر، بیشترین هزینه نظامی در جهان را دارد. حمایت از نازیهای اوکراین در قبضه قدرت سیاسی در 2014 منجر به حمله استاری روسیه شد. اگرچه ظرف 100 سال گذشته، آمریکا 1 جنگ در خاکش نداشته؛ ولی در 150 کشور دیگر جنگ کرده است. بودجه 2015 ارتش آن 612 بیلیون دلار برای 1.4 میلیون سرباز و انبوه پیمانکاران است. <u>https://en.wikipedia.org/wiki/American_imperialism</u>

تقریبا یک/سوم بودجه ملی سالانه مربوط به امور دفاعی به مرکزیت پنتاگون است که بیشتر از جمع کل بودجه دفاعی چین، روسیه، عربستان، فرانسه، انگلیس، هند، آلمان در 2014 بود. آمریکا بیش از1000 پایگاه نظامی در جهان با 196 کشور دارد. پرسنل نظامی آمریکا در خارج 325 هزار بوده؛ در خاور میانه، بجز عراق و افغانستان، 10هزار نظامی و شخصی در قطر، بحرین، کویت، امارات، عمان، عربستان، اردن، عراق، دیگاگارسیا در اقیانوس هند، جنوب خلیج فارس اند. فروش تسلیحات به این کشور ها بعلاوه اسراییل، ترکیه و چند کشور دیگر در 2013 بیش از 27 میلیارد دلار، تقریبا برابر صدور تسلیحات روسیه در جهان بود.

کشورهای عربی خلیج 10 برابر بودجه نظامی ایران سالانه هزینه می کنند؛ این کشورها عمدتا عربستان، کویت، امارات، قطر، بحرین، عراق 196 میلیارد دلار بودجه جنگی/ هزینه تسلیحات در 2014 کردند. صادرات اسلحه آمریکا 46 میلیارد دلار در 2014 بود. موسسه پژوهشی بین المللی صلح استکهلم 2015 <u>http://www.sipri.org/media/pressreleases/2015/at-march-2015</u>

در 2015 درآمد فروش سلاح به مبلغ 46.6 میلیارد دلار رسید. در حالی که بدون هزینه تعمیر و آموزش در 2014 تقریبا 34.2 میلیارد دلار بود. آژانس همکاری دفاعی گفت:

179

حدود 120 تقاضای خرید اسلحه هنوز بررسی نشده اند. این آژانس همچنین گفت: برنامه کمک های نظامی به 150 کشور جهان از مبلغ 10.7 میلیارد در 2013، به مبلغ 20.1 میلیارد دلار در 2015 افزایش یافت.

نفوذ داعش، بحران یمن، همکاری امنیتی آمریکا با کشورهای عربی برای مهار کردن خطر ایران در منطقه که پس از نشست کمپ دیوید صورت گرفت، همچنین سیاست های توسعه طلبانه پوتین که با اشغال مناطقی از اوکراین و تهدید اروپای شرقی همراه بود، همه باعث افزایش فروش اسلحه شده اند. آیا شرکتهای تولید اسلحه با لابیهای خود در رسانه ها ترفندهای غلو و ترس برای فروش بیشتر بکار نبرده اند؟
http://farsi.alarabiya.net/fa/middle-east/2015/10/20

از 1998 آمریکا پهباد در پاکستان، یمن، سومالی، اکنون در سوریه بکار می برد. این پهبادها در خاور میانه به قتل هسته های جهادی شبانه روز فعالند. پهباد ربات یعنی ماشین خودکار نبوده؛ بوسیله یک خلبان در پایگاه هدایت شده؛ در محور مختصات، نقطه هدف را منفجر می کند. برای یافتن این نقطه، جاسوسان در محل باید اطلاع رسانی کنند تا پهباد هدف را منفجر کند. گاهی این اطلاع از روی بخل یا سهو بوده؛ مانند انفجار بیمارستان پزشگان بدون مرز در افغانستان، اکتبر 2015.

جاسوس گاهی یک چشمکزن الکترونیک زیر ماشین چسبانده تا سیگنال به پهباد بفرستد. این سیگنال موشک اصابت را هدایت می کند. اغلب مختصات خانه جلسه، انبار مهمات، ماشین طالبان/ القاعده را جاسوس رله کرده؛ تا هدف منفجر شود. از اسناد درونی بدست آمده از القاعده بر می آید که اعضاء از ترس انفجار به آموزش نظامی رغبت ندارند. باید 250 ماهواره نظامی را هم به شبکه هدایت پهبادها افزود.
http://www.bbc.com/news/world-34346925

4-فرهنگی. آمریکا در اشاعه فرهنگ مدرن جهانی موفق بوده؛ نیز رهبری جهانی نخبگان را دارد. برای بقیه مردم جهان در فوروم اقتصاد جهان، داووس/ سوییس، پورتو الگره/ برزیل، بلم/ پرتغال Davos, Porto Alegre, Belem آمریکا پیشگام است. تعداد جوایز نوبل برای آمریکاییان، مقام اول در جهان است.

حوزه های زیر به آمریکای سلطه گر می افزاید: مقر سازمان ملل در نیویورک؛ سیلیکون ولی برای فن آوری سخت افزاری و نرم افزاری؛ هالیوود برای تفریحات مانند جهان دیزنی، سینما، تولید و صدور کتاب، بازیهای کامپیوتری، تلفنهای هوشمند، دی وی دی، ویدیو، امور تبلیغی، سایبری،. آمریکا برندهای جهانی تولید می کند: کوکاکولا، هیلتون، شرتون، مریات، نایکی، سیتی گروپ، ویزا، زیراکس، مایکروسافت، گوگل، فیسبوک. زنجیره غذاخوری استاندارد با عجله چون مکدونالدز، کی اف سی، استارباکس- در بسیاری کشورهای جهان شعبه دارند.

گلوبالیزم/ جهانشمولگرایی رسانه ها و ارتباطات جهانی با برنامه های خبری، تاریخی، علمی، تفریحی تلویزیون مانند سی ان ان، رئالیته شو، کمدی را دامن می زند. در آمریکا استادیومهای ورزش زنان و مردان فراوان وجود دارند. خدمات مانند مهمانداری/ یقه سفیدان از یقه آبیها/ کارگران صنعتی بیشتر اند. در جهان سالانه 1 میلیارد گردشگرند که بخش خدمات کشورهای سیاحتی را تقویت می کنند. تحکیم اعتماد به نفس و خوداتکایی در قالب برنامه‌های آموزشی در کشور کانون تقویت می شوند.

احساس وابستگی و عدم اعتماد به نفس در پیرامون را بر می انگیزد. زبان انگلیسی زبان غالب در امور دیپلماسی، کامپیوتر، بانکی، علمی می باشد.

در آمریکا پژوهندگان ژنتیک برای پیدایش داروهای جدید، خوراک صنعتی، بهبود کشاورزی، تشخیص امراض گامهای بلند برداشتند. دستگاه MRI و NRI در 1971 در هاروارد بهره برداری شد. در شوروی ایوانوف 1960 اختراع تصویر ارتعاشات مغناطیسی خود را به کمیته دولتی اختراعات و اکتشافات لنینگراد برای ثبت فرستاد؛ ولی بخاطر بوروکراسی تا دهه 1970 به ثبت نرسید.

علت برخی امراض ربطی به ویروس و باکتری ندارد. پروتین های جی G در گیرنده های بینایی، شنوایی، بویایی، اندیشیدن یا آدرنالین، دوپامین، سروتونین، نور، مزه، بو دخیل اند. آنها در ترجمه رویدادهای محیط تن و ذهن به واکنش های بیوشیمی سامانه عصب کمک می کنند. ترابری زیاد یا کم پروتین جی، بر غشاء یاخته، کارکرد یاخته را مختل کرده؛ منجر به امراض سیاه سرفه، وبا، عارضه غدد اندوکراین شده؛ نیز بر اثرکرد داروهای ضد آسم/ صرع، افسردگی، تنش روحی دخیل است.

گیلمن 2015-1941 دانشمند آمریکایی، جایزه نوبل 1994 طب و فیزیولوژی اینراکشف کرد: پروتین جی یک واسطه هم در روند علامتی در بیو شیمی چند مرحله ای استکه فعالیت یاخته ای را آغاز کرده تا یاخته پیامها را دریافته؛ ترابری کرده؛ پاسخگو شود.

چالشهای سده 21م جهانی فروان اند که برخی مربوط به فرهنگهای پیشامدرن اند:
-حفظ زیستبومهای ملی، منطقه ای، جهانی.
-تهیه مواد غذایی برای جمعیت افزاینده، از 7 میلیارد نفر گذشته.
-کاربرد منابع لایزال انرژی چون باد، خورشید، امواج دریا.
-واکسیناسیون جهانی بضد ایبولا، ایدز، مالاریا، وبا، اسهال، انواع عفونتها.
-آمادگی تمام ادبیات گذشته برخط در تمام 5 قاره و شاید در هواپیما با ماهواره ها.
-رانندگی خودکار ماشین، قطار، هواپیما بدون انسان.
-کاربرد فن آوری دیجیتال در امور دولتی، تجاری، فرهنگی، آموزشی، اجتماعی.
-وصل یک انسان با همه انسانها، گذشته خود، تاریخ، ادبیات، هنر.
-انجام کارهای بانکی، کتابخانه ای، خرید، فروش از خانه با اینترنت و کمک پهبادها.
-شکوفانی استعدادهای فردی در سطح جهانی برای پیشبرد فرهنگ.
-ارایه برخی خدمات پزشگی، فنی، آموزشی به اعضای خانواده.

5-فن آوری. فن آوری به صنعت تداخل کرد: چالشهای زیستبومی گرمایش زمین، آلایندگی هوا و آب فرامرزها، زیاده روی در ماهیگیری، کاهش وحوش، ایستگاه و سفر فضایی، ماهواره ها، موشکها. برای جهان آمریکا 2وجه جمهوری جذاب پویایی و امپریال نظامیگری دارد. یکی از وجوه جمهوری، سپاه صلح از زمان کندی ایجاد شد، تاکنون 220000 داوطلب به 140 کشور فرستاده است. بودجه 2015 آن 379 میلیون دلار برای خدمات با 23000 داوطلب می باشد.

پیشرفت در ترابری مانند کشتی با کانتینر، موتور جت؛ ارتباطات دور از تلگراف تا انترنت، تلفن همراه؛ روی همبستگی اقتصاد، فرهنگ، ارزشهای جهان اثر گذاشتند. گسترش فرودگاهها، راههای هوایی، آبی، بندرها، جاده ها، قطار مغناطیسی، سفر سیاحتی، مراوده دانشجویان، گسترش ابزار ارتباطی همراه دیجیتال، مخابرات بیسیم- در جهان

چشمگیرند. با تقسیم تولید در جهان، چین و هند محصولات کلان صنعتی را ارزانتر می سازند. https://www.youtube.com/watch?v=kOhQrNi4HCg

کشورهای کانون با کاربرد جهانی بهینه سرمایه به بهبود فراورده ها، تفریحات، اختراعات، امور مالی و بیمه، کشف امور طبی برای تقلیل امراض و تطویل عمر می پردازند. بهینگی کشاورزی/ غذایی، فراورده های مصنوعی غذایی، افزایش گردشگری، استاندارد جهانی غذایی را درپی دارد. مراودات فراملی مانند سکایپ، فیسبوک، وایبر، توییتر، واتساب- برای تردد اطلاعات فرای مرزهای ملی اند.

سبک زندگی شاد همراه با تفریح، نوآوری، رقص، موسیقی، ورزش، فیلم، کمدی، نمایش، مواد غذایی، آشپزیهای اقوام/ اتنیک، هنر، علم، ادبیات می باشد. در امور خیریه آمریکا مقام اول را دارد. در 2012 برای جانوران خانگی 370 میلیون دلار صرف کرده؛ فیوری/ خشم 325 در کارولینای شمالی بلندترین قطار هوایی roller-coaster می باشد.

بیل گیتز در ۲۱ سال گذشته، ۱۶ بار در صدر فهرست ثروتمندترین فرد جهان نشسته است. او خیرترین فرد جهان است که بیش از ۹۵٪ از ثروت ۷۹ میلیارد دلاری خود را به امور بهداشتی در آفریقا و کارهای انساندوستانه در جهان داد. وارن بافت، لی کا-شینگ، سورس، زاکربرگ خیران دیگر اند. باید رالف نادر را هم در خدمت مصرفکننده ها بویژه برای ایمنی خودروها نام برد.

نقش 2گانه تاریخی و انتقادی امپریالیزم را می توان در ج ج 2 دید: 1- جهش تولید صنعتی آمریکا که جهت جهانی تاریخ را تغییر داد. 2- نابودی 57 میلیون انسان. در این جنگ نظامیگری آمریکا در 150 جنگ پس از آن در 5قاره. سرمایه بدنبال سود در یک کشور و جهان گسترش می یابد. وجه امپریال آمریکا در اقتصاد، نظامیگری، سیاست، فرهنگ در مدل کانون- پیرامون ارایه شد. فروش تسلیحات، حق وتو در شورای امنیت، موشک دور برد، ماهواره ها، 3000 کلاهک اتمی، پهباد، جنگده هوایی، دریایی قدرت آنرا تقویت می کنند. اکنون نقش آمریکا در خاورمیانه جنگ، فروش اسلحه، آموزش نظامی است؛ نه آبادانی. پس از ج ج 2 ابزار های زیر را بکار برد:
-دخالت‌های سیاسی: در انتخابات فرانسه و ایتالیا دهه 1950 سیا به احزاب راست کمک مالی می کرد.
-انجام کودتاهای نظامی: 28مرداد32 در تهران، سپتامبر 1965در اندونزی، سپتامبر 1973 در شیلی.
-ایجاد درگیری‌های مرزی و جنگ بین کشورهای پیرامونی: اعراب و اسراییل. برخی سرمایه داران یهودی آمریکا به ساختن خانه های بنیانگرایان صیهونی در کرانه باختری کمک مالی می کنند که از مالیات بردرآمد آمریکا معاف اند.
-تقویت اغتشاش‌های داخلی: ایران پیش از کودتا 28مرداد، لبنان، شیلی زمان دکتر الینده، ونزوئلای کنونی.
- تقویت در جاسوسی مرزهای کانون و حکومت‌های نامریی در پیرامون: شنود ماهواره ای NSA در ارتباطات تلفنی، اینترنتی جهان در اسناد اسنودن.
- استفاده گسترده از تبلیغات و رسانه‌های گروهی: صدای آمریکا، رادیو آزاد اروپا، فاکس نیوز.
- تدوین و استقرار نظام تعرفه‌ای و تعیین قیمت‌ها: بهای هواپیما، تسلیحات، مخابرات.
-شرکت در جنگها و اهتراز از پروژه های آبادانی در جهان.

منابع. 28/09/2018
https://en.wikipedia.org/wiki/Globalization
http://www.thenation.com/article/americas-days-global-superpower-are-numbered-now-what/ روزهای ابرقدرتی آمریکا شماره می شوند- پس چه باید کرد؟ مایکل کلر، نیشن، 28مه 2015.10.24.
http://www.globalresearch.ca/accurate-satire-henry-kissinger-if-you-can-t-hear-the-drums-of-war-you-must-be-deaf/28610 هنری کیسینجر: اگر طبل جنگ را نمی شنوی باید کر باشی. 31 ژانویه 2015.
مرگ زائو در آمریکا بخاطر فقر 15 زن در 100هزار زایمان، در جهان 5م است؛ پس از مکزیک 38 زن، شیلی 22 زن، مجارستان 17 زن، ترکیه 16 زن؛ در مقایسه با کشورهای با بهداشت عمومی مانند 3 زن در فنلاند، سوئد، یونان. WP22.11.15
This Changes Everything: Capitalism vs the Climate- Naomi Klein 2014 Simon & Schuster
In Defense of Globalization, Jagdish Bhagwati Oxford, 2004.
http://www.informationclearinghouse.info/
در جنگ و اشغال آمریکا
کشته های عراق 1.5 میلیون نفر
کشته های آمریکا 4801 نفر
کشته های آمریکا در افغان 3487 نفر
هزینه جنگ عراق و افغان 1.6 تریلیون دلار 1.6ضربدر 10 بقوه 12

هفته نامه اشترن چاپ آلمان 29.11.15 نوشت: اسکار لافونتن دبیرکل اسبق حزب سوسیال دمکرات آلمان در تلویزیون گفت: »تصاحب« نفت و گاز مفت و ارزان دلیل اصلی ایجاد ناامنی، جنگ، فرار صدها هزار تن مردم بی‌گناه و بی‌دفاع این مناطق است. آمریکا مسئول این وقایع و پاسخگوی ایجاد چنین بحران هائی در سطح جهان است. این بحران را سیاست خارجی واشنگتن در خاورمیانه ایجاد کرده است. آمریکا باید از تعویض حکومت هائی که آنها را »غیر دوست داشتنی« می داند منصرف شود. دولت اسلامی/داعش نتیجه این سیاست آمریکاست.

لافونتن همچنین گفت: توجه داشته باشید که در کشورهائی مثل سوریه، عراق، افغانستان، لیبی و حتی "کوزوو" که فراریان از جنگ از آن طریق خود را به اروپا می رسانند، کوشش شده است تا نوعی »دموکراسی آزمایشگاهی« راه اندازی شود. در سوریه، حکومت های عربستان سعودی، قطر و سازمان "سیا" می خواهند، رژیم عوض کنند. باید به گفته لافونتن افزود که دولتهای عربستان و قطر و بحرین قرون وسطایی بوده؛ آمریکا ندید می گیرد.

سرمایه داری تا امپریالیسم و گلوبالیزاسیون

برای روشنفکر: آفرینش فرهنگ عبادت است.

اقتصاد یکی از علوم انسانی دربر گیرنده رشته های دیگر از ریاضیات تا روانشناسی است. اقتصاد بررسی تولید، توزیع، مصرف کالا و خدمات است. پس اقتصاد بررسی چگونگی تامین نیازهای جامعه است. در این بررسی بیشتر سرمایه داری واشکافی

شده که در 196 کشور عضو سازمان ملل رایج است. این کشورها با تاریخ ورود، گذشته اجتماعی، توان پذیرش متفاوت در فازهای گوناگون سرمایه داری از زیر مانند گینه آفریقا تا زبر مانند انگلستان اند.

سرمایه داری 3 نوع خصوصی مانند آمریکا، دولتی مانند کوبا، مخلوط مانند چین است. انواع دیگر کمپرادو/ وابسته، رانتیر/ حق بهره برداری، متروپل مانند ایتالیا، حاشیه مانند عراق اند. اکنون کشورها بنا به GDP به پیشرفته جی 7 از 1975 کانادا، فرانسه، آلمان، ایتالیا، ژاپن، بریتانیا، ایالات متحده و جی 20 از 1999 یعنی جی 7 بعلاوه 13 عضو دیگر چین، برزیل، هند، مکزیک، آفریقای جنوبی، آرژانتین، استرالیا، کره جنوبی، روسیه، اندونزی، عربستان، ترکیه، اتحادیه اروپا تقسیم می شوند.

کشورهای در حال رشد یعنی 23 کشور مانند چک، کلمبیا، مالزی، مراکش، قطر، پرو، فیلیپین، لهستان، تایوان، تایلند، امارات اند. بقیه 160 کشور دیگر مانند ایران، یونان، تونس، بلیوی با GDP های پایینتر اند. هر کشور سرمایه داری زیربنا داشته؛ روبناهای مختلف مانند سلطنتی، جمهوری، خلافت، امارت، پارلمانی می تواند داشته باشد. حکومتها می توانند دمکراسی مانند سوئد، نئولیبرال مانند آمریکا، الیگارشی مانند روسیه، تک حزبی مانند چین، استبدادی مانند زیمباوه، مطلقه مانند ایران و عربستان باشند. سرمایه داری همسو با مدرنیسم بهترین نظام برای انباشت سرمایه بوده؛ سوسیالیسم نظام توزیع ثروت خواهد بود.

سرمایه داری از 1500 در اروپا رشد یافت که از فازهای زیر مانند مرکنتالیسم و صنعتی تا زبر مانند استعمار سده 17، امپریالیسم سده 20، گلوبالیزاسیون دهه 1970 تکامل یافته است. سرمایه داری نظام اقتصادی و سیاسی است که تجارت و صنعت کشور با صاحبان خصوصی برای سود کنترل می شود؛ تا دولت برای آبادانی سراسری. سرمایه داری نیاز به بازار آزاد برای پیشرفت دارد. در این نظام کارآفرینی، سرمایه، منابع، کار مورد نیازند؛ مالکیت خصوصی بر تمام اقلام مادی و فکری را افراد و شرکتها ست.

تولید کالا و خدمات بنا به عرضه و تقاضا در اقتصاد بازار بوده؛ نه بنا به برنامه مرکزی و اقتصاد آمرانه کشور مدیریت می شود. در این نظام بصورت ناب یعنی سرمایه داری آزاد laissez-faire افراد آزادانه هر جا خواستند سرمایه گذاری کرده؛ آنچه می خواهند می سازند و می فروشند. آنها قیمت تبادل کالا و خدمات را تعیین کرده؛ فعالیت اقتصادی بدون نظارت انجام می دهند. اکثر کشورهای مدرن مخلوطی از نظام سرمایه داری و نظارت دولت بر کسب و صنعت اند؛ مانند کانادا.

https://www.investopedia.com/terms/c/capitalism.asp

اقلام مادی در جامعه مانند اقلام مادی در طبیعت تابع قوانین علمی اند. نمونه کنش/ واکنش نیوتن، نسبیت 2پدیده آینشتاین، عدم قطعیت هایزنبرگ قوانینی اند که در علوم انسانی و حتی زندگی روزمره هم کاربرد دارند. یکی دیگر از قوانین طبیعت نرخ پخش گاز متناسب با فشار بین 2مرز فیک می باشد؛ یا قانون ترمودینامیک انرژی پتانسیل بالا به ناحیه پایین است.

لذا گرایش سرمایه داری به گسترش مرزهایش تابع این قوانین طبیعی است. از اینرو پس از رشد آن در انگلستان، هلند، اسپانیا، پرتغال، فرانسه مرحله استعمار و امپریالیسم یعنی ریزش سرمایه به بیرون از مرزهای ملی رخ داد. در سده 21 مرزها جغرافیایی با پیدایش فناوری دیجیتال بیسیم با شبکه های مجازی قابل گذر شدند.

سرمایه داری در یک کشور با برایند عوامل درونی، همآوری با همسایگان، عوامل بیرونی از مراحل گوناگون می گذرد. در هر کشور سرمایه داری خطی رو به رشد نبوده؛ از دوره های رکود و شکوفانی به تناوب ولی مارپیچ رو به مراحل بالاتر می گذرد. این را بحرانهای ادواری، موضعی، ساختاری سرمایه داری خوانده اند. در سده 20 بحران به جنگ جهانی 1 و 2، انقلاب اکتبر و چین، اکنون به برنامه های دولتی و نهادهای مالی جهانی برای برونرفت از آن رخ می هند. در آمریکا چارهجویی بحران منجر به ایجاد مقررات جدید و ثروت بیشتر می شود.

بحران ذات سرمایه داری تابع اقتصاد یعنی نوسانات ظاهری کسبها است. از انقلاب صنعتی 1760-1840 یعنی گذار به تولید کارخانه ای برخی اقتصادانها به تکرار سیکل بحران توجه کردند. در موج اقتصاد کوندراتیو با 4 دوره گسترش، شکوفانی/ رونق، کسادی/ بحران، رکود است. با 4فصل بهار، تابستان، پاییز، زمستان استعاره شده. کوندراتیو عالم روسی در کتاب سیکلهای مهم اقتصادی 1925 و شامپیتر در 1939 این پدیده را موج-ک نامیدند. <u>https://en.wikipedia.org/wiki/Kondratiev_wave</u>

در سده 21 چرخه اقتصاد کنونی 2فصل تابستان و زمستان یعنی بهبود یا فرا-تولید و رکود یا فرو-مصرف دارد. رکود یعنی کسبها گسترش نیافته؛ در افت GDP یا خروجی اقتصاد در 2فصل متوالی، افزایش نرخ بیکاری، کاهش بهای مسکن تبلور می یابد. فاکتورهای فراوان مانند تورم در رکود موثرند. تورم با افزایش بها در اقتصاد به نسبت افزایش بهای شاخص اقلام مصرفی است.
http://todayinsocialsciences.blogspot.com/2012/01/economic-cycles-and-cyclical-crises.html

دولت برای رفع بحران 2 کار می کند: 1- بانک مرکزی مشی پولی برای مدیریت نرخ سود و عرضه کل پول در گردش را مقرر می کند. در آمریکا سیستم خزانه داری فدرال Federal Reserve System FRS این کار می کند. 2- مشی مالی اثر کوتاه مدت بر اقتصاد دارد. مرکز FRS با هیئت فرمانداران در واشنگتن با 12 بانک منطقه ای FRS در شهرهای مهم اند.
https://www.investopedia.com/articles/economics/12/fiscal-or-monetary-policy.asp

امپریالیسم 1916 لنین 5خصیصه زیر را دارد: 1- تمرکز تولید به انحصارات/ مونوپولی ها انجامد. 2- ادغام سرمایه مالی و صنعتی سرمایه مالی کاربرده در انحصارات را نمی سازد. 3-سرمایه مالی با صدور سرمایه بر صادرات کالا مسلط می شود. 4- انکشاف اتحادیه های سرمایه داری بین المللی برای تقسیم جهان. 5- تقسیم مناطق نفوذ در جهان انجام می شود.
/https://torqueatlanta.wordpress.com/2013/05/19/lenins-imperialism-summary

آغاز سده 20 کشورهای پیشرفته سرمایه داری به مرحله امپریالیسم با 5خصیصه انحصارات، سلطه بانکها، صدور سرمایه، انحصارات جهانی، تضادهای جهانی رسیدند. تضادهای امپریالیست به 2 جنگ جهانی، موشکهای اتمی، انقلابات شوروی، ویتنام، چین، استقلال هند منجر شدند. انقلاب روسیه زاده ج ج1، فاتح جنگ ج ج2، مغلوب جنگ سرد بود؛ شعار عدالت اجتماعی را در سده20 جهانگیر کرد. حتی در آمریکا به جنبش ضدجنگ و رشد سندیکاها کمک کرد. پس از فروپاشی اردوگاه سندیکاهای در آمریکا ضعیف شده؛ جناح راست در حاکمیت غلبه کرد.

آمریکا در خاور میانه کنونی

در سده 20 امپریالیسم ژاپن، فرانسه، انگلیس، هلند، اسپانیا، پرتغال افول کردند. امپریالیسم نوخواسته آمریکا، در رقابت با شوروی گاهی هر دو به جنبشهای رهاییبخش بضد دیگر امپریالیستها کمک کردند.در دهه 1950 دکتر مصدق در این تضاد جهانی افول انگلیس و خیزش آمریکا نفت ایران را ملی کرد. حل این تضاد به ناصر در ملی کردن کانال سوئز کمک کرد. همین روند را در الجزیره، نیجریه، لیبی، عراق، هندوچین، گینه، موزامبیک، آنگولا، صحرا می توان پی گرفت. البته تضاد درونی هم در حاکمیت عتیق و مردم نوجو عود کرد.

در نیمه دوم سده 20 با نبود جنگ بین امپریالیستها و عدم صدور سرمایه به کشورهای فقیر، گسترش فناوری دیجیتال، 3 خصیصه دیگر امپریالیسم هم تغییر یافتند. یعنی انحصارات دیگر ملی نبوده؛ با وصل برخط بورس سهام و بانکها جهانی شده اند. سرمایه مالی در سلطه آمریکا خود سرمایه صنعتی آمریکا را به شرق راند. انحصارات هم به تمرکز ثروت در 1% جمعیت منتهی شد. اختلافات کشورهای جی 7 و جی 20 با قرار دادهای چندجانبه، بانک جهانی، WTO، سازمان تجارت جهانی مسالمت آمیز حل می شوند.

اگر 5ویژگی امپریالیسم بر آمریکای پسا ج ج 2 منطبق شوند؛ دیده می شود: صدور سرمایه معکوس شده؛ جنگ امپریالیستی بضد اعضای امپریالیست رخ نداده؛ بعلاوه حاکمیت نیمه سده 20 کشورهای آمریکا، انگلیس، ژاپن، آلمان لیبرال دمکراسی بوده؛ نه فاشیسم. با دگردیسی سرمایه داری امپریالیسم به گلوبالیزاسیون در وجه غالب، آمریکا در سده 20 از صدور سرمایه به جذب سرمایه مستقیم خارجیFDI تا 3 تریلیون دلار سالانه رسید. سرمایه در سده 21 جهانی شده؛ مقررات، قوانین، نظارتهای مهار سرمایه در جهان ناهمگون اند. لذا سرمایه از کشورهای عقبمانده به کشورهای پیشرفته نقل می شود.

جنگهای آمریکا در 4دهه اخیر ربطی به امپریالیسم ندارند. این جنگها بخاطر رشد مداوم مجتمع نظامی- نفتی و سودجویی سرمایه اند؛ نه بخاطر خصیصه تقسیم دوباره امپریالیستی جهان. زیرا ژاپن، آلمان، انگلیس، فرانسه جنگ امپریالیستی نکرده؛ ولی تنور جنگ را برای فروش تسلیحات خود گرم می دارند. تداخلات نظامی فرانسه در شمال آفریقا و جنگ موتلفان ناتو آلمان و انگلیس در افغانستان و عراق هم با مردم کشورهای عقبمانده اند. جنگهای خاورمیانه تبلور تولید نظامی آمریکا یند. بخاطر فروش اسلحه در داخل است که تسلیحات تمسک به متمم دوم حق حمل اسلحه می کند. صادرات اسلحه آمریکا مقام اول را در جهان داشته که در امتداد حمل اسلحه در داخل و مقام اول در قتلهای با تفنگ در جهان است. بین 1968 و 2011 حدود 1.4میلیون قتل با تفنگ در آمریکا رخ دادند. در 2015 با تفنگ 13286 کشته و 26819 زخمی شدند. روزانه 96 نفر با تفنگ به قتل می رسند.

توسعه سرمایه داری از امپریالیسم به گلوبالیزاسیون از دهه 1970 آغاز شد- در آمریکا و انگلیس با 6خصیصه زیر:
1-تمرکز و گردش سرمایه با فناوری برخط نه در یک کشور، بلکه در بازار بورس نیویورک، لندن، توکیو، هنگ کنگ پیدا شد.
2-آمیزش سرمایه بانکی با فناوری، الیگارشی مالی را در حاکمیت آمریکا، سازمان ملل، نهادهای مالی جهان مسلط کرد.
3-صدور سرمایه عمدتا بین کشورهای پیشرفته است.

4- انحصارات مالی جهان با تحکیم شرکتهای فراملیتی مانند اپل، مایکروسافت، گوگل، فیسبوک شکل گرفتند.
5-تقسیم کار در اقتصاد جهان منجر به انتقال تولید صنعتی به کشورهای بریکس و رشد شهرنشینی شد.
6-پناهگاههای فراساحلی برای خواباندن ثروت، پولشویی، فرار مالیاتی گسترش یافتند.

روند مالیگرایی به فساد مالی حاکمیت آمریکا بشکل الیگارشی منتهی شده. شرکتها، لابیها، گروه زبده وکلای مجلس قانون را دستکاری کرده؛ میلیاردها دلار سالانه از جیب مردم به جیب شرکتها و ثروتمندان می رود. لذا تمرکز سرمایه ثروتمندان یا 1% ها سالانه افزون می شود. نظام زیر لوای ایجاد کار، کاهش مالیات، شگردهای مالیاتی به انحصارات ارفاق می کند. بخش بزرگی از این شرکتها و ثروتمندان نقدینه خود را خارج از مرز قانون آمریکا در سپرده های فراساحلی می خواباند.
*
نقش بانک مرکزی در دولت سرمایه داری- در سده 17 فرهنگ کاتولیک جنوب گرم اروپا و فرهنگ پروتستان شمال سرد اروپا به 2قاره نو آمریکا و اقیانوسیه پا گذاشتند. در آمریکای جنوبی فرهنگ کاتولیک در 300 سال رشد سرمایه داری از فرهنگ پروتستان در آمریکا، کانادا، اقیانوسیه – ثروت و آزادی کمتر ببار آورد. چرا؟ علل مذهبی و گرمی هوا 2 فاکتور این تفاوت اقتصادی آمده.   باید عامل دیگر نظام بانکی انگلیس را هم افزود.

ویلیام پاترسون 1719-1658 اسکاتلندی در 1691 بانک انگلیس را بنیان گذاشت؛ به چاپ اسکناس لیره استرلینگ برای دولت انگلیس و نشر مشی مالی برای نظارات بر مقررات بخش مالی انگلیس با تصویب پارلمان پرداخت. او برای طرحی در مستعمره پاناما با دولت هلند و امپراتوری مقدس روم مذاکرات ناموفق داشت. بانک انگلیس مدلی برای بسیاری بانکهای مرکزی دیگر کشورها شد.

شکست انگلیس از فرانسه در 1690 به ساختن ناوگان و نیاز به قرض 1.2 میلیون لیره با 8% بهره سالانه داشت. بانک مرکزی شمش طلای ثروتمندان در هیت مدیره در مقابل سهم در مالکیت بانک را گرفته؛ پشتوانه چاپ اسکناس کرد. این بانک ابزار حیاتی در رشد صنعت، کمک کشاورزی، بسط مستعمرانگلیس شد.

از این ببعد، نیاز مالی دولت با چاپ اسکناس، حق الزحمه بانک، قرض کلان از این بانک پاسخ می یافت. لذا هزینه لشگرکشی و رشد اقتصادی دولت با بانک مرکزی تضمین شد. در 1954 مهرابه ای در روم و لندن کشف شد؛ میترا با عنوان خدای پیمان پرستش می شد. در بانک پیمان انسانها با قانون مهم است.   در استقلال آمریکا بانک چنان مهم شد که جورج واشنگتن سهمدار بانک بوده؛ برای هزینه جنگ اسکناس دلار نه طلا بکار رفت. اکنون در کشورهای سرمایه داری-یعنی کل 193 عضو سازمان ملل- بانک مرکزی قلب مالی دولت است.

در۱۸۷۳ برای تامین هزینه سفر اول ناصرالدین شاه به فرنگ وامی به مبلغ ۲۰۰۰۰۰لیره با بهره 5% از بارون جولیوس رویتر در لندن دریافت شد. بانک جولیوس رویتر به بانک بریتانیایی خاورمیانه BBME سپس بانک HSBC خاورمیانه تغییر نام داد. بانک شاهی ایران در ۱۲۷۸خورشیدی یا ۱۸۸۹ را بارون جولیوس رویتر، بانکدار یهودی-انگلیسی، با

فرمان سلطنتی ملکه ویکتوریای بریتانیا، با امتیاز دولت ایران بنیان گذاشت که برای امور بانکی، چاپ اسکناس عهد قاجار، مراودات تجاری بود. ویکی پیدیا

منابع: 06/02/2018
در هفته اول فوریه 2018 افت سنگین بازار بورس سهام آمریکا ۱۱۴ میلیارد دلار ثروت ۵۰۰ ثروتمند جهان را کاهید. بنا به گزارش بلومبرگ گزارش وارن بافت، سومین فرد ثروتمند جهان ۵/۱ میلیارد دلار از ثروتش کاهید. این افت عمدتا بخاطر درآمد بیشتر مردم و افزایش نرخ سود می باشد.

آمریکا در خاور میانه

خدمت به مردم؛ نه خدمت به ایده ها. پوپ فرنسیس در کوبا 2015
گمان می کنم که من قهرمانی و تقدس را زیاد نمی پسندم، آنچه برایم جالب است انسان بودن است. کامو

حضور آمریکا از کمی پیش از ج ج 2 تا سده 21م در خاور میانه علل و عواقبی را داشته که رئوس آن برشمرده می شوند: 1- سیاست آمریکا منتجه 2جناح حاکمیت آمریکا بوده؛ این 2 جناح در هر 3 قوه دولت تبلور یافته؛ گزینه فردی نیست. نمونه ها- قضاییه: بوش از جناح نظامی با آرای 5 به 4 دیوان عالی در توقف بازشمارش آرای فلوریدا، برنده اعلان شد. مقننه: کنگره با تصویب تحریمها و مخالفت با توافقنامه هسته ای ایران.

اجراییه: بی اعتنایی به گفتگوی تمدنهای خاتمی، تز محور شرارت کره شمالی-ایران-عراق، پیشنهاد روسیه به رییس جمهور فنلاند، آتیساری. او در فوریه 2012 گفتگوهایی را درباره سوریه با نمایندگان 5 کشور عضو دائم شورای امنیت سازمان ملل انجام داده بود. او گفت: ویتالی چورکین، نماینده روسیه در سازمان ملل طرحی 3 ماده ای را پیشنهاد کرد که شامل بخشی ناظر بر کنار رفتن بشار اسد از قدرت پس از آغاز گفتگوهای صلح میان حکومت سوریه و مخالفان بود. صدور گزینشی دمکراسی با حمله نظامی در سقوط طالبان کابل و بعث عراق؛ ولی نه استبداد مطلقه عربستان و یمن.

2- فروپاشی اردوگاه منجر به طلوع جهادگرایان سنی مسلح در خاورمیانه شد که با کمک آمریکا و شیوخ عرب در افغانستان، عراق، سوریه، یمن به جنگ داخلی انجامید. 3-استبداد با عدم شکوفانی اقتصادی به بیکاری جوانان منجر شد. 4- وجود ایده الوژیهای پیشامدرن و جذب جوانان برای جهاد بضد مدرنیزم، زنان، سکولاریزم، در تمام این روندها صدور و کاربرد اسلحه در صدر سیاست خارجی آمریکا در منطقه بود.

باورهای ارایه شده در این جستارها نه آرمان، آرزو، باور نویسنده بوده؛ بلکه بررسی فاکتهای قیاسی، خبری، تاریخی؛ نتایج فعلی در خاور میانه در 7دهه گذشته اند. دیگر اینکه تجریدات عام اقتصاد، سرمایه داری، روبنا، سیاست، دمکراسی، دولت، قانون، مردم را باید بر شرایط خاص منطقه و کشور مورد بررسی، منطبق کرد. آیا بدیل اقتدارگرایی مطلقه مانند عربستان و ایران، آشوب/ آنارشی با نمونه عراق، سوریه، لیبی است؛ یا دمکراسی با نمونه تونس؟

در خاور میانه تاثیر ورود مدرنیزم 2گانه بود: 1- با سفر به غرب، نخبگان پی به ایجاد نهادهای مدرن بردند. 2-حضور استعمار برخی جنبه های مدرنیزم را وارد کرد؛ ولی با کمک استبداد درونی مدرنیته را تضعیف کرد. مدرنیزم به روز کردن جامعه شرقی با رشد مناسبات سده 21م در یک کشور است. مدرنیزم 2 بخش عمده مدرنیزاسیون یعنی رشد زیربنای اقتصادی مدرن و مدرنیته یعنی تحکیم نهادهای مدنی مدرن می باشد.

اینکه مدرنیزم غرب الگویی برای شرق است؛ بخاطر پیشرفته تر بودن سرمایه داری در سده 16م در اروپا و پیروی متعاقب آن بوسیله ژاپن، روسیه، هند، چین، برزیل با نیمی از جمعیت کل جهان از این الگو می باشد. لذا مدرنیزم غرب مانند داروسازی آن در شرق برای صحت جامعه در رقابت جهانی بکار می رود. سرمایه گذاری غرب با گسترش شغل در خاورمیانه کنونی تروریزم، اعتیاد، مهاجرت به غرب را تقلیل خواهد داد.

در 50 کشور اسلامی بیش از 1 میلیارد مسلمان زندگی می کنند. در خاور میانه در 100 سال گذشته، حضور استعمار، امپریالیزم، ابر قدرت، تنها علت عدم رشد نیروهای مدنی ملی نبوده؛ بلکه ایده الوژی قبیلگی مثلا با حجاب اجباری زنان و گشت ارشاد توریزم را محدود می کند. این ایده الوژی قبیلوی نیاپرست نسبت به بورژوایی فردگرای آینده نگر و ویژگیهای سرمایه داری معاصر با رسانه های بیسیم و تفریحات عقبمانده و نازاست که این جوامع را محتاج به رفرم دینی با بسط اقتصاد می کند. رفرم دینی باید از سلسله مراتب دینی هر کشور/ منطقه پدید آید.

حضور امپریالیزم/ ابرقدرت در کره جنوبی، ترکیه، آلمان، تایوان، ژاپون مانع شکوفانی سرمایه داری بومی نشد. پس عقیمانگی بخاطر روبنا، دولت، ایده الوژی قبیلگی است. سکولاریزم با انتخابات، پس از فروپاشی اردوگاه و ظهور بنیانگرایان دینی، بعید است. با فروپاشی اردوگاه، بنیانگرایان سنی مسلح پدید آمدند. حمله آمریکا به افغانستان و عراق خاور میانه را به آشوب فرقه گرایی کشاند.

از اواخر قرن 19م تا آغاز قرن 21م امپریالیزم یعنی "بالاترین مرحله سرمایه داری" تکامل یافت. جهان 2قطبی از جنگ سرد اردوگاه با امپریالیزم، پیدایش اتحادیه اروپا، فروپاشی اردوگاه، ظهور بنیانگرایی در خاورمیانه به جهان چندقطبی تکامل یافت. پیاده کردن تز کمر بند سبز برژینسکی در خاورمیانه، نتایج نامطلوبی چون پیدایش جهادگرایان مسلح در افغانستان، لبنان، غزه داد. رفراندم کارساز نیست؛ زیرا در 5 انتخابات آزاد دینکاران بردند: در لبنان حزب الله، در غزه حماس، در مصر اخوان المسلمین، در ترکیه حزب اسلامگرای اردوغان، در ایران انقلابی اکثریت شیعی با ولایت مطلقه.

تز برژینسکی در تقابل با اردوگاه، پروبال دادن به تشکیلات قرون وسطایی بضد نیروهای سکولار راست و دمکرات چپ در خاور میانه منجر به فروپاشی هر بدیل مترقی در منطقه شد- راه مصدق، نکرومه، ناصر، سوکارنو، بن بلا. تز نادرست کمربند سبز، سیاست کلان امپریالیزم یانکی- از پاکستان و کشمیر تا ایران، افغانستان، فلسطین، مصر، الجزیره- منجر به سرکوب نیروهای سکولار دمکرات میانه، چپ، حتی راست شد. ناشکوفانی سرمایه داری بومی، بیکاری جوانان در جامعه گذاری را دامن می زند.

پس3عامل خمس و زکات شیوخ عرب خلیج فارس به مفتیان سلفی، اِعمال تز کمربند سبز با تسلیح بنیان گرایان بوسیله سیا، فروپاشی اردوگاه بی ثباتی خاور میانه را دامن زدند. اوج جنگ داخلی افغانستان با شوروی، انفجار 2001 برجهای 2قلو نیویورک و پنتاگون، حمله 2003 به عراق و 2001 به افغانستان- خاورمیانه را به بی ثباتی و ناامنی کشاند. فروپاشی اردوگاه یعنی تبخیر دشمنی با کمونیزم به تقلیل نظامی امپریالیزم ختم نشده؛ برای ادامه تولید صنایع جنگی، جناح راست آمریکا نیاز به پر و بال دادن تروریزم پیدا کرد.

در 2002 توهم جناح راست آمریکا، محور شرارت کره شمالی- ایران- عراق را برای تغیر رژیم با جنگ مطرح کرد. جنگ با تروریزم، در حکام منطقه تولید ترس کرده؛ فروش تسلیحات را تضمین می کند. مماشات آمریکا با بنیانگرایان در عراق و سوریه، در 5سال گذشته منجر به پیدایش خلافت داعش شد. پس تسلیحات یا مستقیم بوسیله خود امپریالیزم در جنگ بکار رفته؛ یا بخاطر ترس حکام مستبد منطقه به آنها به فروش می رسد. اکنون با انباشت این تسلیحات در حاشیه خلیج فارس، نیاز به انفجار آن و جانشینی با تسلیحات جدیدتر، این شیوخ را به آموزش نظامی جوانان و بمباران هوایی در یمن و سوریه می کشاند.

البته الیگارشی روسیه هم از آب گل آلود ماهی گرفته؛ پس از دستاندازی به چچن، گرجستان، اوکراین، اکنون به جنگ از آسمان سوریه پرداخته؛ فروش تسلیحات نظامی سالانه آن برابر آمریکاست. باید توجه داشت که حضور اجنبی در منطقه بخاطر ارتقای حقوق بشر نبوده؛ در خدمت جناح نظامی حاکمیت آمریکا و تا حدودی روسیه است.

امپریالیزم در قاره های آفریقا، اقیانوسیه، آسیا، آمریکای لاتین بهبودی هم آورد: جاده، قطار، مدرسه، ثبات. مقاومت در برابر جنبه منفی امپریالیزم در 3قاره پدید آمد. امپریالیزم با خود بزرگ بینی اشاعه دمکراسی، نژادپرستی حق کاپیتولاسیون مستشاران نظامی و شخصی، ازدیاد بودجه نظامی کشورهای دیگر- فرهنگ غربی را بکمک استبداد بر بومیان تحمیل کرد. جنبه های منفی منجر به قیامها، پیروزیها، شکستهای بومیان شدند. هندوستان – انگلیس، هندوچین و الجزیره- فرانسه، کنگو- بلژیک، آنگولا و موزامبیک- پرتغال، اندونزی-هلند. http://www.slideshare.net/
michaelrobertpayne/imperialism-power-point?next_slideshow=4

تاثیر استعمار در خاورمیانه بمثابه عامل کند کننده شکوفانی سرمایه داری و عامل ارتقای فرهنگ مدرن بررسی می شود. در این منطقه سرمایه داری دولتی غالب است که با رهبر دائمی دولت و حمایت خارجی همراه است. نفوذ آن با فساد بخشی از حاکمیت، خروج مواد سوختی، ارزش اضافی، فروش تسلیحات گرانبها بوسیله مراکز متروپل غرب، مداخله در برنامه های اقتصادی بنفع شرکتهای خارجی به دولت استبدادی ختم می شود. عدم انباشت سرمایه در کشور، نیروی جوان را بیکار، طبقه متوسط را عقیم می کند. اکثریت جامعه را در فقر مزمن نگه می دارد.

در 18ماه پس از خروج ما، اثری از وجود ما در افغانستان دیده نمی شود. اگرچه بیلیاردها دلار خرج بازسازی، توسعه، امنیت شد. ولی اغلب افغانها نگران آینده اند. خروج ما نه به خاطر رسیدن به اهداف خود بود؛ بلکه ما از افغانستان ناامید شدیم. این را یک تحلیگر جناح غیرنفتی آمریکایی گفت. جنگ در افغانستان، عراق، سوریه در جهت منافع جناح نظامی/ نفتی است. اکثر هزینه ها در آمریکا خرج شده؛ از کشور

خارج نمی شوند. در آمریکا، هر که درآمد سالانه اش بیشتر باشد؛ عمرش طولانیتر است. فقیران زودتر می میرند. دلایل نداشتن بیمه طبی، دخانیات، چاقی، مشروب، عدم ورزش اند. 2015/09/23
https://www.facebook.com/VICE/videos/111562827513709۶

آمریکا با قانون اساسی، مردم مدرن، دولت ادواری یکی از مدلهای حکومتی و ابر قدرت جهان است. بهترین نمونه به روز کردن قانون بنا به تغییرات جامعه، قانون اساسی 1787 است. این قانون سکولار 11 سال پس از بیانیه استقلال از استعمار انگلیس، از دمکراسی بین زبدگان مذکر سفید متمول آغاز شده؛ اکنون آزادی ادیان، سیاهان، زنان، مهاجران، دگرباشان را در بر می گیرد.

آمریکا بزرگترین سهم کمک به سازمان ملل را داشته؛ حامی توسعه و بهداشت جهان است. 3 مرکز جهانی هالیوود برای فیلم، ویدیو، موسیقی؛ سیلیکون ولی برای فن آوری سخت افزاری و نرم افزاری؛ نیویورک برای بورس، اوراق بهادار، بیمه دارد. این 3مرکز مهم در اشاعه تمدن پسامدرن در جهان بنیانی اند. پس از انفجار 2001 برجهای 2قلو نیویورک، آمریکا به افغانستان در 2001 حمله کرد؛ محور شرارت کره شمالی- ایران- عراق را در 2002 علم کرد؛ 2003 به عراق حمله کرد.

در 100 سال اخیر امپریالیزم و جهان سرمایه داری مرحله های نوینی را طی کرده اند. ج ج 1 و 2، انقلابات روسیه، ویتنام، چین، کوبا، ایران، فاشیزم، ناتزیسم، جنگهای رهاییبخش الجزیره، آفریقا، آسیا، آمریکای لاتین، بحران سهام دهه 30م آمریکا، بحرانهای ادواری پس از آن، طغیانهای کارگران اروپا، پیدایش غولهای صنعتی آلمان، ژاپن، چین، برزیل، کره جنوبی، آفریقای جنوبی، هند، اتحادیه اروپا، پیدایش فن آوری دیجیتال ماهواره ای، تلفن همراه، انترنت، پلاستیک، بانکها، بیمه، بورس- عوامل تاثیر گذارند.

باید بررسی شود که در 193 عضو سازمان ملل، آیا امکان دارد گروه بیشتر از یک 2جین کشورهای عقبمانده به شکوفانی اقتصادی نایل شوند؟ چه باعث می شود که سنگاپور و مالزی اقتصاد شکوفان یافته؛ ولی فیلیپین و تایلند در فقر بمانند؟ اقتصاد شکوفان گسترش شاخص تولید در جهان و گسترش طبقه متوسط هر کشور است.

ج ج1 در 1918-1914 غاصبانه، غارتگرانه، راهزنانه بود که هر 2 طرف برای تقسیم جهان، مستعمرات، مناطق نفوذ سرمایه مالی جنگ کردند. فاتحان ج ج 2 یعنی شوروی اروپای شرقی را به منطقه نفوذ/ پیمان ورشو و آمریکا اروپای غربی در پیمان ناتو گرد آوردند. پیمان ورشو بخاطر اقتصاد دولتی عقبمانده در 1989 فروپاشید. پس از آن، سرمایه ها نه در وجه صادرات بلکه به صورت وام های دراز مدت یا کمک های بلاعوض به کشورهای پیرامونی داده می شوند. البته بیشتر این وامها با کارشناسان و مازاد تولید کشور استعماری بسته بندی شده؛ تا بخشی به کشور متروپل برگردد. سازمان بین المللی پول، صندوق جهانی پول، بانک جهانی، USAID ، بانک مرکزی اروپا در سده 21م وام به کشورهای دیگر می دهند.

جناحی در حاکمیت آمریکا خواهان مماشات با تروریزم در 4کشور خاورمیانه است. چون از کش دادن جنگ سود می برد. چند نمونه از تسلیحات آمریکا منتفع از جنگ بقرار زیرند: کمپانی لاکید مارتین هزار موشک هل فایر دیگر سفارش دریافت کرده. کمپانی

ای ام جنرال مشغول تولید ۱۶۰ ناقل اسلحه هاموی ساخت آمریکا، برای عراق است؛ در حالی که کمپانی جنرال دینامیکز، تانک‌هایی به ارزش میلیون‌ها دلار به دولت آمریکا می‌فروشد.

اکنون ۶۳۰۰ پیمانکار نظامی در عراق برای پشتیبانی از عملیات آمریکا کار می‌کنند. در افغانستان در آوریل ۲۰۱۴، بیش از ۶۰۰۰۰ پیمانکار مشغول به کار بوده؛ در آوریل سال بعد ۳۰۰۰۰ پیمانکار غیرنظامی کار کرده؛ این ارقام پیوسته در حال کاهش اند. کنگره در ۲۰۰۸ یک هیئت بررسی دوحزبی بنام کمیسیون قراردادهای حین جنگ را ایجاد کرد. این کمیسیون برآورد کرد که ۳۱ تا ۶۰ میلیارد دلار در کلاهبرداری و ریخت و پاش در عراق و افغانستان از هزینه آمریکا ناپدید شد. در اوج جنگ‌های افغانستان و عراق، تعداد پیمانکاران نظامی بیش از سربازان آمریکایی بود.

پیمانکاران، بخشی جدایی‌ناپذیر از تیم‌هایی هستند که عملیات نظامی با هواپیماهای بدون سرنشین را انجام می‌دهند؛ ساعت‌ها آرشیو ویدئویی گزینش شده را تحلیل می‌کنند. آنها اطلاعات مورد نیاز ارتش برای هدف‌قرار دادن مواضع داعش در میدان جنگ عراق و سوریه، را فراهم می کنند. چون این پیمانکاران در خارج از کشور مستقر نبوده؛ در حساب‌های رسمی بودجه نظامی پنتاگون بحساب نمی آیند. ولی با ارایه بودجه سالانه با درصدی افزایش، به طور مستقیم در خدمت ماموریت‌های جنگ با داعش و القاعده بوده؛ که از طرف کنگره با اکثریت جمهوریخواهان طرفدار جنگ/ عقابها از قماش مک کین حمایت می‌شوند. این بلوک نمایندگان ایالتی را لابی تسلیحات در مخارج گزاف انتخابات مدد می رساند. جناح مذاکره بجای جنگ از قماش اوباما را کبوتر نامند.

از ابتدا فرماندهان نظامی آمریکا هشدار داده بودند که جنگ علیه داعش جنگی طولانی خواهد بود. قرارداد سوسی برای ارائه خدمات در کمپ تاجی شاید در ۲۰۱۸ پایان بیابد، اما به نظر می‌رسد این کمپانی و کمپانی‌های مشابه با ادامه پیدا کردن این جنگ در آنجا مشغولیت خواهند یافت. در بمباران اکتبر 2015 بیمارستان پزشگان بدون مرز در قندوز، آمریکا به اشتباه خود اعتراف کرد. اردوغان با اسراییل، روسیه، کردها، سوریه، سکولارهای ترک قهر است. http://www.radiozamaneh.com/239038.

از 2004 تا 2013 تعداد کشته تروریزم در آمریکا 313 نفر بوده؛ تعداد کشته های تیرخوردگی هزار برابر یعنی 316545 نفر بود. ولی لابی اسلحه، عمدتا اتحادیه ملی تفنگداران NRA، متمم دوم حقوق مدنی قانون اساسی آمریکا 1791دال بر حق داشتن اسلحه را مستمسک کرده؛ مانع از تصویب قانون بضد اسلحه و فشنگ، می باشد. جمعیت آمریکا 320 میلیون نفر بوده؛ بهمین تعداد هم تفنگ در دست مردم است.

در فرهنگ جناح نظامی مرگ آمریکاییها در مقابل ایده الوژی و منافع حساب نمی شود. این جناح منافع مجتمع نظامی- صنعتی را می پاید که اکنون پس از فروپاشی اردوگاه نیاز به مستسمک مبارزه با تروریزم برای رشد اقتصادی جناح خود دارد. البته جناح دیگر و نهادهای انسانی و خیریه برای کمک به حل مسایل جهان هم در حاکمیت می توانند اعمال نفوذ کنند. آنها حتی اگر در انتخابات هم ببرند؛ باز در چنبر قوانین و دیوان عالی کشور ابتکار عمل فراوان نخواهند داشت.

در خاور میانه مسائل عمده زاد و ولد زیاد، ازدیاد و عدم اشتغال جوانان در جامعه، وفور ایده الوژی پیشامدرن می باشند. جوانان با دسترسی به اسلحه و آرمانهای بنیانگرا در

جوخه های انتحاری، حملات مسلحانه، قتل شهروندان همسایه سهیم می شوند. ولی هر استبداد اقتدارگرایانه باید شکوفانی اقتصادی، کارزایی، امنیت را در پی داشته باشد تا جوانان کار بکنند؛ طغیان آنها در بزنگاه بحران بعدی دولت تکرار نشود. این مدل استبداد-شکوفانی در تایوان، کره جنوبی، اسپانیا، پرتغال، برزیل در نیم قرن گذشته دیده می شود. ولی استبداد در خاور میانه به فاز بعدی اقتصاد شکوفان نمی رسد؛ مدلهای مصر، لیبی، یمن، سوریه.

مردم را می توان به 2گروه متوسط شهری مدرن و قبیلگی/ دینی تقسیم کرد. وضع فعلی در خاور میانه جنگی جوخه های انتحاری نظامی در برابر ارتش کشوری است. لذا قبل از دمکراسی، اکنون امنیت مطرح است. قانون اساسی چون در گذشته نوشته شده؛ مترقی تر از دولت مجری آن در زمان کنونی است.

قانون اساسی مشروطیت با متممهایش از قانون اساسی جمهوری اسلامی مترقی تر بود- زیرا شرایط منطقه آغاز بهتر از پایان قرن بود. در جهان قانون اساسی کشورهای آمریکا، سوئد، آلمان، تونس مترقی تر از روسیه، ایران، سوریه، افغانستان است. اجرای قانون را دولت انجام می دهد. دولت گاهی با کودتا، انقلاب، تظاهرات مردم، هجوم خارجی تغییر می یابد؛ پس قانون اساسی هم تغییر می کند.

هر کشور در 3 عنصر مردم، دولت، قانون تجرید شده؛ که دولت حلقه وصل قانون و دولت است. این 3 عنصر شرایط پیدایش و اجزای درونی خود را دارند. شرایط پس از ج ج 2 رشد سکولاریزم با شرایط پس از فروپاشی اردوگاه پیدایش بنیانگرایی سنی در خاور میانه تفاوت داشت. پس از ج ج2 جنبشها با شعارهای مترقی عدالت اجتماعی، برابری، آزادی بودند. در حالیکه پس از زوال اردوگاه، القاعده، طالبان، کمی بعد جیش العدل، النصره، داعش، قیامهای ارتجاعی بنیانگرا یند.

از 3الگوی ایران، ترکیه، عربستان با مناسبات 3 عنصر قانون، دولت، مردم- می توان اینگونه شاکله بندی کرد: ایران با مردم پیش رفته، قانون عقبمانده، دولت 2جناحی محافظه کار و معتدل؛ ترکیه با مردم آناتولی عقبمانده، قانون پیشرفته، دولت متناقض؛ عربستان با مردم عقبمانده، قانون عقبمانده، دولت پیشرفته با برخی عقاید ملک سابق مانند حق تحصیل دانشگاهی و انتخاب زنان در شهرداریها. صفات پیشرفته و عقبمانده در هر کشور نسبت بهم بوده نه نسبت به غرب با سنت مدرنیزم چند 100 ساله.

اصلاحات به جلو یا رجعت به عقب در این 3 کشور از تعامل این 3شاکله با جهان پیش می رود. در خاور میانه با اکثریت دینی به استبداد- نمونه عربستان؛ وجود چند گروه دینی به دمکراسی کمک می کند- نمونه لبنان. در اکثر قانون اساسی این کشورها زنان – نیمی از جمعیت کشور- شهروند درجه 2 با قیم علمای مذکر دینی حاوی عقاید پیشامدرن اند. البته قانون، دولت، مردم، دمکراسی، استبداد- بستگی به تاریخ هر کشور داشته؛ ویژگیهای خود را دارند. بیرون گذاشتن نیمی از جمعیت یعنی زنان از چرخه تولید علت بزرگی در عقب ماندگی خاورمیانه است.

استبداد در یک کشور فقط خفقان سیاسی در زمان حال نیست. بلکه با عدم قوانین مردمی، عدم اجازه تظاهرات خیابانی، عدم آزادی رسانه ها- آینده کشور را نامعلوم،

پیش بینی ناپذیر، مخاطره آمیز می کند. مستبدان تا دم مرگ به 2 دلیل جانشین تعیین نمی کنند: خودخواهی مفرط و دانستن انشعاب در گروه خود. مستبد توان حل بحران اقتصادی، سیاسی کشور را نداشته؛ یا فرار کرده یا کشته می شود. در نتیجه کشور به مناقشه نظامی، تخریب نهادها، آوارگی توده ها کشانده می شود.

الگوی تخریب در توریزم مصر، لیبی، سوریه، افغانستان، یمن، عراق نتایج ویرانگر استبداد گذشته است. دولت استبدادی نهاد های مدنی مدرن را سرکوب کرده؛ تفویض مسالمت آمیز قدرت سیاسی را با انتخابات قلابی چند دهه به تعویق اندازد. در اردن، کشورهای خلیج فارس مانند عربستان، عمان، کویت، بحرین، قطر، امارات- این الگوی تخریب هنوز اتفاق نیافتاده؛ ولی بگواه تاریخ خاور میانه اتفاق خواهد افتاد. ایران ولایت مطلقه با رقابت 2جناح اصولگرا و اعتدالگرا، ملک مطلقه عربستان بدون حزب فرق دارند.

کلنگی شدن این کشورها یعنی تخریب ساختارهای کلان، افت اقتصاد، فرار انبوه مردم از نقاط جنگی، نبود آینده برای امور مدنی می باشد. این در حالی رخ می دهد که کشورهای دیگر از جمله آمریکای جنوبی و آسیای شرقی به رشد اقتصادی، اشتغالزایی، گسترش زیرساختهای شهری، بهینگی کشاورزی، تربیت نسل جوان دانشگاهی مشغولند.

دیدگاه جامعه شناسی برای بررسی تغییرات اجتماعی 3 تایند: 1- فرهنگی در رابطه با مردم، دولت، قانون یک کشور. 2-قیاسی در رابطه با همسایگان، مانند ترکیه، کشور های ماورای قفقاز، حاشیه خلیج فارس- بمثابه ناقلان مدرنیزم. 3- منشاء در رابطه با کشورهای غربی منبع مدرنیزم. نیز تغییرات اجتماعی 3نوعند: 1- انقلاب قبضه قدرت از پایین، جابجایی، دست به دستی قدرت سیاسی است. 2-کودتا قبضه قدرت سیاسی از بالا و جناحی است. 3- ثبات دولت با اجرای کند قوانین در جامعه. در انقلاب پایگاه اجتماعی حاکمیت در بین جناحهای مدعی قدرت دست به دست می شود.

گستره تاریخی، جغرافیایی، مقوله ای/ کاتگوری با تمرکز/ فوکوس روی ایران بررسی می شوند. در ایران ورای شکست شکوفانی اقتصادی سرمایه داری فراگیر خاورمیانه، اصلاحات ارضی بتوصیه آمریکا، تز کمر بند سبز برژینسکی هم قوز بالا قوز شده؛ جمهوری ولایت فقیه را جبری کرد. پس عامل عمده انقلاب 57 شکست اصلاحات ارضی، عوامل ثانوی شکست شکوفانی سرمایه داری مختلط وابسته و اعمال تز برژینسکی ارزیابی می شوند.

رسانه ها با گزارش جستجوگرانه فساد حاکمیت را آفتابی می کنند. فساد چون غیرقانونی یعنی دزدی است مانند ثروت اندوزی مافیایی می باشد. ولی از اینهم پیچیده تر است؛ زیرا پیشوا غارت ثروت ملی را با عنوانهای تبلیغی پرژه های بزرگ کشور انجام می دهد. او برای خود درصدی از معاملات خارجی را در حساب بانکی در سوییس، انگلیس، آمریکا می گیرد. یک نمونه در مصاحبه انصاری با سربی در مردم تی وی آمده. البته همین را می توان در باره مارکوس فیلیپین، مبارک مصر، بن علی تونس دنبال کرد. انصاری- سربی: غارت مالی عهد شاه
http://www.youtube.com/watch?v=YqzsXL1WYAo&feature=share

شعار دمکراسی هم در مدل سوریه، لیبی، غزه کمکی به پیدایش دمکراسی مدرن نکرده؛ با اوج عملیات مسلحانه، انتحاری، ارعاب نیروهای مدنی مدرن سکولار، به غلبه

نیروهای اسلامگرای تندرو منجر شد. لذا در این کشورهای دهه 2010 ثبات، امنیت، صلح بر دمکراسی، حقوق بشر، آزادی زنان و اقلیتها الویت یافتند.

روسیه پس از چچن، گرجستان، اوکراین به گسترش نفوذ خود در خاور میانه می پردازد که در تصادم با حضور آمریکا، تحریمهای بیشتر روسیه- اوضاع را پیچیده تر می کند. این کشور با مصر، عربستان، ایران، اسراییل، مذاکرات نظامی، سیاسی، اقتصادی در چند ماه گذشته داشته است. روسیه- بخاطر پایگاه دریایی در سوریه و گسترش نظامی در بلاروس در سوریه فعال شده؛ ولی با حمایت از دیکتاتوری اسد به مخالفان آن حمله هوایی را در اکتبر 2015 به مراکز جهادیهای داعش، القاعده، النصره، ارتش آزاد سوری آغاز کرد. داعش 2500 جنگجوی روسی داشته؛ قبلا 200 نفر بودند. شاید روسیه در صفوف داعش جاسوس دارد.

پوتین ظرف یک دهه به کنترل رسانه ها و الیگارکها رسید. او تاسیسات نظامی روسیه در کوبا و ویتنام را بسته؛ در 11 سپتامبر به بوش علاقه نشان داد. او اجازه سوختگیری هواپیماهای نظامی آمریکا در آسیای مرکزی در برنامه جنگی افغانستان را داد؛ در 2001 حاضر به پذیرش ناتو در اروپای شرقی شد.

وقتی بوش قرارداد ضدبالستیک و صدور دمکراسی به زور را انجام داد؛ پوتین فهمید سرش کلاه رفته؛ با طلاق از زنش، جراحی پلاستیک، دوستی با برلوسکونی، چند انتخابات شبهه بر انگیز به قدرت غالب رسید. با دخالت اتحادیه اروپا در اوکراین، فرار یانوکویچ به مسکو، در فوریه 2014 خشم پوتین با ضمیمه کریمه و کمک نظامی به شورشیان شرق اوکراین غلیان کرد. عناصر ک گ ب دور او را گرفته؛ او مقام غالب را در روسیه بدست آورد. در سپتامبر 2015، او در سازمان ملل صدور انقلاب/ دمکراسی به عراق، لیبی، سوریه را بوسیله آمریکا ناگوار خواند.

پس از فرو پاشی شوروی، تاثیر آرمانهای سوسیالیستی دیده نمی شود. ساختارهای اقتصادی را دولت به الیگارگها ارزان فروخت. پس در جامعه زیربنا و روبنا در 1989 به سرمایه داری عقبمانده مدل یلتسین با کمک رسانه های غرب گذار کرد. سنت روسیه همسو با دیکتاتوری میلوسویچ در صربستان با تصفیه نژادی؛ در اوکراین همسو با یانکویچ فاسد، در سوریه همسو با اسد دیکتاتور دیده می شود. روسیه خط دفاعی از 2 پایگاه و دمشق را می خواهد شرقیتر کند. آمریکا با پایگاه دریایی در بندر هایفا در اسراییل و 1000 پایگاه در جهان گفت 90% حمله هوایی روسیه به داعش نیست.

پس می توان شک کرد که پیش از فروپاشی هم آرمانهای سوسیالیستی در حزب و سازمان جوانان/ کومسومول وجود نداشت. در دفتر سیاسی/ هییت رییسه با 14 عضو کامل و 8 نامزد یک زن، یک عضو غیر سفید روسی دیده نمی شد. در این هییت، از 1991-1919 با 89 عضو 68 % روسی بوده؛ 4 زن و چند یهودی و گرجی بودند.

سازمان همکاری شانگهای برای تعامل امنیتی، اقتصادی، فرهنگی در 1996 آغاز شد؛ سپس در 2001 گسترش یافت با 6 عضو چین، روسیه، قزاقستان، قرقیزستان، تاجیکستان، ازبکستان؛ 5 عضو ناظر مغولستان، ایران، پاکستان، هند، افغانستان. این سازمان توازن قدرت در جهان چندقطبی در مقابل پیمان ناتو، با کشورهای عضو و ناظر بزرگترین توان اقتصادی، نظامی، هسته‌ای و فضایی جهان را پدید آورد. آنها بیشترین تولیدکننده و مصرف کننده انرژی در جهان اند.

مساحت این کشورها ۲۵٫۱ میلیون کیلومتر مربع یا یک چهارم سطح خشکی‌های زمین است. ایالات متحده آمریکا درخواست عضو ناظر به سازمان همکاری شانگهای ارائه کرد؛ اما سازمان این درخواست در ۲۰۰۵ را نپذیرفت. زیرا از آمریکا خواسته شد که پایگاهها و نیروهای نظامی خود را از خاک تمام کشورهای عضو این سازمان خارج سازد.

نیروی نظامی سازمان ملل در 1948 در جنگ اعراب و اسراییل پدید آمد. اکنون با 196 کشور عضو، 100 هزار نظامی کلاه آبی و پلیس دارد. این نیروی نظامی در 16 ماموریت در جهان مانند مرز سودان، لیبریا، هایتی، اریتره، صحرای سینا حضور دارد. بودجه سالانه آن 8.3 میلیارد دلار است که آمریکا 28% آن را می پردازد که عمدتا نقدی نبوده؛ شامل ابزار جنگی می شود.

منابع. 28/09/2018

Dariush Baradari فیسبوک 2015/10/05 -ورود روسیه به جنگ با داعش و پیوستن احتمالی چین به انها روند خوبی است. روسیه می خواهد با این عمل همزمان چند نشانه بزند: به عنوان فاتح داعش و خطر تروریسم از ایزولاسیون در بیاید. مطمئنا به میزان زیادی هم موفق خواهد بود. بویژه اگر چین به او بپیوندد؛ ایران هم برخی نیروهای زمینی در اختیار اسد بگذارد.

آمریکا و متحدانش از سوی دیگر تا حدودی بازندگان این پیروزی خواهند بود. زیرا امریکایی که ادعا می کند هر جای دنیا بخواهد هر چیزی را بزند در مقابل داعش ناموفق بوده است. متحدانش مثل عربستان کسانی بودند که همزمان داعش را پشتیبانی می کردند. آنها خوابهای مشابه داعش دارند. از اینرو امریکا در این خطر قرار دارد که برای جلوگیری از موفقیت روسیه اجازه کمک های بیشتر پشتیبانانش از عربستان تا ترکیه به داعش را بدهد. با انکه این تف سربالایی است؛ امریکا به شیوه های دیگر می تواند از این حرکت روسیه استفاده بکند. یا در مراحلی با او همراهی بکند تا اینگونه پیروزی را تقسیم بکنند.

خطر درگیری ایران و عربستان با انکه گاهی بالا می زند اما انقدر قوی نیست. زیرا نه ایران میل درگیری دارد؛ نه فعلا عربستان. زیرا عربستان می داند که در چنین جنگی انتظار پشتیبانی مستقیم از امریکا را نمی تواند داشته باشد. طبیعتا این پیروزی وقتی بهتر ممکن می شود که همزمان با جلوروی مبارزه با داعش تحولات مهم در حکومت سوریه و یا تغییر اسد به شکل دموکراتیک رخ بدهد. کردهای سوریه بتوانند به حقوق فدرال خویش بهتر دست بیابند. همانطور که در عراق این تحول مجبور است رخ بدهد.

داعش یک حکومت رو به پایان است حتی اگر هنوز یکی دو سال ادامه یابد؛ اما در این مسیر جدید مجبور است مرتب بخشهای دیگری را از دست بدهد. زیرا حال توازن قوا در منطقه با قرارداد برجام، پذیرش آن در ایران و امریکا، با حضور روسیه در جنگ، حتی امکان فرستادن نیروی زمینی از روسیه- هر چه بیشتر می شود. بویژه که نگاه جهانی از این تحول شاد است. زیرا ناتوانی امریکا و متحدانش در جنگ با داعش را می بیند.

اینکه خطر داعش هر چه بیشتر می تواند به سمت اروپا نیز کشیده بشود. چیزی که اروپاییان بشدت می خواهند، همراه با آن سیل پناهندگان را محدود بکنند. برای اینکار

اما پایان داعش و رشد ثبات در منطقه ضروری اند. اینکه در این وسط بایستی توجه کرد که هدف اولیه روسیه، چین، ایران رشد حقوق بشر و تغییر سریع رژیم اسد نیست. همانقدر واضح است که انتخاب عربستان به ریاست موقت سازمان حقوق بشر اهدافش و مضحکیش واضح است.

اما در این مسیر همزمان زندگی و زنجیره ی دالها خواستهای خویش را نیز به پیش می برد. مهمترینشان شکست کامل داعش، پسروی هر چه بیشتر خطر جنگ شیعه/ سنی در منطقه از یکسو، از سوی دیگر رشد ثبات منطقه است. زیرا از رئیس حقوق بشر می توان حال سوال کرد که به عنوان رئیس حقوق بشر نظرش در مورد حقوق زنان در عربستان مثلا چیست.

نقش آمریکا در ایران

نقش 2گانه آمریکا مثبت در پویش جامعه در جهت مدرنیسم مصرفگرایی و منفی در سرکوب سکولاریسم به کمک مذهب بضد اردوگاه در سده 20 ایران بود. جنبه های مثبت فرهنگی، فنآوری، اجتماعی بوده؛ در لایه های طبقات متوسط آینده نگر در این 100 سال از زبان انگلیسی، پژوهش طبی و مهندسی، پذیرش دانشجو، تا فیلم، پوشاک، وسایل خانگی، رفتار مدرن تجلی می کنند. در افواه هر رخداد کلان را توطئه انگلیس دانسته که در دایجان ناپلون پزشگ زاد جاودانی شد. ولی روشنفکران اپوزیسیون ایران بخاطر تضاد شوروی با امپریالیسم آمریکا در سده 20 تکامل سرمایه داری آمریکا را ایستا و دشمنانه انگاشته؛ با ندید ارتجاع بومی همراه کرده اند.

جنبه های منفی نفهمی فرهنگ اکثریت شیعی، در خدمت به منافع اسراییل و عربستان، تضییع حق ایران بخاطر تخالف با شوروی/ روسیه، کمک به عراق و ندید بمبهای بیولوژیک در جنگ 8ساله، کودتای 28مرداد بضد حکومت سکولار دکتر مصدق اند. ایران نیاز به فنآوری دیجیتال، هواپیمای مسافری، وصل به شبکه بانکی جهانی دارد که هر 3 در کنترل آمریکایند. از 200 کشور سازمان ملل تنها ایران، کره شمالی، بوتان با آمریکا رابطه دیپلماتیک نداشته؛ از عقل سلیم دور است. بوتان رابطه گرم دارد.

در 200 کشور سرمایه داری 2نوع سرمایه یکی وصل به سرمایه جهانی بسرکردگی آمریکا و دیگری سرمایه بومی در 50 سال گذشته انباشت شده است. سرمایه های بومی در ترکیه، ایران، عربستان با ایده الوژی سنی عثمانی، سنی سلفی، شیعی ولایی می خواهند از سرمایه جهانی کمی فاصله بگیرند. لذا سیاستهای خارجی زاویه دار با سرمایه جهانی می گیرند. سرمایه بومی در انگلیس در رفراندوم 2016 با 52% رای از اتحادیه اروپا جدا شد. گرایش ضدجهانی در دیگر اعضای جی 20 هم هست.

تعامل عصر گلوبالیزاسیون در مناسبات تجاری در برجام، خرید 200 هواپیما، سرمایه گذاری خارجی می باشد. برجام بانک مرکزی ایران را به جهان وصل کرد. فواید برجام ظرف سال گذشته بقرار زیرند: سفر 2 رییس جمهور اتریش و خلق چین به ایران، سفر روحانی به ایتالیا و فرانسه با امضای 14 سند به ارزش 17 میلیارد دلار، ترخیص 100 میلیارد دلار حسابهای ایران در بانکهای خارجی، خرید 114 ایرباس به ارزش 25 میلیارد دلار، سرمایه گذاری پژو-سیتروئن و توتال بمبلغ 436 میلیون دلار و خرید نفت، وصل

آمریکا در خاور میانه کنونی

شدن به 400 بانک جهانی، لغو تحریمهای ثانویه آمریکا بر صادرات نفت ایران و بیمه.
http://www.saat24.com/news/143029

اکنون ایران می خواهد 7 فرودگاه با فرانسه ساخته؛ 200 هواپیمای مسافری بخرد. از میتسوبیشی ژاپن 80 هواپیمای کوتاه برد 70نفره می خرد. تنها 8 فرودگاه از 200 فرودگاه ایران فعالند. این حرکت ایران در جهت گسترش سیاحت و توازن با درآمد نفت و گاز مهم است. هواپیما های ایران کم، فرسوده، محدود، قدیمی اند. جتهای مسافربری مطمئن بوئینگ و 10% قطعات اصلی ایرباس در کنترل آمریکا ست. بخاطر عدم دریافت قطعات نو، بوئینگهای ایران هم سانحه سازند. مجلس نمایندگان آمریکا جلوی فروش بوئینگ را گرفته؛ ولی رای سنا و پرزیدنت موافق خواهند شد. بی بی سی 16/05/2016.

حاکمیت ایران 2 جناح اصولگرا و اعتدالگرا دارد. اولی کشور را جزیره ای انگاشته که منابع ملی را در خدمت مال اندوزی و آرمان خود بکار می برد. دومی کشور را جزیی از جهان در مناسبات تجاری و سیاسی می خواهد. لایه های حاکمیت با رای مردم ثروت ملی، قدرت دولتی، منزلت اجتماعی را تقسیم می کنند. آنها بقرار زیرند: بیت رهبری، اصلاح طلبان، بلوک رفسنجانی، 'جنبش سبز'، اصولگرایان مصباح یزدی، سپاه پاسداران و فرامرزی قدس، محافظه کاران سنتی، روحانیت شیعی، بلوک احمدی‌نژاد.

جناح اعتدالگرا برای رشد سیاحت به بازسازی فرودگاهها، خرید هواپیماها، رفع تشنج با آمریکا و همسایگان نیاز دارد. تحریم و انزوای جهانی برای شرکتهای مسافری زیان آورند. شرکتهای هوایی ایران بسیار پرسانحه بوده؛ لذا سپهر ایران را شرکتهای غربی، ترک، عرب در اختیار دارند. بخاطر تحریمها، هواپیماهای نظامی قدیمی سانحه سازترند. 20 سانحه هوایی با 1147 مرگ در ایران از 2000 تا 2014، بقرار زیرند. در این 15 سال معدل 76 نفر در سال مردند. تاریخ، محل سانحه، نوع هواپیما، نام شرکت، کشته شدگان بقرار زیر اند:

مارس ۲۰۱۴ سقوط نزدیک جزیره کیش فالکن ۲۰ سازمان هواپیمایی کشوری ۴ نفر.
ژانویه ۲۰۱۱ سقوط نزدیک ارومیه بوئینگ ۷۲۷ ایران ایر ۷۷ نفر.
ژانویه 2010 سانحه توپولوف در فرودگاه مشهد با 154 سرنشین بخیر گذشت.
سپتامبر ۲۰۰۹ سقوط هنگام مانور هوایی نزدیک ورامین ایلیوشین ۷۶ - سیمرغ نیروی هوایی ارتش ۷ نفر.
ژوئیه ۲۰۰۹ انحراف در فرودگاه مشهد و برخورد با دیوار ایلیوشین ۶۲ آریا ایر ۱۶ نفر.
ژوئیه ۲۰۰۹ سقوط نزدیک قزوین توپولوف کاسپین ۱۶۸ نفر.
فوریه ۲۰۰۹ اصفهان آنتونوف ۱۴۰ هسا ۵ نفر.
اوت ۲۰۰۸ سقوط در بیشکک. هواپیما ایرانی در اجاره شرکت قرقیزی بوئینگ ۷۳۷ آیتک ایر قرقیزستان ۷۰ نفر.
نوامبر ۲۰۰۶ سقوط در فرودگاه مهرآباد آنتونوف ۷۴ سپاه پاسداران ۳۸ نفر.
سپتامبر ۲۰۰۶ انحراف و آتش گرفتن هواپیما هنگام فرود در فرودگاه مشهد توپولوف ایران ایر تور ۲۸ نفر.
ژانویه ۲۰۰۶ سقوط نزدیک ارومیه حامل احمد کاظمی، فرمانده نیروی هوایی سپاه فالکن ۲۰ سپاه پاسداران ۱۱ نفر.
دسامبر ۲۰۰۵ سقوط هواپیمای نظامی حامل خبرنگاران در تهران هرکولس سی ۱۳۰ نیروی هوایی ارتش ۱۰۶ نفر.

آوریل ۲۰۰۵ انحراف از مسیر و سقوط در رودخانه کن بوئینگ ۷۰۷ ساها ۳ نفر.
فوریه ۲۰۰۴ سقوط نزدیک فرودگاه شارجه فوکر ۵۰ کیش ایر ۴۳ نفر.
فوریه ۲۰۰۳ سقوط هواپیمای نظامی ترابری نزدیک کرمان ایلیوشین ۷۶ سپاه پاسداران ۲۷۵ نفر.
دسامبر ۲۰۰۲ سقوط نزدیک ورامین آنتونوف ۱۴۰ ارومیست خارکیف اوکراین ۴۴ نفر.
فوریه ۲۰۰۲ برخورد با کوه نزدیک خرم آباد توپولوف ایران ایر تور ۱۱۹ نفر.
ژانویه ۲۰۰۲ سقوط به علت نقص فنی نزدیک ورامین هرکولس سی ۱۳۰ نیروی هوایی ارتش ۷ نفر.
مه ۲۰۰۱ سقوط هواپیمای یاک نزدیک ساری- حامل وزیر راه دولت خاتمی یاوکولوف ۴۰ فراز قشم ۳۰ نفر.
فوریه ۲۰۰۰ تصادف هنگام فرود با یک هواپیمای دیگر در فرودگاه مهرآباد هرکولس سی ۱۳۰ نیروی هوایی ارتش ۸ نفر.
منبع: بنیاد امنیت پرواز Flight Safety Foundation

برجام نه یک توافق 2جانبه بلکه بین‌المللی بوده که خود آمریکا هم عضوی در آن است. رفع برخی تحریم‌ها تنفس اقتصاد در حوزه انرژی، نفت، صنعت، امور بانکی، تجارت ممکن کرد. برجام، با جلوگیری از ادامه و تشدید تحریم‌های خارجی، اقتصاد را با به "شرایط طبیعی" آن در طول 3 دهه گذشته باز گرداند. البته برخی رجال و نهادهای نظامی و امنیتی در تحریم می مانند. در این مدت، اقتصاد ایران با عوارض توسعه نیافتگی مانند تورم، بیکاری، رکود، نابرابری درآمد و از رشد ماندگی دست به گریبان بود. این عوارض تنها در دوره‌های رونق بازار نفت، دست کم برای بعضی قشرهای جامعه به طور موقت کاهش یافتند.

وزارت خارجه ایران 3 گزارش نکات مثبت و منفی برجام را به مجلس داد: در 10 سال تحریم رابطه بانکها با نظام مالی جهان گسیخته شده؛ محدودیتهای اولیه؛ افزایش تحریمهای موشکی، حقوق بشر، تروریسم؛ کارشکنیهای گروههای ذینفع؛ بازگشایی حساب های بانک مرکزی در خارج؛ برقراری 400 رابطه کارگزاری با بانکهای خارجی، برقراری ارتباط سویفت، تسویه مطالبات نفتی، سرمایه گذاری مشترک خارجی و داخلی. برجام = برنامه جامع اقدام مشترک.

غلبه بر مشکلات بنیادی اقتصاد نیاز به اراده سیاسی برای تدوین و اجرای سیاست‌های توسعه دارد. در 2015، مانند سال‌های پیش، نشانه‌ای دیده نشده که باعث تشویق خارجیان به همکاری و سرمایه گذاری در ایران شود. حتی در بعضی زمینه‌ها، مسیر معکوس را پیموده است. از دولت‌ها و شرکت‌های خارجی پس از برجام رفع مشکلات ساختاری و ریشه‌دار اقتصاد ایران انتظاری نابجا است. منبع بی بی سی در زیر.

سرمایه‌گذار و صاحب سرمایه غربی، به درست یا نادرست، تاکید بر خصومت با غرب و نقض حقوق بشر را نشانه حکومتی متزلزل و فاقد ثبات دانسته که برای حفظ خود، به سرکوب و ارعاب شهروندان خود متکی است. چنین برخوردهایی در سال‌های پیش باعث وضع تحریم‌های خارجی علیه ایران شده؛ چنین امکانی در آینده هم وجود دارد. آیا سیاست‌ورزی خارجی تعاملی به تخفیف سیاست‌ورزی داخلی حذف‌گرا می انجامد؟ جامعه مدنی به معنای حوزه عمومی مستقل از حاکمیت است که پیگیر مطالبات دموکراتیک و منافع جمعی شهروندان است.

طبیعی است که سرمایه خود را در محیطی ناامن به خطر نمی اندازد. آنهم در شرایطی که کشورهای دیگر، درگیر رقابت فشرده برای جذب منابع مالی و فناوری موجود هستند. برجام به ایران فرصت بازگشت به صحنه اقتصاد و سیاست منطقه را داد. نیز برای حل مشکلات داخلی به ابتکار و تلاش حکومت و مردم نیاز است.
http://www.bbc.com/persian/business/2016/07/160714_l03_key_nuc_barjam

در 1392 حاکمیت 37 میلیون رای از 50 میلیون رای داشت. اکثریت رای با اعتدالگراها بود؛ ولی اهرمهای قدرت را اقلیت اصولگرا دارند. در قبل از انقلاب نوعی بناپارتیسم حاکم بود که حاکمیت به شخص شاه وابسته بود. در انقلاب این وابستگی فردی با سفر شاه به خارج و سرنگونی سلطنت دیده شد. این توهم در بخشی از نخبگان ایرانی هم بجا مانده که قدرت نتیجه انقلاب را در دست فرد یا گروه ارزیابی کرده؛ نه برخاسته از طبقات بیرون از قدرت ماقبل انقلاب. لذا مترصد آند که با براندازی فرد یا گروه برود؛ حاکمیت بدست دیگری و دیگران بیافتد. با این خیال غلط که وضع بهبود خواهد یافت. براندازی و کودتا دمکراسی نمی آورند.

آیا کودتا واقعاً می‌تواند دمکراسی را تقویت کند؟برای ارزیابی رابطه‌ی میان کودتا و دموکراتیزاسیون، از کودتا علیه دمکراسی‌ها صرف‌نظر کردیم، و تنها به کودتا علیه دیکتاتوری‌ها پرداختیم. دریافتیم که خواه در دوران جنگ سرد و خواه پس از آن، همبستگی معناداری میان کودتا و دموکراتیزاسیون وجود ندارد. بر عکس، کودتاگران معمولاً دیکتاتورها را برکنار می‌کنند؛ دیکتاتورهای دیگری را به جای آنها می‌نشانند.
/http://aasoo.org/articles/170

جستار آسو ادامه می دهد: بسیاری از کودتاها علیه دیکتاتوری‌ها نقض حقوق بشر را افزایش می‌دهد. با استفاده از معیار سرکوب سالانه نشان دادیم که پس از کودتاهای منتهی به تأسیس دیکتاتوری‌های جدید، خشونت دولتی علیه شهروندان افزایش می‌یابد. علاوه بر این، با استناد به داده‌های ماهانه گفتیم که در دوران پس از جنگ سرد، به استثنای یک مورد، در همه‌ی موارد پس از کودتا علیه دیکتاتوری‌ها شمار قتل شهروندان افزایش یافته یا تغییر نکرده است. به اختصار می‌توان گفت: حتی اگر خود کودتا خونین نباشد، ماه‌های پس از آن می‌تواند خونین باشد.

در حالیکه باید با تجربه مصر سیسی، الجزیره دهه 1990، ترکیه اردغان دید که دینورزان اکثریت آراء را در انتخابات آزاد خواهند داشت. درآمد ملی عمدتا نفت و گاز در دست حاکمیت است. لایه های غالب در هر دوره گاهی لایه های مغلوب را حصر و بند می کنند. در عصر امپریالسم صدور سرمایه به کشور عقبمانده، بد بود. در گلوبالیزاسیون کشورهای جنوبی برای جذب سرمایه خارجی با هم رقابت می کنند.

گرینفیلد، ناظر بازارهای سرمایه گذاری مستقیم خارجی FDI نوشت: با رفع تحریمهای سازمان ملل سرمایه گذاری مستقیم خارجی در ایران افزایش یافت. در 2013 ایران 3 پروژه FDI تعداد 352 شغل و 79 میلیون دلار آورد؛ در 2014 به 8 پروژه با 2732 شغل و 1.67 میلیارد دلار رسید؛ در 2015 به 9 پروژه و 48% افزایش سرمایه رسید. ولی در 2016 ایران 22 پروژه با 5376 شغل، 3.5 میلیارد دلار صدور سرمایه Capex به کشور از خارج دارد. این صدور سرمایه به ایران بالاترین نرخ سرمایه گذاری 3ماهه در تاریخ ثبت بازارها از 2003 می باشد.

این افزایش تعداد شغل و صرف سرمایه خارجی در 3سال همآهنگ با افزایش سرمایه گذاری خارجی 15% در خاورمیانه است. برای سرمایه گذاری این 3 سال کره جنوبی و آلمان رویهم 2.15 میلیارد دلار داده اند. گرایش افزایش FDI در ایران تداوم خواهد داشت. در 2016 ایران رتبه سوم در 12 کشور، پس از امارات و عربستان دارد. پایتخت، تهران 36% در 2016 و 41% در ژانویه 2013 سرمایه خارجی را جذب کرد. تحریم بین المللی در ژانویه 2016 برداشته شد که FDI در 3 حوزه خدمات مالی، وسایل الکترونیک مصرفی، بازیابی انرژی در کشور شد. اسناد خارجی در باره انقلاب
http://www.bbc.com/persian/blogs/2016/06/160623_l44_nazeran_khomeini_usa

ایران توان جذب سیاحتگران، سامانه دانش اینترنت مانند ec تجارت برقی، خدمات برای طبقه متوسط نوکیسه را دارد. می تواند بجز سیاحت، بازار ویژه مانند جراحی زیبایی، بازار رایانه ای، اپهای آیفون/ تلفن دیجیتال هوشمند به منطقه ارایه دهد. رشد خدمات در ورزشگاه/ بدنسازی، بناسازی، خوراک، مصرف انرژی، پوشاک، تفریحات چشمگیر است. ولی رشد فحشاء، اعتیاد، فقر، بیکاری بیشتر است. عوارض روانی در مقابل تبعیضات جنسی، دینی، قومی، فرقه ای سنی/ شیعی، فساد مالی، مافیای پولی رشد جامعه را کند می کنند. اموال تحت کنترل بیت، آستان رضوی، داراییهای سپاه در سایه تحریم به دولت مالیات نمی دهند. آنها به انباشت سرمایه مشغولند که محدود، محلی، سنتی است. لذا رغبتی به وصل اقتصاد ایران به جهان ندارند.

منابع. 28/09/2018
http://aasoo.org/articles/170/ آیا کودتا برای دموکراسی مفید است؟ دِرپانوپولوس، اریکا فرانتز، باربارا گِدِس، جوزف رایت، ترجمه عرفان ثابتی.

بخشی از مقاله سایت گویا در باره تاثیر آمریکا بر حاکمیت ایران، پس از ج ج 2 در زیر می آید. رئیس جمهور آمریکا ناخدای واقعی کشتی سیاست ایران است. او دارای صلاحیت و شعور رهبری ایران است. نه رضا شاه حتی اگر می‌خواست قادر بود فرمان دهد املاک فئودالها میان رعایا تقسیم شود، نه مجد مصدق و نه محمدرضا شاه. تنها و تنها فرمان پرزیدنت آمریکا می‌توانست {با طرح رفرم ارضی کندی به دولت دکتر امینی} زمینداران بزرگ را متقاعد کند که دادن تفنگ و فشنگ به عمله‌اکره تا به کوه بزنند دیگر فایده‌ای ندارد.

شعار انتخاباتی کارتر دمکرات این بود: متحدان ایالات متحده باید اشخاصی پایبند حقوق بشر و دارای مقبولیت در میان مردم خویش باشند. پذیرفتنی نیست اقلیتی کوچک جماعتی بزرگ را غارت و سرکوب کند. سپس برای فرونشاندن آنچه طغیان کمونیستی خوانده می‌شود آمریکا سرباز بفرستد. عبرت از ویتنام.

آن حرفها شاه ایران را هم هراسان کرد. هراس شاه از نظرها دور نماند. مخاطب نامه‌های سرگشاده مشهور به "زیراکسی" در بارۀ آزادیهای مدنی برخی رِجال سیاسی همان اندازه شخص شاه بود که دولت آمریکا: مستر پرزیدنت، لطفاً این شخص را مهار کنید. به او بفهمانید باید به خواست مردم و صندوق رأی احترام بگذارد. {البته این کافی نبود؛ زیرا نتیجه انتخابات در یک کشور عقب افتاده خاورمیانه مانند مصر، ترکیه، الجزیره- اکثریت اسلامی، دخول شریعت به قانون اساسی است. باید شکوفانی اقتصادی با نهادهای مدنی تداوم یابد تا جامعه مدرن شود.}

نیم قرن پس از روزگار کندی، امروز هم تنها رئیس جمهور آمریکا اوباما قادر است برنامهٔ اتمی جمهوری اسلامی را متوقف کند. نشریات ارزشی ایران وقتی ادعا می‌کنند رقیبان داخلی به آمریکا پیام داده‌اند حکومت اسلامی را تحریم کنید؛ در منگنه بگذارید، در واقع فکر رایج قدیمی را بر زبان می‌آورند: برای مقابله با تعدیات حکومت خودی، اول توکل به خدا، بعد استمداد از دولت آمریکا. {این وابستگی از سیطره سرمایه کانونی آمریکا در جهان است که سرمایه یک کشور پیرامونی در مدار آن قرار دارد.}

هم آن روز، هم زمان فتحعلی شاه و هم امروز، معامله با قدرت خارجی، و حتی شکست‌خوردن از آن، معقول‌تر از سازش با رقیبان داخلی بود و هست. ممکن است خوش عاقبت‌تر هم باشد. فدائیان اسلام اگر چوب لای چرخ دولت مصدق نگذاشته بودند؛ معلوم نبود ربع قرن بعد به قدرت برسند و همه کاره شوند. قیل و قال دربارهٔ ۲۸ مرداد هم بر پایهٔ کاغذهایی است که در آمریکا علنی می‌شود. از بایگانیهای دولت ایران چیزی در باره آن بیرون نخواهد آمد.
*

در بخش نظرات فرهاد فرهادی نوشت: کار کارگر مقدار معینی ارزش تولید می کند که قابل محاسبه و ایجاد تساوی در همه ی کالاهاست پس نیروی کار منبع ارزش تمام کالاها ست که در اولین مبادله بصورتی نابرابر با مقدار نابرابری کالا مبادله می شود یعنی دستمزد مقدار معینی ارزش است که برابر با ارزش تولید شده ی کارگر نیست. سرمایه داران کاخها و ثروتهای خود را با دزدیدن همین مقدار ارزش به شکل قانونی روی هم انباشت کرده؛ در مقابل همین نیرو می ایستند. {این دزدی بیشتر از درآمد نفت و گاز در عرصه جهانی عرضه و تقاضا و اعتقادات شیعی به نذر پولی در ضریح امامان است تا ارزش اضافی داخلی.}

از اینرو قدرت خرید تولید کننده برابر با تولیدش نیست بلکه مازادیست که سرمایه دار برمی دارد؛ چون مبادلات جهانی در نهایت فقط به اندازه ی دستمزدهاست. از اینرو مازادها انباشت شده؛ بحران مازاد تولید را بوجود می آورند. بحران 2008، دهه ی 1970، دهه 1930 یا 1910 از این نوع بحرانهاست که به بحران مازاد تولید، به انگلیسی رسشن، مشهور است. پس کشورهای معظم سرمایه داری که سرمایه ها در بنگاههای آنان انباشت می شوند؛ همیشه دچار این بحران مازاد تولید هستند. چند پاراگراف زیر از منبع پایانی "آمده اند. {بحرانهای گذشته بویژه 2008 عمدتا دستاندازی سرمایه مالی بر سرمایه صنعتی بوده اند.}

اما بهینگی فناوری و روند تولید، مقدار نیروی کار اجتماعا لازم برای تولید کالاها را کاهش داد. نیز افزایش بیکاری و خارج کردن کار یدی از تولید را رباتها باعث شدند. ورود رباتها ارزش اضافی نداشته؛ بخاطر رقابت جهانی و رشد فناوری است. به همین دلیل بیکاری مزمن زیر 10% را ایجاد می کند. { رقم %% بیکاران از روی آمار شغلی کسانی تهیه می شود که مدتی کار نکرده؛ از بیمه بیکاری برخوردارند. رقم بیکاری واقعی بیشتر از رقم دولت فدرال است- بویژه در میان جوانان، زنان، اقلیتها، پناهندگان. باید توجه داشت که در برابر بیکاری، شغلهای خالی هم هستند که در روندی بمرور پر می شوند. چند دلیل دیگر بیکاری بقرار زیرند: بین 2 شغل، تعطیلی/ ورشکستی شرکت، دلایل شخصی، طول زمان مناسب بین انتظارات متقاضی و محل شغل.}

ولی کشورهای معظم کمک خرج ماهانه به بیکاران ثبت شده می دهند. در انگلستان، فرانسه و آلمان در 150 سال پیش ساعت کاری کارگران 16 ساعت در روز بود. اما از پس هر بحرانی که برشمردم {و در نتیجه بهینگی روند تولید، یعنی کاربرد اختراعات جدیدتر؛ نیز با مبارزات اتحادیه های کارگری و تعامل با کارفرما} ساعت کاری کارگران امروز به کمتر از 8 ساعت رسیده است؛ تا بتوان مقدار معینی از نیروی کار را بکار گمارد.

ایران با 2 گونه بحران دائما روبرو است: 1-نبود سرمایه گذاری یعنی کمبود تولید است. پس کارگران ما بیکارند چون سرمایه به اندازه ی کافی برای تولید وجود ندارد. این ربطی به توسعه ی تکنولوژی هم ندارد. پس بیکاری ایران برعکس ژاپن با رباتها و مازاد تولید، ناشی از کمبود سرمایه است. 2-توسعه ی اختراعات و پیشرفت تکنولوژی در کشور معظم ژاپن سبب کاهش رقابت کالاهای تولید شده ما و ژاپن می گردد. یعنی همیشه کشور معظم تولید بیشتر بدلیل رشد صنعت برای صدور دارد.

کشور صنعتی با نیروی کار کمتر به همین دلیل قیمت تمام شده اش همیشه کمتر از قیمت تمام شده ی ماست. وقتی هم که ما مرگ بر امریکا و این و آن شعار می دهیم؛ این تکنولوژی منتقل نمی شود؛ مصیبت بیشتر هم خواهد شد. {این شعارها مال لایه در اشتغال دولت است که با شکم سیر شعار آرمانی می دهد. این شعارها در رسانه های جهانی بازتاب یافته؛ آراء عمومی غرب به ایران را بدبین کرده؛ در نتیجه نمایندگان مخالف ایران انتخاب شده؛ قوانین تحریم بیشتر ایران را تصویب می کنند.}

برای مثال یک کارخانه ی تولید لیوان در امریکا با یک ساعت نیروی کار 10000 لیوان تولید می کند. در حالی که همان لیوان با تکنولوژی ایرانی در یک ساعت با همان مقدار نیروی کار فقط 100 عدد تولید می کند. اگر به کارگر امریکائی فقط 30% مقدار تولید شده اش بعنوان دستمزد پرداخت شود. این کارگر حدود 3000 لیوان قدرت خرید دارد. {اگر تکنولوژی لیوانسازی ایران و غرب یکی باشد؛ بازده کارخانه مساوی هم می شود! این را بوضوح در داروسازی می توان دید.}

در حالی که اگر همه ی تولید به کارگر ایرانی پرداخته شود؛ قدرت خریدش به یک سی ام کارگر آمریکایی کاهش می یابد. کارگر ایرانی هم کار سخت و طاقتفرسا انجام داده؛ هم هیچ سودی به صاحب کارش نداده است. {این هم دلیل دیگر برای موسسات دولتی است که سود ندارند؛ نمی توانند در بازار جهانی رقابت کنند؛ ولی اشتغال می دهند. لذا ایران باید به سیاحت بپردازد تا خدمات رشد کنند.} پس قدرت خرید وابستگی تام و تمام به حوزه تولید، سرمایه و نقش تکنولوژی دارد. این مثال رابطه رکود و تورم در ایران را نشان می دهد.
http://news.gooya.com/politics/archives/2016/06/214009.php

نئولیبرالیسم آمریکا در خاورمیانه

اگر میان گرگان می زی ای، باید مانند گرگ زوزه بکشی. لنین

با فروپاشی اردوگاه آمریکا خود را جانشین سازمان ملل کرده؛ کشورهای یاغی سرمایه جهانی را یک یک مغلوب کرد. افغانستان، عراق، لیبی، سومالی، سوریه، یمن، اکنون ایران، نیکاراگوئه، ونزوئلا؛ بعد روسیه، چین، اتحادیه اروپا یند. این کشور در

آمریکا در خاور میانه کنونی

سیاست داخلی بسیاری کشورها آمریکا بنفع سلطه سرمایه جهانی، فروش تسلیحات، آرمان خدمت به تجارت آزاد انگلوک می کند.

سیاست خارجی آمریکا در خاورمیانه و اروپا در چنگ لابی اسراییل در چند دهه گذشته است. عربستان هم جدیدا با پترودلار به لابی پرزیدنت و خرید 200 میلیارد دلار اسلحه بضد ایران سوسه می آید. نیز آمریکا به توافقات با روسیه در مورد اروپای شرقی، قفقاز، کشورهای آسیای میانه وقعی نگذاشته؛ به بهانه های ترس از روسیه و ایران ناتو را تا مرز غربی روسیه گسترش داد. در یوکراین به راست افراطی بضد 20% روسی زبان شرق این کشور کمک کرد.

در 70 سال گذشته آمریکا در انتخابات، کودتاها، جنگها در بسیاری کشورها دخیل بوده. لابی اسراییل چند دهه است که در. روسیه هم در روند انتخابات چند کشور بویژه آمریکا نامزد جمهوریخواه انتخابات 2017 با فناوری اینترنتی، هک، پول انگلوک می کند.

هک سرور حزب دمکرات، ذم نامزد دمکرات در فیسبوک، دادن پول به کارشناسان دور و بر ترامپ بنفع فعالیت کرد. وزارت دادگستری دادستان ویژه اف بی آی/ اداره تحقیقات فدرال، رسانه ها اتهام دستکاری روسیه در انتخابات پیگیری می کند.

تا دسامبر 3نفر از نزدیکان ترامپ حکم جلب گرفته اند؛ وکیل شخصی ترامپ هم اکنون در بازداشت می باشد. حاکمیت آمریکا با 100سال تبلیغ بضد روسیه سخت هراسان است. رسانه ها و طنزگویان هم این مداخله روسیه و سودجویی ترامپ را شدید دنبال می کنند. آیا این پرونده به استیضاح پرزیدنت می انجامد؟

لیبرال دمکراسی آمریکا با جنبش مدنی و ضد جنگ دهه 1960 واکنش نئولیبرالیسم ریگن و ترامپ را در پی آورد. گلوبالیزاسیون گذار به نئولیبرالیسم و الیگارشی را از دهه 1970 تا کنون تسهیل کرد. در سیاست خارجی از کمک به اشاعه سرمایه داری و حقوق بشر به اولویت تسلیحات در خاورمیانه رو کرد. نئولیبرالیسم آمریکا در خاورمیانه در درجات زیاد مانند عربستان و امارات تا کم مانند افغانستان شیوع دارد.

والرشتاین دیدگاه چندرشته‌ای و کلان در باره تاریخ جهان و دگرگونی اجتماعی را در کتاب 1974 "نظام جهانی" ارایه داد. این دیدگاه مدل سرمایه نیمه سده 20 بر واحد اصلی ارزیابی اجتماعی نه بر دولت- ملت متکی بود. او در این کتاب بر تقسیم نیروی کار منطقه‌ای و فراملی تاکید کرد. لذا جهان به 3 منطقه مرکز، شبه‌حاشیه و حاشیه تقسیم شد. در کشورهای مرکز تولید با مهارت بالا و سرمایه زیاد انجام می‌شود. در کشورهای دیگر تولید با مهارت کمتر، نیروی کار ارزان، استخراج مواد خام می‌باشد.

این دیدگاه سلطه کشورهای مرکز بر دیگر کشورها را تبیین کرد. ولی گسترش ارتباطات، فناوری دیجیتال، حمل و نقل نظام سرمایه جهانی را پویا کرد. در تاریخ وضع کشورها عوض می شود. در سده های گذشته هلند، سپس بریتانیا، در سده 20 آمریکا فرادست بودند. سلطه سرمایه جهانی به کشوری فرادست/ هژمون در جهان انجامید. ویکیپیدیا- والرشتاین

در سده 21 جهان تک قطبی به چندقطبی گذار خواهد کرد. در برخی کشورهای حاشیه و شبه حاشیه مانند هند، چین، مکزیک، ترکیه، کره جنوبی، تایوان، برزیل،

بیژن باران

حاشیه جنوبی خلیج فارس طبقه متوسط- تا بیش از 1.5 میلیارد نفر شده که بازار جهانی را گسترش می دهد. در 4دهه گذشته چین و ویتنام انباشت کلان سرمایه نشان می دهند. اتحادیه اروپا هم رشد اقتصادی شگفتآور داشته؛ بویژه با گسترش به اروپای شرقی. اینها نشان می دهند که سرمایه داری برای انباشت سرمایه بهینه است.

در کشورهای مرکز هم اقشار و طبقه جدید پروکاریا شکل می گیرند. در این طبقه نوظهور کارکنان زیر را می توان دید: اوبر و لیفت با خودروی شخصی کرایه، ایربی اند بی برای اجاره موقت اتاق خانه های مسکونی، ای بی برای حراج کالاهای نو و دست دوم، کریگزلیست برای فروش اقلام خانگی، تجارت الکترونیک برخط مانند نشر کتاب آمازون، زوجیابی، کاریابی، بورس سهام، تفریحات ورزشی، کنسرت موسیقی، سیاحت. رشد خدمات در بخشهای تفریحی، تغذیه، فیلم، ویدیو، بازیهای آیفون، سیاحت، پخش دارو با اینترنت،

تحریم تهدید جریمه برای نافرمانی از قانون یا قراردادی است. تحریمهای آمریکا سلطه جهانی ش را نشان می دهد. آمریکا با سلطه بر سازمان ملل، سامانه بانکی، امور جهانی با وضع تحریم بر یک کشور در کنگره خود؛ آن را با نهادهای کلان قانونی، مالی، جهانی اعمال می کند. تحریمهایی بر ایران، روسیه، کره شمالی وضع شده که غرب را از کنشهای اعتباری، بیمه، مالی با این کشورها منع و جریمه می کند. لذا تجارت، اقتصاد، سرمایه گذاری، حتی بانک مرکزی را مختل می کند. تحریم می تواند توزیع کالا، رشد اقتصاد، سفر را محدود کند.

مشاوران مکینزی نیویورک برنامه ملی تحول2030 را نوشتند. از فروش بخشی از آرامکو، عربستان آن را پیاده می کند. برنامه را شورای وزیران به ریاست ملک سلمان در 2016 تصویب کرد. این برنامه برای گذار از وابستگی نفتی به غیرنفتی، اقتصاد خصوصی، ریاضت کشی می باشد. ریاض 53 میلیارد دلار برای این برنامه تخصیص داد. نیز صندوق سرمایه گذاري سعودي- چیني براي تکمیل زیرساخت ها کمک می کند.

برنامه مهندسی اجتماعی از بالا به پایین در 2017 مفاد آموزشی مدارس زیر را ارایه داد: تحسین عربستان و مردم، دوری از وهابیگری، ملیگرایی کمی سکولار، قبول ریسک در مشاغل خصوصی، کاهش انتظارات از دولت، قبول رقیق اقتدارگرایی، حمایت از ورزش جوانان، شفافیت دولت. گرچه بهای نفت افت کرده؛ ولی با این اصلاحات نفوذ ولیعهد تحکیم خواهد شد.

امارات هم برنامه مهندسی اجتماعی 2009 برای 2021 را با مفاد زیر اجرا می کند: تغییر اقتصادی برخورد شهروندان با آموزش اصول مدنی، پذیرش ادیان دیگر در مدارس، کار خیر داوطلبانه، چارهجویی نه از بر کردن دروس، جهانیگرایی، فردیت، شعار/ پوستر غرور ملی، اصول شغل در شرکتهای خصوصی. وپ031217.

جمینگ ماهواره، سیگنال را در ماهواره فرستنده مخدوش می کند. به ایران 120 ماهواره از خارج سیگنال تلویزیون می فرستند. منطقا اثر جمینگ با موج الکترومغناطیس همان اثر سیگنال ویدیو را دارد. روی ابر اثر ندارد! تاثیر موج میکرو ضد پارازیت بر ابر و ریزش باران در گوگل چیزی یافت نشد.
https://www.youtube.com/watch?v=nXV4nTfGHuI.

کل بودجه دفاعی ایران سالانه، به‌اندازه هزینه‌ای است که ایالات‌متحده در یک ناو هواپیمابر می‌کند. تولید ناخالص داخلی ایران حدود 427 میلیارد دلار بوده؛ در 2016، حدود 11.5 میلیارد دلار هزینه بودجه دفاعی کرد. متحدان ایالات‌متحده- عربستان سعودی با تولید ناخالص داخلی 678 میلیارد دلار؛ هزینه‌های دفاع 66.7 میلیارد دلار و اسرائیل با تولید ناخالص داخلی 348 میلیارد دلار؛ هزینه‌های دفاع 19.6 میلیارد دلار- می‌توانند بیشتر از این‌ها از خود محافظت کنند.

آمریکا خسارات جنگی پس از جنگ داخلی 1865 نداشت. همه جنگها در خاک دیگران رخ دادند. لذا جنگ با افزایش تولید، اشتغال بالا، نبود خرابی برای انباشت سرمایه در آمریکا در سده 20 بسیار مفید بود. آمریکا می خواهد 716 میلیارد دلار برای دفاع در 2019 صرف کند؛ این بودجه 300 میلیارد دلار بیشتر از کل تولید ناخالص داخلی ایران است. نیروهای مسلح آمریکا در 12 منطقه عملیاتی در حال اقدام بوده؛ در 70% از کشورهای جهان مستقرند.

ارتش به تنهایی در حال چرخشی است برای جلوگیری از نفوذ روسیه در اروپای شرقی، در کره جنوبی؛ آموزش و مشاوره در سراسر آفریقا؛ انجام حملات در سومالی، یمن، نیجر، درگیری فعالانه در سوریه، عراق و افغانستان. مداخلات منطقه‌ای مختلف ایران هزینه‌های بیشتری در برابر عواید برای تهران داشته؛ عمدتاً در ذات خود دفاعی اند. ایران به‌هیچ‌وجه به‌اندازه ترکیه به دنبال ساختن امپراتوری نوظهور نیست؛ به آن نیازی ندارد. https://mejalehhafteh.com/2018/03/03/

Asad Abrahamian. در طول تاریخ ایران تجربه غالب این است: حکومت فرد گرا مستعد و پیش در آمد استبداد است. ممکن است بفرمایید اگر پادشاهی پارلمانی داشته باشیم مشکل حل خواهد شد. راه دوری نروید. قوانین زمان شاه فقید ترجمه و کپی برداری ناشیانه ای از قوانین همین ممالک متمدن به اصطلاح پادشاهی و پارلمانی بودند. اتفاقا پارلمان هم داشتیم اما مردم ایران که قرن ها سیستم ارباب و رعیتی را در حافظه تاریخی خود دارند نتوانستند آنرا پارلمانی و دموکراتیک کنند.

توصیه به همه مخالفان حکومت اسلامی این است که دست از تمامیت خواهی و فردگرایی بردارند؛ به یک حکومت جمع گرا با یک نماینده از هر استان فکر کنند. چنین حکومتی با 31 نماینده از تمام استانها که نظارت مستقیم بر قوه مجریه داشته باشد می تواند راه گشا باشد. حال چه نظام پادشاهی انتخاب مردم باشد؛ چه نظام جمهوری. در سالهای اول ممکن است کمی مشکل داشته باشد اما به تدریج روان تر می شود.

اندرز به گروه های چپ و راست طیف وسیع اجتماع ایران این است که افراط گرایی چه چپ و چه راست با شکست مواجه خواهد شد. حکومت پادشاهی حتی در شکل پارلمانی آن نمی تواند جوابگوی گوناگونی و تکثر قومی، زبانی، فرهنگی ایران زمین باشد. به همین منوال هم حکومت های چپ مدار مثل مجاهدین که هم اسلامی هستند هم دم از سوسیالیست بودن می زنند. اگر به تعداد طرفداران آقای پهلوی در صفحه رسمی ایشان نگاه شود تعداد آنها در حدود 600هزار تن می باشد. این تعداد در مقایسه با ایرانیان مقیم خارج هم ناچیز است تا چه رسد به جمعیت 85 میلیونی ایران!

206

در خاورمیانه کشورهای پاکستان، افغانستان، عربستان، ترکیه، ایران را باید از دید سیاسی و اجتماعی در نظر داشت؛ نه سوییس، بلژیک، فرانسه. ایران تنها کشوریست که 2انقلاب در سده 20 کرده؛ باز هم برخی براندازی می خواهند. در فارسی دولت هم گاورمنت/ حکومت هم استیت/ کشور معنی می دهد. در دولت شاهنشاهی ایران دولت استیت است. شاه پادشاهی/ سلطنت کرده؛ نیز رئیس دولت هم بود. اما ریاست حکومت را نخست وزیر منتخب احزاب عهده دار است.

رهبران آینده ایران گرچه هنوز مشخص نیستند اما هر کسانی که باشند بایستی ساکن ایران باشند؛ اگر خارج نشین ها بخواهند خود را تحمیل کنند از همان ابتدا قانون اساسی زیر پا گذاشته شده است. مگر می شود به کسی حق کاندید شدن داده شود در حالیکه برای سالها در ایران زیست نکرده باشد؟

ارزش ریال در برابر دلار در صرافیها و دستفروشیهای خیابان بر اساس عرضه و تقاضا روزانه تعیین می شود. دلیل بهای دلار افزایش می یابد؛ دولت دلار نفتی را در بازار گرانتر می فروشد تا کسری بودجه ملی را جبران کند. یک دلیل عمده.

تقی اسدی-کیمیایی: این ملاها نمي دانند چطوري سر عقل بیایند و حرف حسابي سرشان شود؛ اذعان کنند که مملکت داري کار انها نیست؛ بروند پي کارشان و بیشتر از این همه چیز را به باد ندهند. آیا یك نكته مثبت در بخشي از كشور پیدا كنم به جاي نمي رسم. خوب گفته شده که : كار هر بز نیست خرمن كوفتن. گاو نر مي خواهد و مرد كهن. تنها خوبي بنظر من رو شدن دست دین باوران و فقدان توان ایدئولوژي دین در اداره ي کشور است و امکان حذف دین در سطح کلان جامعه به محض رفتن این رژیم. این هم نتیجه ي انفعالي رژیم است تا فعالانه ي ان. اما باید امیدوار ماند. دنبال خوبي حكومت مي گردم. اگر سیر پیشرفت ٤٠ سال پیش را اجازه مي دادند بشدت از این وضع جلوتر بودیم.

مترو در 7شهر؛ آب، برق، گاز، جاده، مدرسه، کلینیک در تمام روستاها؛ جایزه نوبل عبادی، جایزه فیلدز میرزاخانی؛ گسترش دانشگاهها با 5میلیون دانشجو در سال، استادان و ارایه مدرک کارشناس ارشد و دکترا؛ ورود زنان به دانشگاه تا 65% نامنویسیها زنانند؛ 70هزار شاعر. جنبه بد: 50% زیر خط فقر؛ درافتادن با آمریکا و اسراییل به صلاح نیست. جنبه خوب: امکان انتقاد؛ رشد مادیگرایی و علم در ایران؛ مد کردن انتخابات.

اکثریت جامعه با آنهایند- دمکراسی. این را نشان می دهد: انتخابات الجزیره و کودتای نظامی، انتخابات مصر و کودتای نظامی، در پاکستان با کودتا ضیائ الحق، انتخابات لبنان با قدرت گرفتن حزب الله، ترکیه با کودتای نظامی ناموفق، غزه با بردن حماس. عربستان که نور علا نور است. تنها استثنا تونس است که آنهم هنوز زمان مانده است راشد غنوشی هنوز وقت دارد تا اسلام مانند امارات را دیکته کند. سکولارها اقلیت ند؛ باید مانند انگلیسیها شکیبا بود. در سده 20 تنها کشوریکه 2 انقلاب کرد-ایران. باز هم یک عده براندازی می خواهند.

سیاست علم امکانات است. حاکمیت اقلیت با تمام اهرمهای زر و زور و تزویر قدرت را در دست دارد. دمکراسی پیش بینی پذیر است؛ استبداد نه. اردوگاه نمونه این گفته است. تحلیلگر نباید نفرین، آرمان، خواسته را جایگزین واقعیات، رویدادها، آمار بکند. در

آمریکا در خاور میانه کنونی

استبداد بحران و تضاد باید بیافتد؛ تا مردم به پیروزی شورش اطمینان کنند. نشر خبر به نظر فرد نشر کننده ربطی ندارد. خبر را بخوان برای داشتن اطلاعات در باره موضوع که به تصمیم انسان آگاه در اجتماع کمک می کند.

نشانه ی دموکراتیک آمریکا، ساختار نظام ایالات متحده نقش پررنگ نهادهای مردمی به عنوان نماینده جمهور مردم، اصناف، گروه ها و پیشه های مختلف جامعه مدنی کشور آمریکا می باشد. چنین رخدادی دلالت از استقلال قضات کشور آمریکا و آزادی عمل قضات در تصمیم گیری های اتخاذ شده دارد. در چنین سیستم قضایی قاضی براساس استنباط قضایی و رویه و مواد قانونی تشخیص خود را اعلام می کند.

حتی اگر دستور مقام اجرایی یا بالاترین مقام اجرایی کشور غیرقانونی صادر شده باشد قاضی بدون هراس از آینده شغلی خودش و بدون هراس از اینکه توسط مقام اجرایی که دستور غیرقانونی صادر کرده است مورد هجمه و فشار و یا تهدید واقع شود به صورت کاملاً مستقل دستور نقض این فرمان اجرایی را صادر می نماید. وی تأکید کرد: چنین رویکردی از جهت لزوم پر رنگ تر کردن فعالیت سازمان های مردم نهاد و NGOها اهمیت پیدا می کند. در این صورت کانون های صنفی جهت فعالیت آزاد هستند و اجازه پیدا خواهند کرد تا بر رفتار کارگزاران حکومتی نظارت داشته باشند.

منابع: 28/09/2018
وپ= واشنگتن پست تاریخ
دویچه وله، رادیو زمانه، بی بی سی، رسانه فارسی فرانسه خدمات فرهنگی برای اشاعه علم، مدرنیسم، هنر به فارسی زبانان می کنند.
تامینات اجتماعی در چک ماهانه 2بخش دارد: برای مدیکر، سوشیال سکیوریتی که پس از 65سالگی برای هزینه پزشگی و حقوق ماهانه به فرد می رسد.

بهینگی پروسه توزیع مانند والمارت چشمگیر است. داروسازی با پژوهشهای گران برای امراض مهلک در آمریکا بسیار پیشرفته است. تا جاییکه برخی داروها مانند هیومرا Humira تا 20هزار دلار یک دوز/ دریافت می باشد. بنا به قانون فرمول و تولید دارو طول عمر 20-10 ساله داشته؛ پس از آن فرمول برند از تملک شرکت به حوزه عمومی جنریک می رسد. در 2012 آمریکا 84% داروی جنریک مصرف کرد.

داروسازان بخاطر سرآمد تاریخ برند محصول، انگیزه تولید داروهای جدید با عناصر زنده در سردخانه و انحصار قیمت دارند. در اینجا شرکتهای دیگر در جهان می توانند دارو را جنریک/ عام با نظارت FDAساخته؛ به بهای خیلی نازل به بازار بیآورند. هند و چین داروهای جنریک را گاهی با مهندسی معکوس به تولید انبوه رسانده اند.
https://en.wikipedia.org/wiki/Generic_drug

بهینگی پروسه آمریکا رتبه 1 برای توزیع الکترونیک محصولات در جهان دارد. خودرو بیراننده، پهباد برای پخش کالا، روبات برای انجام کار مکرر، رایانه های محسباتی و تصویری در تولید و خدمات وارد شده اند. هزاران نوع برندهای بسته بندی غلات/ سریال صبحانه، فرآورده های ژنتیک و ارگانیک، تنقلات snacks باعث پیدایش میلیونهای تن زباله بازیافتی یا آشغال شده اند.

کارکرد آمریکا در ایران پیش از انقلاب 1357، ترکیه، عربستان مانند کویت، پاکستان، اردن بود. سلطه آمریکا در این کشورها اقتصاد شکوفان مانند تایوان، سنگاپور، کره جنوبی ببار نیاورد. لذا سقوط شاه نه به اشاره آمریکا بلکه بخاطر پوسیدگی سلطنت و عوامل درونی، اختگی ارتش، انقلاب سفید با رعیتها در حومه شهرها و ملاکان خرافی در ایجاد حسینیه ها بود؛ چون حاکمیت های موافق آمریکا در پاکستان، اردن، عربستان، ترکیه ساقط نشدند.

مارکس بحران را در کتاب سهمی در نقد اقتصاد سیاسی با تئوری ارزش اضافی و در کتاب سرمایه علل و نتایج بحران اقتصادی را با گرایش افت نرخ سود سرمایه ربط داد. پیدا شدن "اضافه تولید" پرشدن بازار از کالاهای بی مشتریِ می باشد. عدم فروش تولید را کاهش داده؛ تعطیل کارخانه و بیکاری ببار می آورد. بحران مالی کاهش میزان نقدینگی در نظام بانکی و اعتباری است.

بحران 4مرحله دارد: 1-خبر رسانه ای عمومی می شود. 2- مالباختگان در پی یافتن حقایق، علل، شمار ضرردیدگان، واکنش نهادها، مسببان اند، شبکه های مجازی خبر را پخش می کنند. 3-یافتن خطاکار، ملامت، چرا، کانالهای قانونی، کارشناسی برای چاره جویی، گامهای پیشگیری. 4-پایان، بهبودی، تشریح بحران در مقالات.

بحران اقتصادی، مالی، ساختاری نمونه های فراوان دارند که رکود، تورم، توسعه ببار می آورند. بحران ملی اغلب باعث انقلاب، تغییر دولت، سقوط حاکمیت می شود. بحران مصرف در گذشته بود؛ زیر با بهینگی روند، کاربرد رایانه ها، رابطه تولید و مصرف خودکار است. نمونه: توزیع جهانی آمازون و والمارت.

ولی اکنون بحرانها اغلب مالی اند؛ یعنی در بانکها، ارز بومی و دلار، پرداخت وامها ظاهر می شود. نمونه: بحران اقتصادی 1994 مکزیک، 2002-1999 آرژانتین، بحران مالی 2008 آمریکا. در 2018 سرمایه جهانی در فاز بهبود است که با شاخص تولید ناخالص داخلیGDP ، بهای سهام، افت بیکاری اندازه پذیر است. انفجار حباب در بازار مسکن یا سهام به افراد بدهکار به نظام بانکی منجر می شود.

آمریکا جنگ افروز خاور میانه

من هر جنگی را استقبال می کنم، زیرا این کشور نیاز به جنگ دارد. تئودور روزولت 1858 -1919 پرزیدنت آمریکا

آیا جنگ افروزی آمریکا برای این کشور نافع بوده و ادامه خواهد یافت؟ پاسخ به هر 2 مثبت است. درگیری نظامی آمریکا در منطقه بطور طولانی، با کاربرد و فروش اسلحه بیشتر خواهد شد. چون رشد ثروت سالانه، بودجه دفاعی را بالا می برد؛ این افزایش نیروی آتش ربطی به شرایط جهانی ندارد. دو جناح حاکمیت برای نمونه بوش پسر بر جنگ و دیگری برای نمونه اوباما بر فروش اسلحه تاکید دارد. جنگ و فروش اسلحه خروجی سامانه دفاعی اند.

ولی اکنون جنگ نیابتی بوسیله مشتریان اسلحه در منطقه انجام می شود- نمونه یمن. بودجه دفاعی هر ساله با ایجاد پروژه های نظامی افزایش می یابد؛ زیرا مانند 15

آمریکا در خاور میانه کنونی

وزراتخانه دیگر تابع افزایش ثروت سالانه ملی است. جناح نظامی در اینجا سرمایه، کار، سود سهام، مزد تولید می کند؛ لذا لابی قوی برای حضور در حاکمیت دارد.

با ایجاد رعب بضد اردوگاه، بازار تسلیحات گرم می شد. آمریکا با فروش تسلیحات به خاورمیانه، انباشت دلار از فروش نفت را از خاور میانه پس گرفت. در آمریکا لذا با تولید اسحله کار پدید می آید. با بازپسگیری دلار حجم سرمایه مالی در آمریکا عظیمتر می شود. خرید تسلیحات بوسیله دولت فدرال آمریکا نیار به وامهای عظیم دولت از مردم با فروش قرضه ملی و بانکها دارد.

کمکها و فروش تسلیحات 2 سال گذشته 38 میلیارد دلار به اسراییل؛ 33 میلیارد دلار به قطر، کویت، بحرین؛ 60 میلیارد دلار به عربستان بود. شرکتهای تولید جنگنده، مهمات، تانک، موشک درآمد خود را سالانه افزایش می دهند. هزینه کمکهای نظامی را دو سوم بقیه جمعیت با مالیات به دولت و فروش قرضه ملی/ باند تامین می کنند. در کتیبه فوق گزینه گویی تئودور روزولت در آغاز سده 20 جنگ را بمثابه نعمت انگاشته نه قتل و تخریب.

جناح نظامی با یک سوم جمعیت در هر 2 حزب حاکمیت آمریکا از جنگ نفع می برد. لذا خاورمیانه یا بازار فروش اسلحه یا میدان انفجار اسلحه برای آمریکا در 5 سال آینده خواهد بود. چرا آمریکا در خاور میانه اردوکشی کرده است؟ پاسخ: برای فروش اسلحه، تضمین نفت برای پنتاگون، گسترش دلار، رقابت با روسیه، قیچی کردن بال ایران، حمایت از متحدان مستبد خود است. چرا آمریکا با سقوط رژیمهای سکولار مستبد مانند صدام، دولتهای دینی مانند عربستان را ترجیح می دهد؟

اینجا منظور از "آمریکا" جناح نظامی با غلبه بر جناحهای صنعتی و مالی در سیاست خارجی حاکمیت است؛ نه کل نظام سرمایه داری آمریکا. در سده 20 با 2ابرقدرت، خاورمیانه برای دمکراسی مبارزه کرد؛ با فروپاشی اردوگاه، آمریکا منطقه را ناامن با هجوم میلیونی پناهجویان و کلنگی با بمباران کرده است. آیا روسیه از سرمایه داری الیگارشی در عهد پوتین با آغاز به گذار به جنبه ای از امپریالیسم از نوع آلمان دهه 1930 ارتقا یافته؟ از جنگ گرجستان، اوکراین تا سوریه گسترش نیروی نظامی دیده می شود. آیا می توان 5خصیصه امپریالیسم را در روسیه سده 21 دید؟

در مقاله "نیازمندی‌های امنیتی نظم نوین جهانی"، رنگین دادفر سپنتا بطور درخشان نوشت: در نظام جهانی پس از ج ج2، دو نیروی مسلط بر جهان در رقابت با یکدیگر ستون های اصلی نظام جهانی را می ساختند. دو ابر قدرت گرچه در رقابت پایدار بودند؛ اما عملا هر کدام تا حدودی هزینه امنیتی حوزه زیر نفوذش را می‌پرداخت. با پایان جنگ سرد، نظام 2 قطبی جهانی در هم شکست؛ اما امیدواری ها برای برقراری یک نظام دموکراتیک بین المللی به واقعیت نپیوست.

در دهه 1990 آمریکا زیر تفاهم تلویحی با روسیه زد؛ خط دفاعی ناتو را به اروپای شرقی گستراند؛ نخستین گسست‌ها در شرق اروپا- با پیوست به اتحادیه اروپا و ناتو، اختلاف مرزی در قفقاز آشکار شدند. با عضویت لهستان، چک، مجارستان با ملی‌گرایانه تاریخی، 3 کشور جدید از تلاشی بالکان به ناتو؛ روسیه در کشاندن گرجستان و اوکراین به غرب ایستادگی کرد. ولی اختلاف آمریکا و روسیه مانند جنگ سرد گذشته رقابت ایدئولوژیک و هسته ای نبوده؛ برای نفوذ در یوکراین و سوریه است.

در بالکان، یوگسلاوی فرو پاشید؛ جنگ، پیدایش 5 کشور، تغییر مرزها با خونریزی و ویرانگری رخ داد؛ سپس بخشی از یوکراین را روسیه اشغال کرد. شرق اروپا به نظام لیبرالی پیوست؛ در آسیای میانه 5کشور سکولار مستبد مستقل پدید آمدند. ولی کشور های حوزه نفوذ آمریکا – از پاکستان و ایران تا ترکیه و اسراییل- به دولت دینی روی آوردند.

جنگها برای آمریکا در 75 سال گذشته نافع بوده اند. زیرا در بازه زمانی؛ آمریکا ابرقدرت مانده؛ ثروت GDP آن در جهان اول و بزرگترین بوده؛ در 2015 به 18 تریلیون دلار، سرمایه گذاری خارجی در این کشور 2.4 تریلیون دلار، سرمایه گذاری این کشور در جهان 3.3 تریلیون دلار رسید؛ نیز بدهی کل دولت فدرال 18 تریلیون دلار بود. از 500 شرکت بزرگ جهان، مرکز 128 تا یعنی ربع آنها در آمریکا ست. رشد اقتصادی از 1946 تا 1973 سالانه 3.8% از 1973 تا کنون سالانه 2.7% بود. یک سوم این رشد را تسلیحات دارد. https://en.wikipedia.org/wiki/Economy_of_the_United_States

پس از ج 2 آمریکا با 2 جناح نظامی و صنعتی کارکرد 2گانه ارتجاعی و پیشرو را مانند یک قدرت استعماری دارد. یک سوم جمعیت از صنایع نظامی بهره می برند. جناح نظامی از جنگها نفع می برد؛ جناح مالی از سرمایه گذاری در خاور میانه بخاطر ناامنی حذر می کند. جناح صنعتی با قراردادهای تجاری تولید صنعتی را به کشورهای ارزانتر کوچانده است. جناحهای حاکمیت در 2حزب اند؛ لذا مشی خارجی بین 2 حزب شباهت دارد.

پس از ج ج 2 بخش صنایع نظامی با تولید انبوه ابزار جنگی به مصرفی طبقه متوسط را گسترش داد. این جناح در جنگ سرد یعنی رقابت تسلیحاتی با اردوگاه بود. "مجموعه صنعتی- نظامی" بلسان ایزنهاور به رشد صنعت اتم، فضا، رزمناو، جنگنده هوایی، مخابرات ادامه داد. مشی نظامی آمریکا پس از ج ج 2 در خاورمیانه 3خصلت زیر را دارد:

1- نیاز به جنگ مدام برای کاربرد ادوات قتال در صحنه جنگ و صدور به کشورهای ثروتمند. 2- برای محاصره شوروی حمایت از کشورهای اسلامی نفت خیز با حکام مطلقه استبدادی یعنی بدون قانون اساسی مدرن و زدودن دولتهای سکولار مستبد با اتحاد با دولتهای دینی از عهد ایزنهاور تا کمربند سبز برژینسکی و تغییر رژیم بوش پسر انجام شد. عربستان نمونه این گونه کشورهاست.

3-پنتاگون مرکز نظامی دولت فدرال بزرگترین مصرف کننده نفت در جهان است. لذا متکی به خاورمیانه برای سوخت کشتی، هواپیما، تانک، نفربر می باشد. آمریکا در جهان 1000 پایگاه با هزینه سالانه 150 میلیارد دلار، 60 پایگاه در 34 کشور دارد که بیشتر آنها در 13 کشور خاور میانه بزرگ اند. سنتکام، فرمانداری مرکزی آمریکا در جهان، در خاور میانه است نه واشنگتن. http://fpif.org/u-s-empire-bases-middle-/east-not-making-anyone-safer

نیاز پنتاگون به نفت، منافع جناح نظامی، رشد بوروکراسی با رشد بیوقفه ثروت ملی– مشی خارجه را تعیین می کنند. در محاصره اردوگاه در فاز امپریالیسم آمریکا صدور سرمایه، خرید نفت با ارز فقط دلار، فروش تسلیحات برای بازپسگیری درآمد فروش نفت انجام شدند. آمریکا مرکز تولید و پژوهش ابزار نظامی در 3 بخش هوایی، دریایی،

آمریکا در خاور میانه کنونی

زمینی در جهان ابرقدرت بوده است. با شعار مبارزه بضد اردوگاه حامی همه نیروهای غیرمدرن از جمله بنیانگرایان وهابی و شیعی در خاور میانه تا انقلاب بهمن 57 شد. پنتاگون بزرگترین مصرف‌کننده نفت در جهان و در آمریکا بوده است.

پایگاهها، ماهواره ها، موشکها، موشکها، پهبادهای جاسوسی و موشکبار، مستشاران، یگانهای رزمی ویژه، بمبافکنهای آمریکا منطقه را نظامی کرده؛ این بناها، رزمناوهای دریایی، جنگ‌کده های هوایی، پرسنل هم پیرامون خلیج فارس اند. هزینه سالانه تجهیزات جنگی از جیب مردم آمریکا افزایش می یابد. این پایگاهها نه برای امنیت جهانی بلکه برای مصرف بخشی از بودجه سالانه نظامی ملی است.

زیرا با گسترش شمار پایگاهها و نفرات در آنها خاور میانه به آتش کشیده شده. خروجی جعبه سیاه نظامی آمریکا دائما نقاطی را برای صرف مهمات باید بیابد. این خروجی صنایع نظامی آمریکا و متحدان آن بویژه عربستان، قطر، اسراییل، ترکیه در خاور میانه مفری برای کاربرد ابزار قتال یافته؛ تا یک دهه دیگر یعنی غلبه مالیگرایی بر مشی خارجی جنگ ادامه خواهد یافت.

در دهه 1970 سرمایه داری انحصاری به مرحله مالیگرایی/ فایننسیالیزاسیون و جهانیگرایی/ گلوبالیزاسیون ارتقاء یافت. اکنون جناح مالیگرایی در حاکمیت آمریکا و انگلیس سلطه داشته که طالب قراردادهای تجاری جهانی مانند WTO و منطقه ای چندجانبه مانند NAFTA و OAS می باشد. در این 2کشور جناحها با انتخابات قدرت اقتصادی، سیاسی، جهانی را شریک اند.

در 2016 وضع حزب جمهوریخواه بقرار زیر است: ضعف ساختاری، رنجاندن اقلیتها، پراکندگی پایه، خواست کاهش مالیاتی ثروتمندان، نامزد ریاست جمهور در طیف سیاسی راست افراطی. وضع حزب دمکرات بقرار زیر است: تقویت بازار، تحکیم چتر حمایتی محرومان، حمایت از اتحادیه ها، وضع مقررات حفظ محیط، افزایش مالیات بر درآمد ثروتمندان و کاهش مالیاتی فقیران و طبقه متوسط. http://www.politico.com/ story/2016/10/hillary-clinton-wall-street-speeches-podesta-emails-229689

در ویکیلیکس کلینتون به مدیر گلدمن ساکز گفت: موتور اقتصاد شامل وال استریت/ بورس سهام و مین استریت/ کسبهای کوچک باید خوب بچرخد. کسبهای کوچک و متوسط، مصرف‌کنندگان، نرخ بیکاری، اقتصاد داخلی و جهانی را باید با مراودات و مقررات تنظیم کرد.

بخاطر سرمایه مالی آمریکا در 200 کشور سرمایه داری عضو سازمان ملل سلطه دارد. لذا انتخابات ریاست جمهور از کدام جناح برآید؛ برای جهان مهم است. کمیسر عالی حقوق بشر سازمان ملل گفت: ریاست جمهوری ترامپ برای جهان خطرناک است.

با رشد گلوبالیزاسیون در حاکمیت خط نظامی-نفتی به بهانه تروریسم به افغانستان، عراق، لیبی، سوریه حمله نظامی کرد. با حمله نیروهای نظامی محلی اسراییل به لبنان و غزه، عربستان به یمن، پاکستان به طالبان و القاعده در مرز شمال غرب به بی ثباتی منطقه کمک شد. نبود زیرساختهای تولیدی خیل بیکاران جوان از مدرسه و مسجد به پایگاههای تکفیری مسلح و انتحاری بنیانگرا روانه شده؛ بخشی هم به غرب برای کار پناهنده شدند.

جناح مالیگرا تعصب ملیگرایی درونمرزی نداشته؛ جهان را با تجارت آزاد برونمرزی می بیند. سرمایه صنعتی آمریکا به مراکز تولید صنعتی در آسیا و مکزیک کوچ می کند. در نقاط صنعتی نوین بازار محلی گسترش یافته؛ قیمت محصول کاهش یافته؛ توزیع با شبکه های فنآوری دیجیتال بهم مرتبط اند. انتگراسیون/ تجمیع ارتباطات بورس و بانک در مراکز مالی مهم جهان مانند نیویورک، لندن، هنگ کنگ، برلین را برخط کرده؛ زیرساختهای دیجیتال در کنترل آمریکایند.

آمریکا 2جناح نظامی و مالی داشته که اولی از جنگ نفع می برد. جناح مالی در بسط تجارت، وام، مدرنیسم در جهان می کوشد. این جنگها جنبه مترقی برای مخلوط کردن اقوام منطقه دارند. وجه پیشرو آمریکا با اشاعه فنآوری دیجیتال، فرهنگ مدرن، نهادهای حقوق مدنی، پیشرفتهای علمی و طبی به پویش تاریخ و پیشرفت کند خاورمیانه کمک می کند. آمریکا با خرید نفت و فروش اسلحه رشد بنیانگرایی دینی بضد سکولاریسم را تند کرد. عدم مدرنیسم رسیدن به رفاه اکثریت مانند کره جنوبی ناممکن می کند. مدرنیسم 2 وجه مدرنیته یعنی نهادهای مدنی مانند ترکیه و مدرنیزاسیون یعنی ابزار غربی مانند عربستان دارد. مدرنیزاسیون با پترودلار مانند قطر میسر است.

مدرنیته یعنی نهادهای صنفی و حزبی، حقوق اقلیتها، برابری جنسیتی، حقوق شهروندی، دولت-ملت سازی است. در استبداد حل تضادهای قومی، دینی، ملی کند می شوند. با پترودلار سوبسید مسکن، خوراک، سوخت، برق– فشار بر طبقه متوسط را تقلیل می دهد- نمونه: عربستان و قطر.

سکولاریسم عنصر عمده دولت مدرن است که قانون اساسی و آموزش عمومی کشور را از اصول دین اکثریت سوا کند. دینسالاری شریعت با تضییع حقوق اقلیتها شکوفانی اقتصادی مانند کره جنوبی، تایوان، چین را مانع می شود. آیا بدون سکولاریسم جامعه به شکوفانی اقتصادی یا مناسبات مدرن می رسد؟

دوبی نمونه دولتشهر مدرن می باشد. امارات با 9 میلیون جمعیت در 7 امیرنشین ابو ظبی، دبی، شارجه، عجمان، ام القوین، راس الخیمه، فجیره است که اکثر قبیلوی شبیه عربستان اند. امارات 15% بومی، 85% مهاجر خارجی، 25% ایرانی اند. دولت هزینه 95% مساجد سنی را تامین می کند. شیعه 15% جمعیت است.

چرا تضاد اقوام, فرقه ها، ملل در خاورمیانه خونین شده است؟ باید منافع اسلحه سازی دلیل عمده باشد. تسلیح را در خحود آمریکا با لابی اتحادیه ملی تفنگداران NRA با تمسک به متمم 2 قانون اساسی دال بر داشتن و حمل تفنگ قرن 18 تک تیر انداز نه مسلسل با دهها فشنگ/ ثانیه سده 21 می توان دید. در دنیا 5000 قوم، ملت، زبان در 200 کشور اند. یعنی بطور متوسط برای هر کشور 25 قوم و زبان است. هندوستان 2000 قوم/ اتنیک و 700 زبان، روسیه 100 قوم با زبان روسی، چین 50 قوم با زبان ماندارین دارد. منبع: دستمالچی، شفاهی 101016.

عوامل داخلی در یک کشور تحت تاثیر سلطه آمریکا در منطقه بخاطر قدرت غولین مالی، نظامی، فنآوری بوده؛ سکولاریسم آمریکا در خاورمیانه پیاده نشد؛ بصورت بومی،

آمریکا در خاور میانه کنونی

ناموزون، بالا- پایین رشد می کند. برای نمونه کشوری چون عربستان پس از 60 سال حضور آمریکا گامی بسوی سکولاریسم بر نداشت.

شرعیت وهابی از عربستان با پترودلار و کمک آمریکا در ضدیت با الحاد شوروی اشاعه یافت. آمریکا به تحکیم دیکتاتورها، آزادی عمل سرمایه مفتیان سنی برای اشاعه مدرسه و مسجد وهابی پرداخت. بنیانگرایی اسلامی با پترودلار عربستان و قطر در مسجد و مدرسه سازی در پاکستان، افغانستان، حتی اروپای غربی رشد کرده؛ به طالبان، القاعده، داعش انجامید. نمونه این کارکرد در عربستان با حاکمیت مطلقه، استبدادی، ضدمدرن در سده 21 مشهود است. ترکیه، مصر، ایران با تاریخ طولانی و موقعیت جغرافیایی بسوی مدرنیسم پس از استبداد سلطنت، اکنون پیش می روند.

سرمایه مالی در سده 20 در کنترل زعمای دینی انباشت می شود. چون دولت با سوبسید/ یارانه و شبکه های حمایت دولتی فشار برای کمک به مسعضفان تخفیف یافته؛ لذا این سرمایه برای تبلیغ اصول دین و مساجد در کشورهای خارج؛ با تز ایزنهاور و تز برژینسکی برای مبارزه با شوروی بصورت اسلحه و بسیج جوانان بضد سکولاریسم در منطقه بکار می رود.

مرزهای اروپا در 1000 سال گذشته تا شوروی و یوگسلاوی در دهه 1990 خیلی تغییر کردند. آیا خاورمیانه هم تغییر مرزی را پیش رو دارد؟ خاورمیانه با رشد سریع جمعیت جوان یعنی دو سوم کمتر از 30 سال، بیکاری، فقر، کمبود آموزش عالی، عدم آزادی رسانه ها، ضعف قانون، محدودیت تبلیغ حقوق بشر، اشاعه بنیانگرایی در تقابل با مدرنیسم- خاک خوب برای رشد مفتیان وهابی و مجتهدان شیعی است.

تبلیغ گذشته گرایان منطقه- به ترویج مذهب و تسلیح جهادیها انجامید. حتی در اسرائیل هم، این 60 سال جناح سکولار کار در مقابل صیهونیسم بنیانگرای لیکود تضعیف شد. نتیجه بنیانگرایی دینی سقوط دولتهای سکولار دکتر نجیب در افغانستان، صدام عراق، صالح یمن، تلاشی سوریه بود. شریعت قصاص/ قطع عضو، رجم/ سنگسار، اعدام/ سر زدن، حبس خانگی زنان، گشت ارشاد مذهبی، فشار به اقلیتها، ضدیت با مدرنیسم را در دولت می گنجاند.

اکنون سکولاریسم در پاکستان، افغانستان، ایران، عراق، ترکیه، سوریه، مصر، یمن، لبنان، غزه، لیبی در محکمه شریعت جرم شده. در استبداد شرقی خاورمیانه دولت یعنی ابزار سرکوب بوده؛ از سده 20 استعمار هم در عقبماندگی آنها نقش داد. ولی عوامل اصلی عدم رشد اقتصاد و عقبماندگی فرهنگی اند.

صنایع نظامی آمریکا به دولتهای قبیلوی منطقه مانند عربستان، قطر، بحرین، امارات، کویت اسلحه می فروشند. در این کشورها با خمس، زکات، درآمد از زوار اسلامی سرمایه های دینی در مالکیت وهابیان انباشت می شوند. این سرمایه ها، در آغاز دهه 1970 برای ساختن مدرسه دینی، تبلیغ بنیانگرایی از مسجد برای خرید اسلحه صرف می شوند. سپس از پایان این دهه بعد سرمایه های دینی صرف زیرساختهای مدرن مانند بیمارستان، دانشگاه، کارخانه، ترابری نشده؛ بلکه به ترویج شرعیت پرداخته که در تقابل با مدرنیسم و آغل رشد جهادیگرای مسلحانه است. ولی در سده 21 خود ارتش آمریکا وارد جنگهای افغان، عراق، یمن، سوریه، لیبی شد.

خاورمیانه با فروش نفت آغاز به انباشت سرمایه کرد. در بحران نفت 1972 اوپک قیمت نفت را بالا برد؛ عربستان صدور نفت را بر حامیان اسراییل بست. در حل این بحران آمریکا تحمیل کرد که تمام معاملات نفتی به دلار باشد. لذا رواج دلار به سلطه آمریکا در جهان و خاورمیانه کمک کرد. آمریکا با بیرون کشیدن سرمایه از خاورمیانه، با فروش تسلیحات- به اشاعه خرافات پیشامدرن، فقر و بیکاری جوانان منطقه دامن زد. در دهه 1990 صدام، سپس ایران، ونزوئلا، لیبی، سوریه خواستند فروش نفت را از دلار به طلا عوض کنند. این خواست یکی از علل تخاصم آمریکا با این کشورها شد.

حمله به عراق و حمله ناتو به لیبی در 1996 و 2000 باین خاطر بود: آنها می خواستند نفت با طلا خریده شود نه یورو یا دلار. لیبی 144 تون طلا داشت که قیمت آنرا بازار تعیین می کند؛ نه بانک مرکزی دولت فدرال در واشنگتن. صدام در 2000 خواست نفت عراق با طلا نه یورو فروخته شود. ناتو و آمریکا عدم دلار و یورو برای خرید نفت را تحمل نکرده؛ صدام و قذافی را ساقط کردند.

چرا دمکراسی باید در عراق، یمن، سوریه سکولار پیاده شده؛ ولی در عربستان، قطر، بحرین مطلقه نباید دولت مدرن شود؟ در خاور میانه کنونی با رشد بنیانگرایی و جنگهای کلنگی در این 3کشور- امنیت اولویت بر دمکراسی دارد. دمکراسی انتخابات منجر به ظهور اسلامگراهای نوع مرسی مصر، اردوغان ترکیه، نصرالله لبنان می شود.

جنگهای آمریکا به خلافتهای رجعتگرا در ضدیت با دولتهای مدرن در منطقه کمک می کند. دولتهای استبدادی مدرن صدام، اسد، صالح از دوره جنگ سرد، جهان 2قطبی پسا ج ج 2 اند. چگونه جهت پویای تاریخ را خلافت مطلقه پیشامدرن عربستان با پترودلار به عقب می برد؟ کمک آمریکا بخاطر منافع مالی جناح نظامی آمریکا، لایه وهابی حاکمیت عربستان، عدم شکوفانی اقتصادی، جوانان بیکار، تلیغ واعظان بنیانگرا در سقوط دولتهای سکولار استبدادی نقش عمده دارند.

حاکمیت قبیلوی عربستان با 10 هزار شاهزاده در راس امور، درآمد 1تریلیون دلار یعنی متوسط 17 میلیارد دلار سالانه در 60 سال گذشته جهت تاریخ را نه بسوی مدرنیسم بلکه بسوی شرعیت صدر اسلام منحرف کرد: طالبان در افغانستان، تغییر نام پاکستان، ایران، افغانستان، تثبیت بحرین، کویت، قطر. عربستان حمایت مالی و بنیانگرایی مسلحانه وهابی را صادر می کند. چرا آمریکا سکولار این مشاطه گری را تحمل می کند؟ این کشور بزرگترین حامی افراطیگری وهابی است. مقاله سالن در زیر دیده شود.

در قیام و تصرف مسجدالحرام در نوامبر 1979 سلفیان در کعبه به واگذاری نظام آموزشی و نظام قضایی به علمای وهابی منجر شد. پلیس ارشاد سرزده به خانه ها در عربستان یورش برده تا مفاد شرعی و امنیتی را اعمال کند. ارتش، گاردملی، سازمان امنیت با مستشاران آمریکایی و انگلیسی در کنترل دربار با 10 هزار شاهزاده اند. شاهزاده پسر ملک سلمان وزیر دفاع است.

شاهزاده طلال ثروتمندترین عرب مقیم ریویرای فرانسه است. شاهزاده ترکی الفیصل، راس سابق اطلاعات کارکشته و مجد نایف ولیعهد است. گزارش 2006 "خانه آزادی" نوشت: برنامه درسی دینی آنها ایده الوژی نفرت از تمام کافران از جمله مسیحیان، یهودیان، شیعیان، صوفیان، سنیهای غیروهابی، هندوان، ملحدان، دیگران را دارد. آموزش عربستان / en.wikipedia.org

در رابطه با مناسبات 3گانه قانون، دولت، مردم را در 3الگوی ایران، ترکیه، عربستان اینگونه می توان شاکله بندی کرد: ایران با مردم پیشرفته، قانون عقبمانده، دولت 2جناحی محافظه کار و معتدل؛ ترکیه با مردم آناتولی عقبمانده، قانون پیشرفته، دولت متناقض؛ عربستان با مردم عقبمانده، قانون عقبمانده، دولت پیشرفته. صفات پیشرفته و عقبمانده در هر کشور نسبت بهم بوده؛ نه نسبت به غرب با سنت مدرنیسم چند 100 ساله اند. البته قانون، دولت، مردم، دمکراسی، استبداد- بستگی به تاریخ هر کشور داشته؛ ویژگیهای خود را دارند.

اصلاحات به جلو یا رجعت به عقب در این 3 کشور از تعامل این 3شاکله با جهان پیش می رود. در خاور میانه، اکثریت یک دین به استبداد می انجامد- نمونه عربستان؛ وجود چند گروه دینی به دمکراسی کمک می کند- نمونه لبنان. در قانون اساسی اکثر این کشورها مانند ایران، زنان یعنی نیمی از جمعیت کشور، اقلیتهای سکولار، بیدین مانند چپها و راست مدرن، مذهبی مانند بهایی ها و دراویش شهروند درجه 2 با قیم علمای مذکر پیر دینی اند.

منابع. 28/09/2018 سپاس از ویراست ر.ب.
http://www.bbc.com/persian/blog-viewpoints-37671716?SThisFB
نیازمندی‌های امنیتی نظم نوین جهانی، رنگین دادفر سپنتا.
http://www.salon.com/2016/01/06/saudi_arabia_funds_and_exports_islamic_extremism_the_truth
_behind_the_toxic_u_s_relationship_with_the_theocratic_nation /
سنیها عمدتا مذاهب فقهی حنفی، مالکی، شافعی و حنبلی در میان عامه جهان اسلام دارند. امور مذهبی و مسائل شرعی آنان از طریق تقلید از ائمه اربعه جریان یافته؛ دیگر تقریبا طریقه اجتهاد مسدود می شود. خمس پرداخت یک پنجم از اموال در غنیمت های جنگی، گنج، معادن طلا، نقره واجب است. زکات ثابت بوده؛ خمس هم بنا به کتاب، سنت، اجماع ثابت است. فقه اهل سنت همان فتاوی مفتیان و مجتهدان 4 مذهب فقهی زیر است. http://www.hawzah.net/fa

1ـ ابوحنیفه با نام نعمان بن ثابت، زاده در کوفه 80- 150 هجری وفات؛ فقیه اهل عراق، بنیانگذار مذهب حنفی است. 2 ـ مالک بن انس 93 -179 هجری در شمال مدینه زاده شد. 3 ـ شافعی با مجد بن ادریس شافعی، زاده در 150 در غزه – وفات در مصر در 204 هجری. از مالک بن انس علم آموخت. 4ـ ابن حنبل در 164 هجری در بغداد زاده شد. در آنجا از شافعی فقه آموخت. سفرهایی به کوفه، بصره، مکه، مدینه، یمن، شام و الجزیره کرد.

بر اموال زکوی زکات واجب است: 1 ـ انعام/ احشام ثلاثه شتر، گاو، گوسفند؛ 2 ـ طلا و نقره؛ 3 ـ مال التجاره؛ 4 ـ معادن و رکاز؛ 5ـ محصولات زراعی و میوه ها. حنبلی زکات را در حیوان وحشی نیز واجب می داند. متولد از وحشی و اهلی را به مادرش نظر می کنیم؛ اگر مادرش اهلی بود زکات دارد. اگر وحشی بود، ندارد. زکات فطره بر هر مسلمانی که قدرت تأدیه آن را دارد، واجب است. در رابطه با ملاک قدرت، آمده: قادر کسی است که یک نصاب زکوی را مالک باشد و قیمت آن زیادتر از حاجت او باشد.
http://www.akhbar-rooz.com/article.jsp?essayId=78432
طی پنج سال گذشته صادرات تجهیزات نظامی به کشورهای خاورمیانه، در مقایسه با دوره مشابه، ۸۶ درصد رشد کرده‌است بزرگ‌ترین فروشندگان تجهیزات در این پنج سال

-به‌ترتیب- آمریکا و روسیه بودند. منبع نزدیک به یک سوم کل صادرات آمریکا است و ۲۳ درصد از تجهیزات نظامی نیز از روسیه به دیگر نقاط جهان فرستاده شده است. به گزارش سیپری، آمریکا به نزدیک به ۱۰۰ کشور جهان سلاح می‌فرستد و در پنج سال گذشته این صادرات ۲۱ درصد هم رشد کرده؛ اما تقریبا نیمی از کل فروش تجهیزات نظامی ایالات متحده به دست خریداران خاورمیانه‌ای رسیده است. بالغ بر ۷۰ درصد تسلیحات ساخت شرکت‌های روسی نیز به هند، ویتنام، چین و الجزایر رفته است. در این میان، چین که خود همچنان در حال افزایش تولید تجهیزات نظامی ساخت داخل است، سومین فروشنده سلاح در جهان است. فرانسه و آلمان نیز در رتبه‌های بعدی فهرست قرار دارند. این پنج کشور، فروشنده ۷۴ درصد جنگ‌افزار در جهان بودند.

پهپادهای جنگی سده 21

پهپاد Drone پرندهٔ هدایت‌پذیر از دور، هواپیمای روباتی است. هر سیستم ساختار، کارکرد، کاربرد دارد. پهپاد روبات پویاست که در آینده با هوش مصنوعی تکمیل می شود. فناوری پهپاد 4بخش دارد: پلتفرم، محموله، مخابرات/ ارتباطات، تحلیل داده ها. پلتفرم دارای بدنه، موتور، سامانه ارتباطی، جنگ افزار، لوازم ماموریت سازگار با جو منطقه است. سرعت، مدت پرواز، اطمینان، اندازه، زمان باطری مهمند. موتور آن پیستونی، گرد وانکل، 2زمانه، جت است.

محموله دوربینهای قوی/ های دف دقیقتر فیلمبرداری، عکسبرداری، فلر، رفلکتور بوده؛ در پهپادهای تهاجمی، انتحاری، موشکدار مهمات دارد. مخابرات/ ارتباطات حسگرها، رهگیری جی پی اس وصل بیسیم با مرکز کنترل دور، با خلبانی جدا یا در وسیله ای دیگر در تماس است. داده های بصری را رایانه درونی تحلیل کرده؛ مختصات هدف را برای زدن یا جاسوسی رصد می کند.

داده تگدار، انبار، تحلیلگر، الگویاب، بازآوری داده دارد. اکنون باطری ثانوی برای ذخیره backup بکار می رود. سیگنال اضطراری 1ساعت مانده به تمام شدن باطری آن را بر می گرداند. پهپاد از اسباب بازی برای پرواز در حیاط تا ابزار فیلم برداری در مسابقات ورزشی روباز و سفینه فضایی برای پرواز به سیارات را در بر می گیرد. پهپاد از فرودگاه پرواز کرده؛ پس نیاز به باند پرواز برای فرستادن و نشاندن دارد. خلبان در آنجا آن را در آسمان هدایت کرده؛ بهنگام سقوط آنرا به منطقه غیرمسکونی می فرستاد.

در 2017 در آمریکا 66 هزار تصدیق خلبانی از راه دور صادر شد. خلبان نشسته بیرون پهپاد 125 هزار دلار پاداش برای ادامه کار فشرده می گیرد. خلبان در سانحه هوایی به دست دشمن افتاده؛ ولی پهپاد را می توان در دور سقوط داد تا گیر نیافتد. گاهی تصادف پهپاد با هواپیما در حومه و شهر سانحه هوایی ایجاد می کند. پهپاد برای جنگ نامتقارن، جاسوسی، رهگیری بضد جهادگرایان و حوزه های زیر کاربرد دارد:

نظامی، تفریح، اسباب بازی، فیلمبرداری، تجاری، صنفی، حرفه ای، خبرنگاری، پلیس، معدن، پژوهش، امداد، حفظ زیستبوم، حیات وحش، مرزبانی، مساحی، ترابری بار، کشاورزی، آتشنشانی، یافت و کمک، مرزبانی، زیرآبی، مدیریت سانحه، معدن، مستغلات، ساختمان تجاری و مسکونی، فیلمسازی، رخدادهای زنده، نقشه برداری،

لوله های نفت و گاز، مصارف آتی، مخابرات، ناوبری، تحقیقات هواشناسی، جغرافیا، جاسوسی، زدن هدف، باستانشناسی.

آمازون، دی اچ ال، گوگل، پیتزا هات برای انتقال کالای تجارتی پهپاد برند. پهپاد نرم افزارهای زیر را بکار می برد: کامپیوتر کمکی در طراحی، مدیریت ایماژ کسبی، سیستم ایماژ زمینشناسی GIS, BIM, CAD با رشد فراوان کاربردی، بهینگی، انرژی می باشد. در کاربرد نظامی جاسوسی از ارتفاع 3کیلومتر، چند 100 کیلومتر مربع را برای فیلم/ عکس برداری، پوشش می دهد. به 40کیلو وات نیرو برای رهگیری و اصابت آن نیاز است.

در شوروی از 1342 و در آمریکا در زمان تجزیه بالکان بکار رفت. در جنگ ایران و عراق صنایع هوایی قدس در ۱۳۶۴ پهپاد مهاجر 1 را ساخت. پهپادهای شناسایی مهاجر ۴ و ابابیل ۳ در یگانهای نیروهای مسلح ایران از ارتش تا سپاه قرار دارند. پهپادهای ساخت ایران مهاجر، ابابیل، سفرهماهی، فطرس و آر کیو ۱۷۰ اند. شماری هم به کشورهای آمریکای لاتین و آفریقا صادر شده اند. چند سال پیش یک پهپاد مهم آمریکا در شرق ایران سالم نشست. با مهندسی معکوس آن شبیه سازی شد. حادثه دیگر در 2018 پهپاد ایرانی بر فراز بلندیهای جولان مرز اسراییل ساقط شد. ویکیپیدیا-پهپاد.

ترورهای هدفمند قتلهایی اند که با پهپاد آمریکا انجام داده؛ مشهورترین ترور آخوند الوکیلی 2011 در یمن بود. آمریکا در عراق، سوریه، سومالی، مالی، کامرون از 2001 از پایگاههای ازبکستان، پاکستان، جیبوتی برای ترور تیم/ فرد خرابکار پهپاد بکار می برد. برخی بنیانگرایان طالبان و القاعده در پاکستان، افغانستان، سومالی، یمن با پهپاد ترور شده؛ نیز کودکان و شخصی ها هم بقتل می رسند. در 17 دسامبر 2009 حمله پهپاد به یمن 41 غیرنظامی، 22 کودک، 12 زن کشته شدند.

سازمان سیا نیز برای زدن جهادیگران القاعده، طالبان، داعش پهپاد بکار می برد. آمریکا پهپاد در نیروی هوایی، دریایی، زمینی، سیا، مرزبانی وزارت امنیت داخلی داشته؛ فرانسه، انگلیس، ایتالیا هم آن را در ارتش دارند. چین، ایران، اسرائیل، روسیه با 32 کشور دیگر طرحهای خود را می سازند. دفاع پهپاد در مقابل موشک، جنگده، توپ در حال شکل گیری است. پهپاد ارتش آمریکا بوزن 2.5 تن به قیمت 100 هزار دلار است. تا 2020 این صنعت 127میلیارد دلار بازار خواهد داشت.

در ۲۰۱۲ نیروی هوایی آمریکا 7500 پهپاد، 15000 جت جنگنده داشت. آسالی 24 تای آنها بخاطر نقص فنی سقوط می کنند. در 2014 خسارت 14$ میلیون شد؛ 10 تا دروگر هم پس از 100 هزار ساعت پرواز در 2015 مختل شدند. سقوط در کویت، عراق، ترکیه، لیبی، ایران هم رخ داد. بهنگام سقوط، برای حذر از مرگ دیگران باید پهپاد را به کوه، دریا، منطقه غیرمسکونی زد.

وسیله هوایی بیخلبان 2 UAV نوع دروگر Reaper با 4بمب در ارتفاع 50 هزار فوت و شکارچی Predator با 2 بمب است. نیروی هوایی 269 شکارچی هر یک 4 میلیون دلار خریده. در حمله به مرکز تروریستی 2-4 موشک برای هدف زمینی دارد. موشک آتش دوزخ Hellfire لیزر با 20 ساعت پرواز، در ارتفاع 25 هزار فوت/ پا است. فانتوم اف4 هم بدون خلبان بازتولید شده. سازنده پهپاد نظامی جنرال دینامیکز، سن دیگو-کالیفرنیا، عقاب جهانی، هرمس، هرون، آئروستار اند.

بیژن باران

هر نسـل فنآوری خود را داشـته که قواعد بازی همه جا، همه کس، همه نوع جو را تغییر می دهد. نسـل هزاره/ میلی نیوم هم پهپاد یعنی حامل پرنده را دارد. رادیو چاپ را تغییر داد؛ تلویزیون رادیو را، اینترنت همه چیز را تغییر داد. پهپاد بیشتر از چند کیلوگرم تا چند تون وزن دارد.

پهپاد پیشرفته جی پی اس برای جهتیابی، خلبان خودکار، دوربین هم دارد. گیرنده پهپاد رابطه با ماهواره های جی پی اس برای هدایت را حفظ می کند. پهپاد می تواند در ارتفاع در نقطه ای در پرواز مکث کند. موقعیت، برگشت به خانه، داشتن طول و عرض خانه در محور مختصات در حافظه، پرواز خودکار در مسیر، شناسایی هدف یا فیلمبرداری از هدف- همه به جی پی اس نیاز دارند.

جیپیاس، سیستم موقعیتیاب جهانی Global Positioning Systems ساختارش 3بخش دارد: 1- شبکهای با کمینه ۲۴ ماهواره در مدار 20000 کیلومتر بالای زمین در گردش اند. 2- ایستگاههای کنترل در نقاط گوناگون زمین با این ماهوارهها در تماس اند؛ تا مختصات آنها در فضا مشخص باشد. این سامانه با فرستادن پیوسته سیگنال رادیویی بسآمد بالا، زمان و مکان ماهواره را نسبت به زمین مییابد. 3- گیرندهٔ کاربر در تلفن هوشـمند، خودرو، قایق، هواپیما با ارتباط با تعدادی از این ماهواره ها، فاصلهٔ کاربر را تا آنها تعین میکند. سپس موقعیت دقیق او روی زمین بدست میآید.

یک گیرندهٔ جیپیاس روی زمین، با گرفتن این اطلاعات از 3 ماهواره یا بیشـتر، آنها را پردازش میکند. محاسبات با مثلث سازی، مختصات خودرو را می یابد. موقعیت کاربر را در هر نقطهٔ زمین، در هر ساعتی از شبانه روز و در هر وضعیت آب و هوایی به او نشـان میدهد. کارکردش برای مسیریابی از منزل تا مقصد می باشد.

تاریخچه. جی پی اس در اصل ناوستار/ ستاره رهنما دولتی برای نیروی هوایی آمریکا بود که طول و عرض جغرافیا، زمان را به گیرنده در هر جای جهان مجانی می داد. لذا دولت این سامانه را حمایت می کند. ولی در مسیر سیگنال موانعی چون کوه و ساختمان نباید باشند. جی پی اس جدا از تلفن و اینترنت بوده؛ ولی آنها را بکار گیرد. جی پی اس توانایی داده رسانی موقعیت به کاربر نظامی، شخصی، تجاری است.

جی پی اس بر بنیان زمان و موقعیت ست. ماهواره ها ساعتهای اتمی همزمان synchronized با هم و با ساعتهای اتمی ایستگاههای روی زمین دارند. ساعت 3نوع است: نجومی با رصد چرخش اجرام روی زمین، مکانیکی چرخ و دنده با عقربه، اتمی با نوسانات یا بسآمد دقیق 2سطح انرژی سزیوم. نوع جدید ساعت اتمی 1967 بقرار زیر است.

چند هزار اتم اسـترانسیوم در ستون تله های لیزر هسـتند. فرکانس دقیق ماشه این لیزر، تغییر بین سطوح انرژی را می سازد. ساعت اتمی با نوسان اتم ها بین دو سطح انرژی کار می کند. تیک های این ساعت 430 تریلیون در ثانیه ثابت اند. موسسه آزمایشگاه اختر فیزیک در موسسه استاندارد و فنآوری ملی، مریلند NIST و دانش پژوهان دانشگاه کلرادو آن را ساخته اند. https://article.tebyan.net/269352

رایانه زمینی سرعت گیرنده، مدت زمان سفر سیگنال، فاصلهٔ کاربر تا مقصد، مختصات یعنی طول و عرض جغرافیایی و ارتفاع از سطح دریا، زمان طلوع و غروب خورشید و ماه در تقویم نجومی- محاسبه می کند. ماهواره ها زمان محلی، داده های راهیابی، ساعت را به کاربر می‌رسانند.

هر ماهواره سیگنالی با موج حامل و تغییر دامنه یا بسآمد modulation آن نشر کرده؛ کود شبه-کتره ای 0 و 1 برای گیرنده دارد. با وقت ورود و اندازه گیرنده زمان ورود ضبط می شود. زمان ترابری هم محاسبه می شود. با نرم‌افزارهای گیرنده، مسیریابی خودرو ادراک پذیر می شود. نقشه ادراک پذیر روی نمایشگر اطلاعات بصری و صوتی مسیر خودرو، خیابان، برخی مراکز تجاری، فرمان نشانی می باشند.

صوت، خط، رنگ، آیکون/ شمایل، عبارت برای راننده مسیر را ادراک پذیر می کند. این ورودیها را روبات هم می تواند پذیرفته تا خودرو در مسیر برود. حجم ترافیک و راه بدیل هم دیدنی می شوند. خدمات رستوران، پمپ بنزین، مراکز توریستی با ایکانها هم روی نقشه پدیدار می شوند. جی پی اس با حافظه انبار نشانیها بوده؛ اینها را می دهد:

جاده، خیابان در مقیاس نسبی، حجم ترافیک، راه بدیل، مسیر منزل تا مقصد روی نقشه شهر، بهترین راه در مسافت یا زمان رسیدن به مقصد، خدمات غذایی، بانکی، سوختی، فرودگاه، نقاط ارزشدار دیگر، کوتاهترین راه بین 2نقطه، گزینه های گوناگون در رانندگی روی بزرگراه یا پسکوچه ها، تصحیح راندن سهوی در خیابانی یا پیچیدن غلط در 4راه.
*

مجتمع نفتی نظامی آمریکا آتش بیار جنگ خاورمیانه-پاکستان، افغانستان، عراق، یمن، سوریه است. بزرگترین 100 شرکت نظامی جهان در 2016 با 1.9% افزایش به سال پیش درآمد کل 375 میلیارد دلار داشتند. از 20 شرکت تسلیحاتی جهان 14 آمریکایی، 2روسی، 2انگلیسی، 1 فرانسوی، 1 ایتالیایی با فروش در 2017 جهان اند:

آمریکا: بوز الن همیلتون، 4میلیارد دلار، جاسوسی و امنیتی؛ هریس، 5.9 میلیارد دلار، الکترونیک؛ لیدوس، 7میلیارد دلار، زیردریایی بی راننده؛ تکسترون، 13.8 میلیارد دلار، بالگرد؛ بکتل، 4.9 میلیارد دلار، فقط تسلیحات؛ صنایع هانتینگتون اینگالز، 7.1 میلیارد دلار، ناو هواپیما بر؛ فناوریهای متحده، 57.2 میلیارد دلار، جنگده های اف 15، 16، 22؛ ارتباطات ال.3، 10.5 میلیارد دلار، زیردریایی؛ جنرال دینامیکز، 31.4 میلیارد دلار، موشک؛ نرثروپ گرامن، 24.5میلیارد دلار، بمباندازهای نامریی؛ ریثیان، 24.1 میلیارد دلار، موشک؛ بوئینگ، 94.6میلیارد دلار، جنگنده هوایی هورنت؛ لاکهید مارتین، 47.2 میلیارد دلار، جنگده اف 35 پیمان کار وزارت دفاع آمریکا - بیشتر از بودجه چند وزارتخانه از جمله داخله و آژانس حفظ زیستبوم بود.

روسیه: کشتی سازی متحد، 4.5میلیارد دلار؛ هواپیمای متحده، 6.2میلیارد دلار، جنگنده هوایی؛ فرانسه: ثالس، 16.5میلیارد دلار، ضدهوایی؛ ایتالیا: لئواردو، 13.3 میلیارد دلار، توپ و بالگرد؛ اروپا: گروه ایربوس، 73.7 میلیارد دلار، هواپیما؛ انگلیس: رلز رویس، 18.6میلیارد دلار، هوایی؛ بی ای ا سیستمز، 24 میلیارد دلار، جت جنگی.

سیستم دفاع هوایی اس ۴۰۰ روسیه در 4 گام نشان داده می شود: روی زمین رادار برد بالا، مرکز کنترل و فرماندهی، رادار درگیری نزدیک، سکوی پرتاب متحرک، در آسمان

بیژن باران

جنگنده دشمن را موشکها می زنند. رادارها امواج الکترونیک به آسمان فرستاده؛ جنگنده مانند فلز شناور آنها را خمانده؛ اموج برگشتی به حسگرهای روی زمین رسیده؛ تفاوت این 2 موج وضع و سرعت جنگده را به اس400 داده تا موشک به سوی جنگنده پرتاب شود.

منابع. 28/09/2018 فیلمبرداری با دوربین پهپاد- زیر 500 دلار
http://www.bbc.com/earth/story/20160107-these-are-the-discoveries-that-made-
http://www.stampedeglobal.com stephen-hawking-famous/
www.bbc.com/news/world-south-asia-10713898
https://www.msn.com/en-us/money/companies/20-companies-profiting-the-most-from-
war/ss-BBJntl6?ocid=sf 20 شرکت منتفع از جنگ
https://www.facebook.com/cinematogr/videos/1382307465148134
/http://www.uxvuniversity.com /http://www.ga-asi.com /http://www.flymotionus.com

پس از آتش داعش

اعتقاد داشتن از شک داشتن آسان تر است. شهیدان شک باشکوه ترند تا شهیدان اعتقاد. گئورگ هروگ/ ترجمه ح منصوری.
افغانستان ویتنام شوروی خواهد شد که علتی مهم در فروپاشی اردوگاه بود. برژینسکی

از سده 20 عدم برنامه آمریکا در شکوفانی اقتصادی، تز ایزونهار و برژینسکی در حمایت از مذاهب بضد شوروی، جمعیت جوان بیکار، موعظه مفتیان، ائمه جمعه، خاخامهای رجعتگرا، فروش اسلحه و مداخله نظامی در خاور میانه منجر به پیدایش بنیانگرایان سلفی مانند القاعده، النصره، داعش شد. پس از شکست داعش، خاورمیانه مانند بالکان در دهه 1990 به جنگهای ثانوی، فرقه ای، قومی، مرزی خواهد انجامید.

لیز سلای در واشنگتن پست 110916 در باره مداخلات نظامی آمریکا در خاورمیانه نوشت. او 10 جنگ در انتظار وقوع همراه با عملیات انتحاری و کوچ پناهجویان را پیش بینی کرده که در اینجا به 20 جنگ زیر تکمیل شده؛ باید به روز و بیشتر شوند.

1-بین کردهای سوری روژآوا با حمایت آمریکا و نیروی عرب با حمایت ترکیه- این جنگ در سپتامبر 2016 در جابلوس آغاز شد. عربهای سنی بضد اسد، داعش، کردها می جنگند. در نقاطی چون رقه و حلب بمباران هوایی آمریکا بر داعش، گاهی به صف مقدم دولت نزدیک می شود. باید افزود کردها هم مانند بقیه اقوام تضادهای درونی خود را داشته؛ که گاهی خونین اند. احرار الشام، جبهه فاتح الشام بار دیگر به محله کردنشین شیخ مقصود در حلب حمله کردند. در جریان آن 7 غیر نظامی، از جمله 3 کودک، کشته شدند

با دوربین پهباد فراز شهر حمص-سوریه 2016 تخریب و تخلیه دیده می شود. جنگهای کنون کلنگی کردن شهر بوده؛ نه تک تیراندازی 2طرف بهم. تخریب خانه، مدرسه، دبستان، بیمارستان، دادگاه، بازار، پاسگاه پلیس، کلینیک، دکان- یعنی نهادهای مدنی 100 سال اخیر را نابود می کنند. دفن مردم، جانوران، کودکان در هوار خانه- بر شهر

شبح مرگ را حاکم می کند. در سوریه مردم برای انتخابات آزاد تظاهرات کردند. ولی با اسلحه از همسایگان به منقدان، شهرها کلنگی شدند.

2-ترکیه و کردهای سوریه. آیا ترکیه توان جنگ در 3جبهه سوریه، عراق، دیار بکر را دارد؟ ترکیه مخالف اسد، داعش، جداسری کردها می باشد. در آغاز سپتامبر 2016 ترکیه ستون تانک به شمال سوریه برای جنگ با روژاوا و داعش فرستاد. این جنگ شبیه جنگ 1 است. آمریکا در کانتون روژاوا نیروی زبده آموزش نظامی دارد. همان ماه جتهای آمریکا سیگنالهای بمبافکنهای سوری را بر فراز کردستان مخدوش کردند که سهو بمب افکنی را موجب شدند.

3-کردهای سوری و دولت بعثی اسد. شمال سوریه تهدید برای ترکیه و دولت مرکزی سوریه قلمداد می شود. کردها تاکنون مناقشات، توافقات، جداسری، آتش بس با دولت مرکزی داشته اند. خودگردانی کردها، شرکت زنان در امور نظامی و اجتماعی، کمیته های محلی- مترقی و مهم اند.

4-ترکیه و کردهای پ ک ک. اردوغان مبارزه علیه پکک را در حال حاضر، بزرگترین عملیات نیروهای ترکیه علیه این گروه خواند. از ژوئیه ۲۰۱۵ یعنی از زمان نقض آتش‌بسی که با کمک اوجالان از زندان بین ترکیه و پکک برقرار شد، هزاران نفر جان خود را از دست داده‌اند. اوجالان اخیرا گفت: جنگ با ترکیه ظرف 6 ماه پایان‌یافتنی است. پ ک ک مسئولیت قتل مقام محلی حزب حاکم ترکیه را برعهده گرفت؛ خبر 111016.

ترکیه سنی حنفی در غرب، شافعی اکثرا کرد در شرق داشته؛ نیز 25 میلیون شیعی و علوی دارد. حملات ماه‌های اخیر در ترکیه گردشگری را در اوت نسبت به سال پیش 38% کاهش داد. در 6 اکتبر 2016 در قندیل یک اف16 ترک را موشک ضد هوایی پ ک ک ساقط کرد. پکک در فهرست گروه‌های تروریست در آمریکا و اتحادیه اروپا است. بیش از ۴۰ هزار نفر- اکثرا کرد و کمی هم ترک در جنگ با دولت کشته شده‌اند.
http://www.bbc.com/persian/world/2016/09/160912_l31_ocalan_turkey_pkk_peace

5-کردهای عراق با دولت بغداد. باگسترش اقلیم کردستان گفته شده. مناطقی که با خون پیشمرگه فتح شده؛ پس از شکست داعش، به دولت مرکزی پس داده نخواهند شد. گرچه اردوغان برای عبادی و اسد خط و نشان می کشد. ولی بخاطر سرکوب کردها، او جدیدا به اسد کمی نزدیک شده؛ در آینده نیز به عبادی نزدیک خواهد شد.

6-کردهای عراق و میلیس شیعی حشد شعبی/ بسیج مردمی. وضع شیعیان مسلح اغلب با حمایت ایران مانند جنگ8 زیر است که هماکنون در توز-خورماتو بجوش آمده است. آنها در جبهه فلوجه، تکریت در مقابل بمباران جنگنده های آمریکا و اقلیم کردستان پیروزمندی داشته اند.

7-کردها بضد کردها یعنی متحدان آمریکا با هم نزاع دارند. در دهه 1990 کردهای عراق در 2 جناح، جنگ داخلی داشتند. یک جناح دشمن قسم خورده کردهای سوریه. دیگری متحد آنها ست. کردهای سوریه هم میان خودشان اختلاف دارند. در تظاهرات 101015 علیه رئیس اقلیم کردستان عراق، 2نفر در سلیمانیه کشته شدند. بآنها برای ورود به مقر حزب دمکرات کردستان/ دپک تیراندازی شد. روز قبل هم در رویدادی

مشابه، 2 نفر دیگر کشته شدند. سکوت اقلیم کردستان عراق در کردزدایی جنوب ترکیه و شمال سوریه هم تضاد شعار و عمل آنها را عریان خواهد کرد.

بارزانی ۶۹ ساله، متحد غرب در جنگ با داعش، 10سال رهبر اقلیم خودگردان کردستان است. مخالفانش او را مقام‌پرست، رانت‌خوار، پارتی‌باز، باحکومت فامیلی متهم می‌کنند. پسر او، رئیس سرویس امنیتی و خواهر زاده‌اش نخست وزیر اقلیم کردستان است. در خاور میانه خودی، قبیلگی، فامیلی، اعتماد بر شایسته سالاری و تخصص اولویت دارند.

8-اعراب سنی بضد شیعی، کرد سنی، فرق دیگر. در تعقیب داعش برخی نواحی سنی به دست کردها یا شیعه های مسلح افتاده اند. شایعه های ستم شیعی یعنی جابجایی/ پاکسازی بزور ساکنان سنی، زندان کردن مردان سنی، تصاحب املاک به سوءظن طرفین می افزایند. شکست داعش تضاد با شیعی را با مشاطه گری وهابیان عربستان تشدید کند. سنی ها بضد شیعیان و حکومت اکثریت شیعی بغداد خیزش کرده اند. ولی بسیاری سنیها با کردها و شیعیها برای جنگ با داعش متحدند.

سیاست ضد سنی نوری مالکی حزب الدعوه سنیها و بعثیهای عراق را به دامن داعش انداخت. در موصل سنی، کرد، آشوری، ترکمن، شیعه اند که با آزادی شهر تناقضات این فرق و اقوام خونین خواهند شد. حتی فرقه شیعی دولت حیدر عبادی، حزب الدعوه، میلیس امام صدر، حشد شعبی، چریکهای طرفدار ایران بجان هم خواهند افتاد.

9-بقایای داعش و همه بازیگران منطقه. شکست نظامی داعش با راهکار سیاسی مشکل خواهد بود. با از دست دادن سر زمینهای اشغالی، جوخه های محلی داعش با مردم و دولت محلی برخوردهای انتحاری و نظامی خواهند داشت. گرفتن اسلحه از آنها مشکل خواهد بود. بقایای داعش هنوز نیمی از مناطق خلافت را داشته که بدون رهبری واحد خلافت البغدادی گروههای بجامانده با خود و دیگران جنگ خواهند کرد.

10-اسراییل و غزه. برخی جوانان عاصی حماس با انداختن موشک به روستاهای مرزی یهودی موجب بمباران تنبیهی اسراییل بر نقاط شهری غزه می شود. این چرخه قهر مدام تکرار می شوند. گاهی انسانهای خیر مانند کشتی ترک هم به این منازعه کشانده می شوند.

11-آمریکا و سوریه. در 5سال گذشته این جنگ در فرصتهایی می توانست آغاز شود. زیرا اوباما خواهان براندازی اسد بخاطر فشار عربستان و 2 پایگاه روسیه در آنجا است. سارا واگن کنشت عضو فراکسیون چپ مجلس آلمان در تلویزیون ملی گفت: غرب افراطیون اسلامی را در سوریه تقویت کرد تا اسد را از قدرت براند. نه بخاطر دیکتاتور بودن او بلکه برای آن که پای منافع اقتصادی در میان بود.

همین اروپا مگر بخاطر منافع اقتصادی با رژیم های دیکتاتوری چون عربستان که گردن می زند؛ شکنجه می کند قراردادهای جامع منعقد نمی کند؟ گناه اسد در این میان آن بود که سیاستی در جهت طرح مورد علاقه آمریکا و قطر به عنوان مثال در پیش نگرفت. این گونه بود که ناگهان شریک تجاری دیروز به مرد بد امروز تبدیل شد.
https://m.facebook.com/story.php

12-ترکیه و سوریه. ترکیه رابطه خود با روسیه، ایران، اسراییل را بهبود داده؛ آنها به ترکیه چراغ سبز برای گسیل تانکها در سپتامبر 2016 بداخل سوریه زدند. پس از شکست داعش، نیروی ترکیه خود را رو در روی ارتش اسد؛ مثلا در حلب می یابد. آیا ترکیه نیروی خود را، با سابقه اشغال شمال قبرس سنی دهه 1970، خارج خواهد کرد؟ در شمال حلب ترکمنها متحد ترکیه اند.

13- ترکیه و عراق. تنش العبادی و اردوغان بالا گرفته است. ترکیه در اردوگاه نظامی بعشیقه، شمال عراق، نزدیک موصل، به مردم آموزش و تجهیزات می دهد تا با داعش بجنگند. آنها در تنش لفظی سفرای خود را فرا خواندند. نخست وزیر عراق به ترکیه هشدار داد که با داشتن سربازان خود در عراق، «جنگ منطقه ای» به پا می کند. خبر 111016.

ترکیه قدرت مهم سنی در موصل، با کثیری ترکمن سنی، است. ترکیه با دولت شیعی حیدر عبادی روابط گرمی نداشته؛ مخالف شرکت شبه نظامیان شیعه در حمله به موصل است. اردوغان به عبادی گفت: "حد خودت را بدان.. تو در سطح من نیستی .. ارتش جمهوری ترکیه در موقعیتی نیست که از تو دستور بگیرد.. باید درک کنی که ما کاری را که بخواهیم می‌کنیم."

در موصل داعش در محاصره است. ولی معدن سولفور نزدیک شهر را آتش زدند. گازهای سمی برای تنفس مردم و نیروهای ارتش مضرند. مقامات ترک، دلایل حضور نظامی خود در عراق را نگرانی از رخدادهای پس از شکست داعش و آزاد سازی شهر موصل برشمردند. رسانه‌ها دلایل را اینگونه دسته بندی کردند: نگرانی از

۱- بدل شدن منطقه تل عفر- محل تمرکز ترکمن‌های سنی نزدیک موصل- به پایگاه ایران برای بسیج شیعی عراق و سوریه.

۲- پیچیده تر شدن بحران سوریه با کوچ داعش از موصل به رقه در سوریه، بدون دفن مردگان خود.

۳- تحکیم پایگاه نظامی و حضور نیروهای حزب کارگران کردستان/ پ ک ک در کوهستان شنگال.

۴- منتقل نشدن قدرت سیاسی به سنی‌ها پس از راندن داعش از موصل.

۵- شدت گرفتن جنگ‌های فرقه‌ای و مذهبی پس از راندن داعش از موصل.

موافقان و مخالفان حضور ترکیه در عراق، مقامات عراقی را به دو جبهه سیاسی بدل کرده اند. در این بین اگرچه وزن مخالفان سنگین‌تر است؛ در این مسیر همه برگ‌های خود در مخالفت با حضور ترکیه در عراق را به کار بسته‌اند. اما موافقان ماندن ترکیه در عراق با وجود تعداد کم، با بهره گیری از روابط بین‌المللی، فضا را برای ماندن ترکیه در عراق مهیا کرده‌اند.

مخالفانِ ماندنِ ترکیه در عراق را شیعیان این کشور تشکیل می‌دهند که در دولت، پارلمان و نیروهای نظامی موسوم به بسیج مردمی شیعه، حضور دارند. این طیف سیاسی که آشکارا از سوی ایران حمایت می‌شود، نگرانی ترکیه از اجحاف در حق سنیان موصل و ترکمن‌ها را پس از آزاد سازی موصل بی جهت دانسته؛ نگرش ترکیه بر همسانی داعش و حشد شعبی/ بسیج مردمی شیعه را بی‌اساس می‌داند.
http://ir.voanews.com/a/iraq-turkey-isis/3544512.html

14-عربستان و یمن. این جنگ در چند جبهه القاعده در شرق عدن، بخشی از ارتش منصور هادی، حوثیها و وفاداران ارتش به صالح، بمباران هوایی عربستان در صنعا تاکنون 10 هزار کشته یمنی بجا گذاشته. در تجاوز به یمن عربستان سعودی، آمریکا، مصر، بحرین، امارات، قطر، کویت، سودان شمالی، اردن، مغرب در ائتلاف شرکت دارند. ارتش آمریکا در واکنش به پرتاب موشک به سمت کشتی‌های جنگی این کشور در دریای سرخ 3 رادار در سواحل یمن را هدف قرار داد. با وجود القاعده و داعش حوثی‌ها پرتاب موشک به سمت کشتی‌های آمریکایی را تکذیب کرده‌اند. DW.com131016

در ادامه آمد: جنگ افزار از بریتانیا و آمریکا در تداوم حملات عربستان بکار رفته؛ یمنی ها هم نیز این را می دانند. آمریکا نیز کمک های اطلاعاتی و امکانات تجدید سوختگیری به عربستان می دهد. حتی قبل از حمله هوایی اکتبر به محفل عزاداری، اتهاماتی زده شده بود؛ که حملات هوایی عربستان در یمن نقض کنوانسیون ژنو بوده؛ احتمالا جنایت جنگی محسوب می‌شود.

در حملات ائتلاف به رهبری عربستان به مواضع شورشیان حوثی در یمن بیش از ۴۰ نفر در اردوگاه آوارگان المزرک کشته؛ بیش از ۲۰۰ تن زحمی شدند. سازمان جهانی مهاجرت پیشتر شمار کشته‌شدگان را ۴۵ تن اعلام کرده بود. دولت بریتانیا که روابط دیرینه پرمنفعت دفاعی و بازرگانی با عربستان سعودی دارد، در یک اقدام بی سابقه درخواست کرده که تحقیقات جاری در باره حمله به یک مراسم عزاداری در یمن با ۱۴۰ نفر کشته، با مشارکت این کشور انجام شود. خبر 131016

15-مرز پاکستان و افغانستان. پهبادهای آمریکا سران داعش، طالبان، القاعده را در آنجا می زنند. افغانستان با خسارت میلیونی انسانی، نابودی بناهای نوین مانند بیمارستان حتی موزه های هنر گذشته روبرو شد.

16-انگولک عربستان در ایران. اختلاف این 2 کشور 3محور در خلیج فارس دارد: شیعی- وهابی، رقابت ژئوپولیتیک، خواست ایران به خروج و عربستان به حضور آمریکا. تسلیح مجاهدین بوسیله عربستان بضد ایران. شرکت رییس اسبق استخبارات عربستان، ترکی الفیصل در همایش با شکوه آنها در پاریس کرکری خواند. دربندان لیبرتی آزادشده با حمایت مالی عربستان جمع شده؛ از راه آبی در جنوب عملیات ایذای ایران خواهند داشت. مقاله زیر کمینه یک شکل ممکن رویکردِ راهبردی ایران به سوریه و منطقه را کمی روشن می‌کند؛ که دشمنی عربستان را اثبات می کند.

در شماره 091016 گاردین آمده: در طوفان آتش و خون عراق و سوریه، ایران خود یکی از آتش بیاران اصلیش بوده. استراتژی ایران تامین مسیر زمینی از تهران به دریای مدیترانه از شمال غرب عراق است. این سلطه بی سابقه ایران بر منطقه لِوانت یعنی سوریه و لبنان و خاورمیانه به طور کلی- قدم بعدی ایران در اعمال هژمونی بر حاشیه جنوبی خلیج فارس را تسهیل می کند.

نشریه گاردین نوشت: انگیزه درگیری ایران بسط هلال شیعی از تهرانّ به بقعوبه، شیرقات، شنگال/ سنجار، قمیشلی، کوبانی، حلب، لاذقیه- یعنی وصل ایران به دریای مدیترانه است. گرچه قرائنی وجود دارند؛ ولی این "وصل" نامتجانس و پنداری است. https://www.theguardian.com/world/2016/oct/08/iran-iraq-syria-isis-land-corridor

حدود ۳۰۰ جنگجوی پیشین داعش در زندان سوریه اند: کسانی که یا از این گروه جدا شده و فرار کرده اند، یا حین نبرد، اسیر شده اند. در میان آنها، شهروندان فرانسه، هلند و لهستان هم وجود دارند. http://www.bbc.com/persian/world-37648036 گزارش می‌افزاید بسیاری از بازیگران محلی درگیر از کل نقشه ایران مطلع نیستند. اما ایران احتمالا واکنش احتمالی کشورهای منطقه و غرب را به درستی محاسبه نکرده. اصرار ترکیه بر شرکت در عملیات موصل و شاید دخالت اخیرش در منطقه جرابلس جدا از اهمیتش در مقابله با روزآوا نشانه‌ی هراس ترکیه از برنامه وصل تهران به مدیترانه است. 091016FB K Matin

استدلال مطرح در این مقاله به تمامی قابل قبول و عملی به نظر نمی رسد. زیرا تعداد زیاد قطعاتِ متحرک- نیروهای مختلف با منافع، اهداف، همپیمانان متفاوت- در آن امکان هماهنگی و کنترل موثر آنها را برای یک قدرت واحد در قواره ایران خیلی محدود می‌کنند. ضمنا مقاله به چگونگی شرکت و نقش روسیه در این استراتژی -که قطعا باید حیاتی باشد- نیز اشاره نمی کند.

17- کشمیر، شمال آفریقا. هند و پاکستان 2 جنگ ناتمام داشته؛ اکنون تنش ها در مرز جامو و کشمیر افزایش یافته. با پیدایش تکفیریان در این منطقه هم کارهای انتحاری رخ خواهند داد. اعمال انتحاری در لیبی، داعش در سینا/ مصر، الجزیره را می توان افزود. در حمله مردان مسلح به یک ایست بازرسی صحرای سینا ۱۲ عضو ارتش مصر کشته شدند. در این درگیری ۱۵ مهاجم داعشی کشته شدند. صحرای سینا در 2 سال اخیر بارها صحنه حملات مرگبار گروه‌های اسلامگرای افراطی بوده؛ اما حادثه امروز اولین حمله عمده در مرکز صحرای سینا است. خبر 141016.

18-کارهای تروریستی در آسیای مرکزی مانند تاجیکستان، ازبکستان، ترکمنستان، قرقیزستان، قزاقستان. این کشورها پس از جدایی از شوروی، هر کدام جمهوری سکولار استبدادی دارند. چند هزار جوان جهادی آنها در عراق و سوریه در صف داعش می جنگند. برخی از آنها برگشته؛ بخشی از چین غربی سنی و اقلیتی شیعی در تاجیکستان را جذب خواهند کرد.

19- شیعه کشی در پاکستان و افغانستان. در حمله به عزاداران شیعه در تاسوعای سخی، غرب کابل ۱۴ نفر کشته شدند. قتل گروهی شیعی در پاکستان هم هفتگی است. داعش در مرز شرقی افغانستان، ننگرهار، با پاکستان با دولت درگیری داشت. خبر 111016 و 221016.

20- اختلافات مرزی آذربایجان و ارمنستان. اختلافات ترکیه و قبرس، مقدونیه، یونان. اینها هم با بهانه ای مشتعل خواهند شد.

وقتی به تسلیحات جهادیگران نگاه شود؛ اکثر آن از آمریکا و روسیه آمده اند. جهادیها با حمله به پایگاههای دولتی اسلحه مصادره کرده؛ نیز عربستان، قطر، ترکیه از تسلیحات خریداری شده خود از آمریکا بسته های تخریب و قتل را به آنها مجانی می دهند. جنگهای پس از ج ج 2 با مسلسل و تفنگ تکزنی می شد. ولی اکنون با تسلیحات جدید توان تخریب بناها، نابودی انسانها، مانند زلزله کور است. ابزار تخریب و قتل جدید روی مغز سربازان و مردم زیر بمباران عوارض ذهنی پدید می آورد. این عارضه ها خود کشی، اعتیاد، دگرآزاری، خشونت خانوادگی را همراه دارند. انفجارات آلاینده های

سرب، جیوه، کادمیوم را در آب، خاک، هوا کاشته؛ موجب زیانهای ژنتیک در انسان، جانوران، گیاهان می شوند.

سنگینی سیمان، خاک ساختمانها، آتش سوزی برای نابودی انسانها از تک تیراندزی مهلکتر اند. مرزهای خلافت داعش در عراق و سوریه بسرعت آب می روند/ تقلیل می یابند. خلافت، امارت، عدم انتخابات القاعده، النصره، داعش جانشین حکومتهای استبدادی سکولار شدند. چرا سکولاریسم با شریعت در این کشورها تضاد دارد؟

جنگ در 10 سال آینده در خاور میانه 4گونه خواهد بود: دولتها با هم، کردها با دیگران، سلفیها با اقوام دیگر، اقلیمی با دولت مرکزی. برخی جنگهای زیر آغاز شده اند. حتما بیشتر هم خواهند شد. ترکمنهای عراق و سوریه با حمایت ترکیه؛ کردهای غرب و الاحوازیه جنوب ایران با حمایت عربستان؛ بلوچهای شرق ایران با حمایت پاکستان هم در راهند.

با انباشت سرمایه بومی جنگهای کلنگی 20گانه نیابتی فوق بسرکردگی جناح نظامی آمریکا منطقه را بخاک و خون کشیده. توجه شود دولتهای منطقه ثبات و خردگرایی غربی را نداشته؛ امکان خیزش درونی، کودتا، تمرد مسلحانه، اعتراضات خیابانی همیشه وجود دارد. لذا عربستان به سرنوشت ایران در انقلاب بهمن 57، ترکیه با کودتای ژوییه 2016، ایران با جنبش سبز 88 می تواند روبرو شود. بیرون گذاشتن نیمی از جمعیت یعنی زنان از چرخه تولید علت بزرگی در عقب ماندگی خاورمیانه است.

حاصل این جنگها قتل و نقص بدن در خانواده در 450 هزار نفر در سوریه، بیشتر در عراق، کمتر در افغانستان، یمن، مناطق کرد نشین ترکیه شد. پناهجویان و جابجایی 10 میلیون عراقی، سوری، افغان برای غرب بویژه با امکان جهادیون انتحاری در غرب تحمل ناپذیر شده. اعمال ضدانسانی جهادیها با بمباران هوایی، پهبادهای مسلح، موشکهای تخریبی آمریکا، عربستان، ترکیه؛ اکنون روسیه و دولت سوریه همراهند.

داعش تا اکتبر 2016 نیمی از قلمرو خود، شهرهای مهمی چون کوبانی، قریتین، منبج، تکریت، فلوجه؛ یک سوم درآمدزایی و اخاذی از مردم، نصف نفراتش را از دست داده؛ فتح موصل هم آغاز شده؛ یورش به رقه پس از حلب هم در راه است. نواحی مستعد دیگر برای آرمان داعشی در منطقه بقرار زیر اند: نیجریه، افغانستان، عربستان سعودی، الجزایر، مصر؛ نقاطی در غرب.

با از دست رفتن توان مالی-عملیاتی حمله‌های داعش افت کرده؛ در 2014 ماهی 200 حمله داشت. داعش در رقه و موصل تا نیمه 2017 شکست خواهد خورد. ولی داعش با ایده الوژی افراطی، جهادی، صدر اسلام در بین جوانان بیکار در 36 کشور و با اینترنت در برخی نقاط در غرب نفوذ خواهد داشت.

در سوریه هر ده و روستا با جوخه های جوانان مسلح اند. آنها تا 1000 واحد نظامی جنگنده پدید آورده که با دولت و با همدیگر در جنگی بی انتها و ویرانگر مشغولند. در ضمن عملیات انتحاری همیشه مردم را تهدید می کنند؛ نمونه افغانستان، عراق، ترکیه. در سوریه آتش بس هوایی آمریکا و روسیه بجایی نخواهد رسید؛ هماکنون در مذاکرات آتش بس در سوریه به گل نشسته. زیرا جنگ هوایی با میلیس پنهان بین

آمریکا در خاور میانه کنونی

مردم منجر به بمباران بیمارستان، مدرسه، خانه های مسکونی بوسیله آمریکا در افغانستان، عربستان در یمن، روسیه در حلب می شود.

آرامش دهه 1960 در منطقه یک رویاست؛ یعنی گذشته با 2 ابرقدرت و منطقه در پی دمکراسی تکرار نخواهد شد. مشی سبز ایزنهاور پس از ج ج 2 یعنی اتحاد تلویحی با مذهب بضد الحاد شوروی نیز از دهه 1970 با تز کمر بند سبز برژینسکی بضد شوروی با کاشتن باد، اکنون طوفان درو می کند. البته این جنگها بنفع جناح نظامی آمریکاست؛ لذا ادامه خواهند یافت. تسلیح جهادیگرا در منطقه را آمریکا برای تضاد با شوروی آغاز کرد؛ آنها را رزق و روزی داد- شمال غربی پاکستان، افغانستان، لیبی، سوریه. مداخله آمریکا هم برای جناح نظامی سود داشت؛ هم مطابق سلیقه جناح صنعتی مخالف الحاد شوروی بود.

اکنون آمریکا منطقه را از سکولاریسم استبدادی گذشته زدوده؛ اسلامگرایی تمامخواه را در نبود اردوگاه حمایت می کند. درگیری منطقه با آمریکا بنفع جناح نظامی مدتها – در 5 سال آینده ادامه خواهد داشت. جنگهای دیگر هم در آینده پیش خواهند آمد: دولتها با اپوزیسیون- در عربستان، قطر، بحرین، کویت، ترکیه، ایران. حضور نظامی آمریکا تابع توطئه غیبی نبوده؛ بخاطر منافع اقتصادی است. تئوری توطئه از فاکتها آغاز کرده؛ به ارتباطهای واهی بین آنها می پردازد؛ تا کل را بیشتر از اجزایش بنمایاند.

گفته شده تئوری توطئه مانند تکثیر پشه در مرداب جامعه ای است که 5مسئله دارد: عدم اعتماد، نهادهای مدنی ضعیف، رسانه های خصوصی کنترل شده، نخبگان مخفیکار، فنآوری بدوی. فنآوری بدوی امکان نشر حقیقت را کند و امکان شایعه را سریع می کند. کشتن تئوری توطئه یکی یکی بیهوده است؛ باید مرداب را خشک کرد؛ یعنی 5 مسئله فوق را حل کرد. در آمریکا روپرت مرداخ، راش لیمبو، فاکس نیوز بخش متنابهی از رسانه ها را در کنترل جناح راست حاکمیت دارند.

هزینه جانی، مالی، انسانی حضور تسلیحات آمریکا در منطقه به جامعه آمریکا هم خسارت می زند. مرکز اطلاعات اجرای احکام آمریکا گفت: بیش از ۸۰۰ هزار تن از سربازان بازنشستهی جنگ ویتنام و ۳۰۰ هزار سرباز پیشین آمریکا در عراق و افغانستان، علائم PTSD یعنی اختلال تنشزای پس از حادثه دارند. کارشناس براکتون هانتر گفت: «بدون کمک و مراقبت، امکان این وجود دارد که در این کهنه سربازها که بیشتر با الکل و مواد مخدر خودشان را درمان می‌کنند، رفتاری خودویرانگر، خودکامانه و گاهی خشن پا بگیرد.» 131016 http://www.dw.com برای اقناع آمریکایها برای تهیه ویدیو تبلیغ رسانه ای جنگ عراق، پنتاگون به یک شرکت روابط عمومی 500 میلیون دلار داد. https://www.facebook.com/BenSwannRealityCheck/videos/1225315250866756

تمام این اختلافات بی ثباتی منطقه را دامن خواهند زد. آشوب دولتها را ناکارآمد خواهد کرد؛ برخی را مانند سومالی بی دولت؛ برخی را با دولت ضعیف مانند سوریه، عراق، لیبی، افغانستان می کند. فساد دولتی، اخاذی، ارتشاء گسترده تر شده؛ منجر به ظهور انواع داعش رجعتگرا در نقاط جدید خواهد شد. شرایط جدید هرگز مانند گذشته نبوده؛ لذا احیای گذشته کذب است.

پدیده عوامفریبی رجعتگرایی به "گذشته طلایی" حتی در آمریکای ابرقدرت مدرن هم اقلیت بزرگی را مسخ و بسیج می کند- پدیده دونالد ترامپ. کل جناح نظامی آمریکا در

خاور میانه جلوی اشاعه مدرنیسم را می گیرد- عربستان نمونه این راهکار آمریکا ست. ولی جناح مالی و صنعتی برای تجارت و صلح می کوشند. نهاد های مدنی مترقی برای پیشبرد علم، حقوق بشر، امور خیریه در جهان و سازمان ملل می کوشند.

منابع. 28/09/2018 خبر روزانه با تاریخ وقوع "سال ماه روز" در برخی مفصلها از خبر سایتها و فیسبوک FB اند.
http://www.mashreghnews.ir/fa/mobile/400200 اخبار لحظه به لحظه از یمن.
https://mejalehhafteh.com/2016/12/01/ لیست حامیان بین‌المللی داعش افشا شد. این گزارش6کشور زیر را در حمایت از داعش نام برد. نقش هر یک از آنها در این حمایت به اختصار بیان شد:

* عربستان-در 2006، عربستان از آمریکا دستور مستقیم برای تشکیل داعش در عراق برای جلوگیری از نزدیک شدن روابط این کشور با ایران دریافت کرد. در 2011، عربستان از شورش مسلحانه در شهر درعای سوریه پشتیبانی کرد. به حمایت مالی و تسلیحاتی از همه عناصر مسلح در سوریه پرداخت. جبهه بندی بین این عناصر را حفظ کرد تا از استقلال آنها بکاهد.

* ترکیه-دولت ترکیه گذرگاه امنی را برای عناصر مسلح جهت عزیمت به شمال سوریه فراهم کرد؛ جبهه النصره را با همکاری عربستان ایجاد کرد. این کشور گروه مسلح موسوم به «جیش الفتح» را در عملیات یورش در شمال سوریه 2015 فرماندهی کرد. میزبان سران گروه‌های مسلح بود. فروش نفت داعش را سازماندهی کرد؛ خدمات پزشکی به داعش ارایه داد.

* قطر-در 2011 تا 2013، قطر میلیاردها دلار به گروه اخوان المسلمین مرتبط با گروههای مسلح نظیر گروه «فاروق» اف.اس.ای داد. بعد از 2013 قطر از ائتلاف جیش الفتح با محور ترکیه– عربستان حمایت کرد.
*اسرائیل-همه جنگجویان مسلح در سوریه را با سلاح و تقدیم خدمات پزشکی یاری رساند. داعش و جبهه النصره از جمله این گروهها بودند که اسرائیل حمایت کرد. بعلاوه مراکز هماهنگی در جولان اشغالی سوریه برای آنها ایجاد کرد.

* انگلیس- به عناصر مسلح در سوریه به منظور همکاری نزدیک با هسته های القاعده تسلیحات فرستاد. این کمک ها برای گروههای مسلح یاد شده به طور منظم ادامه یافت.
* فرانسه- خط مشی انگلیس را در کمک تسلیحاتی منظم به گروههای مسلح در سوریه دنبال کرد.

* آمریکا- نقش آن در حمایت از داعش فراگیرتر بود؛ هدایت و هماهنگی همه فعالیت‌های کشورها و طرف‌های حامی داعش را بر عهده داشت. از پایگاه‌های نظامی در ترکیه، قطر، اردن، عراق و عربستان برای این منظور استفاده کرد. آمریکا داعش را از مناطق کردنشین دور و آنها را رها کرد تا به سوریه حمله کنند. به‌گفته برخی مسئولان عراقی، آمریکا به داعش در زمانهای خاصی حتی به طور مستقیم از طریق هوایی سلاح می‌رساند.

قیاس ایران و آمریکا سده 21

در سده 21 ایران 2 هدف رسیدن به قدرت منطقه ای و عضویت در جی20 و سازمان تجارت جهانی WTO را دنبال می کند. ولی 2جناح حاکمیت اصولگرا در پی انباشت سرمایه بومی و صدور سرمایه به منطقه و اعتدالگرا برای گسترش طبقه متوسط و رابطه با سرمایه جهانی اند. سود تابع عرضه و تقاضای پول در بازار خردگرا است. ولی صدور سرمایه با آرمان گسترش شیعی از اصل سود پیروی نمی کند.

ایران از جامعه تولید آسیایی قرن 17 با حضور استعمار به سرمایه داری رانتیر کنونی رسید. آمریکا از جامعه قبیلوی سرخپوستان با ورود استعمار اروپایی قرن 17 به سرمایه داری، سپس استعمار، در قرن 20 به امپریالیسم رسید؛ از دهه 1970 به مالیگرایی/ فایننسیالیزاسیون و گلوبالیزاسیون در گذار است.

ایران و آمریکا منافع مشترک استراتژیک حاکمیت اکثریت در یک کشور، شکست گروههای جهادی سلفی، بهبود جو و زیستبوم، تخفیف موج پناهجویان به غرب در خاورمیانه را دارند. ولی فرهنگ ایران گذشته گرا و فرهنگ آمریکا آینده نگر است؛ این تفاوت در مراودات کنونی نقش دارند. هرکدام 2 جناح متخالف، در آمریکا لیبرال و محافظه کار، در ایران اصولگرا و اعتدالگرا داشته که رابطه 2 ریاست جمهور را متشنج می کنند. آمریکا در هندوچین 4 میلیون کشت؛ ولی اکنون با ویتنام رابطه دیپلماتیک و تجاری دارد.

ایران نیاز به گسترش مراودات جهانی نه تنها برای فروش نفت و گاز بلکه برای تعادل زیستبوم دارد. در 100 سال گذشته آلاینده ها در خاک، رود، دریا انباشت شده؛ سبب گرمایش زمین، خشگسالی، مرگ، سمی شدن موجودات و آب شده اند. در ایران بصورت کم آبی بخاطر چاههای عمیقتر به سفره های آب زیر زمین، گذار به کشاورزی قطره ای مانند اسراییل، شیرین کردن آب دریا مانند استرالیا، لوله کشی به زمینهای کشتی مانند کالیفرنیا مطرح اند.

در آمریکا آژانس حفظ زیستبوم بخرج دولت با نظرخواهی 100 شرکت مسئول آلاینده ها مانند دارویی فآیزر، رایانه هانیول، رنگ شروین-ویلیامز، دیدبادن های محیط به پاکسازی رود پاساییک نیوجرسی می پردازد. این پاکسازی بهزینه 1.4 میلیارد دلار است که با لاروبی، جانشینی بستر سمی رود با سیمان، تمیز کردن آب، آشغال روبی کناره ها، دفن آلاینده می باشد. WP210816

گرچه گذشته گرایی جهانشمول است که در فرهنگ ایرانی افراط می شود. ویلیام وردزوورث در شعر شکوه علفزار گفت: اکنون باید تاسف ایام گذشته را خورد. پس از چند دهه از تمام انقلابات سده 20 اکنون لایه هایی از شهروندان تاسف رژیمهای پیشین را می خورند. نمونه کلیپ بی بی سی 190816 در باره غبطه عهد شوروی گروهی در روسیه کنونی؛ نظرات برخی ایرانیها در باره پیش از انقلاب؛ وضع اسفبار مصر، لیبی، عراق پس از سقوط دیکتاتورها.

بیژن باران

چرا در سنین بالا آدم تاسف جوانی را با رژیم حاکم آن عهد جانشین می کند؟ جوانی شیرین خود را جانشین تجربه سقوط رژیمی می کندکه میلیونها نفر در سرنگونی آن کوشیدند. حتی محبوبیت پرزیدنت بوش پسر بنا به نظر سنجیها در 10 سال گذشته در افواه عوام بهبود یافته است. چرا گذشته در خاطرات ما بهتر از حال است؟ حتی یک عده غبطه عهد ناصری، دوره رضاخانی، هخامنشی، صدر اسلام، صفویه را می خورند- از روی نوشته جات، عکسها، تبلیغات آن عهدها.

نقش آمریکا در کودتای 28 مرداد، حمایت از صدام با کاربرد بمب شیمیایی گاز سارین در 1367، عدم پذیرش ایران بمثابه یک نیروی منطقه– حس انصاف نخبگان ایران را جریحه دار می کنند. آمریکا هم با سلطه مالی، نظامی، فرهنگی در جهان و جنگ با معلول تروریسم، از تمرد یک کشور یاغی ناخشنود می شود. علل تروریسم عدم شکوفانی اقتصادی، فرهنگ پیشامدرن، بیکاری جوانان اند. 2نمونه سلطه فرهنگی:

هندرسن 2016-1928 پزشگ آمریکایی در راس مرکز کنترل و پیشگیری امراض و سازمان بهداشت جهانی از دهه 1960 بود. او سرانجام در دهه 1980 آبله را از بین برد که بیش از 300 میلیون انسان را کشته بود. در روز 15 المپیاد 2016 ریو، سلطه فرهنگی ورزش آمریکا با 121، چین 70، بریتانیا 67، روسیه 56، ایران 8 مدال رسید. آمریکا با 2 میلیون و 19 هزار، چین با 1 میلیون 549 هزار، روسیه با 847 هزار زندانی در جهان مقام 1، 2، 3 اند. هالیوود صدور فرهنگی به جهان دارد. کل درآمد 2010 هالیوود در جهان سینما و دی وی دی 100 میلیارد دلار بوده؛ ولی از 2009 با 110 میلیارد دلار افت را نشان می دهد.

اکنون با حمله مستقیم غرب به تروریسم، ریشه های نفوذ وهابیگرایی عربستان در حال خشگیدن اند. تروریسم خاورمیانه نتیجه سرمایه های وهابی در ایجاد مدرسه و مسجد- نه صنعت و کشاورزی اشتغالزا- پس از ج ج 2 بود که با تز کمر سبز برژینسکی بدور شوروی سکولار تبدیل به طوفان بنیانگرایی جهادی و بیخانمانی میلیونها پناهجو به خارج شد.

سرکوب تروریسم- فشار روی مسجد، مدرسه، جهادیهای مسلح در منطقه و اروپا را بیشتر کرد که منجر به زوال سلطه عربستان بر جهادیگران می شود. در پاکستان 180 میلیونی، از هر 3 کودک 2 تا به مدرسه رفته؛ یکی هم مدرسه را تمام نمی کند. لذا نبود فرهنگ مدرن و بیکاری جوانان، آرمان تکفیری رشد می کند. ترکیه با سرکوب کردها به ایران و سوریه ضد داعش پیوست.

نماد تروریسم در ذهن غرب حمله هوایی 11 سپتامبر 2001 به آمریکا بود. هزینه تمیز، بازسازی، پول به بازماندگان برجهای 2قلو و پنتاگون 1 تریلیون دلار شد که دولت فدرال و شرکتهای بیمه آنرا پرداخت ند. از 1 ژانویه 2015 تا 15 ژوئیه 2016 مقتولین تروریسم 28689 نفر بوده؛ 658 نفر آن در اروپا و آمریکا کشته شدند. ایران در آنها دست نداشت.

در اوج فشار بر ایران با گزینه نظامی روی میز برای "محور شرارت"، در 2003زمان بوش- چینی، 16 مقام امنیتی، جاسوسی، اطلاعاتی آمریکا اعلان کردند که برنامه هسته ای ایران تا بمب اتمی 2سال فاصله دارد. این تعویق، فرصت به پرزیدنت بعدی در مقابل جمهوریخواهان آمریکا داد تا به قرارداد هسته ای/ برجام رسید. نیز مقام امنیتی اسراییل- که اطلاعات آمریکا در باره ایران را سهیم بود- همین حرف را در تقابل با شتاب

و غلو نتانیاهو اعلان کرد. بخاطر مذاکرات مخفی هسته ای با ایران، اوباما در مورد جنبش سبز و حمله به سوریه منفعل بود.

چرا ایران به آمریکا فحاشی می کند؟ آنها چون فنجان و فیل از حیث قدرت مالی و نظامی اند. سرمایه بانکی جهانی در کنترل آمریکا بوده؛ از 200 کشور سازمان ملل تنها 2 کشور بدون رابطه دیپلماتیک کره شمالی و ایران به آمریکا نفرین می کنند. انتخابات و دمکراسی هم گاهی به ورود پوپولیسم/ عوامگرایی به ریاست جمهوری با مشت آهنین در فیلیپین کنونی یا بیلیاقتی در ایران 1380 منجر می شود.

ایران در 2016 با 75 میلیون نفر، برآورد 431 میلیارد دلار GDP و 5700 دلار سرانه تولیدی دارد. بودجه سالانه ملی 300 میلیارد دلار و هزینه سالانه هر فرد برای دولت 4000 دلار اند. 40% زیر خط فقر یا 30 میلیون مردم با درآمد 2 میلیون و 100 هزار تومان، 35% زیر خط فقر مطلق 400 هزار تومان، دریافت یارانه/ سوبسید از درآمد نفت، 60% جمعیت زیر 30سال اند. ۳۰ %مردم «گرسنه» و ۲۵% جمعیت شهری «حاشیه‌نشین» اند. این آمار و ارقام از سرشماری ناشی نبوده؛ بلکه نقل قول از مقامات کشوری اند. خط فقر 40% ایران 2برابر 20% آمریکا ست. در حالیکه نسبت GDP آمریکا/ ایران 42 برابر بوده؛ سالانه ثروت آمریکا 42 برابر ایران می شود. / http://www.dw.com/fa-ir

مالیگرایی آمریکا رشد تولید را کاهش داده. از ۲۰۰۵ تا ۲۰۱٤درآمد 70% جمعیت شاغل در کشورهای توسعه یافته راکد ماند. بنا به گاردین 13 ژوئیه 2016، گلوبالیزاسیون به مهاجرت دامن زده؛ نخبگان هم برای یافتن شغلهای مناسبتر بخارج می روند. تعداد ایرانیان در انگلیس 150 هزار نفر در 2015 بود. سالی 150 هزار جوان بخارج مهاجرت می کنند. خروج نخبگان یا دانشجویان به آمریکا در 2014 به 16% خارج شدگان رسید؛ 11 هزار و 300 نفر شدند. در 1978 ایران در آمریکا 51 هزار دانشجو داشت.

شمار دانشجویان عازم آمریکا 2برابر کانادا ست؛ ایران رتبه 11 در شمار دانشجویان خارجی در آمریکا را دارد. نسبت دانشجویان به سال پیش 11% رشد داشت که 320 میلیون دلار به اقتصاد آمریکا می افزایند. یونسکو اعلان کرد: آنها به آمریکا، کانادا، ایتالیا، آلمان، استرالیا، امارات، هند، بریتانیا، فرانسه، سوئد، مالزی با 14هزار دانشجو، ترکیه، تاجیکستان، امارات برای تحصیل می روند. در شمار مهندسان سالانه پس از روسیه و آمریکا، ایران سوم است.
http://ir.voanews.com/a/iran-brain-drain/3418301.html

ایران با 15 میلیون فارغ التحصیل دانشگاهی مقامی شامخ در خاورمیانه دارد. از ۱۲۵ نفر دانش آموزی که در 3 سال گذشته در المپیادهای جهانی رتبه کسب کرده اند هم اکنون ۹۰ نفر در دانشگاههای آمریکا تحصیل می کنند. از هر ۹۶ دانشجوی اعزامی به خارج، تنها ۳۰ نفر به ایران باز گردیدند. کشورهای چین، هند، کره جنوبی، عربستان بیشترین دانشجو را در خارج دارند.
http://www.bbc.com/persian/iran/2016/07/160711_l57_iranian_students_worldwide_migration

بنا به آمار 1371 سازمان ملل 240 هزار ایرانی با کارشناسی عالی در آمریکا کار می کردند. در 1385 متقاضیان متخصص و مدیر میانی به سفارت کانادا در تهران 182 هزار نفر بود. در 1393 دانشجویان ایران در خارج 120 هزار نفر بود. از ایران به 22 کشور 4-5 میلیون نفر مهاجرت کرده اند- بنا به اداره ثبت احوال ایران. آمریکا با 1.4 میلیون اول

بیژن باران

است که یک چهارم آنها کارشناسی ارشد و دکترا دارند. بنا به صندوق بین المللی پول 2009 مهاجرت نخبگان از 91 کشور، ایران اول است. تا 180 هزار دانشگاهی ایرانی برای رفتن به خارج اقدام کردند. کمیساریای عالی امور پناهندگان سازمان ملل ایرانیان پناهجو را 11 هزار نفر در 2009، 15 هزار سال بعد، 18 هزار در 2011 شمرد.

انقلاب پیش بینی ناپذیر است. سیاستمدار آلمان، وزیر خارجه برانت 1966 صاحب جایزه صلح نوبل 1971 Egon Bahr بود. باهر 2015-1922 در اوستپولتیک/ سیاست شرقگرا برای بهبود مناسبات با مسکو و بین 2 آلمان کوشید. او 4ماه پیش از فروپاشی اردوگاه در اوت 1989گفت: گفتن این که امکان واقعی وجود دارد که کشور من به وحدت برسد، دروغ است. در نوامبر 1989 دیوار برلین را مردم پایین آورده؛ اکتبر 1990 آلمان شرقی و غربی وحدت کردند. WP210816

پیشرفت اجتماعی و سیاسی عهد قاجار به توسعه اقتصاد ناهمگون دهه 1350 با درآمد زیاد نفت رسید. دکتر علیخانی، در بی بی سی بعبارت دیگر 24 مه 2016 این تحلیل را برای انقلاب داد: شاه ایده داشت، ولی برنامه نداشت. کشتیها در بنادر جنوب می ماندند-چون جاده، کامیون، بارانداز کافی نبود تا محموله تخلیه و توزیع شود. مبارزه با گرانفروشی بخشی از طبقه متوسط شهری را بضد رژیم کرد. رک مقدمه یاد داشتهای علم، علیخانی.

علل انقلاب بهمن 57 عینی و تاریخی اند. برخی علل بقرار زیرند: در 1977 عربستان تولید نفت را بالا برد با افت بهای هر بشکه؛ تابستان سالیوان سفیر جدید در تهران شد؛ اوت 1978 موسی صدر، زاده ایران و واسطه امام با قذافی، در لیبی ناپدید شد. این نوع تحلیلها تاریخ را نمایش پندار و گفتار و رفتار کاراکترها توصیف می کند نه بصورت علتها و معلولها، عوامل بیرونی و درونی، رشد کمی منجر به تبدیل کیفی.

مثلا در جمله عالیخانی با "ایده" چرا در 1357 نتیجه بد داد؛ ولی از 28 مرداد تا بهمن 57 نتیجه مطابق آمال هییت حاکمه بود؟ پس گویا شاه در این 25 سال هم ایده هم برنامه داشته؛ لذا در 1357 بالغتر هم باید شده باشد. دیگر اینکه چرا یکهو دبدبه اش خوابیده؛ گریان شد؟ در حالیکه 2شاه اردن و مراکش توانستند سلطنت را با ولیعهد خود تا 40 سال آینده حفظ کنند. هر 3 شاه متحد آمریکا بودند.

در دهه 1350 بزرگترین خرید تسلیحات تاریخ به مقدار 11 میلیارد دلار، بین کسینجر و طوفانیان انجام شد. این معامله برای منافع صنایع جنگی آمریکا بود؛ مانع سقوط شاه نشد. اگر این مبلغ در جهت کار، رفاه، فرهنگ حاشیه نشینان شهرها هزینه می شد؛ آنها موج تخریب بهمن 57 نمی شدند؛ مانند قیام خرداد 42 مهار می شدند.

آنها با مدرن شدن از شرکت در انقلاب اسلامی حذر می کردند. شاید اگر از 1342 ببعد انجمنهای شهر آزادانه رای می دادند؛ 25% وکلا و وزراء مستقل بودند؛ مردم 98% رای مثبت به رفراندوم فروردین 58 نمی دادند. اگر شیعیان خطری برای سلطنت نداشتند؛ باید درمجلس و دولت مشارکت می کردند. در حالیکه آنها بیرون از حاکمیت بودند؛ نهضت آزادی طالقانی، سحابی، بازرگان. برخی می گویند: آمریکا بخاطر حسودی پیشرفت ایران، انقلاب را راه انداخت. باید پرسید: چرا در کره جنوبی، تایوان، امارات/ دوبی آمریکا حسودی نکرد؟

آمریکا در خاور میانه کنونی

چرا ایران مدل تجارت آزاد سنگاپور را نگزیده؛ به نیروهای ضد آمریکا در خاور میانه کمک می کند؟ دلیل آرمانی عمده حمایت ایران از آزاد سازی قدس/ اروشلیم و حجاز یعنی مکه و مدینه است. دلیل دیگر تخالف مدرنیسم و شریعت است. حزب الله لبنان در لیست تروریسم آمریکاست. لذا برای کمک به آن، ایران ملامت 2سویه می شود.

هم کمک مالی سالانه چند میلیارد دلار می کند؛ هم بخاطر این حمایت، غرب ایران را تحریم تجارتی با خسارت چندین میلیارد دلار می کند. بخاطر قدرت گرفتن حزب الله، لبنان ساختارهای مالیش را به امارات باخت. سازمان ملل، آمریکا، اتحادیه کشورهای عرب مراودات مالی ایران را در تنگنا می گذارند. در 2016 بانک مرکزی و مرکز آمار اقتصاد ایران را با 4% رشد- عمدتا بخاطر 57% رشد نفت و گاز- نشان می دهد.

آمریکا با جمعیت 320 میلیون نفر بودجه 2016 سالانه 4 تریلیون دلار، 12.5 هزار دلار سرانه هزینه هر فرد برای دولت داشته؛ با GDP بیش از 18 تریلیون دلار و سرانه سالانه 56 هزار دلار است. هزینه فردی سالانه برای دولت در آمریکا 3برابر ایران است؛ لذا حمایت دولت از مردم بیشتر است؛ فرد در آمریکا ارزش دلاری بیشتر دارد. این افزایش ثروت را در پیدایش بناها، فرودگاهها، بندرها، مصرف انرژی در شهرهای آمریکا می توان دید.

در آمریکا نسبت بودجه سرانه به ایران 3برابر بوده؛ ولی آفرینش ثروت سرانه یا تولید ناخالص ملی برای هر فرد سالانه 10 برابر ایران است که منجر به انباشت بیشتر ثروت هر ساله می شود. یعنی فاصله ثروت سرانه بین آمریکا و ایران سالانه 10 برابر افزایش می یابد. پس در طول زمان فاصله مالی این 2 کشور بیشتر می شود. ولی دولت آمریکا فقط 3 برابر دولت ایران هزینه سرانه سالانه هر فرد می کند. یک دلیل هزینه جهانبانی نظامی آمریکاست.

طبقات اجتماعی در آمریکا-درآمد سالانه/ خانوار،2005 با علامات < بیشتر و > کمتر:
1% طبقه حاکم: <500 هزار دلار، فارغ التحصیل دانشگاههای آیوی لیگ، مدیران ارشد، شهرگان/ سلبرتی، وارثان ثروت.
47% طبقه متوسط و مرفه، 100- 35 هزار دلار، فارغ التحصیلان دانشگاه، حرفه ای، مدیران، اصناف، نیمه-حرفه ای.
32% طبقه کارگر: درآمد 30-16 هزار دلار، فارغ التحصیلان دبیرستان، یقه آبیها، منشیها.
20% طبقه فرودست: روزکارها، > 16 هزار دلار، فقیران با کمکهای دولتی.

یک علت افت شمار کارگران آمدن ربات به خط تولید کارخانجات است. کاربرد رباتها در صنایع به بهینگی تولید یعنی بالابردن حجم و افت هزینه تولید منجر شد. 1 ربات در خودروسازی جای 25 کارگر، نساجی جای 15 کارگر، داروسازی جای 20 کارگر بازده دارد. کارخانجات آمریکایی در چین، مکزیک، ویتنام با تامین منابع و مواد و دسترسی به بازار جهانی دیگر نمی توانند به آمریکا با ارفاق مالیاتی ایالتی تا جریمه تعرفه ای فدرال بر گردند. درلس آنجلس ماهانه 13 هزار نفر به کارتن خوابهای خیابانی افزوده می شود. الجزیره 250816

نرخ بیکاری در مه 2015 کمی بیشتر از 5% کسانی است که سال گذشته کار می کردند. ولی بیکاری اقلیتها چند برابر است؛ در اسپانیا 23% است. نیز 14.5% زیر خط

فقر یعنی 24 هزار دلار برای خانوار 4نفره اند؛ 16 میلیون کودک هم در فقرند. البته کمک های دولتی برای خوراک، مسکن، بیمارستان Medicaid به فقیران وجود دارند. بخش مصرف بودجه آمریکا 60% بوده؛ یعنی هر فرد 40 هزار دلار سالانه خرج می کند. مالیات تامینات اجتماعی 13% است که نیمی را کارفرما، نیم دیگر را کارکن می دهد. کارکن در 65سالگی می تواند کار نکرده؛ از تامینات اجتماعی ماهیانه و بیمه ناخوشی برخوردار شود.

گلوبالیزاسیون منجر به رقابت بیشتر در کالا، بها، کار می شود. سندیکاهای قرن 21 آمریکا برای همه کارکنهای یقه آبی/ صنعتی، یقه سفیدها/ خدمات، حرفه ایها است. اکنون حرفه ایها اکثریت اتحادیه ها را دارند: صنفی، فناوری، کارمندان دولتی، پرستاران، آموزگاران، دانشجویان کارشناسی ارشد و ورزشی، پزشگان، خبرنگاران، پست. در اروپا سندیکا ابزار مبارزه طبقاتی است؛ در آمریکا بمثابه بیمه شغلی قلمداد می شود.

اعتصاب ابزار سندیکاست. از 1990 تا 2015 تعداد اعتصاب 90% از 801 به 72 کاهش یافت. در آمریکا سندیکاها مانند AFL-CIO چون لابیها به 2 حزب پول و رای برای خواسته هایشان می آورند. گاهی بخاطر منافع صنف خود، به دیگر کارگران ضرر می زنند. نیز گاهی اعضای غیراتحادیه هم از دستمزد و مزایای بالاتر خواسته اتحادیه برخوردار می شوند.

قراردادهای چندجانبه مانند NAFTA قول داد 200 هزار شغل بیآفریند. ولی از آغازش در 1994 تا 2015 تعداد 682 هزار شغل کاهش یافت. موسسه مشی اقتصادی EPIنوشت: قراردادهای تجاری بین المللی حقوق کارگران دبیرستانی بطور متوسط 5.5% یعنی سالی 1800$ کاهش داده اند.

با مقایسه این ارقام با کشورهای حاشیه خلیج فارس می توان عدم خلاقیت در کشورهای حاشیه- اگرچه ثروتمندتر از آمریکا- را دید. این عدم خلاقیت ناشی از پرورش اسلامی، املی زنان، نبود سنت نهادهای آموزش عالی، طفره از پرورش خلاقیت و کنجکاوی در کودکان، عدم روحیه کسب کارآفرین/ اینترپرایز، نبود نخبگان خارجی مهاجر است. در آمریکا ارتش بخش عمده بودجه سالانه را می بلعد؛ در ایران قاچاق، فساد اداری، پولشویی، بنیادهای دینی مالیات نده بخش عمده درآمد ملی را می بلعند که به انباشت سرمایه بومی می انجامد. https://talkpoverty.org/basics
http://www.tradingeconomics.com/iran/gdp/forecast

دولت ادواری مشی سیاسی قانون، منافع، حاکمیت را در یک کشور دمکراسی از واقعیات و عینیات می گیرد. مشی سیاسی داخلی آن مردم و نهادها؛ مشی خارجی آن کشورها و سازمان ملل را در نظر دارند. در سده 20 حکومتهای اقتدارگرای حزبی و فردی کشورهای سرمایه داری دولتی به دولتهای انتخاباتی سرمایه داری خصوصی رسیدند. از ج ج 2 تا فروپاشی اردوگاه، آمریکا اجازه پیروزی چپگرایان را در انتخابات 4 قاره نمی داد؛ یا با کودتا آنها را ساقط می کرد- آربنز1954 گواتمالا تا دکتر آلینده 1973 شیلی. http://www.bbc.com/persian/world/2016/08/160811_guatemala

البته قانون را مجلس و دیوان عالی تغییر می دهند. برای نمونه: قانون اساسی آمریکا از 1790 تا کنون با تغییرات جامعه و جهان موافق شده؛ متمم گرفته؛ صدها بار انتقاد شده؛ در کل 27 بار اصلاح/ متمم شده است. در این 2قرن و نیم، از حاکمیت رجال

آمریکا در خاور میانه کنونی

سفید ثروتمند به حاکمیت رنگین کمانی نژادی، دینی، مشارکت زنان رسیده است. در اینجا برنامه های دراز مدت را شرکتها و نهادهای دولتی انجام داده؛ تغییر رییس جمهور انعطاف کوتاه-مدت به تغییرات داخلی و خارجی است.

در منطقه استبداد دائم العمری نه فقط سیاسی یا آرمانی بوده؛ نهادهای مدرن مدنی را عقیم کرده؛ بلکه رشد اقتصاد را هم کند می کند که موافق ذائقه امپریالیسم است. در استبداد قانون اساسی را توهمات رهبر دایم متکی به سرکوب رقبا در مشی سیاسی واکنش به مردم و جهان تعیین می کند. اعتلای استبداد به دمکراسی یعنی انتخابات در مدل تایوان، کره جنوبی، تونس، فیلیپین، برمه تجربه شد. آمریکا این مدل را برای خاورمیانه در خدمت بسط منافع جناح نظامی در نظر گرفت.

ولی تضاد قومی، بافت قبیلوی، استبداد شرقی طولانی، بیکاری جوانان، شریعت پیشامدرن، سرمایه داری دولتی غالب، ضعف رقابت با کشورهای جی 20 منطقه را بی‌ثبات کرد. جنگهای داخلی، فرقه ای، قومی در پاکستان، افغانستان، عراق، یمن، سوریه، لیبی، لبنان، فلسطین، ترکیه شعله ورند. تضاد پاکستان با هند با مسئله کشمیر و با افغانستان با مسئله طالبان/ القاعده است. نیز بخاطر عدم شکوفانی اقتصادی، انتخابات آزاد منجر به بردن اسلامگرایان سیاسی می شود- نمونه مصر مرسی و ترکیه اردوغان در خزاندن دین به دولت.

استبداد دائم العمری، رشد اقتصادی بطئی، تداخل قهری فقه شریعت متقابل مدرنیسم در قانون اساسی، جنگهای کلنگی با موج مهاجران به غرب، عدم سرمایه گذاری، افزایش نسل جوان بیکار- در خاورمیانه آینده سیاهی را ترسیم می کنند. در استبداد ابدی رهبر هم برنامه دراز مدت برای شکوفانی کشور نداشته؛ سکان برنامه کشور در اختیار منویات مطلقه رهبر است.

رشد فرهنگی نیاز به شکوفانی اقتصادی دارد تا کشور مدرن شده؛ توان رقابت جهانی بیآبد. جناح اصولگرا جلوی رشد فرهنگی هم رابطه اقتصادی با سرمایه جهانی را گرفته؛ در حالیکه اعتدالگرایان در هر 2 حوزه تلاش برای گسترش طبقه متوسط می کنند. در ولایت مطلقه نهادهای مدنی و روند رای گیری نهادینه شده؛ بر عکس بازه زمانی کودتا تا انقلاب 57 در ایران. لذا استبداد چند دهه ای مبارک در مصر، صدام در عراق، قذافی در لیبی، صالح در یمن، اسد در سوریه منجر به ایجاد نهادهای مدنی نشده؛ در نهایت به کلنگی شدن زیر ساختها منجر شد. لذا در اینگونه کشورها دمکراسی به تخریب جامعه منجر می شود.

گاهی استبداد می کوشد کسب مشروعیت بویژه در میان دول خارجی کند. مشروعیت یعنی ملت بنا به میثاقی در گذشته مانند قانون اساسی، امنیت ملی، یا شورای سازمان ملل قدرت را می پذیرند. این پذیرش در نهادهای ناظر/ داوری بیرونی مانند سازمان ملل یا رسانه ها راستی آزمایی می شود. مشروعیت رفتار 2طرف رابطه قدرت و ملت را تعدیل کرده تا رفتارشان پیش بینی پذیر شود. در دولت استبدادی سوای سرکوب، مشروعیت با تبلیغات، مدیریت انتخابات، شفاعت نمادهای ماورای طبیعه ارایه می شود.

اوضاع سیاسی آتی کشورهای سلطانی مطلقه پیش بینی پذیرند. رشد مستغلات، فروش نفت و گاز، امور بانکی مانند قطر، کویت، بحرین، عربستان، امارات روشن اند.

تضاد گلوبالیزاسیون با فقه شریعت 2نمونه مطلقه وهابی عربستان با دولت دوست آمریکا و شیعی ایران با ولایت دشمن آمریکا را دارد.

حل این تضاد در آینده رخ خواهد داد که در زیربنا یعنی تضاد امور بانکی بومی با سرمایه مالی جهانی و روبنا یعنی تضاد اصول شریعت با قوانین دوستدار سرمایه مالی تبلور یابد. گفته شده "پترو اسلام" در دهه 1970 به ساختن مدرسه و مسجد با برنامه های پیشامدرن تکفیری شهرهای بزرگ اروپا شد. اکنون مدرسه فهد با تاکید روی وهابیت در بن را دولت آلمان تعطیل کرده.

منابع. 28/09/2018
http://www.akhbar-rooz.com/article.jsp?essayId=73096
دستگاه/ آپارات فرهنگی سرمایه ی انحصاری – یک مقدمه.
A S Cooper 2016 THE FALL OF HEAVEN The Pahlavis and the Final Days of Imperial Iran-Andrew Scott CooperHenry Holt, 536p.

کشورهای خاور میانه در سده 21
ما می دانیم کیستیم؛ ولی نمی دانیم چه خواهیم شد. شکسپیر

کشورهای خاورمیانه را می توان در چند مدل سیاسی تجرید کرد. این مدلها رخدادهای سیاسی را با عوامل داخلی، خارجی نقشه بندی می کنند. نتایج بررسی این مدلها، کمک به حدس گرایش آینده هر کشور می باشد. در این مدلها عامل خارجی نقش 2گانه ثبات دهنده و تشدید جنگ را دارد. مدلهای رهایی از استبداد در کشورهای خاور میانه در دولت/ امارت، ملت/ امت، قانون بررسی می شوند. بنیانگرایی مسلحانه و قبضه قدرت سیاسی در خاورمیانه مدرنیته، عدالت اجتماعی، شکوفانی اقتصاد را نیم قرن توقف داده است.

مرور اخبار تصویر 40تیکه ای/ کلایدوسکوپیک از رویدادها می دهد. ولی غور و قیاس اخبار ظرف 50 سال الگوهای برآمده را روشن می کنند. در سراسر خاور میانه نه تنها صنعت و نیروهای مولد رشد نکرده؛ بلکه با جنگهای داخلی خفیف و شدید، بمباران هوایی و توپخانه های بومی، موج آورگان- هم کیفی هم کمی، نیروی کار سیر قهقرایی نسبت به دهه 1960 طی می کند. در اغلب آنها عدم وجود حزب/ سازمان چپ بیانگر تضاد بنیانگرایی با مدرنیزم است؛ نه تضاد سرمایه و کار. بنیانگرایی اقلیت مذکر مسلح بوده؛ مدرنیزم حقوق اکثریت جامعه یعنی زنان و جوانان برای حرکت بپیش جامعه و تعدیل مهاجرت به غرب بومیان است.

ایران پیرو کمربند سبز برژینسکی یعنی تز محاصره اسلامی شوروی، در بحران حاکمیت، به انقلاب ضد سلطنت ضد امپریالیست 1357 انجامید. این انقلاب به قبضه قدرت سیاسی بوسیله بنیانگرایان شیعی منجر شد. قانون اساسی شیعی، مردم پیشرفته، دولت 2جناحی انتصابی ولایت مطلقه دائم المعری و انتخابی جمهور دوره ای الناس دارد. چرا با تز کمربند سبز، حقوق بشر کارتر در ایران ارایه شد؛ نه در عربستان- هر 2 در اواخر دهه 1970دوست آمریکا بودند؟ ایران ولایت مطلقه است. دکتر مصدق: صرف جمهوري یا حکومت سلطنتي به معني دموکراسي نیست. چون هم دیکتاتوري

های جمهوري داريم؛ هم ديکتاتوري سلطنتي. هم دموکراسي هاي سلطنتي داريم؛ هم دموکراسي هاي جمهوري.

در حل تضاد اجتماعی مانند انقلاب 57 کمیت بسیار مهمتر از کیفیت است. عاشورای 57 تظاهرات 12میلیونی سراسر ایران با تظاهرات تهران برای بختیار با 130 هزار نفر، عدم تظاهرات حزب و سازمان جوانان در مخالفت با یلتسین 1989 برای عدم برگشت به سرمایه داری الیگارشی، 2 نمونه کمیت و کیفیت تاریخی اند.

سکولاریزم جز در ترکیه بخاطر قانون اساسی، لبنان بخاطر توازن ادیان، تونس بخاطر بهار عربی موفق؛ در گستره خاور میانه جایی ندارد. البته انجمن 100 نفری برونمرزی برای سکولاریزم جلسه، نشست، همآیش گذاشته؛ ولی مانند دهه ی 60م سازمان ها چپ در خارج، بهنگام انقلاب معلوم شد که در مقابل شیعیان ولایت فقیه نیروی 1% هم نبودند. از شهریور 20 تا کودتا 28 مرداد، رهبری غالب جنبش سکولار بود؛ از کودتای 28 مرداد ببعد، خرداد 42 و بهمن 57 نتیجه "تمدن بزرگ" سیر قهقرایی سیاسی به عهد جنبش تنباکو رسید.

باید سکولاریزم در قانون، دولت، مردم باشد. در خاور میانه شعار سکولاریزم در سده 21م عاقبت شعار سوسیالیزم در سده 20م را دارد. اواخر سده 20م 3جمهوری در جوامع قبیلگی عراق بعثی، یمن دمکراتیک، افغانستان دمکراتیک حزب پرچم و خلق تبلور آرمانهای رهبری حزبی یا نظامی بوده؛ که به مردم و قانون ربطی نداشته؛ منجر به افت اقتصاد سرمایه داری، جنگ داخلی، مطلقه بنیانگرا شدند.

اکنون در ایران حاکمیت با تعامل جناح اصلاحطلب، اعتدالگرا با داشتن 20 میلیون رای و برد انتخابات رییس جمهور در برابر اهرم های قدرت محافظه کار می باشد. این اهرمها شامل شورای نگهبان، خبرگان رهبری، تشخیص مصلحت، حوزه ها، سازمانها، نهادها، بنیادها، وزارت اطلاعات، سپاه، بسیج، صدا و سیما، رسانه های بصری-سمعی، حزب الله و خانوارهایشان یعنی 13% آرا بنا به تخمین عباس عبدی می باشد. این 2جناح با تعامل رای اکثریت مردم و قدرت اقلیت حاکم برای ایران امنیت- در قیاس با برخی کشورهای همگن همجوار ایجاد می کنند.

باید گفت که شورای نگهبان در یک کشور شیعی نقش لابیهای کلان آمریکا را در چینش راس های قدرت سیاسی فدرال و ایالتی ایفاء می کند. ولایت مطلقه مانند انواع دیگر استبداد قبیله ای، جانشین تعیین نمی کند. لذا پس از مرگ رهبر مطلقه، جانشین از رای کشی زعمای مذکر قوم بدون تجربه سیاسی انتخاب می شود. این روند تفویض قدرت در سده 21م، اکثریت شهروندان یعنی زنان و جوانان را ندید گرفته؛ فقط لایه پیران مذکر راس حاکمه فعلی جانشنین را تعیین می کند. لذا انتخاب ولی در ایران و ملک در عربستان ذاتا انتخاب اقلیتی از جناحهای حاکمه است. آیا شل شدن این شورا در غربال خودیها، مجلس و ریاست جمهور را به مخاطره عدم امنیت و تصادم امنیتی با ارگانهای غیرانتخابی نمی کشاند؟ برای همین نیروهای مدنی محتاطلند.

لبنان در قانون اساسی با ائتلاف 3 دین با 54% شیعی و سنی و 40% مسیحی برای تقسیم راس هرم قدرت سیاسی، در تعادل بین حزب الله و مسیحیان حکومت ائتلافی دارد. جنگهای داخلی، جنگ حزب الله با اسراییل، ترورهای سیاسی را در گذشته دارد. اکنون با 5.8 میلیون جمعیت، 13 میلیون تون زباله در خیابانهای بیروت و تظاهرات مردم

بیژن باران

روبرو ست. شمار پناهجویان سوری در لبنان 1.1 میلیون پس از ترکیه با 2.1 میلیون و اردن با 1.4 میلیون می باشد. آیا دمکراسی فقط انتخابات ریاست جمهور است؟

عراق با خیزش مردم، سوسه ی سیا، حمله نظامی آمریکا، فتح بغداد، منجر به تجزیه دفاکتو کشور به اقلیم کرد، بیابانهای سنی نشین، بغداد با مناطق نفتی شیعی شد. با انتخابات، دولتهای نماینده اکثریت هر منطقه تشکیل شدند. پس از خروج ارتش آمریکا، البغدادی خلافت اسلامی را در رقعه سوریه و موصل عراق اعلان کرد. در جنگ با آمریکا 1 میلیون عراقی به سوریه گریختند؛ اکنون سوریها در اقلیم کردستان پناه می جویند.

سوریه با دولت تک حزبی بعث، قانون اساسی به روز نشده است. با خیزش مسالمت آمیز مردم برای آزادی ظرف چند سال از یک کشور اشغالگر لبنان به کشوری بالکانیزه تبدیل شد. مداخله عربستان، ترکیه، سیا، فرانسه، قطر، حزب الله، ایران، روسیه- محل پیدایش و کشمکش نیروهای جهادی شد. وجود پایگاه و کمکهای نظامی روسیه در بندر طرطوس از 1971 برای شوروی و لاذقیه، روسیه را در حمایت اسد فعال کرد. سوریه مانند کره شمالی جمهوری موروثی دیکتاتوری است.

کمک ایران و حزب الله لبنان نتوانستند از جداشدن برخی شهرها جلوگیری کنند. در جنگ داخلی با 250 هزار کشته، 4 میلیون آواره به کشورهای خارجی، 11 میلیون فراری از خانه، کشور به 3بخش عمده تجزیه شد. از 250 هزار کشته، 179 هزار یعنی 96% را، رژیم اسد با بمباران هوایی و توپخانه کشت. در حالیکه ترکیه، عربستان، قطر تغییر رژیم می خواهند؛ اردن سقوط اسد را تا زمان بدیلی محکم نمی خواهد. نکته اصلی 4.5سال پیش تظاهرات مسالمت آمیز مردم بود که اسد مانند قذافی آنرا بخون کشید؛ کشور را کلنگی کرد.

در 28 سپتامبر 2015 جنگنده های فرانسه هم 2 اردوی آموزشی داعش را در سوریه بمباران کردند. اکنون سوریه، روسیه، عراق، ایران اطلاعات مربوط به داعش را بهم رسانده؛ در آینده به همکاری نظامی احتمالا می رسند. این رخدادها عدم موفقیت آمریکا با 1.3 میلیارد دلار کمک نظامی در پس راندن داعش از رمادی در عراق- قدرت آمریکا در عراق و سوریه را به چالش می کشند.

یک نمونه حمله شورشیان به بخش در دست دولت حلب در 17.09.15 با خمپاره و توپ 38 کشته، 150 زخمی، تخریب بناها بجا گذاشت. مذاکرات صلح بی نتیجه ماند. آورگان 99% مسلمان مناطق جنگزده عراق و سوریه به غرب کفر رفته؛ عربستان، قطر، امارات، بحرین، کویت 0% آواره راه دادند. پیوند YPG با PKK ترکیه که زیر آتش هوایی ترکیه است و با PUK عراق که با ایران رابطه داشته؛ اوضاع را پیچیده می کند. 2شاعر جهانی سوری: آدونیس، غاده السمان در خارج زندگی می کنند.

بحرین بمعنای 2دریا/ بحر با اکثریت شیعی و امیر دائمی سنی و پایگاه آمریکایی می باشد. در انتخابات 2011 مجلس اسلام گرایان شیعی و سنی اکثریت آوردند. در بهار عربی، اکثریت شیعی و اقلیت سنی برای احقاق حق از امیر مطلقه به خیابانها ریختند. عربستان با فرستادن نیروی زمینی آنرا سرکوب کرد. عربستان سنیها و ایران شیعیان را بر می انگیزند.

آمریکا در خاور میانه کنونی

فلسطین تحت اشغال زیر تز کمربند سبز، اسلامگراها در غزه انتخابات را از الفتح بردند. حماس به جنگ نابرابر با اسراییل ادامه داده؛ نوار غزه کلنگی شده؛ در قرنطینه تجاری است. کرانه باختری هم با زمین خواری اسراییل مساحتش کاهش می یابد. اسراییل کشوریست با مرزهای نامشخص که مانع شناسایی آن در سازمان ملل باید باشد. زیر اشغال نیروی خارجی با انتخابات آزاد، حماس اسلامگرا در غزه برد.

افغانستان چندین قانون اساسی داشته که از مشروطه سلطنتی، جمهوری، دمکراتیک خلق/ سوسیالیستی، امارات طالبانی، به جمهوری اسلامی کنونی رسیده. در 1919 سلطنت مشروطه را امان الله خان شاه وقت مانند مظفرالدین شاه در 1906 توشیح کرد. البته تفاوت اصلی این 2 کشور درآمد نفت ایران از 1919 است. با نیروهای مسلح خارجی، نبود رشد اقتصاد، جنگ داخلی- انتخابات در جامعه پیشامدرن چه معنی دارد؟

مردم آن از اقوام گوناگون 90%سنی و 10% شیعی، پس از کودتای داود خان، در جنگهای داخلی اند. حضور نظامی آمریکا و ناتو در جنگ با طالبان و القاعده بخشهایی را کلنگی کرده؛ کشتار مردم در عملیات انتحاری ادامه دارد. قانون اساسی جمهوری 3قوه مجریه، مقننه، قضاییه را از هم تفکیک کرد. در لوای شریعت دولت با فساد اداری، جنگ، اختلاس مالی دست به گریبان است.

مستبدان در نزدیکی مرگ به 2 دلیل جانشین تعین نمی کنند: خودخواهی مفرط و دانستن انشعاب در گروه خود. تلاش روحانیون طرفدار طالبان برای حل اختلاف رهبری شورشیان شکست خورد. بعد از اعلام خبر مرگ ملا عمر، رهبر پیشین طالبان که دو سال پیش در گذشت، ملا اختر منصور رهبر طالبان شد. ملا اختر طالبان را 2شقه نامساوی کرد.

پاکستان نیز جمهوری اسلامی با قانون مدرن، مردم 2شقه شهری و قبیلگی شمال باختری، دولت متکی به ارتش است. این کشور با 200 میلیون جمعیت 6م در جهان بوده؛ کودتا، ترور، انتخابات ریاست جمهور را تکرار می کند. در جنگ جدایی طلبان بنگلادش، جنگهای محلی پیدرپی با القاعده، طالبان، جهادگرایان مرزی افغان است. انتخابات و کودتا برای تفویض قدرت سیاسی است؛ نیز در شمال غربی با حضور طالبان جنگ داخلی، زدن رهبران طالبان با پهباد بوسیله آمریکا، پشت جبهه برای طالبان در افغانستان- جنگ داخلی در این 2 کشور کش داده می شود.

استخبارات آی اس آی پاکستان بخاطر جنبش مسلمانان کشمیر، 180 میلیون مسلمان در هند، رابطه نزدیک با طالبان افغانستان دارد. پهبادهای سیا بمرور رهبری فرماندهان طالب و القاعده را با اطرافیانشان و خسارات جانی به اهالی بقتل می رسانند. در جنوب غربی، جیش العدل/ ارتش برابری بلوچ سلفی عملیات ایذایی بضد ایران انجام می دهد.

ترکیه قانون اساسی سکولار، دولت ادواری داشته؛ مردم به 2 بخش اکثریت پیشامدرن در شرق و اقلیت مدرن منطقه استانبول اند. با حاکمیت حزب عدالت و توسعه/ اسلامی که پشتیبان داعش و مدتی سیاست رذیلانه در کوبانی سوریه را دنبال کرد؛ ولی عمل دولت اردوغان نسبت به کردان و جوانان طبقه متوسط ترک ارتجاعی است، باید پرسید دمکراسی در این کشور با تخاصم با پ ک ک کردها، جهتگیری حزب

اسلامگرا، پشت جبهه برای داعش، خصومت با اسد- به کجا می رود؟ قانون اساسی ترکیه سنی، آذربایجان شیعی سکولارند؛ ولی در دومی منجر به دمکراسی نشد.

عربستان، اردن، امارات، قطر، عمان با درآمد سرشار نفت با قانون قبیلگی، دولت مطلقه، مردم عقبمانده اند. در این چند کشور دولتمردان سن باز نشستگی نداشته تا دم مرگ به قدرت سیاسی وصلند. افکار سیاسی راس هرم قدرت از نیم قرن پیش اند. در حالیکه جوانان با اکثریت جامعه، دولت را با افکار رایج در جهان در انتخابات به روز می کنند.

عربستان ثروتمند نمی تواند از تلفات ادواری زوار در مکه پیشگیری کند. رسانه ها نمی توانند از ملک سلمان انتقاد کنند تا هییت بررررسی به کنه علل مرگ زوار پی ببرد؛ همه چیز حتی مرگ هزار زوار باید مخفی، پستویی، قبیلگی باشد؛ نه شفاف، مدرن، مسئولیت پذیر. رهبری عربستان در مرگ زوار حج مقصر است. از 19 خرابکار 11 سپتامبر 15تا از عربستان بوده؛ در داعش هم جوانان عربستان زیادند. آنها در خود عربستان عملیات انتحاری نمی کنند.

رهبری از مرگ زوار در گذشته درس نگرفته؛ این صانحه تکرار می شود: 2015 با مرگ 769 و 934 زخمی؛ 2006 با مرگ 364نفر؛ 1997 با مرگ 340 نفر؛ 1994 با مرگ 270 نفر؛ 1990 با مرگ 426 نفر. چرا نظام بسته عربستان بیمه جانی برای زوار ندارد؟ در 2012-2013 مرض تنفسی خاورمیانه MERS در آنجا بخاطر خطای بیمارستانی شیوع یافت. دولتمردان بجای مسئولیت پذیری، قول دادند که مردم ناراحت نشوند! این کشور مطلقه با مردم و دولت اُمُّل، مفتیان وهابی، تبعیض برای شیعیان و زنان دارد. امنیت و سلامتی زوار را این کشور استبدادی نمی تواند تامین کند. زوار در جهان مدرن باید بتوانند عربستان را سو کرده؛ به دادگاه کشانده؛ خسارت جانی و مالی را از این کشور ثروتمند طلب کنند. باید بیمه زیارت باشد که زوارچون قربانی عید قربان به مسلخ نروند.

داعش مجموعه علیه مدرنیزم، بویژه عناد با زنان و جوانان، علیه بنا و مقبره های گذشتگان در بخشهای شمال عراق و سوریه خلافت تشکیل داده؛ پایتخت آن در رقعه شمال دمشق است. آرمان داعش در بر گیرنده اینهاست: مرگ، غضب، ترور، نفرت، تبعیض، لشگرکشی، بردگی، چپاول، ذلت، غصب خانه ها، اسیرگیری، بریدن گردن، دفن نکردن کشته ها، نیرنگ، محنت، تعبد، انتقام، قصاص.

داعش کاربرد رسانه های اینترنتی، یارگیری از میان جوانان مقیم غرب، فتح پایگاههای نظامی عراق و سوریه، دسترسی به انبار مهمات زیاد، مناسبات مالی با کشورهای خلیج فارس و ترکیه، فروش نفت، مصادره ثروت بانکهای شهرهای مفتوح انجام می دهد. در 2014 داعش و چند گروه جهادی دیگر در عراق-سوریه 20 هزار خارجی عضوگیری کرد که ربع آن از غرب بودند. اکنون سنیهای عربستان، قطر، با آمریکا، انگلیس، فرانسه مخالفان اسد را حمایت کرده؛ ایران، حزب الله، روسیه هم حامی اسد اند- همه بضد داعش و القاعده بدون همآهنگی مبارزه می کنند. آنها بضد داعش بوده؛ با تفرقه در صفوف خود نمی توانند داعش را بزدایند.

یمن در بهار عربی مستبد 30 سال در قدرت را خلع کرد؛ بجای دمکراسی به جنگ داخلی رسید. قانون در مقابل تضادهای جامعه مسلح بیمورد است. مردم قبیلگی هم بجان هم افتاده اند. حوثیها در شمال و پایتخت صنعا و رییس جمهور در عدن زیر بمباران

هوایی عربستان با هم جنگ می کنند. در بمباران هوایی عربستان در 6ماه گذشته، 4900 یمنی کشته شده؛در جامعه قبیلگی تقاص از سعودیها تا چند نسل بجا خواهد ماند. این کشور از جمهوری دمکراتیک دهه 1970 بعد به وحدت 2 کشور، با بهار عربی به جنگ داخلی و صعود حوثیهای اسلامی رسید.

الجزیره با پیروزی بر استعمار فرانسه 1962، نتوانست به شکوفانی اقتصادی نائل آید. در 1991 جبهه رستاخیز اسلامی اکثریت را در انتخابات مجلس برد. سال بعد رییس جمهور آنرا ملغا و جبهه را غیرقانونی اعلان کرده؛ در جنگ داخلی بین دولت و این جبهه 100 هزار نفر کشته شدند. این جبهه اسلامگرا قتل مردم عادی را هدف قرار داد. در بهار عربی تظاهرات شد؛ ولی با برخی اصلاحات فرو نشست. انتخابات ریاست جمهور گاهی به صعود بنیانگرایان و کودتای نظامی می انجامد.

مراکش مانند اردن مشروطه سلطنتی با قانون اساسی مدرن، راس دولت مَلِک وقت با نخست وزیر، بر مردم سنی حاکم است. در جنگ با جبهه پولیساریو در صحرا 5 هزار سرباز مراکشی کشته؛ در دهه 80م جنگ با صحرای غربی کشتار در بر داشت. اصلاحات دهه 1990 به 2 مجلس و تعامل اپوزیسیون انجامید. در بهار عربی مردم به خیابان ریخته؛ از ملک مجد6 رفرم و تعدیل قدرت او را خواستند.

مصر در بهار عربی به استبداد 30 ساله مبارک پایان داد. کودتا قانون اساسی با دولت انتخابی را با "شرایط اضطراری" کنار گذاشت. کودتای 2013 سیسی از 16 ماه تا کنون 40 هزار زندانی سیاسی، 1000 نفر در صف اعدام، 90 نفر مرده در زندان دارد. اکنون در شبه جزیره سینا گروههای جهادی بضد نظامیان دولتی و گاهی توریستها عملیات انتحاری انجام می دهند. انتخابات ریاست جمهور گاهی به صعود بنیانگرایان و کودتای نظامی، انتخابات بین بنیانگرایی و سکولاریزم می انجامد.

یک نمونه از نماد عرفی در جامعه دینی با دولتهای سکولار در بزرگداشت یک نماد ملی خاورمیانه است. برای تجلیل از کار ملی کردن کانال سویز و رهبر ملی کردن نفت ایران یکی از بزرگترین خیابانهای قاهره بنام دکتر مصدق نامگذاری شد. بیش از ٦٠ سال است که هیچکس نتوانست نام این خیابان را عوض کند. هنوز نام مصدق زینت بخش زیباترین خیابان قاهره است. فیسبوک 21.08.15 فریبرز یوسفی.

پس از ملی کردن کانال؛ 3 کشور انگلیس، فرانسه و اسرائیل به مصر حمله نظامی کردند. این حمله در ۱۹٥٦ با مقاومت شدید ملت مصر و ساکنان پورت سعید باشکست مواجه شد. با تهدید شوروی، میانجیگری آمریکا، بدعوت سازمان ملل کنفرانس صلح در یالتا برگزار شد. آنتونی ایدن نخست وزیر وقت انگلیس بناصر گفته بود: سروان ناصر می دانی که انگلستان شیر است با دم شیر بازی نکن.

در صفحه 1 کتاب مجد حسنین هیکل بنام بریدن دم شیر آمده: ناصر "به آنتونی ایدن گفتم: کدام شیر؟! با ملی کردن کانال سویز، من دم این شیر انگلیس را بریدم. وقتی درحال بریدن دمش بودم هیچ تکانی نمي خورد! نگاهش که کردم دیدم این شیر مرده است، استاد بزرگ من دکتر مجد مصدق با ملی کردن نفت ایران چند سال قبل این شیر را کشته و دندانهایش را هم کشیده بود. من فقط دم یك شیر مرده بی دندان را بریدم".

تونس با اکثریت سنی آغاز بهار عربی با جنبش شهری بضد استبداد بپا خاست. قانون اساسی کنونی آنها پیشروترین در خاور میانه است. دولت انتخابی، حقوق زنان، اقلیتها، سندیکاها محترم بوده؛ مردم واقف به حقوق شهروندی خودند. 2حادثه انتخاری سلفیها بضد توریستها در موزه و سوسه یا مرگ 60سیاحتگر را دولت پیگیری کرد. حزب النهضه ی اسلامی راه ترکیه، اخوان المسلمین مصر، ولایت فقیه ایران را نرفته؛ از تبلیغ شریعت در کشور خود داری کرد. آیا دمکراسی بدون شکوفانی اقتصادی دوام می یابد؟

شکری بلعید 1964-2013 رهبر چپ و مخالف النهضه ترور شد. جامعه حقوق بشر تونس کاملا آزادانه عمل می کند. کل جامعه کاملا سکولار بوده- هم در سیاست و فرهنگ، هم در زندگی اجتماعی. اگر این دولت سکولار به رشد اقتصاد ملی و گسترش توریزم نائل شود؛ امکان ادامه این تنها کشور سکولار سنی در جهان ممکن می شود.

اریتره ایالتی از حبشه در جوار دریای سرخ در 1991 مستقل شد. با 6میلیون نفوس، در 3قبیله تیگرانیا، تیگره، صحرا؛ با 2دین غالب مسیحی و اسلام، پایتخت اسمارا، تک حزبی. در دهه 80م جبهه رهایی خلق برای استقلال و سوسیالیزم بضد ارتش حبشه جنگید؛ نیروهای مترقی جهان از جمله کنفدراسیون دانشجویان ایرانی هم از این جبهه در مقابل استبداد هیلاسلاسی حمایت کردند. رهبر حزبی کشور از 1993 تا کنون عوض نشده. اکنون یکی از بدترین کشورها برای حقوق بشر بوده؛ مهاجرت به خارج بخاطر فقر و خشونت حکومت اقتدارگرا می باشد. یک انقلاب دیگرکه به دیکتاتوری ختم شد.

سومالی با اکثریت سنی، مردم قبیلگی، مقابل یمن در اقیانوس هند واقع است. با جنگهای داخلی پس از 1991 فرماندهان نظامی محلی دولت را داغان کردند. قانون اساسی موقت 2012 بر اساس سنن قبیلگی می باشد که در محظورات اوباش مسلح با گروه جهادی الشباب است. سومالی بدون دولت، با ملوک الطوایف مسلح، راهزنی دریایی، گروگانگیری- دورنمایی برای لیبی، سوریه می تواند باشد. از نظر فساد در ته لیست شفافیت بین المللی است.

لیبی با خیزش مردم، سوسه ی سیا نوع چلبی، ناتو با بمباران اهداف نظامی- منجر به جنگ داخلی، سرکشی حکومتهای محلی، نفوذ جهادیهای بنیانگرای داعش و القاعده، بی ثباتی و عدم امنیت، فرار مردم از مناطق جنگی شد. فروپاشی استبداد منجر به دمکراسی نشده؛ نیروهای جهادی رشد کرده؛ فراریان سنی در قایق در آبهای جنوبی به کشورهای کفر پناه می برند. اکنون خلع سلاح، ایجاد کار برای جوانان، ثبات و امنیت مورد نیاز اند.

لیبی در شمال آفریقا، با 6 میلیون نفوس، زبان عربی، پایتخت طرابلس در غرب، بندر بنغازی در شرق، 4بندر مصرانه، مسلاته، طبرق، سرت می باشد. این بندرها همه مشرف به دریای مدیترانه بوده که با قایق به جنوب یونان و ایتالیا راه آبی دارند. پس از سقوط قذافی 2011 این کشور نفتی ثروتمند اکنون ورشکسته است؛ پایگاههای نظامی دولت قبلی را شورشیان فتح کرده؛ مهمات آنها را به یغما بردند. لیبی 2بخش شده با 2 دولت متخاصم، گروههای سلفی مسلح بی ثبات است.

برخی فرماندهان نظامی ثروتمند، توانمند، پرنفوذتر شده؛ باجگیری، زورگیری کرده؛ درآمد تاسیسات نفتی و فرودگاه را کنترل می کنند. یکی از نویسندگان قانون اساسی کنونی لیبی گفت: لیبیها تجربه حکومت کردن نداشته؛ تفرقه اشان مانع دیدن امتیازات طبیعی شان یعنی نفت، جمعیت کم، نزدیکی به اروپا می شود.

در 2013 گروه8 ناتو و آمریکا با برنامه ریزی برای ثبات، در ایرلند شمالی در باره عدم امنیت لیبی جمع شدند. در این جمع زیدان نخست وزیر لیبی هم برای خنثی کردن میلیس/ مسلحان غیردولتی و جذب جدایی طلبان شرقی/ بنغازی حضور داشت. در 2014 گاردهای ابراهیم جضران رهبر جوان گروه نظامی در شرق لیبی، یک تانکر نفتی کره شمالی را در آبهای قبرس تصرف کرده؛ تنها با تهدید زبدگان مسلح دریایی آمریکا تانکر به دولت لیبی برگردانده شد.

جضران گفت: لیبی نیاز به درآمد نفت داشته؛ باید برای حمایت تانکرها نیروهایش مسلح باشند. ژنرال بازنشسته عهد قذافی خلیفه حفتر در راس جنگجویان بنغازی مخالف انصار الشریعه اسلامگرا و دولت طرابلس است. این گروههای مسلح گاهی دولت را هم تیغ می زنند/ می دوشند.

لذا تشکیل دولت فراگیر با وجود گروههای مسلح و خلع سلاح جهادیها مشکل است. بدون دولت وحدت، کمکهای بین المللی، جذب سرمایه گذاران برای امضای قرارداد، پروژه های اکتشافی نفت آغاز نمی توانند شد. دولتمردان لیبی به تعامل باور نداشته؛ معتقد به "یا با من یا دشمن من" اند. وقتی قذافی با بحران و تظاهرات مسالمت آمیز رو برو شد- مردم معترض را "موش"- بدترین فحش در لیبی- خواند که از تعبد سرپیچی کرده اند.

در بلبشو، نقش ارتش دفاع از مرزها نبوده؛ بلکه امنیت داخلی است. در هرج و مرج، میلیس ریشو، مکتب محلی، مفتی موعظه گر، انتحاری، منجر به فراریان لیبی در قایق به اروپای کفر، نه به مکه و مدنیه مومنان، می شوند.

اکنون لیبی 2 حکومت رقیب در طرابلس و بنغازی داشته؛ بخشهای جنوبی و خشگ هم تحت سلطه قبیله های مسلح اند. با اقتصاد داغان، 2 بانک مرکزی مستقل، 2شرکت نفت رقیب برای صدور، جنگ داخلی، مهاجران قایقسوار به جنوب اروپا می گریزند. اکنون دادگاههای انگلستان بررسی می کنند که 67 میلیارد دلار دارایی لیبی مال کدام یک از 2 دولت است.

وزیر دفاع قذافی، الثانی یکی از 2 نخست وزیر فعلی در شهر البیضاء شرق بنغازی و دومی، خلیفه القول، مهندس راهسازی در طرابلس است که با گروههای مسلح پشتیبانی می شود. پیدایش جهادگرایان، عملیات مسلحانه، سقوط آزاد اقتصاد، تهدید بناهای نفتی را شدت بخشیده اند. دولت و پارلمان از پایتخت به طبروک گریخت؛ سفارت آمریکا هم تخلیه شد.

در لیبی جنگ داخلی جنگ سنیان جهادی بضد مدرنیزم بوده؛ نه چون فرقه ای سنی/ شیعی عراق، سوریه، یمن است. آیا 2دولت مسلح می توانند تا 20 اکتبر 2015 کابینه مشترک تشکیل دهند؟ اکنون آمریکا، ایتالیا، انگلیس برای فرستادن نفرات غیرنظامی و

بیژن باران

نظامی برای انجام این توافق مذاکره می کنند. گرچه حضور نیروهای غربی در لیبی ممکن است جهادگرایان و ملیون را به ادامه جنگ بکشاند.

ولی بزودی لیبی ممکن است که اصلا دولتی در سازمان ملل نداشته باشد- اگر مذاکرات 2 دولت مستقل فعلی در 20 سپتامبر بدعوت سازمان ملل برای دولت وحدت ملی بی نتیجه شود. حتی مذاکرات هم به نتیجه برسد؛ در بیقانونی، ظهور داعش، جنگ داخلی گروههای مسلح، اجرای آن بشدت تهدید خواهد شد. بی ثباتی، قطبی بودن مسلحانه، قتل در لیبی ادامه خواهد یافت. مردان مسلح برخی نواحی کشور را اشغال کرده اند.

ولی برای کمک به دولت نوپا غرب خود را مجبور به مداخله می بیند. جوانان بیکار مسلح تحت تاثیر مفتیان بنیانگرای ضد مدرنیزم، فراوانند. رهبران نظامی آنها در نهادهای امنیتی، مسلح، قانونی قرار دارند. حکومت آتی هم برنامه ای برای این اوباشان نمی تواند داشته باشد. لذا در هر بحران سیاسی جدید، این جوانان اردوی ذخیره تخریب، تهدید، قلع و قمع بضد مردم و دولت اند.

مردان مسلح از جناح تندروی حامی بخشی از حکومت در 19 سپتامبر 2015 به پارلمان طرابلس حمله کردند که مشغول مباحثه در باره توافق 2حکومت با سفارش سازمان ملل بود. بمرور اسلامگرایان جسورتر می شوند. آدینه 20 سپتامبر داعش با عمل انتحاری 3 گارد دولتی فرودگاه طرابلس را کشت.

منابع. 28/09/2018
https://en.wikipedia.org اطلاعات عمومی در باره کشورها خاورمیانه.
http://asre-nou.net/php/view.php?objnr=35769 کتاب جمعیت و سیاست در ایران؛ از دوران سلطنت مشروطه تا جمهوری اسلامی، ماری لادیه- فولادی.

سرمایه جهانی و بومی خاور میانه

در سده 21 آمریکا با فنآوری دیجیتال بر سرمایه جهانی سلطه دارد. در مقابل و بسیار ضعیفتر، از ج ج 2 بویژه از دهه 1970 در خاور میانه، از منابع مذهبی با درآمد از خمس، زکات، سفر زوار، نذر بقاع متبرکه نوعی سرمایه بومی انباشت شد- عمدتا در 4 کشور ایران، ترکیه، عربستان، قطر. این سرمایه بومی در کنار سرمایه وابسته با سرمایه داری جهان نهادها و ابزار آن را نیز بکار برد. به برخی خدمات مهمانداری، بساز بفروش، تجارت محدود- سرمایه بومی رشد کرد.

سرمایه در خاور میانه 2 بخش دارد: 1- ادغام در شبکه سرمایه جهان بصورت مشتری Client یا همکار Partner برای سود که موافق مشی سیاست خارجی آمریکاست. 2- سرمایه بومی مستقل از مدار جهانی که از منابع مذهبی جمعآوری شده؛ به ایجاد شغل در صنعت و فنآوری بی اعتناء بوده؛ برای بسط ایده الوژی می کوشد.

در دهه 1970سلفی ها با نام طالبان و القاعده از افغانستان و پاکستان بضد سکولاریسم روسی جنگیدند. سپاه شیعی ایران بضد صهیونیسم در هلال شیعی فعال است. ترکیه هم با جناح حنفی حزب عدالت و توسعه به حرکتهای مستقل در

آمریکا در خاور میانه کنونی

عراق، سوریه، فلسطین/ غزه کوشیده؛ القاعده و داعش در یمن با کارهای انتحاری بیداد می کنند. سرمایه داری آقازاده ها نوعی اولیگارشی است که سرمایه رجال دولتی نه برای سود دهی بلکه برای اطمینان بقا و کلک وصل است. کردهای ترکیه سنی شافعی اند. https://en.wikipedia.org/wiki/Crony_capitalism

قطر، عربستان، ایران، ترکیه اکنون سرمایه برای اشاعه ایده الوژیهای سلفی، شیعی، سنی عثمانی داشته؛ لذا نه برای آبادانی منطقه بلکه برای ترویج فرقه خود می کوشند. سرمایه بومی گاه پیرو سرمایه جهانی است- مانند کویت، بحرین، امارات. گاهی سرمایه بومی تصمیمات ایده الوژیک گرفته؛ سرمایه آمریکا با آن همراه شود. نمونه: افغانستان و پاکستان در پیدایش طالبان و القاعده بضد سکولارها و شوروی.

خانم کلینتون در مقام وزیر خارجه آمریکا ۲۰۰۹ در پیدایش طالبان افغانستان، نه داعش در سوریه و عراق گفت: "گروهی که اکنون آمریکا با آن در حال جنگ است؛ یعنی طالبان ۲۰ سال پیش با حمایت آمریکا شکل گرفت. ما نمی‌خواستیم تا شوروی بر آسیای میانه مسلط شود. پس تصمیم گرفتیم تا از طریق سازمان اطلاعاتی ارتش پاکستان و مجاهدین افغان با شوروی مبارزه کنیم. با عربستان و دیگران همکاری کردیم. اسلام وهابی را به منطقه وارد کردیم تا با شوروی مبارزه کند. چه پیش آمد؟ میلیاردها دلار سرمایه‌گذاری کردیم و گفتیم فروپاشی شوروی ارزشش را داشت." این بازگویی برژینسکی در فروپاشی اردوگاه است.
http://ir.voanews.com/a/us-clinton-taliban-isis/3467786.html

نق زدنهای ترکیه و عربستان و شعار ضد آمریکایی ایران پیآمدهای رشد انباشت سرمایه بومی و سرپیچی از سرمایه جهانی اند. ولی اسراییل، کره جنوبی، اردن، امارات، پاکستان، تا 200 کشور سرمایه داری دیگر با سرمایه جهانی پیوند دارند. برخی از آنها از صدور سرمایه به جی20 و رشد اقتصادی برخوردارند. سرمایه آمریکا عمدتا در تسلیحات، خدمات، امور مالی است. این فاکتورها تضاد ایران و آمریکا را تشدید کرده؛ این تضاد 2سر دارد. یک سر تضاد این 2 کشور، ایران با آرمان آزادی قدس و خواست خروج نیروهای خارجی از خلیج فارس است.

سر دیگر تضاد آمریکا طرفدار ثبات و حفظ وضع موجود یعنی اسراییل بنا به تورات و عربستان سلفی است. در هر 2 کشور انباشت سرمایه شده؛ آمریکا سالی 1 تریلیون دلار سرمایه مستقیم خارجی را جذب می کند؛ ولی در ایران سرمایه خارجی بخاطر عدم امنیت حذر می کند. گردشگری در آمریکا در حال رشد است؛ در ایران شیعی جز زوار گردشگری بسیار ناچیز است.

ولی مشی خارجی آمریکا بنفع ایران خواهد بود: اذعان آمریکا در نقش مثبت ایران در سرنگونی طالبان افغانستان و فتح فلوجه عراق، سکوت آمریکا در نقش ایران در یمن، پذیرش ایران در سوریه. صدام در نوامبر 2000 فروش نفت را از دلار به یورو خواست تبدیل کند که لیبی، ایران، ونزوئلا هم از آن استقبال کردند.

آمریکا با صنایع جنگی، فروش نفت به دلار، فرهنگ مدرن اکنون بر زمین حاکم است. سیطره سرمایه مالی جهانی با فناوری دیجیتال اینترنت، ماهواره، رایانه، رسانه، شنود فله ای همراه است. این فناوری بطور تصاعدی پیشرفت کرده؛ از صنایع نظامی پیشی گرفته و جهانگیر شده است. برای نمونه: اپل 1 میلیارد تلفن هوشمند آیفن در 2015

فروخت. اداره امنیت ملی NSA مراودات الکترونیک صوتی، ایمیل، بانکی را با ماهواره ها بر زمین شنود دارد.

وسلی کلارک، ژنرال آمریکایی در یک سخنرانی گفت: 9 روز بعد از 11 سپتامبر 2001 مقرر شده بود که باید به عراق حمله شود. چند هفته بعد نامه ای در وزارت دفاع با این محتوا تهیه شد: باید در 5 سال آینده ارتش 7 کشور زیر نابود شود: عراق، سوریه، لیبی، لبنان، سومالی، سودان و ایران.
https://telegram.me/joinchat/BhTHXjwQRyqG9BClznrE_A

طرح حمله به خاورمیانه با تخریب یک قرن ساختارهای مدنی جهنم را به پا کرد. آمریکا هزینه نابودی و بازسازی ارتش افغانستان، عراق، لیبی، سومالی را متقبل شد که بنفع جناح نظامی آمریکا بود. نمونه: کمک به مجاهدان افغان بضد حکومت سکولار دکتر نجیب منجر بظهور طالبان و القاعده شد. نابودی ارتش عراق منجر به پیدایش داعش شد. جناح نظامی آمریکا در افغانستان از 1979 و در عراق از 2003 در جنگ است. در جنگ اسراییل با الفتح فلسطین حماس بقدرت رسید. در لبنان، حزب الله پدید آمد. از دهه 1970 بحران نفت عربستان، بخواست آمریکا دلار واحد مبادله نفت شد.

ذخیره نفت و گاز عراق با 113 میلیارد بشکه شاید بهترین ذخایر جهان است. در 2002 اجازه کشف این ذخایر را به کشورهای دیگر داد. مثلث نئوکان پرل از نهاد محافظه کار اینترپرایز آمریکا- رامزفلد وزیر دفاع- چینی معاون پرزیدنت با لابی خادم اسراییل بضد عراق پرونده سازی کرد. با واسطه چلبی، پال برمرز 2فرمان در انهدام ارتش، انحلال حزب بعث و سازمان اطلاعات داد.

انتخابات آمریکا بخاطر تاثیر گسترده در سیاست جهانی رخداد مهمی برای جهان، منطقه، ایران می باشد. کابینه دولت آمریکا 15 وزارتخانه داشته که هر کدام بودجه سالانه و برنامه هزینه کردن آن را به مجلس سنا ارایه می دهند. در دولت جناحهای حاکمیت شرکت دارند. در عین حال برای مصرف بودجه هر وزارتخانه باید برنامه ریزی کند. در بخش خارجی وزرات دفاع برای رشد بودجه سالانه خود برنامه می ریزد.

جنگها، پژوهشها و کاربرد ادوات جنگی، ناو، هواپیما، موشک را باید مصرف کنند تا نسل بعدی تولید انبوه شود. لابیها هم در سنا و کنگره به تحمیل برنامه های خود مشغولند. گاهی این رقابتهای درون کابینه به اعلان جنگ بمثابه پردرآمدترین برنامه اجتماعی پیروز می شود- جنگ با صدام، قذافی و اسد. لذا جناح جنگی آمریکا برای سود در خاور میانه است. بخش سرمایه بومی منطقه برای آرمان خود در منطقه خرج می کند.

وزیر خزانه داری و رهبری صندوق بین المللی پول دوره 8ساله کلینتون کنترلهای گردش سرمایه جهانی را حذف کرده که بنفع سرمایه مالی بود. جاگدیش 204. در بحران مالی 2008 جناح نظامی دخیل نبود؛ نهادهای مالی مانند گلدمن ساک با کمک قرض از دولت فدرال از ورشستگی جهیدند؛ البته چند 10 هزار شغل هم حفظ شد.

نیویورک تایمز در 2015 نوشت: از 158 خانوار ثروتمند 1.76 میلیارد دلار یا 50% پول برای انتخابات ریاست جمهوری جمع‌آوری شد. آنها سفید، ثروتمند، مسن، مرد از حوزه مالی و انرژی اند. در 1996 دو حزب حاکمه برای انتخابات ریاست جمهوری 449 میلیون دلار

خرج کرده؛ در 2012 به 6 میلیارد دلار رسید. پلوتوکراسی/ حکومت ثروتمندان در آمریکا شدیدتر شد. بنا به حکم دیوان عالی 2011 بنام "شهروندان متحد" نهادهای مالی آزادند هر مقدار برای انتخابات صرف کنند. "کمیته های عمل سیاسی" بزرگ آگهی های تخریبی بضد لایه هایی از مردم را متقبل می شوند.

اکنون 2حزب حاکمیت لایه های مشترک اجتماعی داشته؛ لذا برنامه آنها نکات مشترک دارد. در دولت جدید پرزیدنت معتمدین خود را در 2000 شغلهای فدرال نصب می کند. کابینه، سوکابینه/ نهاد های زیر کمیسیون، ریاست آژانسها، کمیسیونها را سنا باید تصدیق کند. در 21 سال انتخابات غیر پرزیدنتی بطور متوسط 30 کرسی کنگره و 4 کرسی سنا را در انتخابات حزب پرزیدنت می بازد. لذا قوه مقننه کارکرد پرزیدنت را تصحیح می کند.

حکومت آمریکا با رقابت انتخاباتی 2حزب دمکرات و جمهوریخواه تعیین می شود. این 2حزب با تعامل در قدرت سیاسی سهیم بوده یا یکی بطور دوره ای غالب می شود. با پیروزی نیکسون، ریگان، بوش پدر و بوش پسر، جناح نفتی-نظامی در حاکمیت آمریکا غلبه کرد. 8سال ریگان بدهی کشور از 900 میلیارد به 2.8 تریلیون دلار رسید. در 8 سال بوش پسر با 1 تریلیون دلار هزینه عراق بازهم بیشتر شد.

پس از ج ج 2 آمریکا چه در دوره ریاست جمهوریخواه چه دمکرات در جنگهای عدیده شرکت داشت. این نشان می دهد که 2 حزب لایه مشترک نفتی- نظامی داشته؛ وجود جنگ برای این لایه لازم است که با شعارهای گوناگون تداوم دارد. توجه شود که پنتاگون بزرگترین مصرف کننده نفت جهان است. پس از دوره جنگ سرد، برنامه هسته ای کره شمالی و ایران، اکنون ضد تروریسم شعار است برای تداوم بودجه نظامی ملی. تروریسمی که ناشی از گسترش بنیانگرایی مذهبی بضد سکولاریسم از دکتر مصدق، عبدالکریم قاسم، ناصر، بوتو، نکرومه در 60 سال گذشته می باشد.

لذا هجمه نظامی آمریکا در نیکاراگوئه، گرانادا، پاناما، لیبی، عراق/ آزادی کویت، سپس در پی نسل کشی بوسیله صربها به خاور میانه در سیاست خارجی دیده می شود. کلینتون تجارت جهانی را با نفتا پیش برد؛ نیز حمله هوایی در یوگسلاوی منجر به تجزیه خونین و تشکیل 7 کشور جدید شد.

در دهه 2010 مشی خارجی آمریکا با غلبه گلوبالیزاسیون سرمایه مالی بر امپریالیسم/ جناح نظامی حذر از جنگ در خاور میانه و تعامل هسته ای با ایران را گزید. در 2016 به کوچ نظامی به خاور دور- چین و کره شمالی، روسیه- بخاطر ایجاد تجهیزات نظامی گرانبها و سودده؛ از خاورمیانه- ایران و داعش- می باشد.

ولی جناح جنگی/ کمیته سیاست خارجی سنا- جان مکین بر طبل جنگ می کوبد. در سیاست خارجی آمریکا موش می دواند؛ خط و نشان می کشد که با پیروزی جمهوریخواهان در ژانویه 2017 نخستین اقدام پرزیدنت حذف برجام ایران و حمله هوایی شدید بضد داعش در شهرهای عراق، سوریه، لیبی با جمعیت مردم عادی خواهد شد. در دولت جدید رژیم چنج/ تغییر از لیست گزینه های آمریکا حذف می شود.

مشکلات برجام برای هر 2 طرف پیش بینی پذیر نبود. با فشار جناح مخالف در آمریکا و اصولگرایان در ایران برجام در خطر است. اسناد افشاء شده 11 سپتامبر در حمله

بیژن باران

3هواپیمای مسافری به آمریکا، در رسانه ها بضرر عربستان خواهند شد. گویا عربستان وجه معتنابهی در 2015 در اختیار لابی اسراییل آیپک برای تبلیغ بنفع خود داد. مناسبات آمریکا و عربستان بدتر خواهد شد.

رابرت پاری 15آوریل 2015 اخبار کنسرسیوم نوشت: عربستان 16 میلیارد دلار در بازه زمانی 2.5 سال از راه یک کشور سوم برای زیرساخت های آبادانی مانند خانه سازی در کرانه باختری/ فلسطین در اسراییل به لابی اسراییل داد. در عوض لابیهای اسراییل در کنگره آمریکا بنفع عربستان و بضرر ایران مانند برجام تبلیغ بکنند؛ نیز اجازه پرواز اسراییلیها بر آسمان عربستان داده شد.

عربستان صدام را در5 اوت 1980 در ریاض تحریض به حمله به ایران کرد. کارتر بخاطر گروگان گیری ایران به صدام چراغ سبز حمله را داد. در جنگ 8ساله قطعات هواپیمایی را اسراییل به ایران برای زدن صدام می فروخت؛ در عهد ریگان برخی جنبه های فروش اسلحه به ایران رو شدند. زدن صدام و اسد و رژیم چنج خواسته های اسراییل و نئوکانها در حاکمیت آمریکا بودند. -https://consortiumnews.com/2015/04/15/did-money-seal-israeli-saudi-alliance

حمله 2003 به عراق، ناخواسته کفه ترازوی قدرت را بنفع شیعیان بهم زد. سعودی و ترکیه بضد قدرت شیعی به تسلیح سنیها در عراق و سوریه پرداختند. اسراییل القاعده/ النصره را به اسد سکولار، علویان، آشوریان با حمایت ایران ترجیح داد. سفیر اسراییل در سازمان ملل، در ژوئن 2014 گفت: داعش بر اسد یعنی ابلیس سنی بر ابلیس شیعی رجحان دارد.

در 26 مه 2014 ملاقات سران جاسوسی عربستان ترکی الفیصل و اسراییل برای 1ساعت به اهداف مشترک در باره حمایت از کودتای مصر، ضدیت با برجام، ادامه جنگ سوریه، خشم از حماس با 1.8 میلیون سنی در غزه رسیدند. شاهزاده الولید بن طلال، بزرگترین ثروتمند عرب، دومین سهامدار فاکس نیوز، صاحب نیوز کورپوریشن است. https://video.search.yahoo.com/search/video?fr=ush-mailn_02&p=Rabert+parry#id=5&vid=e5b71686729fdbd03a2eab773d48adc4&action=click

اگر جناح مالی انتخابات 2016 را ببرد؛ بسط تجارت جهانی، تخفیف درگیریهای منطقه ای، توسل به قانون و تحریم برای کشور یاغی خواهند آمد. جناح نظامی گزینه جنگ را در مناسبات با کشورهای یاغی الویت خواهد داد. هر 2 جناح نظامی و مالی در حاکمیت حضور دارند. هر 2 جناح حاکمیت آمریکا علاقه ای به سرمایه گذاری در ایران ندارند. جناح نظامی- نفتی در خدمت منافع ماشین جنگی خواهان درگیری نظامی است. جناح سرمایه مالی علاقه به زدن پهبادی تروریستها داشته؛ معترض جنگ کلنگی با بیش از 10 میلیون آواره در خاورمیانه بویژه عراق، سوریه، یمن، لیبی بوده؛ در جی 20 با امنیت بیشتر سرمایه گذاری می کند.

محافظه کاران عمدتا انبوه بشیران مسیحی، کاتولیکها، لایه هایی از طبقه متوسط، کارگران سفیدپوست دبیرستانی هوادار ترامپ اند. برنامه اجتماعی آنها حق داشتن سلاح، ضدیت با سقط جنین، تضییع حقوق دگرباشان و پناهندگان است. ترامپ اصول حزبی را زیر پا گذاشته؛ بداهه گویی، تولید ترس از خارجی، بدون داشتن دانش حقوقی و کارشناسی قراردادهای جهانی، صرفا از تماشای تلویزیون، خواندن داستانها،

مباحثه با دوستان، رسانه های راستگرا به موج ضد خارجی دامن می زند. پیروانش سفید های راست و نژادگراهایند. او 1 سال و 4 ماه از خانم کلینتون پیرتر است.

خانم کلینتون در خدمت بهبود اجتماعی با حمایت از کودکان و زنان فقیر، ایجاد شغل برای لایه هایی از طبقه متوسط، تساوی حقوق اقلیتها است. او همچنین در خدمت برخی خواسته های لابیها، زیربنای اقتصادی لایه سرمایه مالی، مجتمع نظامی-صنعتی است. او مجری رئوس مشترک برنامه سندرز چپگرا، حزب دمکرات، منشورهای اتحادیه های صنفی کارگران، کارمندان، آموزگان، طرح های اندیشکده های شورای روابط خارجی، بنیاد بروکینگز، مرکز راهبرد و مطالعات بین المللی، شورای امنیت ملی، کمیسیونهای سیا و وزارتخانه ها می باشد.

برنامه او ادامه مشی خارجی اوباما، ازدیاد شغل، کابینه نیمی زن؛ تعمیر زیرساختی یعنی جاده، پل، فرودگاه، راه آهن، بندر؛ رفرم اقامت مهاجران است. ورود اعضای این مراکز به حاکمیت نشانگر نفوذ آنها در فرموله کردن منافع طبقات حاکمه، لابیهای صاحبان صنایع کلان، خواسته های روشنفکران ارگانیک، ارباب رسانه ها می باشد. مسئله مراوده ایمیلهای دولتی با سرور خانگی را جمهوریخواهان به کمیسیون سنا و اداره اطلاعات داخلی/ اف بی آی کشاند؛ رسانه های راست این مسئله را برای بی آبرویی او افشاگری مدام کردند که ژنرال پاوول جمهوریخواه هم انجام داده بود.

ربع قرن است که درگیری با خانم کلینتون را کمیسیونها چون توطئه راستگرایان اجرا می کنند. تصادم قوه مقننه و اجرایی در ایمیلهای مخلوط عادی و محرمانه روی سرور خانگی تا برائت خانم کلینتون بوسیله مدیر اف بی آی پس از بررسی طولانی خشم راستگران را انگیخت. لوموند دیپلماتیک 2016.07، هیلاری کلینتون، بازگشت به مداخله گری قدرتمند؟ Sylvain Cypel ترجمه شهباز نخعي.
http://mondediplo.com/2016/07

آیا استبداد در خاورمیانه ساختاریست؟ الجزیره جنگ رهایی بخش بضد امپریالیسم فرانسه را برد. ولی حکومت انقلاب انتخابات 1991 را به جبهه ملی اسلامی و ارتش رستاخیز سلفی باخته؛ کودتای نظامی کرد. در روند اسلامی دهه 1990نزدیک به 100 هزار نفر کشته شدند. کودتاهای پاکستان این کشور سکولار را به جمهوری اسلامی رساند. مصر هم با سقوط دیکتاتوری 30 ساله مبارک به دمکراسی نیانجامید؛ زیرا پیروزی انتخاباتی اخوان المسلمین به کودتای ژنرال سیسی منجر شد. در ترکیه اردغان شریعت خزنده را با انتخابات در حاکمیت نشت می دهد.

تضادهای درونی تبعیض حاکمیت به اقلیتها و زنان نیز وجود دارند: در عربستان تبعیض به 15% مردم شیعی، آپارتید جنسیتی زنان، اعدام فله ای شیخ نمر و 46 جهادی در 2015، در ترکیه با 75 میلیون نفر تبعیض به 18% کرد و 1 میلیون علوی/ شیعی، در ایران تبعیض به زنان و اقلیتهای سکولار، سنی، بهایی و اعدامها در ملاء عام.

در 2015 عربستان 150 انسان را گردن زد؛ پس از داعش مقام دوم در جهان داشت. ایران هم بیشترین اعدامها را در جهان داشته که در رسانه های جهانی خوشآیند نبود. ترکیه هم در روال درگیری با گلوبالیزاسیون با رهبری اردوغان و حزب عدالت و توسعه سنی راست در مسیر اقتدارگرا، آوردن حجاب در دانشگاه، خشونت و مناقشه با

بیژن باران

همسایگانش اسرائیل، روسیه، ایران در غلطیده؛ ژوئن 2016 برای بهبود مناسبات با این 3 کشور تلاش کرد. کودتای نافرجام مخالفان اردوغان در حاکمیت زدود.

تحدید حاکمیت فشار بر توده را در موج پناهجویی افزایش می دهد. فرار لایه هایی از پناهجویان به غرب در ایران دهه 1380 تحت تحریم بانکی، کلنگی شدن سوریه دهه 1390 با پیدایش 100 ها گروه مسلح، نقض امنیت مردم را بخوبی می توان دید. آینده کشور یاغی عملا در عصر گلوبالیزاسیون در نهایت کشور بی دولت مانند سومالی و یمن است؛ لیبی، عراق، سوریه هم بسوی زوال دولت مرکزی می روند. جدایی طلبی هم دمکراسی نمی آورد. ارتیره در استبداد و سودان جنوبی با جنگ داخلی روبرویند.

منابع. 28/09/2018
Henry Kissinger 2014 World Order, Penguin Press, 420 p.
Jagdish N. Bhagwati-In Defense of Globalization-Oxford University Press, 2005
جاگدیش باگواتی.
http://scholar.harvard.edu/files/idiwan/files/chekir_and_diwan-_2015_-_crony_capitalism_in_egypt.pdf
http://english.alarabiya.net/en/views/news/middle-east/2016/01/07/Corruption-crony-capitalism-at-heart-of-Israeli-politics.html
http://www.informationclearinghouse.info/article45422.htm
Kathy Kelly US Global Imperialism Is Coming To An End,

برژنیسکی و توماس گرم ، 2معمار جنگ سرد با شوروی، پذیرفتند: عصر بیرقیب امپریالیسم آمریکا پایان یافته؛ با روسیه و چین باید تعامل شود تا اهداف سنتی امپریال آمریکا اجرا شوند. برژینسکی پیشنهاد کرد: چند کشور اسرائیل، ترکیه، عربستان، ایران برای اجرای اهداف آمریکا، روسیه، چین در کنترل کشورهای دیگر را به نیابت باید گزید.

در خاورمیانه رویدادها با شتاب و بطور مسری به دیگر عوامل بیرونی سرایت می کنند. تحلیل زیر را رابرت پاری نوشت که در اوت 2016 این صفآرایی، یارگیری، پس و پیشی، کانونی و پیرامونی نیروهای در زیر می اید. ترکیه دیگر شعار سرنگونی اسد را نداده؛ با رایزنی روسیه و ایران برای جلوگیری از پیشروی کردها و قلع و قمع داعش به نوار مرزی/ جرابلس سوریه حمله کرد. در این حرکت جدید عربستان ناخرسند اوت شده؛ قطر هم از آن بسوی ترکیه گرایش یافته.

این عمل ترکیه با فرستادن گروهی تانک به سوریه سال گذشته اعلان جنگ به روسیه و ایران قلمداد می شد. این کشور از اتحادیه اروپا فاصله گرفته؛ آمریکا را هم در این مشی جدید نسبت به سوریه همراه کرده. تنها شدن عربستان از تابستان 2015 و برجام ایران آغاز شد که کاهش آمریکا در حمله هوایی به یمن را هم را دربر می گیرد.

ماجراجویی عربستان در منطقه ترکیه، قطر، آمریکا را هراسان کرد. اکنون عربستان در تنشهایش با ایران گیر کرده. گروههای جیره خوار عربستان در سوریه را نیروهای دیگر قلع و قمع می کنند. در کنفرانس ژنو روسیه و آمریکا هم حامیان مسلح عربستان دیده نمی شوند. ستون تانک های ترکیه و انزوای منطقه ای سعودی ها
http://www.asriran.com/fa/news/489445/

تاثیر گلوبالیزاسیون در ایران

عملکرد امپریالیسم آمریکا در نیمه قرن 20 و گلوبالیزاسیون از اواخر این قرن تا 2016 در ایران بررسی می شود. درگیری آتی آمریکا در خاورمیانه بستگی به سلطه جناح مالی با بسط تجارت یا نظامی با جنگ افروزی دارد. آمریکا اکنون دمکراسی در کشورهای 3قاره را در نبود شوروی تحمل می کند. پس از ج ج 2 با جنگهای هندوچین و کودتا های فراوان در جهان بضد دمکراسی برای محاصره اردوگاه عمل کرد.

این تفاوت رفتار روشنگر گذار از فاز "بالاترین مرحله سرمایه داری" با کنترل دریاها و اعمال خشونت نظامی به گلوبالیزاسیون با تاکید بر تجارت است. گلوبالیزاسیون کنترل سیر سرمایه بشکل دلار در تجارت جهانی با فنآوری دیجیتال، حسگرهای ماهواره و پهباد، تعامل با جناح نظامی است. ایران برای تعامل سیاسی، تجاری، دیپلماتیک در منطقه و جهان با سیطره سرمایه مالی آمریکا نیاز به موافقت آمریکا دارد. برجام، خرید 200 هواپیمای مسافری، آوردن سرمایه مستقیم خارجی نمونه های این نیاز اند.

باید گفت امپریالیسم آمریکا با عنصر قهر، کودتا، مداخله در کشورهای کوچک برای نظم سرمایه داری به گلوبالیزاسیون با عنصر تعامل، تجارت، کنترل شبکه های بانکی و ارتباطات، جاسوسی، تعقیب هوایی، بمباران پهبادی، داشتن زبدگان و مستشاران نظامی محدود در خاورمیانه استحاله یافته است. خاور میانه با بیکاری، جامعه جوان، رکود اقتصادی، عدم انطباق شریعت با مدرنیسم- منجر به تروریسم، کوچ مسلمانان به غرب، رشد مفتیان مسجد و مدرسه، جهادیهای مسلح، تکفیریهای بنیانگرای موعظه گر شده است.

چند کشور تحریم شده روسیه، ایران، سودان تحت فشار تجاری اند. سلطه سرمایه مالی بر تجارت جهانی، کشور یاغی را با تحریمها در حاشیه حبس می کند. ایران با سرمایه انباشت شده و درآمدهای حاکمیت از بقاع متبرکه، بنیادهای مالیات نده، توریسم زیارتی، بساز و بفروش، برخی رانتها- می تواند مدتی در حاشیه سرمایه جهانی بماند. ولی این برای کل کشور کافی نبوده؛ بیکاری، گرانی، رکود اقتصادی، فساد را دامن می زند.

امپریالیسم با تضادهای آشتی ناپذیر انحصارات در سده 20 بود که پس از بحران مالی 1929 و مقررات بانکی بعدی منجر به ج ج 2 با کشتار 57 میلیون انسان شد. پس از ج ج 2 الویت امپریالیسم فروپاشی اردوگاه بود؛ نه اشاعه دمکراسی. آمریکا با حمایت از مذهب و سرمایه داری خصوصی، ضدیت با شوروی و سرمایه داری دولتی را دامن زد. تز آیزنهاور سرکوب ملیگرایان با کودتا در ایران دکتر مصدق، پان-عرب ناصری در مصر، سوریه، اردن، عراق سرهنگ قاسم، کمک نظامی به لبنان 1958، اندونزی دکتر سوکارنو- حکومتهای سکولار ملی را ساقط کرد.

تغییرات درونی بر سیاست خارجی اثر گذار اند. می توان عملکرد خارجی آمریکا در ایران را با استحاله سرمایه داری آمریکا از امپریالیسم پس از ج ج 2 به گلوبالیزاسیون دهه 1970 محک زد. یعنی از سیاست خارجی، به استحاله درونی از انحصارات به مالیگرایی سرمایه داری پی برد. در 25 سال بعد از کودتای تابستانی تهران، با ورود 60

هزار مستشار آمریکایی، کاپیتولاسیون/ مصونیت قضایی اتباع غربی، گروگانگیری 444 روز سفارت در تهران، روبیدن تمام نفوذ در دولت کودتا با سرنگونی سلطنت پایان یافت.

با انقلاب اسلامی ایرانی تخلیه ایران، مهاجرت مستشاران به کشورهای خلیج فارس دورتر از روسیه، پیدایش بنیانگرایی اسلامی، حملات انتحاری به مردم عادی، سپس جهادی مسلحانه وهابی- درگیری آمریکا در منطقه را عمیقتر کرد. چرا 2 شیوه جناح سرمایه مالی و جناح نفتی-نظامی پیروزی تاریخی داشته اند؟

الگوی کودتای خونین راست در کشورهای دیگر مانند گواتمالا 1954، اندونزی 1967، شیلی سپتامبر 1973 در اثبات امپریالیسم تکرار شد. با فروپاشی شوروی 15 جمهوری اتحاد جماهیر شوروی تجزیه شده؛ اقتصاد اکثر آنها در مدار مالی اتحادیه اروپا و سلطه نظامی ناتو- آمریکا قرار گرفتند. بر عکس تجزیه مسالمت آمیز شوروی و چکسلواکی به 2 کشور، تجزیه یوگسلاوی به 7 کشور خونین بود.

در حالیکه در جمهوریهای آذربایجان و تاجیکستان عضو اتحاد شوروی، خارج از تز کمربند سبز اسلامی آمریکا، پس از فروپاشی اردوگاه، حکومتهای سکولار ولی استبدادی پدید آمدند. در کشورهای مدار آمریکا در خاورمیانه مثل پاکستان، افغانستان، ایران، مصر، ترکیه گرایش عمده بسوی شریعت و بنیانگرایی دینی است. عربستان و شیوخ خلیج فارس هم به احداث مدرسه و مسجد وهابی در خاورمیانه پرداختند. این اشتباه آمریکا پس از ج ج 2 در آخر دهه 1970 به پیدایش بنیانگرایی شیعی ایران و لبنان و وهابی القاعده، طالبان، داعش رسید. بیکاری جوانان را تحت تاثیر تبلیغ و آموزش بنیانگرایی تکفیری و جهادی قرار داد.

آمریکا در خاور میانه تغییرات اجتماعی، سیاسی، فرهنگی، نظامی، اقتصادی از ج ج 2 پدید آورد. پس از کودتای 28 مرداد کودتاهای دیگری انجام داد. با سرکوب ناسیونالیسم، فاصله سنت و مدرنیسم را در هم کوبید. با این تز و کمر بند سبز برژینسکی حمایت از مذهب در مقابل سکولاریسم چپ و راست تقویت شد.

در زمان کارتر دهه 1970 برژینسکی تز کمربند سبز بضد اردوگاه در خاورمیانه را علم کرد. این تز در تقویت بنیانگرایی مذهبی برای محاصره شوروی علت اصلی تروریسم وهابی در سده 21 شد. این تز منجر به تسلیح بنیانگرایان مجاهد در افغانستان، تعامل با بنیانگرایان شیعی در ایران، حمایت از حماس بضد فتح در فلسطین، تعامل با اخوان المسلمین در مصر، حمایت از مسجد و مدرسه وهابی عربستان در بسیاری از کشورها از جمله پاکستان شد.

پیدایش موج 2 سوسیالیزم در آمریکای لاتین با انتخابات یعنی پیروزی احزاب چپ و کار با کمی بیش از 50% آرای عمومی ممکن شد. این پیروزی در کشورهای سرمایه داری زیر با رفرمهایی بنفع کارگران و فقیران گامی به پیش بود: برزیل، شیلی، بلیوی، نیکاراگوئه، آرژانتین، ونزوئلا. البته مخالفان این احزاب عدالتخواه رسانه های خصوصی را بکار برده؛ تا انتخابات را بنفع خود بگردانند. تجربه همزیستی با اردوگاه و مراوده تجاری با چین به رشد سریع سرمایه داری خصوصی و نفوذ آمریکا در آنها بسیار موثر بودند.

در دهه 1970 آمریکا در گذار از امپریالیسم به گلوبالیزاسیون بود که 2جناح نظامی-نفتی و سرمایه مالی را در تردید در عمل سلطه گر در ایران می توان دید. خواست

آمریکا در خاور میانه کنونی

جناح نظامی حمله مستقیم مانند عراق با هزینه 1 تریلیون دلار بود. در جنگ عراق شرکت هلیبرتون با سهام دیک چینی، معاون پرزیدنت، حوله سربازان را به قیمت 600 دلار و هزینه رختشویی یک کیسه پوشاک چرک را 99 دلار بپای دولت حساب کرد که در دادگاه بجرم گرانفروشی به دولت رسانه ای شد. لذا جنگ بنفع صنایع نظامی، بوروکرات های پنتاگون، پیمانکاران وزارت دفاع- با افزایش بدهی مردم به بانکها بود.

آیا امپریالیسم در کودتای 28مرداد بضد دولت سکولار ملی ایران باخت یا برد؟ عامل تعیین کننده توطئه نفوذ نبوده؛ پیشرفته تر بودن سرمایه داری خصوصی آمریکا نسبت به سرمایه داری دولتی در کشورهای درحال رشد است. با نگاه به افزایش حجم سرمایه مالی آمریکا می توان گفت: برد! این پاسخ ربط دارد به عقلگرایی سرمایه داری برای بسط خود در جهان بهر شیوه- کودتا، تجارت، همزیستی، جنگ، شکیبایی. در مقابل کشور اقتدارگرا بر پایه اصول فردی دگم نامتناظر با قدرت و واقعیت عمل می کند.

حجم سرمایه آمریکا در 1950 با جمعیت 151 میلیون نفر و بودجه 300 میلیون دلار با مقایسه 2000 با جمعیت 281 میلیون نفر و بودجه ا تریلیون دلار، 2010 با جمعیت 309 میلیون نفر با 15 تریلیون دلار GDP، در 2015 با جمعیت 320 میلیون نفر و 18 تریلیون دلار GDP بود. اکنون رانت صنایع نفتی آمریکا در حال کاهش 1.3% مقدارGDP بوده؛ سرمایه مالی بخش غالب آن است؛ در مقابل رانت نفت و گاز ایران 30% است. مجموع رانت- درآمد از نفت، گاز، ذغال سنگ، کانها، جنگل است.
http://data.worldbank.org/indicator/NY.GDP.TOTL.RT.ZS

بودجه 1353 ایران با جمعیت 18 میلیون نفر 2445 میلیارد/ بیلیون ریال با احتساب هر دلار 70 ریال یعنی 35 بیلیون دلار بود. در 2000 جمعیت به 65 میلیون رسید. در 2015 با جمعیت 78 میلیون و بودجه 415 میلیارد دلار در مقابل عربستان با جمعیت 31 میلیون و بودجه 754 میلیارد دلار بود.

با جنگ شوروی و دولت سکولار چپگرای افغانستان با مجاهدان، آمریکا و متفقان فروپاشی شوروی تسریع شد. در اردوگاه، اندیشه ورزان/ نخبگانی مانند سوسولوف با تز راه رشد غیرسرمایه داری در فضای پس از ج ج 2 بوده؛ از مناسبات نوین الکترونیک بیخبر بودند. اصولا با این تز و حمایت شوروی از دولتهای سکولار مستبد افغانستان، عراق، سوریه، مصر، لیبی- نهادهای مدنی مدرن ساخته نشدند. جامعه مدنی، بزعم گرامشی، فضای اجتماعی مستقل از دولت، واسطه خانواده با محیط، قدرت، حاکمیت سیاسی است.

موج بنیانگرایی اسلامی در منطقه دمار از روزگار مردم در آورده است. البته تز کمربند سبز ایزنهاور و برژینسکی با بیکاری جوانان و اشاعه بنیانگرایی بضد سکولارهای چپ و راست در این موج دخیل بود. در عربستان و بحرین به نضج وهابیان، در افغانستان به پیدایش طالبان و القاعده و در پاکستان و ایران به جمهوری اسلامی، در لبنان به پیروزی حزب الله، در غزه به پیروزی حماس، در اسراییل به استقرار لیکود صیهونیست، در مصر به پیروزی مرسی اخوان المسلمین، در ترکیه به عثمانیسم سنی ختم شد. حتی ترکیه هم بسوی بنیانگرایی سنی بوسیله انتخابات می خزد. در عربستان نبود مدرنیته را در آپارتید جنسی و فرقه ای می توان بوضوح دید.

چون ایران پایگاه آمریکا در خاورمیانه بود؛ تحولات آمریکا در دهه 1970 تاثیر مستقیم روی ایران گذاشتند. از کودتای 1953 تا 1979 از نظر سیاسی سیر قهقرایی پیموده؛ بمرحله جنبش تنباکو 1892 برهبری آخوند شیرازی رسید. پس از کودتا حتی رای دادن با لیست نمایندگان انتصابی شاه-ساواک هم نهادینه نشد؛ نهادهای مدنی هم پدید نیآمدند."سوگند به شاه" عبارت معمول در ارتش بود که بهنگام انقلاب بهمن 57 ارتش زد زیر سوگند خود؛ با ملت انقلابی همراه شد.

قدرت در فاز صعود حامی راس قدرت بود؛ ولی در فاز نزول حاکمیت به مردم و کشور پیوسته؛ خود را از خدمت به آمریکا جدا کرد. آمریکا و انگلیس نیز در خدمت به منافع خود از پذیرش شاه عذر خواستند. الگوی گذار به تغییر حاکمیت متصل به امپریالیسم در ایران، فیلیپین، کره جنوبی، تایوان، بسیاری کشورهای آمریکای لاتین در فاز گلوبالیزاسیون آمریکا پس از فروپاشی اردوگاه رخ داد.

ایران اگر بخشی از شوروی بود با فروپاشی اردوگاه به استقلال و یک دولت سکولار می رسید. ولی در مدار آمریکا بودن منجر به حمایت از مذهب پس از کودتای 28 مرداد و پیدایش جمهوری اسلامی شد. البته عقده امپریال در برخی نخبگان ایرانی قوی بوده؛ زیر بار مدار شوروی نرفته با کودتای سیا کشور در مدار آمریکا قرار گرفت: مذهب هنجار های عتیق ایستا، منافع اقلیتی گذشته گرا، عقاید محلی را اعمال می کند. دخول شریعت در دولت های مدار آمریکا در خاور میانه مانند پاکستان، ایران، عربستان، ترکیه، فلسطین، مصر دیده می شود.

مدرنیسم با تحولات فنی، اقتصادی، سیاسی، فرهنگی پویا با جهان آینده نگر همراه بوده؛ لذا در حال تغییر جهانیگرا است. سلیقه پوشاک سوای آزادی فردی در سده 21، در مدرنیسم با مد سالانه/ فصلی تکامل می یابد؛ در حالیکه در پیشامدرن مد پوشاک ایستا است.

کودتای 28 مرداد 32 بنا به الگوی عملکردی امپریالیسم برای کنترل نفت، ترس از سلطه شوروی، زدن بورژوازی سکولار ملی در ایران مصدق بود. این نوع کودتا بضد حکومت سکولار ملی در مصر، عراق، اندونزی هم اتفاق افتاد. پذیرش انقلاب بهمن 57 عمدتا بخاطر پیروزی جناح سرمایه مالی در شخص کارتر بود. لذا کودتا هنجار عادی آمریکا در منطقه بوده؛ استثنا نبوده؛ البته اقلیتی در هر کشور منافع و مذهبی همسو با امپریالیسم داشتند که مخالف ایده الوژی شوروی بود.

الگوی نظامی با حمله در عراق دهه 2000 یا کودتا در ایران دهه 1950 انجام شد. در تجزیه یوگسلاوی، 4جنگ داخلی سوریه، لبنان، یمن، لیبی آمریکا نتوانست دست نشانده خود را در راس امور بکارد. تجربه ایران تکرار نشد. الگوی دیگر تبدیل حکومت استبدادی مرکزگرا به کشوری فدرال با انتخابات است: عراق با 3 اقلیم شیعی، سنی، کرد؛ سوریه با 3 اقلیم بعثی، سنی، کرد؛ لیبی هم با 2 دولت محلی فدرال. تجربه نفوذ مسالمت آمیز در ویتنام، کوبا، ایران و فروپاشی دول یاغی با شیوه نظامی در افغانستان طالبان، عراق صدام، سوریه اسد، لیبی قذافی در حال تکرار است.

خواست جناح مالی با رابطه مسالمت آمیز و جناح نظامی- نفتی با طرح کودتا بوسیله مثلث برژینسکی، هایزر، بختیار را می توان در اسناد وزارت خارجه آمریکا رصد کرد. چرا در 1953 آمریکا با حکومت جمهوریخواه از جناح نفتی-نظامی توانست کودتا کند؟ ولی

آمریکا در خاور میانه کنونی

در 1979 دولت دمکرات جناح مالی نتوانست - گرچه خواست برژینسکی و ژنرال هایزر کودتای نظامی بود.

در 25 سال نه شکوفانی اقتصادی چون تایوان و کره جنوبی رخداد؛ نه نهادهای مدنی چون تونس و ترکیه ساخته شدند. با درآمد فراوان نفت، در دهه 1350 آزادیهای سیاسی و انتخابات آزاد هم راه چاره بضد گسترش بنیانگرایان شیعی نبوده؛ تنها شکوفانی سرمایه داری و گسترش سیاحت مانند ترکیه می توانست اقتصاد ایران را از نفت و گاز مستقل کند.

چون انتخابات آزاد هم در عقبماندگی مانند غزه/ حماس، لبنان/ حزب الله، مصر/ اخوان المسلمین، ترکیه/ اردغان اسلامگرا، عراق در چند دهه منجر به ورود اسلام گرایان به حاکمیت می شد. انتخابات آزاد هم از دهه 1340 منجر به پیروزی شیعیگرایان می شد. شاید در آغاز خط اعتدالی شریتعمداری می برد؛ ولی بخاطر عدم شکوفانی اقتصادی پس از مدتی چه با زور در خیابانها چه در انتخابات منجر به ورود بنیانگرایان شیعی می شد. زیرا خیل حاشیه نشینان و جوانان بیکار با بحران حاکمیت، سلطنت بدیل نداشته؛ به بن بست رسیده بود. خزیدن به بنیانگرایی اسلامی در منطقه را هم یواشتر در ترکیه- در آینده جمهوری آذربایجان و شاید تاجیکستان می توان دید.

سیاست خارجی آمریکا بازی 3جانبه 2جناح حاکمه این کشور و دولتها در جهان است. نقش آمریکا هم در فروش اسلحه در خاور میانه با رجعت از مدرنیسم به بنیانگرایی اسلامی در عربستان، مانند موزه ای مجانی در معرض دید است. این کشور با درآمد کهکشانی نفت و گاز، شهرسازی، پس از 60 سال سوبسید خدمات دولتی، هنوز نهادهای مدنی مدرن ندارد.

عربستان از دهه 1970 تا کنون 70 میلیارد دلار از فروش نفت را صرف مدرسه سازی، مسجد وهابی، جذب جوانان بیکار جهادگرا در خاورمیانه و اروپای شرقی کرده است. اوباما در ۲۰۱۰ با فروش ۶۰ میلیارد دلار تسلیحات نظامی به عربستان موافقت کرد. در 6سال گذشته ارزش قراردادهای نظامی تکمیل شده ۴۸ میلیارد دلار است – یعنی 3 برابر میزان قراردادهای تکمیلی در 8 سال دولت بوش پسر که با هزینه 1 تریلیون دلاری جنگ عراق تولید جنگی را رونق داد. این خواست جناح نظامی در حاکمیت است.

در کنگره قانونی پدید آمده که دولت عربستان را مسئول جبران مالی کل خسارات حملات ۱۱ سپتامبر 2001کرد. منافع صنایع نظامی منجر به درگیریهای مسلحانه موضعی، فروش تسلیحات، گسترش خط محاصره چین و روسیه می شود. البته جناح نظامی- نفتی در مشی خارجی هم با نفوذ جمهوریخواهان در کنگره یا بردن ریاست جمهوری به جنگهای محدود می پردازد.

با غلبه جناح نفتی-نظامی ایزنهاور حمایت از مذاهب برای محاصره شوروی و سرکوب دولتهای سکولار مستقل از آمریکا خواست خود این جناح را در حاکمیت ایران، سپس مصر و عراق نشاند. این خواست برای جناح نفتی- نظامی با فروش و کاربرد اسلحه در جنگ نافع بود؛ به عدم ثبات و جنبش تکفیری تروریسم خاور میانه سده 21 منجر شد.

البته این جناح چه در گذشته با فروش اسلحه چه اکنون با مصرف اسلحه بخرج 2سوم مردم آمریکا سود می برد. اگر آمریکا بجای جناح جنگی جناح مصرفی صنایع و

بیژن باران

کشاورزی را در خاورمیانه با سرمایه مشترک گسترش می داد؛ جوانان جذب کار و تحصیل شده؛ از تبلیغ مفتیان و آخوندهای بنیانگرا مصون می شدند.

با گلوبالیزاسیون، جنگ، رشد مدرنیسم در خاورمیانه روندهای اجتماعی زیر تسریع شدند: دولت- ملت سازی در ایران و اقلیم کردستان، توافقات سیاسی، آشکاری تضادهای تاریخی، جابجایی مردم، تخریب بناها. در این مقطع رسانه ها، مسکن، برق، آبرسانی، مراکز دارو و درمان، خوراک، آموزش، مهاجرت در ابعادی میلیونی مطرح شدند. در ابعاد کلان موج تخریب نیم قرن گذشته را از پاکستان و افغانستان تا سوریه و یمن پدید آورد.

مدرنیسم در جهان گسترش زبان انگلیسی، خوراک و پوشاک استاندارد، سفر سیاحتی را افزایش داد. این امر بروشنی در سازماندهی اجتماعی مدرن اقلیم کردستان عراق و روژآوای کردستان/ اقلیم فدرال شمال سوریه را در شرکت زنان، حقوق اقلیتها، انتخابات، جدایی دین از دولت می توان دید.

عدم تطابق فرهنگ پیشامدرن در زنان ایزدی در جنگ مدرن در عراق در رسانه های دهه 2010 تصویر شد. در نیروهای کرد، زن مدرن مانند مرد مسلح شد تا با دشمن جهادیگرا بجنگد. زنان پیشامدرن را داعش چون برده بین جنگجویان خود تقسیم کرد. البته در خاورمیانه حقوق جانوران خانگی بویژه سگ هم امل و پیشامدرن اند. بدون مالکیت انسان بر زمین جانوران زندگی بهتری دارند. زیبایی زندگی آنها هنر انسانها ست.

مناسبات ایران با آمریکا نمی تواند مدل جمهوری اسلامی پاکستان سازگار با چین بضد هند را الگو کند. زیرا ایران نفت و گاز دارد که به بازار و سامانه بانکی جهانی نیاز دارد. درآمد آن به دلار وابسته و در شبکه بانکی سویفت جهان مسدود پذیر است. ایران مدل عربستان با حکومت قبیلوی، مردم عقبافتاده تر از دولت با چند میلیون زوار حج سالانه را نمی تواند الگو کند. زیرا ایران 2 انقلاب مشروطه ضد سلطان مطلقه و جمهوری ولی مطلقه و جنگ 8 ساله با عراق را در تاریخ خود دارد. ایران ترکیه با دولت اسلامگرا و مردم 2قطبی پیشرو و رجعتگرای عثمانی را هم نمی تواند الگو کند. زیرا ترکیه با پایگاه نظامی آمریکا، احزاب چپگرا، نهادهای سکولار قوی، آزادیهای مدنی جذاب برای صنعت توریسم است.

چرا در برخی کشورهای جهان سوم پس از یک دوره استبداد، دمکراسی پیدا می شود؟ نمونه 2015 برمه با بردن در انتخابات آنگ سان سو کی پس از 15 سال حبس خانگی می باشد. آمریکا دشمنان اسراییل یعنی عراق، سوریه، لیبی و دشمنان ایران یعنی طالبان افغانستان و صدام عراق را خنثی کرد. آیا ایران و آمریکا اشتراک استراتژی در منطقه یعنی حاکمیت اکثریت در بحرین و یمن دارند؟ حاکمیت اکثریت شیعی عراق و برجام گام اول آن است.

تاکید اسراییل بر ایران، برای پاک کردن صورت مسئله فلسطین است. فشار اسراییل بر سیاست خارجی آمریکا در خاورمیانه و ایران کم خواهد شد. عود کردن تضاد ایران و عربستان بچه علت است؟ فشار تبلیغی و تحریمی آمریکا بر روسیه و چین افزایش یافته؛ این به نفع ایران خواهد بود. ترامپ اهل مذاکره است؛ هیلری هم ادامه اوباما با چرخش به نفع اسراییل خواهد شد.

آمریکا در خاور میانه کنونی

تحریم‌های آمریکا بر اقتصاد ایران با مبادلات ناچیز این 2کشور تاثیر ندارد. کارآیی آنها از آنجا ناشی می‌شود که آمریکا، با گلوبالیزاسیون و کنترل مراودات بانکی، برخی شهروندان و نهادهای مالی کشورهای خاطی را جریمه هنگفت در دادگاه نیویورک، مقر سازمان ملل، می کند. آنها را به دور زدن این تحریم‌ها متهم کرده؛ لذا در مراودات بانکی با ایران محتاط می شوند.

در افکار عمومی جهان، "گروه‌های ذینفع" کشوری که در تحریم جهانی می افتد، "متخلف" محسوب شده؛ حتی پس از برداشتن تحریم هم ارتباط با کشور خاطی حساسیت‌برانگیز است. در 2014 بانک فرانسوی بی ان پی پاریبا برای نقض تحریمهای آمریکا علیه ایران، کوبا، سودان 9 میلیارد دلار جریمه را پذیرفت.

همچنین، کشور تحریم‌شده برای مدتی به حاشیه اقتصاد جهانی رانده شده؛ موقعیت تجاریش به رقبا می رسد. بازگشت چنین کشوری به متن اقتصاد جهانی هرگز سریع و بدون هزینه نیست. پس یک دولت متعهد به رفاه ملتش و متکی به رأی آزادانه آن، از تحریم خارجی واهمه دارد. منظور از بی‌ثباتی در اینجا، احتمال وقوع کودتا، حمله نظامی، یا انقلاب نیست. بی‌ثباتی به معنی شرایطی است که پیش‌بینی روند تحولات سیاسی و آثار اقتصادی آن را برای سرمایه گذاری دشوار می‌کند.

تصمیم‌گیری قانونمند روندهای سیاسی و اقتصادی برای سرمایه گذاران، مراودات جهانی، تعهدات قراردادی در دولت انتخابی روشن اند. ولی دولت اقتدارگرا تصمیمهای کلان را رهبری فردی دیکته می کند. تحولات دولتی را رهبر و بیت بالاتر از مسئولیت او جهت داده؛ عدم شفافیت با فساد قدرت همراه می شود. در این نوع کشورها نظارت استصوابی شورای نگهبان اقتدارگرایی مذهبی و نهادهای ایده الوژیک حکومتی را بر اقتصاد کشور مسلط می کند.

در اینجا ریسک سرمایه‌گذاری بیشتر بوده؛ لذا زد و بند در بالاترین سطوح حاکمیت امری اجتناب ناپذیر می شود. اگر رهبر ایده الوژیک هم در امور اقتصادی، تجاری، رفتار اجتماعی جوانان وارد شود؛ دیگر بین واقعیت های موجود منطقه و دگمهای عتیق بیشتر فاصله می افتد. لذا سرمایه گذار خارجی بخاطر ریسک 2لا پهنا حساب می کند. http://www.bbc.com/persian/business/2016/05/160513_l03_nuclear_agreement_trade

نباید آرایه انسانوارگی را به پدیده مرکب و متغیر در طول زمان "آمریکا" تجرید کرد. "آمریکا" یک موجود تک فکری نیست. لایه های اقتصادی پیشین مانند انحصارات تسلیحاتی، برده داران با تفرعن نژادپرستانه، خرده سرمایه داری آغازین سده 17 هنوز در حاکمیت به طرق مسالمت آمیز، اقناعی، تعاملی با هم رقابت می کنند. در آمریکا منافع متضاد، طبقات مختلف، ایده الوژیها و نظرات گوناگون در باره تغییرات وجود دارند.

در حالیکه امپریالیسم خواهان سلطه بر ایران بود؛ گلوبالیزاسیون خواهان بسط تجارت در منطقه است. برای سیطره سرمایه مالی در جهان ثبات و انعقاد قراردادهای 2 یا

چندجانبه الویت دارند. در حکومتهای شفاف، نظرات گوناگون آزادی بیان دارند. نباید اسناد خارجی حاوی نظرات در مورد انقلاب 1979 ایران، جنگ 8 ساله با عراق، اسقاط شاه، بدون اجرای آنها برای عمل اجتماعی مانند جنگ، کودتا، پذیرش انقلاب را بکار

بیژن باران

برد. این اسناد صرفا گفته، نظر، پیشنهاد، گزارش گوناگون اند؛ نه اجرای مشی حزب حاکم با عمل جسمانی.
http://www.bbc.com/persian/indepth/kf_khomeini_iranian_revolution_us

مشی کیسینجر در مراوده با چین توده ای 1972، نبود نهادهای مدنی با فرهنگ سوسیالیستی در اردوگاه، اشغال نظامی با حضور و خروج ارتش سرخ 1989-1979 در افغانستان، تخریب 1989 دیوار برلین، فروپاشی 1991 اردوگاه- رویدادهای عمده بودند که ترس از دولت شوراها را در سیاست خارجی آمریکا زایل کرد. عدم ترس آمریکا با فروپاشی اردوگاه را با انتخابات آزاد و تحمل دمکراسی/ انتخابات در 3 قاره، اروپای شرقی، آفریقای جنوبی، ترکیه، کره جنوبی، اندونزی، پاکستان، فیلیپین، تایوان می توان دید که به بهار عربی در دهه 2010 ختم شد.

نیز ترس بیمورد امپریالیسم آمریکا در نیمه قرن 20 از پیروزی احزاب چپ جهان چند دهه مشارکت آنها را در کشورهای جنوبی معوق کرد. اگرچه چپها پس از فروپاشی اردوگاه در آمریکای لاتین پیروز شدند؛ ولی در دهه 2010 به کنار رفتن آنها و ورود دوباره احزاب راست انجامید- حوادث برزیل، ونزوئلا، آرژانتین و نیز ایجاد رابطه دیپلماتیک با کوبا.

اصولا چپها اپوزیسیون خوبی اند در شرایط استبدادی و حتی دمکراسی مانند فرانسه و ایتالیا. برخی از آنها آرمان خود را کنار گذاشته در خدمت حاکمیت راست قرار می گیرند. کادرهای سیاسی-ایده الوژیک حاکمیت از توابین چپ مانند برخی توده ایهای پس از کودتا، نیکخواه، لاشایی دهه 1340 بودند. لذا از دانشگاههای ایران و غرب - راستهایی چون شفا، فردید، نراقی برای دولت کمک فکری نبودند. چپ بحرانها را بهتر از راست حلاجی کرده؛ لذا قلع و قمع چپ درازمدت بضرر حاکمیت راست است.

چپها هیچگاه در راس حاکمیت کشوری در خاور میانه قرار نمی گیرند؛ حتی با کمک نظامی نیروی خارجی مانند عراق با سقوط صدام. در افغانستان و یمن هم با کودتا بقدرت رسیده؛ با جنگ داخلی قلع و قمع شدند. لذا ترس استبداد از چپ واقعبینانه نیست؛ نوعی ترس روانی رهبر مستبد است که بر واقعیات منطقه در قرن 20 منطبق نیست.

اکنون سرمایه مالی با فنآوری دیجیتال بر زمین سلطه دارد؛ به پیدایش دمکراسیهای برمه، پاکستان، افغانستان، عراق منجر شد. البته عدم امنیت و جنگ داخلی در 3کشور آخری دمکراسی را بیمعنی می کنند. در این کشورهای سرمایه داری عقبمانده با انتخابات آزاد، چپ غایب است. بر خلاف آنها یونان و شیلی با نهادهای مدنی، چپ نقش فعال دارد.

منابع. 28/09/2018
http://www.usgovernmentspending.com/us_gdp_history
https://www.bing.com/images/search?q=gdp+iran+1950&view=detailv2&qpvt=gdp+iran+1950&id=B132FA58B255A69D4686D004A169BDA6EE1FF1D2&selectedindex=2&ccid=KsmIdZTL&simid=607995335286656913&thid=OIP.M2ac9887594cbf1520300780ccec48ec0o0&mode=overlay&first=1 در ایران نرخ فقر از 45% در 1988 به 12% در 2006 کاهید؛ فقر در روستا بیشتر از شهر است.

قیاس سیاسی ایران و افغانستان معاصر

حکومت جایگزین مهمتر است تا سرنگونی رژیم استبدادی. در شرایطی که توده ها متشکل و آگاه نبوده؛ از تجربه ی کافی برخوردار نباشند؛ سرشان کلاه خواهد رفت. اگر رژیمی سرنگون شود؛ حکومت بدست دشمنان دیگری خواهد افتاد که همچنان به بهره کشی طبقه کارگر و اکثریت زحمتکشان ادامه خواهند داد. لنین

در مملکت ما یک جور بی‌نظمی دقیق و گویا حساب شده وجود دارد و آن این که هیچ چیز نباید جای خودش باشد. دکتر محمد مصدق

هر 2 جمهوری اسلامی نام داشته؛ از براندازی حکومت مشروطه سلطنتی برآمده اند. اکنون افغانستان از لحاظ دولت و قانون مدرنتر از ایران است؛ ولی مردم ایران مدرنتر می باشد. آیا می توان اوضاع سیاسی 2کشور را با هم؛ یا اوضاع سیاسی یک کشور را در 2مقطع زمانی مقایسه کرد؟ برای مقایسه باید معیارهای ثابت، داده های تاریخی، یک الگوی جامعه مدرن را بکار برد. معیارهای ثابت قانون، دولت، مردم بوده؛ داده های تاریخی رویدادهای مهم اند. یک کشور در نزدیک شدن یا عقبماندن نسبت به یک جامعه مدرن مانند نروژ را می توان محک زد. این 3معیار نیاز به تعریف دارند.

مدرنیسم 2بخش دارد: مدرنیته یعنی نهادهای مدنی نوین؛ مدرنیزاسیون یعنی زیرساختهای پیشرفته. نهادهای مدنی وزارتخانه ها، احزاب، دیوانسالاری، رسانه ها، ان جی او ها، ورزشگاهها، تفریحات، آموزش، بهداشت می باشد. نهادهای مالی، راههای زمینی، هوایی، آبی، کارخانجات، فرودگاه، وزارتخانه ها، بیمارستانها، دانشگاهها، گمرک، ارتش، پلیس، مرزبانی زیرساختها یند.

این زیر ساختها به سرمایه کلان و تخصص ژرف نیاز داشته که در کشورهای پیرامونی با سرمایه خارجی انجام می شود. یک کشور مدرن می تواند ثروت ملی را با عمران، سرمایه گذاری، رشد تولید افزایش دهد. نمونه رشد: شیلی، ترکیه، آذربایجان. الگوی مدرنیسم تایوان، یونان، فنلاند است. در خاور میانه نیمه دوم سده 20 عامل خارجی آمریکا هم در تقابل با استقلال ملی وجود داشته؛ ابزار جنگی یا فروخته به مانند امارات یا بکار برده در افغانستان.

چرا انبوهی از ایرانیان گذشته را برای آینده می خواهند: هخامنشی، عدل علی، صفوی، پهلوی، عصر طلایی امام؟ انسان مدرن با حق شهروندی و رها از فقر برای بهبود وضع خود و کشور خود در رقابت با پیشرفتگان می کوشد. نمونه مدرن: کره جنوبی، دانمارک، تونس. خوبی گذشته توهم جوانی فرد مسن است. دیگر اینکه همسایگان هرکدام ثروت و ارتش دارند که در گذشته نبودند! اتحاد، شورش، سقوط حاکمیت به شکوفانی اقتصاد و رفاه مردم نمی انجامد. نمونه: ایران57، مصر و لیبی در بهار عربی.

در این جستار 2بخش زیر بررسی می شوند: 1- مقایسه اوضاع سیاسی ایران و افغانستان. 2- مقایسه ایران 1357 با ایران 1397 یعنی تغییرات در 3معیار قانون، دولت، مردم ظرف 40سال گذشته. قانون اساسی هر 2جمهوری اسلامی تحت قیومیت اسلام اند که واژه ای ناروشن است؛ یعنی تجریدی در ایران شیعی و برای افغانهای سنی. هر 2 اعتقادات و عبادات متفاوت از هم دارند.

260

بیژن باران

1-مقایسه اوضاع سیاسی ایران و افغانستان با 3معیار قانون، دولت، مردم. در 2018 جمهوری اسلامی ایران با استقلال قانون و دولت نامدرن داشته؛ ولی مردم مدرنتر اند. جمهوری اسلامی افغانستان با حضور نیروی خارجی قانون و دولت مدرن ضعیف و مردم پیشامدرن دارد. منظور توده میلیونی رای دهنده است نه نخبگان و روشنفکران که با خروجیهای سالانه ادبی، هنری، علمی، ورزشی، مدیریتی اندازه پذیر اند.

هر 2 کشور در آغاز سده 20 مشروطیت شاهی مظفرالدین و امان الله خان را داشتند. حاکمیت در ایران 2بخش انتخابی با 10% قدرت و 40% بودجه ملی و انتصابی با 90% قدرت و 60% بودجه سایه است. حاکمیت 2 جناح اعتدالگرا با 40% رای در رقابت با اصولگرا با 30% رای است. بیرون از حاکمیت با 30% رای شناور، تحریمی، خواسته های مدرن دارند.

2-ایران در مقطع زمانی کنونی را با 40 سال گذشته می توان مقایسه کرد. بدون حضور خارجی، ایران1397 با قانون و دولت پیشامدرن قوی و مردم پیشرو است. ایران 1357 با قانون، دولت مدرن، مردم پیشامدرن بود. البته قانون 1906 مشروطیت اجرا نمی شد؛ دولت دیکتاتوری فردی بود. این 3معیار قانون، دولت، مردم در بستر فرهنگی معاصر واشکافی می شوند.

قانون اساسی یک کشور را مجلس موسسان می نویسد. در خاورمیانه معمولا با کودتاهای نظامی زیرپا گذشته می شود. در این قانون 3قوه مجریه، مقننه، قضاییه؛ انتخابات، حقوق شهروندی، اختیارات دولت، سیاست خارجی، تجارت، مرزها، رسانه ها، نیروی مسلح تبیین شده اند. دولت شامل حاکمیت، نظام، وزارتخانه ها می باشد. در خاور میانه دین بخش عمده دولت است که در مشروطیت ناظر قانونگذاری و در جمهوری اسلامی قیم مردم است.

راس قدرت سیاسی- چه شاه چه پرزیدنت- مادام العمری، ناپاسخگو، بدون رای مردم است. قانون اساسی در خاورمیانه اجرا نمی شود. گاهی عمل قانونی شهروندان مانند اظهار نظر و حق تشکل را دولت با حبس تادیب می کند. اولا اسلام تجرید است که گروه فقیه- شهره، غیرانتخابی، مرجع تقلید- همسویی با اسلام را سلیقه ای صححه می گذارند. دین اکثریت 90% شیعی در ایران؛ 80% سنی در افغانستان و پاکستان است. در هر 3کشور بخشی از مردم باورهای غیردینی یا دین شخصی داشته؛ عبادت دین انجام نمی دهند.

دولت در فارسی 2معنی حکومت و ملت در غرب دارد. دولت state بر ملت یا قلمرو تحت تشکیلات یک حکومت سیاسی بر کشور، مرزها، مردم، قانون مشخص اتلاق می شود. نیز برای ملت nation یعنی گروه بزرگ متحد با یک تاریخ، فرهنگ، زبان، دین ساکن یک قلمرو، اقلیم، کشور هم بکار می رود. این واژه ها بهنگام سفر بین 2کشور با روادید ملموس اند. دولت به معنی کشور عضو سازمان ملل با 200 کشور در 5قاره زمین است.

حکومت Government بدنه سیاسی راس قدرت یک کشور، ملت، دولت، جامعه؛ یا رابطه حاکم و افراد تحت حکومت می باشد. در مرحله تاریخی یک کشور مدرن، دولت- ملت nation-state سازی مهم است. نظام، حاکمیت، جمعیت، ساکنان، باشندگان،

261

رعایا، هیات دولت/ حاکمه هم باید تعریف شوند. عوامل خارجی در سوریه کنونی یا تاریخی در یوگسلاوی موجب فروپاشی یا کلنگی شدن یک کشور می شوند.

گفته شده ایران به فاز دولت-ملت رسیده؛ ولی افغانستان و عراق هنوز به این مرحله نرسیده اند. این را می توان در مجادلات روزانه قومی مجالس این 3کشور دید. سوییس نمونه این مرحله در وحدت پایدار 3قوم از فرانسه، ایتالیا، آلمان است؛ یا کانادا با وحدت قبایل سرخپوست، سفیدها، سیاهان، مهاجران آسیایی به این مرحله رسید.

خلق، توده، ملت، مردم، ناس در فارسی مترادف اند. ولی هر کدام معنای تلویحی ذهنی سوای لغتنامه ای تصریحی دارد. هر واژه بار تاریخی، عقیدتی، سیاسی دارد. جامعه با مرز جغرافیایی، حکومت، مردم در بر گیرنده باشندگان فرهنگ می باشد. در خاور میانه فرهنگ پیشا مدرن استبداد شرقی، قبیلگی، پدرسالاری بر فرهنگ مدرن می چربد.

فرهنگ قبیلگی با تقاص vendetta، زن عورت مرد، عدم حق صحبت بچه در روابط خانوادگی و فرهنگ پدرسالاری در وراثت مذکر خلافت، امارت، ولایت حول و حوش خلیج فارس را می توان دید. نسل مذکر برای حاکمیت مادام العمری نقش عمده دارد. در این واژه ها به مقام زن، مرد، کودک، اقلیتها، ساکنان، خارجه نشینان هم اشاره باید شود. یعنی انسان انتزاعی نبوده؛ بنا به صفات خود حقوق خاص خود را دارد.

در دهه 1350 خلق بمعنای اقوام، اقلیتها، باشندگان فلات منهای حاکمیت، ساواک، دربار، سرمایه دار بود. در عنوان سازمانهای چریکهای خلق و حزب خلق افغانستان بکار رفت. ارتش آزادیبخش خلق ترکیه واژه خلق دربرگیرنده دهقانان عقمانده شرق ترکیه را بکار برده که اکنون پشتوانه اردوغان اند. جریان چریکی چپ دههٔ ۱۹۷۰ در دانشگاه فنی خاورمیانه در آنکارا را حسین اینان، یوسف اصلان، جمگیل، دنیز گزمیش، تایلان اوزگور، جهان آلپتکین آغاز کرده؛ در 1972 اعدام شدند. توده از دهه 1320 بمعنای کارگران، زحمتکشان، دهقانان، روشنفکران، ایلات- یعنی همه کسان بیرون از حاکمیت و دولت بود. دربار عضو هیچ حزبی نبود.

در سده 20 توده و خلق قدسی بودند. عوام رای دهنده به هیتلر و دیکتاتورهای دیگر ندید گرفته شدند. در سده 21 عامه گرایانی چون مرسی، اردوغان، ترامپ با 51% آراء در تضاد با منافع عوام یعنی کاهش تامینات اجتماعی و ادامه آلایش زیستبوم بقدرت رسیدند. لذا خلق، توده، مردم جنبه های واپسگرا، جنگ طلب، ضد مدرنیسم هم دارند. پس از ملی شدن صنعت نفت، ملاکین با رای رعایا مجلس را پر کردند.

در عنوان حزب توده و جمهوری توده ای چین پس از مرحله "نیمه مستعمره نیمه فئودال" توده ایهام بود. توده تمام طبقات شامل حاکمیت در برابر استعمار خارجی را القاء می کرد. ملت قاطبه شهروندان مشروط در قانون اساسی بود. در عنوان حزب ملت ایران یعنی همه با شناسنامه ایرانی منظور بود. مردم کل ایرانیان بغیر از دربار بود. حزب توده هم در عنوان روزنامه خود "مردم" را به این معنا بکار برد. ناس و امت شیعی بوده؛ تنها مومنان را در برگرفته؛ اقلیتهای مذهبی و بیدینان بیرون اند.

جامعه هم برای نهادهای اجتماعی، شغلی، سیاسی، فرهنگی، مدنی می باشد. گفته شده در ایران درآمد نفت مانع رشد جامعه مدنی است؛ ولی در افغانستان جامعه

مدنی بی درآمد نفت در مرحله آغازین است. جامعه مدنی ایران بخاطر تجارت و سفر نخبگان به غرب نسبت به همسایگان پیشرفته تر است. نیز دانشگاهیان میلیونی، ارتباطات هوشمند تلگراف، تویتر، اینستاگرام مدرنیت را بیشتر می کنند. نماد آن در جایزه نوبل صلح دکتر شیرین عبادی مقیم خارج است.

حاکمیت مدرن بین دولت و نظام فرق گذاشته؛ تظاهرات بضد دولت را تحمل می کند. عقبماندگی ملی در ثروت و فرهنگ مانند آنفلونزا نیاز به چارهجویی آنی و آتی دارد. این بیماری ویروسی استعاره است. جامعه نیروها، منافع، مراتب متفاوت دارد. چاره جویی آنی اجرای قانون و آتی رفرم نهادهای مدنی، احزاب، قانون اساسی است.

در چین، هند، اروپا، آمریکا، اقیانوسیه یعنی 7 میلیارد جمعیت جهان هدف مدرنیسم دنبال می شود. مدرنیسم اقتصاد شکوفان، آزادی فردیت، تعامل با بقیه جهان، نظام حزبی، انتخابات ادواری دولت، رسانه‌های آزاد، بوروکراسی کارآمد می باشد. نمونه: کره جنوبی، سنگاپور، تونس. اقتصاد شکوفان را در رشد تولید ناخالص داخلی، آزادی فردی را در نهادهای مدنی و احزاب در رای گیری، تعامل با جهان را با تجارت و مناسبات دیپلماتیک می توان ارزیابی کرد.

برای ایران- بخاطر عقده امپریال گذشته در عصر استعمار، امپریالیسم، گلوبالیزاسیون- استقلال بر اقتصاد و دمکراسی اولویت دارد. استقلال ایران در دهه 1350 با حضور 92 هزار مستشار نظامی و شخصی آمریکایی، کاپیتولاسیون/ مصونیت اتباع آمریکایی از دادگاه ایران، لانه جاسوسی منطقه در سفارت واقع در تهران، شنود ترافیک هوایی شوروی در حوالی مشهد، کمک ایران با فرستادن نفرات در جنگ ویتنام و ظفار– باید بررسی شود. استقلال مفهوم ناموسی هم دارد؛ زیرا بدترین فحش سیاسی در ایران مزدور یا جاسوس خارجی بودن است.

در سده 21 اتهامات در خدمت خارجی با قانون رسیدگی شده؛ نه با احساس و نفرین. بهررو استقلال برای بخشی از ایرانیان بر اقتصاد شکوفان و دمکراسی اولویت دارد. شاید تایوان، سنگاپور، کره جنوبی، ترکیه، امارات، قطر، آذربایجان را بتوان در بستر استقلال آورد که بدید روشنفکر ایرانی بخاطر وابستگی به آمریکا تحقیر می شوند.

پس از ج ج 2 آمریکا پیروز شد؛ با برنامه مارشال کارخانجات جنگی را تعطیل نکرده؛ ارز تجاری جهانی را دلار کرده؛ بازار مصرف در ژاپن، آلمان، ایتالیا را آفرید. امروزه آمریکا بزرگترین فروشنده تسلیحات بوده؛ سازمان ملل، قراردادهای تجاری، حملات نظامی، ماهواره ای تمام مراودات الکترونیک و بانکی را کنترل می کند.

این سلطه در راستای سرمایه داری خصوصی با سرمایه جهانی به رهبری آمریکا در 3وجه رخ داد: 1- نظامی با 900 پایگاه، فروش تسلیحات، پیمان ناتو. 2-سیاسی با کنترل سازمان ملل و قرار دادهای چندجانبه. 3-اقتصادی با کنترل سازمان تجارت جهانی و ارز تجاری. سرمایه داری امپریالیست با صدور سرمایه خود را به گلوبالیزاسیون با ادغام سرمایه داری و فناوری دیجیتال رساند. بمرور در آمریکا حکومت لیبرال دمکراسی حامی کار به الیگارشی نئولیبرال در خدمت سرمایه تکامل یافت.

داوری سلطه آمریکا 2وجه خوب و بد دارد. در دهه 1970 سرمایه داری آمریکا به چین و هند بضد شوروی نزدیک شد. در این روند 1میلیارد انسان به طبقه متوسط رسید.

شبکه بانکی جهانی سویفت، کنترل فله ای ترافیک بسته های الکترونیک، ثروت نجومی، جنگ افزارهای اتمی افزایش یافتند. اکنون مراکز مالی، کشورهای بریکز، ثروتمندان غنی پدیدار شده؛ جهان بسوی چندقطبی می رود. در 2017 تولید ناخالص داخلی جهان 80، چین 23، اتحادیه اروپا 20، آمریکا در مقام سوم با 19 تریلیون دلار بودند.

عدالت اجتماعی با خط انقلابی شوروی روایت کلان برنامه مرکزی حزبی جامعه را دگرگون کرد. ولی در 70 سال فروپاشیده شده؛ الیگارشی قدرت سیاسی را قبضه کرد. عدالت اجتماعی تقسیم فقر با کنترل نهاد امنیتی نیست. باید نخست ثروت انباشته شده؛ سپس توزیع عادلانه آن با مالیات تصاعدی درآمد فردی به جامعه عادلانه می رسد. آمریکا و انگلیس با گلوبالیزاسیون سرمایه خود را بر زمین، برخط، مرتبط پهن کرده؛ لذا در نئولیبرالیسم خدمت به سرمایه اند. این روند خلاقیت، تخیل، نوآوری را در شهروندها مختل نمی کند. در منطقه اسکاندیناوی سیاست گام به گام با روایت جزء پیش رفت؛ اکنون مانا و شکوفان است.

منابع. 28/09/2018.
مجد اکرم اندیشمند، حزب دموکراتیک خلق افغانستان 1371-1357. چاپ کابل 2009.

حزب توده در 1320 علنی/ تاسیس شد.
۱۳۲۳ فروردین: تشکیل "سازمان افسران توده ایران"، تصویب اعتبارنامه 8 نفر از رهبران حزب توده در مجلس 14 مرداد: تشکیل نخستین کنگره حزب توده
۱۳۲۴ مرداد: شورش افسران توده ای در لشکر خراسان؛ شکست آن ها شهریور: تاسیس "فرقه دموکرات آذربایجان" و ادغام شاخه های ایالتی حزب در فرقه
۱۳۲۶ دی: اولین انشعاب از حزب توده-شامل خلیل ملکی، انور خامه ای، جلال آل احمد، نادر نادرپور، فریدون توللی.
۴ ۱۳۳۳ مهر: کشف "سازمان افسران توده ایران"؛ ضبط چاپخانه اصلی و مخفی حزب توده؛ اعدام اولین گروه از افسران نظامی؛ بازداشت بهرامی، علی علوی، قریشی اعضای کمیته مرکزی حزب بهمن: کشف انبار مهمات حزب اسفند: بازداشت مرتضی یزدی عضو هیئت اجرائیه و نادر شرمینی رئیس سازمان جوانان حزب.
۱۳۳۴ اعدام آخرین گروه افسران نظامی حزب. با فشار بین المللی و عفو شاه اعدام 50 افسر توده ای به حبس ابد کاهش یافت.
۱۳۴۲ بهمن: اعضای مائوئیست از حزب توده مقیم اروپای غربی جدا شد؛ اعلام تشکیل سازمان انقلابی حزب توده؛ بعدها به رنجبران تبدیل شد.
۱۳۴۳ دی: جدائی شماری از سران حزب و اعلام تشکیل سازمان توفان پیرو آلبانی.
۱۳۴۹ آذر: برکناری رادمنش از دبیر اولی حزب؛ انتخاب ایرج اسکندری به جای او در پلنوم چهاردهم.
۱۴ ۱۳۵۲ اسفند: عباسعلی شهریاری عنصر نفوذی ساواک در حزب توده را سازمان چریکهای فدائی خلق ترور کرد.
۱۳۵۴ دی: اعلام موجودیت "نوید"، سازمان زیرزمینی هوادار حزب توده در داخل ایران.
۲۸ ۱۳۵۷ مهر: آزادی تعدادی از افسران نظامی حزب توده پس از ۲۵ سال در زندان بودند. ۲۴ دی: برکناری ایرج اسکندری از دبیر اولی حزب و انتخاب کیانوری به جانشینی او ۲۴ بهمن: اعلام حمایت حزب توده از خمینی در پلنوم شانزدهم.
۱۶ ۱۳۵۸ آبان: اشغال دفاتر حزب توده توسط حزب الله: اعلام حمایت 5عضو حزب از گروگانگیری سفارت آمریکا.

۱۳۶۱ ۱۷ بهمن: دستگیری بیش از 40 تن از اعضای رهبری و کادرهای رده بالای حزب در عملیات سپاه با نام امیرالمومنین.
۱۳۶۲ ۱۱ اردیبهشت: دستگیری تعدادی دیگر از اعضای حزب توده: نخستین اعترافات تلویزیونی رهبران حزب توده ۱۳ اردیبهشت: اعترافات تعدادی از اعضای حزب به جاسوسی برای شوروی ۱۵ اردیبهشت: تبریک خمینی به نیروهای امنیتی برای بازداشتهای حزب توده. اعلام غیرقانونی شدن حزب توده ۱۰آذر: اعدام ده نظامی وابسته به حزب.
۱۳۶۷شهریور: اعدام تعدادی از اعضای هیئت سیاسی، کمیته مرکزی و کادرهای حزب توده در زندان اوین؛ دفن جسد آنها در گورهای دسته جمعی خاوران. گاهشمار حزب توده ایران-بی بی سی 2012

قیاس قانون اساسی چند کشور با آمریکا

قانون اساسی جمهوری اسلامی افغانستان 2004 و ایران 1979 برای اداره امت اسلامی با نهادهای فرهنگی، اجتماعی، سیاسی و اقتصادی جامعه بنا به اصول و ضوابط اسلامی اند. ماده اول نام و دوم دین اسلام و سوم هیچ قانون نمي تواند مخالف معتقدات و احکام دین مقدس اسلام باشد. ماده 162 قانون را لویه جرگه تصویب و رییس دولت توشیح کرد. بقیه مواد در باره 3قوه مقننه، مجریه، قضاییه اند. http://moj.gov.af/fa/page/legal-frameworks/168329941684

قانون اساسی جمهوری اسلامی ایران در ۱۳۵۸ را مجلس خبرگان در ۱۷۵ اصل تصویب کرد. همان سال به همه‌پرسی گذاشته شد. نتیجه آن با رأی 99.5% تصویب شد. در ۱۳۶۸ اصلاحاتی در آن شد. ساختار آن یک مقدمه و 14 فصل دارد: 1-اصول کلی؛ 2-زبان، خط، تاریخ و پرچم رسمي کشور؛ 3-حقوق ملت؛ 4-اقتصاد و امور مالی؛ 5-حق حاکمیت ملت و قوای ناشی از آن؛ 6-قوه مقننه؛ 7-شوراها؛ 8- رهبر یا شورای رهبری؛ 9-قوه مجریه؛ 10- سیاست خارجی؛ 11- قوه قضائیه؛ 12- صدا و سیما؛ 13- شورای عالی امنیت ملی؛ 14- بازنگری در قانون اساسی.

ارکان نظام سیاسی جمهوری اسلامی، حاکمیت ملی، محتوای فصل 3 تا 5. 1- حقوق ملت؛ 2- جمهوری اسلامی ایران؛ الف-مبانی اعتقادی، ب- اهداف، ج- مشخصات، د- وظایف و صلاحیتها؛ 3-نهادها: اول- خداوند، دوم- پیامبر، سوم- امام، چهارم-خبرگان؛ رهبر.

قانون اساسی مشروطه 1906 یا 1285 شمسی، متمم با اصلاحات و الحاقات بعدي. اصل اول بقرار زیر است: مذهب رسمي ایران اسلام و طریقة حقه جعفریة اثني‌عشریه است. باید پادشاه ایران دارا و مروج این مذهب باشد. اصل دوم. مجلس مقدس شوراي ملي که به به توجه و تأیید حضرت امام عصر عجل‌الله‌فرجه و بذل مرحمت اعلي‌حضرت شاهنشاه اسلام خلّدالله سلطانه و مراقبت حجج اسلامیه کثرالله‌امثالهم و عامّه ملت ایران تأسیس شده است،

باید در هیچ عصری از اعصار، مواد قانونیه آن مخالفتی با قواعد مقدسه اسلام و قوانین موضوعه حضرت خیرالانام صلّی‌الله علیه و آله و سلّم نداشته باشد و معیّن است که تشخیص مخالفت قوانین موضوعه با قواعد اسلامیه بر عهده علمای

265

اعلام ادام‌الله برکات وجودهم بوده و هست؛ لهذا رسماً مقرّر است در هر عصری از اعصار، هیئتی که کمتر از پنج نفر نباشد از مجتهدین و فقهای متدینین که مطّلع از مقتضیات زمان هم باشند {انتخاب شوند}.

به این طریق که علمای اعلام و حجج اسلام مرجع تقلید شیعه اسلام، ۲۰ نفر از علماء که دارای صفات مذکوره باشند معرفی به مجلس شورای ملی بنمایند؛ پنج نفر از آن‌ها را یا بیشتر به مقتضای عصر، اعضای مجلس شورای ملی بالاتفاق یا به حکم قرعه تعیین نموده، به سِمَت عضویت بشناسند تا موادی که در مجلسین عنوان می‌شود به دقت مذاکره و غوررسی نموده، هر یک از آن مواد معنونه که مخالفت با قوا
http://fa.wikishia.net/view/

اصل دوم متمم قانون اساسی مشروطه که بر اساس آن، پنج تن از علما باید قوانین مصوب مجلس را با موازین شرعی تطبیق می‌دادند. این قانون در برخی از دوره‌های مجلس در حکومت قاجار اجرا شد، اما در دوره حکومت پهلوی هیچگاه اجرا نشد. برخی از علمای قم بعد از واقعه ۱۵ خرداد ۱۳۴۲ با استناد به این قانون، مصونیت سیاسی مراجع تقلید را طرح کردند.
*
قانون اساسی ایالات متحده آمریکا، مصوب ۱۷۸۹، نخستین قانون کشور فدرال است. این قانون زنان، اقلیتها، تناسب طبقات را ندید گرفته؛ ولی در 230 سال بعد، متممها آن را با تغییرات جامعه و جهان سازگار کردند. متممها، اصلاحیه‌ها، statuesقواعد به آن افزوده شده؛ پس ثبات و انسجام فراوان دارد. این قانون یک مقدمه، 7 اصل، هر فصل چند بخش در تفکیک قوا، نظام انتخاباتی، نظام فدرالی، 13 متمم دارد.

مقدمه: ما مردم ایالات متحده، به منظور تشکیل اتحادیه‌ای کامل‌تر، استقرار عدالت، تضمین آسایش ملی، تأمین دفاع مشترک، ارتقای رفاه عمومی و پاسداشت برکات آزادی برای خود و آیندگان‌مان، قانون اساسی حاضر را برای ایالات متحده آمریکا وضع و مقرر می‌نماییم.

اصل اول-بخش ۱کلیه اختیارات قانونگذاری این قانون اساسی به کنگره ایالات متحده مرکب از مجلس سنا و مجلس نمایندگان، واگذار می‌گردد. بخش ۲ مجلس نمایندگان متشکل از اعضایی است که مردم ایالت‌های مختلف هر دو سال یکبار آنان را انتخاب می‌کنند، و رای‌دهندگان در هر ایالات باید از همان شرایط لازم برای رای‌دهندگان ایالتی که مجلس آن ایالات بیشترین نماینده را دارد، برخوردار باشند..

اصل دوم- قوه مجریه در اختیار رئیس جمهور ایالات متحده آمریکا قرار دارد. دوره ریاست جمهوری چهار سال است.
اصل سوم- قوه قضاییة ایالات متحده به دیوان عالی و دادگاه‌های تالی که کنگره می‌تواند در هر زمانی تعیین نماید و تشکیل دهد، واگذار می‌گردد.

اصل چهارم- قوانین عمومی، سوابق و تصمیمات قضایی یک ایالت در سایر ایالتها اعتبار و رسمیت کامل خواهد داشت.
اصل پنجم- هر گاه دو سوم نمایندگان دو مجلس ضروری تشخیص دهند، کنگره اصلاحاتی را برای قانون اساسی پیشنهاد خواهد داد و یا بنا به درخواست مجلسین

بیژن باران

قانونگذاری دو سوم ایالتهای مختلف، خواستار تشکیل مجمعی برای پیشنهاد اصلاحات خواهد گردید.

اصل ششم- کلیه تعهدات و دیونی که پیش از تصویب این قانون اساسی پذیرفته شده‌اند، همانگونه که به موجب کنفدراسیون برای ایالات متحده معتبر بوده‌اند، طبق قانون اساسی حاضر نیز معتبر است.
اصل هفتم- تصویب قانون اساسی از سوی مجامع نه ایالات، این قانون را بین ایالتهایی که آن را تصویب می‌نمایند لازم‌الاجرا می‌نماید.

بنیانگذاران آمریکا کوشیدند تا اعلامیه استقلال و قانون اساسی از قدرت گرفتن فرد یا گروه به دیکتاتوری پیشگیری کرده؛ تا آزادی‌های فردی و اجتماعی شهروندان خدشه دار نشده؛ وحدت و تعادل 13 مستعمره حفظ شده؛ سلطه دولت فدرال بر دولت‌های ایالتی رخ ندهد. منشور حقوق Bill of Rights نام ده اصلاحیه است. آنها قدرت دولت فدرال را محدود و حقوق شهروندان را تضمین کردند. پس از نبرد آمریکا با بریتانیا به قانون اساسی ایالات متحده افزوده شدند.

به قانون اساسی 33 متمم از زمان به اجرا درآمدن آن در ۱۷۸۹ تا کنون از سوی کنگره پیشنهاد شده؛ برای تصویب به ایالتها ارسال شدند. از این تعداد 27تا را تعداد کافی از ایالات تصویب کرده؛ اکنون بخشی از قانون اساسی اند. متمم 1-کنگره را از تصویب هر گونه قانون در خصوص رسمیت بخشیدن به هر دین، تحدید دین ورزی آزادانه، تحدید آزادی بیان، اخلال در آزادی مطبوعات، مداخله در آزادی اجتماع یا ممنوع کردن حق عریضه نویسی در خصوص اقدامات حکومت بازمی‌دارد.

متمم 2-از حق نگهداری و حمل سلاح حفاظت می‌کند. اکنون به استناد این ماده برای تفنگ ساده 230سال پیش، روزی 96 نفر با تفنگ و مسلسل بقتل می رسند. گاهی در مدارس این قتل عام رخ می دهد؛ مانند قتل 17 دانش آموز و 17 زخمی در دبیرستان پارکلند- فلوریدا در 14فوریه 2018.

منشور حقوق شهروندی لیست حقوق باشندگان کشور است. نخستین منشور با این نام در ۵۳۸ ق.م. بهنگام فتح بابل بر روی استوانه گلی بنام منشور کوروش حک شد. در آن آزادی دین ساکنان تصریح شد. در بریتانیا ماگنا کارتا / منشور کبیر 1215م به زبان لاتین قدرت شاه مطلقه را محدود کرده؛ مالیات اشراف و اتهام بنا به قانون باشد. انگلستان و ویلز قانون مشترک و آمریکا قانون اساسی قرار گرفت. شاهان استوارت، اشراف، منشور حقوق شهروندی ۱۷۹۱ ایالات متحده، مبارزه‌های مستعمرات با امپراتور، منشور حقوق شهروندی بریتانیا در پارلمان کامل شد.

مجمع عمومی سازمان ملل متحد در ۱۹۴۸ در پاریس اعلامیهٔ جهانی حقوق را تصویب کرد. این اعلامیه نتیجهٔ مستقیم جنگ جهانی دوم بوده؛ برای اولین بار حقوقی را برای همه انسان‌هاحقوق بشر برای همگان در همه زمان‌ها ست. بسیاری قانونهای اساسی مدرن برا آن قرار دارد. نمونه: قانون اساسی 2004 تونس.

حقوق بشر در سی ماده به حکم قانون، اعضای سازمان ملل متحد باین منشور پایبند باشند. این منشور را ایران، افغانستان امضاء کردند. در حقوق بین الملل، عطف بماسبق در کنوانسیونهای چندجانبه مجاز است.

ماده ۱-تمام افراد بشر آزاد زاده می‌شوند. از لحاظ حیثیت، کرامت، حقوق با هم برابراند. همگی دارای عقل و وجدان اند؛ باید با یکدیگر با روحیه ای برادرانه رفتار کنند.

ماده ۲-هر کس می‌تواند بی هیچ گونه تمایزی، به ویژه از حیث نژاد، رنگ، جنس، زبان، دین، عقیده ء سیاسی یا هر عقیده ء دیگر، و همچنین منشا ملی یا اجتماعی، ثروت، ولادت یا هر وضعیت دیگر، از تمام حقوق و همه‌ء آزادی‌های ذکرشده در این اعلامیه بهره مند گردد.

ماده ۳۰-هیچیك از مقررات اعلامیه‌ء حاضر نباید چنان تفسیر شود که برای هیچ دولت، جمعیت یا فردی متضمن حقی باشد که به موجب آن برای از بین بردن حقوق و آزادی‌های مندرج در این اعلامیه فعالیتی انجام دهد یا به عملی دست بزند.

مقایسه قانون اساسی ایران، افغانستان، آمریکا با حقوق بشر نشان می دهد: ۱- آمریکا و منشور حقوق بشر مدرن بوده؛ شهروندان یک کشور برابرند. دولت را خودشان درست می کنند. ۲- ایران و افغانستان ادیان گوناگون دارند؛ نه یک دین. تازه هر دین هم مذاهب متفاوت دارد. مانند یهودیت با ارتودوکس و رفرم؛ مسیحیت با کاتولیک، کلیسای شرقی، رفرماسیون؛ اسلام با سنی و شیعی. در خاورمیانه حکومتها بسیاری مواد قانون اساسی را ندید گرفته؛ بر اریکه قدرت چند دهه با زور سوار می شوند.
*

در جامعه سرمایه داری دولت گروه رهبری جامعه با ۳ قوه اجرائیه/ حکومت، مقننه/ مجلس، قضایه/ دیوان عالی و دادستانی است. در خاور میانه قانون های اساسی یا در ماده یعنی عقاید اعتقادی با اعلامیه حقوق بشر منافات دارد یا بخاطر دیکتاتوری قانون اساسی را رهبر سلیقه ای اجرا می کند. در استبداد خاورمیانه جنبه سرکوب، نظارت، اجتماعات، نامزدهای انتخاباتی ناراضی عمده است. دولت ۳نوع بیدولت مانند سومالی، لیبی، شرق سوریه؛ ضعیف مانند افغانستان و عراق، قوی مانند ایران و عربستان است. عربستان عمده حاکمیت شاهزادگان اند. آنها گاهی در مقامات ارثی در کشور بدون رقابت احزاب مصدر امور اند.

دولت ۲بخش انتسابی/ موروثی و انتخاب/ مشاور دارد؛ روبنای جمهوری یا سلطنتی مانند اردن، امارات، بحرین. جمهوری هم سلطنتی دائمی است مانند سوریه، آذربایجان، قزاقستان. دولت ناپایدار مانند پاکستان با کودتاها؛ دائمی است با شگردهای انتخاباتی مانند اردوغان ترکیه و پوتین روسیه. دولت استبدادی مطلقه با مشروطه تعدیل شد؛ ولی با کودتا رهبر قانون را ندید گرفته؛ احزاب، نهادهای مدنی را ضعیف کرده؛ بنا به میل خود رفتار می کند.

موانع سرمایه داری ایران بنا به کتاب احمد اشرف

در سده ۲۰، ایران نتوانست با عوامل درونی از جامعه پیشامدرن بیرون بیاید. با درآمد نفت، ج ج ۱، ج ج ۲، انقلاب سفید ۴۱ و انقلاب اسلامی بهمن ۵۷، شیوه تولید از سرمایه داری کمپرادر به رانتیر دگرگون شد. در اینجا عدم انکشاف متعارف سرمایه داری بررسی می شود. در آن قرن تولید کشاورزی برای خودکفایی بود. قالیبافی هم توان پذیرش نوآوری صنعتی را نداشت.

در ایران پیدایش عشایر پس از ورود ترکان غزنوی و سلجوقی- نقش 2گانه در شـهرها و راههای تجاری بین آنها داشته؛ مانع رشد سرمایه داری شدند. عاملان حکومت، گزمگان، مستوفیان، زمینداران در شهر بودند. محله های شـهر، اصناف شـهری، جماعت روستایی زیر یوغ استبداد حکومت بودند. پس آزادی و خودمختاری نه در شهرها نه در روستا بودند. همین مانع ایجاد تضاد میان شالودهای تولید شهری و روستایی شـد. رک به کتاب اشرف- موانع سرمایه داری ایران در زیر.

رهبر فدایی، حمید اشرف نماد شجاعت، هوش، مبارزه است. برادرش دکتر احمد اشرف آثار علوم انسانی پدید آورد. تاثیر دانش احمد و شجاعت حمید در فرهنگ ایرانی باید بررسـی شـود. آرش، کاوه، مزدک، بابک، کوچک خان، تختی بخش مهم فرهنگ یعنی مبارزه، شجاعت، انصاف را تقویت می کنند. آثار علمی، تاریخی، هنری، ادبی مانند گلستان سعدی، غزل حافظ، رباعی خیام، مثنوی مولوی، افسانه نیما هم ارکان فرهنگ اند. تقاطع دانش و مبارزه شاهنامه فردوسی است که رزمندگان ایرانی را از عهد اساطیر تا هزاره اول با صفات عدالت طلبی، شجاعت، هوش زندهمان کند. این 2 نماد دانش و مبارزه برای جوانان الگوی پنداری و رفتاری پدید آوردند.

احمد اشرف نوشت: در زمان قاجار شهرهای منفصل از هم 3 بخش داشتند: 1-ارگ، 2-مسجد جامع/ آدینه، 3-بازارها. این بخش ها مقر علما ،عمال دیوانی ،تجار، کسبه، پیشه وران بودند. در هندسه شهر مسجد جامع با بازار و بناهای دولتی پیوند داشت. حومه شهر جالیزهای سبزی داشته؛ در شهر مساکن، حمام، کسبه مردم بودند. او موانع تاریخی را 2نوع تجرید کرد: درونی- خصوصیات شیوه های تولید شهری، روستایی، ایلی؛ نظام سیاسی، اجتماعی، فرهنگی ناشی از آنها. بیرونی- وضعیت نیمه استعماری، تحولات سیاسی و اقتصادی جامعه زیر سلطه ی خارجی.

تفاوت عمده قیاس تکوین سرمایه داری اروپا و خاور میانه در عامل خارجی استعمار و عامل داخلی عشایر ترک است. استعمار در آغاز سده 20 به نیروهای مذهبی و سکولار در مبارزه با حاکم مطلقه کمک کرد. پس از ج ج 2، تز کمربند سبز ایزونهاور و سپس برژینسکی-کارتر در مهار اردوگاه به گسترش بنیانگرایی نخست در عربستان، سپس انقلاب اسلامی ایران، سپس افغانستان، لبنان؛ قلع و قمع نیروهای سکولار راست و چپ انجامید.

البته عامل درونی عدم شکوفانی سرمایه داری، بیکاری جوانان، عقبماندگی فرهنگی- روبنای شریعت بر سرمایه داری گذاشته؛ مانند چین و کره شمالی با ادعای حزب کارگران. بنیانگرایی وهابی، شیعی شیوع یافت. آرمان ناسیونالیزم دکتر مصدق، ناصر، بن بلا، قذافی، صدام به شکوفانی اقتصادی نرسیده؛ جوانان بیکار به فقه اسلامی روی آوردند.

رودی ماتی دوره صفوی را بررسی کرده؛ نوشـت: پرتغالی‌ها اولین کشـور اروپایی بودند که نقش مهمی از نظر تجاری، نظامی و دیپلماتی در 1507 خلیج فارس ایفا کردند. اشرف موانع عدم رشد سرمایه دار در ایران را با تاکید بر پیوند روستا و شـهر، استبداد آسیایی، عشایر ترک، حضور استعمار می شکافد.

آمریکا در خاور میانه کنونی

تعاریف مقولات زیربنا، روبنای، سرمایه داری در شرایط خاص قرن 19 اروپا/ انگلستان را می توان از آثار مارکس و انگلس بیرون کشید. انطباق این مقولات بر ایران قرن 20 می تواند کمک به درک سیر تحول جامعه کند. در سده 21 کشورهای عضو سازمان ملل 196 بوده که هر کدام در مراحل گوناگون سرمایه دارند که اکثرا در مدار سرمایه مالی جهانی/ گلوبالیزم اند. ترکیب این 3 مقوله، میانبُری برای بررسی تحول یک جامعه شرقی است.

سرمایه داری/ کاپیتالیزم نظام اقتصادی-سیاسی است که تجارت و صنایع را مالکان خصوصی برای سود کنترل می کنند. 2نوع عمده خصوصی مانند آمریکا و دولتی مانند چین است. مناسبات عمده تولید رابطه بین صاحبان ابزار تولید/ سرمایه داران و استثمار کارگران/ پرولتاریا است؛ تاریخ تضاد طبقات بوده؛ از همکنشی شیوه تولید و مناسبات تولید پدید می آید. اکنون گلوبالیزم رشد خدمات را سریعتر می کند.

مارکس و انگلس در برخی آثار شیوه تولید آسیایی را در خودکفایی روستا، بهره مالکانه، استبداد شرقی آوردند: "شرایط اقلیمی، وضع زمین، فضای عظیم، بیابانی که از صحرای آفریقا از طریق عربستان، ایران، هندوستان، تاتارستان، تا ارتفاعات فلات آسیا بوده؛ سامانه آبیاری مصنوعی را با آبرو، قنات، کاریز- پایه زراعت شرقی کرد. ضرورت بدیهی استفاده صرفه جویانه از آب... در شرق ناگزیر مداخله قدرت متمرکز دولت را طلبید. منشأ آن وظیفه اقتصادی به ویژه سازمان دادن امور عمومی که دولت‌های آسیایی مجبور بودند اجراء کنند، از همین جاست." انگلس دولت را «سلطنت منتظم ایرانی ساسانیان» نامید. پس در ایران بجای شکل یونانی- رومی بردگی، فرانسوی- آلمانی فئودالیزم، انگلیسی- هلندی سرمایه داری، باید شکل ویژه تولید را یافت که در سده 20 با درآمد نفت ویژگی دیگری یافت. ایران و شیوه تولید آسیایی. http://vista.ir/article/233617

کاپیتال بمعنای نوین یعنی مقوله عمده در نظام سرمایه داری در 1611 در انگلستان بکار رفته؛ مارکس در کتاب خود بهمین نام آنرا تشریح کرد. او در کاپیتال، ج3، فصل ۲۳ نوشت: سرمایه داری را نه جمع ساده سرمایه خصوصی بلکه بازتاب کل سرمایه اجتماعی باید خواند. در نتیجه تکامل نهایی تولید سرمایه داری یک مرحله انتقالی لازم به سوی بازتولید سرمایه اموال تولید کنندگان است، اما نه به مثابه اموال خصوصی تولیدکنندگان منفرد، بلکه به مثابه اموال تولید کنندگان مشترک. بررسی بخشی از نظریات در مورد امپریالیسم، مجد سوداگر.
http://www.kargaran-iran.com/Maqale/2009/10/post_1351.html

او در این کتاب ترکیب اجزای سرمایه، کار، محصول، صاحبکار، ارزش اضافی، ثروت، حرکت هزینه دار سرمایه بسوی امنیت و سود واشکافی می شوند. صدور سرمایه از کشوری به کشور دیگر در همین راستا است. در یک کشور افزایش با سرمایه نرخ سود را کاهش می دهد. چرخه تقاضا- مصرف بحران ادواری پدید می آورد. این بحران ساختاری در نظام سرمایه داری بوده؛ در نتیجه سود را کاهش می یابد. در گلوبالیزم، امنیت سرمایه بر سود الویت داشته؛ سرمایه گذاری در خود غرب، با بسط سیاحت و خدمات انجام شده؛ لذا موج مهاجرت از کشورهای عقبمانده به غرب تشدید شده است.

بیژن باران

صدور سرمایه به کشور های دیگر در کوتاه مدت بدیلی برای نجات سرمایه داری از بحرانهای ادواری و ساختاری کارساز است. نیز با پیدایش فن آوری، کاربرد آن در مدیریت و اقتصاد، جوامع سرمایه داری به عمر خود و گسترش سرمایه داری در جهان با تعامل بین خود می افزایند. با جهانی شدن سرمایه و اشباع بازار بین المللی این بدیل در جهان سوم شغل آفرینی کرده؛ بازار را گسترش می دهد. لذا کشورهای پیرامونی مانند کوبا، ایران، افغانستان اشتیاق به سرمایه گذاری خارجی دارند.

در 25 سال گذشته رشد چین و هند 1 میلیارد انسان در جهان را از فقر مزمن نجات داد؛ تاجاییکه سازمان ملل تعهد کرد تا 2030 فقر مزمن را محو کند. جهان اول جی7 و جی 20 یعنی آمریکا و اتحادیه اروپا حدود 30، جهان دوم 10 کشور بریکس، جهان سوم هم بقیه 150 کشور دیگرند.

مارکس نتیجه گرفت: شیوه های تولید در قاره های غیر اروپایی شکل راکد به خود گرفته؛ توسعه بیشتر را مسدود کردند. یکی از نتایج پیش از قرن 17، وجود شیوه تولید آسیایی با عدم تغییر در زندگی آبریژنهای استرالیا، سرخپوستان آمریکا، نواحی آسیایی بود. در این قاره ها ورود عامل خارجی استعمار در قرن 17، جامعه را از دوره قبیلگی، بدون گذار از برده داری و فئودالی، به سرمایه داری جهاند. ضعف سرمایه داری در آنها رکود را شکسته؛ توسعه گسسته جهشی پدید آورد.

ولی ناکارایی اقتصادی، عقب ماندگی اجتماعی، عدم انباشت سرمایه، ضعف سرمایه نهی در تولید- فقر، بیکاری، مریضی را گسترده کردند. قیامهای مهم به ضد استعمار بقرار زیرند: استقلال آمریکا 1776، کشورهای آمریکای لاتین در قرن 19، استرالیا و کانادا کمی بعد، هند 1948، مستعمرات قرن 20 در آفریقا.

در سومین پیش نویس نامه 1881خود به ورا زاسولیچ در باره هند، او نوشت: سرکوب مالکیت مشاع بر زمین، چیزی بغیر از یک اقدام خرابکارانه انگلیسی نیست که جمعیت بومی را نه به جلو بلکه به عقب می راند. این را در انقلاب سفید بهمن 41 می توان دید که کشاورزی ارباب رعیتی داغان شد. مراتع مشاع، چراگاههای ایلیاتی، زمینهای دیم- تبدیل به مزرعه سرمایه داری شدند. تولید گندم فرو کاهید؛ واردات غله از آمریکا افزایش یافت. نتیجه آن در انقلاب بهمن 57 رجعت حاکمیت به عهد جنبش تنباکو شد.

او در این نامه ادامه داد: انگلیسی ها اجاره سالانه از هندی ها گرفتند. این اجاره افزون بود بر: درآمد راه آهن غیرقابل استفاده برای هندوها، مزایا برای نظامیان و کارمندان غیر نظامی، مخارج جنگ افغانستان و دیگر جنگ ها. این اجاره یکطرفه و کاملاً متمایز از آنچه می باشد که سالانه در داخل هند انگلستان بخود اختصاص می دهند. ارزش کالاهایی که هندی ها بلاعوض و سالانه به انگلستان می فرستادند؛ بالغ بر کل درآمد 60 میلیون کارگر کشاورزی و صنعتی هند می شود! این یک روند خونخوار کینه توزانه است! سالهای قحطی یکی بعد از دیگری و در ابعادی تاکنون بیسابقه در اروپا، تکرار می شوند! http://kanoonevokala.persianblog.ir/page/11

او و انگلس استعمار را مرحله ضروری از تاریخ دانسته؛ علیرغم محکوم کردن، آن را ضرورت جبری در گذر جوامع از مراحل پیشا سرمایه داری خواندند. در روزنامه نیویورک دیلی تریبون، مارکس نوشت: من با کسانی که به عصر طلایی هندوستان معتقد بودند همنظر نیستم. اما نمی توان شک کرد که صدماتی را که انگلیسیها به هندوستان

زدند؛ خیلی از آنچه تاکنون هندوستان دیده متفاوت باشد. این تجاوزکاران انگلیسی بودند که دوکهای دستی و چرخهای ریسندگی هندی را داغان کردند؛ ماشین آلات پیشرفته را جایگزین آن کردند. کتاب سوداگر.

او ادامه داد: این حقیقت دارد که محرک انگلستان در ایجاد انقلاب اجتماعی در هند شوم ترین منافع را تشکیل می داد. در اجرای آن سفیهانه کوشید، اما مسئله این نیست، مسئله این است که آیا بشریت می تواند سرنوشت خود را بدون انقلاب بنیادی در وضع اجتماعی آسیا به سرانجام برساند؟ جنایت انگلستان هرچه باشد؛ به مثابه ابزار ناآگاه تاریخ، انقلاب را در هند به جلو برد. همانجا. این پیشگویی در چین 1948، ویتنام، هند، اندونزی، الجزیره بوقوع پیوست.

سرمایه داری برخی دول غربی با کشف 2قاره جدید به مرحله استعمار با انباشت سرمایه انبوه رسید که ناشی از مراودات دریایی تجاری آنها با 4قاره دیگر بود. برای استعمار مانند یک انحصار قوی بدیل ساخت و پاخت با دولتمردان بومی، منفعت بیشتری برای تجارت داشت تا از طریق رقابت بین دول استعماری. برای دولتمردان بومی هم این رابطه نافع بود؛ زیرا مقام، منزلت، گاهی درصد واسطه گی برای آنها جذاب بودند. لذا تا ج ج 2 و تشکیل سازمان ملل سیاست بسیاری کشورهای پیرامونی تابع مطامع استعمار بود.

تا نهادهای مدنی در جامعه نباشند؛ قدرت سیاسی ابزار استقرار استبداد است- استبدادی بعد از استبداد دیگر. لذا پس از 100 سال از انقلاب مشروطه، در ایران دمکراسی هنوز محقق نشده. ضعف دمکراسی در خاور میانه- بجز ترکیه و اسراییل- قابل غور است. فوکو نوشت: ماهیت سیال و موضعی قدرت- همه جا حاضر بودن قدرت از آن رو نیست که قدرت این امتیاز را دارد که همه چیز را زیر یک پارچگی تزلزل ناپذیرش گرد آورد، بلکه از آنرو است که قدرت در هر لحظه و هر نقطه، یا به عبارت بهتر در رابطه ای میان نقطه ای با نقطه دیگر تولید می شود.

قدرت همه جا هست، نه به این معنا که درست همه چیز را در بر می گیرد، بلکه به این معنا که قدرت از همه جا می آید. قدرت با دائمی، مکرر، ساکن و خود بازتولیدگر بودنش، فقط اثری کلی است که از همه این تحرک ها ناشی می شود، زنجیره ای که بر هر یک از این تحرک ها اتکا کرده؛ به نوبه خود در پی آن است که آن ها را از تحرک باز دارد. قدرت نهاد، ساختار ، نوعی قدرت مندی نبوده که برخی افراد خاص از آن برخوردار باشند. قدرت نامی است که به یک موقعیت استراتژیک پیچیده در جامعه ای معین اطلاق می شود. میشل فوکو، اراده به دانستن، ترجمه نیکو سرخوش، ا. جهاندیده. نشر نی، چاپ 7، 1391ص 108

خشونت خونین یعنی قتل، شکنجه، قطع عضو در تاریخ رو به کاهش است. استون پینکر در بحث خود می گوید: نوع بشر در 1میلیون سال گذشته خونریزتر بوده تا در قرن 21. در سده 20 حدود 100 میلیون انسان نابود شدند. در حالیکه بنا به مدل قتل انسانهای اولیه 2 میلیارد کشته می شد. او با آمار و منطق ثابت کرد: انسان در طول تاریخ مسالمت آمیزتر شده؛ حتی به جانوران هم مهربانتر شده.
https://www.ted.com/talks/steven_pinker_on_the_myth_of_violence?language=en
*

بیژن باران

پیوست زیر با ویراست رئوس برجسته کتاب احمد اشرف- موانع رشد سرمایه داری صنعتی در ایران آمده. او موانع را به داخلی و خارجی تقسیم کرد. الف- داخلی با حاکم بودن شرایط دوگانه زیر اند: http://sepehrdidar.persianblog.ir/post/48
1-خصوصیات نظام سیاسی و اقتصادی در جامعه ی شهری و روابط خاص آن با جامعه ی روستایی با سابقه ی طولانی.
2-تداخل و مزاحمت شیوه ی تولید عشایری با شیوه های دیگر تولید و سلطه ی عشایر بر مناطق شهری و روستایی.

شیوه ی تولید شهری – روستایی بگونه ای بود که سبب عدم توسعه شهرها- یعنی تقسیم کار اجتماعی میان کشاورزی، بازرگانی، صنعت رخ نداد. در نتیجه جامعه را از جدا کردن تولید شهری و روستایی باز داشت. از دید سیاسی، اقتصادی، اجتماعی، فرهنگی، دینی پیوند مناطق شهری و روستایی مانع تمایز و رویارویی ایندو با هم نشد. برخلاف اروپا که این تمایز به طغیان بورژوازی شهری انجامید. این عدم تمایز اهمیت شهر را در نظام اجتماعی افزایش داد که مانع خودفرمانی اجتماعات شهری شد. در نتیجه از استقلال بازاریان و مشارکت آنان در حکومت شهر جلوگیری کرد.

زیرا شهر پایگاه قدرت سیاسی، روحانی، زیر نظر حکومت مرکزی بود که فرصت مناسبی برای رشد و توسعه ی انجمنهای مستقل صنفی قوی فراهم نیاورد. از طرفی انجمنهای صنفی ضعیف وسیله ی مناسبی نبودند تا دولت یا سازمان گردآوری مالیات و دفاع بتواند با پیشه وران شهری به طور گروهی روبه رو شود. شهر روستا را با این شیوه به طور دسته جمعی استثمار کرده؛ مازاد تولیدشان را گرد آورده؛ در موارد لزوم بیگاری مانند مرمت راه و آبرو هم به آنها داد.

با هجوم و استقرار تورانیان از سده 5 جمعیت قبایل و عشایر تورانی مانند قشقایی و ایرانی جمعا یک چهارم جمعیت کشور شد. تفوق نظامی عشایر، سلطه ی سیاسی- نظامی بر جامعه، پیوند شهر و روستا باعث شد عشایر در قدرت سیاسی محور باشند. ادغام عشایر در نظام سیاسی منجر به توازن میان نهاد قدرت مرکزی و نیروهای عشایری شد؛ مانع مضاعف راه رشد سیاسی سرمایه داری ملی در شهرها شد. حتی با سلطه و اقتدار حکومت مرکزی باز هم اثر منفی کمی داشت. این باعث ناامنی های بازاریان شد. زیرا هم زیر بار ناامنی ناشی از فشار عمال دیوانی و مافیای لاتها بر کسبه شهرها هم ناامنی ناشی از سلطه ی عشایر بر راههای تجاری بود.

مزاحمت شیوه تولید عشایری به دو صورت بود: 1-فعالیت کشاورزی را محدود کرده؛ کندی جریان آن را به مناطق شهری کشاند. 2- رشد و توسعه ی درون زای سرمایه داری از بطن بازارها را دشوار ساخت. از طرفی تجار با موانع زیر روبرو بودند: عدم پیدایش طبقه ی مقتدر-که فرمانروای بازار داخلی، بازار پولی کشور، کارگزار صنایع جدید باشد.

ب- خارجی: عوامل خارجی رشد سرمایه داری را می توان به 3 دسته تقسیم کرد: 1- پیدایش و استقرار وضعیت نیمه استعماری. 2- وابستگی اقتصاد کشور به بازارهای جهانی. 3- خصوصیات اقتصادی تجار ایرانی. وضعیت نیمه استعماری و وابستگی اقتصاد سنتی جامعه ی ایرانی به بازار نوپای جهانی در سده 13باعث سلطه ی اقتصادی همسایگان شمالی و جنوبی در راستای اهداف سیاسی شان بود. علایق قدرتهای استعماری ابتدا متوجه منافع صرفا سیاسی بود. سپس با پیدایش و گسترش

آمریکا در خاور میانه کنونی

بازار جهانی در اواخر سده ی 13 هم منافع اقتصادی در کنار منافع سیاسی مورد توجه خاص بود. نیز گسترش فعالیت اقتصادی وسیله ای برای تحکیم و تثبیت موقعیت سیاسی شد.

در شرایط نیمه استعماری ایران آن زمان، نهاد حکومتی برای اداره ی امور داخلی خوب و مناسب بود. دو نیروی متخاصم استعماری مستقیما اداره ی امور کشور را بدست نگرفته؛ ولی آن را همچون حایلی در کشاکش خود داشته؛ برای تثبیت نفوذ خویش در ایران به رقابت پرداختند. این وضعیت از نظر ماهیت و تحولات اجتماعی در کشور نیمه مستعمره آثار و نتایجی را در پی داشت: حمایت از نهادهای کهن حکومتی و حفظ وضع موجود سیاسی؛ پاشیدگی بازارهای کوچک و انعطاف ناپذیر محلی؛ رشد تجارت خارجی؛ تخصص در تولید و صدور مواد خام؛ رکود صنایع دستی؛ اعتیاد به مصرف مصنوعات غربی؛ برهم خوردن توازن پرداختها؛ افزایش قرضه های خارجی.

سلطه ی قدرتهای استعماری بر موسسات اقتصادی مانند بانکها، گمرکات، بازارهای محلی، بازرگانان، اصناف زیاد بود. در کل وابستگی اقتصادی به قدرتهای دوگانه استعماری در وضعیت نیمه استعماری، علی رغم مساعد نبودن شرایط داخلی به خاطر انگیزه های خارجی، بازرگانی بین المللی رشدی شتابان یافت. در نتیجه در همسازی با آن، دگرگونی در تولید کشاورزی، تولید صنعتی، مبادلات تجاری بدست آمد. کشاورزان دستمایه ی اقتصاد سنتی برای ایجاد قدرت لازم برای واردات مصنوعات غربی بودند. از طرفی بازارها و صنایع غربی به مواد خام تولید بخش کشاورزی نیاز داشتند. باید تولید مواد خام تخصصی می شد تا روابط استعماری توسعه یابد.

در زمینه ی صنایع دستی، صنایع نساجی در رقابت با نساجی منچستر افول کردند. ولی در قالیبافی، به همت تجار ایرانی و فرنگی، صادراتش به دو علت زیر توسعه یافت: 1- تقاضای فراوان برای آن در بازارهای مغرب زمین. 2- ناتوانی صنایع جدید غربی در تولید قالی و ناتوانی رقابت با تولیدکننده ایرانی؛ لیکن در قالیبافی امکان رشد سرمایه داری صنعتی نبود. بعدها رنگهای گیاهی و معدنی با صنعتی تکمیل شدند.

تجار ایرانی مستقل یا نماینده ی تجار و شرکتهای خارجی به وارد کردن مصنوعات غربی و صادر کردن مواد خام کشور به بازار جهانی پرداختند. سیاست نامناسب گمرکی کمک به زوال صنایع سنتی کرد. وضعیت نیمه استعماری هم کمک کرد تا صنایع جدید توسعه نیابند. تاسیس و گسترش بانک شاهنشاهی ایران، بانک استقراضی ایران که با تسلط بر بازار پول کشور همراه بود باعث تثبیت نفوذ استعماری همسایگان شمالی و جنوبی در کشور شد. مانع اساسی در راه توسعه ی درون زای بانکداری نوین از بطن بانکداری سنتی ایجاد شد.

عوامل خارجی 3گانه فوق یعنی نیمه استعماری، وابستگی اقتصادی، خصوصیات تجار به همراه افزایش رشد بازرگانی خارجی در پایان سده ی 13و آغاز سده ی 14، تجار خارجی را به گسترش بازار داخلی، بکر، توسعه پذیر تحریض کرد. تجار ایرانی که در گذشته در بازارهای محدود شهری فعالیت داشتند؛ به حرکت درآمده؛ به گسترش فعالیت در سطح کشور پرداختند. عامل خارجی سوم خصوصیات اقتصادی تجار ایرانی بود که در 7 بخش آمده اند: 1-گردآوری و صدور مواد خام مورد نیاز بازار خارجی مثل: تریاک، پنبه، ابریشم، خشکبار، مواد غذایی؛ وارد کردن کالای صنعتی مثل قماش منچستر، قند، شکر، چای.

2-عدم تخصص در رشته ی خاص تجارت، صادرات، واردات کالا، صرافی. تجار در صورت لزوم به تجارت و مبادله ی کالاهای گوناگون نیز پرداختند. 3-تجار ایرانی درصنایع و تجارت به سرمایه گزاری پرداختند؛ در زمینه ی تجارت با تجار غربی که در ایران فعال بودند پهلو زدند. ولی در سرمایه گزاری صنعتی در برابر آنان نقش ناچیزی داشتند. کارخانه در این دوران تاسیس شد. تنها کارخانه هایی موفق بودند که به آماده سازی محصولات کشاورزی پرداختند؛ مانند کارخانه های پنبه پاک کنی و دخانیات. حال آنکه کارخانه هایی که با مصنوعات خارجی رقابت داشتند مانندکارخانه ی ریسندگی، بافندگی، قند با شکست روبرو شدند.

4-تجار بزرگ و حتی متوسط آن زمان گرایش شدیدی به سرمایه گزاری در املاک مزروعی/ خرید دهات داشتند. آنان سرمایه و نیروی خود را در خرید دهات گذاشته؛ از ایجاد کارخانه طفره رفتند. 5-گروهی از آنان نماینده ی تجاری شرکتهای خارجی، گروهی نیز تحت الحمایه، حتی تبعه ی همسایگان شمالی و جنوبی بودند. 6- برتری تجار بر عمال دیوانی از نظر مالی و گردآوری ثروت زیاد برای خود.

از سویی بازار تجارت در آن دوره رونق یافت. از سوی دیگر با از هم پاشیدگی امور مالی حکومت و فقرخزانه ی دولت همراه بود. گذشته از عوامل سیاسی و اقتصادی ناشی از عوامل مالی، مسایل ثانوی دیگر هم بودند: کاهش ارزش نقره، کسری موازنه ی پرداختها، نظام نادرست وصول مالیاتها، ناهنجاری عوارض گمرکی، عدم وصول مالیات بر درآمد از تجار.

7-به خاطر وابستگی اقتصادی کشور به بازار جهانی، تجار بزرگ به بازرگانان خارجی وابستگی پیدا کردند. چون تخصص در تولید صنعتی، واردات، صادرات کالا، بانکداری، ملکداری نداشتند؛ فرق بین سرمایه داری وابسته و ملی دشوار شد. با اینکه به غرب وابسته بودند؛ آنها جنبش اجتماعی سیاسی برای ترجیح امتعه ی وطنی، تاسیس بانک ملی، کوتاه کردن دست خارجیها از اقتصاد کشور را پدید آوردند. تجار ایرانی آشنا با فرهنگ غربی، فکر آزادی، برقراری حکومت مشروطه، مردمسالاری/ دموکراسی بورژوایی را پذیرا شدند.

خصوصیات تجار بزرگ از نظر سیاسی: 1- به خاطر افزایش قدرت مالی، نظارت بر امور کسبه، شبکه های گردآوری، توزیع کالاها- قدرت سیاسی آنان در بازار فزونی گرفت. 2- بیش از گذشته از استبداد، بی قانونی و دلبخواهی بودن اداره ی امور، نیز ناامنی ناشی از نظام حکومتی رنج می بردند؛ با آن خصومت کردند. 3- با همه ی وابستگی به سرمایه داری غربی بسیاری از آنان گرایشهای وطن پرستانه ای داشتند. با استعمار غرب که مانع رشد سرمایه داری صنعتی، استقلال، قدرت اقتصادی کشور می شد، خصومت ورزیدند.

تجار به خاطر داشتن این خصوصیات همراه با روحانیت پیشرو و روشنفکران شهری، رهبری جنبشهای بزرگ سیاسی ضداستعمار و ضداستبداد را عهده دار شدند. این مبارزات دسته جمعی تجار در کوشش متشکل آنان برای ایجاد مجلس وکلای تجار در تهران و شهرهای بزرگ آغاز، در جنبش تحریم تنباکو، نهضت مشروطیت متبلور شد.

در مجلس اول نمایندگان بازاریان، مجتهدان، گروه میانه رو مشروطه خواه- 20نفر ترقی خواه و تندرو بودند. آنها طرحهای زیر را آوردند: تاسیس بانک ملی و قرضه ی خارجی؛ حفظ تمامیت ارضی کشور، حمایت از سرمایه، مالکیت خصوصی، کسب و کار مردم در برابر تجاوزات عمال دیوانی؛ تحدید استبداد داخلی؛ نافرمانی از تجاوزات اقتصادی و سیاسی استعمار خارجی. این طرحها با استقبال بازاریان و سایر طبقات اجتماعی روبرو شدند. تجار در دو زمینه بنیانی زیر موفقیت نداشتند: 1- توسعه ی صنعتی کشور؛ 2- استقرار مردمسالاری یا دمکراسی بورژوایی.

ناکامی جماعت تجار به خاطر نیروهای متعارض و پیکارجو یعنی استبداد داخلی و استعمار خارجی بود. پس جنبش سیاسی بازار در اواخر قاجار به کمال نرسید. تحولات حاصله در نظام طبقاتی و گسترش دوگانگی فرهنگی میان طبقات متجدد و متقدم پدید آمد که در جنبش ملی کردن صنعت نفت 32-29، جنبش آغاز دهه ی 40، انقلاب بهمن 57 دو باره سر بر آوردند.

منابع. 28/09/18
Rudi Matthee, Iran & Beyond: Essays in Middle Eastern History in Honor of Nikki R. Keddie, Mazda Publishers, 2000.
احمد اشرف، موانع تاریخی رشد سرمایه داری در ایران: دوره قاجاریه، تهران: زمینه، 1359 http://sepehrdidar.persianblog.ir/post/48

تقویم سرمایه داری ایران

دانش را می توان مبادله کرد؛ ولی خرد را نه. خرد را می توان یافت؛ با آن زندگی کرد، مجهز به آن شد، به کمک آن به شگفتیها دست یافت. ولی هیچ کس نمی تواند آنرا مبادله کند و یاد بدهد. هرمان هسه

چرا خاور میانه در 4 قرن گذشته در رشد صنعت، کشاورزی، شهرها، دانشگاه، بنادر، طب ضعیف بوده؟ چرا در قرن 16م، سرمایه داری در ایران مانند ایتالیا پیدا نشد؟ عقبماندگی با استعمار، جنبشهای رهایی بخش، گذار دولت در یک قرن باید بررسی شود. آیا شریعت با امت می تواند بنا به مدرنیزم با فردیت رایج در بقیه جهان انطباق یابد؟ در تاریخ کشورهای سکولار یک گام جلوترند.

می توان کشورهای الجزیره، مصر، ترکیه، عربستان، ایران، پاکستان، امارات، عمان را در 50 سال گذشته از دید سیاسی، قیاسی، تقویمی، موازی با الگوی غربی مثلا ایرلند کاتولیک، هلند سلطنتی، یونان جمهوری بررسی کرد؛ تا نفوذ مدرنیزم را در خاورمیانه ارزیابی کرد. نمونه: داستان کودکان آلمانی سفید برفی و 7کوتوله بخاطر "آلوده به تصاویر شهوت آلود" با اعتراض پدر دانش آموزی در دبستان قطر در 2016 ممنون شد. ایرانیان، ش 775، ص 32. در این کشورها در سده 20 سرمایه داری با روبناهای مختلط چیره شد.

روبنای کشورهای سرمایه داری می تواند تک حزبی، چندحزبی، خلافت/ سلطان سنی، ولایت مطلقه شیعی، جمهوری موروثی، سلطنتی موروثی، امارت/ ملک مطلقه، دمکراسی، دیکتاتوری، نظامی، دینی باشد. در همه کشورهای خاورمیانه یک

رجل مطلقه، دائم العمر در قدرت، غیرانتخابی راس دولت است؛ قدرت سیاسی مسالمت آمیز تفویض نمی شود. شاخصهای جامعه سرمایه داری قرن 21 رواج پول، بازار کالایی، گسترش شهرنشینی، مناسبات کالایی، گستردگی انگیزه سود، قراردادهای تجاری، ارزش اضافی، صادرات، واردات، گمرک، نهادهای دولت مدرن، دولت، بانکها، نهادهای اجتماعی، انباشت سرمایه اند.

در ایتالیا 2عامل در رشد سرمایه داری دخالت داشتند. 1- بین شهر و روستا جدایی بود که این تضاد به خیزش شهر/ برگرها بضد روستا/ فئودالها و پیدایش سرمایه داری منجر شد. 2- دریانوردی در قرن 16م در انباشت سرمایه، رسیدن به قلمروهای جدید، رقابت بین کشورهای غربی دخیل بود. نیروی دریایی قاره های نو را یافته که به انتقال سرمایه در جهان منجر شد.

اصناف در شهر خودمختار فعالیت می کردند؛ میان صنعت، بازرگانی، کشاورزی جدایی بود. ملاکان در دژها، پیشه وران، دیوانیان، اشراف، بازرگانان در شهر بودند. از تجزیه شوروی و یوگسلاوی کشورهای سکولار پدید آمدند: بوسنی با 45%، کوسوو با 96%، آلبانی با 59% مسلمان سنی. اقلیتهای دینی بزرگ هم به مدرنیزم حکومتی یعنی سکولاریزم کمک می کنند- آذربایجان شیعی، سوریه علوی، تونس سنی، تاجیکستان 95% سنی. دمکراسی نیاز به نهادهای مدنی دارد- نمونه تونس.

چرا هیچ کشور خاورمیانه نتوانسته دولت ادواری، انتخابی، قانونی مانند اروپای شرقی پدید آورد؟ در خاور میانه تبلیغ همه ادیان موجود، ترویج نظرات غیر اسلامی، نشر آرمانهای مادی، عقلانی، تجربی جرم اند. چگونه می توان در خاورمیانه کشوری مدرن تشکیل داد؟ در امارات هم قوانین کارگری جهانی اعمال نمی شوند.

مسایل عمده زنان، حقوق مدرن شهروندی برای ادیان دیگر، بیخدایان، نقد اسلام، برابری بین سنی، شیعی، بهایی، سکولارها، طبیعیون می باشند. آیا دولت می تواند ازمیان همه شهروندان باشد؟ چرا حاکمیت فقط برای رجل سنی، شیعی، اسماعیلی، یک خانواده سعودی، یک خط بیت، دودمان بحرینی باید باشد؟

نوآورانی چون اسدآبادی 1897-1838ایران، مجد عبدو 1849- 1905مصر، رشید رضا 1969-1935 مصر، مجد اقبال 1938-1877 هند/ پاکستان، اخوان المسلمین حس البنا در مصر، وانگ چینگشای چین، احمد داحلان اندونزی، چراغ علی هند، محمود طرزی افغانستان- اصلاحات دینی و سیاسی را مطرح کردند. وزارت امور مذهبی/ سنی ترکیه در 2008 احادیث نبوی را گردآوری کرده تا عقلانی کند. باید بررسی شود تا چه اندازه این آثار مدرن به بطن جامعه، قوانین دولتی، نهادهای مدنی رسوخ کرده اند؟

در سده 21 انتخابات آزاد در غزه، لبنان، الجزیره، ترکیه، ایران، مصر، عراق، افغانستان، پاکستان منجر به غلبه اسلامگراها، بنیان گراها شده؛ برخی به کودتای نظامی سکولار مانند الجزیره و مصر انجامیدند. لذا دمکراسی هم رشد مدرنیزم را تسهیل نمی کند. بیکاری، فقر، مریضی با تظاهرات و سقوط دولت دمکراسی به جنگ داخلی می انجامد- نمونه: یمن، سوریه. رشد صنعتی و مردم سالاری در یک کشور باید موزون باشند. بین روبنا/ نهادهای مدنی، زیربنا/ نهادهای صنعتی با کشاورزی، تجارت، دولت باید همآهنگی باشد- نمونه ناموزونی در عربستان.
https://en.wikipedia.org/wiki/Islam_and_modernity

جامعه ایران را در سده 20 می توان در مقولات زیر بررسی کرد: کشاورزی 80% جمعیت، بازار، دولت، اصناف، صرافیها، ایلات، دستفروشها، مغازه ها؛ اجناس خارجی، بانکها. موانع سرمایه داری در ایران از قرن 16م یا حتی آغاز قرن 20م را می توان بقرار زیر تلخیص کرد: 1- اقلیمی. فلات ایران با کویر لوت و دشت کویر، سلسله جبال البرز و زاگرس، رودهای کم آب بدون قایقرانی، کمی باران سالانه، دمای استوایی، دره های سبز با کشاورزی آبیاری، قنات، جویها می باشد. با این شرایط، کشاورزی خودکفایی به انباشت ارزش اضافی نمی انجامد. ابریشم گیلان به کارگاه نساجی و قالی یزد و کاشان، پنبه و پشم به پارچه بافی اصفهان رفت.

2- شهرها جزیره هایی در فلات ند که از هم جدا بوده؛ لذا تجارت ضعیف بوده؛ سرمایه مالی انباشت نشد. اصفهان، شیراز، قم، کاشان، مشهد، رشت، تبریز، سنندج، همدان، خرمشهر، آبادان، یزد، کرمان- جزایر جدا از هم، با تولید پراکنده، شهرهای مرکزی منفصل از هم بودند- ناامنی ناشی از ملوک الطوایفی، خانخانی، حمله های خارجی پیدرپی- انباشت ثروت را ناممکن کرد. اگر هم مقداری ثروت پدید می آمد؛ در گنجهای زیرخاک، بصورت امامزاده مسکوکات دفن شد؛ یا در حمله اقوام مجاور غارت شد. 3- فرهنگ درویشی رایج بوده؛ عرفان، تصوف، خاکی بودن- ثروت قابل احترام نبوده؛ تظاهر به فقر اهمیت داشت.

4- باز بودن فلات حمله اقوام بدوی برای تخریب تمدن، کشتار نخبگان، غارت اقلام تولیدی را ساده کرد. ظرف 5هزارسال در موجهای هجوم همسایگان چون آشوریان، مقدونیان، رومیان، تازیان، ترکان، مغولان، عثمانیان- تمدن آن چندین بار بازسازی شد. عدم امنیت، مرکزیت استبداد شاه، خشکی آب و هوا، ذهن مردم فقیر را خرافاتی، دمدمی مزاج، نقلی، تقلیدی، مهماننواز، تعارفی، تقدیری کردند. 5- وجود خانها، ایلهای پراکنده، قبایل کوچی منجر به عدم انباشت سرمایه شده؛ احترام به خان، معیشت بخور و نمیر، مبادله پایاپای، دامداری حیات را در 3 هزار سال یکنواخت کردند.

ادوات کشاورزی از زمان هخامنشیان تا قرن 20م بخاطر عدم خلاقیت و بیسوادی فلاحین ثابت مانده؛ تولید کشاورزی خودکفایی بوده؛ محصولات قابل صدور نبودند. 6- جنوب فلات با کمبود باران، نبود جنگلها، عدم صنعتی شهرها- کشتی سازی را ناممکن کرد. لذا در آغاز قرن 15م نداشتن جهاز بحری تجارت، سیاحت/ زیارت بقا عتبه، سفر به قاره های جدید و جزایر دور را ناممکن کرد. بندرهای بزرگ پدید نیآمدند؛ بر خلاف اروپا با بنادر ناپل، ونیز، لیسبون، بارسلونا، لیورپول، مارسی، استانبول، آمستردام.

بهنگام پیدایش سرمایه داری قرن 16م اروپا، اوضاع 3قاره دیگر بقرار زیر بودند: در قرن 15م تیمور دمشق و بغداد را گرفته؛ دودمان مینگ چین "آغا مسلمانی" را برای سفر دریایی به مکه فرستاد تا اخبار غرب هم را بیآورد. او باروت، کاغذ، مسواک را به غرب ارمغان آورد. در 1431 دریاسالار ژنگ با 52 کشتی و 30 هزار سرباز به شرق آفریقا رسید. در غرب نظریه بطلمیوس زمین مرکز کائنات رایج بود. گوتنبرگ از 1436 در 20 سال بعد با چاپ کتابها، عصر روشنگری را گسترش داده؛ ترجمه انجیل به انگلیسی، آلمانی، فرانسوی- دین را فهمپذیر کرد.

بمرور هلند، پرتغال، انگلیس، ایتالیا، اسپانیا جهاز دریایی خود را بهبود دادند. سفرهای دریایی دور آغاز استعمار و رشد سرمایه داری بود. ژاندارک فرانسوی انگلیس را مه

1429 شکست داد؛ ولی 2سال بعد او را سوزاندند. در ژاپن عبادت ذن ادبیات چینی رایج شد. همزمان آزتکهای مکزیک پس از 3سال جنگ پیروز شدند. در شهر فلورانس مدیچی با بانکهای خود سلطه سیاسی یافت. قسطنطنیه رو به زوال اقتصادی، نظامی رفته؛ ترکهای عثمانی روم شرقی را فتح کرده؛ آتن و صربستان را گرفتند.

در 1468 مملوک مصر از عثمانیها 46 هزار برده قفقازی خرید. در 1480 تزار مسکو از دادن خراج به مغولها روی گرداند. پرتغالیها در ساحل طلای آفریقا به تجارت ابزار فلزی، تفنگ، خوراک در مبادله با طلا، برده، خشکبار پرداخته؛ مستعمره ای در کناره آتلانتیک آفریقا در 1500 ساختند. پادشاه اسپانیا به قرناطه اسلامی حمله کرد؛ کلمبوس را به چین و دریای کاراییب فرستاد. واسکو دا گاما به هند رسید؛ در 1498 کلمبوس برای بار 3م به آمریکا رسید. http://www.fsmitha.com/time/ce16.htm

جمعیت زمین قرن 16م 435 میلیون نفر، شبه قاره هند با جمعیت 105 میلیون نفر بود. مقاومت صفویان صوفی و شیعی با پایتخت تبریز در مقابل تیمور لنگ در 1501 مهم است. پرتغالیها در بندر گوآ برای سفر زوار به مکه، تجار به اندونزی و چین برای ادویه و ابریشم مستقر شدند. با مرگ کوپرنیک 1543کتاب گردش اجسام سماوی- بدور خورشید، بضد منظومه بطلمیوس چاپ شد. مارتین لوتر 95تز الهیات را برای اصلاح مذهب کاتولیک تدوین کرد. در فرانسه جنگ کاتولیکها با پروتستانها آغاز شد. در 1559 پوپ کاتولیک کتاب شاهزاده ماکیاولی را در لیست کتب غدغن گذاشت.

در نیمه قرن 17م میسیونرهای پرتغالی به چین، برزیل، ژاپن رفتند. ساعت عقربه دار را یک سویسی اختراع کرد. تلسیو انسانگرای ایتالیایی متافیزیک ارسطو را با دانش تجربی و آزمایش رد کرد. گالیله دوربین، دماسنج را اختراع کرد. شکسپیر نمایشهای شخصیتهای گوناگون عرفی را نوشت. برونو فیلسوف ایتالیایی را کلیسا در 1600 سوزاند. کمپانی هند شرقی در انگلیس برای رقابت با تجارت هلندیها پدید آمد.

سلطان سلیم کبیر سنی عثمانی شاه اسماعیل شیعی را شکست داده؛ دیاربکر و کردستان را گرفته؛ سپس مملوک مصر را برانداخته؛ حوالی بوداپست ارتش لویی2م فرانسه را هم شکست داد. شاهزاده هندی همایون بکمک صفویان کابل را گرفته؛ تا غرب هند پیشروی کرد. پسرش اکبر از مادر ایرانی در 1556 شاه شد؛ او بین اسلام و هندویزم بیطرف مانده؛ به اشاعه هنر، تعامل، فرهنگ پرداخت.

در زمان دولت شاه عباس 1571-1629 با رفرم ارتش، کنار گذاشتن قزلباشان، ساختن 33پل، رابطه با غرب در اصفهان با زاینده رود رونق یافت. با معاهده قصر شیرین/ ذهاب 1639 جنگ 150 ساله با عثمانیها پایان یافت. سپس نادر و کریمخان زند آمدند. در 1794 آغاخان قاجار شاه شد؛ ثبات را به کشور آورد. با دولت قاجار پایتخت اصفهان از قرن 17 به تهران در 1796 عوض شد. این تعویض پس از امتناع چین از کاربرد جاده ابریشم برای تجارت چین، هند، ایران، اروپا در کند کردن سرمایه داری ایران دخیل بود.

رابطه ایران و پرتغال را می توان در واموواژه های نارنج و لیمو دید که به اروپا رفته به ارنج و لیمون تبدیل شدند. برای نوعی نارنج هم اسم پرتغال در ایران جا افتاد. توپ مروارید صادق هدایت از توپخانه پرتغال بجامانده؛ دخیل بستن زنان ایران را باید نام برد. در موزه مهمات لیسبون، توپخانه قرون 17 و 18 پرتغال وجود داشته که شبیه آنها در جنگ خلیج فارس عصر صفوی بکار رفتند.

از قرن 17م عهد صفویان با پرتغال، فرانسه، انگلیس، روسیه، عثمانی، هند مراوده را آغاز کردند. در اصفهان، تبریز، مشهد، تهران، بوشهر کالاهای غربی با محصولات داخلی عرضه شدند. اقلیتهای یهودی، ارمنی، آشوری، زرتشتی در تجارت برتر بودند. آنها بمرور نمایندگی انحصاری کالاهای خارجی را گرفتند. سفیران، مستشرقین، سیاحان، کارشناسان ابنیه تاریخی، باستان شناسان، عالمان تاریخ سلسله ها، ویراستاران متون، محققین ادبیات- با روابط شبه-سیاسی با حاکمیت ایران همراهی کردند.

در عهد صفویه برادران شرلی- بساط تجارت با انگستان را باز کرده؛ با کمک این کشور، ایران پرتغالیها را از خلیج بیرون کرد. ولی انگلیس وارد شد تا قرارداد دارسی در حفاری نفت مسجد سلیمان، انقلاب مشروطیت ایران 1906، سپس با قرارداد 1919 در تقسیم ایران به 3منطقه نفوذ روسیه، مرکزی، انگلیس، جنوب ایران را اشغال کرد؛ بکمک ایران عثمانی را سرجایش نشاند. بعد هم در ج ج 1 این امپریالیزم زوال یافت. استقلال هند 1948، حمله ناوگان انگلیس به آبادان در شهریور 20 ، ورود ارتش سرخ در شمال- پس از ج ج 2 نفوذ انگلیس در ایران افول کرد.

جنبش تنباکو ضد قرارداد1890 رژی، توشیح 1907 مشروطیت از بیداری سیاسی ایرانیان خبر داد. 3کودتا، اولی مجد علی شاه، دومی رضاخان 1299، سومی 28مرداد 1332، دستاوردهای مشروطه را عقیم کردند. ج ج1 از 1914- 1918، انقلاب اکتبر، ورود متفقین در ج ج 2، وامهای بانکهای آمریکایی برای ساختن سدها پس از کودتای 28 مرداد- به مدرنیزاسیون کمک کردند. نتایج انقلاب سفید بهمن 41 با اصلاحات ارضی، جامعه را از دید سیاسی به جنبش تنباکو به رهبری اسدآبادی و میرزای شیرازی رجعت داده؛ تا در انقلاب بهمن 57 کشور با روبنای شریعت شیعی مانند چین با حزب کمونیست مدرنیزه شود.

رفرم ارضی/ داغانی کشاورزی ایران، گسیل دهقانان به حلبی آبادهای حومه شهرها، حضور 92 هزار مستشار خارجی، سرکوب سکولارها، تز کمربند سبز برژنیسکی در پر و بال دادن به بنیانگرایان شیعی، ریچار هلمز رییس سابق سیا بعنوان سفیر در تهران، بحران نفتی 1977 و تفرقه در حاکمیت-به انقلاب جمهوری و کودتای 30 خرداد 60 به ولایت فقیه منجر شد. با انقلاب اسلامی ایران، تیم امنیت ملی به رهبری برژینسکی تز کمربند اسلامی بدور شوروی دوره ریاست ایزنهاور 1961-1953 را پیاده کرد. در تاریخ 3انقلاب کبیر فرانسه 1789 در غرب، اکتبر 1917 روسیه در شرق، فوریه 1979 ایران در خاورمیانه- اثرات فراسویی گذاشتند.

واسطگی آمریکا برای خروج 3 نیرو از مصر در دکترین آیزنهاور 5 ژانویه 1957نمود یافت: هر کشوری که با خطر حمله کشوری دیگر روبرو شود؛ می تواند از آمریکا تقاضای کمک اقتصادی و نظامی کند. کشور مهاجم با نام شوروی تصریح شده بود. ولی با حمله اسراییل، فرانسه، انگلیس به کانال سوئز مصر در 29 اکتبر 1956 آمریکا- مجبور به اخطار آتش بس فوری به 3کشور مهاجم شد؛ تهدید شوروی هم برای عقب نشینی آنها موثر شد.

http://www.processphilosophy.org/uploads/5/9/1/5/5915900/cyrus_bina_-outline_(us-iran relations) june 7 2015 - edited for uploading.pdf

منابع. http://en.wikipedia.org/wiki/Colonialism28/09/18

بیژن باران

Rudi Matthee, Iran & Beyond: Essays in Middle Eastern History in Honor of Nikki R. Keddie, Mazda Publishers, 2000.
عبدالرضا هوشنگ مهدوی، تاریخ روابط خارجی ایران از ابتدای دوره صفویه تا پایان قاجاریه؛ سیاست خارجی ایران در دوران پهلوی.
بررسی بخشی از نظریات در مورد امپریالیسم، مجد سوداگر.
<u>http://www.kargaran-iran.com/Maqale/2009/10/post_1351.html</u>

اگر حزب توده کودتای موفق می کرد

تغییر بوقوع نخواهد پیوست اگر ما منتظر کسی دیگر یا زمانی دیگر باشیم. ما کسانی هستیم که در انتظارشان بوده ایم. ما تغییری هستیم که بجستجویش بوده ایم. رییس جمهور باراک اوباما

حزب توده یک کودتای موفق بین 1324 و 1364 نتوانست بکند؛ در حالیکه سازمان نظامی مخفی داشت. این ناتوانی در قیاس با کودتاهای موفق 1357 افغانستان، 1353 حبشه، 1345 اسد پدر در سوریه چشمگیر است. کودتاهای نظامی بنا به مشی آمریکا و شوروی در سده 20 خاورمیانه شکل گرفتند. در سده 20 ایران ممکن بود در اردوگاه شوروی با 3سناریوی فرضی زیر قرار گیرد.

در سناریو 1 فرضی، ارتش سرخ در 1918 با ماندن در ایران، ایران را کشوری در بلوک شرق مانند رومانی می کرد. نظر مساعد لنین شامل بیرون کشیدن ارتش سرخ از شمال ایران در 1918 هم شد. در کنگره 8 حزب بلشویک، مارس 1919 لنین با استقلال فنلاند موافق بود. در باره گرجستان ارژنکدیزه و استالین با جزوه "مارکسیسم و مسئله ملی" خود پیش لنین وساطت کردند.

تا برخلاف موضع قبلی لنین، او با حمله نظامی موافقت کند. این جزوه ایده آلیسم جوانی استالین است؛ زیرا همیشه او بدنبال گسترش اردوگاه بود؛ جداسری را داغان کرد. اکنون فنلاند مستقل پیشرفته تر از گرجستان اتحاد جماهیر شوروی است.

سناریو 2 اشغال ایران بوسیله شوروی پس از ج ج 2 و تبدیل به ایرانستان مانند تاجیکستان یا آذربایجان با توپی آمریکا و زیرکی قوام اجرا نشد. سناریوی 3 کودتای نظامی چپی در ایران بود که در زیر بررسی می شود. با فروپاشی 1991 اردوگاه هر 3 سناریوی فرضی پایان یافته؛ ایران در مدار آمریکا قرار می گرفت.

در این 3سناریو، ایران کنونی جمهوری سکولار، استبدادی، در مدار آمریکا مانند آذربایجان و تاجیکستان می شد. این نوع ایران مدرنیسم آمرانه را دنبال می کرد؛ از نوع سنگاپور، کره جنوبی، ژاپن. لذا اگر عقده امپریال و استقلال در بین ایرانیان نبود؛ وضع ایران سده21 به مدرنیسم نزدیکتر می شد؛ با رشد 5% سالانه اقتصاد. شبیه تایوان، ترکمنستان، ترکیه. ولی استقلال را بر اقتصاد شکوفان با بهبود وضع زحمتکشان رجحان داد.

حزب توده سازمان افسران مخفی داشت که 4بار به کودتای نظامی ناموفق کوشید. اگر هر یک از این 4 کودتا پیروزی فرضی داشت؛ ایران در مدار شوروی قرار می گرفت.

آمریکا در خاور میانه کنونی

اگر حزب توده کودتاگر نبود چرا افسران نظامی را سازماندهی مخفی کرد؟ شاید دسترسی به اسرار نظامی آمریکا در منطقه منظور حزب برادر بود. سندی در این رابطه فوق سری دیده نشده؛ حزب خط 1در حبشه، افغانستان، سوریه هم سازمان نظامی داشتند. وضع جهانی در مقطع انقلاب بهمن در چپ ایران مدتی 3خط رایج بود: خط 1 طرفدار شوروی، خط 2 مستقل رزمنده، خط3 هوادار مائو.

مواضع کلی راهبردی/ استراتژیک مانند دشمنی با بورژوازی ملی در خاورمیانه و مواضع آنی راهکاری/ تاکتیکی مانند موافقت با پیشنهاد شوروی برای نفت شمال حزب توده ناکارآمد بودند. حزب اطلاعی از سیاست خارجی آمریکا در خاورمیانه یعنی کمربند سبز آمریکا بدور شوروی نداشت. تابع موضع ضدامپریالیسم شوروی بود. لذا برنامه حزبی شعاری، عاطفی، بیربط به واقعیت جهان و ایران بود. رک حدیث نفس کامشاد در شک او به حزب بخاطر مواضع سیخکی حزب بضد دکتر مصدق.

این ندانمکاریهای حزب باعث شد گروههای روشنفکری از آن جدا شوند. نمونه: هدایت، گلستان، بزرگ علوی، توللی، نادرپور، رویایی، آل احمد، کامشاد، مسکوب. حزب استبداد شرقی را ندید گرفت. ولی در حزب آنرا با شگردهای دیوانی رسمی کرد. پیروزی ولایت شیعی 1357 در ایران شبیه امارت طالبان 1375/ 1996 در افغانستان بود.

ولی حزب در رثای بنیانگرایی شیعی رجز خوانی کرد. این توهم با ضرب، شتم، اعدام، زندان، فرار اعضا زایل شد. آیا انتخابات آزاد رییس جمهور موقت حامد کرزی 2001 / 1380 آینده ایران 1400 را ترسیم کرد؟ ایران با 31 استان مانند دایره با پیرامون سنتی تر و بخش مرکزی مدرنتر است. می توان کودتاهای چپی ناموفق در ایران را در 4مقطع زمانی بررسی کرد.

کودتای اول سازمان افسران حزب توده ایران در خراسان بود. سازمان نظامی حزب توده با رهبری کامبخش، سیامک، روزبه در ۱۳۲۳ آغاز شد. در ۱۳۲۴ قیام افسران لشکر ۸ خراسان شکست خورد؛ 40 افسر دستگیر شده؛ ولی 20 نفر لو نرفتند. رک خاطرات دکتر عطا صفوی برای درک سرنوشت سلطانزاده، لادبن، نوشین، کسرایی.

کودتای دوم هم ناموفق بود. با قدرت گرفتن فرقه دمکرات طرفدار شوروی، غلام یحیی دانشیان ژنرال فرقه دموکرات و پیشه وری راس سیاسی بودند. با پیدایش فرقه دمکرات آذربایجان در ۱۳۲۴ افسران لو نرفته فراری قیام خراسان به آن پیوستند. حزب توده به رهبری رادمنش در 1324 سراسر آذربایجان را تسخیر کرد. ارتش شوروی در 1325 شمال ایران را تخلیه کرد.

با شکست پیشه وری، بسیاری از افسران دستگیر شده را رژیم اعدام کرد. برخی به شوروی پناهنده شدند. قیام افسران خراسان، واقعه آذربایجان، ترور ناکام شاه ۱۵ بهمن ۱۳۲۷ تلفات افسران حزبی را زیاد کرد. ولی سیامک، روزبه، مبشری لو نرفتند. در زمان دستگیری ۱۳۳۳ در هیئت دبیران مبشری بجای کامبخش بود. ویکیپیدیا- سازمان افسران حزب توده.

پیآمد پیروزی فرضی فرقه دمکرات آذربایجان بررسی می شود. اسکندانی و سرهنگ آذر گفتند: با تخلیه قوای بیگانه، مردم آمادگی قیام دارند. این شعار نادرست بود؛ زیرا مردم تکان نخوردند. رهبری حزب توده با دنباله‌روی از فرقه دمکرات با 3موج اعتراض

بیژن باران

روبرو شد. 1- سیاست تجزیه طلبانه فرقه دموکرات آذربایجان. 2-دخالت ارتش سرخ مستقر در ایران. 3-سازمان ملل با کنترل آمریکا. این سناریو 3دهه پیش در افغانستان تکرار شد.

حزب 2بار 1333 یعنی در بازه زمانی ملی شدن صنعت نفت 1329 و کودتای 1332 آمریکایی و 1358 بین انقلاب بهمن 57 و کودتای نوژه به تله افتاد؛ اعضاء اعدام و حبس شدند. اگر هم حزب کودتای موفق می کرد؛ با بررسی کودتاهای چپی گرانادا، حبشه، افغانستان عاقبتی به نفع زحمتکشان نداشت؛ ولی سکولاریسم را رشد می داد. رک کودتای موفق- در منبع.

در حزب توده ایران در 1332 تا 600 افسر و در 1358 هم تا 200 افسر عضوگیری شده بودند. هر 2 بار در دهه های 1330 و 1350 افسران لو رفته؛ بیشتر آنها اعدام و زندان شدند. چرا با تجربه 1333 خطای سازمان افسران مخفی در 1358 تکرار شد؟ نابودی این انسانهای پاکباخته نشان از ندانمکاری رهبری حزب بود. باید پرسید این همه افسران را برای چه حزب جمع کرده بود؟

چرا رهبری حزب در مخفیکاری و توطئه با جان آنها بازی کرد؟ آیا برای ترابری اسرار نظامی آمریکا در منطقه به شوروی لازم بود؟ دکتر عطا صفوی با 2رفیق دیگر در فرار از مرز در 1947 در شوری مجاکمه شده. در اردو کار اجباری ماگادان 8سال بود. متن کتاب، ویدیو، مصاحبه او نشان می دهد: حزب توده فرار آنها را به حزب برادر گزارش نکرد.

حزب هم هیچوقت جربزه کودتا را برای قبضه قدرت سیاسی نداشت. همیشه توهم، حرافی، شعارگویی عاطفی، ندیدن واقعیات، فحاشی به اپوزیسیون و آمریکا، مخفی کاری، خارجه نشینی کرد. این نوع حزب دوستدار شوروی در افغانستان، حبشه، اریتره، سوریه در ارتش هم سازمان افسران مخفی درست کرده؛ ولی همه با کودتا قدرت را قبضه کردند. حزب توده در شرکت یا در دست گرفتن حکومت ناکارآمد بوده؛ چند کودتای ناشیانه کرد؛ در مقایسه با کودتای موفق آمریکایی 28مرداد.

شبیه حزب توده، حزب خلق افغانستان بود که با شجاعت کودتای موفق کرد. بفرض یک کودتا موفق حزب توده، می توان موازی با رویدادهای افغانستان- نتایج آن را پیش بینی کرد. افغانستان در چرخه کودتا بضد دولت مرکزی، کودتاهای جناحی بضد رفقا، ورود ارتش شوروی، جنگ داخلی، امارت وهابی بنیانگرا، ورود ارتش آمریکا را از سر گذراند. این زنجیره رویدادها زیرساختهای کشور را کلنگی کرده؛ میلیونها کشته، مصدوم، معتاد، پناهجو ببار آوردند. عقبماندگی این کشور منجر به کودتاهای چپ، سلطه بنیانگرایان وهابی، نظامیگری شوروی و آمریکا شد.

کودتای چپی اغلب با کودتای جناحی ثانوی تضعیف می شود. از روی تاریخ، انشعابات درون حزب خلق افغانستان و حزب توده، می توان گفت: اگر کودتای فرضی افسران حزب توده 27 سال زودتر از کودتای 1357 افغانستان رخ می داد؛ ایران به مدرنیته نزدیکتر؛ لذا پیشرفته تر می شد. یا در جنگ بنیانگرایان شیعی و چپها، ورود شوروی، مداخله آمریکا کلنگی می شد. پس از قبضه قدرت، درون حزب توده هم کودتا می شد؛ آن را ضعیف می کرد. مانند چند کودتای درون حزب خلق در افغانستان. راز بقای ایران در سده 20 موضع دفاعی، محتاطانه، خرده کاری در تمام نیروهای سیاسی از جمله حزب توده بود.

اگر کودتای سوم فرضی را سازمان افسران حزب توده برهبری سروان روزبه در فاصله ملی شدن نفت 1329 و کودتای 28مرداد 1332 انجام می داد. خلیل ملکی پیشنهاد انحلال سازمان افسران را داد. برخی افسران به رهبری سروان روزبه مستقلانه "سازمان افسران آزادیخواه ایران" را آغاز کردند. حسن کامشاد در کتاب 2جلدی حدیث نفس نوشت: دستور حزب به اعضاء روز 28مرداد از خانه بیرون نروید.

در ۱۳۲۷ این سازمان به حزب پیوست. از ۱۳۲۹ به بعد هیئت اجرائیه سازمان نظامی در 5 شعبه تشکیلات، تبلیغات، تعلیمات، مالی، اطلاعات بود. همان سال رهبران و روزبه از زندان قصر تهران فرار داده شدند. در مارس 1953 استالین فوت شد؛ حزب برادر، دولت شوروی، حزب توده آچمز بودند. کودتای آمریکایی 5ماه پس از فوت رهبر در اوت رخ داد. به قول مصدق، تا استالین زنده بود دول استعمار از او ملاحظه می کردند. ورقا، ص 228. مصدق در خاطرات و تالمات ص344 نوشت: "حزب توده اسلحه نداشت."

رئیس دفتر تیمسار زاهدی عضو سازمان نظامی مخفی حزب توده بود. او طرح کودتا را در 25مرداد به حزب توده خبر داد که به دستگیری نصیری منجر شد. چند رهبر شیعی مانند کاشانی، بهبهانی، فلسفی بضد دکتر مصدق در کودتای آمریکایی با پول خریده شدند. لذا لایه های امل جامعه، برخی سران ارتش، اوباش مزدور چون شعبان بیمخ، طیب، سکینه قاسمی/ پری بلنده، پری غفاری با رهبری و پول سیا ورق را برگرداندند. http://culturallogic.blogspot.com/2010/08/blog-post_23.html

در ۱۳۳۳ ستوان عباسی، رئیس دفتر اطلاعات حزب توده، اتفاقی به تور پلیس افتاد. او 3دفترچه پر از معادله های مثلثات حاوی رمز نام بیش از ۶۰۰ افسر داشت. آنها دستگیر شده، ۳۶ نفر از جمله روزبه اعدام شدند. پزشگ و پرستاری از بیمارستان سینای تهران گفتند: در شب کودتای نافرجام حزب امداد پزشگی، اعضا، افسران آماده بودند. نزدیک صبح خبر رسید: همه در خانه بمانند. خبری نیست. یعنی رهبری کودتا را لغو کرد. ورقا شمار عضو سازمان را 480 نفر نوشت. ص 241

در ایران کمی پیشتر از 1953 با فرض زنده بودن استالین، وفات مارس 1953، کودتای چپی محتمل می شد. یا کودتای راست آمریکایی ناممکن می شد. سناریوی قبضه قدرت دولتی حزب توده در ایران با کودتای فرضی سازمان افسران پیش از کودتای 1953 و پیامد آن بررسی می شود. وضع چه گونه می شد؟ پس از قبضه قدرت، چندی بعد، در حزب کودتای جناحی شبیه حزب خلق/ پرچم افغانستان می شد. دلایل ناتوانی کودتای ناموفق حزب توده بقرار زیرند:

1- حزب کمونیست شوروی در محدوده توافقات رهبران 3کشور آمریکا، شوروی، انگلیس دربارهٔ سرنوشت کشورهای اروپایی پس از پایان ج ج 2 در 3کنفرانس تهران 1943، یالتا 1945، پتسدام عمل کرد. مشی شوروی در رعایت مفاد معاهده یالتا در تقسیم جهان، در اشغال ایران دو دل بود. روی میز استالین 2 پیشنهاد متضاد حزب مرکزی مسکو و تشکیلات حزبی باکو بود.

لذا در مورد ایران، یونان، تقسیم آلمان بنا به میل غرب عمل کرد. استبداد درون اردوگاه به کشورهای اقمار بلوک شرق چون سوریه و عراق هم نشت کرد. "راه رشد

غیرسرمایه داری" سوسلوف هم نادرست بود. زیرا در عراق، سوریه، افغانستان به اقتصاد شکوفان، ثبات، انتخابات نرسید. نمونه مقابل: مالزی، ترکیه، اسراییل.

2- رهبری حزب توده شجاعت، آمادگی، مهارت برای کودتا نداشت. رهبری حراف، توطئه گر، مخفیکار، مشاطه گر، هتاک، چاپچی مقالات عاطفی گمراه کننده بود. رهبری نالایق حزب توده نتوانست کودتای نظامی خراسان و آذربایجان را بثمر رساند. ولی باز در دهه های 1330 و 1350 مخفیانه 100 ها افسر جانباز را سازماندهی کرده؛ باعث قتل، اعدام، فرار هزاران انسان پاکباخته شد. "رهبری.. نه اطلاعات وسیع و همه جانبه یی از اوضاع درون کشور و جهان را که پایه و ضرورت اولیه ی درست تصمیم گرفتن است در اختیار داشت." ورقا ص253.

در بحثهای شبانه مونیخ 1335 نیکخواه، خانبابا تهرانی، فریدون، فروغ، امیر فرخزاد تز "محاصره شهرها از طریق روستا" مائو را بحث کردند. در برخی بحثها زوج اسکویی هم حضور داشتند. پس از کودتای 28مرداد انفعال روشنفکران ناامید و سرکوب شدید ساواک به شعار سرنگونی رژیم انجامید. گروههای زیر با تجهیزات و تعداد کم به مبارزه مسلحانه در دهه 1340 پرداختند: بهمن قشقایی-کشکولی شیراز، شریفزاد-ملاآوره کردستان، پاکنژاد- صفایی فراهانی به فلسطین. آنها شجاعت و آگاهی طبقاتی را بهم آمیختند.

انشعاب سازمان انقلابی از حزب توده در بهمن 42، به عملگرایی رادیکال منجر شد: دکتر کوروش لاشایی در کردستان، حمله به پاسگاه دهرم برادران کشکولی و بهمن قشقایی 1343. بخارایی از فداییان اسلام در رابطه با کاپیتولاسیون/ مصونیت قضایی آمریکاییها در 1343 نخست وزیر منصور را ترور کرد؛ شمس آبادی در کاخ مرمر بقصد ترور شاه 1344 تیراندازی کرد.

قیام 13 جوان عملگرا و شجاع در بهمن 49 در سیاهکل را باید شاهد آورد که بر ناامیدی ناشی از شکست حزب در 1332 فایق شد. آنها با شجاعت، ایثار، عملگرایی شعار سرنگونی را در دهه 1350 بر جنبش مسلط کرده؛ بر فرهنگ، ادبیات، هنر اثر مثبت گذاشتند. سیاهکل اوج شجاعت بود تا خط بطلان روی شکستها، توطئه ها، رفتن بخارج بکشد.

انتقاد سیاهکل به انفعال حزب، شور جامعه در مبارزه را دامن زد. خفقان دهه 1350 منجر به بروز نظرات براندازی قهری رژیم شد. تبلیغات دولت لفظ "انقلاب" در "انقلاب سفید" بهمن 41 را در میان توده ها رایج کردند. محفل 600 افسر توطئه گرا، مخفیکار، حراف در مقابل 13 جوان شجاع، معتقد، عملگرا قیاس شود.

خرده گیری به سیاهکل در مورد "عدم کار توده ای" نادرست است. مسئله مبرم جنبش آن زمان اعتماد، شجاعت، جسارت، عمل بود. زیرا حزب توده و چند سازمان دیگر در خارج، تبلیغ مبارزه مسلحانه را رد کردند. آنها با "کار توده ای" نیرویی هم جذب نکردند. حزب توده با "کار توده ای" رادیو پیک ایران از 1336 شنوندگان را آگاه کرد. ولی رهبری بیعملی، لافزنی را در خارج بکمال رساند.

حزب در قیاس با کارزارهای دفاعی و تبلیغات رسانه ای کنفدراسیون دانشجویان در حمایت از مبارزات مردم و افشای استبداد بیعمل بود. کوچکی حزب در جذب نیروهای

مقطع انقلاب را در بهمن 57 می توان دید. تنفس 42-39 به پیدایش کنفدراسیون دانشجویان، احیای جبهه ملی دوم با الهیار صالح و صدیقی، فعالیت نهضت آزادی مهندس بازرگان در 1340 منجر شد. بیکفایتی رهبری حزب توده و 2دلی سازمان افسران با قاطعیت حزب خلق در کودتای 1357 افغانستان مقایسه شود.

3- با 600 افسر زبده حزب مذبذب و خرده کار بود. شاید قبضه قدرت سیاسی را نخواسته؛ تنها اپوزیسیون خواسته حزب بود. این جذبه مخفیکاری 2سویه بود- یعنی برخی افسران محفل مخفی توطئه گر را دوست داشته، جمع می شدند. این مخفیکاری برای اقتصاد مریض ایران برای بهبود وضع زحمتکشان کارآمد نبود.

4- بخاطر سوق الجیشی بودن ایران، آمریکا کودتای راست جمهوری بسر کردگی ژنرال بختیار یا قرنی را پلان ب داشته؛ ولی انجام نداد. لذا پس از کودتای حزب توده موافق شوروی، کودتای راست نظامی موافق آمریکا آن را خنثی می کرد. باید گفت در سده 21 ایران در مدار آمریکا سکولار، با اقتصاد شکوفان مانند ترکیه، نبود مهاجرت بخارج مانند مالزی می شد.

کودتای چهارم حزب توده در 1358 می خواست انجام شود. از انقلاب بهمن57 تا 1358 اعضای مخفی حزب توده در نیروهای مسلح جمهوری اسلامی به 114 نفر رسید. کیانوری دبیر اول حزب مهدی پرتوی را در رأس آن نصب کرد. پرتوی با دریادار افضلی، سرهنگ کبیری، سرهنگ عطاریان، سرهنگ شمس، جهانگیری و امیر معزز مسئول دو شاخه با ۵۰ و ۵۵ نظامی ارتباط داشت.

حزب توده از ماهیت رجعتگرای ضد امپریالیسم انقلاب 57، از ضدیت با کودتای نوژه، از جنگ ایران و عراق ۱۳۶۱- ۱۳۶۲ حمایت تبلیغی کرد. ولی به بهانه طرح کودتای نظامی برخی اعضای علنی و مخفی حزب دستگیر شدند. دادگاه ویژه نظامی ۱۰۱ افسر را محاکمه کرد. دریادار افضلی فرمانده نیروی دریایی ایران، سرهنگ عطاریان فرمانده جبهه غرب و دستیار ویژه وزارت دفاع، سرهنگ کبیری فرمانده یگان‌های کماندویی ویژه یا کلاه سبزها و فرمانده عملیات جنوب و شکستن محاصره آبادان، سرهنگ آذرفر استاد دانشکده افسری در بهمن ۱۳۶۳ اعدام شدند.

سرهنگ شمس، سرهنگ غیاثوند و سرهنگ افرایی به حبس ابد تا 5سال محکوم شدند. حجری، بهزادی، رصدی، پورهرمزان، کیهان، ابراهیمی، میزانی، رزمدیده، جودت هم در کشتار ۱۳۶۷ اعدام شدند. دریادار افضیلی عضو مخفی بود که چکار کند؟

باید با کودتاهای شبیه در گرانادا، افغانستان، حبشه بررسی قیاسی می شود. بنا به شواهد این 3 کشور، اگر حزب توده کودتای موفق هم می کرد؛ کمی بعد در حزب کودتای جناحی رخ می داد. در پی کودتای موفق، انشعاب تغییر رهبری است؛ ولی در حزب انشعاب خروج از حزب است. انشعاب اول دکتر اپریم و خلیل ملکی، انشعاب دوم جناح تندرو سقایی، قاسمی، فروتن بودند. آنها به اتهام مخالفت با رهبری حزب، پشتیبانی از 2انقلاب چین و کوبا- از رهبری اخراج/ تعلیق شدند.

این انشعاب حزب را ضعیف کرده؛ تا کودتای راست فرضی رخ بدهد. با این انشعاب، سازمان انقلابی حزب توده ایران در اروپا آغاز شد. نظریه پرداز جناح معتدل اسکندری با

بیژن باران

حمایت بهرامی، یزدی و جودت بود. انشعاب سوم کامبخش، کیانوری، قریشی و مریم فیروز در قبضه رهبری حزب بود.
*
چرا برخی روشنفکران گرایش به محفل مخفی غیرقانونی دارند؟ سنت عرفان و ریاضت از عصر ساسانی تا سده 20 را می توان رصد کرد. در شخصیت حضار در محافل عرفانی و حلقه های درویشی باید غور شود. نافرمانی مدنی، نامه به نمایندگان قانونگذار، تظاهرات، اعتصاب، سندیکای صنفی، عضویت در محفل مخفی غیر قانونی بوده؛ مجازات جرم امنیتی زندان و اعدام اند.

رفتار فرد ایثارگر غیر قانونی است. رفتار او پاسخ به تکانه شخصیت عجول مخفیکار و توطئه گر می تواند باشد. با همه شکستها و قتلها باز هم حزب جذبه عرفانی برای برخی ایرانیان و افغانها دارد. آنها نسبت به حزب توده و حزب خلق/ پرچم در سده 21 سمپاتی دارند.

با همدلی- دریافت با احساس تنگنایی، ستم، ظلم، استثمار دیگران- فرد به ایثار می رسد. در سازمان مخفی در فرایند حضور در جلسات، تحکیم نظرات دلسوزی برای ستمدیدگان، اطلاع از وضع بد فقیران – فرد را به مرحله ایثار ارتقاء می دهد. ایثار altruism یا از خودگذشتگی با انصاف در رفاه اجتماعی دیگران در ادیان و فرهنگهای سنتی هم تبلیغ می شود. سعدی: تو که از محنت دیگران بی غمی/ نشاید که نامت نهند آدمی.

لذا کادرهای رهبری با تجربه تشکیلاتی طولانی عموما سرسختی در ایده الوژی خود نشان می دهند. کیانوری و طبری را می توان نام برد که بخاطر باور خود به میهن پرستان ایران چون دکتر اپریم، خلیل ملکی، دکتر مصدق، دکتر فاطمی تهمت جاسوس، خائن، مزدور اجنبی زدند. به این آزادگان، یعنی رقیبان سیاسی حزب توده، برچسب " دشمن" زدند.

فرهنگ عرفانی درویشی، توهمات هپروتی، تقیه و نجسی غیرخودی شیعی، سنت 1000 ساله اند. توطئه و مخفیکاری برای نوعی از شخصیت خرده بین و پارانوید در رهبری، کادرهای حزب، برخی ایرانیان مهرابه نشین جذابند. مهرابه محل محفل مخفی کیش میترایی بود. مدیتیشن/ مراقبه برای صحت ذهنی همه انسانها ضروري ست.

آیا برخی عقاید سیاسی، دینی، اجتماعی از عادت و واکنش خودکار رفلکس است؟ موضعگیری در باره رویدادی اجتماعی می تواند ناشی از عادت تغییرناپذیر با هجوم داده ها، اسناد، شواهد جدید باشد. برخی ایرانیان موضع ثابت در باره کودتای 28مرداد 32 دارند. برخی افغانها هم موضع ثابت در باره کودتای حزب خلق 1357 دارند. یعنی سفید یا سیاه.

مبلغان مسیحی، بهایی، وهابی به کشورهای نامهربان با ریسک جان برای تبلیغ می روند. در آغاز دهه 1990، در حومه سان فرانسیسکو دور میز با دوستان بودم. فردی روی شانه ام دست گذاشت. برگشتم پیرمردی با زنش به لهجه تهرانی خود را معرفی کرد: "آقا" در کلیسایی در تهران دهه 1970 تبلیغ مسیحیت می کرد. او از "فرقه قدیسان متاخر حضرت عیسی/ مورمون" یکی از 2500 فرقه مسیحیت بود. خانمش در تیم شنای المپیک آمریکا در جوانی بود؛ نام فرزندشان، زاده تهران، سیروس بود.

287

واعظ مورمون انسانی مهربان، مهمان نواز، هوشمند، فعال بود که چند کتاب در تفسیر انجیل می نوشت. او گفت: خیلی دلش می خواهد با خانواده به تهران برگردد. ولی روادید ایران به گذرنامه ش داده نمی شد. او دستور تهیه دوغ ترش با یک قاشق آبلیمو و نعنا را بمن داد. من هم یک رایانه کوچک اپل دادم تا کتب خود را بفارسی تحریر کند.

چندی بعد 2کتاب فارسی خود را برایم پست کرد. در آن جمع پزشگ زنی با شوهر و دخترشان از آفریقا آمده بودند. در آنجا تبلیغ مورمونیسم را با کمک پزشگی می آمیختند. نیز برادر دوستم زندگی مرفه در میسوری را ول کرده؛ در آفریقا تبلیغ بهایی می کرد. دوست دیگری در کلمبوس اوهایو دهه 1980 از تبلیغات واعظان "تبشیری" آمریکایی در روسیه داستانها گفت.

بررسی یک وضع باید مستقل از نظر شخصی تحلیلگر باشد. نگران امری بودن، مسئول بودنِ آن نیست. کنشگر و تحلیلگر مشکل پیآمد رویدادها را می توانند بموقع پیش بینی و نشر کنند. آیا آنها می توانند بخاطر پیآمد ناخواسته سیاست گران و کنشگران را از عمل برحذر دارند؟ مثلا به حزب خلق می گفت در 1347 بضد داوود خان کودتا نکند؛ تا جامعه اسیر طالبان و بمباران پس از سپتامبر 11، جنگ داخلی، مهاجرت نیمی از جمعیت افغانستان نشود.

آیا تحلیلگر می توانست به شاه و آمریکا بگوید کودتای 28مرداد 32 و انقلاب سفید بهمن 41 پیآمد انقلاب بهمن 57 را دارد که به بیرون راندن 62 عضو خاندان سلطنت و 92هزار مستشار آمریکایی شد؟ اکنون می توان با عبرت از براندازی شاه، مبارک، قذافی، اسد سوریه به اپوزیسیون برانداز گفت: پیآمد آن استبداد دیگر و افت اقتصاد خواهد شد.

تحلیل مسایل سیاسی امروز هم با تشبیه، مجاز، عبرت از مداخله نظامی آمریکا در عراق، افغانستان، سوریه آموزنده است. این گونه بررسی احتمال و نتایج حمله نظامی خارجی، براندازی، اصلاحات، اقتصاد شکوفان را تبیین می کند. در آمریکا هم در اتاق فکر، پژوهشکده، دانشگاه این مسایل بررسی شده؛ نشر می شوند. گفته شده گذشته چراغ راه آینده است. یعنی از گذشته خود و دیگران عبرت می توان گرفت.

سطح فرهنگی روشنفکران چپ از دانشگاهیان داخل و خارج در درک معضلات جامعه عمیقتر بود. ساواک دولت ساقط ساطع کادرهای سیاسی خود را نه از دانشگاههای ایران و آمریکا، بلکه از مبارزان چپ با آگاهی سیاسی بیشتر بخود جذب کرد. حاکمیت گاهی با شکنجه تواب سازی کرد؛ روشنفکران لایه دیگر مردم را به خدمت خود در آورد. حاکمیت برخی روشنفکران چپ خواهان تغییر را راست برای حفظ اوضاع موجود اجیر کرد:

رضا روستا، دکتر مرتضی یزدی، حسین جودت، احمد قاسمی، نادر شرمینی، دکتر بهرامی، لاشایی، نیکخواه، عاصمی، سیروس نهاوندی، پارسانژاد، دامغانی. گاهی هم موفق نشد؛ آنها را اعدام کرد: دکتر ارانی، کیوان، روزبه، گلسرخی، جزنی، حمید اشرف، پویان، دهقانی، سلطانپور، مختاری، سیرجانی.

چپ در 100سال گذشته 3کمبود داشت: 1-بندرت از عملکرد، سازماندهی، شعارها، دوستان خود جمعبندی عملی کرده؛ تا خطا، کمبود، اشتباه را ترمیم کند. 2- کارکرد

چپ ایران با کشورهای مشابه مقایسه نشده؛ تا استنتاجات منطقی برای بهبود کار آتی حاصل شوند.

3- تاثیر عوامل خارجی مانند آمریکا، شوروی، انگلستان روی کل کشور و مبارزات چپ عمیقا بررسی نشده؛ با سطحی نگری و مزدور خواندن عاطفی، جریانهای کلان جهانی در صورت مسئله پاک شدند. شاید بتوان گفت این کمبودها مختص ایران نبوده؛ عراق، سوریه، افغانستان هم آنها را دارند. وضع چپ ترکیه با شکوفانی اقتصاد، رشد سندیکاها، سنت احزاب بهتر شد.

جمعبندی و تحلیل چپ در 100 سال گذشته کمند: جنبش سندیکایی در ایران سلطانزاده 1923، چه باید کرد دکتر اپریم1324، تاریخ 30ساله جزنی 1353، جمع‌بندی سه ساله و تجربیات جنگ چریکی در شهر و کوه حمید اشرف 1354، یاس و داس فرج سرکوهی 1381، یک اودیسه چریکی پیمان وهابزاده به انگلیسی 2010.

تظاهرات پیروز به ترمیم قانون می رسد: مانند جنبش مدنی لوتر کینگ آمریکا، تظاهرات دانشجویی مه 67 پاریس، تظاهرات خیابانی مه 2018 ایروان منجر به نخست وزیری از مخالفان. ولی وقتی به سرنگونی، براندازی، تغییر رژیم انجامد؛ اغلب وضع اقتصادی افت کرده؛ آزادی سیاسی کاهش می یابد. این را در بهار عربی مصر می توان دید. البته در تونس نتیجه مثبت داده؛ ولی دراز مدت – آیا ثبات 10ساله خواهد داشت؟

شعار دشمن ستیز، جامعه را به فاز بهتر نمی رساند. نمونه تعامل: تجربه مندلا در فشردن دست پرزیدنت نژاد پرست سفید آفریقای جنوبی. آگاهی از عوامل بیرونی، درونی، قدرت، تاریخ، قانون، اقتصاد، جامعه مشتق می شود. ولی مردم و نخبگان نیاز به اسطوره، آرمان، ایمان دارند. فاز سرمایه داری در همه شئون جامعه و دراز مدت عرضه می شود. دولت از زیربنا و روبنا بجا مانده از گذشته، در رابطه با عهد نوین، وضع اقلیمی خاص تشکیل شده. رفتار مردم این لایه های را همپوشانی می کند. طنز توهین به تبعیضات است. در استبداد توهین خط قرمز داشته؛ ولی شکنجه خط قرمز ندارد.

منابع. 28/09/2018
http://www.bbc.com/persian/iran/2012/02/120204_l44_tudeh_khanbaba_tehr ani انشعاب های حزب توده- مهدی خانبابا تهرانی
http://www.bbc.com/persian/iran/2012/01/120114_l44_tudeh_party_category جناح بندی درونی حزب توده ایران- مازیار بهروز
م. بهروز، شورشیان آرمانخواه: ناکامی چپ در ایران، تهران: ققنوس، ۱۳۸۰.
http://asre-nou.net/php/view.php?objnr=44430 کودتای ناموفق- بیژن باران.
https://www.youtube.com/watch?v=8WbIPB4Pr-g خاطرات دکتر عطا صفوی.
https://www.youtube.com/watch?v=zTRwccxy1c8 حسن کامشاد یکی از قربانیان حزب توده
ماشاءاله ورقا، فروریزی دولت دکتر مصدق و بررسی کنش حزب توده، پراگ، 449 ص.
مصدق- خاطرات و تالمات ، تهران
https://fa.wikipedia.org/wiki حزب توده ایران

کودتای موفق

ایثار، همدردی، مهربانی مواد ضروری غریزه اجتماعی اند. داروین

کودتا قبضه قدرت بوسیله یک گروه نظامی است. می تواند موفق باشد؛ ولی زیاد دوام ندارد. نمونه: کودتای 1967 سرهنگان بضد شاه یونان. می تواند ناموفق باشد؛ معمولا آمران آن اعدام شده؛ رده های پایینتر زندان می شوند. نمونه: کودتای ژوییه 2016 ترکیه بضد اردوغان. در سده 20 کودتاهای چپ مانند حزب دموکراتیک خلق افغانستان بضد داوودخان متمایل به بلوک شرق و راست مانند پینوشه در سپتامبر 1973 شیلی متمایل به آمریکا بودند.

کودتا می تواند خونین با پیآمد زندان، شکنجه، اعدام، فرار از کشور باشد. نمونه کودتای راست: سوهارتو اندونزی 1965 بضد دکتر سوکارنو با 1میلیون کشته، سرهنگ قاسم 1958 بضد شاه عراق. می تواند سفید باشد؛ بدون کشته. نمونه: کودتای داوود خان بضد شاه افغانستان.

در نیمه سده 20، 2 جریان کلان جهانی ابرقدرتهای امپریالیسم با پیمان ناتو و بعد گلوبالیزاسیون آمریکا و اردوگاه با پیمان ورشو بودند. آمریکا راس 7 اقتصاد بزرگ جهان بود. این 2 جریان بیرونی در جنبشهای رهاییبخش ضدامپریالیست 3قاره تلاقی داشتند. در هر کشور بویژه در عهد جنگ سرد تا 1991 جریان بومی سیاسی کودتا نیز بود. جریان بومی چپ و راست رقیق شده؛ در نهایت همسو با جریان کلان می شود.

گاهی آموزنده است که در تاریخ سناریوی شرطی غیر از آنچه را رخ داد؛ برای یافتن پیآمد آنی چند ساله و آتی چند دهه بررسی کرد. در تحلیل شرطی "اگر این.. پس آن" یا "If this, then that" "چه می شد اگر" What If انجام می شود: با چند مفروض تغییر پذیر، منطق گام به گام، نتیجه محتمل حاصل می شود. در جدول حسابداری نرمافزار اکسل، تحلیل شرطی تغییر یک یا چند سلول در ستون جدول، بر نتیجه نهایی/ "خط زیر" درآمد اثر گذار است. تحلیل شرطی با تغییر برخی مفروضات در تعیین استراتژی، امکان تعامل، نتیجه مذاکره هم کاربرد دارد.

در منطق و مدارات الکترونیک رایانه ای برای مقایسه کمیتها، رابطها/ اصول 6گانه "و، یا، هم این و هم آن، نه این یا نه آن، نه، اگر.. پس.. AND, OR, NAND, NOR, NO, IF.. " THENبکار می روند. در منطق قیاس 2 چیز 4گونه است. 1-مجاز کل- جزء که جزء صفات کل را دارد. نمونه: مجاز برای کل سرمایه جهانی و جزء سرمایه ملی- با جنگ 2003 نفت عراق یعنی وزارت نفت بغداد با شرکتهای نفت از روسیه، چین، ایتالیا، آمریکا، انگلیس، مصر، امارات پیمان دارد.

2-تشبیه یعنی آ "مثل" ب در برخی صفات است. نمونه: تره کی مثل امین بود. 3- استعاره یعنی شباهت بصری/ هندسی یکی جانشین دیگری می شود. نمونه: رفتار 2سازمان سیاسی کودتای موفق حزب خلق افغانستان می تواند استعاره برای کودتای ناموفق حزب توده ایران باشد. 4-نماد یعنی آ برای ب بوده؛ یک شیئی مادی برای مقوله معنوی بکار می رود. نمونه: پرچم برای میهن. یاکوبسون و لاکان محور مختصات برای استعاره/ مجاز metaphor/ metonymy در انتخاب و ترکیب واژه ها بکار بردند.

می توان تاریخ کشور یعنی روایت گذشته را با فرض رویدادی دیگر شبیه در کشور دیگر بررسی کرد. یعنی رویداد دیگری سوای آنچه را رخ داد، می توان فرض کرد. مثلا فرض کودتای چپی در ایران با حوادث ناشی از کودتای چپی در افغانستان بررسی می شود. نتیجه برآمده کودتای چپی فرضی ایران می تواند شبیه وضع واقعی کودتای چپی افغاسنتان باشد. حاصل دراز مدت هر 2کشور می تواند شبیه چند کشور دیگر مانند کودتاهای چپی گرنادا، حبشه شود- نهایتا در شبکه سرمایه جهانی جا گرفتند.

لذا رویداد فرضی در تاریخ یک کشور به نتیجه راه واقعی در کشور دیگر می رسد. کودتاهای موفق در کوتاه مدت حزب خلق افغانستان و کودتاهای ناموفق حزب توده ایران- هر 2 ناکام در دراز مدت در شکوفانی اقتصاد و بهبود زحمتکشان بودند.

آینده میان مدت ناشی از این فرض با واقعیات می تواند تفاوت داشته؛ ولی دراز مدت بخاطر سلطه جهانی سرمایه، وضع کشورها به آن گرایش کرده؛ به نقطه پایان محتوم می رسد. تحریم، جنگ، تهدید، نپذیرفتن در معاهدات- یاغیگری را به تسلیم می کشاند. نمونه: عراق، اروپای شرقی، یوگسلاوی، آسیای میانه. هر کدام از راههای گوناگون به پایان مدار سرمایه جهانی کشانده شدند. پس رویداد فرضی پس از چند دهه در نتیجه تاثیری ندارد.

این کودتاها نشان می دهند: برخی نظرات اجتماعی پیشرو بکنار، بیشتر ناشی از نارضایتی گروهی زبده مسلح اند. باید در شخصیتها، تعصبات، نظرات این زبدگان غور شود؛ نه در طبقات اجتماعی عصر آنها. آنها نه در جهت رفاه کل کشور بلکه توهمات و نیات خوب خود کودتا کردند. با قبضه قدرت سیاسی اقتدار فردی یا گروهی در طرد رقیبان، اختلاف با همسایگان، نفاق با قدرتها – استبداد دائمی را پیشه می کنند.

کودتای چپی سکولار بوده؛ در پی تصفیه ایده الوژیک اعدام، زندان، فرار کادرهای حزبی را در بر دارد. کودتای راست آمریکایی، اسلامگرا، با پخش پول در شهر همراه است. سپس به پاکسازی سکولارها با اعدام، زندان، فرار کادرها انجامید. نمونه: کودتای 1977 ضیاء الحق با حمایت جماعت اسلامی پاکستان، اعدام دکتر بوتو، ساختن بمب اتمی، قانون اساسی «نظام راستین اسلامی».

کودتاهای نظامی به شکوفانی اقتصاد پایدار، بهبود معیشت کارگران، دولت رقابتی ادواری نرسیدند. نمونه: عراق، سوریه، افغانستان؛ انتخابات مهندسی شده جمهوریهای آسیای میانه در مقطع فروپاشی 1991 اردوگاه. این کودتاها با نفاق جناحی به قتلهای بعدی انجامیده؛ با برنامه من درآوردی مانند بعث به بن بست رسیدند. آنها استبداد را بر جامعه تحکیم کرده که با قیام مردم پس از چند دهه سقوط کردند. نمونه: بهار عربی.

در عمل کودتاهای چپ عاجز از رشد اقتصادند. در نبود سرمایه برای توسعه اقتصاد، فقر را عادلانه با سرکوب تقسیم می کنند. شاخصه غیر دمکراتیک در حزب و جامعه تمام دولتهای چپی بخاطر تهدیدات خارجی، سانترالیسم دمکراتیک، دیکتاتوری پرولتاریا دیده می شود. استثناء: دولت چپ سیزرا در یونان. البته جناح راست را هم آمریکا حمایت کرده؛ با اعتصابات، تظاهرات، تبلیغات بجان دولتهای چپ می اندازد. نمونه:

آمریکا در خاور میانه کنونی

ساندینستهای نیکاراگوئه، بولیواریستهای ونزوئلا. هر 2کشـور در فقـر، تظاهرات خونین، فرار برخی شهروندان به کشورهای همسایه اند.

در تحلیل تاریخی این نوع کودتا، داوری خوب و بد نباید بشـود. تنها باید گفت: برای مردم نفعی ببار نمی آورد. زیرا برای بهبود اقتصاد به سرمایه، امنیت طولانی، مدیریت جدید نیاز است که کودتاگران ندارند. کودتای چپی صرفا نیاز سیاسی گرو ه زبده در رسیدن به قدرت بود. با وجود 2ابرقدرت، تغییر سیاست خارجی این کودتاها بسوی شرق بود.

پس از فروپاشی اردوگاه کودتای چپی رخ نداده؛ ولی با انتخابات نیروهای چپ در آمریکای جنوبی بقدرت رسیدند. عاقبت چند تای این نوع کودتاها مستندند: افغانستان، حبشـه، گرانادا. کودتای چپی افغانستان و حبشه با شـباهت به سازمان افسران حزب توده بررسی می شـوند.

گرانادا. بیشاپ کودتای چپی مه 1979 را انجام داد. او به کوبا و شوروی نزدیک شـد. با قتل او در اکتبر 1983، حمله آمریکا، محاکمه قاتل بیشاپ، حکومت نزدیک به آمریکا مستقر شـد. آمریکا با تجربه انقلاب فوریه 1979 ایران، در گرانادا برنامه نظامی را سریع اجرا کرد. بنابراین با تضعیف کودتاگران، آمریکا کوبای دوم را مختل کرد.

افغانستان. با 21 ولایت- شـمال با هزاره، تاجیک، اوزبک، کابل مدرنتر از جنوب پشتون در قندهار و جلال آباد است. در دههٔ 1350 این کشـور بیطرف بود. از شرق و غرب 2جریان بنیانگرای وهابی بخرج عربستان و چپ برای قبضه قدرت آماده می شـدند. با همسایگی به شوروی، چپها دست بالا را داشتند.

با کودتای داوودخان در 1352 بضد سلطنت مشروطه جمهوری اعلان شـد. یک دهه پیش در۱۳۴۳ خیبر، ببرک کارمل، طاهر بدخشی مخفیانه در منزل ترهکی جلسه داشتند. این جلسه به تشکیل حزب "سوسیالیست دموکرات" به رهبری تره کی انجامید؛ با نام "جمعیت دموکراتیک خلق افغانستان". با نبود قانون احزاب افغانستان، "جمعیت" بجای "حزب" بکار رفت. خیبر نظریه پرداز حزب دموکراتیک **خلق** افغانستان بود. در این حزب جدلهای جناحی بر اختلافات شخصیتی و توطئه گری رهبران پوششـی بودند.

این حزب با دو جناح "خلق" و "پرچم" در سیاست افغانستان فعال بود. کتاب "نگاهی به تاریخ حزب دموکراتیک خلق افغانستان" این جناحبندی را بخاطر منافع ملی/ ناسیونالیسم و روابط بین الملل/ انترناسیونالیسم علتیابی کرد. حزب خلق و بعد پرچم برنامه سکولار با آزادی زنان، اصلاحات ارضی، ایمنی محیط کار را پیاده کردند. ولی خلق افغان نپذیرفته؛ با اسلامگراها بیعت کرد.

شبیه انقلاب بهمن 57 ایران کمی بعدتر رخ داد. با الهام از شوروی، کودتای فروردین 1357 تره کی حکومت را جمهوری دمکراتیک خلق نامید. حزب دمکراتیک خلق افغانستان با شاخه خلق/ وطن به رهبری تره کی در خط شوروی شبیه حزب توده ایران بود. پس از 17ماه امین بضد تره کی کودتا کرد.

خیبر با 4 دهه سیاسی کاری در ۲۸ حمل/ فروردین ۱۳۵۷در کابل ترور شـد. آمران و عاملان ترور او هنوز ناشناخته اند. او از داوود خان با رابطه سرد افغانستان و شوروی

بیژن باران

حمایت کرد. لذا ک گ ب КГБ / کمیتة امنیت دولتي او را حمایت نکرد. خیبر عضو کمیته مرکزی و رئیس شاخه نظامی این جناح بود. امین، مرد پر قدرت جناح خلق، خیبر را موافق با کودتای خود نمی‌دانست، آیا او را کشت؟ آیا کگب او را ترور کرد- برای تحکیم کودتا علیه داوود خان؟

آیا پلیس داوود خان با آگاهی از اختلافات میان "خلق" و "پرچم"- او را ترور کرد؟ تا بهانه دستگیری رهبران 2جناح را داشته باشد. آیا تندرو اسلامگرا، حکمتیار با همکاری پاکستان خیبر با گرایش ملی‌گرا و چپگرا را ترور کرد؟ تا هم به "خلق" ضربه زند؛ هم دولت داوود خان را به بحران بکشد.

در 1359 جناح "پرچم" به رهبری ببرک کارمل انشعاب کرد. با کمک شوروی کارمل از جناح پرچم به ضد امین کودتا کرد. پس از قتل امین، در 1359 ببرک کارمل رییس جمهور سوم برای 6سال شد. او یک شیعه هزاره ای را نخست وزیر و 26هزار زندانی سیاسی را آزاد کرد. گورباچف کارمل را نخواسته؛ دکتر نجیب در 1365 رییس جمهور شد که طالبان او را اعدام کردند.

شوروی با اسلجه و سرباز به دولت چپی کمک کرد. آمریکا، پاکستان، عربستان هم به اسلامگراها نیرو، اسلحه، پول رساندند. در 1979 دولت سکولار جدید افغانستان از شوروی 12000 سرباز کمک خواست. مجاهدین اسلامگرا با ارتش شوروی جنگید؛ با شکست آن در 1989 ارتش سرخ به شوروی برگشت. مجاهدین در نفاق درونی بوده؛ در 1992 کابل را گرفتند. در پایان خونین اسلامگراها سکولارها را قلع و قمع کردند.

جنگ با مجاهدین در یک دهه، جان 2 میلیون غیرنظامی را گرفته؛ 5 میلیون نفر به کشورهای همجوار و غرب آواره شدند. پس از چند کودتای پی‌درپی چپی، مجاهدین بر دولت دکتر نجیب پیروز شدند. سپس جنگ داخلی افغانستان، میان احزاب مختلف مجاهدین آغاز شد. حکومت طلبه های وهابی طالبان در 1996 مجاهدین را در کابل تار و مار کرد.

حجاری 2 مجسمه بودا به قد 53 و 35 متر در بامیان، هزارستان از عهد ساسانی و کوشانی سده 8 میلادی را طالبان برای بت زدایی منفجر کردند. طالبان، شبکه حقانی، مجاهدین، القاعده، داعش را پاکستان، آمریکا، عربستان مسلح کردند. تا جنگ 2001 از ائتلاف آمریکا شکست خوردند. ویکی پیدیا- افغانستان.

طالبان در میانه دهه 1990 ولایات جنوبی را فتح کردند. پس از تروریسم 11 سپتامبر در نیویورک، واشنگتن، پنسیلوانیا- ائتلاف بین‌المللی به رهبری آمریکا به افغانستان حمله کرد. در 2001 طالبان متواری شدند. دسامبر، شورای امنیت سازمان ملل متحد نیروهای بین‌المللی کمک به امنیت /ایساف را مأمور کمک به حفظ امنیت و دولت جدید افغانستان به ریاست حامد کرزی کرد.

در افغانستان کودتاهای پیدرپی، جناح چپ تره کی، امین، ببرک کارمل، رهبری دکتر نجیب به ورود ارتش سرخ انجامید. روند خونین قتل، اعدام، فرار 10هزار اعضای حزب خلق و پرچم ببار آمد. در روند جنگ کلنگی بین اسلامگراها و حزب خلق/ پرچم میلیونها نفر کشته و پراکنده شدند.

آمریکا در خاور میانه کنونی

در منبع بی بی سی پنج تاثیر مثبت و منفی انقلاب اکتبر روسیه بر افغانستان بقرار زیر امده اند. مثبت: عدالت طلبی و مساوات، زمینه رشد و مطرح شدن شخصیت‌های توانا از اقوام مختلف، پایان انحصار خانوادگی قدرت، حقوق برابر و آموزش گسترده زنان، ساده زیستی. منفی: باز شدن مرزها به شمال، کشتار وسیع و مهاجرت میلیونی، ویرانی زیربناها و شیرازه‌ها، حزب غیر دموکراتیک، دیکتاتوری. تاریخ گزینه ای است. در 2018 در ارگ ریاست جمهوری پیروزی مجاهدان شاه مسعود جشن گرفته شده؛ ولی پیروزی طالبان ملا عمر مسکوت ماند.

حبشه. نمونه دیگر قبضه قدرت حزب چپ در حبشه و اریتره بود. کودتای چپی در حبشه و قدرت گرفتن چپها در اریتره منجر به استبداد اقتدارگرا، سرکوب مردم، فرار انبوهی به خارج در هر 2 کشور شد. در 2مدل حبشه و اریتره هم برخی رفرمهای سیاسی با استبداد خشن، خونریزی، عدم امنیت، عدم رشد اقتصاد انجام شدند. این کودتاها کار گروهی زبده نظامی بودند. هایله سلاسی در ۱۹۷۴ را یک نظامی م- ل هوادار شوروی از حزب دررگ سرنگون کرده؛ حکومت تک حزبی کمونیست را پدید آورد.

نظام تازه با چند کودتای خونین، شورش، قحطی گسترده، موج پناهجویان به خارج روبرو شد. در ۱۹۷۷ حمله سومالی به حبشه به جنگ اوگادن انجامید. حبشه این حمله را با تجهیزات نظامی از پیمان ورشو شکست داد. سال بعد حبشه با همکاری نظامیان کوبا، آلمان شرقی، یمن جنوبی ارتش بزرگی در آفریقا پدید آورد.

چند شورش در 2استان اریتره و تیگرای قحطی ۱۹۸۵ را ببار آوردند. حبشه به بلوک شرق پیوست. در ۱۹۹۱ حکومت چپی دررگ از جبهه آزادی خلق اریتره در شمال شکست خورد. در مناطق دیگر نیز از جبهه انقلابی دمکراتیک خلق اتیوپی شکست خورد. مخالفان عمدتا ائتلاف نیروهای نظامی شورشی و جبهه آزادیبخش خلق تیگرائی بودند.

تضاد تاریخی و عقبماندگی با جداسری حل نمی شوند. جداسری در منطقه پیشامدرن به جنگ داخلی می انجامد. الگوی جدایی طلبی را در اریتره و سودان جنوبی می توان پی گرفت. با برگزاری همه پرسی۱۹۹۳ استان اریتره از اتیوپی مستقل شد. یک جنگ 20 ساله در قاره آفریقا، پایان یافت.

در ۱۹۹۴، قانون اساسی پذیرفته شد. اولین انتخابات چند حزبی حبشه سال بعد برگزار شد. در مه ۱۹۹۸ جنگ اریتره با حبشه از اختلاف مرزی آغاز شد؛ تا ژوئن ۲۰۰۰ بدرازا کشید. اکنون حبشه متمرکز با یک حزب مسلط متحد آمریکاست. انتخابات 2018 با اعتراضات، وضع اضطراری، وعده رفرم تمام شد. کشور عقبمانده چند جناح متخاصم بدون 2حزب رقیب غالب دارد.
*

مغز کودتاگر را با عصبشناسی سده 21 در تکوین شخصیت از نوجوانی می توان تشریح کرد. شخصیت در جامعه طبقاتی در تناقضات منافع رشد می کند. کودتاگر با ایده های نجات کشور، مبارزه با فساد، بسط آزادی- قدرت سیاسی را قبضه می کند. پس از مدتی در قدرت، فشار از خارج، چسبیدن به قدرت- او استبداد و سرکوب را برای دوام خود بکار می برد. تغییر در ترشحات مغزی او را از ناجی ایثارگر به مستبد مطلقه تبدیل می کند. این فرد برای قدرت سیاسی دائم العمر، ستمگری، مهندسی انتخابات، کاربرد اطلاعات را انجام می دهد.

شاید پیوستن برخی جوانان به سازمان مخفی برای سرنگونی استبداد در واکنش به حظ مغزی ایثار باشد. اصول لذت در مغز جانوران وجود داشته؛ در انسان مي گويد: فرار از سيستم ستم و استبداد با رؤیای جامعه بی ستم و انسانی لذت بخش بوده؛ قرار گرفتن در كشور تحت ستم بخودي خود عامل ادراك بدبختي است.

دین هم وعده جامعه بیطبقه به دینخو داده؛ تولید حظ می کند- بویژه در خیرات، نذر، کمک به فقیران. مغز ستمگر دچار اختلال تحتاني قشر جلو پیشاني بویژه نیمکره راست می شود. این اختلال موجب کاهش حس همدردي شده؛ رفتار خشن ضد اجتماعي ايجاد مي كند.

در مغز برخی حس عدالت خواهی، همدردی با انسانهای ستمدیده، کمک به فرودستان حظ آور است. مخفیکاری، تقیه، توطئه را در حلقه عرفان در کودتاگران می توان رصد کرد. وقتی فرد همدردی برای کسیکه مورد ستم است، حس می کند؛ آماده ایثار می شود؛ مغز در مرکز پاداش و لذت سیگنال می فرستد.

همدردی sympathy به رفتار ایثاری می انجامد. هر 2 در ذات انسان اند. در مغز نوروپپتاید اکسیتوسین در همدردی نقش دارد. عصبهای اورکسین به مدارات پاداش و انگیزه ربط دارند. در مغز 4شبکه VTA, NaCC, ACC, Striatum مسئول فرایند پاداش، تصمیم گیری برای ایثار و همدلی اند. این 4شبکه هسته فرایند پاداش با حظ اند. عقده های پایه Basal Ganglia در غشاء پیشانی برای کنترل حرکت و وضع تن، تکامل هیجانات/ ایموسیونها، حافظه ها، الگویابی، تصمیم گیری اند.

"گازانیگا در کتاب 2018 خود، از غریزه نوشت: در تکامل انسان غریزه به استدلال، هوشیاری، اراده رسید. منظورش این است: غریزه در نردبام تکامل پایینتر از استدلال، هوشیاری، اراده است. ماهیان غریزه فرار از خطر را دارند؛ ولی توان استدلال ندارند. غریزه در مغز مرکزی در تمام جانوران بوده؛ ولی استدلال در غشائ بیرونی مغز انسان، یعنی بعدتر در شجره تکامل است.

وقتی فردی همدلی empathy با کسی دارد؛ مغزش طوری عمل می کند که محنت دیگران را تجربه می کند. وقتی با انگیزه همدلی به ایثار می گراید؛ از کمک به دیگران حظ می برد. ایثار در غشاء پیشانی "سیمکشی سخت" در مغز دارد؛ حتی حظآور می باشد. بخشهای مهم در تصمیم گیری در همدلی، همدردی، احساس رنج دیگران نقش دارند. چرا برخی از خود گذشتگی تا فاز خطر جانی می کنند؟

در پایان استبداد صدام عراق، ایدی امین اوگاندا، قذافی لیبی، بن علی تونس زندگی اغنیاء در عربستان وعده داده شد. تنها صدام و قذافی قبول نکردند، چرا؟ ایدی امین و بن علی ستمکار داخلی بوده؛ موضع تبلیغی ضد استعمار داشتند. صدام و قذافی ضد چند کشور بوده؛ باور و توهم به خدمت به خلق داشتند. پس واکنش دیکتاتور برای زندگی اغنیاء بستگی به ایده الوژی دارد.

البته آگاهی در عصب مغز باید با شجاعت و انگیزه به تغییر عضلانی مانند تظاهرات، اعتراضات، اعتصابات عجین باشد. حاکمیت هم باید به اعتراضات پاسخگو باشد. در ژانویه 2018 تونس، تظاهرات خیابانی اصلاحات دولت با متمم قانون را ببار آورد. ولی

آمریکا در خاور میانه کنونی

تنها آگاهی است که برای بهبود راهکاری جامعه مفید است. شجاعت یک تکفیری، داعشی، تروریست به بهبود اقتصاد کمک نمی کند. برخورد attitude و انگیزه motivation تابع افسردگی بوده؛ در رفتار فرد تعیین کننده اند.
*

همسویی با غرب را بروشنی از 1991 ببعد در اروپای شرقی، 7جمهوری ناشی از فروپاشی یوگسلاوی، 3بخش اقلیم، سنی، شیعی عراق، شهرهای جمهوری اسلامی افغانستان و برخی ولسوالی/ فرمانداری های مغلوب طالبان و داعش، 2بخش لیبی، شرق فرات، شمال کرد، دمشق در غرب سوریه می توان دید. سوریه آخرین پایگاه روسیه است که آمریکا آن را پس از بهار عربی می خواهد ببلعد. چند کشور مستقل مانند روسیه، ایران، کره شمالی، زیمبابوئه، ونزوئلا هم در حال زوال اقتصادی اند.

در فاز فعلی در 196 کشور عضو سازمان ملل، سرمایه داری در مراحل گوناگون رایج است. در 1991 اتحاد جماهیر شوروی به 16 جمهوری فرو پاشید. جهان تک ابرقدرتی شد که با گلوبالیزسیون، نبود جنگ سرد، آمریکا انتخابات آزاد در آمریکای جنوبی را تحمل کرد. موج دوم سوسیالیسم انتخاباتی در برزیل ، شیلی، ساندنیستهای نیکاراگوئه، بولیواریستهای ونزوئلا پدید آمد؛ اکنون جناح راست در 2تای اولی برده؛ در 2تای آخری اعتراضات خیابانی خونین رخ می دهند.

در 3دهه گذشته کشورهای مدار بلوک شرق در مدار آمریکا و نیز ناتو قرار گرفتند. نمونه: مصر، عراق، افغانستان، لیبی، یمن، بخشی از سوریه، اروپای شرقی، 7جمهوری ناشی از فروپاشی یوگسلاوی، آسیای میانه، برخی کشورهای آفریقا چون آنگولا، موزامبیک، گینه بیسائو.

آمریکا در خاور میانه با وفور پترودلار، استبداد، دور زدن سازمان ملل، بدون مانع جنگ افروزی می کند. کمربند سبز ایزونهاور و برزینسکی بنیانگرایی دینی را بدور شوروی مشتعل کرد. گسترش اسلام سیاسی، تروریسم، جنگ افروزی، جنگ فرقه ای از دهه 1970 تا کنون در خاورمیانه اینها را نتیجه داد:

3جمهوری اسلامی در پاکستان، افغانستان، ایران؛ رشد داعش در عراق، سوریه، افغانستان، صحرای سینا؛ رشد اسلامگرایان در ترکیه و اخوان در مصر؛ حماس در غزه، تحکیم بنیانگرایی لیکود در اسراییل؛ حزب الله در لبنان؛ رشد وهابیگری عربستان در پاکستان، افغانستان، یمن، عراق؛ بنیانگرایی شیعی و سنی؛ جنگهای نیابتی و فرقه ای؛ فروش اسلحه و شرکت نظامی آمریکا، پاک کردن صورت مسئله فلسطین، رشد نفوذ ایران تا مدیترانه، الشباب سومالی، بوکو حرام نیجریه.

منابع. 28/09/2018
<u>http://www.bbc.com/persian/afghanistan-43737472</u> چهلمین سالگرد کودتای ثور؛ میر اکبر خیبر، نظریه پرداز سوسیالیست
<u>http://www.bbc.com/persian/afghanistan-41862705</u>
<u>http://www.bbc.com/persian/afghanistan-41941566</u>
حبشه <u>https://fa.wikipedia.org/wiki</u>
ب گ ک Komitet gosudarstvennoy bezopasnosti/ Committee for State Security КГБ

بیژن باران

The Consciousness Instinct, Michael S. Gazzaniga 2018 Farrar, Straus and .
Giroux شرکتهای نفت فعلی در عراق:
Bashneft، BP، CNOOC/China National Offshore Oil Corporation ، China National
CNPC/Petroleum Corporation، Dragon Oil، Egyptian General Petroleum
Corporation /EGPC ،Eni، ExxonMobil.

تئوری نش در مذاکرات هسته ای وین

کاربرد تئوری نش در مذاکرات اتمی ایران نشان می دهد: تاخیر در لغو تحریمها در برابر نظارت بر برنامه اتمی با تعویق امضای توافقنامه محتملترین گزینه است؛ نه رسیدن به قرارداد. این تاخیر مسئله را پیچیده تر می کند- زیرا شرایط منطقه متغیر اند: سوریه، عراق، داعش، یمن. ایران تاخیر را با بدتر شدن شرایط تقلیل توان اقتصادیش قبول خواهد کرد؛ لذا مرور زمان بضرر ایران است.

مذاکرات در 2بعد سیاسی برهبری کری و ظریف، فنی برهبری دکتر مونیز و دکتر صالحی، هر 2 از ام آی تی، اند، اند. طرفین فهم مشترک از مسئله یا راهیابی 2جانبه نداشته؛ هر یک برنامه سری خود را دارند. عدم اعتماد بین آنها بشدت حکمفرما ست.

تئوری نش در 3 نمونه زیر کاربرد دارد: 1- مذاکرات بدهی یونان به اتحادیه اروپا و آلمان. 2-وضع دادگاهی آرژانتین و نهادهای جهانی طلبکار بابت بدهیها و جریمه های نقدی. 3- مذاکرات هسته ای ایران و غرب. در هر 3مورد منافع مشترک در رسیدن به توافق روشن است تا مردم عادی بتوانند به زندگی خود سر و سامان بدهند. یعنی بیکاری، کاهش درآمد، گسترش فقر مهار شده؛ از جامعه جهانی تنشزدایی شده؛ راه مراودات مالی، توریزم، صادرات، واردات، تعرفه هموار شود. مردم 3کشور و طرفهای غربی برای حل بحران گران و طولانی در پی قراردادی می باشند.

ایران و آمریکا در تعادل نش قرار می گیرند- اگر ایران در بهترین گزینه اش، خواسته آمریکا را بپذیرد؛ برعکس آمریکا هم در گزینه اش خواسته ایران را بپذیرد. آنگاه در تصمیم طرفهای مذاکرات هسته ای، تعادل نش بکار رفته. یعنی همه طرفها با پذیرش تصمیم دیگران دال بر عدم تغییر استراتژی آنها بهترین گزینه را دارند.

آمریکا خواستار ثبات عراق و منطقه و روسیه خواهان بقای پایگاه دریاییش در سوریه اند؛ در حالیکه عراق، سوریه، یمن با 11 میلیون پناهنده بالکانیزه شده؛ مرزهای استعماری قرن 20م ناپدید شده اند. ارتشهای فاسد، بیلیاقت، فرقه گرا مردم را بیدفاع ول کرده اند. کردها مرزهای خود را حراست کرده؛ وسعت می دهند. بنیانگرایان مسلح، انتحاری سلفی القاعده، النصره، داعش، جیش الفتح با دولتها، قبایل سنی بومی، رقبا می جنگند.

تئوری بازی نش برای تحلیل برنامه، روال، نتیجه در مذاکرات، کاربرد دارد. مذاکرات 2نوع است: 1- مشارکتی، گروه درگیر برای استراتژی برنده می کوشند؛ زیرا همه طرفها استراتژی همدیگر را می دانند. نمونه: گردهمآیی سالانه G7 گروه 7 اقتصاد جهانی، از جمله آمریکا در اجلاس 41م، ژوئن 2015 باواریا، آلمان. 2-غیرمشارکتی، هر طرف

استراتژی پنهانی خود را، بدون در میان گذاشتن قبلی، داشته که اعضای گروه درگیر، در ضمن مذاکره بنا به بده و بستان روزانه تشخیص می دهند.

با تعمیم اسپنس، تئوری نش در مذاکرات غیرمشارکتی هم کاربرد داشته؛ نشان می دهد: عدم مشارکت برای طرفین خسارت جنبی و نتایج ناخواسته فراوان در بر دارد. لذا 2طرف را تشویق به ادامه مذاکرات می کند. متاسفانه روشهای زیر در مذاکرات 9جانبه هسته ای ایران تاکنون بی ثمر بوده؛ به قراردادی نرسیده اند. برای تبدیل مذاکره غیرمشارکتی به مشارکتی 4روش زیر بکار رفته اند:

1-تقلیل تعداد بازیکن از 9 به 2 یعنی از گروه 5+1، اتحادیه اروپا/ موگرینی، آژانس اتمی، ایران؛ فقط آمریکا و ایران 2پای اصلی اند. تیم آمریکا قطب فردی نبوده؛ از شرکای چندگانه ظاهری کاخ سفید و لابی اسرائیل، و مخفی تیم مدل رایانه ای نش در ام آی تی و تیم شنود مخابرات جهانی ان اس ای از جمله مشاوره رمزی شبانه با بیت رهبری/ تیم امنیت ملی تشکیل شده. این چندقطبی، تیم آمریکا را کند و ضعیف ولی همه جانبه و کامل در مذاکرات می کند.

2-ترس از رکود مالی و افت رشد صنعت ایران. این ترس ایران را به 2 جناح اقلیت اصولگرای بیت رهبری و اکثریت اعتدالگرای دولت مقابل هم گذاشته. این تقابل تیم مذاکره ایران را تضعیف می کند. ترس از بمباران هوایی اسرائیل-آمریکا، جناح اصولگرا را به رویکرد بمب سازی در غار فردو کشاند. در حالیکه دولت اعتدالگرا نیاز به رشد صنعت دارد. در ضمن لایه اصولگرا از درآمد فعلی نفت هزینه خود را برداشته؛ بقیه را به دولت می دهد- مانند تحریم بعث عراق که هزینه شورای انقلابی صدام تامین می شد؛ ولی فقر برای مردم عراق ببار آمد.

3-بازیگران نوین روسیه، آلمان، چین برای تبدیل عدم مشارکت به مشارکت. روسیه خود در مسایل اوکراین تحریم شده. تهاجم و جزیره سازی چین با همسایگان فیلیپین، ویتنام، آمریکا تنش ایجاد کرده. با شنود ان اس ای در تلفن مرکل آلمان ناخشنود است. لذا آنها خود را از مذاکرات کمی دور می کنند. خواسته ی آژانس اتمی با فشار اسرائیل کش می آید. شرکت امنیت رایانه کاسپرسکی ضدویروس می سازد. این شرکت بدافزار شنودگر Duqu 2 در اتاقهای هتل مذاکرات 2015 لوزان را مطرح کرد. ویروس اخلالگر استاکسنت به سامانه غنی سازی 2009 ایران لطمه زد.

4-مراودات مشترک نافع برای هر 2طرف را به مذاکره تشویق می کند. این هم مشکلات خود را داشته؛ زیرا در آمریکا و ایران جناحهای ناراضی بضد قرارداد هسته ای موش می دوانند. جناح اکثریت جمهوریخواه 2مجلس آمریکا، لابی اسرائیل و عربستان در آمریکا، در مقابل کاخ سفید برای آمریکا؛ جناح اصولگرا بیت رهبری و برخی سران دول همسایه در مقابل دولت اعتدالگرا برای ایران قرار دارند.

وزیران خارجه و انرژی آمریکا به تلخیص شنود تمام مخابرات جهانی ان اس ای و گزارش مدلهای ریاضی دسترسی دارند. این مدلهای رایانه ای بر اساس تئوریهای نوین اقتصاد، جامعه، سیاست، تیم متخصصان سیاسی، اتمی، بانکی اند. یکی از نظریه های رایج و مفید تعادل نش است که در ام آی تی روی ابررایانه ای نصب شده؛ برای تحلیل مذاکرات غامض بکار می رود. ورودی آن خواستهای آمریکا، انتظارات ایران، گزارشات

بیژن باران

شنود ان اس ای بنام ECHELON برای جاسوسی سیگنالهای الکترونیک، اسناد گذشته مذاکرات اند. ابزار رایانه ای مدیریت و تصمیم. https://en.wikipedia.org/wiki/ECHELON https://mitsloan.mit.edu/LearningEdge/simulations/Pages/Overview.aspx

تیم آمریکا تجهیزات مدلسازی مذاکره دارد. این تجهیزات با رایانه، بودجه، پرسنل در نهاد پژوهشی ام آی تی زیر نظر دکتر مونیز، وزیر انرژی می باشند. آمریکا این مدل را داشته؛ روزانه گزارش آن را بکار می برد. ورودیهای این مدل مدارک گذشته، اسناد مربوط، اهداف آمریکا می باشند که مذاکرات را شبیه سازی کرده. خروجیهای آن خواستهای آمریکایند.

مخابرات بیسیم اتاق مذاکرات و اتاقهای هتل با ایران را ان اس ای آمریکا شنود کرده؛ بخش مربوط را به مدل نش داده تا در مذاکرات بکار روند. تیم دکتر مونیز تمام سوراخهای ساختن بمب اتمی را با تحریم، مراودات بانکی ایران، تهدید "همه گزینه های روی میز"، خواستهای دیگر آمریکا بسته است. این مدل سوراخهای گریز ایران برای نظامی کردن برنامه اتمی را در 5 تا 12 سال آینده می بندد.

اتاقهای هتل و رایانه های تیم ایران نیز از طرف گویا اسراییل شنود شده؛ بدافزار، اسب تروا، خبرچین روی آنها سوار شده؛ برخی اسرار مذاکرات به جمهوریخواهان رد شد. آنها چند اقدام و نامه تبلیغاتی برای تصویب 2 مجلس آمریکا رسانه ای کردند.

رهبری آمریکا پویا بوده؛ هر 4سال انتخاب شده؛ با مسالمت جابجا می شود. با این مشی، دولت سیال تابع 2جناح حاکمیت مجموعه نظامی- نفتی جنگ افروز و فناوری- مالی فروشنده تسلیحات است. بوش از جناح نظامی ایران را محور شرارت برای آغاز جنگ نامید. در جنگ افغانستان و عراق آمریکا 1 تریلیون دلار هزینه داد؛ اسلحه خود را مستقیما در 2جنگ بکار برد. اوباما از جناح فناوری، مشی مذاکره با ایران را دنبال می کند که فروش تسلیحات جنگی در منطقه را می خواهد. رییس جمهور 2016 ممکن است خط عوض کند.

برای ایران، هزینه روزانه تاخیر در قرارداد بسیار است:1-عدم صدور نفت. 2- انسداد ارز در برونمرزی. 3-تحریم مراودات بانکی، هواپیما، تسلیحات. ایران ماهانه با عدم فروش نفت و گاز و انسداد شبکه بانکی جهانی SWIFT برای مراودات پولی بانک مرکزی روبرو ست؛ در حالیکه تعهداتش در منطقه افزایش یافته. هزینه سالانه ایران تنها در سوریه 6بیلیون دلار بوده؛ هزینه در عراق، افغانستان، لبنان، یمن را نیز باید افزود. تقلیل درآمد نفتی و افزایش تعهدات مالی ایران در منطقه، حاکمیت را در اکثریت موافق و اقلیت مخالف مذاکرات 2تکه کرده.

برای آمریکا هزینه پنتاگون ماهانه 100 میلیون دلار بابت آموزش و بمباران هوایی در عراق و سوریه هزینه می شود. هزینه سالانه سیا در سوریه به 1 بیلیون دلار رسیده. هزینه نظامی آمریکا را یک سوم جمعیت آمریکا با اکثریت در مجلس و دیوان عالی قضایی بر شانه بقیه می اندازند که برایشان اشتغال، سود سهام، ثروت می آفریند.

برای منطقه شرایط بشدت تغییر می کنند. جنگهای جهادی منطقه و درگیری روسیه در اوکراین منجر به 55 میلیون آواره در 2014 از خاورمیانه، آفریقا، آسیا شده؛ روزی 45

هزار نفر از خانه هایشان بیرون رانده شده؛ برخی به غرب گریخته اند. از سوریه 11.6 میلیون، عراق 4.1 میلیون، اوکراین 1.1 میلیون، بقیه 29.9 میلیون، اروپا 8.2 میلیون. تضعیف جناح اسلامی حزب عدالت و توسعه در انتخابات پارلمانی مه 2015 ترکیه با نتیجه تضعیف ضدیت ترکیه با بعث سوریه همراه است.

تغییرات دیگر بقرار زیرند: نزدیکی عربستان و اسراییل بضد ایران؛ کمک قطر به تشکیل جیش الفتح سوریه، النصره عراق، القاعده یمن؛ بالکانیزه سوریه و عراق به مدل یوگسلاوی دهه 90م؛ آچمزی آمریکا در الرمادی و موصل عراق؛ بمباران هوایی ائتلاف عربستان و قطر در یمن و مذاکرات اتمی ژنو؛ پیروزی کردها و ارتش آزادیبخش سوری در کوبانی، تل ابیض، عین عیسی؛ افزایش 3میلیون پناهجوی سوری، چند میلیون در عراق و یمن با کمک مالی سازمان ملل.

تئوری نش برای مذاکرات نیاز به بودجه، نهاد پژوهشی، پرسنل دارد که از توان ایران خارج است. اگر ایران به مدل نش دسترسی داشت؛ می توانست تعامل بین طرفین حاصل کرده؛ جلوی خسارات تعویق این قرارداد را گرفته؛ نتایج عدم توافق با خطرات ورشکستگی اقتصادی و بمباران هوایی را تقلیل دهد.

تیم ایران با دست بسته، نداشتن مدل مذاکرات رایانه ای نش تنها با اتکاء به حافظه قوی اعضا، مذاکرات را کش می دهد. باید خود را روبروی 2تیم فنی دکتر مونیز و سیاسی جان کری قرار دهد. استراتژی ایران "عزتمندی"، رشد اقتصاد، اشتغال زایی، کمک مالی به شیعیان منطقه، رفع انسداد ارزی در بانکهای خارجی است.

ایران استراتژی بیشینه خود را می خواهد اعمال کند: لغو تحریمها سریع پس از امضای قرارداد؛ گسترش در منطقه؛ بسط تجاری با روسیه، آلمان، چین، فرانسه؛ تضعیف آمریکا در منطقه. این استراتژی رفع تحریمهای سازمان ملل بلافاصله پس از امضای قرارداد، نظارت کمینه IAEA بر تاسیسات اتمی و نظامی، عدم مصاحبه با مدیران اتمی ایران بخاطر شبهه های گذشته، تعویق امضای NPT الحاقی در مجلس می باشد.

جناحهای حاکمیت ایران بقرار زیرند: اقلیت غالب انتصابی: اصولگرایان و محافظه کاران سنتی و افراطی. آنها در هرم قدرت بیت رهبری، جنتی دبیر شورای نگهبان، مصباح عضو مجلس خبرگان، لاریجانیها 3راس قضاییه و مقننه و حقوق بشر قرار دارند. آنها منابع قدرت، ثروت، معرفت، منزلت اجتماعی را قبضه کرده اند. معرفت تبلیغات چاپی، رسانه ای، حوزوی، نماز جماعت را در بر می گیرد. اکثریت انتخابی اعتدال گرایان و اصلاح طلبان بقرار زیرند: هواداران هاشمی، روحانی، خاتمی، حسن خمینی، کروبی، موسوی.

جناح انتصابی حاکمیت ایران ایستا، دائمی، ایده الوژیک بوده؛ انتخاباتی ندارد تا تغییر لایه های جامعه در حاکمیت تبلور یابد. عزتمندی یا صدور حزب اللهی به کشورهای همجوار ایده الوژیک بوده؛ بر اقتصاد خردگرا متکی نیست. لذا بیلیونها دلار هزینه ایده الوژی می شود نه برای تولید اقتصادی و بازده ملی.

آمریکا با پادشاهی عربستان سعودی رابطه مشارکتی داشته؛ با جمهوری اسلامی ایران رابطه غیردیپلماتیک داشته؛ در امر هسته ای رابطه غیرمشارکتی و خصمانه "همه گزینه ها روی میز" دارد. استراتژی آمریکا ثبات خاور میانه، بستن راه تسلیحات

بيژن باران

اتمی ایران، آرام کردن اسراییل و عربستان، توقف نیروهای مسلح سنی بنیانگرا در پیشروی در منطقه، آموزش نظامی نیروهای مسلح خودی در عراق و سوریه، انتقال تسلیحات سنگین به جنگجویان طرفدارش در عراق و سوریه، بمباران خط تهاجمی داعش است.

خواست آمریکا: برنامه نظامی اتمی ایران 12 سال به عقب بیافتد؛ فروش اسلحه به همکاران منطقه. مداخله ایران و آمریکا در سوریه، لبنان، عراق، یمن، افغانستان گاهی همسو برای دفع القاعده و داعش؛ گاهی مقابله بضد هم می باشد. اقدامات آمریکا در عراق و سوریه: بمباران هوایی، آموزش نظامی ارتش عراق و ارتش آزاد سوری، دادن تسلیحات سنگین به عراق اند.

مسئله: آژانس اتمی تحت فشار لابی اسراییل مستقل عمل نمی کند. اسراییل از شرایط چند سال گذشته سود برده: 2 دشمن آن یعنی عراق و سوریه تبخیر شده؛ اسراییل قویتر از مذاکرات صلح با فلسطین سر باز می زند. بازرسان اتمی ضد و نقیض گزارش می دهند. وضع امور نامطلوب، متغیر، فهم ناپذیر است.

موانع موجود مذاکرات: مصاحبه آژانس با پرسنل اتمی ایران، بازدید از نهادهای نظامی ایران، شبهه زدایی از گذشته پرسش آمیز اتمی ایران، زمان رفع تحریمهای سازمان ملل و اروپا. در 4 دهه گذشته آمریکا و فرانسه در ایران عملکرد شفاف نداشته؛ آنها "عزتمندی" ایران را نفهمیدند. ایران چند 100 میلیارد دلار هزینه و خسارت برنامه اتمی برای والور عضویت در باشگاه اتمی جهان یا برنامه سری نظامی اتمی تحمل کرد.

منابع. 28/09/2018
جان نش John Nash 2015-1928، استاد دانشگاه پرینستون، نظریه بازی تعادل را فرموله کرد. نش در 1994 و اسپنس در 2001، جایزه نوبل اقتصاد را بردند. شلینگ با کتاب استراتژی تعارض و اومان نوبل 2005 اقتصاد را بردند. بازیهای 2نفره را ون نومن فرمولبندی کرد؛ ولی نش بازیهای چندنفره یا تیمها را با فرض ائتلاف بازیکنان با معادلات ریاضی ارایه داد. آنها نظریه بازیهای تکرار شونده و رفتار مشارکتی دراز مدت را به علوم اجتماعی، روابط بین المللی با خطر نظامی وارد کردند.

مقالات، تحلیلها، نظرات سیاسی عموما بر تجرید مراوده 2 انسانواره است."مذاکرات هسته ای ایران و آمریکا" نمونه خوبی برای این برخورد کلاسیک می باشد: ایران و آمریکا مانند 2 وزیر خارجه با هم شطرنج بازی کرده؛ با رسانه ها مصاحبه کرده؛ سرانجام 2رییس جمهور با حضور سازمان ملل، آژانس اتمی، اتحادیه اروپا، 5 کشور اتمی+1 توافقنامه ای را امضا می کنند. بازرسان آژانس اتمی به ایران می روند؛ تحریمیها بمرور لغو می شوند.

روش نوین تئوری بازی برای تحلیل مناسبات سیاسی بین 2کشور در اوضاع خاص غیرمشارکتی بهتر است. نظریه ي بازي هاي غیرمشارکتي نش ریاضیات کاربردي را در اقتصاد، مذاکرات، سیاست وارد کرد تا مناقشات، کشمکش ها، همکاري ها برای تحلیل و پیش بینی با ابررایانه ها بررسی شوند. تئوری بازی و استراتژی برای تحلیلگری سیاست و اقتصاد در سده 21م مناسبتر از روش سنتی است. انسانوارگی تجریدی با کاربرد اسمهای خاص ایران و آمریکا مانند 2 انسان خردگرا ساده گرایی است.

301

نظریه‌ی بازی ها با مدلسازی به تحلیل مذاکرات اتمی کمک می کند. این نظریه جزییات رفتار تیم مذاکره را در بر نداشته؛ بلکه مدل عام وضع واقعیات را با منطق در مدلی جمع می کند. این مدل مدارج ارتقایی داشته؛ از ساده برای تحلیل و درک مسئله تا احتمالات رایانه ای عظیم بکار می برد. این مدل بایس/ تعصب انسان را از ماشین جدا کرده؛ بر اسناد، شنود، مدارک، گزارشات استوار است.

تئوری نش با ارایه ریاضیات برای تحلیل کردن مراودات، مذاکرات، داد و ستدهای انسانها، مفید است. با نصب این مدل بر آبر رایانه می توان نتایج مذاکرات را هم پیش بینی کرد. تعادل نش برای تحلیل نتیجه مشارکت استراتژیک چند تصمیمگیرنده در مذاکرات بکار می رود. این تحلیل پیش بینی می کند: اگر چند نفر یا نهاد در یک زمان برای اهدافی مذاکره کنند- نتیجه چه خواهد شد.

تعادل نش کمک می کند که به هنگام تصمیمگیری در مواجهه با وضعیتی برای مشارکت استراتژیک چه کاری باید کرد، کدام حرکت باحتمال موفقیت آمیزتر خواهد بود. پس در مذاکرات پیچیده، مکرر، طولانی برای دانستن آنچه می خواهید به دست آورید، کاربرد نظریه‌ی بازی ها باحتمال به انتخابهای بهتر کمک می کند.

در تعادل نش مفهوم حل بازی بین 2 یا چند بازیگر غیرمشارکتی می باشد. این بازیکنان در یک بازی با 2فرض روبروبند: 1-راهکار تعادل دیگر بازیکنان را می دانند. 2- هیچ بازیکنی با تغییر راهکار/ استراتژی خود چیزی بدست نمی آورد. اگر هر بازیکنی یک استراتژی گزیده؛ در حالیکه بقیه بازیکنان استراتژی ثابت داشته؛ هیچ بازیکنی نفعی در تغییر راهکار خود نمی برد. آنگاه مجموعه گزینه های راهکار و نتایج آنها تعادل نش را می سازند. واقعیت تعادل نش در یک بازی را می توان با اقتصاد تجربی آزمود.

اگر در هر بازی یک تعادل نش منحصر به‌فرد باشد؛ بازیکنان در شرایط خاصی آن را بکار برند، آنگاه مجموعه استراتژی تعادل نش برقرار خواهد بود. شرایط کافی برای تضمین وجود تعادل نش در بازی عبارت اند از: بازیکنان
-با تمام توان برای بیشینه کردن بهره‌وری مورد انتظارشان در مذاکرات می‌کوشند.
-نقش خود را بی نقص اجرا می کنند.
-هوش کافی برای استنتاج راه حل دارند.
-از راهکار تعادلی برنامه ریزی شده بازیکنان دیگر با خبرند.
-بر این باورند که انحراف در راهکار شان باعث انحراف بازیکن دیگر نخواهد شد.
-همه با قبول این شرایط شناخت مشترک دارند. http://fa.wikipedia.org/wiki/

می توان از نظریه‌ی بازی ها استفاده کرد و توضیح داد چرا شمار متولدان مذکر و مؤنث تقریباً مساوی است؛ چرا وقتی مردم پیرتر می شوند، خسیس می شوند؛ چرا مردم دوست دارند پشت سر دیگران حرف بزنند. در عمل، شایعات نتیجه‌ی بسیار مهم نظریه‌ی بازی ها می شود؛ چرا که در مرکز درک رفتار اجتماعی انسان قرار دارد.

رمز طبیعت باعث شد که تمدن بدون تنازع بقای خودخواهانه‌ی جنگل برپا شود؛ از اینرو نظریه‌ی بازی ها توانش را در زیست شناسی تکاملی، جامعه شناسی، روان شناسی، علوم سیاسی، اقتصاد، انسان شناسی، عصبشناسی، فیزیک، تکامل داروین نشان داد. با این همه ممکن است انسان ها همیشه بنا به انتظار نظریه‌ی بازی

ها بازی نکنند، اما حیوانات بازی می کنند؛ جایی که واقعاً رمز طبیعت قانون جنگل، بقای قوی است.

نظریه‌ی بازی ها در سهام آماری، سیاست کاربرد دارد: راهنمایی مذاکرات بین اتحادیه های کارگری و کارفرمایان، مزایده‌ی مجوز بهره برداری از طیف های الکترو مغناطیس، درک شیوع بیماری ها، واکسن علیه بیماری های مختلف، سرمایه گذاری برای مبارزه با باکتری های مقاوم به آنتی بیوتیک ها، درک سازمان های تروریستی و پیش بینی راهکار آن ها، برای تحلیل رفتار رأی دهندگان، درک خود آگاهی و هوش مصنوعی، حل مسائل زیست محیطی. تعادل نش: اساس نظریه‌ی بازی ها- تام سیگفرید-مترجم: مهدی صادقی http://www.rasekhoon.net/article/show/957889

این نظرسنجی طی روزهای ۶ تا ۸ خرداد ماه ۱۳۹۴ انجام شده است.
پاسخگویان این نظرسنجی از میان کلیه ساکنان بالاتر از ۱۸ سال مناطق شهری و روستایی سراسر کشور با نمونه گیری تصادفی انتخاب شده‌اند. نمونه‌گیری به صورت مرحله‌ای طبقه‌بندی شده در سطح استان‌ها است. دارندگان تلفن در سطح کل کشور واحد نمونه را تشکیل می‌دهند. حجم نمونه ۶۸۰ نفر است.

یافته‌های نظرسنجی را می‌توان با اطمینان ۹۵ درصد و در فاصله‌ی اطمینان ۳/۸ درصد به کل افراد بالای ۱۸ سال ساکن ایران تعمیم داد. مصاحبه‌ها به صورت تلفنی و با پرسشگران آموزش دیده در طول ساعات فعال هر روز انجام شده است. نمونه‌ها بر اساس جنس، سن و محل سکونت منطقه شهری یا روستا و بر اساس داده‌های سرشماری نفوس و مسکن سال ۱۳۹۰ وزن دهی شده‌اند. اکثر #ایران ی ها از #توافق_هسته_ای با غرب حمایت می کنند 63 درصد. درصد کمی به #آمریکا و کشورهای غربی در عمل به تعهدات هسته ای شان اعتماد دارند؛ 9 % زیاد و 23 % تا حدی. 52 درصد ایرانی ها از رابطه ایران و آمریکا در صورت رسیدن به توافق هسته ای حمایت می کنند. 20 درصد مخالفند.

پارچین یک معضل برجام هسته ای وین است. اگر از این بازرسی ایران قصر در رود؛ گذشته مرموز اتمی راستی آزمایی شود؛ بقیه نقشه راه هموار است. برنامه موشکی ایران در مصوبات شورای امنیت:
قطعنامه شماره ۱۶۹۶ مصوب ژوئیه ۲۰۰۶: از دولت‌های عضو سازمان خواست تا "مجدانه از انتقال هرگونه اقلام، مواد، کالاها و فناوری که بتواند به فعالیت‌های ایران در زمنیه غنی‌سازی و فرآوری [هسته‌ای] و موشک بالستیکی کمک کند جلوگیری کنند."
قطعنانه شماره ۱۷۳۷ مصوب دسامبر ۲۰۰۶: با تحریم نهادهای دولتی و غیردولتی مرتبط با برنامه های هسته ای ایران، ضمن تکرار درخواست مندرج در قطعنامه ۱۶۹۶ برای خودداری کشورهای عضو از هرگونه کمکی به برنامه‌های "هسته‌ای و موشکی بالستیکی" ایران، افزود که ایران مجاز به صادرات و واردات اقلام مرتبط با فعالیت‌های موشکی و هسته‌ای هم نیست.

قطعنامه ۱۸۰۳ مصوب مارس ۲۰۰۸: حوزه تحریم‌های موجود را گسترش داد و عرضه، فروش یا انتقال اقلام مرتبط با فعالیت‌های موشکی بالیستیکی و هسته‌ای ایران را تحریم کرد. قطعنامه ۱۹۲۹ مصوب ژوئن ۲۰۱۰: ایران را از سرمایه‌گذاری در فعالیت‌های هسته‌ای و موشکی در خارج منع کرد و همچنین این کشور را هدف تحریم گسترده تسلیحاتی شامل "تانک رزمی، خودرو زرهی رزمی، توپخانه کالیبر بزرگ، هواپیمای

جنگی، هلی‌کوپتر جنگی، ناوهای جنگی، موشک و سیستم‌های موشکی" قرار داد و ایران را از هرگونه فعالیت مرتبط با برنامه‌های موشکی بالیستیکی برحذر داشت و از کشورهای عضو خواست تا جدا از دستیابی ایران به فناوری مرتبط با این نوع فعالیت‌ها جلوگیری کنند.

قطعنامه ۲۲۳۱ مصوب ژوئیه ۲۰۱۵: با تایید برجام و نقض مصوبات قبلی شورای امنیت راجع به تحریم هسته‌ای جمهوری اسلامی، در ضمیمه B اعلام کرد: "از ایران خواسته می‌شود از دست‌زدن به هرگونه فعالیت موشکی بالیستیکی قادر به حمل اسلحه هسته‌ای شامل پایگاه‌های پرتاب که در آنها فناوری موشکی بالستیکی به کار می‌رود، تا هشت سال پس از روز اجرایی شدن برجام یا تاریخی که آژانس بین‌المللی انرژی اتمی گزارش تاییدیه خود را منتشر خواهد کرد - هر کدام که زودتر باشد - خودداری ورزد.". "http://www.ipos.me/polls/2015/06/23/nuclear-deal/"

شپلی Shapley 1923-2016 برنده 2012 نوبل اقتصاد بخاطر ریاضیات تئوری بازیها و جوری/ مطابقت افراد با تعداد محدود منابع است. نمونه های جوری: بیماران با بانک اعضای بدن، دانشجویان با دانشگاهها، پزشگان با بیمارستانها. نظریه بازیها در حوزه رقابتها راجع به گزینه، مراوده/ همکنشی آگاه و ناآگاه، کوچک و بزرگ، شخصی و سازمانی ست که هر روز افراد در زندگیشان انجام می دهند. بیشتر این گزینه ها برد و باخت، پیروزی و شکست، رضایت و شکایت را در بر گیرد. معیار پیروزی در این مراودات ثبات است؛ یعنی طرفین نتیجه مراوده را می پذیرند. قضیه/ تئورم ازدواج باثبات شپلی برای جوری شمار زیاد زن و مرد در نکاح است. او ریاضیات را شمارش اعداد ندانسته؛ بلکه توان بیان استدلال بطور کافی دقیق و پیگیری سکانس بطور نسبی پیچیده استقرائات inferences خواند. او در دانشگاه پرینستون با نش آشنا بود.

بررسی کمیتی بیانیه اتمی 2015 لوزان

بیانیه اتمی 2015 لوزان از 5منظر نیاز اورانیوم غنی شده، برق تولیدی، "عزت ملت"، خسارت تحریمها، اقتصاد بررسی می شود. در بررسی کمیتی بیانیه لوزان برای 3 راکتور بوشهر، تهران، اراک- تنها 20% سوخت بوشهر سالانه تامین خواهد شد. پس 80% سوخت مورد نیاز باید از بیرون بیآید. برق تولیدی بوشهر با 1% کل تولید برق سالانه، بزرگترین مولد برق در ایران است. در این جستار، نخست غنیزایی و برق کشور در رابطه با برخی مفاد بیانیه بررسی کمیتی می شوند. سوخت راکتور بوشهر از روسیه آمده؛ شاید سوخت تولیدی برای دانشگاه تهران و آب سنگین اراک کافی باشد.

"عزت ملت Nation's Honor "را باید از دید حاکمیت، مردم، جامعه جهانی نظاره کرد. این 3 مقوله را می توان از حرفهای مثبت بعدی حاکمیت، گرمی مراودات با دول دیگر، برخی اقلام مصرفی؛ بقیه را با نظرسنجی و شادی جوانان در خیابان و جهان مجازی اندازه گرفت. البته عزت ملت با برد تیم کشتی ایران از آمریکا، عرضه فیلمهای ایرانی در جشنواره های جهانی، تصویر رسانه های جهانی از تیم خندان و شیک مذاکرات هم بدست می آید. بعد اقتصادی جداگانه بررسی می شود.

خسارت تحریمهای اتمی در 5سال گذشته 100 میلیارد دلار بوده. این خسارت عدم اجازه سرمایه گذاری خارجی، سرقت سرمایه ملی با اختلاسها و فسادهای کلان را

شامل نمی شـود. تحریم فشار روی طبقه متوسط و فرودستان را زیاد کرده؛ شکاف اقلیت فرادستان و فرو دستان را ژرفتر کرد. این شکاف منطبق بر قطب بندی اقتصاد آمریکا و تابع غنی‌سازی انباشت سرمایه است. ایران خسارات را متحمل شده؛ ولی سانتروفیوژها گرچه 2سوم غیرفعال مانده و فردو بسته نشده؛ برنامه موشکی و نقض حقوق بشر روی میز نبوده؛ قدرت سلطه منطقه ای ایران پذیرفته شد.

باید علل تغییر سیاست خارجی بیت رهبری و تبریک سرداران سپاه به تیم مذاکره لوزان را در اقتصاد تحت کنترل این 2نهاد پیگیری کرد. اگر اقتصاد ایران را در 3پایه دولتی، خصوصی، بنیادها انگاشت؛ آنگاه باید گفت: هر 3پایه اقتصاد از تحریمها صدمه مالی دیده اند. لذا بنیان مذاکرات-نه تنها از 3بعد سیاسی، دیپلماتیک، نظامی- بلکه در ریشـه های اقتصادی آن نیز باید بررسی شـود. نیز می توان بهای عزت ملت را 100 میلیارد دلار برآورد کرد.

دگردیسی سرمایه داری کمپرادور پیشاانقلاب به سرمایه داری رانتیر پساانقلاب پس از جنگ 8 ساله به شکوفانی بنیادها انجامید. بنیادها بمثابه کارتلها/ مجموعه های اقتصادی مستقل از بودجه ملی، بدون بیلان علنی مالی سالانه و پرداخت مالیات به دولت، اعمال نفوذ در انتخابات، ایجاد اشتغال، خصوصی سازی برخی اموال دولتی باید بررسی شـوند. در دهه 1990 خصوصی سازی در روسیه با گذار از سرمایه داری دولتی به سرمایه داری فعلی- روندی ویژه بود. در این روند افراد متصل به امور امنیتی- با خرید ثروتهای دولتی در حراج، مناقصه، فروش به تنها یک مشتری- صاحب ثروتهای کهکشانی شـدند.

شـورای نگهبان نظارت تنها دینی نبوده؛ بلکه مانند لابی صافی و اعانه مالی در انتخابات آمریکا بوسیله کارتلها و ثروتمندان اقتصادی هم می باشد. شـورای نگهبان نامزدهای انتخابات را در خدمت منافع بنیادها- شبیه کورپوریشنهای انتفاعی مانند شرکتهای نفتی و جنرال الکتریک و غیرانتفاعی مانند کلیسا و موقوفات- می گزیند. البته تنها توان مالی بنیادها در معادله قدرت نمی آید بلکه نفوذ آرمانی-دینی آنها هم دست بالا را دارد.

تیمهای سیاسی ایران با بسته بودن دستشان در ایران، کش دادن زمانی نهادهای سیاسی، عدم تجربه در پیوستگی تیم مذاکرات در 3دهه گذشته- در جهان باید کارآموزی کنند؛ یاد بگیرند برای فرصت بعدی. در مذاکرات ناکام جهانی ایران برای برگشت ثروت 62نفری دربار، منع مسدود شدن ثروت ایران در خارج، حل سریع گروگانگیری، خاتمه جنگ عراق، مذاکرات هسته ای-می توان کارآموزی و بسته بودن دست تیم ایران، عدم تداوم تجربی در تیم مذاکره و حقوقی را دید.

چرا ایران به مذاکره لوزان رسید؟ مذاکرات در ۲۰۰۲ و ۲۰۰۳ ایران با 3 کشور اروپایی آلمان، فرانسه و انگلیس آغاز شد. در ۲۰۰۶ آمریکا، چین، روسیه هم ملحق شدند. ایران آژانس بین المللی انرژی اتمی AIEA را قبول نداشت. در این 13 سال ایران سانترفیوژهای بهینه برای غنی سازی سریعتر، راکتور آب سنگین اراک برای پلوتونیوم در کاربرد طبی، تاسیسات اتمی درون کوه فردو بخاطر تهدید بمباران هوایی را ایجاد کرد. http://www.akhbar-rooz.com/article.jsp?essayId=66219

آمریکا در خاور میانه کنونی

روشن است که بازی شطرنج اتمی ایران با 6کشور توانمند جهان، ظاهر مساواتی دارد. این بیانیه سیاسی و فنی بوده. جنبه فنی آن با تیم دکتر مونیز، وزیر انرژی آمریکا و فارغ التحصیل فنی ترین دانشگاه جهان یعنی ام آی تی آشکار است. او تمام درزهای فنی برای ساختن بمب در 10 سال را گرفته؛ تعلیق/ لغو تحریمها در پی راست آزمایی فعالیت ایران هم تدریجی خواهد بود تا در صورت تخلف، تحریمها به حالت اول برگردند. وضع مذاکره کنندگان بقرار زیر بود:

1-تیم ایران در مقابل 7تیم از کشورها و سازمان انرژی اتمی جهانی.
2-وزیر نفت گفت: حقوق کارمندان را دیگر از بودجه کشور نمی تواند بپردازد. در 3تانکر نفتی پُر و انبارکهای نفتی تا 35میلیون بشکه نفت باد کرده؛ با برداشتن تحریمهای علیه کشتیرانی و بیمه، ایران آن را می تواند بفروشد.
3-تاکید ایران روی لغو فوری تحریمها بخاطر نیاز مالی.
4-بازرسی سازمان اتمی بین المللی از نهادهای اتمی ایران.

در بازی شطرنج با 6 کشور توانمند سازمان ملل، کشوری از خاورمیانه شانس برد زیاد نداشته؛ بویژه تصمیمگیری کلان هم باید تابع شورای عالی امنیت درون و خیلی دیر در روال مذاکرات باشد. بی اعتمادی بین ایران و غرب، ایران را در تار عنکبوت مجادلات با کشورهای توانمند آلوده کرد. اکنون در دادگاههای فدرال آمریکا بضد تروریزم ایران مانند انفجار کشتی USS Cole در 2000، کشتن مارینها در بیروت 1983، انفجار 2سفارتخانه آمریکا در کنیا و تانزنیا 1998 غرامت 20 میلیارد دلاری پرداختن ایران صادر شده.

تیم آمریکایی با اطلاعات فنی، سیاسی، جاسوسی کاملا آماده بود. اطلاعات فنی آنها پس از مذاکرات اتمی کلینتون با کره شمالی تکمیل شد. زیرا کره شمالی پس از کمکهای آمریکا، زد زیر قرارداد؛ بمب اتمی ساخت. اطلاعات سیاسی وکیلان حقوق بین الملل و فشارهای کنگره آمریکا بسیار مشخص و یکجانبه بوده؛ گزینه های فراوان داشت.

آیا مخابرات تیم مذاکره لوزان با شورای عالی امنیت تهران در چتر شنود ان اس ای آمریکا با ورودی به شورای امنیت ملی کاخ سفید و تیم مذاکره آمریکا قرار داشت؟ آیا تیم مذاکره، بیت رهبری، شورای عالی امنیت- این شنود را در نظر داشتند؟ آژانس امنیت ملی NSA تمام تلفنهای سران سیاسی جهان چون مرکل آلمان، روسف برزیل، پوتین روسیه را شنود الکترونیک می کند.

اطلاعات جاسوسی با فاش کردن اسناد محرمانه وزرات کشور بوسیله سنودن، بویژه امکانات ماهواره ای تصویری از انفجارات و بناهای پارچین می باشد. اکنون NSA کل مخابرات جهانی را ضبط، فیلتر، پردازش، حفاری کان داده ها می کند. مراودات الکترونیک صوتی، متنی، تصویری جهان بوسیله 17سازمان جاسوسی ضبط می شوند. آژانس جاسوسی ملی- سیا و آژانس جاسوسی دفاعی- دیا خبرچین را عمدتا با افراد خود در جهان انجام می دهند.

آژانس جاسوسی جغرافیایی ملی NGA نقشه برداری هوایی اطلاعات را گردآوری می کند. برخی از این اطلاعات برای ضد تروریزم و مافیای مواد مخدر می توانند سرنشین ماشینی با چند تروریست را در شمال غربی پاکستان منفجر کند. چند سرقت کامیون

بیژن باران

حاوی پلوتونیوم طبی در مکزیک رخداده؛ با رسانه ای شدن خطر جانی، محموله پرتوزا پیدا شد.

در آوریل 2015 کارمندی سیاهپوست بدلایل خشم فردی، اسرار محرمانه سیا را به خبرنگار نیویرک تایمز، رد کرد. در آنها خبر دادن نقشه های مهندسی نقصدار اتمی بوسیله یک دانشمند روسی اجیر سیا به ایران آمده بود. او به 20 سال حبس محکوم شد. در آوریل 2015 شهرام امیری، پژوهشگر رادیو ایزوتوپهای پزشگی دانشگاه مالک اشتر وابسته به نیروهای مسلح در سفرهایش به آمریکا، برگشت به ایران، به 10 سال زندان برای تماس با دشمن محکوم شد. واشنگتن پست نوشت: امیری 5 میلیون دلار برای اطلاعات مفیدش به سیا، پول گرفته که بخاطر تحریمها خارج نمی توان کرد.

دو مشکل اصلی مذاکرات لوزان یکی توالی زمانی رفع تحریمها و دیگری چگونگی اطمینان یافتن از یک ساله بودن زمان گریز هسته‌ای -برای تهیه کلاهک اتمی- می باشد. زمان گریز یعنی زمان مورد نیاز برای انباشت اورانیوم غنی باندازه کافی برای ساختن بمب اتمی است. آمریکا می خواهد این فاصله زمانی 1 سال باشد تا در صورت تخلف، وقت کافی برای اقدامات تحریم و نظامی بضد ایران داشته باشد. زمان گریز هسته ای فعلی 2-3ماه است.

نیروگاه بوشهر 1974 با کمک آلمان آغاز شد؛ در 2013 با کمک روسیه فعال شد. قرارداد 8 نیروگاه جدید با روسیه، 4 تا در بوشهر، در 2014 بسته شد. در 2007 قرارداد 800 میلیون دلاری پدآفندهای اس 300 یا 400 با 300 میلیون دلار بیعانه، بخاطر تحریمهای سازمان ملل از 2010 راکد شدند.

ایران شکایت 4بیلیون دلاری به دادگاه انصاف ژنو بضد شرکت روسی کرد. در آوریل 2015، پوتین حکم ممنوعیت انتقال این موشک‌ها از روسیه به ایران را لغو کرد. چه هوایی چه با کشتی- تحویل تمام و فعال کردن آنها چند سال طول خواهد کشید. دلایل دیگر شاید رفع غرامت در ژنو و فروش اسلحه های مهم اسراییل به اوکراین باشند.

عربستان ضد مذاکرات لوزان بوده؛ زمان حمله هوایی به یمن در حین مذاکرات، مسایل زوار در فرودگاه جده، رایزنی با اسراییل در نفی مذاکرات، فشار پشت پرده دارندگان 3 تریلیون دلار سرمایه گذاری سعودی در آمریکا، موضعگیریهای دولتمردان سعودی- تبلور این ضدیت اند. تولید نفت ایران، بهای نفت را کاهش خواهد داد. نزدیکی ایران با امیلیون مهاجر ایرانی در آمریکا به غرب نیز برگ برنده ایران است- گرچه 3% خواهان براندازی ولایتند.

اکنون یارانه روزی 125 میلیون تومان یا 1.33 میلیون دلار در ماه، هر دلار 2826 تومان، به 4 لایه اجتماعی زیر است: 1- کمیته امداد و بهزیستی. 2- عشایر و روستا. 3- بازنشستگان و تامین اجتماعی. 4-خانوارهای زیر 2.5 میلیون تومان درآمد ماهانه. البته سوبسید/ تخفیف در قیمت آب، برق، تلفن، بنزین، نان، مترو را هم باید درنظر داشت. صندوق توسعه ملی دارایی 30 میلیارد دلار داشته؛ نیز ثروتهای مسدود شده در خارج هم 80-100 میلیارد دلار اند.

برای دریافت مفاد بیانیه باید وضع اولیه ایران و 6کشور و وضع پایانی در 10 سال بررسی شود. متغیرها در روال زمانی با ثابت گرفتن فرضیات عدم تغییر اوضاع جهانی،

آمریکا در خاور میانه کنونی

منطقه ای، کشوری از قبیل قیمت نفت، جنگهای مذهبی، تخلفات یا ادعاها، ثبات نظامهای خاورمیانه بطور کمّیتی باشد. روند غنی سازی و بخش غنی سازی بیانیه در کمیت بررسی می شود.

اورانیوم در طبیعت عنصریست با عدد اتمی 92 پروتون در هسته، در جدول عناصر شیمی مندلیف، با 3 ایزوتوب. خاصیت شیمیایی آنها مشترک بوده؛ نسبت آنها در طبیعت بهم بقرار زیرست: 99.28% U238، 0.7% U235 ، 02.% U234. بخاطر نوترانهای بیشتر، اولی سنگین ترین بوده؛ ولی وسطی مصرف صنعتی و شکافپذیری دارد. نوع سنگین U238 پرتوزا، خطرناک، زباله بوده؛ در جنگ برای گلوله های ضد زره بکار می رود. برای جدایی آنها 6روش فیزیکی زیر بکار می روند: پراش، لیزر، مرکزگریزی، الکترومغناطیسی، تبدیل یونی، انبساط قیفی.

روش مرکزگریزی 54% اورانیوم غنیسازی در جهان است- البته با نسل متاخر و بهینه سانترفیوژهای مدرن. پس از استخراج اورانیوم، آنرا با گاز فلور به UF6 ترکیب کرده. این شیوه جداسازی برحسب اختلاف وزن ایزوتوپهاست. این گاز درون استوانه گردان/ سانترفیوژ با مفتول مرکزی، داخل می شود. استوانه ها مانند دوک نخریسی یا میز کوزه گری عمود برزمین دورانی می گردند.

نیروی گریز از مرکز ایزوتوپ سنگین را به جدار و ته استوانه پراکنده؛ سبکها را به سقف استوانه می فرستد؛ در گام بعدی از هم جدا می شوند. غنیسازی یعنی افزایش غلظت U235 از 1 تا 3.67% برای انرژی نیروگاه اتمی تنها، از 20 تا 90% برای مصارف طبی و جنگی می باشد.

لذا اورانیوم صنعتی بدست آمده؛ برای کاربرد اتمی باید غلظت آن افزایش یابد. باید گفت 2 نوع بمب اتمی متفاوت است؛ اولی با اروانیوم در نطنز، دومی با پلوتونیوم در اراک تهیه می شود. برای مفتولهای سوخت نیروگاه آبی 4% غنی شده 235 لاکافیست. غنیسازی در فردو و نطنز انجام می شود.

هر راکتور 300-200 مجموعه سوختی عمودی، هر کدام 250-150 مفتول، پس 50000 مفتول، 18 میلیون سنجد سوختی دارد. هر مفتول از صف سنجد/ پالات کوچک تشکیل شده. هر سنجد سوختی یک استوانه کوچک است که دارای U235 بوده؛ آنها در یک مفتول مانند مهره های تسبیح گذارده می شوند. هر 1.5-2 سال 1سوم مفتولهای سوخت راکتور باید نو شوند.

روند جانشینی مفتولها هم 1-2 ماه طول می کشد. یک راکتور 1000 مگاوات برق سالی 27 تن یعنی 27 هزار کیلوگرم U235 برای سوخت نو خود، گاهی تا 100-80 تن U235 در آب 325 درجه می خواهد. ایران هر 2 نوع راکتور آب سبک پرفشار نه جوشان و آب سنگین دارد.

بنا به معاهده منع تسلیحات اتمی NPT برنامه اتمی عضو برای ایجاد سوخت اتمی نیروگاه، ساختن ایزوتوپهای طبی، تولید برق می باشد. از نوع راکتور بوشهر در جهان 230 عدد وجود دارد. کاربرد دیگر راکتور آبی پرفشار در زیردریایی، آب شیرینکن، تولید گرما می باشد.

واحد جداسازی U235 صنعتی به کیلوگرم از طبیعی و تفاله سو نامیده شده؛ هر سانترفیوژ قدیمی فعلی 1 سو دارد که با هزار تای آن می توان هزار کیلوگرم سالانه غنی سازی کرد. برای 3راکتور بوشهر، دانشگاه تهران، اراک سالانه 190 هزار سو غنی سازی باید باشد که با سانترفیوژهای نسل اول دهه 1970 برای خودکفایی باید فعال باشند. در بیانه ایران تا 10 سال زیر 3.67% اجازه غنیسازی با 5030 هزار نسل اول داشته؛ پس تولید سالانه 5030 کیلوگرم یا 5 تن می باشد. در حالیکه تنها بوشهر نیاز به 27 تن U235 در سال داشته؛ یعنی 27/ 5.100 = 20%.

در 9تیر 1393 صالحی از نیاز 190 هزار سو گفت که 190 هزار سانترفیوژ- برای تامین سوخت بوشهر، تهران، اراک- می خواهد. پس ایران نیاز به 200 هزار سانتروفیوژ نسل1 دارد؛ در حالی که ظرف 10 سال با 5 هزار سانتروفیوژ، ایران 50هزار سو اورانیوم غنی می کند. شاید سوخت بوشهر را روسیه داده؛ تنها سوخت تهران و اراک می ماذند.

روش مرکزگریزی گازی تنها 20% سوخت را تولید می کند. بقیه 80% U235 صنعتی از کجا تهیه می شود؟ پس بنا به بیانیه، تا 10 سال در ایران تولید U235   تاثیری بر سوخت 3 نیروگاه نداشته؛ نیز سانتروفیوژها نسل دهه 1970 هم کمکی در حل مسئله نکرده؛ کهنه تر شده؛ این ماده بیانیه رنگروغن ظاهری برای ایران است.

مصرف اورانیوم غنی شده ایران برای بوشهر، دانشگاه تهران، اراک. بنا به بیانیه لوزان از 8هزار کیلو U235 غنی شده ایران فقط 300 کیلو را نگه می دارد. بقیه باید رقیق شده؛ اکسید شده؛ فروخته شده؛ یا خارج شوند. پسماند اتمی بوشهر به روسیه می رود.

ایران می توانست داوطلبانه سانترفیوژها را تعطیل کند تا برگ دیگری در مذاکرت بنفع خود داشته باشد. هزینه فعالیت آنها هم رقمی در بودجه خواهد بود که صرفا آموزشی است نه برای استفاده 3 راکتور فعلی ایران. غنی سازی نیاز به مخارج استخراج، جداسازی، نگهداری، تبدیل به مفتول سوختی، انبار مفتولهای نیمه سوخته راکتور، دفن تفاله های پرتوزا داشته؛ همه خرج و ایمنی ویژه دارند.

در 1391 تولید برق ایران 69 هزار مگاوات بود. راکتور بوشهر 1% برق ایران را تولید می کند. نیروگاه‌های حرارتی با ۵۷ هزار و ۵۴۱ مگاوات بیشترین سهم را در تولید برق کشور داشته؛ نیروگاه‌های برق‌آبی با ۹ هزار و ۶۸۶ مگاوات در رتبهٔ سوم اند.

راکتور آبی پرفشار نیروگاه هسته‌ای بوشهر با ۱۰۰۰ مگاوات در 2011 فعال شد؛ با توان ۷۰۰ مگاوات برق به شبکه برق کشوری وصل شد. این نیروگاه بزرگترین واحد تولید برق است؛ واحد دوم در نکا با 440 مگاوات است. نیروگاه آب سنگین اراک،۴۰ مگاوات، در ۲۰۱۱ فعال شد؛ می تواند پلوتونیوم بسازد. نیروگاه آب سنگین اتمی دارخوین، ۳۶۰ مگاوات، در 2016 بهره برداری می شود. پس برق راکتور بوشهر 1% کل برق تولیدی ایران است.

کار بر روی پیش‌نویس توافق در سوییس ادامه داشته؛ بندهایی از توافق نهایی لوزان بقرار زیرند:
۱- غنی‌سازی در همه تاسیسات ایران به جز نطنز متوقف خواهد شد.
۲-تحریم‌های مرتبط با برنامه‌ی هسته‌ای ایران را اتحادیه اروپا برخواهد داشت.

آمریکا در خاور میانه کنونی

۳- تحریم‌های مالی امریکا بعد از تایید آژانس بین‌المللی انرژی هسته‌ای برداشته خواهند شد.

۴-تاسیسات فردو به یک مرکز تحقیقاتی تغییر کاربری خواهند داد.

۵- تولید پلوتونیومی که قابل استفاده در بمب هسته‌ای باشد، در آب سنگین اراک متوقف می‌شود.

طبق این سند، زمان توافق ۱۰ سال خواهد بود. در این مدت ایران ۵۰۰۰ سانتریفیوژ در حال کار خواهد داشت. هیچ یک از تاسیسات و فعالیت‌های مرتبط هسته‌ای متوقف، تعطیل، تعلیق نمی‌شود. فعالیت‌های هسته‌ای ایران با کاهش در نطنز، فردو، اصفهان و اراک ادامه خواهند یافت.

بنا به این متن، پس از اجرایی شدن برنامه جامع اقدام مشترک، همه قطعنامه‌های شورای امنیت لغو خواهند شد. همه تحریم‌های اقتصادی و مالی چندجانبه اروپا و یکجانبه امریکا از جمله تحریم‌های مالی، بانکی، بیمه، سرمایه‌گذاری و تمامی خدمات مرتبط با آنها در حوزه های مختلف از جمله نفت، گاز، پتروشیمی و خودروسازی فورا لغو می‌شوند.

منابع.28.09.18
- تفاوت در روایت ها http://www.akhbar-rooz.com/article.jsp?essayId=66203
سهراب مبشری.
Separate work unit=Swu. شیوه های 6گانه جداسازی: مرکزگریزی، پراش، لیزر، الکترومغناطیسی، تبدیل یونی، انبساط قیفی. Diffusion, Centrifuge, Laser,
Electromagnetic, Ion exchange, Nozzle expansion
کارایی efficiency . واپاشی، شکافت، گداخت هسته ای.
*

آوریل 2015 دبی-العربیه.نت فارسی نوشت:

۱ -بنا به توافقات لوزان با کاهش دو سومی شمار سانترفیوژهای نصب شده ایران از ۱۹ هزار به ۶۱۰۴ کاهش می‌یابد. از این میان تنها ۵۰۶۰ سانترفیوژ برای غنی سازی اورانیوم فعال خواهند بود.

۲ -۶۰۱۴ سانترفیوژ نصب شده از نسل اول خواهند بود.

۳ -نسبت غنی سازی اورانیوم در ۱۵ سال آینده نباید از ۳٫۶۷ % فراتر رود.

۴ -ذخیره اورانیوم غنی سازی شده ایران در ۱۵ سال آینده از ۱۰ هزار کیلوگرم به تنها ۳۰۰ کیلوگرم کاهش می‌یابد.

۵ -سانترفیوژهای اضافه و زیرساخت‌های نیروگاه‌های غنی سازی اورانیوم در انبارهایی تحت نظارت آژانس بین‌المللی انرژی اتمی قرار داده می‌شوند. از این دستگاه‌ها تنها می‌توان به عنوان دستگاه‌های فعال استفاده کرد.

۶ -طی ۱۵ سال آینده ایران نباید هیچ نیروگاه هسته‌ای جدیدی برای غنی سازی اورانیوم بسازد.

۷ -نیروگاه اتمی فردو به مدت ۱۵ سال فعال نخواهد بود. در آن حتی فعالیت‌های پژوهشی برای غنی سازی انجام نخواهد شد. این نیروگاه بعدا برای کاربردهای صلح آمیز بازسازی خواهد شد.

۸- در ۱۰ سال آینده ایران تنها اجازه دارد در نیروگاه اتمی نطنز با استفاده از ۵۰۶۰ سانترفیوژ نسل اول غنی سازی کند.

نبوی در فیسبوک آوریل 2015: تفسیر توافق هسته ای به زبان ساده:

۱ -کشورهاي قدرتمند دنيا ايران هسته اي را پذيرفتند.

۲ -ايران و امريکا در حال حاضر به هم نزديك شده اند.

۳ -روسيه، چين، کشور هاي عربي، کانادا و استراليا از اين توافق رضايت کامل ندارند

۴ -تفاله سوخت هسته اي بوشهر که حاوي پلوتونيوم است به خارج کشور صادر و فروخته خواهد شد.

۵ -ايران مي تواند تا حدود ٤٪ غني سازي را ادامه دهد.

۶ -يك مرکز پيشرفته هسته اي در ايران راه اندازي مي شود با مشارکت دانشگاه هاي پيشرفته دنيا و زير نظر آژانس بين المللي انرژي اتمي.

۷ -راکتور اب سنگين اراك با همکاري کشور هاي اروپايي و امريکا تکميل خواهد شد.

۸ -سطح روابط سياسي و اقتصادي ايران با کشورهاي اروپايي و امريکا افزايش خواهد يافت.

۹ -اهميت سياسي روسيه و چين در روابط خارجي ايران کاهش يافت.

دکتر علي معافي، استاد دانشگاه فيزيك اتمي گفت: جبهه پايداری، اپوزيسيون برونمرزی توده ای، مجاهد، صدا و سيما، سلطنت طلب، کيهان، مجلس شورای اسلامی، اسرایيل، احمد خاتمی، عربستان- همه حرفشون یکی شده.

http://www.kaleme.com/1394/01/14/klm-213038

تيم مذاکره بايد اعتبارنامه فنی، حقوقی، بين المللی داشته باشد؛ دو تيم مذاکره قبلی و فعلی را می توان مقايسه کرد. روشـن اسـت که در بازی شطرنج جهانی بايد تيم شطرنج- نه تيم کشتی- را فرستاد. مسعود برزيده، فيسبوک 010415 دو "تيم" قبلی دولت سابق و فعلی با توجه به تخصص و تحصيلات بقرار زيرند:

تيم فعلی ملی از دانشگاههای غربی- مسئول مذاکرات: محمد جواد ظريف -دکترای مطالعات بين الملل، دانشگاه دنور- آمريکا. مذاکره کننده ارشد: عباس عراقچی -دکترای‌اندیشه سياسی، دانشگاه کنت-انگلستان. معاون: مجيد تخت روانچی -دکترای علوم‌سياسی، دانشگاه برن- سوئيس. به اضافه ی تيم کارشناسی. ضمناً ظريف دو تا عضو ديگر را هم وارد گروه‌کرده: جمشيد ممتاز- دکترای حقوق بين الملل و حقوق عمومی، دانشگاه پاريس. اميرحسين زمانی نيا- دکترای عدالت جزايی، دانشگاه نيويورک. علی اکبر صالحی- ريیس سازمان انرژی اتمی- دکترای فيزيک هسته ای -ام آی تی آمريکا.

تيم قبلی از يک دانشگاه بومی- مسئول مذاکرات: سعيد جليلی -دکترای معارف اسلامی، دانشگاه امام صادق. مذاکره کننده ارشد: علی باقری -دکترای‌اقتصاد، دانشگاه امام صادق. معاون: محمد هادی زاهدی وفا- دکترای اقتصاد و رئيس دانشکده معارف اسلامی دانشگاه امام صادق

وزير امور خارجه ايران که به نمايندگی از ۱۱۸ کشور غير متعهد که معاهده عدم اشاعه سلاح‌های هسته‌ای NPT را امضاء کرده‌اند در اين کنفرانس سخنرانی کرد، موضعی ضد سلاح هسته‌ای گرفت و به قدرت‌های جهانی و اسرائيل انتقاد کرد که به دنبال اشاعه، ارتقا و نوسازی برنامه‌های هسته‌ای غير صلح‌آميز خود هستند.

مذاکرات اتمی 2015 لوزان

در بیانیه مشترک پایانی مذاکرات هسته‌ای ایران چنین آمده: ما، وزیر امور خارجه جمهوری اسلامی ایران + نماینده عالی اتحادیه اروپا، همراه با وزرای خارجه ۳ کشور اروپایی فرانسه، آلمان، بریتانیا به اضافه چین، فدراسیون روسیه، و آمریکا از 13-6 فروردین ۱۳۹۴ در سوئیس ملاقات کردیم.

در پی توافق آذر ۱۳۹۲، ما اینجا گردهم آمدیم تا برای حل و فصل جامعی که ماهیت صرفا صلح آمیز برنامه هسته‌ای ایران را تضمین کند؛ کلیه تحریم‌ها را هم به صورت کامل لغو نماید، راه حل پیدا کنیم. چند فاکت شیتز/ برگ تلخیص مذاکره از طرف آمریکا، ایران، فرانسه نشر شده اند که با هم تفاوتهایی دارند.

مذاکرات هسته ای ایران با 6کشور توانمند در 2 آوریل 2015 در لوزان در 2 محور فنی و سیاسی پیش رفته؛ نتیجه در یک بیانیه بی امضای انگلیسی و فارسی در رسانه ها ارایه شد. با پیروزی مذاکرات، گزینه نظامی زایل شد؛ برخی خط قرمزها صورتی شدند. فهرست جزییات در تیر 1394 خواهد آمد. سازمان انرژی اتمی 1353 در تهران به ریاست دکتر اکبر اعتماد ایجاد شد؛ اکنون دکتر صالحی رییس آن است.

در مذاکرات هسته ای، حضور زنان غربی- اشتون، موگرینی، وندی شرمن- سخنگوی وزارت امور خارجه آمریکا و عضو تیم مذاکره دوره کلینتون با کره شمالی، جن ساکی- سخنگوی وزارت امور خارجه آمریکا، ماری هاوس- برای شرقیها درس مساوات جنسیتی است. لغو تحریمها برای ایران امتیاز اقتصادی درشته؛ مهار اتمی ایران برای آمریکا امتیاز سیاسی دارد. مجله تایم آوریل 2015 دکتر ظریف و دکتر پردیس ثابتی زاده 1354 تهران از هاروارد را در لیست 100 چهره تاثیرگذار در جهان گذاشت.

روز اول گشایش کنگره پس از تعطیلات بهاری، کاخ سفید و کنگره در باره بیانیه لوزان به تفاهم رسیدند. در 30 ژوئن کنگره برای 30 روز پس از امضا حق مرور توافقنامه را خواهد داشت تا اوباما تحریم کنگره را لغو یا معلق کند. پس از آن، سنا با 60 رای موافق توافقنامه را تصویب کرده؛ یا با 67 رای یعنی 2سوم سنا وتوی اوباما در مورد تحریم فدرال نفی می کند. تحریمهای آمریکا 2 نوعند: فدرال و ایالتی. برخی ایالتها هم تحریمهای تجاری بضد ایران دارند که در مذاکرات لوزان گنجانده نشده اند.

کیسینجر و شولتز- جد سیاست خارجی، رویهم با 186 سال سن و ذهنیت جنگ سرد- در باره بیانیه فوق نوشتند: آمریکا برای منافع کوتاه مدت هسته ای سیطره جویی/ هژمونی منطقه ای ایران را پذیرفته است. رهبر ایران جهان 2قطبی جنگ سرد را به آمریکا- اسلامی تعبیر کرده؛ او خواهان مذاکره بوده؛ در ضمن واکنش جمهوری خواهان در آمریکا را مد نظر دارد. در نظر سنجی تهرانیها گویا 82% موافق مذاکرات هسته ای اند.

با پیروزی در تیر 1394/ 30 ژوئن 2015، تفاهم ایران و آمریکا در منطقه خلیج فارس و خاور میانه پیامدهای خوبی را هم در بر خواهد داشت. چند امر در بیانیه ناروشن اند: 1-چه بسر اورانیوم جداشده ایران می آید؟ 2-چه بسر سانترفیوژهای از کارافتاده می

آید؟ 3- سرعت و ترتیب لغو تحریمهای شورای امنیت، اروپا، آمریکا چقدرند؟ 4-گزارش کارهای نظامی اتمی گذشته ایران چه می شوند؟ 2 مسئله بدون پاسخ لوزان بقرار زیرند: زمانبدی لغو تحریمها و بازرسی IAEA از تاسیسات نظامی. آمریکا می تواند سریع اجرای تحریم را معلق کند؛ یا از طریق قانونی تحریم را لغو کند.

با بودن این بیانیه وضع سیاست خارجی و داخلی بطور عاطفی سریع و مادی بطئی بهبود می یابد. تیم مذاکره تصویری با قیافه های خندان، منطق تخصصی، بیان مدرن- در رسانه های جهانی و مردم آمریکا و اروپا- تاثیری مثبت گذاشت. این تصویر در رسانه ها را- بطور عاطفی بر درون ایران با ابراز شادی مردم، در خارج بطور کمیتی در نظرخواهی مثبت نسبت به ایران- جهانی کرد.

از نظر مادی قیمت جهانی نفت کاهش و بازار بورس تهران افزایش یافت. تیم مذاکره ایران تصویری دانا، هوشمند، خندان به جهان ارایه داد. تحریمهای 4گانه هسته ای، موشکی، حقوق بشر، تروریزم- ظرف چند دهه انباشت شده اند؛ برخی از آنها بتدریج لغو خواهند شد.

پیروزی بیانیه مدیون جناح غیرجنگی آمریکا و جناع اعتدالگرای ایران بوده؛ زیرا جناح جنگ طلب حاکم قبلی آمریکا و اصولگرای دولت قبلی ایران گرایش به گزینه تقابل داشتند. مذاکرات 3مسئله را عیان کرد: 1-بیاعتمادی مطلق. 2-تبلیغ جنبه های مثبت موافقتنامه به مخالفان در ایران، آمریکا، اسراییل، اعراب. 3-رفع تحریمهای کامل یا تدریجی. ایرانیان در نظرسنجی‌ای درباره بیانیه هسته‌ای 5+1 با ایران 59 % شرکت‌کنندگان از بیانیه حمایت کرده؛ 31 % مخالف آن بوده‌اند.
http://www.radiozamaneh.com/212681

مهرداد عمادی، اقتصاددان شرکت مشاوره ای بتامتریکس لندن، به رویترز گفت: گفتگو های احتیاطی، از قبل میان ایران و برخی سرمایه گذاران بزرگ غربی در نفت و خودرو اکنون با این مذاکرات سرعت می گیرند. اقتصاد ۴۲۰ میلیارد دلاری ایران در سال جاری، افزایش رشدی معادل ۲ تا ۵ % خواهد کرد که در آینده به 7% هم خواهد رسید.

پس ار تجربه کره شمالی، غرب تحریمها را تدریجی می کند. وضع اوباما در باره ایران شبیه بیل کلینتون در باره کره شمالی است. کلینتون رئیس جمهور سابق آمریکا در ۱۹۹۴ توافق با کره شمالی را یک "تحفه خوب" خواند. وندی شرمن رئیس گروه مذاکره هسته‌ای با کره شمالی، اکنون عضو تیم اوباما در مذاکره هسته ای با ایران است. کره شمالی با دریافت بسته های غذا و سوخت، زیر توافقنامه زد؛ چند بمب اتمی ساخت.

آمریکا از 3گزینه روی میز- ایران با بمب اتمی، جنگ با بزرگترین ارتش خاورمیانه، قرارداد کاهش توان اتمی- آخری را گزیده؛ با عبرت از توافقنامه هسته ای 1994 کره شمالی؛ تحریمها را تدریجی برخواهد داشت. این بیانیه در رسانه های ایران و آمریکا با مفاد و اسناد مذاکرات تکمیل شد. اسناد غیررسمی در جزئیات راه حلهای لوزان، گاهی توفیر دارند. باید بیانیه به فارسی و انگلیسی، اسناد وزارت خارجه ی آمریکا، گفته ها و نشریات در ایران- تطبیقی بررسی شوند. در این بیانیه آمریکا به 4 هدف رسید:

1-همه راههای ساختن بمب اتمی را ببندد. 2-بازرسیهای سخت برای مچگیری ایران بهنگام کلک و پنهانکاری. 3-موتلفان آمریکا را برای پایداری قرارداد متحد نگهداشت. 4-

313

کاهش توان اتمی ایران بقرار زیر خواهد شد: دوسوم سانترفیوژها عاطل می شوند. ایران 97% گاز اورانیوم را تقلیل داده؛ دیگر نمی تواند بمب اورانیوم یا پلوتونیوم بسازد.

برخی محدودیتها تا 25سال پاپرجایند. 5-غرب خواستار رفع تدریجی تحریمها همآهنگ با بازرسان بین المللی، در پایان توافق کامل، قرارداد 15- 10ساله می باشد. ایران 2 خواسته دارد: 1-با ادامه پژوهش در فنآوری غنیسازی دهه 1970، آنرا به روز کند. 2- لغو فوری تحریمهای سازمان ملل. ایران می خواهد در صورت توافق، قطعنامه های شورای امنیت با اجرای مفاد قرارداد لغو شوند.

تحریمهای فعلی بضد ایران 3 نوعند: سازمان ملل، اتحادیه اروپا، آمریکا بوسیله رییس جمهور، کنگره، برخی ایالات که هر کدام راهکار متفاوت قانونی برای تعلیق یا لغو دارد. لغو تحریم بانکی ایران، منابع مالی بلوکه شده در خارج را آزاد کرده؛ منابع مالی بیشتری را در اختیار دولت قرار خواهد داد.

لغو تحریمها برابر با افزایش صادرات نفت و گاز می باشد. درآمد بیشتر دولت برای هزینه های درونی و منطقه ای بکار خواهد رفت. هزینه های درونی افزایش حقوق کارمندان، کارگران، آموزگاران، پرستاران بوده؛ هزینه های برونمرزی جنگهای عراق، سوریه، یمن، لبنان می باشند.

در مذاکرات سوییس، بخش سیاسی، آمریکا برخی تحریمها را می خواهد تابع اقدامات هسته ای ایران تا چند سال آخر قرارداد 10 ساله کش بدهد. ایران می خواهد تحریمها یکهو رفع شوند که البته تابع مصوبات 3 ارگان مقننه سازمان ملل، اتحادیه اروپا، کنگره و رییس جمهور آمریکا بوده؛ بنا به دستور و برنامه این ارگانها کش داده خواهند شد.

در 17 ماه گذشته مذاکرات ژنو تا لوزان توان اتمی ایران را منجمد کردند؛ ولی مسدود بودن مالی و بانکی همچنان وجود دارد. تحریم مالی-بانکی ثروتهای ایران در خارج و مراودات بانکی ایران با جهان را مسدود کرد. شبکه رایانه بانکها SWIFT, Fedwire برای ترافیک الکترونیک ارزها در مرکز لاوپه-بروکسل قرار داشته که مخابرات مالی بینابانکی جامعه جهانی را انجام می دهد. تحریم بانکی ایران در این شبکه بانکی جهانی، راه فرستادن ارز به بانک مرکزی را در جهان بست؛ ایران را در انزوای ارزی در جهان قرار دارد.

در مذاکرات لوزان ایران خواهان توافقنامه نه 4چوب رسمی و آمریکا خواهان تعهدات مشخص ایران مانند شمار سانتروفیوژها بود. بیانیه 2آوریل تا 30 ژوئن به جزییات فنی پرداخته؛ با قرارداد و امضای 7 کشور مفاد آن اجرا خواهند شد. ولی اسراییل و حزب جمهوریخواه می خواستند که قرارداد در 31 مارس بسته شود؛ وگرنه تحریمهای جدید افزوده خواهند شد. البته کنگره تا 14 آوریل تعطیل بود. با بیانیه لوزان باید در تابستان قرارداد سیاسی کامل بسته شود.

وزیران خارجه 5 کشور در لوزان برای پایان مذاکرات شرکت کردند. فابیوس سفیر فرانسه گفت: محتوا بهتر از ضرب العجل است. سیاست خارجی فرانسه تحت کنترل سرمایه عرب و لابی اسراییل این سفیر را در مذاکرات لوزان منفیگرا کرد. ایران با گسترش زیرساختهای اتمی، بنا به آژانسهای جاسوسی غرب، بازرسان آژانس اتمی و

بیژن باران

منابع مخفی از 2003 تا کنون "بعد نظامی" در برنامه اتمی نداشته. ولی به IAEA هم اجازه دیدار و پاسخ به مسایل گذشته را نداده است.

لاوروف، وزیر امور خارجه روسیه گفت: وقتی توافق حاصل شد، تحریمها باید برداشته شوند، حالا یا کاملا لغو شده؛ یا موقتا تعلیق شده؛ تا تغییرات قانونی لازم بعدا انجام شوند. آنچه مهم است اینکه چارچوب حقوقی توافق باید به تحریمها علیه تجارت و اقتصاد ایران پایان دهد. http://www.bbc.co.uk/

در مصاحبه با فریدمن، مخبر نیویورک تایمز اوباما با اشاره به نامه های رهبر به او می گوید: او واقعاً به مذاکره کنندگانش در این توافق، این امکان و توانایی را داده است تا امتیازهای مهمی بدهند که امکان بدهد این چارچوب توافقی به ثمر برسد.

مفاد توافقنامه سوییس مارس 2013 بقرار زیرند: 1-ایران 19 هزار سانتریوفیوژ/ دستگاه غنی کننده اورانیوم دارد. اینها چند نسلند که برخی از 1970 و کم توان بوده؛ 10200 تای آن عملیاتی اند. ایران نوع بهینه آنها را هم دارد. آمریکا می خواهد آنها به 6500 تا 7000 نسل کهنه کاهش یابند.

2-نیمی از ذخیره اورانیوم غنی شده به 5% تقلیل یابد. روش غنی شدن از 20% به 90% برای ساختن بمب اتم شبیه از 5% به 20% است. 3-ایران تاسیسات فوردو را بسته؛ غنی سازی20% نطنز هم اجازه تولید پلوتونیوم برای جنگ افزار هسته ای نخواهد داشت. 4- برای دسترسی ایران به توان بمب اتمی، باید مدت یکسال باشد؛ تا با تخلف ایران، غرب بتواند تحریم و تهدید را تشدید کند.

آیا بخشی از درآمد بنیادهای بیت و تولیدات سپاه در خدمت این تعهدات منطقه ای و فرقه ای اند؟ آیا این درآمدها بخاطر شرایط بد اقتصادی ناشی از تحریمها کاهش یافته؟ آیا این کاهش دلیل چراغ سبز رهبری به مذاکرات است؟ آیا همین منطق کاهش درآمد هم منجر به تبریک سران سپاه به تیم مذاکره شد؟

تحریمهای سازمان ملل نهی واردات فنآوری 2گانه و خرید-فروش تسلیحات بوده؛ در حالیکه تحریمهای آمریکا از 1979، 1995، 2006 بوده که در 2012 با شرکت اتحادیه اروپا در عدم خرید نفت و حذف بانک مرکزی ایران از سامانه بانکی جهانی سختتر شدند. لغو تحریمها 4نوعند: سازمان ملل، اروپا، رییس جمهور آمریکا، کنگره آمریکا. آخری را اوباما می تواند 6ماه به 6ماه لغو کند. تحریمهای ایران مربوط به آمریکا 25% است که سوای هسته ای، حقوق بشر، تروریزم، صنایع موشکی هم در برنامه بعدی قرار خواهند گرفت.

در آمریکا کنگره 2 بخش دارد: مجلس سنا با 100 عضو، 2 سناتور از هر ایالت؛ مجلس نمایندگان با 435 عضو، به نسبت جمعیت هر ایالت. تعداد وکیلان در کل 534 بوده که در هر2 مجلس در 2015 اکثریت با جمهوریخواهان مخالف اوبامای دمکرات است. معاهده/ پیمان را سنا باید تصویب کند. ولی مجلس نمایندگان در باره بیانیه/ توافقنامه بین چند کشور کاری نمی تواند بکند. این امر در حیطه وزارت کشور است.

کنگره 30 روز برای مرور توافقنامه وقت دارد تا لغو تحریمها را بررسی کند. تعلیق، نه لغو، تحریمها تابع اجرای مفاد بوسیله ایران است؛ نه بهنگام امضای قرارداد- یعنی پیش

آمریکا در خاور میانه کنونی

از اجرای مفاد آن. ایران باید تمام وظایف خود را ظرف 6ماه انجام داده؛ بعد تحریمها لغو خواهند شد.

تحریمها بر گسترش هسته ای ایران بی اثر بوده؛ ولی به 3بخش اقتصاد یعنی کشوری، بیت، سپاه لطمه رسانده. شاید بخاطر تحریمهای بانکی- اختلاسهای کلان مالی، بازار سیاه، کلاهبرداریهای بزرگ بانکی انجام شده؛ تولید/ فروش نفت افت کرده؛ درآمد نفت کاهش یافته، بیکاری، زنان 2برابر مردان، بیداد می کند. کلک زدن ایران با ادعای اسراییل اهمیتی نداشته؛ باید در شورای امنیت سازمان ملل، برای مجاب کردن روسیه و چین مطرح شود.

ایران نه تنها اقتصاد درونی اش رشد نزدیک به صفر دارد؛ بلکه تعهدات نظامی، مالی، سیاسی، شیعی اش در خاورمیانه اسلامی-یمن، بحرین، عراق، افغانستان، پاکستان، سوریه، لبنان، غزه- کمر شکن شده اند. تحریمها ریاضت کشی را بر اکثریت جامعه بویژه فرودستان جامعه حاکم کردند.

البته بخش تولید تسلیحات بخاطر این جنگهای همسایگی کارآفرین بوده؛ ولی باز هم دولت باید از بودجه ملی بزند. مانند خود آمریکا که توان نظامی ش در برگیرنده ثلث جمعیت یعنی 120 میلیون نفر در کار، سهام، لابی، ارتش اند. در 2015 بودجه نظامی آمریکا 700 بیلیون دلار از جمع بودجه های چین، روسیه، ایتالیا، فرانسه، انگلیس بیشتر است.

در غرب، قانون در روال طولانی حاکم است نه فرمان فوری راس قدرت سیاسی. این روال قانونی شامل تحریمها می شود که بخش آمریکا را در نهایت کنگره تصویب خواهد کرد. ولی اوباما می تواند با دلایلی بخشی از تحریمها را معلق کند؛ نیز به رای کشی سازمان ملل نظر موافق در تعلیق تحریم داشته باشد. مسئله عمده لابی محافظه کار قوی اسراییل در آمریکا خواست مردم و شرکتهای آمریکایی را تحت الشعاع قرار می دهد.

گاهی تحریم به فشار لابی اسراییل محافظه کار آیپک و لیبرال جی-ستریت با پشتوانه 10 میلیون یهودی و چند 10 میلیون مسیحیان بشارتده، عملکرد اتمی ایران، مسایل دیگر مانند داعش، عدم ثبات در عراق، سوریه، یمن، لیبی، بحرین بستگی دارد. بیشاز 2سوم رای کنگره را پرزیدنت وتو نمی تواند بکند. تحریمهای آمریکا علیه ایران 3نوعند: 1-بفرمان رییس جمهور، 2-مصوب کنگره. 3- برخی ایالتها. رئیس جمهوری اجازه وضع، لغو، معافیت موردی برخی تحریمهای نوع اول را دارد.

اوباما می‌تواند با قوانین مربوط در نهایت به تحریم، ضمن حمایت از لغو تحریم‌های شورای امنیت، برخی تحریم‌های یکجانبه آمریکا علیه ایران را با فرمان معلق کند. اما الغای قوانین تحریم ایران باید در کنگره آمریکا تصویب شود. اکثریت کنگره با لغو تحریم ایران مخالفند تا فشار بیشتر بر ایران وارد کنند.

در ادامه مذاکرات هسته‌ای سوییس، بانک مرکزی ایران گفت: قسط پنجم از دور سوم تعلیق مالی ایران، 2 میلیارد و 450 میلیون دلار، به این بانک واریز شده؛ که پیش از مذاکرات لوزان طبق توافقات 2013 ایران با گروه 1+5، دارایی های مسدود شده ایران از 7 میلیارد درآمد نفتی در دو مرحله، با مبالغ 4.2 و 2.8 میلیارد دلار آزاد شد.

بیژن باران

در مقابل تقلیل غنی سازی و آزادی ورود بازرسان IAEA به تاسیسات اتمی ایران مبلغ کل توافق هسته‌ای ۲۴ نوامبر 2014 میان گروه ۵+۱ و ایران 4.9 میلیارد دلار بوده که در ده قسط 490 میلیون دلاری واریز می شود. نمونه دسترسی به نقدینه ایران در خارج: از بابت فروش نفت از بانک مرکزی در ژاپن بمثابه قسط پنجم به بانک مرکزی ایران در عمان واریز شد.

چون ایران قطعنامه های شورای حکام و شورای امنیت را "غیرقانونی" انگاشته؛ اکنون آنها را اجرا نمی کند. اعتماد IAEA به ایران پیرو خرید ابزار اتمی از بازار سیاه، پنهانکاری از IAEA سلب شده؛ لذا خواهان رفع تدریجی تحریمها ست. فرانسه عضو اتحادیه شرایط سختتری را برای امور هسته ای ایران در نظر دارد. گویا اسراییل با شنود مذاکرات سوییس، برخی داده ها را به نتانیاهو، فرانسه، جمهوریخواهان کنگره آمریکا رد کرده است.

مدیرکل آژانس بین المللی انرژی اتمی IAEA، یوکیا آمانو گفت: برای اطمینان صلح‌آمیزی کارهای اتمی- ایران، باید پروتکل الحاقی تصویب مجلس شورای ایران را اجرا کرده؛ ابهامات کارهای گذشته پرسش برانگیز بویژه در پرچین، 30 کیلومتر جنوب شرق تهران، را پاسخگو باشد. آنگاه آژانس می تواند سرزده به مراکز اتمی ایران رفته که برای شناسایی اقدامات اعلام نشده احتمالی مفید است.

توافق مقدماتی ژنو تا کنون 2بار تمدید شده؛ تا 30 ژوئن 2015 وقت دارد. بدهی 25میلیاردی چین و 9 میلیاردی هند بابت خرید نفت فعلا مسدود اند. غرب با برداشتن تحریمهای مالی و اقتصادی موافق است. ولی ایران خواستار رفع تحریم فن آوری 2گانه و فروش تسلیحات است که غرب زیر بار نمی رود. تحریمهای کوبا بخاطر مصادره کمپانیهای خارجی، آفریقای جنوبی بخاطر آپارتید، هند بخاطر بمب اتم، چین پس از قتل عام میدان تیان‌آمن، روسیه پس از انضمام کریمه در پی جنگ با گرجستان بی اثر بوده اند.

غرب برداشتن تحریمها را پس از قرارداد به تدریج می خواهد که بتواند از تخلفات ایران پیشگیری کند. واردات فن آوری اتمی برای سالها محدود خواهند بود. پس از 10 سال محدودیتها برداشته خواهند شد. نیز ایران باید به ابعاد نظامی اتمی خود در گذشته به غرب پاسخگو باشد. محدوده پژوهش اتمی، انباشت سوخت، بهنیگی سانترفیوژها، صدور سوخت به خارج – مسایل دیگرند.

منابع.28.09.18
http://www.akhbar-rooz.com/article.jsp?essayId=66203 تفاوت در روایت ها- سهراب مبشری.
http://www.world-nuclear.org/info/Nuclear-Fuel-Cycle/Conversion-Enrichment-/and-Fabrication/Fuel-Fabrication
نطق رائول کاسترو در نشست سران 35کشور قاره آمریکایی 2015 در پاناما. http://en.granma.cu/mundo/2015-04-14/cuba-will-continue-to-defend-the-ideas-for-which-our-people-have-assumed-the-greatest-sacrifices-and-risks
رسانه های الجزیره قطر، العربیه عربستان، پرس تی وی ایران.

کنوانسیون/ نشست وین تابع قوانین بین المللی، توافق، تفاهم، بیانیه، پیمان گاهی مترادفند.
مارتین ایندآیک از موسسه بروکینگز و سفیر پیشین اوباما.

در پاکستان ضیاءالحق متحد آمریکا با کودتا نام جمهوری اسلامی پاکستان را گزید؛ بمب اتمی را ساخت؛ پاکستان تحریم نظامی شد؛ به مجاهدان، طالبان، القاعده افغانستان بضد شوروی کمک کرد. جمهوری اسلامی پاکستان کشوری سنی مذهب است؛ با جنگ هند و پاکستان 1971 برنامه کلاهک اتمی آن بنا به شریعت، پیریزی شد.